高等学校教材

车站信号自动控制

刘伯鸿　主编
李国宁　朱爱红　副主编
林瑜筠　主审

中国铁道出版社有限公司

2024年·北京

内容简介

本书为高等学校教材，全书共包括三篇七章的内容，分别是第一篇车站信号联锁技术基础，包括绪论、联锁基本概念；第二篇继电集中联锁，包括电气集中概述、选择组电路、执行组电路，以及第三篇计算机联锁，包括计算机联锁系统技术和计算机联锁系统设备。

本书可作为高等院校轨道交通信号与控制、自动化、电气工程及其自动化专业，以及高等职业教育铁道信号自动控制专业的教材使用，也可作为铁路信号维护人员的学习和培训用书，还可供信号工程技术人员学习和参考。

图书在版编目(CIP)数据

车站信号自动控制/刘伯鸿主编．—北京：中国铁道出版社，2015.11(2024.7 重印)

高等学校教材

ISBN 978-7-113-20421-1

Ⅰ.①车… Ⅱ.①刘… Ⅲ.①车站信号-自动控制-高等学校-教材 Ⅳ.①U284.18

中国版本图书馆 CIP 数据核字(2015)第 105181 号

书　　名：**车站信号自动控制**
作　　者：刘伯鸿

责任编辑：吕继函　　**编辑部电话**：(010)51873205　　**电子邮箱**：312705696@qq.com
封面设计：王镜夷
责任校对：焦桂荣
责任印制：赵星辰

出版发行：中国铁道出版社有限公司(100054，北京市西城区右安门西街 8 号)
网　　址：http://www.tdpress.com
印　　刷：三河市兴博印务有限公司
版　　次：2015 年 11 月第 1 版　2024 年 7 月第 9 次印刷
开　　本：787 mm×1 092 mm　1/16　**印张**：20　**字数**：512 千
书　　号：ISBN 978-7-113-20421-1
定　　价：58.00 元

前　言

车站信号自动控制系统,也称联锁系统,是铁路运输自动化领域里重要的控制系统之一。该系统的中心任务是以技术手段识别、消除或减弱车站内危及行车安全的因素,以保证行车安全,并在此基础上提高运输效率和为科学管理提供信息。它主要是研究车站信号设备的继电控制,所涉及的内容主要包括进路空闲检测、道岔控制、信号控制、进路解锁技术和"故障—安全"技术。车站信号自动控制的观念、思维方法和"故障—安全"思想具有普遍性和典型性,对轨道交通信号与控制专业具有重要的指导意义,而且对形成轨道交通信号系统的控制理念是不可或缺的。

以素质教育和能力培养相结合为着力点,培养新一代专业人才为目标,对车站信号控制的课程体系和内容进行改革,本教材具有如下特点:

(一)提高理论层次,拓宽知识面

以铁道信号联锁理念为先导,突出课程的专业特点。打破传统课程的教学内容和方法,而不是一上来就讲电路;强调"故障—安全"理论和继电电路的设计原理;拓宽知识面,以信号基础设备、继电联锁、计算机联锁、可靠性、安全性理论、铁道信号新设备等各方面来组织教学内容。

(二)突出主干教学内容

突出主干教学内容是实现教学内容现代化,优化整个教学系统的有效途径。重新认识车站信号自动控制各部分内容的相对独立性和互补性,把各部分内容作为一个整体来进行同步规划、同步整合。课程的内容以三方面为教学主干:车站信号联锁技术基础;继电集中联锁电路;计算机联锁系统技术。

本书以介绍重点理论、突出基本原理和能力培养为目标。本书第一篇介绍铁道信号联锁的相关理论知识,这样为后面读者理解联锁控制电路打下良好的基础。第二篇中对 6502 电气集中的基本概念、设备组成、电路原理、动作程序等内容进行了详尽的介绍,突出强调"故障—安全"理论和继电电路的设计原理。对于 6502 电气集中电路原理,本书采用通俗易懂的方法,着重介绍其电路结构、电路动作原理,以帮助读者理解、掌握、跑通电路为主要目的。第三篇中对计算机联锁的基本概念、设备组成、电路原理等内容进行了详尽的介绍,并对国内广泛应用的几种计算机联锁系统进行了简要说明。

在教材编写过程中,各个篇章采用章节主干内容与专题相结合形式。本书的主干内容由各章节组成,专题部分是每一章主干内容的扩展、延伸,二者相互依托、相互关联、不可分割，是一个整体。

本书内容编排上突出“学习知识与能力培养并举”。车站信号有许多知识点，涉及面广，以6502电气集中为例，涉及15条网路线，相互之间关系错综复杂。如何有效地提高学习效率，前提要了解不同继电器的特性，了解选择组、执行组以及解锁网路中各个继电器的作用和动作时机，理解6502电气集中设计的思想和方法，在掌握基本概念、基本知识的基础上，根据相关专题，正确分析网路线的电路逻辑，最后跑通相关网路线。

为了便于读者学习时有章可循、有的放矢，提高学习的积极性，第一篇，从一般概念的角度，即从铁路信号的角度，介绍了与车站信号联锁技术相关的基本概念、基本知识。第二篇6502电气集中部分主要从相关知识、网路线及各继电器的励磁电路和自闭电路角度，阐述了电气集中基本知识、基本概念、基本原理。第三篇，计算机联锁主要从软硬件原理、结构、可靠性和安全性，以及计算机联锁系统等方面进行了介绍。

此外，为加强学生对基本概念、基本原理的理解和掌握，提升学生分析和解决应用问题的能力，书中各章后面都配置了大量思考题，实际使用时可灵活取舍。

本书由兰州交通大学刘伯鸿任主编，兰州交通大学李国宁、朱爱红任副主编，南京铁道职业技术学院林瑜筠任主审。其中，刘伯鸿编写第一、三、四、五章，兰州交通大学赵斌编写第二章，兰州交通大学李国宁、岳丽丽编写第六章，兰州交通大学朱爱红、王耀东、李军丽编写第七章。

本书的编写得到了兰州交通大学董昱教授、王瑞峰教授、陈永刚教授、谭丽教授的大力支持和帮助，并提出了许多宝贵的建议和意见，在此表示衷心的感谢。

同时，在本书的策划和写作过程中，得到了许多同行的关怀与帮助及许多老师的大力支持：武晓春、郑云水、贺清、李茂清、李建国、林海香、林俊亭、张燕鹏、张振海、杨妮、左静等，在此谨向他们致以诚挚的谢意！

在编写过程中广泛地参阅了国内外有关文献资料，在此，谨向这些文献资料的作者和出版单位表示衷心地感谢。

由于作者的水平和能力有限，且时间仓促，书中疏漏和错误之处在所难免，恳请广大读者批评、指正。

编者

2015年3月

目　　录

第一篇　车站信号联锁技术基础

第二篇　继电集中联锁

第一篇　车站信号联锁技术基础

第一章　绪　　论

第一节　车站信号控制系统

铁路运输系统中，安全是永恒的主题。在铁路发展初期，为了确保行车安全，人们就约定以物体的形状、位置、颜色及数目等外部特征作为信号，向行车人员传达列车的运行条件和命令，这样，信号的显示意义就与行车安全联系在一起。当不存在危及行车安全的因素时，就可以给出允许行车的信号，反之则给出禁止行车的信号。

由于保证行车安全的主体是信号，所以把保证行车安全的系统一般称为铁路信号系统，简称铁路信号。

铁路信号分为车站信号和区间信号。车站信号保证列车在车站内的行车安全，区间信号保证列车在车站间的运行安全。

一、车站信号控制系统简介

车站信号控制系统应用于铁路车站，用以实现站内行车指挥，保证站内列车或调车车列运行时不发生追尾、迎面相撞、侧面冲突等事故。

通常，把列车和调车车列由站内某一指定地点运行至站内另一指定地点所经过的径路称作进路。为了保证行车安全，在列车或车列驶入进路之前，应保证进路空闲、与进路相关的道岔位置正确并锁闭、其他列车或车列不会闯入该进路。只有上述三个条件同时满足时，才允许开放该进路的防护信号机。

把信号机、道岔、轨道区段及进路之间相互制约的关系称为联锁。因此，车站信号控制系统也称为车站联锁控制系统，其组成框图如图 1-1 所示。车站信号控制系统的设备由室内设备和室外设备组成。室内设备主要包括控制台和联锁机构，其中控制台是人—机交互的接口，车站值班员可以通过控制台办理进路，了解现场设备的状态；联锁机构是车站信号控制系统的核心，完成联锁逻辑运算。室外设备包括信号机、道岔转辙机、轨道电路等，是联锁系统的控制对象。

车站值班员根据行车计划，通过控制台输入控制指令，为列车或车列分配进路；联锁机构根据控制指令，进行联锁运算，完成进路的排列。

在车站信号控制系统中主要包括进路空闲的检测技术、道岔控制技术、联锁技术和“故障—安全”技术，其中联锁技术和“故障—安全”技术是车站信号控制技术的核心内容。

1. 联锁技术

为了保证站内行车安全，信号机、道岔、轨道区段及进路之间必须遵循一定的制约关系，我们称这种制约关系为联锁关系，实现联锁关系的技术为联锁技术。

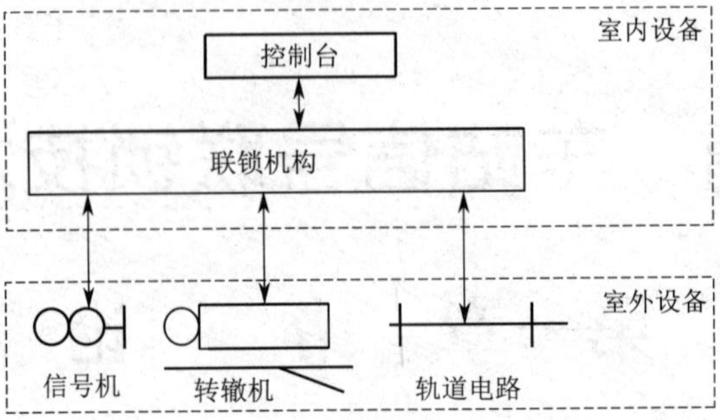

图 1-1 车站信号控制系统组成框图

2."故障—安全"技术

"故障—安全"是指系统中任何部分发生故障及系统处于任何可能的外界环境中时,系统的输出均处于安全状态。"故障—安全"技术就是当器件、部件和系统发生故障时不致产生危险侧输出的技术。为了保障行车安全,"故障—安全"技术在车站信号控制系统中得到广泛应用。电气集中联锁系统中,通过采用安全型继电器、继电器安全电路等技术来提高系统的可靠性和安全性。计算机联锁系统中,采用多机硬件冗余的"故障—安全"计算机平台,通过不对称编码、关键数据异地多份存储等数据安全保障技术,以及模块化、结构冗余的软件设计方法来提高系统的可靠性和安全性。

二、车站信号控制系统发展历史

1825 年第一条铁路在英国诞生,1856 年第一套简单的机械式车站联锁控制设备诞生。在机械联锁中,信号机与道岔的控制杆相互锁闭,联锁关系遵循因果关联或相关进路原则。

1927 年基于布线逻辑的继电联锁控制系统问世。与机械联锁不同的是,继电联锁的联锁逻辑由继电电路实现,道岔和信号机不再由控制杆控制。操作员按压进路的始端和终端按钮发出选路命令后,继电联锁控制系统将自动完成对道岔和信号机的安全控制。

继电联锁控制系统由不对称的重力式安全型继电器构成,该系统很好地实现了安全联锁功能,并且在故障状态下能够保证控制系统的安全性,同时提高了作业效率。经过不断完善,20 世纪 60 年代人们开始尝试采用电子器件取代继电器来构成铁路信号电子联锁控制系统。1978 年,由瑞典研制的世界上第一套计算机联锁控制系统在瑞典哥德堡站的成功应用,掀开了车站联锁控制系统研究与应用的新篇章。随后,各国竞相开发研究计算机联锁控制系统,到了 20 世纪 90 年代不少国家已开始大面积推广计算机联锁控制系统。

进入 21 世纪后,我国的计算机联锁发展非常迅速,现已超过 3 000 个站场采用计算机联锁,许多区段已发展了成段计算机联锁。

三、现状及前景

计算机联锁系统功能正日趋完善,其功能便于扩展,信息量丰富,可与运输调度指挥、列车控制等子系统联网,有利于实现远程诊断和信号维修管理,已成为铁路车站信号联锁设备的首选,也为开发应用联锁、闭塞、列车运行控制综合控制技术奠定了基础。

铁路车站信号控制系统将向低成本、高效率、高安全、高可靠及信息化、智能化、网络化、室外设备驱动接口全电子化和综合自动化的方向发展。

四、计算机联锁技术的发展

1. 冗余技术的发展

最早出现的计算机联锁曾采用单机机构，其可靠性和安全性远远不能满足车站联锁的严格要求。于是，改为双机热备结构，并由一个 CPU 执行两套功能相同而编码各异及诊断程序，来提高计算机联锁的可靠性和安全性。目前，我国大部分计算机联锁是双机热备系统。但是，双机热备系统存在着双机切换的问题，切换失败将产生危险后果。

与此同时，开发了采用屏蔽冗余技术三取二系统，三个 CPU 运算结果两两进行比较，产生危险输出的可能性极小。但是，存在着不能停机检修的问题。

二乘二取二系统由两个 CPU 构成一个子系统执行联锁任务（主机），另两个 CPU 处于热备状态（备机），这就大大提高计算机联锁的可靠性和安全性，而且方便维修。当前，主要干线的技术改造都优先考虑采用二乘二取二系统。

2. 动态输出技术的发展

目前广泛使用的计算机联锁系统，其信号机和道岔的控制器件仍然由继电器来完成。为了提高计算机联锁输出的可靠性和安全性，双机热备结构的计算机联锁多采用动态继电器，后来又采用动态驱动单元或动态驱动柜，将驱动电路与继电器分离开来，使继电器带动更多组接点。

有些双机热备结构的计算机联锁，以及三取二和二乘二取二的计算机联锁则在系统内部完成了动态输出，不再采用动态继电器，也不需要动态驱动单元或动态驱动柜，直接驱动偏极继电器，甚至无极继电器。

也有提出用电子单元代替继电器，构成全电子计算机联锁系统。因为，电子单元具有体积小、功能强大等特点，便于组网、远程管理和远程诊断。在国外，只有少数车站采用。国产车站全电子计算机联锁系统研制始于 1996 年，“计算机联锁智能型全电子信号道岔控制一体化的研究”于 2000 年 1 月通过铁道部技术审查。该系统从 2001 年开始，先后在信阳电厂、襄樊北机务段整备场及少量干线铁路车站投入使用。

第二节　车站信号控制技术的发展趋势

随着信息技术的发展及铁路信号技术的应用，当前车站信号技术已由传统的继电逻辑、模拟电路、分散孤立的控制模式发展为数字化、网络化、智能化、综合化的自动控制模式。在信号系统的功能上，已由原来单一化走向系统化和信息化，从单纯保障行车安全，扩展到提高运输效率、改善管理和改进服务及业务综合管理方向发展，从而充分发挥信号系统的整体综合效能，使其成为行车控制、调度指挥、信息管理和设备监测的综合自动化系统。上述变化将导致车站信号系统的内涵和外延有所改变。

中国列车运行控制体系的建立，极大地推动了车站信号控制技术的发展。以计算机为核心的信号设备使得车站列控设备自动化、数字化与智能化成为可能，信号显示由无特定速度含义的颜色信息向允许速度、目标距离转化；列车运行已由以人为主来确认信号和操作向车载设备来收发信息的智能化转化。

列车运行控制技术发展已经冲破了功能单一、控制分散、车站信号相对独立的传统技术理念，推动了车站信号技术一体化的发展。

列车运行控制强调将各种分散的信号设备联成一个整体，车站信号系统的总体结构必然是一个网络化结构。车站信号系统可以分配层，最低层是现场的转辙机、轨道电路、信号机、机车信号、通信传输装置等；第二层是安全控制设备，包括车站联锁、列控装置等；第三层是调度中心，主要实现调度指挥的优化管理与决策支持。

图 1-2 为车站信号控制系统发展的螺旋上升图。

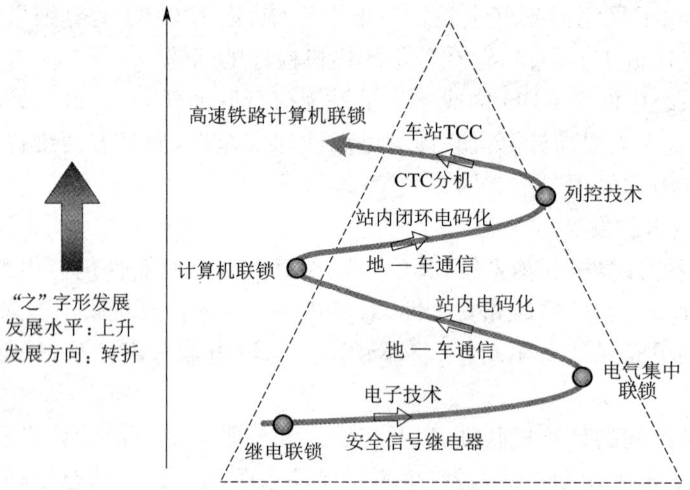

图 1-2 车站信号控制系统发展的螺旋上升图

第三节 本书导读

本书篇章结构和知识内容是按阶进式架构的。第一篇为基础知识，包括绪论、联锁基本概念、联锁设备、联锁图表；第二篇为继电集中联锁，包括 6502 电气集中概述、选择组电路、执行组电路；第三篇为计算机联锁，包括计算机联锁系统技术、计算机联锁系统设备等。各章内容既相互独立又相互联系，读者可按顺序阅读，也可根据需要安排阅读顺序。

本书以章节内容为主干，专题部分既是章节内容的扩展、延伸，又是本书的重要组成，二者互为渗透、互为"补充"、互为"备用"，相得益彰。专题与章节内容的相互关系如图 1-3 所示。

本书以车站信号自动控制为线索，以"车站信号联锁技术基础、6502 电气集中、计算机联锁"为核心内容，较全面地介绍了车站信号自动控制的工作原理、方法和技术。

车站信号自动控制系统的功能是实现车站办理列车作业、调车作业，必须按照铁路技术管理规范进行，信号知识涉及面广，有运营方面的，也有功能需求、可靠性、"故障—安全"等方面。在此提请读者注意，车站信号自动控制是以铁路信号相关技术规范为依据，以控制技术、通信技术等为手段，满足铁路行车指挥的设备。

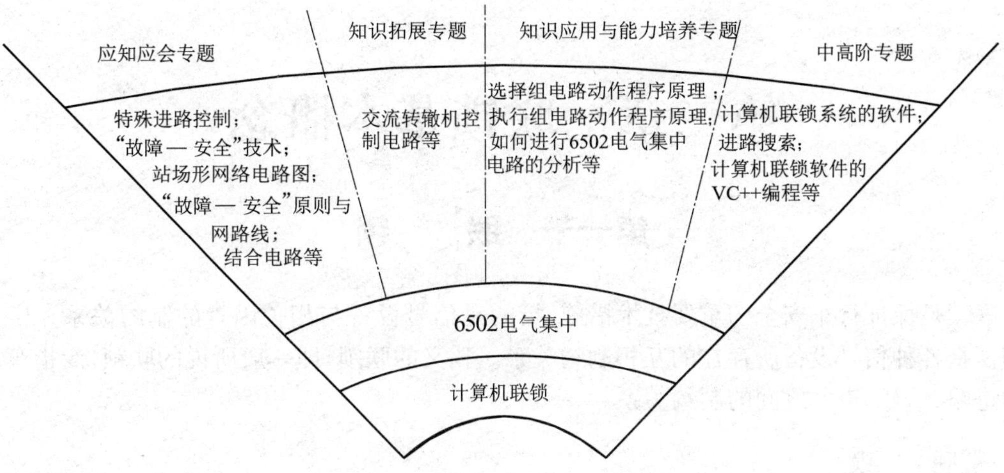

图 1-3 专题与章节内容的相互关系

以继电电气集中为例，对其中任何一条网路的深刻理解都会涉及其他网路线，知识点具有“零、杂、碎、冗”的特点。“零”即知识点分布广；“杂”即电路复杂，以 6502 电气集中为例，涉及选择组和执行组 15 条网路线；“碎”即知识点零碎，一个信号设备或一个信号系统涉及很多知识，如站间半自动闭塞作业办理就不是“简单”的逻辑表达关系；“冗”即采用多种冗余措施、冗余技术，一旦信号设备故障，实现“故障—安全”，保证行车安全。

初学者在学习 6502 电气集中电路时，可先阅读本书基本内容，在建立了基本概念后，再跑通书中所列举的电路实例。每学完一章后，按所附复习思考题进行复习。学完电路原理后，可借助林瑜筠主编的《6502 电气集中电路图册》及《计算机联锁图册》，按举例的引导跑通全部电路。然后再逐步脱离书本跑电路，最后做到图册上的电路都能跑通。

对于读者而言，6502 电气集中有关网路线分析或专题部分，若学习有困难，也可以暂时跳过。

对于有一定专业基础的读者而言，可以省略学习基本部分，直接学习第二篇继电集中联锁和第三篇计算机联锁的内容。读者也可根据需要有选择性地阅读相关部分章节。

思 考 题

1. 车站信号控制系统的设备有哪些？
2. 车站信号控制系统与列车运行控制系统(CTCS)的关系是什么？

第二章　联锁基本概念

第一节　联　　锁

联锁是保证行车安全的重要技术措施，指的是信号设备与相关因素的制约关系。广义的联锁泛指各种信号设备所存在的互相制约关系。狭义的联锁，即一般所说的联锁，专指车站范围内进路、信号、道岔之间的制约关系。

一、联　　锁

车站有许多用道岔联结着的线路（如正线、站线及特别用途线等）。列车和调车车列在站内运行所经过的径路，称为进路。按各道岔的不同开通方向可以构成不同的进路。列车和调车车列必须依据信号的开放通过进路，即每条进路必须由相应的信号机来防护。进路上的道岔位置不正确或已有车占用，有关的信号机就不能开放；信号开放后，其所防护的进路不能变动，即此时该进路上的道岔必须被锁闭，不能再转换。信号、道岔、进路之间的这种相互制约的关系，称为联锁关系，简称联锁。

二、联锁道岔

道岔是列车从一条股道转向另一条股道的转辙设备，它是铁路线路中的设备，也是铁路信号的主要控制对象之一。

1. 道岔的定、反位

每组道岔都有两个位置：定位和反位。道岔的定位是指道岔经常开通的位置；反位则是排列进路时临时改变的位置。

确定道岔定位的原则是：

(1)所有正线上的道岔，除引向安全线和避难线外，均向各该正线开通的位置为定位。

(2)引向安全线、避难线的道岔，以向各该安全线和避难线开通的位置为定位。

(3)侧线上的道岔除引向安全线和避难线外，以向列车进路开通的位置或靠近站舍进路开通的位置为定位。

(4)在确定道岔位置时，应把那些可以划成双动道岔的尽量划成双动。

2. 联动道岔

排列进路时，几组道岔要定位都要在定位，要反位则都要在反位，这些道岔称为联动道岔。

一般渡线两端的道岔为联动道岔，如图 2-1 所示的站场的 1 号和 3 号道岔，1 号道岔定位时，3 号道岔必须在定位；1 号道岔反位时，3 号道岔也必须在反位，即 1 号道岔和 3 号道岔是联动道岔，记为 1/3，它们必须同时转换，否则不能保证安全。

复式交分道岔包括两组尖轨和两组可动心轨，需四台转辙机牵引。其中前一组尖轨和前一组可动心轨联动，后一组尖轨和后一组可动心轨联动，如图 2-2 所示。

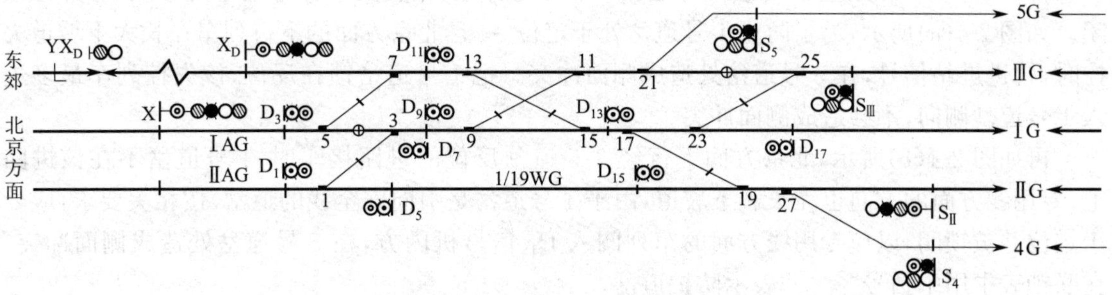

图 2-1　下行咽喉举例站场

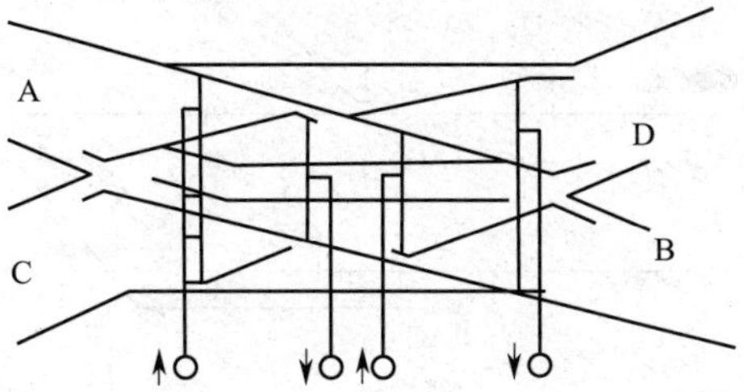

图 2-2　复式交分道岔

根据不同的站场布置，可能有三动、四动(所谓假双动，指室外由两台转辙机牵引，室内道岔电路按单动道岔处理的双动道岔)情况。

三动道岔如图 2-3(a)所示，2、4、6 号道岔为三动道岔，记为 2/4/6，简记 2/6；8、10 号为假双动，记为 8/(10)。图 2-3(b)中的 2、4、6、8 号为四动道岔，记为 2/4/6/8，简记为 2/8；10、12 和 14、16 为假双动，分别记为 10/(12)、14/(16)号。

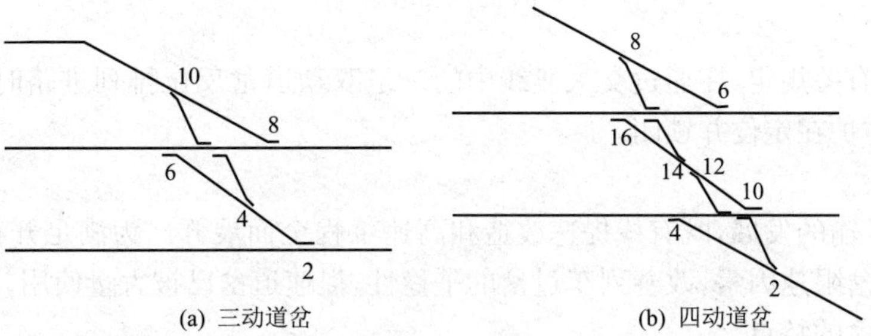

(a) 三动道岔　　(b) 四动道岔

图 2-3　三动道岔和四动道岔

3. 带动道岔和防护道岔

为了满足平行作业的需要，排列进路时还应把不包括在进路中的道岔带动到规定位置，称之为带动道岔。例如，图 2-1 中，从北京方面向Ⅱ股道接车时，要求 17/19 道岔反位。由于道岔 17 和 23 同在一个道岔区段内，列车进路并不经过 23 号道岔，如 23/25 在反位，则当 17—23DG 锁闭时，就把道岔 23/25 也锁在了反位，显然会影响东郊方面和Ⅲ股道之间列车的进出。为了不影响此平行进路的建立，则要求排列经由 17/19 反位的进路时，把 23/25 道岔带动到定位。在联锁表中用大括号“{　}”表示带动道岔。

为了防止侧面冲突，有时需要不在所排进路上的道岔处于防护位置并予以锁闭。

排列 D_9 至 D_3 的进路，尽管 1 号道岔不在该进路上，但仍要求 1 号道岔处于反位，并被锁闭。如图 2-4(a)所示，为了防止 1 号道岔处于定位，一旦北京方面的下行列车在长大下坡道失控时，冒进进站信号，在 5 号道岔处造成侧面冲突。把 1 号道岔锁在反位，该失控列车最多进入 1 号道岔侧向，不会造成侧面冲突。

再如图 2-4(b)所示，北京方面下行经 3/5 道岔反位的进路接车时，1 号道岔不在该进路上，专用线方面的方向也无长大下坡道，由于 1 号道岔是引向安全线的道岔，按相关要求，应处于定位并被锁闭，以免专用线方面的车列闯入 D_1 信号机内方，在 5 号道岔处造成侧面冲突。在联锁表中用中括号“[ ]”表示防护道岔。

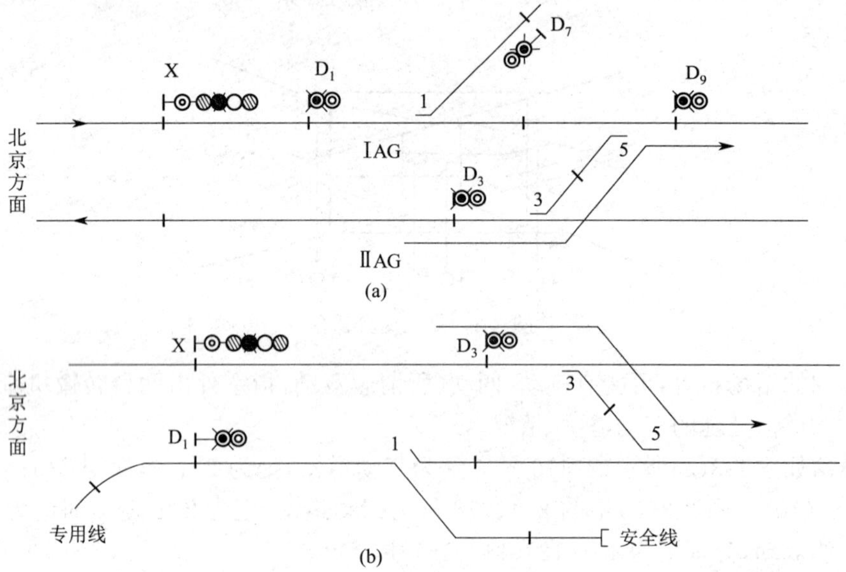

图 2-4 防护道岔

另外，根据有关规定，在通过交叉渡线中的一组双动道岔反位排列进路时，应将另一渡线上的双动道岔防护在定位并锁闭。

4. 提速道岔

随着铁路运输的发展，既有线提速改造和高速工程全面展开。为满足开行快速列车的需要，消除铁路道岔限速因素，改善列车过岔的平稳性，提速道岔已被大量使用。

(1)提速道岔的特点

与常规道岔相比较，提速道岔具有如下特点：满足旅客列车直向容许通过速度 160 km/h，货车直向容许通过速度 90 km/h。各类列车侧向容许通过速度均为 50 km/h，解决了常规道岔中的各种工、电不相适应的问题，将我国道岔提速转换技术提高到一个新水平。加大岔枕断面，减少了岔枕铺设根数，岔枕间隔均匀一致，各类转换设备隐蔽设置保证必要的捣固空间，适应机械化养路作业的要求；适应跨区间超长无缝线路的铺设要求。

(2)提速道岔与转辙机的设置

在未提速的情况下，车站联锁区域内一般每组道岔岔尖处均设一台转辙机。在采用 12 号 AT 道岔时，因其为弹性可弯道岔，尖轨加长且有弹性，需要采用两台转辙机来转换道岔，一台牵引尖轨尖端(第一点)，另一台牵引尖轨腰部(第二点)。可动心轨道岔的心轨需一台转辙机牵引。复式交分道岔的两组尖轨和两组可动心轨分别由一台转辙机牵引。18 号道岔尖轨亦需两个牵引点，可动心轨需两个牵引点。

在提速区段，提速道岔进一步加长了尖轨长度，为满足多点牵引多点检查的要求，需多台转辙机牵引。

转辙机的数量要视道岔号码、固定辙叉还是可动心轨、燕尾式外锁闭装置还是辙叉外锁闭装置、S700K 型转辙机还是 ZYJ7 型转辙机而定。各种类型提速道岔所需交流转辙机台数见表 2-1。

表 2-1　各种类型提速道岔所需交流转辙机台数

<table>
<tr><th colspan="2">道岔类型</th><th colspan="2">道岔号码</th><th>尖轨长度(m)</th><th>尖轨牵引点</th><th>可动心轨牵引点</th><th>S700K转辙机(台)</th><th>ZYJ7转辙机(台)</th></tr>
<tr><td colspan="2" rowspan="5">单动道岔</td><td colspan="2">9 号提速道岔</td><td>13.465</td><td>2</td><td></td><td>2</td><td>1</td></tr>
<tr><td rowspan="2">12 号提速道岔</td><td>固定辙叉</td><td rowspan="2">13.88</td><td>2</td><td></td><td>2</td><td>1</td></tr>
<tr><td>可动心轨</td><td>2</td><td>2</td><td>4</td><td>2</td></tr>
<tr><td colspan="2">18 号提速道岔</td><td>15.68</td><td>3</td><td>2</td><td>5</td><td>2</td></tr>
<tr><td colspan="2">30 号提速道岔</td><td>27.98</td><td>6</td><td>3</td><td>9</td><td>9</td></tr>
<tr><td rowspan="4">双动道岔</td><td rowspan="2">两端提速</td><td rowspan="4">12 号提速道岔</td><td>固定辙叉</td><td rowspan="2">13.88</td><td>4</td><td></td><td>4</td><td>2</td></tr>
<tr><td>可动心轨</td><td>4</td><td>4</td><td>8</td><td>4</td></tr>
<tr><td rowspan="2">一端提速，另一端非提速</td><td>固定辙叉</td><td rowspan="2">13.88</td><td>2</td><td></td><td>2</td><td>1</td></tr>
<tr><td>可动心轨</td><td>2</td><td>2</td><td>4</td><td>2</td></tr>
</table>

对表 2-1 需说明的是，9 号提速道岔是没有可动心轨的。18、30 号是没有固定辙叉的提速道岔。两端提速，指两端道岔均在正线上；一端提速，指一端道岔在正线上，另一端不在正线上。不在正线上的道岔不提速，仍采用 ZD6 型电动转辙机。采用 ZYJ7 型电液转辙机时，除 30 号道岔，均带 SH6 型转换锁闭器。对于 18 号提速道岔，采用 S700K 型电动转辙机，每个牵引点一台，共 5 台；采用 ZYJ7 型电液转辙机，2 台，其中一台用于尖轨，另一台用于心轨。对于 30 号提速道岔，采用各种转辙机时，均为每个牵引点一台转辙机牵引。

客运专线所用 18 号提速道岔尖轨长度 22.01 m，38 号提速道岔尖轨长度 37.63 m，它们的牵引点分别同 18 号、30 号提速道岔。

一组道岔由一台转辙机牵引的称为单机牵引，由两台转辙机牵引的称为双机牵引，由两台以上转辙机牵引的称为多机牵引。

三、警 冲 标

两条股道汇合在一起时，在两汇合股道中心相距 4 m 的地方设置安全标志(称作警冲标)。

四、联锁的基本内容

联锁的基本内容包括：防止建立会导致车辆相冲突的进路；必须使列车或调车车列经过的所有道岔均锁闭在与进路开通方向相符合的位置；必须使信号机的显示与所建立的进路相符。

1. 进路空闲时才能开放信号

进路空闲时才能开放信号，这是联锁最基本的技术条件之一。即向有车占用的进路排列进路时，有关列车信号机不得开放。如果进路上有车占用，却能开放信号，则会引起列车、调车车列与原停留车冲突。

2. 进路上有关道岔位置正确且被锁闭才能开放信号

进路上有关道岔在规定位置才能开放信号，这是联锁最基本的技术条件之二。即进路上有关道岔位置不正确，道岔的尖轨与基本轨不密贴（有 4 mm 及以上间隙），防护该进路的信号机不得开放。如果进路上有关道岔开通位置不对却能开放信号，则会引起列车、调车车列进入异线或挤坏道岔。信号开放后，其防护进路上的有关道岔必须被锁闭在规定位置且不能转换。

3. 敌对信号未开放且被锁闭在关闭状态才能开放信号

敌对信号未关闭时，该信号机不能开放，这是联锁最基本的技术条件之三。即敌对进路未解锁或照查条件不符合时，防护该进路的信号机不得开放。否则列车或调车车列可能造成正面冲突。信号开放后，与其敌对的信号也必须被锁闭在关闭状态，不能开放。

第二节 联锁图表

联锁图表是车站联锁设备间联锁关系的说明，采用图和表的形式来表示。它由信号平面布置图和联锁表两部分组成。联锁图表说明车站信号设备之间的联锁关系，显示了进路、道岔、信号机及轨道电路区段之间的基本联锁内容。电路设计是根据联锁图表的要求严密进行的，联锁试验和竣工验收时也以联锁图表作为检查工程质量的重要依据。因此，联锁图表必须认真编制，避免任何差错和遗漏。

一、信号平面布置图

信号平面布置图是编制联锁表的主要依据，为满足编制联锁表的需要，信号平面布置图上一般应有以下主要内容：

（1）联锁区及非联锁区中与信号设备有关的线路布置及编号。

（2）联锁道岔、信号机、信号表示器、轨道电路区段（含侵限绝缘区段）等有关设备及其编号和符号。

（3）尽头线、专用线、机务段及无岔区段的轨道电路区段编号。

（4）正线和到发线的接车方向，区间线路及机车走行线的运行方向。

（5）信号楼（或车站值班员室）等的符号。

（6）信号楼（或车站值班员室）中心公里标，联锁道岔和信号机距信号楼（或值班员室）中心的距离。

（7）进站信号机外方制动距离内有超过 6‰ 下坡道时的换算坡度数。

二、联锁图表举例

为了理解和把握联锁图表的内容，在此以某举例站下行咽喉联锁表为例来介绍。

图 2-5 为某双线双向举例站场下行咽喉信号平面布置图，是一个五股道双线双向车站，进站口设有北京方面进站信号机 X 和东郊进站信号机 X_D。表 2-2 是根据图 2-5 编制的联锁表。

表 2-2 根据图 2-5 编制的联锁表(部分)

方向			进路	进路方式	排列进路按下按钮	确定运行方向道岔	信号机 名称	信号机 显示	表示器	道岔	敌对信号	轨道区段	迎面进路 列车	迎面进路 调车	其他联锁	进路号码
列车进路	北京方面	正方向发车	由 5G		S_5LA、X_FLA		S_5	L或LU或U	B-A	(21)、[13/15]、(9/11)、(1/3)	D_1、D_7、D_9、X_F、S_5D	21DG、〈23/25〉25DG、11—13DG、9—15DG、3DG、1DG、〈5/7〉5DG、ⅡAG			BS	1
			由ⅢG	1	S_{III}LA、X_FLA	(23/25)	S_{III}	L或LU或U	B-A	(23/25)、17/19、13/15、9/11、(1/3)	D_{13}、D_9、D_7、D_1、X_F、S_{II}D	25DG、〈21〉21DG、17—23DG、9—15DG、3DG、1DG、〈5/7〉5DG、ⅡAG			BS	2
			由ⅢG	2	S_{III}LA、BA、X_FLA	23/25	S_{III}	L或LU或U	B-A	23/25、21、[13/15]、(9/11)、(1/3)	D_9、D_7、D_1、X_F、S_{III}D	25DG、21DG、11—13DG、9—15DG、3DG、1DG、〈5/7〉5DG、ⅡAG			BS	3
			由ⅡG	1	S_{II}LA、X_FLA	17/19	S_{II}	L或LU或U	B-A	27、17/19、1/3	D_{15}、D_5、D_1、X_F、S_{II}D	19—27DG、1/19WG、1DG、ⅡAG			BS	4
			由ⅡG	2	S_{II}LA、D_7A或D_9A或D_{13}A、X_FLA	(17/19)	S_{II}	L或LU或U	B-A	27、(17/19)、{23/25}、13/15、9/11、(1/3)	D_{13}、D_9、D_7、D_1、X_F、S_{II}D	19—27DG、17—23DG、9—15DG、3DG、〈5/7〉5DG、1DG、ⅡAG			BS	5
			由 4G	1	S_4LA、X_FLA	17/19	S_4	L或LU或U	B-A	(27)、17/19、1/3	D_{15}、D_5、D_1、X_F、S_4D	19—27DG、1/19WG、1DG、ⅡAG			BS	6
			由 4G	2	S_4LA、D_7A或D_9A或D_{13}A、X_FLA	(17/19)	S_4	L或LU或U	B-A	(27)、(17/19)、{23/25}、13/15、9/11、(1/3)	D_{13}、D_9、D_7、D_1、X_F、S_4D	19—27DG、17—23DG、9—15DG、3DG、〈5/7〉5DG、1DG、ⅡAG			BS	7
		正方向接车	至 5G	1	XLA、S_5LA	(5/7)	X	UU		(5/7)、9/11、13/15、(21)	D_3、D_{11}、S_5D	ⅠAG、5DG、〈1/3〉3DG、7DG、11—13DG、21DG、〈23/25〉25DG、5G	5G	5G		8
			至 5G	2	XLA、D_7A或D_9A、S_5LA	5/7	X	UU		5/7、1/3、(9/11)、[13/15]、(21)	D_3、D_7、D_9、S_5D	ⅠAG、5DG、3DG、9—15DG、11—13DG、21DG、〈23/25〉25DG、5G	5G	5G		9
			至ⅢG	1	XLA、S_{III}LA	5/7、9/11	X	UU		5/7、1/3、9/11、13/15、17/19、(23/25)	D_3、D_7、D_9、D_{13}、S_{III}	ⅠAG、5DG、3DG、9—15DG、17—23DG、25DG、〈21〉21DG、ⅢG	ⅢG	ⅢG		10
			至ⅢG	2	XLA、$D_1$1A或BA、S_{III}LA	(5/7)	X	UU		(5/7)、9/11、13/15、21、23/25	D_3、D_{11}、S_{III}	ⅠAG、5DG、〈1/3〉3DG、7DG、11—13DG、21DG、25DG、ⅢG	ⅢG	ⅢG		11
			至ⅠG	1	XLA、S_{I}LA		X	U		5/7、1/3、9/11、13/15、17/19、23/25	D_3、D_7、D_9、D_{13}、S_{I}D	ⅠAG、5DG、3DG、9—15DG、17—23DG、ⅠG	ⅠG	ⅠG		12
			至Ⅱ股道	2	XLA、D_{11}A、S_{II}LA	(5/7)	X	UU		(5/7)、(13/15)、[9/11]、(17/19)、{23/25}、27	D_3、D_{11}、D_{13}、S_{II}	ⅠAG、5DG、〈1/3〉3DG、7DG、11—13DG、9—15DG、17—23DG、19—27DG、ⅡG	ⅡG	ⅡG		13
			至 4 股道		XLA、S_4LA		X	UU		5/7、1/3、9/11、13/15、(17/19)、{23/25}、(27)	D_3、D_7、D_9、D_{13}、S_4D	ⅠAG、5DG、3DG、9—15DG、17—23DG、19—27DG、4G	4G	4G		14
		通过	经ⅠG向天津方面通过		XTA、S_FLA		X/X_{I}	L/L或LU		5/7、1/3、9/11、13/15、17/19、23/25、16、6/8、{18/20}、10/12、2/4	D_3、D_7、D_9、D_{13}、S_{I}、D_{12}、D_{10}、D_8、S_F	ⅠAG、5DG、3DG、9—15DG、17—23DG、ⅠG、16—18DG、8—10DG、4DG	ⅠG	ⅠG	BS	35/98

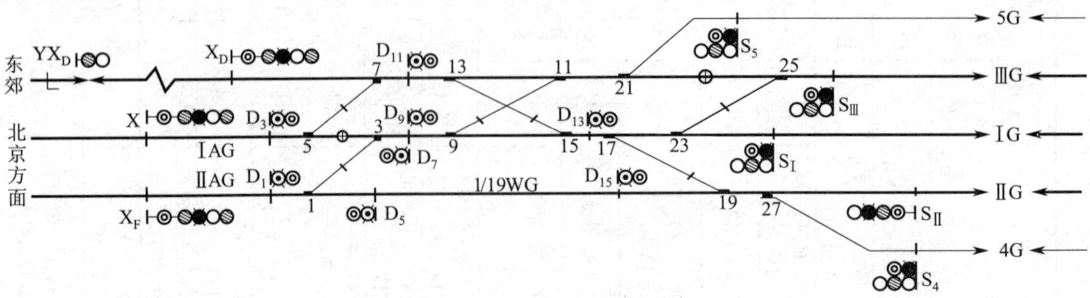

图 2-5　某双线双向举例站场信号平面布置图(下行咽喉)

专题　特殊进路控制

除了针对普通进路的控制以外,在车站信号控制系统中,还存在着一些特殊进路,需要满足相应的特殊技术条件。

一、引导进路控制

因进站或接车进路信号机自身故障或轨道电路故障不能正常开放接车信号,以及在道岔失去表示或向非接车线路接车时,可采用将接车进路上的道岔实行锁闭或对全咽喉所有道岔实行总锁闭然后开放引导信号的方式将列车以低速引导进站。

引导锁闭有两种方式:一是按进路方式锁闭道岔,称为引导进路锁闭;二是全咽喉的道岔全部锁闭,称为引导总锁闭。

1. 引导进路的办理方式

如果因进站或接车进路信号机自身故障(如允许信号灯丝断丝等)而不能正常开放时,可采用按压始、终端按钮方式正常办理接车进路,进路排出后再按压相应的引导按钮,开放引导信号。

如果因进路中的轨道电路故障而不能正常办理接车进路时,可先将进路上的道岔单独操纵至规定位置,再按压相应的引导按钮,开放引导信号。

如果因表示电路故障导致道岔失去表示或向非接车线路接车时,人工确认引导进路正确后,按压该咽喉的引导总锁闭按钮和相应的引导按钮,锁闭该咽喉全部道岔后,开放引导信号。

2. 引导信号开放的条件

开放引导信号应检查如下技术条件:

(1)引导进路中道岔位置正确。

(2)未建立敌对进路。

(3)引导进路在锁闭状态或对道岔进行了引导总锁闭。

(4)进站信号机必须为红灯显示。

3. 引导信号的关闭时机

引导信号在下列情况下应及时关闭:

(1)列车未驶入引导进路之前,信号保持开放的条件不能满足时。

(2)信号机内方第一轨道区段无故障的情况下,列车第一轮对进入该区段时。

(3)信号机内方第一轨道区段故障,未能在 15 s 内进行维持开放信号的操作时。

(4)办理引导进路解锁时。

(5)解除道岔总锁闭时。

(6)人工关闭信号时。

4. 引导进路解锁

引导进路的解锁方式与正常进路的解锁方式也存在区别。列车通过引导进路后，引导信号关闭，但进路并不按逐段解锁的方式解锁，而是保持进路锁闭状态。人工按压“总人工解锁”按钮后，按压进路的始端按钮或相应的引导按钮后，引导进路一次性解锁。

二、延续进路控制

当进站信号机外方列车制动距离内为超过 6‰下坡道时，列车的接车进路必须设相应的延续进路，以防列车制动不及时冒进信号，危及行车安全。所谓延续进路，即在沿上述下坡道方向办理接车进路时，必须将原接车进路延长至适当地点，其终端可以是另一咽喉的安全线上的车挡、牵出线尽头、专用线入口处的调车信号机或车站进站口处的进站信号机或站界标等，其延长部分即为延续进路。

排列接车进路时，必须将其延续进路一并排出并锁闭，才能开放接车信号。排列进路时，应依次确定接车进路的始端、终端和延续进路的终端。引导接车时不设延续进路。

进站信号机开放应检查接车进路及延续进路上的道岔位置正确并被锁闭、轨道区段空闲、敌对信号未开放。延续进路锁闭后，可不检查延续进路上的轨道区段空闲。

当延续进路已通向出站口时，如需连续发车，应按压出站信号机的信号按钮，检查出站信号机开放的条件满足后，即可开放出站信号机。

延续进路的解锁时机：

(1)正常情况下，在列车头部进入股道 3 min 后，延续进路一次性解锁。

(2)根据需要，在列车头部进入股道后，可采取坡道解锁的特殊操作实行不限时解锁。

(3)在取消或人工解锁接车进路后，延续进路随之一次性解锁。

三、到发线出岔进路控制

所谓到发线出岔，是指在到发线中间铺设有道岔，这一道岔称作中间道岔(或分歧道岔)。为防护中间道岔，在到发线上一般设置有调车信号机(注：一般不作为发车进路或接车进路)。

向有分歧道岔的到发线上排列接车进路，或由有分歧道岔的到发线排列发车进路，分歧道岔应自动转换到规定位置并锁闭，进站或出站信号机才能开放。

当防护该分歧道岔的调车信号机开放时，通向该到发线的接车进路不得建立，但发车进路可以建立。

接车时分歧道岔的解锁：

(1)进站列车全部进入到发线并按顺序通过分歧道岔，分歧道岔应自动解锁。

(2)进站列车全部进入到发线，但未压入分歧道岔区段，分歧道岔应经 3 min 延时解锁。

(3)进站列车全部进入到发线，占用分歧道岔区段，该分歧道岔应经 3 min 延时并在列车出清后自动解锁。

发车时分歧道岔的解锁：

(1)出发列车全部出清到发线，分歧道岔应立即自动解锁。

(2)无岔区段留有车辆时，列车出清出站信号机内方第一区段后，分歧道岔才能解锁。

(3)取消发车进路，分歧道岔和发车进路应同时解锁。当分歧道岔区段有车占用时，应保留区段锁闭。

四、非进路调车控制

所谓非进路调车，是指在某些调车作业繁忙的车站，根据调车作业需要，可利用集中联锁区的部分线路作牵出线和推送线进行相关作业，允许由现场调车员用于信号指挥调车车列往返调车，就构成了非进路调车。图 2-6 中，若办理 D_2 向 D_{20} 的非进路调车作业，按下非进路调车的按钮 FA，条件满足，就可以进行牵出线至编组线非进路调车作业。

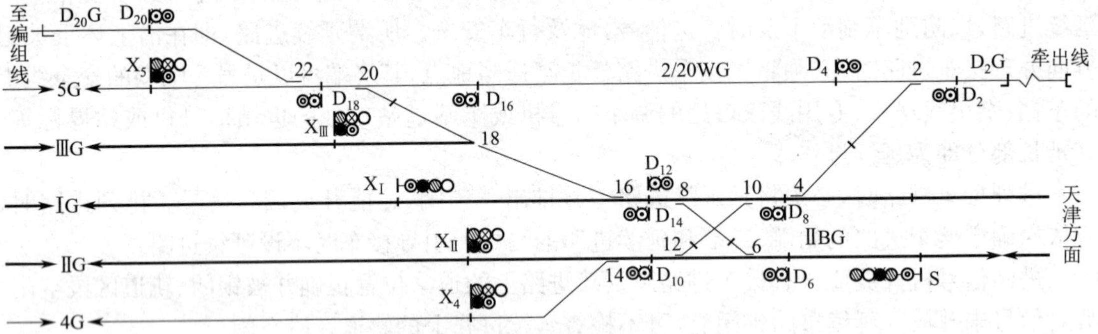

图 2-6 某举例站信号平面布置图(上行咽喉)

车站值班员必须确认推送线上各道岔区段空闲且未利用这些区段排列任何进路后，才按压非进路调车按钮以允许进行非进路调车。按压非进路调车按钮后，非进路调车范围内的道岔将自动转换到规定的位置并锁闭，然后开放非进路调车区内的所有调车信号机并一直保持在开放状态。再次按压非进路调车按钮，可取消非进路调车。取消时，必须确认调车车列已全部出清有关道岔区段，所有非进路调车信号机立即关闭，延时 30 s 后，非进路调车进路解锁。

思 考 题

1. 什么是联锁？
2. 试述道岔的作用及组成。
3. 道岔定、反位是如何确定的？
4. 试述警冲标设置地点和作用。
5. 什么是进路？车站内有哪些进路？为什么说进路是由道岔决定的？
6. 集中区道岔是怎样划分的？
7. 信号开放的条件是什么？
8. 进路解锁包括哪几种方式？各有什么特点？
9. 道岔的控制包括哪些内容？
10. 车站联锁的内容是什么？试举例说明。
11. 如何编制联锁表？有哪些内容？如何填写？
12. 什么是超限绝缘？举例说明什么是单边超限和双边超限？

第二篇　继电集中联锁

车站联锁设备是保证站内运输作业安全、提高作业效率的铁路信号设备，它的控制对象是道岔、进路和信号机。将道岔、进路和信号机用电气方式集中控制与监督，并实现它们之间联锁关系的技术方法和设备称为电气集中联锁，用继电器实现联锁关系的称为继电集中联锁（以下简称电气集中）。

第三章　电气集中概述

6502 电气集中具有电路定型化程度高、逻辑性强，操纵方法简便灵活、不易出错，维修、施工比较方便，符合“故障—安全”原则，易与区间闭塞设备及其他信号设备结合等优点；又可作为调度集中和 TDCS 的基础设备。因此，在我国铁路得到了广泛应用。

第一节　电气集中的组成

电气集中分室内设备和室外设备两大部分。6502 电气集中设备组成如图 3-1 所示。

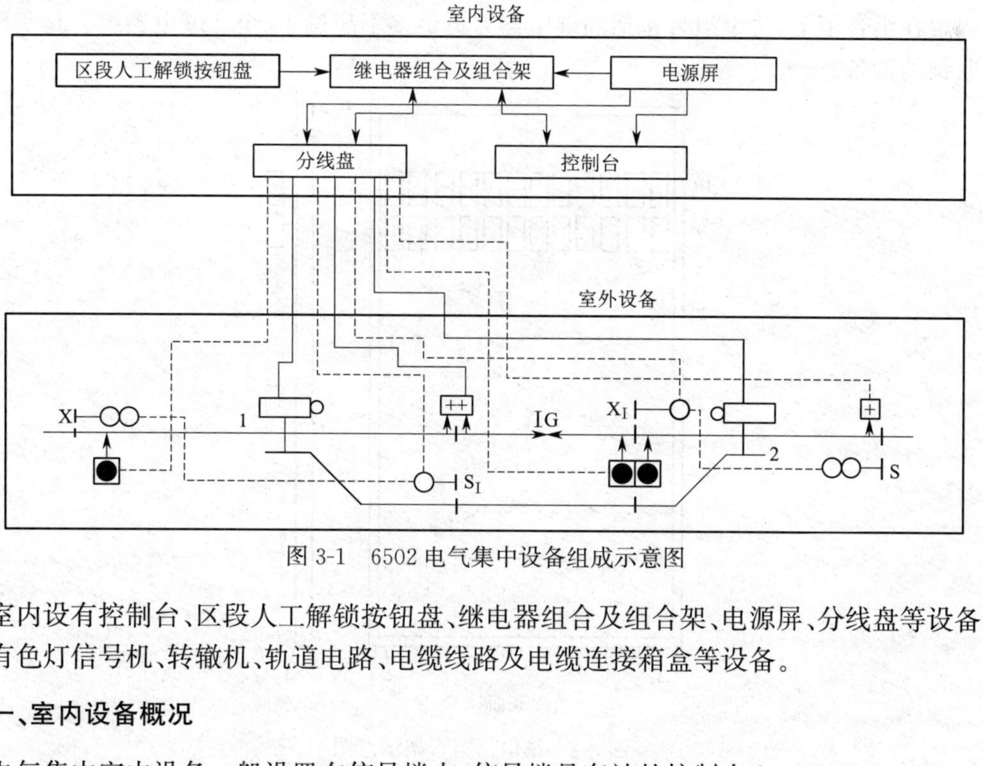

图 3-1　6502 电气集中设备组成示意图

室内设有控制台、区段人工解锁按钮盘、继电器组合及组合架、电源屏、分线盘等设备。室外设有色灯信号机、转辙机、轨道电路、电缆线路及电缆连接箱盒等设备。

一、室内设备概况

电气集中室内设备一般设置在信号楼内，信号楼是车站的控制中心。

1. 控制台

在信号楼车站值班员室内设有控制台。控制台的盘面是按照每个车站站场的实际情况布置的，盘面上的模拟站场线路、接、发车进路方向、道岔和信号机位置均与站场实际位置相对应。6502 电气集中控制台都是用各种标准的单元块拼装而成的，简称为单元控制台。在控制台上设有各种用途的按钮和表示灯，主要包括排列进路用的按钮及信号复示器、单独操纵道岔用的按钮及表示灯、取消进路及人工解锁进路用的按钮、开放引导信号用的按钮、接通光带和道岔表示用的按钮、切断挤岔电铃按钮及挤岔表示灯、列车信号主灯丝断丝报警按钮和报警红灯、电源按钮等。

2. 区段人工解锁按钮盘

在离开控制台一定距离的室内，装设区段人工解锁按钮盘，该按钮盘上设有 40～120 个带铅封的事故按钮，每个道岔区段和设置区段组合的无岔区段设一个事故按钮。它是控制台操作时的辅助设备，当轨道电路区段因故障不能正常解锁时，用它办理故障解锁；在更换继电器或停电后恢复时，用来使设备恢复正常状态；在用取消进路办法不能关闭信号时，可用它关闭信号。

3. 继电器组合及组合柜

在信号楼继电器室内设有继电器组合及组合柜(原称组合架)。在电气集中车站需要大量继电器，把具有相同控制对象的继电器按照定型电路环节组合在一起，叫做继电器组合，简称组合。6502 电气集中的定型组合是根据车站信号平面布置图上的道岔、信号机和道岔区段设计的，共有 12 种定型组合。6502 电气集中采用通用的电气集中组合架，图 3-2 是继电器组合架示意图。组合架分 11 层，1～10 层安装继电器组合，每层安装一个继电器组合。继电器按组合放置在组合柜上，每个组合包括的继电器数量最多不超过 10 个。继电器组合是实现电气集中联锁的设备。

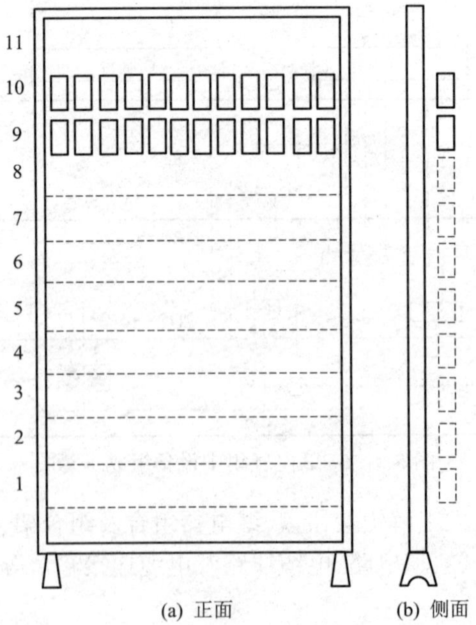

图 3-2 继电器组合架示意图

为了集中对轨道电路的有关参数进行测试,在组合架上还设有轨道电路测试盘。

4. 电源屏

在信号楼继电器室或电源室设有电源屏。电源屏是电气集中的供电设备,一般要求有两路可靠的电源,即主电源和副电源。主、副电源引至信号楼内,要能够自动和手动相互切换,经过稳压、隔离、变压或整流后,不间断地供给电气集中需用的各种交流电源和直流电源。6502电气集中车站一般设置一套电源屏,应根据车站的规模选用适当容量的电源屏。

5. 分线柜

在室内电缆引出处还设有分线柜(原称分线盘),分线柜起着室内设备和室外设备的连接作用。电气集中的室内与室外联系导线都必须经过分线盘端子,它是室内外电缆汇接处。

此外,在车站继电器室内还设有区间闭塞设备、车站轨道电路电码化设备、信号集中监测系统(原称微机监测系统)和 TDCS 分机等,在 CTC 区段设有车站自律机(此时不设 TDCS 分机)。在 200 km/h 提速区段及高速铁路设车站列控中心。

二、室外设备概况

电气集中室外设备主要有色灯信号机、转辙机、轨道电路,以及电缆和电缆连接箱盒。

1. 信号机

6502 电气集中采用透镜式色灯信号机或组合式信号机、LED 式信号机。电气集中车站按用途设有进站信号机、进路信号机、出站信号机、预告信号机、复示信号机和调车信号机等。

信号机用来防护进路,给出各种信号显示,指示列车运行及调车作业。为使信号机有足够显示距离,进站信号机、接车进路信号机、预告信号机、正线出站信号机及专用线和牵出线的调车信号机一般采用高柱信号机,其他的一般采用矮型信号机。

信号机有关闭和开放两种状态。信号机的开放和关闭时机由 6502 电气集中联锁电路控制,其控制用继电器应遵循安全对应原则,用继电器落下反映信号关闭,用吸起反映信号开放。信号机的关闭并非是不亮灯,而是显示禁止信号,如进站信号机关闭则是亮红灯,调车信号机关闭则是指亮蓝灯。

2. 转辙机

在电气集中车站的集中区内,对应每组道岔都要设转辙机,用以转换和锁闭道岔,反映道岔的位置和动作状态。目前,在一般车站使用 ZD6 型直流电动转辙机,提速区段的车站正线使用 S700K 型交流电动转辙机、ZYJ7 型电液转辙机或 ZDJ9 型电动转辙机。

转辙机应能按列车进路或调车进路的要求转换并锁闭在需要的位置,进路锁闭时不能转换。转辙机应能正确地提供道岔所在位置的表示,在挤岔时给出报警。

3. 轨道电路

在电气集中车站,凡是由信号机防护的进路,以及信号机的接近区段均要装设轨道电路。在非电气化区段,广泛采用交流连续式轨道电路,在电气化区段一般采用 25 Hz 相敏轨道电路。

站内轨道电路有道岔时称为道岔区段轨道电路。道岔区段轨道电路要增设道岔绝缘和道岔连接线及跳线。

轨道电路用来监督进路和接近区段是否空闲,检查钢轨线路的完整性,也是向机车信号设备传递信息的通道。在进路锁闭和防护该进路的信号机开放过程中,必须连续检查有关轨道电路区段在空闲状态。当列车或调车车列在进路上运行时，轨道电路要监督其运行状态。信号关闭后，须证明列车或调车车列出清轨道电路区段后，才准许进路逐段解锁。

4. 电缆和箱盒设备

在电气集中车站，信号机、转辙机和轨道电路与室内设备之间的连接导线一般采用电缆，按控制对象分为信号电缆、道岔电缆和轨道电路电缆，这些电缆敷设在地下电缆沟槽内。按照电缆径路和设备连接顺序，室外电缆分为干线电缆和分支电缆。

在干线电缆与干线电缆或干线电缆与分支电缆接续处设有电缆盒，分支电缆与设备连接处设有各种变压器箱和电缆盒，这些箱、盒主要供放置变压器和电缆连接用。

使用6502电气集中设备的车站，全站的道岔、进路和信号机都由信号楼集中控制和监督，其联锁关系由继电电路实现。车站值班员(或信号员)在控制台操纵，就能自动地选出有关进路，进路上的道岔有规律地转换到规定位置，防护进路的信号机自动开放。受运行中列车或调车车列的控制，信号机自动关闭，进路自动解锁，为重新办理进路准备好条件。

第二节　车站信号设备平面布置图

车站信号设备平面布置图是根据站场线路图绘制的，图中反映了站场线路的布置和接发车方向；确定了信号楼的位置和集中联锁区的范围；标明了信号机、道岔的名称编号和设置位置；划分了轨道电路区段。车站信号设备平面布置图是设计车站联锁电路的基础，是进行车站信号工程设计与施工的重要依据。

一、信 号 机

1. 列车信号机

列车进路包括接车进路、发车进路和通过进路。进站信号机用来防护接车进路，出站信号机防护发车进路；通过进路是由一个咽喉的进站信号机和另一个咽喉同方向的正线出站信号机共同防护的。把防护列车进路的进站信号机和出站信号机统称为列车信号机。

信号机是用来防护进路的，所以不论哪类信号机都设在进路的始端。同一种性质的进路，若其始端在一起，则可用同一架信号机防护。现以图3-3某举例站场信号设备平面布置图为例，介绍列车信号机的设置。

举例站场是一个双线双向自动闭塞区段的车站，并有单线区段在下行咽喉与车站接轨。ⅠG和ⅡG分别为双线区段上行和下行的正线，ⅢG为单线区段的正线，其余股道为站线。根据运输作业的需要，每股道均可办理上、下行接车和发车。图3-3中接、发车口和股道上均以箭头表示出了接车和发车的方向。其中实心箭头表示正方向，空心箭头表示反方向。

为了防护接车进路，在接车进路始端的每个接车口均设有一架进站信号机。车站的下行咽喉有三个接车口，在双线区段北京方面的正向接车口处设有进站信号机“X”，反向接车口设有进站信号机“X_F”。在单线区段东郊方面的接车口设有进站信号机“X_D”。车站的上行咽喉有两个接车口，正向接车口设有进站信号机“S”，反向接车口设有进站信号机“S_F”。进路应有明确的始、终端。例如，下行至ⅠG接车，以X进站信号机为始端，ⅠG另一端的$X_Ⅰ$出站信号机为终端。由北京方面进站的正向接车进路共有五条基本进路，因其始端在一起，可用同一架X进站信号机进行防护。X_F、X_D、S和S_F进站信号机也分别防护着五条接车进路。

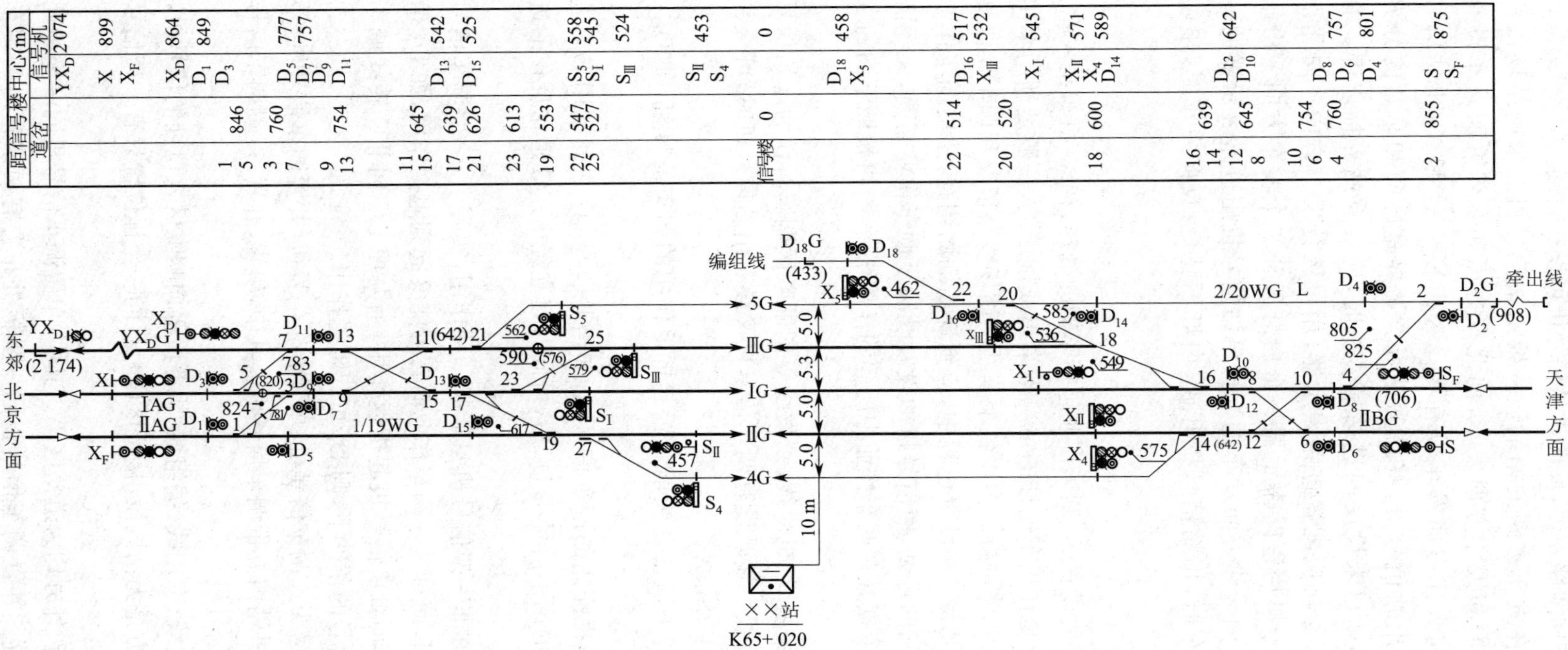

股道有效长度表

股道编号	线路别	长度			
		起	止	上行	下行
IG	正线	S_I	警冲标	1 094	
		X_I	警冲标		1 094
ⅡG	正线	S_{II}	警冲标	1 028	
		X_{II}	警冲标		1 028
ⅢG	正线	S_{III}	警冲标	1 060	
		X_{III}	S_{III}		1 060
4G	站线	S_4	警冲标	1 028	
		X_4	警冲标		1 028
5G	站线	S_5	警冲标	1 020	
		X_5	警冲标		1 020

道岔类型表

类型	辙叉号	号码	备注
50 kg/m	1/9	2、22	
60 kg/m	1/12	7、11、13、21、25、18、20	
60 kg/m 提速	1/12	9、15、4、6、8、10、12	固定辙叉
60 kg/m 提速	1/12	1、3、5、17、19、23、27、14、16	可动心轨

图 3-3 某举例站场信号设备平面布置图

正向进站信号机设在列车运行方向线路左侧，反向进站信号机可设在右侧。

凡是具有发车作业的股道均应在发车进路的始端设一架出站信号机。举例站场每一股道均能分别向北京方面、东郊方面和天津方面发车，向北京方面和东郊方面发车设有$S_{Ⅰ}$、$S_{Ⅱ}$、$S_{Ⅲ}$、S_4和S_5出站信号机，向天津方面发车设有$X_{Ⅰ}$、$X_{Ⅱ}$、$X_{Ⅲ}$，X_4和X_5出站信号机。发车进路始端为设在股道上的出站信号机，终端为站界。站界是区间和车站的分界点，图中站界均为进站信号机。在出站口未设反向进站信号机时，应设有站界标志牌。有两个或两个以上发车方向时，出站信号机应配置进路表示器，用以区分发车方向。向北京方面和东郊方面发车的上行出站信号机用进路表示器三个白灯区分三个发车方向。出站信号机开放，对应方向的白灯亮灯。向天津方面发车的下行出站信号机用进路表示器的一个白灯区分两个发车方向。正向发车时，出站信号机开放，白灯不亮灯；反向发车时，出站信号机开放，同时白灯亮灯。

2. 调车信号机

调车信号机是根据调车作业的需要设置的，调车作业包括车辆的摘挂、转线、机车出入库、平面非溜放的整编作业等。调车作业是在机车连挂的情况下牵出或推送的，一般是利用牵出线与到发线或咽喉区与到发线之间的线路进行。由于各个车站的站场线路情况和调车作业复杂程度不同，调车信号机设置灵活性很大。在设置过程中，应到现场勘测调查，搜集调车作业资料，广泛听取车务、机务、工务等部门的意见，使信号机的设置既满足调车作业需要，又经济合理。一般来说，设置调车信号机应依据其在调车作业中所起的作用来考虑，可按照下面的顺序进行：

(1)首先布置由牵出线、专用线、编组线、机待线、到发线等向咽喉区调车时作为起始信号的调车信号机，如D_2、D_{18}等。当到发线一端既设有调车信号机又设有出站信号机时，可合并在一起，称为出站兼调车信号机，如$S_{Ⅱ}$、S_4、$X_{Ⅰ}$、X_5等。

(2)为了满足转线调车作业，在有关道岔岔尖前布置起折返作用的调车信号机，如D_{11}、D_{13}等。

(3)为了增加平行作业，布置起阻拦作用的调车信号机，如当ⅡG与4G之间利用D_{15}进行转线调车作业时，设置起阻拦作用的调车信号机D_5后，可同时建立经由1/3道岔反位的进路，这样，也提高了作业效率。

当按照用途设置调车信号机时，并非一架信号机只能起一种作用，实际上，一架调车信号机对于某一调车作业来说起折返作用，而对另一调车作业而言可能又起到阻拦作用，如D_7信号机，当办理ⅠAG向ⅡAG转线调车时，D_7信号机起折返作用；当办理ⅠG向ⅡG转线调车时，在牵出车列较短，以D_{13}为折返信号的条件下，则D_7可起阻拦作用。

按设置位置把调车信号机分为：尽头式调车信号机、单置调车信号机、并置调车信号机、差置调车信号机、出站兼调车信号机和进站内方带调车信号机。其中，单置、并置、差置调车信号机均设在咽喉区，统称为咽喉区调车信号机。

尽头式调车信号机是指设在牵出线、专用线、编组线、机务段等向咽喉区入口处的信号机，其特点是信号机内方为道岔区段，外方是无岔区段(接近区段)，且同一坐标位置只有一架信号机，如图中的D_2、D_{18}等。

咽喉区调车信号机，其相邻内方和外方均为道岔区段。其中，单置调车信号机同一坐标处仅布置一架信号机，如D_{11}、D_{13}、D_8等。并置调车信号机同一坐标处布置有两架背向的调车信号机，如 D_7 和 D_9。差置调车信号机是设在咽喉区中间不在同一坐标的两架背向调车信号机，这两架信号机之间有一个无岔区段，而信号机内方则是道岔区段，如 D_5 和 D_{15}。

出站兼调车信号机是设在股道头部，并且与出站信号机设在同一坐标的调车信号机，如 S_{II}、S_4、S_5 等。

进站内方带调车信号机是指设在进站信号机内方的调车信号机。此调车信号机与进站信号机不在同一坐标，其间有一不小于 50 m 的无岔区段。之所以不设在同一坐标是避免占用区间调车，如 D_3、D_1 和 D_6 等。

上述按设置位置区分的各类调车信号机，它们的控制电路有所不同。

二、轨道电路

在电气集中联锁的车站，所有列车进路和调车进路及信号机的接近区段均装设有轨道电路，用来反映进路和接近区段是否空闲。为了较确切地反映机车车辆所在位置，并满足提高站内作业效率的要求，轨道电路要划分为许多区段。在车站信号设备平面布置图中要用钢轨绝缘将划分的轨道电路表示出来。轨道电路划分的一般原则如下：

(1)信号机的前后应划分成不同区段。如图 3-3 中，凡有信号机处，均设有钢轨绝缘，将其前后划分为两个不同的轨道电路区段。

(2)凡是能平行运行的进路，其间应设钢轨绝缘把它们隔开，不应划为一个轨道电路区段。如图 3-3 中，道岔 3 与道岔 5 之间的绝缘，道岔 21 与道岔 25 之间的绝缘，都是按此原则装设的。设在岔后的钢轨绝缘距警冲标小于 3.5 m 时称为“超限绝缘”，在图纸上用圆圈标明，以便设计电路时采取安全措施。

(3)在同一轨道电路区段内，道岔数目最多不得超过三组，复式交分道岔不得超过两组。这是因为数目多了轨道电路受道岔分支道砟电阻影响较大，轨道电路工作状态不易调整。

(4)在大站上，由于作业繁忙，为了使列车通过道岔后，及时使道岔解锁，为立即办理新的进路准备好条件，要将轨道电路区段适当划短，以提高咽喉区的通过能力。

(5)在集中区与非集中区分界处所设信号机的外方应划分一段轨道电路，作为该信号机的接近区段。该处钢轨绝缘与集中联锁区内钢轨绝缘在图纸上画法不同，如图 3-3 的 D_2G 右端所画钢轨绝缘。这种画法的钢轨绝缘表明靠近信号机侧的接近区段设有轨道电路，而另一侧未设轨道电路。

在车站信号设备平面布置图中，必须标出无岔区段轨道电路的名称，而道岔区段轨道电路名称不必标出。

三、转 辙 机

在车站信号设备平面布置图中，对应每组道岔均应设转辙机，侧线上的道岔为普通单开型道岔，一般选用 ZD6 型直流电动转辙机，单动道岔设一台转辙机，双动道岔设两台转辙机。正线上道岔为提速道岔，提速道岔分为固定辙叉和可动心轨两种类型，为了区分，图中道岔符号画法不同，如 3 号道岔为可动心轨型，9 号道岔为固定辙叉型。以便对应道岔选用转辙机类型和数量，设计道岔控制电路。

举例站场正线上道岔均为 12 号提速道岔，采用钩型外锁闭装置。12 号提速道岔的尖轨必须有两个牵引点，可动心轨也应有两个牵引点。这样，一组 12 号固定辙叉的提速道岔有两个牵引点，而一组可动心轨的道岔共有四个牵引点。当提速道岔选用 S700K 型交流电动转辙机时，每个牵引点需设一台转辙机。为固定辙叉时，每组道岔应设两台转辙机；为可动心轨时，每组道岔应设四台转辙机。当提速道岔采用 ZYJ7 型电液转辙机时，因为 ZYJ7 型（主机）带有转换锁闭器 SH6 型（副机），一套主机和副机可牵引两点，为固定辙叉时，每组道岔可设一台转辙机；为可动心轨时，每组道岔应设两台转辙机。ZYJ7 型不带副机时，所设转辙机数量和 S700K 型一样。选用 ZDJ9 型电动转辙机时，每组道岔所设转辙机数量和 S700K 型也相同。

在举例站场正线提速道岔中，1、3、5、17、19、23、27、14 和 16 号道岔均为可动心轨型 12 号提速道岔，选用 S700K 型转辙机时，每组道岔均需四台转辙机，道岔尖轨和心轨各用两台转辙机牵引。9、15、6、8、10、12 和 4 号道岔采用固定辙叉型 12 号提速道岔，若选用 S700K 型转辙机时，每个道岔需两台转辙机，用以牵引道岔尖轨。若选用 ZYJ7 型带转换锁闭器的电液转辙机，上述各道岔选用转辙机数量分别减少一半。

对 5/7 号双动道岔，一端为提速道岔，另一端为普通单开道岔。对 5 号道岔应选用四台 S700K 型电动转辙机（或两台 ZYJ7 带 SH6 型电液转辙机），7 号道岔选用一台 ZD6 型电动转辙机。

第三节 控 制 台

一、控制台盘面布置

我国铁路目前生产的电气集中控制台主要有两种类型，一类是西安信号工厂生产的 TD5 型控制台；另一类是沈阳信号工厂生产的 TD4 型控制台，这两类控制台都是用各种定型的标准单元块拼装成的，称为单元式控制台。因为标准单元块的生产不受具体站场的限制，有利于工厂预制生产。在站场变更时，只需在原来的控制台上增减相应的单元块即可。图 3-4 是举例站场单元控制台盘面图（下行咽喉），图中的站场模拟线路、信号机、道岔定位位置、轨道电路区段划分是依据车站信号设备平面布置图，选用标准单元块拼装而成的。在控制台盘面上设有以下各种用途的按钮和表示灯。

1. 各种用途的按钮

（1）进路按钮

在控制台的站场模拟线路上，相当于进路始端和进路终端的位置均设有按钮，这些按钮称为进路按钮。进路按钮又分为列车进路按钮和调车进路按钮，分别用于办理列车进路和调车进路。为了防止在办理进路时错误按下进路按钮，列车进路按钮和调车进路按钮在控制台盘面上要用不同颜色和位置加以区别。列车进路按钮采用绿色，装设在线路上；调车进路按钮一般采用白色，装设在线路旁。

6502 电气集中采用双按钮进路式选路法。在排列进路时，顺序按下进路的始端和终端按钮，就可以使有关进路上的道岔转换并锁闭，信号自动开放，按操纵者的意图排出进路。

这样设置进路按钮，使选排进路的操作形象、简便，不易出错。

进路始端按钮除用来排列进路外，还可实现重复开放信号，与其他按钮配合完成取消进路和人工解锁进路的操纵。进路按钮均采用二位自复式按钮。

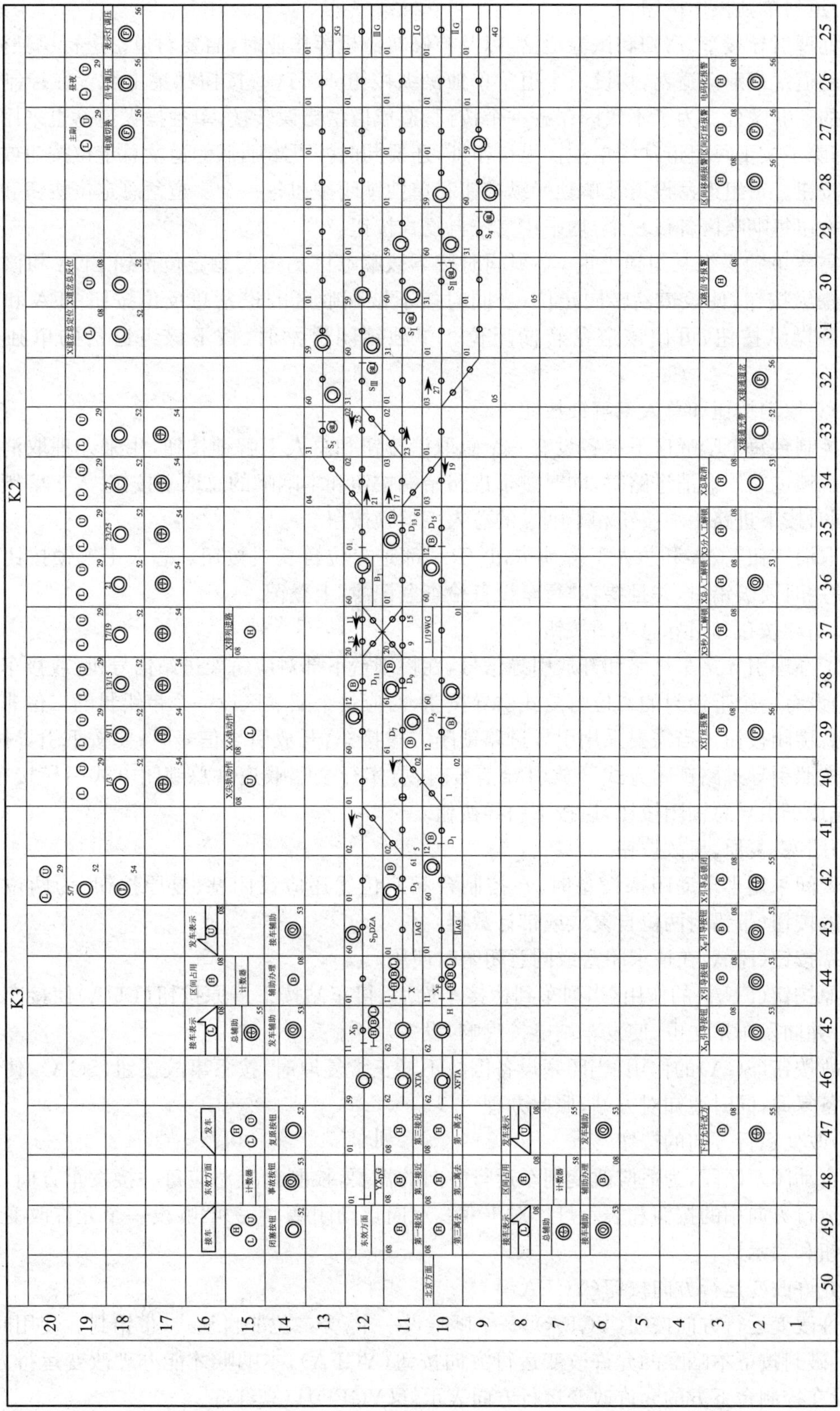

图 3-4　举例站场单元控制台盘面图(下行咽喉)

(2)道岔单独操作按钮

当办理引导接车、清扫和试验道岔,以及检修转辙机等作业时,需要对道岔进行单独操作。不论单动道岔或双动道岔,均设一个道岔单独操纵按钮。将这些按钮都集中配置在控制台上部相应的咽喉区处。为了不致因误碰一个按钮,造成道岔错误转换,单独操纵道岔也采用双按钮制,即除了按下每组道岔的单独操纵按钮外,还要同时按下本咽喉的道岔总定位按钮或道岔总反位按钮。每组道岔设道岔单独操纵按钮和单独锁闭按钮各一个。道岔总定位按钮和道岔总反位按钮每咽喉区各设一个,均采用二位自复式按钮。

若需要单独操纵某组道岔时,必须同时按下该咽喉区的道岔总定位按钮 ZDA 和该组道岔单独操纵按钮,使该道岔转向定位;当同时按下该咽喉区的道岔总反位按钮 ZFA 和该组道岔单独操纵按钮,可使该道岔转向反位。单独锁闭道岔时,按下该组道岔的单独锁闭按钮。

(3)总取消按钮和总人工解锁按钮

在控制台每个咽喉区下部各设有一个总取消按钮和总人工解锁按钮,用来办理取消进路和人工解锁进路。取消进路时,同时按下进路始端按钮和本咽喉的总取消按钮;人工解锁进路时,要同时按下进路始端按钮和本咽喉的总人工解锁按钮。

总取消按钮 ZQA 和总人工解锁按钮 ZRA 都是二位自复式按钮。总人工解锁按钮带有铅封,使用时要破铅封,并且要在"行车设备检查登记簿"上登记。

(4)引导按钮和引导总锁闭按钮

为了办理引导接车进路和开放引导信号,在控制台下部对应每架进站信号机(或接车进路信号机)设有一个带铅封的二位自复式引导按钮,对应每个咽喉区设一个带铅封的二位非自复式引导总锁闭按钮。当需要采用引导进路锁闭方式接车,开放引导信号时,要按下引导按钮。在不能按照引导进路锁闭方式开放引导信号时,要实行全咽喉道岔总锁闭方式引导接车,这时,应先按下引导总锁闭按钮,后按下引导按钮。

(5)闭塞、复原、事故按钮

若区间采用半自动闭塞设备时,在控制台相应位置还应设闭塞、复原按钮(为两位自复式),事故按钮(带铅封两位自复式或带计数器)。

闭塞按钮(BSA)在请求闭塞或同意闭塞时使用。

复原按钮(FUA)的作用:当列车到达接车站后,接车站按下复原按钮(FUA)使接车站设备复原,并向发车站送电,使发车站电铃鸣响,设备复原。

事故按钮(SGA)的作用:当闭塞设备因故不能正常复原时,按下事故按钮(SGA),使本站闭塞设备复原,同时通知对方站,照此办理。

(6)改变运行方向的按钮

在自动闭塞区段,为适应改变列车运行方向的需要,控制台上对应每一接发车方向,设一组改变运行方向用的按钮和表示灯。对于双线双向自动闭塞,每一咽喉设一个允许改变运行方向按钮和表示灯。

①允许改变运行方向按钮(YGFA)

允许改变运行方向按钮(YGFA),每个咽喉设一个,为二位非自复式,带铅封。使用时,需要登记、破封按下本咽喉的允许改变运行方向按钮(YGFA),本咽喉才能办理改变运行方向。此时,设在控制台下方的允许改变运行方向表示灯(YGFD)点亮红灯。

②接车辅助办理按钮(JFA)和发车辅助办理按钮(FFA)

接车辅助办理按钮(JFA)和发车辅助办理按钮(FFA),对应每一接车、发车口各设一组,均为二位自复式带铅封按钮,辅助办理改变运行方向时用。

③改变运行方向的办理

改变运行方向有正常办理和辅助办理两种方式。

a. 改变运行方向的正常办理

正常办理改变运行方向的前提是确认区间占用表示灯必须在灭灯情况下,即区间空闲。例如:设甲站处于接车站状态,其接车方向表示灯(JD)黄灯点亮,乙站处于发车状态,其发车表示灯(FD)绿灯点亮,并且区间空闲,区间占用表示灯(JQD)在灭灯。现需要改变列车运行方向,即甲站要由接车站变为发车站。首先应登记使用改变运行方向按钮(YGFA),然后破封按下本咽喉的允许改变运行方向按钮(YGFA),允许改变运行方向表示灯(YGFD)红灯点亮。这时即可正常办理改变运行方向,甲站值班员只要办理一条向接车口方向的发车进路,就可以使改变运行方向电路动作自动改变运行方向。

甲站改为发车站后,其接车方向表示灯(JD)灭,发车方向表示灯(FD)亮。乙站改为接车站后,其发车表示灯(FD)灭,接车表示灯(JD)亮。当甲站出站信号机开放后或列车在区间运行时,两站的区间占用表示灯(JQD)同时点亮。列车完全驶入乙站,区间恢复空闲后,甲站又来办理发车进路时,区间占用表示灯(JQD)灭灯。

b. 改变运行方向的辅助办理

辅助办理是当办理改变运行方向的过程中出现故障时,使方向电路恢复正常的一种办理方式。故障是指:当监督区间电路发生故障或因故出现“双接”时,即两站区间占用表示灯(JQD)同时点亮,这时就必须用辅助方式才能改变运行方向。

(7)其他用途的按钮

在控制台上还设有接通光带按钮、接通道岔表示按钮、切断挤岔电铃按钮、表示灯调压按钮、信号灯调压按钮、电源切换按钮等其他用途的按钮。前两种为每个咽喉分别设置一个,后四种为全站共用,每站设一个。除接通光带按钮是二位自复式按钮外,其他的按钮均为二位非自复式按钮。若区间采用自动闭塞设备时,控制台下部相应位置还应设切断区间报警按钮。为站内轨道电路电码化设有切断电码化报警按钮。为监督列车信号机各灯泡主灯丝的完整性,按咽喉区分别设有一个切断断丝报警按钮。为对进站信号机和正线出站信号机非正常关闭进行报警,按咽喉区分别设一个切断跳信号报警按钮。当站内设有联系电路或结合电路时,控制台相应还要增设有关的按钮,如非进路调车按钮、机务段同意按钮等。

2. 各种用途的表示灯

6502电气集中表示灯可分为三类:一是进路按钮表示灯;二是轨道光带表示灯;三是其他各种表示灯、电铃、计数器。

(1)进路按钮表示灯

当该进路按钮作为始端按钮按下时,该按钮闪绿光或闪白光,表示选路工作正在进行中。进路选出后,该按钮表示灯改点稳定绿灯或稳定白灯,信号开放后熄灭。

(2)轨道光带表示灯

轨道光带表示灯以光带形式设在站场模型上,反映进路排列后的锁闭、占用、解锁情况。如当进路排好,锁闭继电器释放时,整条进路光带亮白色灯光,表示所排进路已经锁闭;当列车车列进入进路后，随着车的前进，车开到哪个区段，则哪个区段的白光带即改点红光带，反映出车的所在位置。车出清某一区段后，随着三点检查的实现，进路顺序解锁，大部分红光带熄灭。只有向股道排列进路时，股道少数二三节光管亮红色光带，说明股道上有车停留。

(3)其他各种表示灯、电铃、计数器

①道岔位置表示灯和接通光带表示灯

按下接通道岔按钮以后，条件电源“JF—TCJ”有电，道岔在定位时 DBJ 吸起，道岔定位表示灯点亮绿灯；道岔在反位时 FBJ 吸起，道岔反位表示灯点亮黄灯。

随着多机牵引道岔的出现，为了压缩处理故障时间和准确判断是哪台转辙机故障，多机牵引道岔在控制台上，除设有一个道岔总定位和总反位表示灯外，每一台转辙机都设有一个道岔定位表示和反位表示灯，当所有的定位表示灯都点亮时，总定位表示灯点亮；反位表示灯也是如此。

按下接通光带按钮后，使接通光带继电器 TGJ 吸起，条件电源“JZ—TGJ”有电，并经过 1LJ 和 2LJ 的第 8 组前接点接到第 14 网路线上，根据道岔的开通位置点亮白光带。

②信号复示器、排列进路表示灯

信号复示器设在控制台对应于每架信号机的位置，种类分为进站信号复示器、出站兼调车信号复示器及调车信号复示器。作用是反映信号机的显示，监督信号机各灯泡灯丝的完整，同时在建立进路时还可反映信号继电器的工作是否正常。排列进路表示灯一个咽喉设一个，用来反映方向继电器工作是否正常，进路是否全部选出，即方向继电器吸起，排列进路表示灯亮灯，进路选出，方向继电器落下，排列进路表示灯熄灭。

③列车接近和离去表示灯、主丝断丝表示灯、闭塞表示灯

a. 列车接近和离去表示灯

自动闭塞区段，在控制台上相应于车站进站口外设有第一接近、第二接近和第三接近表示灯，在相应于发车口外设有第一离去、第二离去和第三离去表示灯，均为红色，并在控制台内设有列车接近和离去通知电铃。

b. 主丝断丝表示灯

为监督列车信号机灯泡的主灯丝是否断丝，每个咽喉设一个切断灯丝断丝报警按钮，为二位非自复式，其上方设一个红色的灯丝断丝报警表示灯。当本咽喉的任一架列车信号机应点，亮的灯泡的主灯丝断丝时，控制台灯丝断丝报警电铃响，灯丝断丝报警表示灯点亮红灯。值班员按下切断断丝报警按钮后，电铃停止鸣响，表示灯继续点亮红灯。维修人员更换灯泡后，断丝报警表示灯熄灭，灯泡断丝报警电铃再次鸣响，值班员拉出切断灯丝报警按钮后，电铃停止鸣响，设备复原。

c. 闭塞表示灯

区间采用半自动闭塞，还设有半自动闭塞用表示灯；自动闭塞，设有接近、离去表示灯；双向自动闭塞，设有改变运行方向的表示灯。

④改变列车运行方向表示灯

改变运行方向的接车方向表示灯黄色，点亮时表示本站该方向为接车站；发车方向表示灯绿色，点亮时表示本站该方向为发车站；监督区间表示灯红色，点亮时表示对方站已建立发车进路或列车正在区间运行；辅助办理表示灯白色，点亮时表示正在辅助办理改变运行方向。

⑤电铃、计数器

控制台上的电铃有挤岔、灯丝断丝、半自动闭塞电铃等。控制台上有用来记录辅助办理改变运行方向次数、半自动闭塞事故按钮使用次数的计数器等。

⑥电流表

随着三相交流转辙机在正线道岔上的广泛使用，为便于监督转辙机的动作情况，在控制台左上方设一块交流电流表，而用于观察 ZD6 系列电动转辙机道岔转换的直流表设在控制台右侧，这样无论在进路操纵和单独操纵时，均可以通过观察电流表指针的偏转，来了解道岔的转换情况。

二、进路按钮的配置和操作方法

列车或调车车列在站内线路上运行，首先要确定运行范围和运行方向。相应，在控制台模拟站场上，车站值班人员要确定进路的范围和进路的始端与终端。6502 电气集中均采用双按钮进路式选路法，先后按下进路始端按钮和终端按钮，就可把进路上所有的道岔位置选出来，并使防护这条进路的信号机开放。

1. 进路按钮的配置

进路按钮按以下原则设置：

(1)对应每一条进路始端设有信号机处均应分别设一个进路按钮。

(2)进路终端即使没有信号机，也对应设一个进路按钮。若同一个地方，既是列车进路终端又是调车进路终端，要各设一个列车进路按钮及一个调车进路按钮，以区别列车和调车进路的性质。

(3)为减少按钮数量，进路始端按钮可兼作同性质的进路终端按钮。选路时，顺序地按压两个按钮，先按的使其作始端按钮，后按的使其作终端按钮。

(4)对应有通过信号的进站信号机，应设一个通过按钮，用以简化办理通过进路的操作。

(5)在变通进路上，若没有调车按钮兼作变通按钮用的地方，对应设一个变通按钮。

现以图 3-4 所示控制台盘面图的下行咽喉为例，详细介绍进路按钮的配置方法。

(1)列车进路按钮的配置方法

对应 X 进路信号机设一个按钮 XLA，对应 X_F 进站信号机设一个按钮 X_FLA，它们不仅能作接车进路的始端按钮用，又能作发车进路的终端按钮用。对于东郊方面，对应进站信号机 X_D，设一个按钮 X_DLA，X_DLA 不仅作列车进路始端按钮，还可以兼作列车进路终端按钮。但它们不能兼作调车进路终端按钮。因为北京方面有通过进路，在 X 和 X_F 进站信号机相应位置，还分别设有下行通过进路按钮 XTA 和 X_FTA。东郊方面没有通过进路，对于 X_D 进站信号机不设通过进路按钮。

对应每架出站兼调车信号机，如 S_4 分别设置列车进路按钮 S_4LA 和调车进路按钮 S_4DA，这两个按钮既可分别作发车进路始端和调车进路始端按钮用，又可分别作接车进路和调车进路的终端按钮用。

(2)调车进路按钮的配置方法

对应每架调车信号机，不论是尽头式（如 D_2）或单置（如 D_{11}、D_{13}），还是并置（如 D_7、D_9）或差置（如 D_5、D_{15}），都应分别设一个调车进路按钮。因为这些信号机处，既是调车进路始端又是调车进路终端，所以这些按钮都可兼作调车进路始端按钮和终端按钮用。

在 X_D 进站信号机的内方，没有设无岔区段和同方向的调车信号机，但此处可以作为调车进路的终端，要设一个调车进路终端按钮 S_DDZA，但该按钮不能作为调车进路始端按钮使用。同样，在下行发车口内也设调车终端按钮 X_DZA。

(3)变通按钮的配置方法

变通进路是指在进路的始、终端之间有几条路径时，通常把一条路径最短、经过道岔数量少或影响其他作业较小的进路规定为基本进路，而其余的进路称为变通进路。平时正常使用基本进路，只有当基本进路有车占用或进路发生故障时，才使用变通进路，如由ⅡG向北京方面发车时，就有两条进路：一条经由27、17/19、1/3号道岔定位，而另一条经由27、13/15、9/11号道岔定位，17/19、1/3号道岔反位，前者为基本进路，后者为变通进路。因为后一条进路影响X进站信号机向ⅠG的接车进路等。

根据双按钮进路式选路法的基本原则，顺序按压进路始端和终端按钮，只准许选出基本进路。即使基本进路因故选不出来，也不准自动改选变通进路。这是因为若准许自动改选变通进路，将会背离车站值班员的意图，就可能打乱作业计划。若想要选排变通进路，就必须有意识地附加一个操作。6502电气集中规定，在按下始端按钮之后，再按一下变通按钮，最后再按终端按钮，才准许选出变通进路来。在选变通进路时，因故选不出，也绝不允许自动选出基本进路。

选变通进路的关键是确定变通按钮，可按下面三种情况配置：

①在列车变通进路上已经设有调车进路按钮时，该调车进路按钮兼作变通按钮使用。

②在调车变通进路上，当设有单置调车信号机且与进路始端调车信号机方向相反时，该调车进路按钮(简称单置反向调车按钮)可兼作调车变通进路的变通按钮使用。当没有单置反向调车进路按钮兼作变通按钮使用时，只可按长调车进路操作方法，进行分段办理选出调车变通进路。

③变通进路上没有调车进路按钮可兼作变通按钮时，在控制台模拟站场线路相应处，可设一个专用的变通按钮BA，专设的变通按钮BA既可作列车进路变通按钮使用，也可作调车进路变通按钮使用。变通进路的性质由按下进路的始端按钮确定。

2. 进路操作方法

(1)列车进路操作方法

列车进路分为接车进路、发车进路和通过进路。列车进路的操作方法是按列车的运行方向，先后按下进路的始端按钮和终端按钮，即双按钮进路式选路法。这样操作形象、简便、不易出错。

例如站场选X_D进站信号机至ⅢG的下行接车进路，应先按下X_DLA，后按下$S_{Ⅲ}$LA。选由ⅢG向东郊方面的上行发车进路，应先按下$S_{Ⅲ}$LA，后按下X_DLA。

又如，选X进站信号机至ⅢG的下行接车进路时，要求先按下XLA，后按下$S_{Ⅲ}$LA；反过来，选由ⅢG向北京方面的上行正向发车进路时，则要求先按下$S_{Ⅲ}$LA，后按下XLA。

办理列车通过进路有一次办理和分段办理两种操作方法，如办理下行由ⅠG通过进路，一次办理方法是：顺序按下XTA和S_FLA；分段办理的方法是：先选下行ⅠG发车进路，即顺序按下$X_Ⅰ$LA和S_FLA。然后办理下行ⅠG接车进路，即顺序按下XLA和$S_Ⅰ$LA。显然，通过进路的一次办理要比分段办理简便，一般情况下采用一次办理。

(2)调车进路操作方法

①选以并置(或差置)调车信号机为阻拦信号的调车进路

选D_3至D_9的调车进路时，需要顺序按下D_3A和D_7A；选ⅠG至D_7的调车进路时，需要顺序按下$S_Ⅰ$DA和D_9A。从上述举例可看出，选排以并置(或差置)调车信号机为阻拦信号的调车进路，它的进路终端按钮不是起阻拦信号的调车按钮，而是另一架背向调车信号机的调车进路按钮。这样操作是由电路结构所决定的。

②选以单置调车信号机为阻拦信号的调车进路

选排以 D_3 至 D_{11} 的调车进路时，需顺序按下 D_3A 和 $D_{11}A$；选 D_9 至 D_{13} 的调车进路时，应顺序按 D_9A 和 $D_{13}A$。由此可见，当选以单置调车信号机为阻拦信号的调车进路时，起阻拦信号的调车进路按钮即可作为终端按钮。但是，单置调车进路按钮不能作反向调车进路的终端按钮使用。例如由ⅢG 向 X_D 内方调车，应顺序按下 $S_{Ⅲ}DA$ 和 S_DDZA，因为 D_{11} 信号机与该进路反向，故 $D_{11}A$ 不能作该进路的终端按钮，而只能以专设的 S_DDZA 作终端按钮使用。

③选以股道、牵出线、专用线等为进路终端的调车进路

当选由咽喉区调车信号机为始端，以股道、牵出线、专用线、接发车口处为进路终端的调车进路时，应以咽喉区调车信号机的调车进路按钮为始端按钮，以该咽喉区股道头部的出站兼调车信号机的调车进路按钮为终端，或以牵出线、专用线、接发车口处的尽头式调车信号机的调车进路按钮作终端。如选 D_5 向ⅡAG 调车，应顺序按下 D_5A 和 D_1A，又如选 D_{15} 至 4G 调车时，应顺序按下 $D_{15}A$ 和 S_4DA，再如选 D_7 向ⅠAG 调车时，要顺序按下 D_7A 和 D_3A。

④选长调车进路

所谓长调车进路，是指一条进路上需要开放两架或两架以上调车信号机的调车进路，而单元调车进路(称短调车进路)，就是指一条进路上仅需开放一架调车信号机的调车进路。长调车进路是由两条以上单元调车进路组成的。这里的“长”与“短”不是路径的长短。长调车进路有一次办理和分段办理两种操作方法。一次办理就是先后按下长调车进路的始、终端按钮；分段办理就是分别办理长调车进路中的各条单元调车进路。例如：办理 D_3 至ⅠG 长调车进路，一次办理操作方法是顺序按下 D_3A 和 $S_ⅠDA$ 即可选出进路，而分段办理的方法是分别选 D_{13} 至ⅠG、D_9 至 D_{13}、D_3 至 D_9 三条单元调车进路。显然，一次办理的操作方法简便，但是当分析电路故障范围时，需将长调车进路分段办理。

(3)变通进路操作方法

①列车变通进路操作方法

办理列车变通进路时，按列车运行方向的顺序，先后按下进路始端按钮、变通按钮和进路终端按钮。例如选由 $S_Ⅱ$经由 17/19 号道岔反位向北京方面的发车变通进路，需先后按下 $S_ⅡLA$、D_7A(或 D_9A、或 $D_{13}A$)、X_FLA 三个按钮。选 X 经 5/7 号道岔反位至ⅢG 的接车变通进路，应顺序按下 $X_ⅠA$、$D_{11}A$ 和 $S_{Ⅲ}LA$。多数情况下，列车变通进路上都有调车按钮可兼作变通按钮用。

②调车变通进路操作方法

选调车变通进路时，不能采用差置、并置或同方向单置调车进路按钮作为调车变通按钮使用。调车进路的性质，已由按下的始端按钮确定了。例如选由 D_1 至ⅡG 经由 1/3、17/19 号道岔反位的变通进路时，如将 $D_{13}A$ 作变通按钮使用时，那么就应顺序按下 D_1A、$D_{13}A$ 和 $S_ⅠDA$，但按下 D_1A 和 $D_{13}A$ 后尚未按下 $S_ⅡDA$ 前，D_1 至 D_{13} 的单元调车进路就选出来了。当最后按 $S_ⅡDA$ 时，相当于选 $S_Ⅱ$ 信号机作其他进路的始端使用。这样 D_{13} 至ⅡG 这段调车进路就选不出来。因此，上述调车变通进路只能按长调车进路分段办理方法操作。

当调车变通进路上有反向的单置调车进路按钮时，可按变通进路操作方法进行。如选由 4G 经 17/19、1/3 号道岔反位至 D_1 的变通进路时，可顺序按下 S_4DA、$D_{13}A$ 和 D_1A 三个按

钮，该调车变通进路便可选出。这是因为 D_{13} 是变通进路上的反向单置调车信号机，当附加操作按下 $D_{13}A$ 时，$D_{13}A$ 既不是该进路的始端，也不是终端，而只能作为变通按钮用。

当变通进路上有专设的 BA 时，可顺序按下进路始端、BA 和进路终端按钮，变通进路便可选出。如选 D_9 至ⅢG 经 9/11 号道岔反位的调车变通进路时，需顺序按下 D_9A、BA 和 $S_{Ⅲ}DA$，该调车变通进路便可选出。

可见，只有单置调车进路按钮能兼作相反方向的调车进路的变通按钮，其他调车进路按钮都不能作调车进路的变通按钮。任何调车进路按钮都可作列车变通进路的变通按钮。专设的变通按钮 BA，既可作列车变通进路，又可作调车变通进路的变通按钮使用。

第四节　继电器组合及组合架

6502 电气集中需要大量继电器，这些继电器以组合的形式放置在组合架上。组合架设置在继电器室内。

一、继电器组合类型

将具有相同控制对象的一些继电器组合在一起，构成定型电路环节，这些定型电路环节，叫做继电器组合，简称组合。6502 电气集中的组合，是对应车站信号设备平面布置图上的道岔、信号机和轨道电路区段设计的。每个组合包括的继电器数量应相差不多，最多不超过 10 个，以便安装在组合架上比较匀称，有规律，并有效地利用组合架的空间，减少组合架上的空位。

采用继电器定型组合的形式设计电路，不仅简化了设计，加快了设计过程，而且组合可在工厂预制，这就极大地缩短了施工工期。

因为 6502 电气集中定型组合是根据道岔、信号机和轨道电路区段设计的，所以道岔组合、信号组合和区段组合，是 6502 电气集中的三种基本组合类型。为了使不同类型的继电器定型组合在各种车站通用，根据站场线路可拼贴站场形网路图，由这三种基本组合类型又分为 10 种参与拼贴站场形网路图的定型组合。另外还有两种不参与拼贴的定型组合。因此，6502 电气集中的定型组合共有 12 种。

6502 电气集中的定型组合类型见表 3-1，表中列出了每种组合的继电器数量及类型，继电器在组合内的排列位置和其他附属元件的规格型号等。

表 3-1　6502 电气集中的定型组合类型

组合类型	0		1	2	3	4	5	6	7	8	9	10
F	R_1、R_2 RX20-25-51-±5%	C_1、C_2: CD-200-50	LJJ	LFJ	DJJ	DFJ	ZQJ	ZRJ	ZDJ	ZFJ	GDJ	GDJF
			JWXC-H340	JWXC-H340	JWXC-H340	JWXC-H340	JWXC-1700	JWXC-1700	JWXC-1700	JWXC-1700	JWXC-1700	JWXC-H340
YX	R:RX20-25-51-±5% C:CD-500-50	RD (0.5 A)	AJ	XJ	JJ	1DJF	2DJ	ZXJ	LXJF	TXJ	LUXJ	LAJ
			JWXC-1700	JWXC-H340	JWXC-1700	JWXC-1700	JWXC-H18	JWXC-1700	JWXC-1700	JWXC-1700	JWXC-1700	JWXC-H340
1LXF			DAJ	LAJ	ZJ	GJJ	ZCJ	GJ	GJF			
			JWXC-H340	JWXC-H340	JWXC-H340	JWXC-1700	JWXC-1700	JZXC-480	JWXC-1700			

续上表

组合类型	0		1	2	3	4	5	6	7	8	9	10
2LXF			DAJ	LAJ	ZJ	GJJ	ZCJ	LXJF	XJJ	2DJ		
			JWXC-H340	JWXC-H340	JWXC-H340	JWXC-1700	JWXC-1700	JWXC-1700	JWXC-H340	JWXC-H18		
LXZ	R:RX20-25 −51-±5% C:CD-500-50	RD(0.5 A) RD(0.5 A)	LKJ	JXJ	FKJ	KJ	LXJ	XJJ	DXJ	DJ	QJ	JYJ
			JWXC-H340	JWXC-1700	JWXC-H340	JWXC-H340	JWXC-1700	JWXC-1700	JWXC-H340	JWXC-H18	JWXC-1700	JWXC-1700
DX		RD(0.5 A) RD(0.5 A)	AJ	JXJ	FKJ	KJ	ZJ	XJJ	XJ	DJ	QJ	JYJ
			JWXC-H340	JWXC-1700	JWXC-H340	JWXC-1700	JWXC-H340	JWXC-1700	JWXC-H340	JWXC-H18	JWXC-1700	JWXC-1700
DXF或B			1AJ	2AJ	JXJ	1AJ	2AJ	JXJ				
			JWXC-1700	JWXC-H340	JWXC-1700	JWXC-1700	JWXC-H340	JWXC-1700				
SDF	D_1～D_4 2CP21		1DCJ	1FCJ	2DCJ	2FCJ	1DCJ	1FCJ	2DCJ	2FCJ		
			JWXC-1700	JWXC-1700	JWXC-1700	JWXC-1700	JWXC-1700	JWXC-1700	JWXC-1700	JWXC-1700		
SDZ	R:RX20-10 −750-±5% C:CZM-L-4-400	RD(3 A) RD(3 A) RD(5 A) RD(0.5 A)	BB	1DQJ	1SJ	2DQJ	AJ	2SJ	DBJF	DBJ	FBJ	FBJF
			BD_1-7	JWJXC—H125/0.44	JWXC-1700	JYJXC—135/220	JWXC-1700	JWXC-1700	JWXC-1700	JPXC-1000	JPXC-1000	JWXC-1700
DD	D_1～D_4: 2CP21 R:RX20-10-750-±5% C:CZM-L-4-400	RD(3 A) RD(3A) RD(5 A) RD(0.5 A)	BB	1DQJ	SJ	2DQJ	AJ	DCJ	FCJ	DBJ	FBJ	
			BD_1-7	JWJXC-H125/0.44	JWXC-1700	JYJXC-135/220	JWXC-1700	JWXC-1700	JWXC-1700	JPXC-1000	JPXC-1000	
Q	R:RX20-25 −51-±5% C:CD-1000-50		DGJ	DGJF	FDGJ	1LJ	2LJ	QJJ	CJ	FDGJF		
			JZXC-480	JWXC-1700	JWXC-1700	JWXC-1700	JWXC-1700	JWXC-1700	JWXC-1700	JWXC-1700		
DY			1RJJ	2RJJ	1XCJ	2XCJ	TGJ	JCJ	YZSJ	JCAJ或(ZFDJ)	JCJ_1	JCJ_2
			JZXC-1700	JWXC-1700	JSBC-850	JSBC-850	JWJXC-480	JWXC-1700	JWXC-1700	JWXC-1700	JZXC-480	JZXC-480

1. 信号组合类型

由于不同类型的信号机信号显示不同，控制电路的联锁条件不同，构成组合的电路环节有明显差异，因此，信号组合分为 6 种定型组合。其中，列车信号组合 4 种，调车信号组合 2 种。

对于列车信号组合，因为进站信号机和接车进路信号机有引导信号，而出站信号机和发车进路信号机没有引导信号，所以在列车信号组合中要分出一种引导信号组合。因为组合内的继电器数量超过了 10 个，所以列车信号组合又分为列车信号主组合 LXZ 和列车信号辅助组合。因为有的出站信号机只有一个发车方向，有的出站信号机有两个发车方向，这两种情况的电路接线不同，所以列车信号辅助组合，又分为一方向列车信号辅助组合 1LXF 和二方向列车信号辅助组合 2LXF。

对于调车信号组合，因为调车信号机按位置分为单置、并置、差置和尽头式四种类型，它们的电路环节不完全相同，特别是单置调车信号机需要的继电器数已超过 10 个，有的情况下，设置变通按钮也要选用组合，所以调车信号组合又分为调车信号组合 DX 和调车信号辅助组合 DXF。

综上所述，信号组合共有六种定型组合类型，即列车信号主组合 LXZ、引导信号组合 YX、一方向列车信号辅助组合 1LXF、二方向列车信号辅助组合 2LXF、调车信号组合 DX 和调车信号辅助组合 DXF。

2. 道岔组合类型

因为单动道岔和双动道岔的电路结线不同，双动道岔所使用的继电器数量又超过了 10 个，所以，道岔组合分为单动道岔组合 DD、双动道岔主组合 SDZ 和双动道岔辅助组合 SDF 三种定型组合。

3. 区段组合类型

区段组合 Q 只有一种基本类型。

4. 其他组合类型

上述信号组合、道岔组合和区段组合分成 10 种定型组合类型，可根据室外信号设备的布置拼贴成站场形网路图。另外，还有方向组合 F 和电源组合 DY。在采用双按钮进路式选路方法时，要用方向继电器区分进路的性质和方向，方向组合 F 主要是为方向继电器而设置的。在电源组合里，主要有人工解锁用的继电器和挤岔报警用的继电器，由这些继电器构成了条件电源。方向组合和电源组合不参与拼贴站场形网路图。

6502 电气集中电路主要由上述 12 种定型组合里的继电器构成，但也有少量继电器不包括在定型组合内，将这些根据具体情况而需要增设的继电器设计成零散组合，零散组合里的继电器数量也不能超过 10 个，其构成的电路环节根据需要而设计。

二、继电器组合的选用

1. 进站信号机选用的组合

在双线单向运行区段，每架进站信号机相应选用 YX 和 LXZ 两个组合，如图 3-5(a)所示。在单线双向运行区段和双线双向运行区段，每架进站信号机应选择 1LXF、YX 和 LXZ 三个组合，如图 3-5(b)所示。当进站信号机内方有一无岔区段和同方向的调车信号机时，因为进站与调车信号机之间没有道岔，可作为一个信号点看待，一般称为进站内方带调车，可不设 DX 组合，仅选用 1LXF、YX 和 LXZ 三个定型组合，再增选一个零散组合，如图 3-5(c)所示。对于接车进路信号机，选用的组合和进站信号机完全相同。

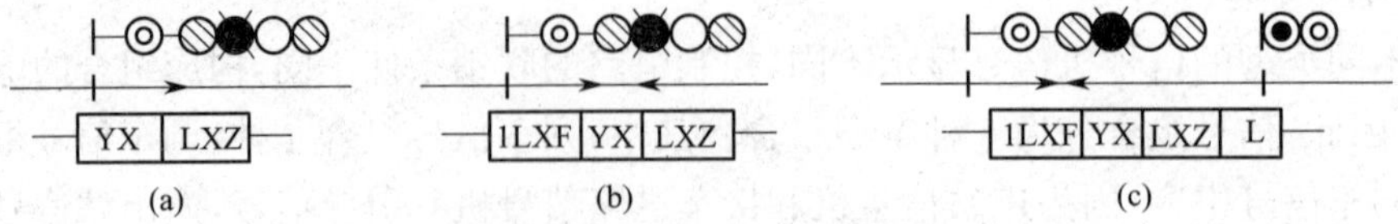

图 3-5 进站信号机选用的组合

2. 出站兼调车信号机和发车进路信号机选用的组合

当只有一个发车方向时，每架出站兼调车信号机应选用 LXZ 和 1LXF 两个组合，如图 3-6(a)所示。若有两个发车方向时，则对每架出站兼调车信号机应选用 LXZ 和 2LXF 两个组合，如图 3-6(b)所示。因为发车进路信号机与只有一个发车方向的出站兼调车信号机一样，所以也同样选用 LXZ 和 1LXF 两个组合。

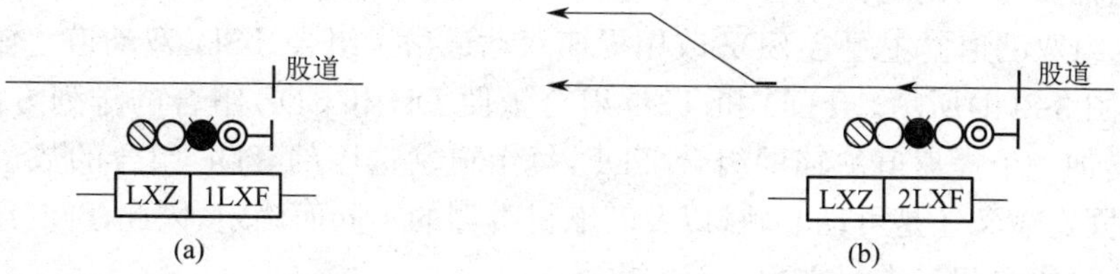

图 3-6　出站兼调车信号机选用的组合

3. 调车信号机选用的组合

调车信号机按设置位置分为尽头式、并置、差置和单置调车信号机，它们应各选用一个调车信号组合 DX，如图 3-7 所示。对应每架单置调车信号机，除选用一个 DX 组合外，还应选用半个调车信号辅助组合 DXF，如图 3-7(d)所示。所谓半个组合，是指一个 DXF 组合，可供两架单置调车信号机使用。

对应于变通按钮，也需要选用半个 DXF 组合。对应于没有信号机处的列车终端按钮及调车终端按钮，则可根据需要，选用半个 DXF 组合或设零散组合。

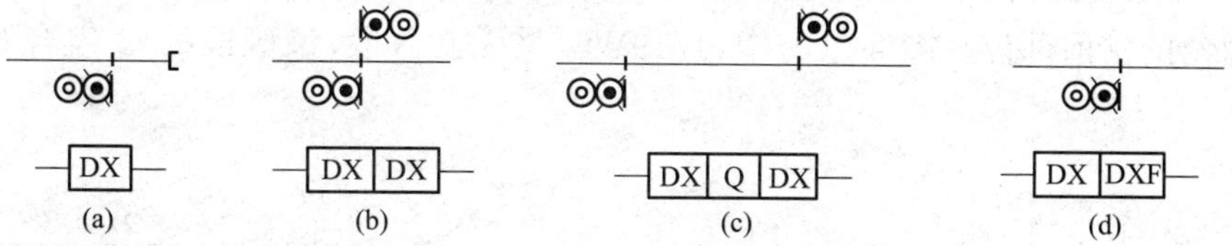

图 3-7　调车信号机的选用

4. 道岔选用的组合

每组单动道岔选用一个 DD 组合，如图 3-8(a)所示。每组双动道岔应选用一个 SDZ 和半个 SDF 组合，如图 3-8(b)、(c)所示。

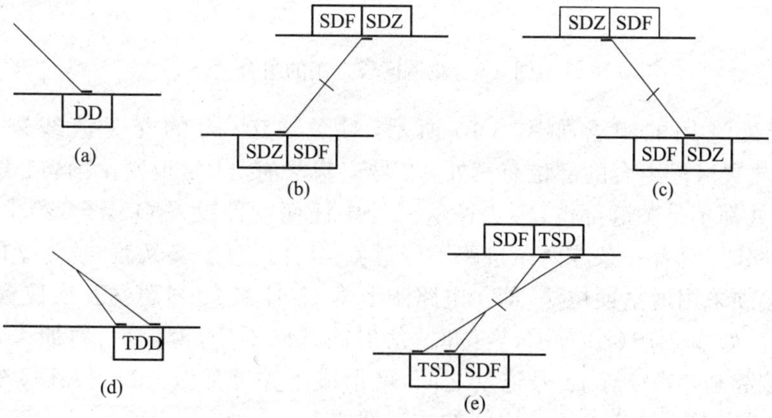

图 3-8　道岔选用的组合

应注意，在图 3-8(b)、(c)中，SDZ 和 SDF 各有两个方框，这两个方框并不是两个组合，SDZ 的两个方框表示一个 SDZ 组合内的电路是在两张图纸中组成的，每张对应双动道岔中的一个道岔。而 SDF 是半个组合，也在两张图纸中，分别给双动道岔中的一个道岔用。SDZ 和 SDF 连接的顺序不能颠倒，否则就构不成电路。

提速道岔需要专用的道岔组合，6502 电气集中电路中的单动道岔组合改用提速道岔单动组合 TDD，每组双动道岔主组合 SDZ 改用提速双动道岔主组合 TSD，双动道岔辅助组合 SDF 保持不变，如图 3-8(d)所示。TDD 和 TSD 组合依照 DD 和 SDZ 组合的排列方法进行排列。每台转辙机增加一个提速道岔辅助组合 TDF，每组道岔选用的 TDF 组合的数量是根据道岔的辙叉号，是固定辙叉还是可动心轨，以及转辙机类型的不同而确定，因此 TDF 组合不要求靠近 TSD 组合，可集中起来进行排列。

5. 轨道区段选用的组合

站内轨道电路有道岔区段和无岔区段之分，对应每一道岔区段和列车进路上的差置调车信号机之间的无岔区段，都要选用一个 Q 组合。对于非列车进路上的无岔区段或虽有列车经过的进站口和发车口部位的无岔区段，则不需要选用 Q 组合。根据电路要求增设的继电器，可以设在零散组合内。轨道区段选用的组合如图 3-9 所示。

应注意：Q 组合必须设在对应区段的关键部位。所谓关键部位，是指利用该区段排列任何进路都必须经过的地方。例如，在图 3-9(a)中，道岔区段 17—23DG 的关键部位是在 17 号道岔的岔前部位，所以 Q 组合必须对应设在该处。图 3-9(b)中，关键部位在 19 和 27 号道岔之间，故 19—27DG 的 Q 组合应放在 19 号与 27 号道岔组合之间。一般来说，道岔区段的关键部位是在道岔的岔前部位。图 3-9(c)中，1/19WG 是无岔区段，该区段的 Q 组合对应设在无岔区段上。

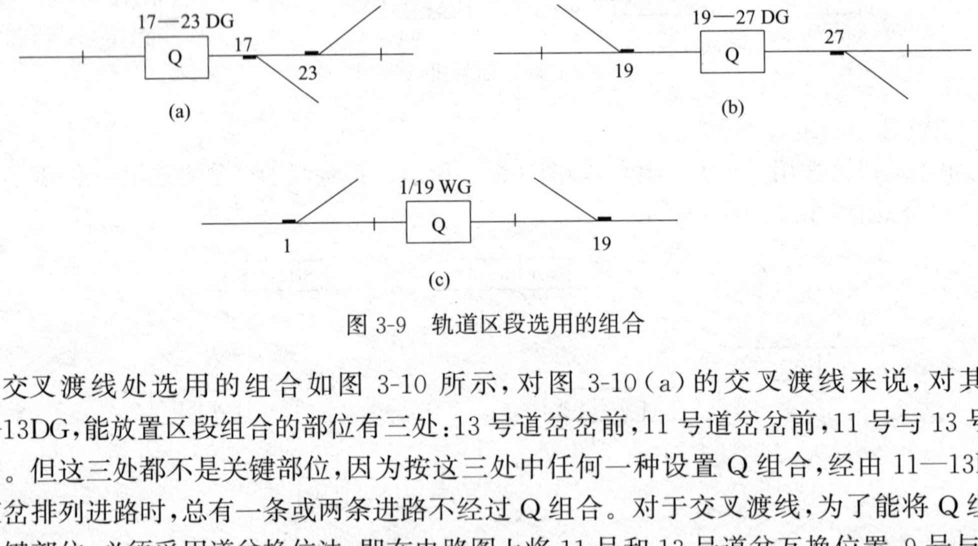

图 3-9 轨道区段选用的组合

交叉渡线处选用的组合如图 3-10 所示，对图 3-10(a)的交叉渡线来说，对其中的 11—13DG，能放置区段组合的部位有三处：13 号道岔岔前，11 号道岔岔前，11 号与 13 号道岔之间。但这三处都不是关键部位，因为按这三处中任何一种设置 Q 组合，经由 11—13DG 中的道岔排列进路时，总有一条或两条进路不经过 Q 组合。对于交叉渡线，为了能将 Q 组合设在关键部位，必须采用道岔换位法，即在电路图上将 11 号和 13 号道岔互换位置，9 号与 15 号道岔互换位置。如图 3-10(b)所示，换位时，岔尖的开向不变，换位后，将原来双动的两个道岔，再用线连接起来，11 号与 13 号道岔之间，就形成了关键部位。11—13DG 的 Q 组合可放在换位后的 11 号与 13 号道岔组合之间的关键部位上。

对于图 3-10(c)所示的交叉渡线，因为 9 号和 15 号道岔之间设有一组钢轨绝缘，分别划在两个道岔区段中，此时，9DG 的关键部位在 9 号道岔岔前，15DG 的关键部位在 15 号道岔岔前，不需要换位。但对 11—13DG 仍需换位，如图 3-10(d)所示。

复式交分道岔选用的组合如图 3-11 所示。对于图 3-11(a)所示的复式交分道岔，为了找出图中 4—10DG 的关键部位，采用了道岔移位法，如图 3-11(b)所示。将渡线道岔 2/6 右移，

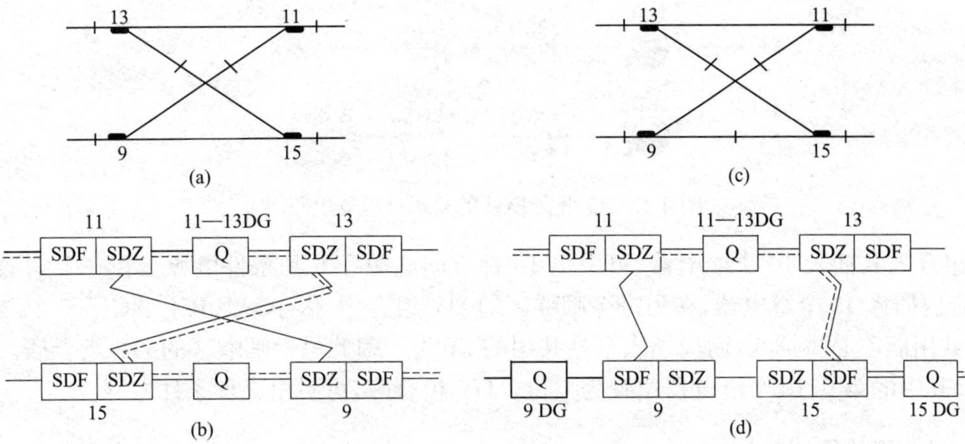

图 3-10　交叉渡线处选用的组合

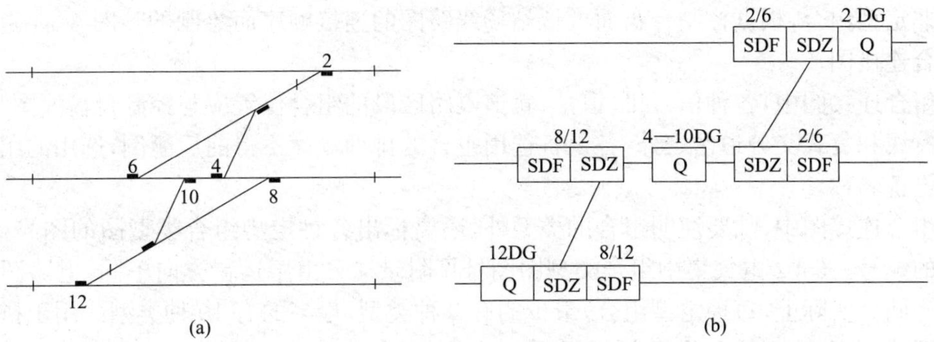

图 3-11　复式交分道岔选用的组合

8/12 左移。道岔移位后，4—10DG 的关键部位在 6 号与 8 号道岔之间，其 Q 组合就放置在 6 号与 8 号道岔组合之间。实际上，从线路使用角度来说，复式交分道岔和道岔移位后的两组双动道岔是等效的。

值得注意的是：对于交叉渡线的换位和复式交分道岔的移位，是为了将 Q 组合设置在关键部位，便于用定型组合拼贴成站场形网路图。而实际的站场上的道岔和控制台上的模拟站场的道岔是不能换位也不能移位的。

在电气化区段，采用 25 Hz 相敏轨道电路，轨道继电器采用交流二元继电器，需专设轨道继电器组合。一个 25 Hz 相敏轨道电路继电器组合内设 3 个交流二元继电器，以及防雷补偿器和防护盒。一架组合架可安装 9 个 25 Hz 相敏轨道继电器组合。在区段组合 Q 里的 DGJ 是交流二元继电器的复示继电器，该复示继电器采用专用的 JWXC-H310 型缓动继电器，用在控制和表示电路中。在一送多受道岔区段，Q 组合里的 DGJ 不插入，将交流二元继电器接点串联起来控制 Q 组合里的 DGJ。Q 组合 DGJ 的复示继电器电路如图 3-12 所示，图中 RGJ 表示交流二元继电器。另外，对应于每束轨道电源设一个轨道电源组合。

6. 方向组合和电源组合的选用

每个咽喉区应选用一个方向组合 F 和一个电源组合 DY。F 和 DY 组合不参加站场形网路图的拼贴，与车站信号设备平面布置图无关。

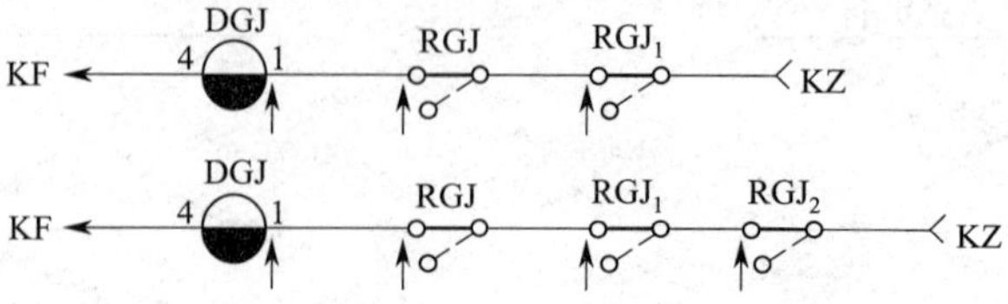

图 3-12 Q组合 DGJ 的复示继电器电路

F 组合内共插入 10 个继电器，可引出 10 种方向电源和 6 种条件电源。在一个咽喉区的 DY 组合内插入 10 个继电器，在另一个咽喉区的 DY 组合中，因 JCAJ、JCJ_1、JCJ_2 三个继电器为全站共用而不必再插入，而应插入全站共用的 ZFDJ。因此另一咽喉区的 DY 组合插入 8 个继电器，其中的第 9、10 个继电器位置为空位。DY 组合内，可引出 6 种条件电源。

三、组合连接图

组合连接图是拼贴站场形网路图的依据，是按照信号机、道岔、轨道电路区段选用的定型组合和非定型组合，根据控制台盘面模拟站场线路图的连接顺序而绘制的。图 3-13 是下行咽喉的组合连接图。

在组合连接图中，各种信号机、道岔、轨道电路区段的组合位置应与控制台盘面图相对应，除交叉渡线和复式交分道岔之外，各设备选用组合的排列顺序不得前后颠倒，选用的组合必须标出其设备名称。

在组合连接图中，除要注明组合的类型外，还要标出各种定型组合类型图的图号，图号即是图纸的编号。6502 电气集中组合类型图图号见附录二。由于运行方向不同，电路图的具体画法也不同。实际上，每种定型组合，最少的有 2 种类型，最多的有 10 种类型。用于拼贴站场形网路图的 10 种定型组合共演变成 50 种组合类型图，如 YX 组合有 1/YX 和 2/YX 两种类型，1 表示向左运行，2 表示向右运行。区段组合 Q 也有 1/Q 和 2/Q 两种，1 表示为无岔区段用，而 2 表示为道岔区段用。双动道岔主组合 SDZ 的图号有 Ⅰ-1/SDZ 和Ⅱ-2/SDZ 的区别，其中，罗马字母Ⅰ表示为八字第一笔双动道岔用；Ⅱ表示为八字第二笔双动道岔用；而这里的 1 表示为双动道岔中的左侧(面向图纸看)道岔用，2 为双动道岔中的右侧道岔用。

组合连接图中标有“照查”字样的方框不是本咽喉区用的组合，而是表明与另一咽喉区的照查条件由这里引入。图中除各种定型组合外，还包括有零散组合。这里标出的零散组合是根据站场具体情况设计的一些非定型电路环节。非定型电路使用的继电器数目虽然不受限制，但每十个应组成一个零散组合，以便整齐地安装在组合架上。与拼贴站场形网路图无关的零散组合，组合连接图中不必画出。每个咽喉区应选用一个方向组合 F 和一个电源组合 DY。因为 F 组合和 DY 组合不参与拼贴站场形网路图，所以组合连接图中也都未画出，此外 TDF 组合也不参加站场形网路图拼贴。

为了依据站场信号机、道岔、轨道电路等信号设备的布置情况，正确选用组合类型图图号，以便按照站场形状拼贴出网状电路图，请参阅附录三的 6502 电气集中组合类型运用图。

四、继电器组合架

6502 电气集中采用通用的电气集中组合架。组合架上、下分为 11 层，一般从下至上顺序编号为 1、2、3…10、0，1 至 10 层安装继电器组合，每层安装一个继电器组合。每个继电器组

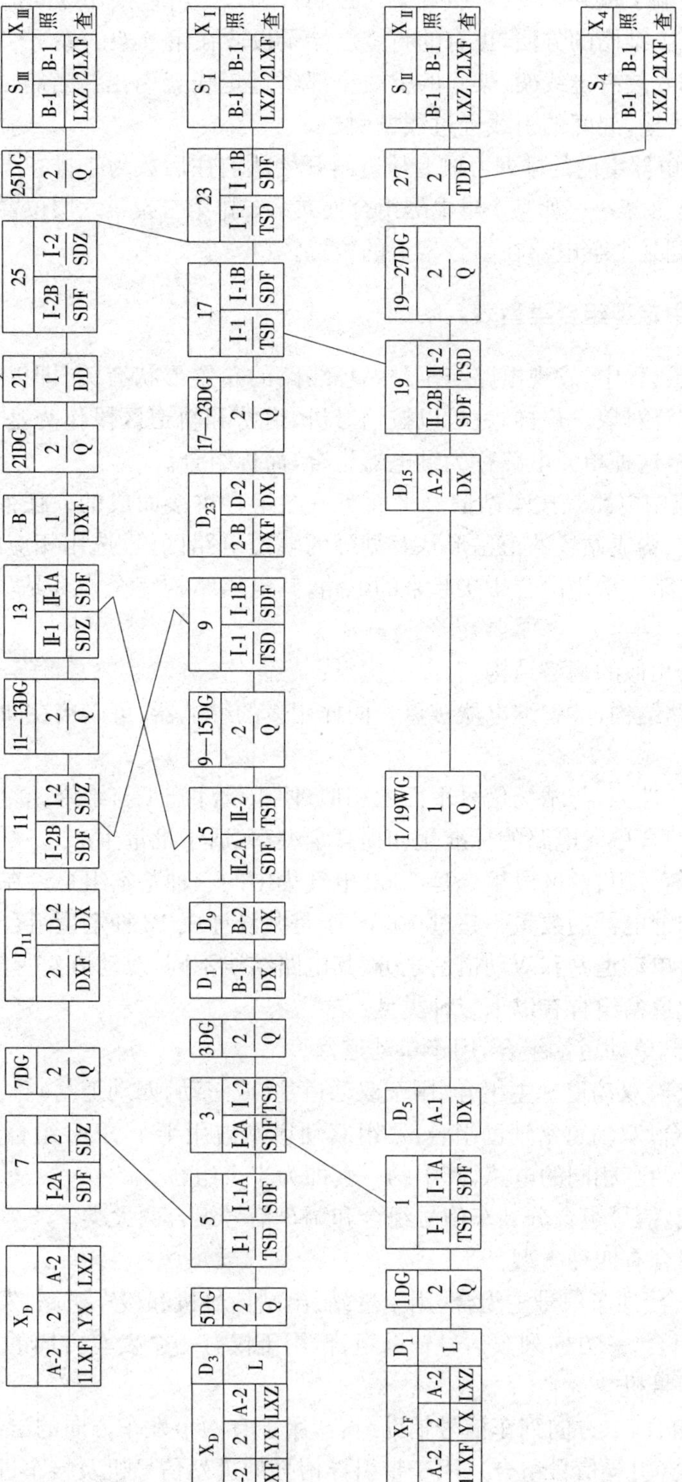

图 3-13　下行咽喉的组合连接图

合，包括两块组合侧面端子板和10个继电器插座板的位置。第11层称为零层，安装有各种电源端子板和零层端子板共13块。组合架与控制台和人工解锁按钮盘间的连线，都必须经由零层端子。为了施工维修的方便，也有的将零层端子板放在组合架的最下层。

组合架上部安装有走线架，架间的引线全部经过走线架引出。若将零层放在组合架最底层时，下部应设线槽，架间的引线经过线槽引出。

组合架在继电器室内的排列习惯上从进门开始从前往后数为1排、2排、3排……从左至右数称为1架、2架、3架……如某个继电器组合处在第二排第三架第六层位置时，表示为23-6。这样，就很容易找到某个继电器在组合架上的位置。

五、电气集中定型组合类型表

在长期实践过程中，发现电路与车站站场线路的布置形状有关，即以道岔、信号机及轨道区段为控制和监督对象。这样，就可以按信号机、道岔和轨道区段作为基本单元，设计成几种定型的单元电路，这种单元电路称为继电器组合，简称组合。

6502电气集中电路是按车站信号平面布置图组合拼接而成的。任何一个站场都可以按所布置的信号机、构成站场的道岔形状及划分的轨道电路区段，选用相应的组合拼接起来，以组成整个站场电路。采用组合拼接起来的电路，其电路结构完全与其站场线路和道岔布置的形状相似。

这种与站场相似的网络结构，有以下优点：

(1)简化电路结构，节省继电器接点。同样用途的继电器，可以接在同一网路上，不用反复检查同样的条件。

(2)图形规律性强，与站场信号平面图相似，便于设计施工与维修。

(3)有利于组合单元电路的标准化和提高定型率，适于批量生产。

道岔组合、信号组合、区段组合是6502电气集中的三种基本组合。在设计中有一个规则，即每个组合内的继电器的数量不超过10个，于是共设计成12种定型组合。

由于道岔有单动道岔和双动道岔之分，其电路结线不同，双动道岔所使用的继电器数量又超过10个，因此道岔组合有以下三种类型：

(1)DD组合，单动道岔组合，用于单动道岔。

(2)SDZ组合，双动道岔主组合，用于双动道岔(或三动、四动道岔)。

(3)SDF组合，双动道岔辅助组合，一组双动道岔占用半个SDF组合。所谓半个组合，即一个组合中包含两套相同的电路，其中的一套即为半个组合。

按电路接线，信号组合分列车信号组合和调车信号组合两大类。

列车信号组合有四种类型：

(1)LXZ组合，列车信号主组合，用于进站、出站信号机和接车进路、发车进路信号机。

(2)1LXF组合，一方向列车信号辅助组合，用于仅有一个发车方向的出站信号机，以及单线区段的进站信号机。

(3)2LXF组合，二方向列车信号辅助组合，用于有两个发车方向的出站信号机。

(4)YX组合(引导信号组合)，用于带引导信号的进站信号机及接车进路信号机。

调车信号组合有两种类型：

(1)DX组合(调车信号组合)，用于并置、差置、单置和尽头线等调车信号机。

(2)DXF 组合(调车信号辅助组合),用于单置调车信号机、变通按钮及无信号机处的列车进路和调车进路的终端按钮。它们都各占用半个 DXF 组合,半个组合的含义同 SDF 组合。

不论是道岔区段还是无岔区段,区段组合均只有一种组合,即 Q 组合。区段组合用于有道岔的轨道区段及列车进路内的无岔区段。

另外,还有两种全咽喉共用的组合,即 F 组合和 DY 组合。F 组合为方向组合,方向组合中主要有方向继电器,用于区分本咽喉进路的性质和运行方向,每一咽喉共用一套。方向组合中还包括道岔总定位、道岔总反位、总取消和总人工解锁等继电器。

DY 组合为电源组合。电源组合中主要有人工解锁电路用的继电器和挤岔电路用的继电器。

对于信号和道岔这类组合来说,尽管组合内部的实际电路是定型的,但在电路图纸上的表现形态却是不一样的。就单动道岔组合 DD 而论,由于单动道岔在站场图中有 4 种布置方式,相应的在电路图纸上需要 4 种单动道岔组合的电路图形(仅仅是画法上的不同)。称同一组合的不同电路图纸为该组合的组合类型图。这样,在工程设计时,主要的设计工作一是根据信号平面布置图选择各种组合类型图加以拼贴,并对各种组合间的接、配线进行设计,从而可大大减少了电路的设计工作量。二是选择各种定型组合并确定它们在组合架上的位置,以便将这些组合在信号楼内以最合理的线路布局安装在组合架上,构成联锁机构的实体。实际上,一个组合架上最多可安装 10 个组合。知道了组合总量后就可以确定需要多少个组合架了。在施工过程中主要进行各个组合之间,以及设备之间(组合、控制台、电源屏、室外设备)的配线工作,显然将能大量节省施工时间。

总之,电路模块化使设计工作简化了,使工厂能不受电路设计而进行继电器组合的生产,使联锁设备能早日投入使用。另外,电路的模块化对于维护和查找故障都带来方便。

最后需要指出,在以后的章节中介绍电路原理时,将着重分析它们是如何实现联锁功能以及各继电器的时序关系,而对继电器的空间划分——模块化,不再详细说明。但对学习者来说,每当分析一个继电器电路时,了解该继电器属于哪个组合(查表 3-1)是十分必要的。

第五节　6502 电气集中电路结构

6502 电气集中电路的结构采用站场形网路式结构。所谓站场形网路式结构是指电路的图形结构形状模拟于站场线路和道岔位置的形状。这种电路结构形式具有以下优点:

(1)电路图形与站场形状相似(交叉渡线和复式交分道岔两种情况除外),信号机、道岔和轨道电路区段可选用相应的组合类型图,只需按照站场形状拼贴起来。每张组合类型图相当于一个模块,即电路采用模块化设计,使设计过程比较容易,使设计速度加快。

(2)相同用途的继电器可以接在同一条网路线上,不需要反复检查同样的条件,这样既简化了电路,又减少了继电器接点,使电路动作清晰、规律性强、安全程度高。

6502 电气集中电路主要由选择组电路和执行组电路两大部分组成,共有 15 条网路线。此外,还有道岔控制电路和信号机点灯电路等。

一、选择组电路

选择组电路主要分为记录电路、选岔电路和开始继电器电路三部分。

1. 记录电路

记录电路由按钮继电器电路和方向继电器电路组成，其作用是记录车站值班员按下按钮的动作，记录进路的性质和运行方向。

由于进路按钮采用二位自复式按钮，当按下按钮时按钮接点接通，松开后自动断开。为了使车站值班员下达的操纵命令不随进路按钮的复原而消失，因此需要把按下按钮的动作记录下来。其方法是对应每一个进路按钮设有按钮继电器，按下按钮使该按钮继电器励磁并自闭。当按钮复原后，按钮继电器就以其吸起状态记录下控制命令。

进路的性质(指列车进路和调车进路)和运行方向(指接车方向和发车方向)，是根据首先按压的进路按钮来确定的，利用按钮继电器和方向继电器共同完成这一任务。

2. 选岔电路

选岔电路由六条网路线组成，所以又称为六线制选岔网路，其作用是按照车站值班员的意图，经操纵后选出道岔的位置。

选岔电路六条网路线用途如下：

(1)第 1、2 线为“八”字形第一笔双动道岔反位操纵继电器 FCJ 的网路线。

(2)第 3、4 线为“八”字形第二笔双动道岔反位操纵继电器 FCJ 的网路线。

(3)第 5、6 线为双动道岔定位操纵继电器 DCJ、单动道岔定位操纵继电器 DCJ 和反位操纵继电器 FCJ，以及选信号点的进路选择继电器 JXJ 用的网路线。

当车站值班员按下进路始、终端按钮，相应的按钮继电器均已动作后，能自动使道岔定位操纵继电器 DCJ 或反位操纵继电器 FCJ 动作，通过道岔操纵继电器前接点接通道岔启动电路，自动转换道岔。道岔转换完毕，接通道岔表示电路，给出道岔位置的正确表示。

进路上所有的进路选择继电器 JXJ 吸起时称为进路选出。当进路上所有道岔都转换到规定位置，并给出相应的表示后，称为进路排通。

为了缩短选路时间，进路选出后，用进路选择继电器 JXJ 的吸起，及时使按钮继电器和方向继电器复原，为继续选另外的进路准备好条件。但这时先选的进路还没有排通，信号还没有开放。当记录电路复原后，进路的始端和终端的条件要由辅助开始继电器 FKJ 和终端继电器 ZJ 来记录。FKJ 和 ZJ 不占用网路线，由于列车进路的终端是网路线两端，一般不设 ZJ。

3. 开始继电器电路

第 7 线是开始继电器 KJ 的励磁网路。凡是作进路始端的信号机，在其信号组合里的开始继电器都接在 7 线网路上，用以检查进路选排的一致性。检查进路选排的一致性涉及进路上的每组道岔，这些联锁条件都接在 7 线网路上。当进路上道岔操纵继电器全部吸起(DCJ 或 FCJ)，并且当进路上道岔都转换到规定位置，给出相应的表示后(DBJ 或 FBJ 吸起)，即进路选出与进路排通一致(DCJ 与 DBJ、FCJ 与 FBJ 动作一致)，接在 7 线网路上的开始继电器 KJ 方能吸起。进路选排的一致性是很重要的联锁条件，锁闭进路、开放信号前要进行这一检查，它是保障行车安全的关键措施之一。

当信号开放以后，FKJ 落下，用 KJ 的前接点继续记录进路的始端，一直到进路解锁后为止。进路要有明确的始、终端，从确定按下进路始、终端按钮开始，到进路使用完毕，进路始、终端的记录条件，随着电路的动作过程是变化的，但一直保持着。

二、执行组电路

在选择组电路完成选路工作后，将选择组电路所确定的进路始端和终端，转入执行组电路。执行组电路的主要作用是：检查进路中道岔位置是否正确、进路是否空闲、未建立敌对进路，实现进路锁闭；检查开放信号联锁条件后，开放信号；完成进路的正常解锁、取消、人工解锁、调车中途返回解锁、引导进路解锁等任务。

执行组电路共有8条网路线，各网路线主要用途如下：

(1)第8线为信号检查继电器XJJ的励磁网路线。其用来预先检查开放信号的可能性，当进路道岔位置正确、进路空闲、没有建立敌对进路，只有满足上述基本联锁条件，才能锁闭进路和开放信号。

(2)第9线为区段检查继电器QJJ和股道检查继电器GJJ的励磁网路。设有Q组合的轨道电路区段，均设有一个区段检查继电器QJJ，当检查了本区段空闲后，本区段的QJJ方能吸起，实现区段锁闭。向股道建立进路时，GJJ吸起，用它锁闭另一咽喉的迎面敌对进路。

(3)第10线是QJJ的自闭网路线。通过信号继电器XJ的励磁条件，使QJJ自闭，用来防止进路迎面错误解锁。

(4)第11线为信号继电器XJ的励磁电路。当全面检查了开放信号的联锁条件满足后，使XJ吸起。接通信号机点灯电路，开放信号。

(5)第12、13线为解锁网路，对称地接有两个进路继电器1LJ和2LJ。其用来实现进路锁闭，完成进路的正常解锁、取消、人工解锁、调车中途返回解锁和引导进路解锁等任务。

(6)第14、15线是控制台光带表示灯用的网路线。14线用于控制白光带；15线用于控制红光带。

在执行组电路中，除上述8条站场形网路线外，还有道岔控制电路、信号机点灯电路、取消继电器电路、接近预告继电器电路、照查继电器电路、锁闭继电器电路及各种表示灯电路、报警电路等。这些电路都不接在网路线上。

6502电气集中电路是由上述15条网路线和一些不接在网路线上的单元电路构成的。这些电路基本上是以继电器为负载的，虽然室外电路、表示灯电路不是以继电器为负载，但都是由继电器控制和监督的，是可以用继电器的吸起和落下两种状态来分析判断负载的好坏的。因此，区分电路是否工作正常，设备是否故障，都可根据继电器状态进行分析。6502电气集中电路中，无论哪个电路环节发生故障，最终都会造成该吸起的继电器不能吸起，该落下的继电器不能落下。在学习电路原理和分析电路故障时，应牢牢把握住各个继电器的动作时机，即该继电器在什么条件下吸起，在什么条件下落下。继电器的励磁时机应在继电器励磁电路中分析，当励磁条件有几个时，应看哪个是最后构成的。继电器释放时机一般应在继电器自闭电路中分析，当使继电器释放的条件有几个时，应看哪个是最先构成的。

6502电气集中电路结构严密，虽然复杂，但动作层次分明、清晰、规律性很强。电路动作应遵循以下步骤：

办理进路→进路选出→道岔转换→进路锁闭→开放信号→列车或调车车列进入→进路解锁。

对于上述动作步骤，6502电气集中电路都有相应的电路环节与其对应：办理进路与记录电路对应；进路选出与选岔网路对应；道岔转换是从选岔网路得到命令，道岔控制电路动作并经KJ检查选排一致；进路锁闭与XJJ、QJJ、LJ等锁闭进路用电路相对应；开放信号与XJ及信号机点灯电路相对应；列车进入与轨道电路有关电路环节对应；进路解锁与解锁网路相对应等。在电路动作步骤变换时，应特别对“承上启下”的继电器动作时机予以关注，这是掌握6502 电气集中电路动作规律的关键所在。

专题　站场形网络电路图

文中已阐明了采用继电器来构造条件电路的原理和分析方法，6502 电气集中系统是采用继电器作为基础元件来实现车站联锁的控制。进路的建立是以进路的锁闭及防护进路的信号机开放为标志的，但进路建立前要检查进路上的道岔位置状态、轨道区段的空闲状态和敌对信号机的关闭状态等条件。利用继电器的节点闭合或断开作为设备的状态条件，而把继电器的吸起或落下作为信号机的开放与关闭状态。同时，结合站场的形状可以构造出一套条件电路来反映进路建立的联锁关系。

站场形网络电路举例如图 3-14 所示，图 3-14(a)为下行进站信号机 X 所防护的列车进路简易站场图，从图中可以分析出，X 所防护的列车进路要建立所必须检查的联锁条件。分别采用信号继电器(XJ)代表 X 信号机的状态、轨道继电器(AGJ、1—3DGJ、1GJ、ⅡGJ、3GJ)代表轨道的状态、道岔表示继电器(1DBJ、1FBJ、3DBJ、3FBJ)代表道岔状态，则按站场形状构造的 XJ 的条件电路如图 3-14 (b)所示。在这里，特意地将电路图形画成站场形状，以便将检查的条件参照信号布置图接入电路的对应位置处。例如，无论建立哪条进路都要检查无岔区段 AG 和道岔区段 1—3DG 空闲，所以将轨道继电器 AGJ 和 1—3DGJ 的前接点按地理位置接入电路的共同部分，而将检查股道空闲的条件分别接入各自的电路中。同理，将各道岔表示继电器的接点接在相应的位置处。这样构造的网络电路图即为站场形网络电路，其站场形网络本质上是继电器电路化简后的特例，就上述的 X 电路而论，若对应 3 条进路分别画出相应的 3 条电路，则在这 3 条电路中应分别接入 AGJ 的接点，有了站场网络的概念后，则仅在电路的共用部分接入一个 AGJ 的接点就可以了，所谓共同部分就意味着合并。

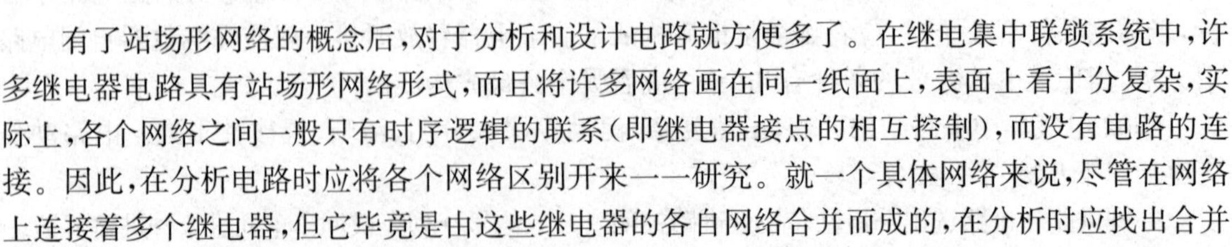

图 3-14　站场形网络电路举例

有了站场形网络的概念后，对于分析和设计电路就方便多了。在继电集中联锁系统中，许多继电器电路具有站场形网络形式，而且将许多网络画在同一纸面上，表面上看十分复杂，实际上，各个网络之间一般只有时序逻辑的联系(即继电器接点的相互控制)，而没有电路的连接。因此，在分析电路时应将各个网络区别开来一一研究。就一个具体网络来说，尽管在网络上连接着多个继电器，但它毕竟是由这些继电器的各自网络合并而成的，在分析时应找出合并的技巧所在，将网络再分解成各个继电器的网络，就容易分析电路的逻辑功能和电路结构。

需要指出的是，图 3-14 只反映了进路建立中信号继电器 XJ 的逻辑控制电路，而进路选择及道岔 1 和 3 在选路过程中也必须有相应的控制电路来实现。

思 考 题

1. 简述电气集中的设备组成。

2. 电气集中的室内设备有哪些？各起什么作用？

3. 进路按钮的配置原则是什么？

4. 什么是基本进路？什么是变通进路？选变通进路时如何确定变通按钮？

5. 如何办理下列进路：

(1)X 至 5G 的接车进路。

(2)S_{II} 向北京方面正向的发车进路。

(3)D_{I} 至 D_{13} 的调车进路。

(4)S_{II} 至 D_7 的调车进路。

(5)S_{II} 至 X_D 的调车进路。

(6)S_{II} 向北京方面发车的变通进路。

(7)D_1 至ⅡG 的调车变通进路。

(8)S_4 向 D_1 的调车变通进路。

6. 什么是继电器组合？6502 电气集中有哪些定型组合？

7. 进站信号机和单置调车信号机各选用哪些组合？

8. 对有交叉渡线的道岔区段为什么要将道岔换位？换位后的交叉渡线如何选用组合？采取什么方法使交叉渡线可以不换位？不换位的交叉渡线如何选用组合？

9. 站场形网路结构有哪些优点？

10. 6502 电气集中 15 条网络线是如何产生的？

11. 6502 电气集中 15 条网络线有哪些？各起什么作用？

12. 6502 电气集中有多少种定型组合？如何分类？

13. 对于各种信号机，如何运用信号组合？

14. 对于各种道岔，如何运用道岔组合？

15. 对于 6502 电气集中的执行组电路，除了 8 条网络线外，还有哪些局部电路？

第四章　选择组电路

选择组电路的作用是记录车站值班员操纵进路的命令，进行进路选择；控制道岔转换，并确定进路的始、终端，以构成执行组电路的动作条件。

进路选择电路由按钮继电器、方向继电器、道岔操纵继电器、进路选择继电器、辅助开始继电器和终端继电器等组成。若按它们的功能而论，按钮继电器和方向继电器主要是记录车站值班员操作信息的，鉴别进路的性质和方向，所以称为记录电路；道岔操纵继电器是选择道岔位置的，所以称为选岔电路；进路选择继电器的主要功能是检查进路是否被选出；辅助开始继电器和终端继电器是在进路选出后继续记录进路始端和终端，它们在进路选择电路与执行组电路之间起着“承上启下”的作用。为了实现上述功能，进路选择电路由以下电路环节组成。

选择组电路主要由记录电路、选岔电路和开始继电器电路组成，涉及 1～7 线共七条网路线。

第一节　按钮继电器电路

一、按钮继电器的作用和设置

按钮继电器的作用：一是用来记录按下按钮的动作；二是在选路时接通方向继电器的励磁电路和自闭电路，并向选岔网路供电；三是当取消进路和人工解锁进路时，用始端按钮继电器与总取消继电器配合，完成进路的取消和人工解锁。

对应每一个进路按钮，究竟要设几个按钮继电器，取决于下述两种情况：第一种情况是列车进路按钮和除单置外的调车进路按钮，可用方向电源配合区分它作始端按钮用，还是作终端按钮用，所以可设一个按钮继电器 AJ；第二种情况是单置调车信号的按钮，因为其在运行方向不变的情况下，有时作始端按钮用，有时又作终端按钮用，它不能用方向电源去区分作始端还是作终端用，所以对应单置调车按钮设有三个按钮继电器。

此外，对于专设的变通按钮 BA 也设置了两个按钮继电器。

二、按钮继电器电路

1. 尽头线调车按钮继电器电路

图 4-1 是尽头线调车按钮继电器电路。为了记录按下按钮的动作，在 AJ 的励磁电路接入了按钮的按下接通接点，作为电路的励磁条件。由于进路按钮采用二位自复式按钮，松开该按钮时会切断其励磁电路。为此，AJ 必须在吸起后经由其本身的前接点构成自闭电路，以满足记录电路在选路过程对工作时机的要求。

有记录就要考虑如何取消记录。根据按钮的不同用途，其取消记录的条件也不同。将取

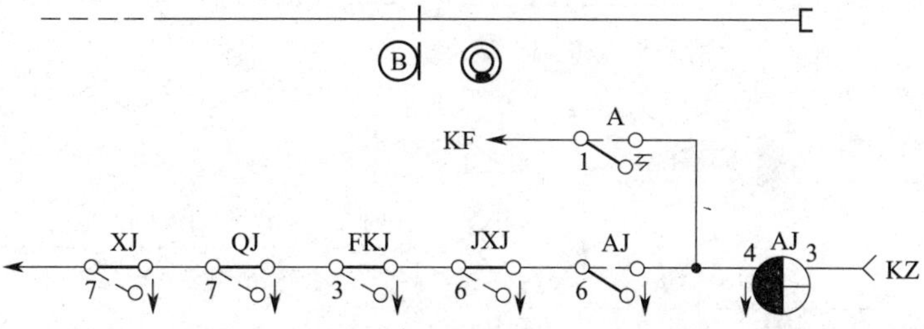

图 4-1 尽头线调车按钮继电器电路

消记录的复原条件串接在 AJ 的自闭电路中,以便在必要的时机使其复原,从而取消记录。D_2AJ 的自闭电路为

$$KZ—AJ_{3\text{-}4}—AJ_{62\text{-}61}—JXJ_{63\text{-}61}—FKJ_{33\text{-}31}—QJ_{73\text{-}71}—XJ_{73\text{-}71}—KF$$

在自闭电路中,串接各种切断自闭电路的继电器接点。这些接点,反映了它们切断 AJ 自闭电路的目的和时机。

在选路时,信号点(信号机位置)选出就应使按钮继电器释放。6502 电气集中是用进路选择继电器 JXJ 的吸起来反映信号点已被选出的,因此在 AJ 的自闭电路中接入 JXJ 后接点,作为自动复原的条件。当该信号点 JXJ 吸起后,自动取消记录。

在重复开放信号时,因进路在锁闭状态,不需要将进路取消而重选,这时 JXJ 不会吸起,只需再次按下进路始端按钮,使辅助开始继电器 FKJ 吸起而重新开放信号。在 AJ 自闭电路中,用 FKJ 吸起取消记录。

当进路因故不能选出,即 JXJ 没有吸起或取消误碰的按钮时,按下总取消按钮 ZQA 和进路始端按钮,使取消继电器 QJ 吸起,用接在 AJ 自闭电路中的 QJ 后接点切断电路,人工取消记录。

当进路已经选出,因故要取消进路或人工解锁进路时,经办理使本进路的 QJ 吸起,切断 AJ 自闭电路,亦可取消记录。

在 AJ 自闭电路中接入了信号继电器 XJ 后接点,其作用是在信号开放过程中,用 XJ 的后接点断开 AJ 的自闭电路,使 AJ 在信号开放过程中不作记录。否则,若在信号开放过程中误碰了按钮,当要取消 AJ 的记录时,因 QJ 要吸起,就会关闭正在开放中的信号,这是不允许的。

因为按钮继电器和进路选择继电器的逻辑关系是:AJ↑→JXJ↑,JXJ↑→AJ↓,所以,为了使 JXJ 能可靠地吸起,AJ 要采用缓放型继电器。缓放还能延长方向继电器工作时间,保证后续的辅助开始继电器 FKJ 和终端继电器 ZJ 可靠吸起。

2. 出站兼调车按钮继电器电路

图 4-2 为出站兼调车的按钮继电器电路。

对应出站兼调车信号机设有列车进路按钮和调车进路按钮。由于进路性质不同,对应列车进路按钮设有一个列车按钮继电器 LAJ,对应调车进路按钮设有一个调车按钮继电器 DAJ。因为这两个按钮继电器属于同一信号点,放在同一个组合内,它们取消记录条件相同,自闭电路中的条件可以共用。电路结构虽做了适当变动,但其电路原理与尽头线调车按钮继电器电路完全相同。它们的两个线圈分开使用,其 3-4 线圈为励磁电路,1-2 线圈为自闭电路。两线圈分开使用的原因是:一方面使自闭电路能共用;另一方面能防止共用自闭电路后产生迂回电路。

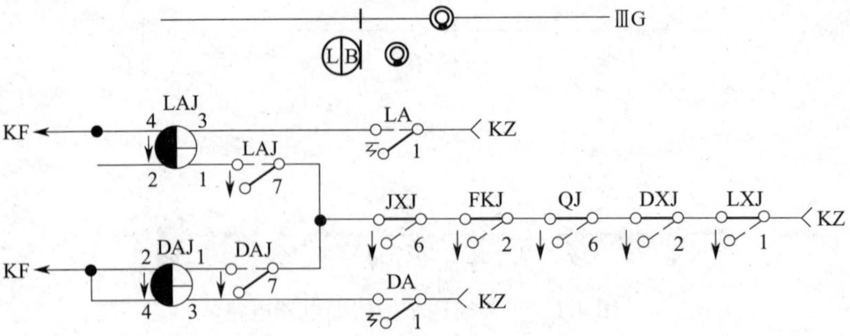

图 4-2　出站兼调车的按钮继电器电路

在进站信号机内方设有无岔区段和同方向的调车信号机（简称进站内方带调车）时，对应此处也设有两个不同性质的进路按钮，如举例站场的 XLA 和 D_3A 及 X_FLA 和 D_1A，它们对应的 XLAJ 和 D_3AJ 电路、X_FLAJ 和 D_1AJ 电路，与出站兼调车按钮继电器电路相同。

3. 并置和差置调车按钮继电器电路

图 4-3 是并置调车按钮继电器电路。从按钮继电器 3-4 线圈的电路看，完全与尽头线调车按钮继电器电路相同，只是增加了 1-2 线圈电路。

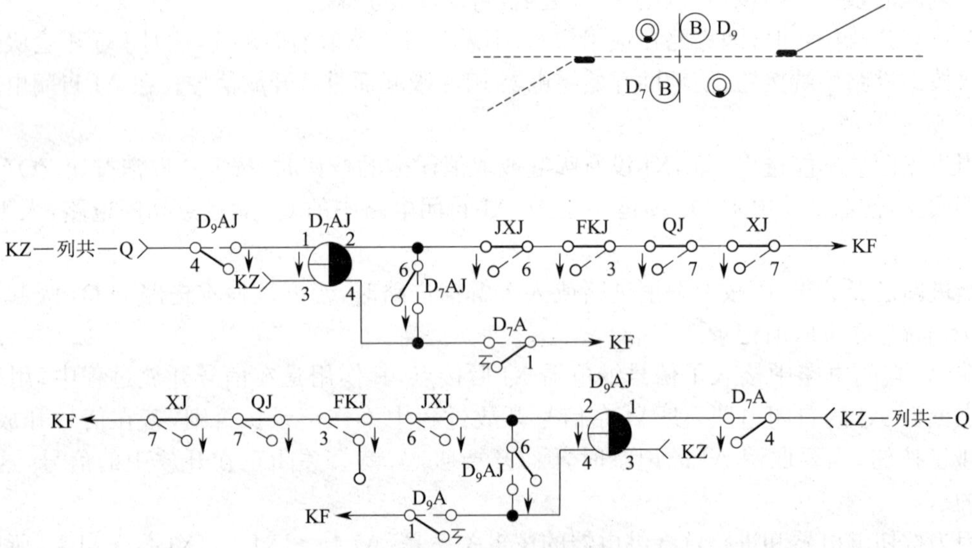

图 4-3　并置调车按钮继电器电路

并置和差置调车信号机的两个进路按钮，其中任何一个都可兼作列车进路变通按钮使用。因此，在选列车变通进路时，要求按压其中任何一个按钮时，都要把另外一个 AJ 带动起来，以便使两个按钮继电器都吸起，参与选路工作。其 1-2 线圈电路就是为此目的而设计的。例如，办理由Ⅱ向北京方面发车的变通进路（经 17/19 和 1/3 号道岔反位），先按下 $S_{Ⅱ}$LA 使 $S_{Ⅱ}$AJ 和 LFJ 相继吸起，方向电源“KZ—列共—Q”有电。接着按下变通按钮 D_7A，使 D_7AJ 吸起且自闭，这时经由方向电源“KZ—列共—Q”和 D_7AJ 前接点使 D_9AJ 吸起（若按下 D_9A，D_9AJ 吸起后也会把 D_7AJ 带动吸起），最后按下 X_FLA，使 X_FLAJ 吸起。这样就以变通按钮为分界点，把一条列车变通进路分成两个基本进路段，即 $S_{Ⅱ}$AJ 和 D_9AJ 吸起构成Ⅱ至 D_9 基本进路段，以及 D_7AJ 和 X_FLAJ 吸起构成 D_7 至 X_F 处的基本进路段。

差置调车按钮继电器电路与并置调车按钮继电器电路相同。举例站场中 D_5 A、D_{15} A 不能作列车进路变通,因此可不互带。

4. 单置调车按钮继电器电路

图 4-4 是单置调车按钮继电器电路。对应于单置调车信号机处设有三个按钮继电器,其中 1AJ 是按钮接点的复示继电器,AJ 是进路始端按钮继电器,2AJ 是进路终端按钮继电器。AJ 设在 DX 组合里,1AJ、2AJ 设在 DXF 组合里。平时这三个按钮继电器均处于落下状态,当办理进路时,则互相配合完成记录进路的始端、终端和变通的三种作用。

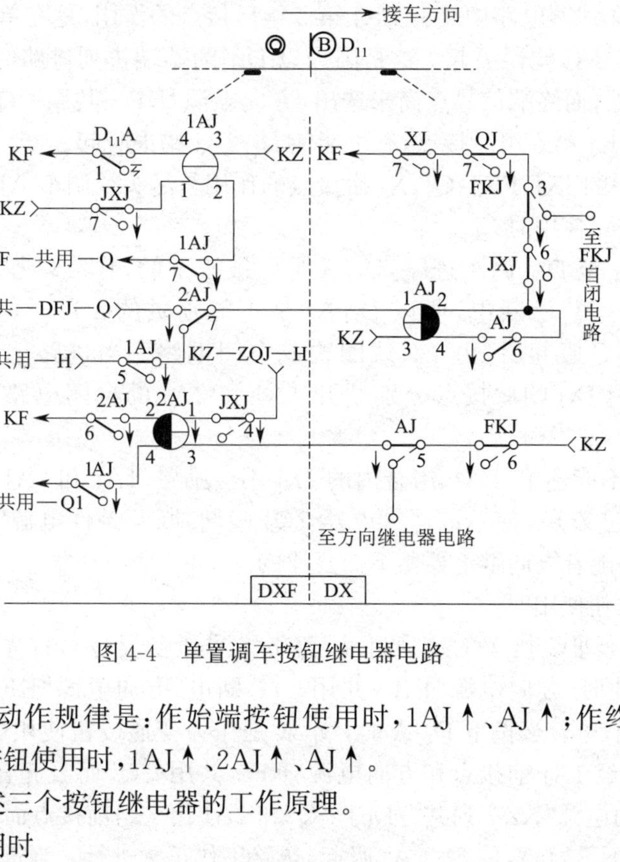

图 4-4 单置调车按钮继电器电路

这三个按钮继电器动作规律是:作始端按钮使用时,1AJ↑、AJ↑;作终端按钮使用时,1AJ↑、2AJ↑;作变通按钮使用时,1AJ↑、2AJ↑、AJ↑。

现以 D_{11} 为例,详述三个按钮继电器的工作原理。

(1)作始端按钮使用时

例如办理 D_{11} 向ⅢG 调车进路,D_{11} A 应起始端按钮作用,先按下 D_{11} A,当 AJ 和 DJJ 吸起后方向电源"KF—共用—Q"有电,使 1AJ 经由 1-2 线圈自闭。所以 1AJ 的自闭电路是 AJ 励磁吸起后接通的。当 1AJ 吸起,AJ 还未吸起的时刻,方向电源"KF—共用—Q"无电,则 2AJ 不能励磁;在 AJ 和 DJJ 吸起后,虽然"KF—共用—Q"有电,但是 AJ 已经吸起则断开 2AJ 的 3-4 线圈电路,故 2AJ 不能励磁。

至ⅢG 股道的调车进路,先按下 D_{11} A,使 D_{11} 的 1AJ 吸起并自闭,由于 1AJ 接点未接入方向继电器电路中,方向继电器均未励磁,此时方向电源"KZ—共用—H"是有电的。经 1AJ 的第 5 组前接点,将"KZ—共用—H"接入 AJ 的 1-2 线圈,使 AJ 励磁,其励磁电路为

KZ—共用—H—$1AJ_{51\text{-}52}$—$2AJ_{73\text{-}71}$—$AJ_{1\text{-}2}$—$JXJ_{63\text{-}61}$—$FKJ_{33\text{-}31}$—$QJ_{73\text{-}71}$—$XJ_{73\text{-}71}$—KF

AJ 励磁吸起,然后 AJ 的 3-4 线圈自闭。

当按下进路终端 $S_{Ⅲ}$DA 时，$S_{Ⅲ}$DAJ 吸起，这时该进路开始选路。当 D_{11} 信号点选出后，D_{11} 的 DX 组合中的 JXJ 吸起，从而使 D_{11}AJ 复原。当 $S_{Ⅲ}$ 信号点选出后，$S_{Ⅲ}$JXJ 吸起，又使 $S_{Ⅲ}$DAJ 复原。随着 DJJ 复原后切断方向电源“KF—共用—Q”，从而使 D_{11}1AJ 复原。应当指出，D_{11}A 作始端按钮使用时，D_{11} 的 DXF 组合中的 JXJ 是不会吸起的。因此，D_{11}1AJ 的复原条件只能是方向电源“KF—共用—Q”断电。

在重复开放信号时，按压 D_{11}A 后，D_{11}FKJ 会随着 1AJ 吸起而励磁，因此 AJ 就不能励磁了。AJ 不励磁，不但能防止方向继电器空动，而且因方向电源“KF—共用—Q”无电，2AJ 也不会励磁。

在 2AJ 的 3-4 线圈电路中接有 FKJ 第 5 组后接点的作用，是在单置调车进路按钮当作始端按钮使时，防止 2AJ 错误吸起。这是因为以 D_{11} 为始端排列进路时，D_{11} 信号点先被选出，D_{11}AJ 先复原落下，而终端信号点尚未选出，方向电源“KF—共用—Q”还在接通，D_{11}AJ 仍在吸起，若不接入 FKJ 第 5 组后接点，有可能使 D_{11}2AJ 错误吸起。

在 AJ 电路中的 JXJ、FKJ、QJ、XJ 后接点的作用与尽头线调车 AJ 电路相同。

(2)作终端按钮使用时

例如办理 D_3 至 D_{11} 调车进路，D_{11}A 是后被按下的，作终端按钮使用，因为此时方向电源“KZ—共用—H”已断电，所以 D_{11}AJ 是不能励磁的。这时，方向电源“KF—共用—Q”已有电，D_{11}2AJ 吸起后，由 1-2 线圈构成自闭电路。当进路选出时，D_{11} 的 DXF 组合内 JXJ 会吸起，用 JXJ 的后接点分别断开 1AJ 和 2AJ 的自闭电路，从而使它们自动复原而取消记录。

若因故进路不能选出，DXF 组合内的 JXJ 不会励磁，1AJ 和 2AJ 也不会自动复原。这时可按下总取消按钮 ZQA，使总取消继电器 ZQJ 吸起，断开条件电源“KZ—ZQJ—H”，使 2AJ 人工复原，1AJ 是随着方向继电器落下而复原的。

(3)作变通按钮使用时

例如办理 X 至ⅢG 接车的变通进路(经 5/7 号道岔反位)，首先按下 XLA，使 XLAJ 和 LJJ 相继吸起。此时，方向电源“KZ—共用—H”断电，方向电源“KF—共用—Q”和“KZ—列共—DFJ—Q”均有电。当按下 D_{11}A 时，D_{11}A 是作为变通按钮使用的。D_{11}1AJ 先吸起且自闭，然后 D_{11}2AJ 经 1AJ 前接点和方向电源“KF—共用—Q”而吸起且自闭，最后是 D_{11}AJ 的 1-2 线圈经由方向电源“KZ—列共—DFJ—Q”和 2AJ 第 7 组前接点而吸起，由它的 3-4 线圈构成自闭。最后按下 $S_{Ⅲ}$LA，使 $S_{Ⅲ}$LAJ 吸起，选路工作正常进行。当进路选出，D_{11} 的 DX 组合和 DXF 组合的 JXJ 吸起后，D_{11} 的 1AJ、2AJ、AJ 自动复原。

单置调车进路按钮可作反向调车进路的变通按钮使用，其电路原理与上述作列车进路变通按钮时相同，其 AJ 的 1-2 线圈所接方向电源是随方向改变的。若是接车方向的单置调车信号机应接入方向电源“KZ—列共—DFJ—Q”；若是发车方向的单置调车信号机，则应接入方向电源“KZ—列共—DJJ—Q”。

在 AJ 的 1-2 线圈电路和 2AJ 的 3-4 线圈电路中，都接入了 1AJ 的前接点。因为这两个电路的方向电源不同，所以 1AJ 前接点不能共用。正因为如此，使用单组接点的按钮必须设按钮接点的复示继电器 1AJ，否则按钮接点不够用。

5. 变通按钮继电器电路

图 4-5 是变通按钮继电器电路。专设的变通按钮选用的是 DXF 组合，设有两个按钮继电

器：1AJ 和 2AJ。1AJ 是 BA 的复示继电器。当选变通进路按压变通按钮时，1AJ 便吸起并自闭。因为无论进路方向和进路性质如何，都可用 BA，所以这里用方向电源“KF—共用—Q”。只要按下始端按钮，任何一个方向继电器励磁，方向电源“KF—共用—Q”就有电。1AJ 吸起后通过方向电源“KF—共用—Q”使 2AJ 吸起并自闭。当 DXF 内的 JXJ 吸起，1AJ 和 2AJ 便自动复原。2AJ 自闭电路中的条件电源“KZ—ZQJ—H”是专为取消时设的人工复原条件，同前述单置调车信号机的 2AJ。1AJ 随方向继电器释放而复原。

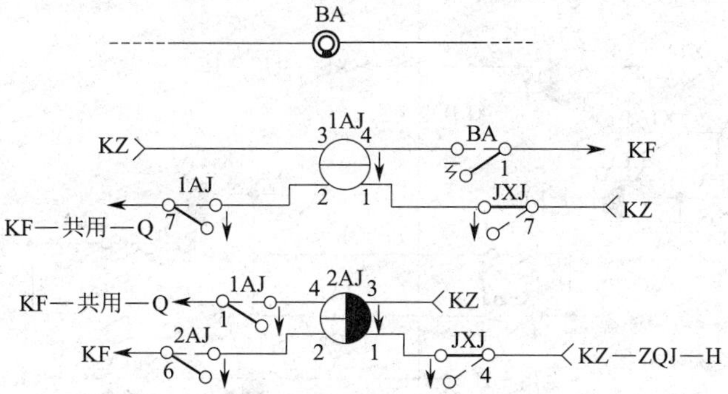

图 4-5　变通按钮继电器电路

6. 通过按钮继电器电路

为了简化办理通过进路的操作手续，凡是有通过进路的车站，在控制台对应进站信号机处应增设一个通过按钮 TA，相应地要增设通过按钮继电器电路。图 4-6 是通过按钮继电器电路。

通过进路有一次办理和分段办理两种操作方法，现以下行正线通过进路的一次办理为例，分析通过按钮继电器电路工作原理。

按下 XTA 后，经方向电源“KF—共用—H”使 XTAJ 吸起。方向电源“KF—共用—H”是由上行咽喉的方向组合 F 提供的，用它证明上行咽喉未选其他进路。XTAJ 吸起后，用它的第 2、3 组前接点分别接通 XLAJ 和 X_{I}LAJ 的励磁电路，首先带动 XLAJ 和 X_{I}LAJ 吸起并自闭。XLAJ 吸起，使下行咽喉 LJJ 吸起，方向电源“KF—LJJ—Q”有电，确定了下行接车进路的始端。X_{I}LAJ 吸起使上行咽喉的 LFJ 吸起，确定了下行发车进路的始端。

当按下 S_{F}LA 后，S_{F}LAJ 吸起。用它的第 8 组前接点带动 S_{I} LAJ 吸起并自闭。这样，便选出下行正线接车进路和下行正线发车进路。这两条进路都建立起来，便建立了下行正线通过进路。

在 XTAJ 的自闭电路中接入 X 的 JXJ 第 1 组后接点的作用是当 X 进站信号点选出后，JXJ 吸起时使 TAJ 自动复原，其自闭电路接入方向电源“KF—LJJ—Q”的作用是在进路因故不能选出时，可按下 ZQA，使 ZQJ 吸起，断开方向电源“KF—LJJ—Q”，使 XTAJ 人工复原。若按下 XTA 后没有将 XLAJ 带动起来，则 XTAJ 也就不能自闭而自动取消记录。XLAJ 和 X_{I}LAJ 随着 XTAJ 的落下而自动复原，而 S_{I} LAJ 和 S_{F}LAJ 是在进路选出后随着各自信号点的 JXJ 吸起而自动复原。

在 XTAJ 吸起过程中，其第 8 组前接点接通控制台上的下行通过按钮表示灯，使该表示灯闪绿色灯光。当 XTAJ 复原时，该表示灯灭灯。

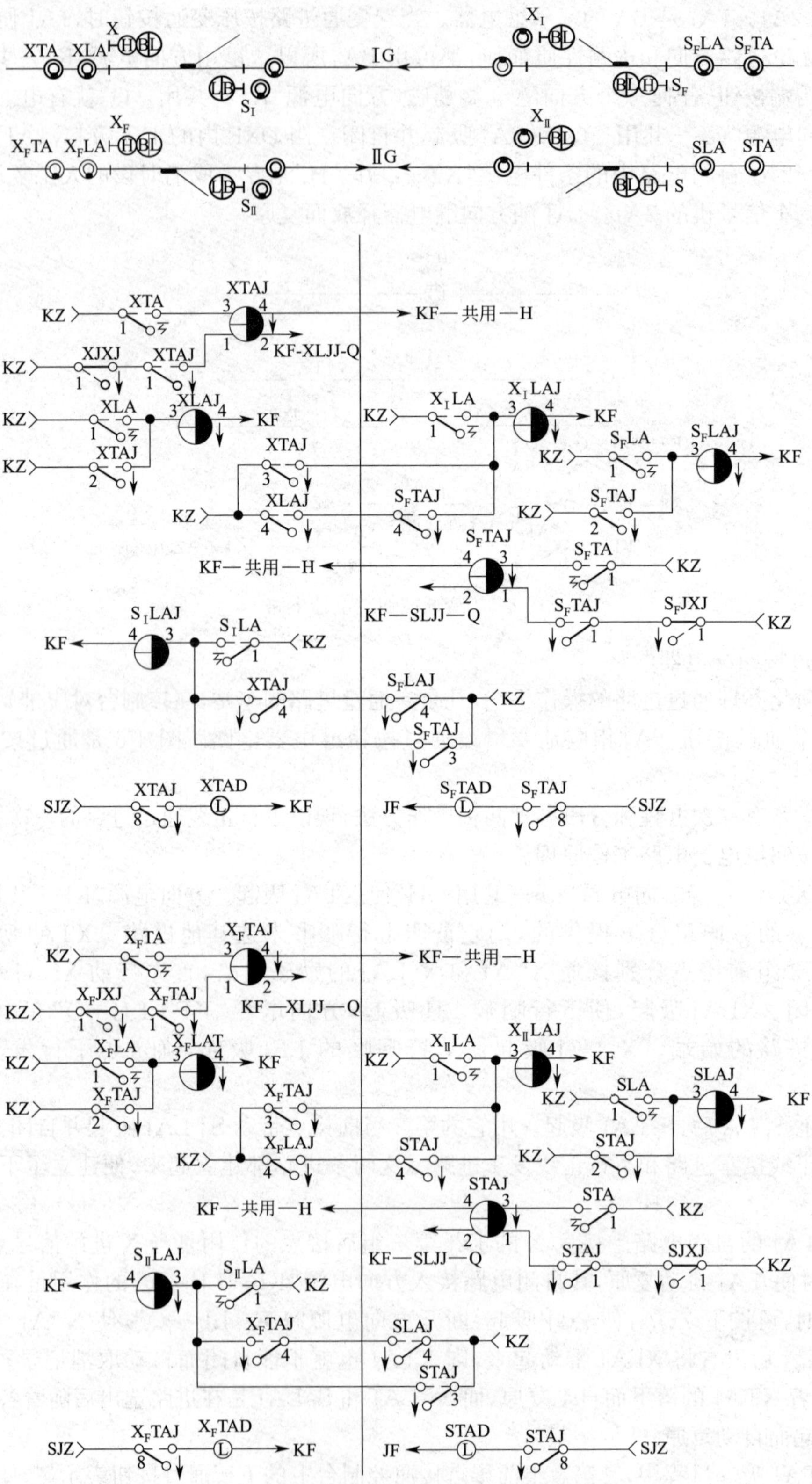

图 4-6 通过按钮继电器电路

第二节　方向继电器电路

方向继电器电路和按钮继电器电路组成了6502电气集中的记录电路。

一、方向继电器的作用与设置

方向继电器的作用:一是记录哪一个按钮在办理进路时是先被按下的,以区别按下按钮的顺序,即区别运行方向;二是记录按下的是列车进路按钮,还是调车进路按钮,以区别进路的性质。

进路必须有明确的始端和终端。从办理进路的操作方法可知,先按下的进路按钮作进路的始端,后按下的进路按钮作进路的终端。记录下哪个按钮是先被按下的,实质上就是确定了进路的始端,也就是区分了进路的运行方向。在配置进路按钮时,已将列车进路按钮和调车进路按钮分开设置,为什么还要用方向继电器电路来区分进路的性质呢?这是为了防止即使错误地同时按下列车进路按钮和调车进路按钮,也不准同时选出敌对进路。

进路的运行方向分为接车方向和发车方向,进路的性质分为列车进路和调车进路。经组合后每个咽喉的进路可分为四类:列车接车方向进路、列车发车方向进路、调车接车方向进路和调车发车方向进路。对于一个咽喉区,可设置四个方向继电器与四种类型的进路相对应,便能完成记录进路运行方向和记录进路性质的任务。这四个方向继电器的名称是:列车接车方向继电器LJJ、列车发车方向继电器LFJ、调车接车方向继电器DJJ、调车发车方向继电器DFJ。这四个方向继电器设在方向组合F内。

二、对方向继电器电路的技术要求

考虑到列车进路按钮和调车进路按钮的各种用途,以及选路时可能遇到的情况,方向继电器电路应满足以下技术要求:

(1)为了区别运行方向,用始端的按钮继电器前接点接通对应的方向继电器励磁电路。若是接车方向,就接通接车方向的方向继电器励磁电路;若是发车方向,就接通发车方向的方向继电器励磁电路。用吸起的方向继电器来确定所选进路的运行方向。

(2)为确定进路性质,列车进路要用列车进路始端按钮继电器前接点接通列车方向继电器励磁电路,调车进路要用调车进路始端按钮继电器前接点接通调车方向继电器励磁电路。用吸起的方向继电器来记录进路的性质。

(3)方向继电器在选路全过程中都要参与工作,在进路还没有全部选出以前,应使方向继电器保持在吸起状态。四个方向继电器同时只准许一个吸起,即同一时间只能选一条进路(同性质、同方向进路能同时选出的情况除外)。为了提高咽喉通过能力,应尽量缩短选路时间。因此,要求选路工作时间,只包括记录进路始、终端的时间和选定进路上所有道岔位置的时间,而不包括道岔转换时间。

(4)为了不影响选其他进路,在所要选的进路全部选出后,应及时使方向继电器自动复原;如果因故在一定时间内进路不能选出时,则应能使其手动复原。

(5)在办理取消进路和人工解锁进路时,也要按压进路始端按钮。因为这时不是选路,所以不应使方向继电器动作。在重复开放信号,按压进路始端按钮时,也不属于选路,不应使方向继电器动作。

三、方向继电器电路分析

图 4-7 是举例站场的下行咽喉方向继电器电路。

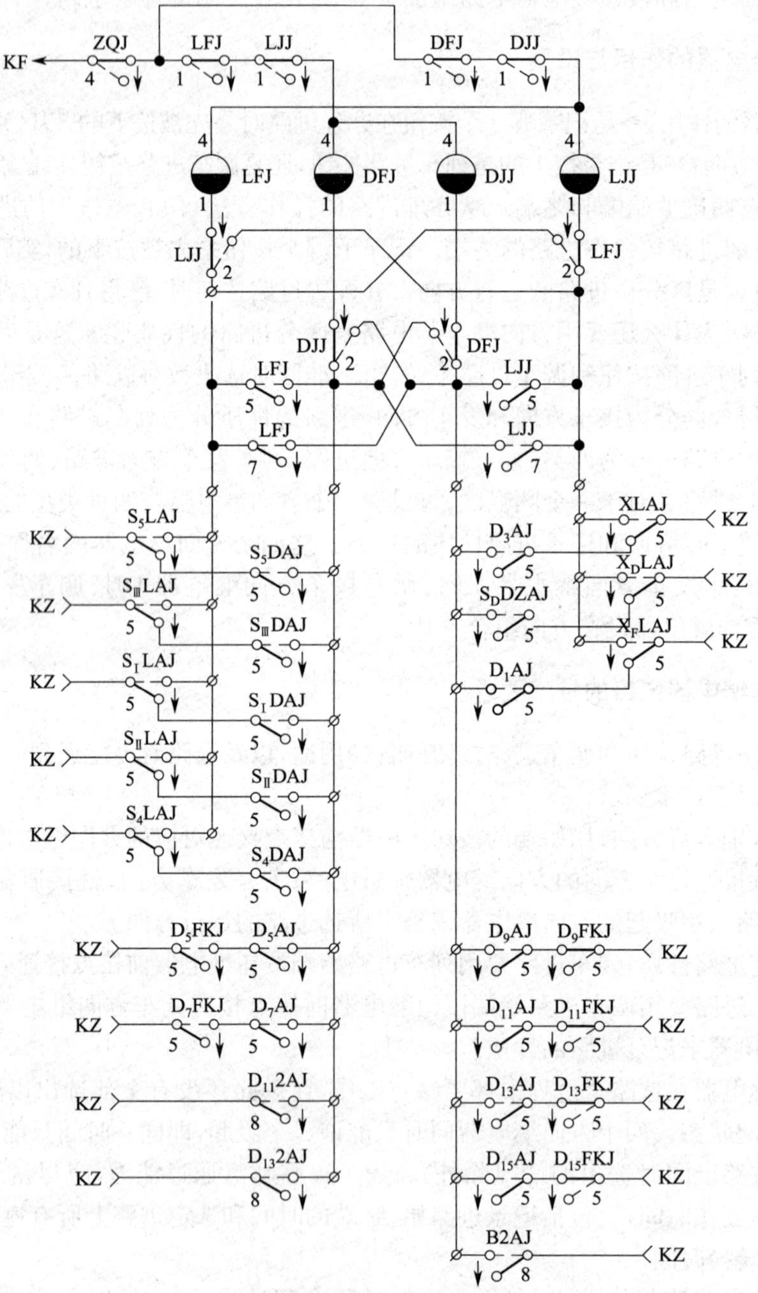

图 4-7　方向继电器电路

1. 励磁电路

为了使方向继电器电路实现上述前两项技术要求，应将同一咽喉区的始端按钮，按进路性质和运行方向分成四组：

列车接车方向始端按钮：XLA、X_DLA、X_FLA。

列车发车方向始端按钮：$S_Ⅰ$LA、$S_Ⅱ$LA、$S_Ⅲ$LA、S_4LA、S_5LA。

调车接车方向始端按钮：D_1A、D_3A、D_9A、D_{11}A、D_{13}A、D_{15}A。

调车发车方向始端按钮：D_5A、D_7A、$S_Ⅰ$DA、$S_Ⅱ$DA、$S_Ⅲ$DA、S_4DA、S_5DA。

将上述每组始端按钮继电器的前接点并联后，分别接入该组所属的方向继电器励磁电路，作为方向继电器的励磁条件。平时所有方向继电器都处在落下状态，选排进路时，哪一个按钮先被按下，那个按钮所属方向继电器就随着吸起。一个方向继电器吸起后，用其后接点断开其他三个方向继电器的励磁电路，使后被按下的按钮所属的方向继电器不能再励磁。这样某个方向继电器吸起，就既记录了所选进路的性质，又记录了所选进路的方向。

例如，选 X 进站信号机至ⅢG 的接车进路，先按下 XLA，其按钮继电器 XLAJ 吸起，接通 LJJ 励磁电路，其电路是

$$KZ—XLAJ_{51\text{-}52}—LFJ_{21\text{-}23}—LJJ_{1\text{-}4}—DJJ_{13\text{-}11}—DFJ_{13\text{-}11}—ZQJ_{43\text{-}41}—KF$$

因为 XLA 是先被按下的，平时四个方向继电器又都处于落下状态，所以这时就接通了 LJJ 励磁电路，使 LJJ 吸起。再按下 $S_Ⅲ$LA 后，$S_Ⅲ$LAJ 吸起，因为这时 LFJ 的励磁电路已被 LJJ 第 2 组后接点断开，所以 LFJ 不能励磁。LJJ 吸起说明所选的是列车接车方向的进路。又如，选 D_9 至 D_{13} 的调车进路，先按下 D_9A，D_9AJ 吸起，接通 DJJ 励磁电路，其电路是

$$KZ—D_9FKJ_{51\text{-}53}—D_9AJ_{51\text{-}52}—DFJ_{21\text{-}23}—DJJ_{1\text{-}4}—LJJ_{13\text{-}11}—LFJ_{13\text{-}11}—ZQJ_{43\text{-}41}—KF$$

后按压 D_{13}A，D_{13}AJ 吸起，因为 DFJ 的励磁电路已被 DJJ 后接点断开，因此 DFJ 不可能励磁。DJJ 吸起，说明所选的是调车接车方向的进路。

2. 自闭电路

在选路过程中，因为参与选路工作的始端按钮继电器和终端按钮继电器复原时机不同，仅由始端按钮继电器构成方向继电器的励磁电路，无法保证在进路全部选出前，使方向继电器保持在吸起状态。因此，方向继电器除由始端按钮继电器前接点构成的励磁电路外，还必须有经由终端按钮继电器前接点构成的自闭电路。假如不设方向继电器自闭电路，对于选排由左向右运行方向的进路，刚开始选路时，进路始端的按钮继电器便会落下，断开方向继电器励磁电路。由于方向继电器提前落下，会造成进路不能正常选出。为了实现第 3 项技术要求，在整个选路过程中，使方向继电器保持在吸起状态，方向继电器必须设置自闭电路。

对于调车进路，如选 D_1 至 D_{15} 调车，除由 D_1AJ 前接点构成调车接车方向继电器 DJJ 励磁电路外，还应由 D_5AJ 构成 DJJ 的自闭电路，其自闭电路是

$$KZ—D_5FKJ_{51\text{-}53}—D_5AJ_{51\text{-}52}—DJJ_{21\text{-}22}—DFJ_{21\text{-}23}—DJJ_{1\text{-}4}—LJJ_{13\text{-}11}—LFJ_{13\text{-}11}—ZQJ_{43\text{-}41}—KF$$

对于列车进路，如选 $S_Ⅲ$ 向东郊方面发车，除由 $S_Ⅲ$LAJ 前接点构成列车发车方向继电器 LFJ 励磁电路外，还需要由 X_DLAJ 构成 LFJ 的自闭电路，其自闭电路是

$$KZ—X_DLAJ_{51\text{-}52}—LFJ_{21\text{-}22}—LJJ_{21\text{-}23}—LFJ_{1\text{-}4}—DJJ_{13\text{-}11}—DFJ_{13\text{-}11}—ZQJ_{43\text{-}41}—KF$$

对于变通进路，方向继电器除由始端按钮继电器前接点构成励磁电路，由终端按钮继电器前接点构成自闭电路外，还要经由变通按钮继电器前接点构成自闭电路。因此，变通进路中参与选路的方向继电器不止有一条自闭电路，而是有几条自闭电路。例如，以 D_7A 兼作由ⅡG 向北京方面发车的变通进路的变通按钮使用时，列车发车方向继电器 LFJ 有三条自闭电路，一条经由 X_FLAJ 第 5 组前接点；一条经由 D_7AJ（变通按钮）第 5 组前接点；另一条则经由 D_9AJ（被带起的变通按钮）第 5 组前接点。这说明凡是参与选路工作的按钮继电器，如果其中

一个不停止工作，都会使方向继电器保持在吸起状态。

在方向继电器自闭电路中，由进路终端按钮继电器前接点构成的自闭电路，自闭接点是该方向继电器第 2 组前接点；由进路变通按钮继电器前接点构成的自闭电路，自闭接点是该方向继电器第 5 组或第 7 组前接点。

为了保证同一咽喉同时只准许一个方向继电器吸起，每个方向继电器的励磁电路和自闭电路要检查其他三个方向继电器的后接点，即四个方向继电器相互之间存在"互切"关系。某个方向继电器吸起后，即切断其他三个方向继电器的电路。

在下述情况下，方向继电器自闭电路将不起作用。若办理从右向左运行方向的进路时，由于进路左端（终端）的按钮继电器总是先于右端（始端）的按钮继电器复原落下，也就是说方向继电器的自闭电路比励磁电路先断开，在这种情况下，方向继电器自闭电路不起作用。

应当注意，在划分按钮组时，没有包括只能作进路终端按钮使用的按钮。终端按钮继电器也要参与选路，应把有关终端按钮继电器前接点分别接入到所属方向继电器的自闭电路中去。例如 S_DDZAJ、D_{11}2AJ、D_{13}2AJ 的前接点也应分别并接到相应的方向继电器自闭电路中去。对于专设的 BA，其 2AJ 的前接点可并接到两个调车按钮组中的任何一组中去，但不能接到列车按钮组中。否则，对调车进路就不起作用。

3. 方向电路的自动复原和手动复原

6502 电气集中用进路上的按钮继电器吸起进行选路，当选出决定进路上各道岔应转换位置的道岔操纵继电器，即有关 DCJ 和 FCJ 均励磁后，表示进路选出的进路选择继电器 JXJ 吸起，进路上所有按钮继电器先后全部落下。这时就切断了吸起的方向继电器的励磁电路和所有的自闭电路，使方向继电器在进路选出后自动复原，实现了方向电路技术要求的第 5 项。

6502 电气集中是用参与选路的所有按钮继电器都落下来反映出进路已全部选出。为了实现方向继电器电路第 4 项技术要求，在电路中不需要加另外的任何条件，只要这些按钮继电器都落下，便切断了方向继电器的励磁电路和自闭电路，达到了使方向继电器在进路选出后自动复原的目的。

若因故使进路不能选出时，可按一下总取消按钮，使总取消继电器 ZQJ 吸起，用 ZQJ 第 4 组后接点断开方向继电器的 KF 电源，方向继电器便可复原。也就是说，方向继电器可随时手动复原。

4. 取消电路和人工解锁电路

实现方向继电器电路第 5 项技术要求是比较容易的。在取消进路时，ZQJ 吸起，用其第 4 组后接点切断方向继电器的 KF 电源，使方向继电器不会动作。在人工解锁进路时，要按下总人工解锁按钮和进路始端按钮，这时总人工解锁继电器 ZRJ 吸起，当 ZRJ 吸起后会使 ZQJ 吸起，仍可断开方向继电器的 KF 电源，防止方向继电器动作。

重复开放信号时只需按下进路始端按钮。为了防止方向继电器空动，在接入 DJJ 和 DFJ 电路的 DAJ 支路中串接有辅助开始继电器 FKJ 的后接点。当重复开放信号时，FKJ 要吸起，断开电源，起到了防止继电器空动的作用。对于列车或列车兼调车来说，因 FKJ 接点无空余，故未接 FKJ 后接点，重复开放信号时无法防止方向继电器空动。

四、方向电源

把经由方向继电器接点控制的电源，称为方向电源。在 6502 电气集中电路中，许多继电器要用到方向继电器的接点作为控制条件。用方向电源的方式设计电路，能简化电路，减少配线，节省方向继电器接点。各种方向电源如图 4-8 所示。

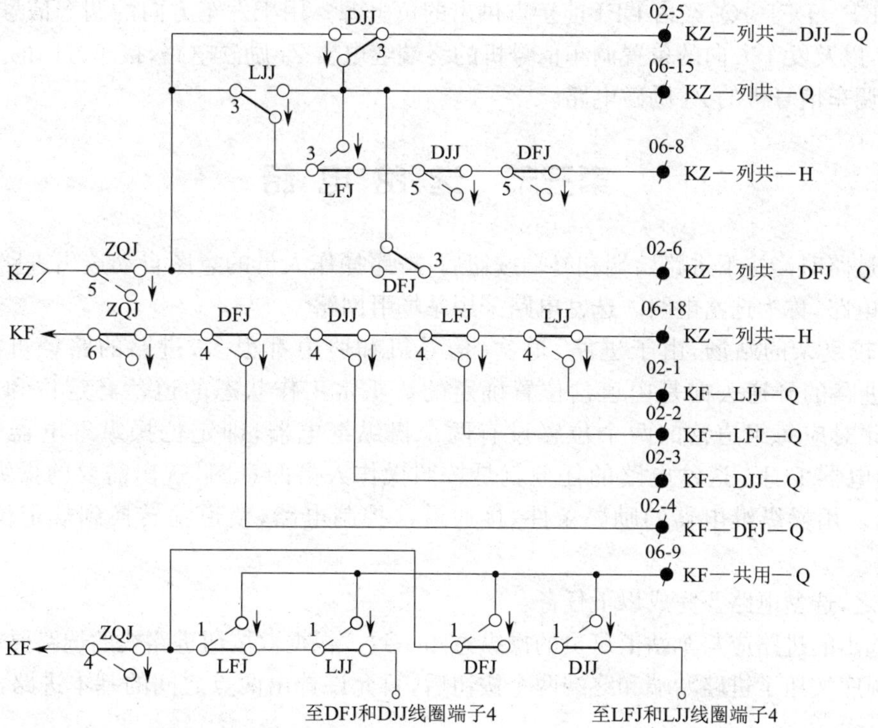

图 4-8　方向电源

方向电源共有 10 种,其名称和作用分述如下:

(1)KF—共用—Q:经任一方向继电器的前接点所构成的负电源。用于进路选择继电器 JXJ 和 DXF 组合中的按钮继电器 1AJ 和 2AJ 自闭电路。

(2)KF—共用—H:经由四个方向继电器后接点供出的负电源。用于单置调车信号机前辅助开始继电器 FKJ 在重复开放信号时的励磁电路和通过按钮继电器 TAJ 的励磁电路。

(3)KZ—共用—H:经由四个方向继电器后接点供出的正电源。用于单置调车信号机的按钮继电器 AJ 励磁电路。

(4)KZ—列共—Q:经由 LJJ 或 LFJ 前接点供出的正电源。用于并置和差置调车信号机的按钮继电器 AJ 互相带动的励磁电路。

(5)KZ—列共—DJJ—Q:经由 LJJ、LFJ 或 DJJ 前接点构成的正电源。用于调车发车方向单置调车信号机的按钮继电器 AJ 励磁电路。

(6)KZ—列共—DFJ—Q:经由 LJJ、LFJ 或 DFJ 前接点构成的正电源。用于调车接车方向单置调车信号机的按钮继电器 AJ 励磁电路。

(7)KF—LJJ—Q:经由 LJJ 前接点供出的负电源。用于接车方向的列车开始继电器 LKJ 的励磁电路和通过按钮继电器 TAJ 的自闭电路。

(8)KF—LFJ—Q:经由 LFJ 前接点供出的负电源。用于发车方向的列车开始继电器 LKJ 励磁电路和列车终端按钮继电器 LZAJ 励磁电路。

(9)KF—DJJ—Q:经由 DJJ 前接点供出的负电源。用于接车方向的调车信号机的 FKJ 励磁电路,以及接车方向的单置调车信号机的终端继电器 ZJ 励磁电路,发车方向的并置、差置和尽头式调车信号机的终端继电器 ZJ 励磁电路。

(10)KF—DFJ—Q:经由DFJ前接点供出的负电源。用于发车方向的调车信号机的FKJ励磁电路，以及发车方向的单置调车信号机的终端继电器ZJ励磁电路，接车方向的并置、差置和尽头式调车信号机的ZJ励磁电路。

第三节 选岔电路

办理进路时当按下进路始端和终端按钮后，按照操作人员的意图自动选出进路上有关道岔位置的电路，称为选岔电路。选岔电路采用站场形网路。

在比较复杂的站场，由于进路、道岔、信号机和股道都很多，进路的路径可能有若干条，每条进路的开通去向是由道岔位置确定的。正常工作状态的道岔有定位和反位两个位置，因此对应每组道岔的两个位置设有两个操纵继电器，即定位操纵继电器DCJ和反位操纵继电器FCJ。选岔电路的任务就是按照操作人员的意图，选出需要的操纵继电器，使之吸起。用操纵继电器的励磁条件，接通道岔控制电路，使道岔转换到规定位置，从而排通进路。

简言之，选岔电路要完成以下任务：

(1)选出的进路应与车站值班员的操纵意图一致。根据双按钮进路式的选路要求，排列一条进路，顺序按压了进路始端和终端两个按钮后，只允许选出两点之间的基本进路，禁止选出变通进路。

(2)根据车站值班员的意图要选变通进路时(包括八字变通进路和平行变通进路)，必须附加操纵手续，即按压始端按钮后，还必须按压变通进路上的变通按钮或可作变通用的调车信号按钮，也就是说需按压两个以上按钮。

(3)根据按压进路按钮的先后顺序，应能确定只有进路始端的信号机才能开放；对长调车进路的中间信号点应能自动选出，并使长调车进路上的信号由远至近的顺序开放。

(4)要求选岔电路工作稳定可靠，能防止串电。电路环节符合定型化的要求，以利于工厂批量生产和方便维修。

选岔电路以站场为对象，那么构成选岔的电路也应与站场相似，对线路上的每组道岔设两个操纵道岔转换的继电器。一般情况下，定位操纵继电器DCJ应接在选岔电路道岔辙叉的直股部位；反位操纵继电器FCJ应接在选岔电路道岔辙叉的侧股部位。这种与站场相似的选岔电路称为站场形选岔网路。

采用并联传递式的选岔网路，选路时进路上的各个继电器顺序传递励磁，而不是同时吸起。并联传递选岔网路有如下优点：

(1)选路时各个继电器逐个励磁，可使继电器的励磁电压保持不变，保证选岔电路工作稳定、可靠。

(2)网路上的道岔从左向右顺序选出，与进路的性质和方向无关，因而进路上各道岔也是顺序启动，这对降低电源屏道岔动作电流的输出峰值有利。

(3)可以用网路最右端信号点的JXJ吸起来证明进路已全部选出。

但是，对于并联传递选岔网路，由于渡线双动道岔引起迂回电路将选出一条与操作意图不符的进路，道岔错误动作，而不能应用。为此采用分线法，将“八”字第一笔道岔和第二笔道岔的FCJ分开，再将DCJ和FCJ分开，形成6502电气集中所采用的六线选岔网路。

一、选岔电路的基本原理

6502 电气集中选岔电路采用并联传递选岔电路，图 4-9 是并联传递选岔电路原理图。继电器 3-4 线圈都并接在 1、2 两条网路线上。1 线由左经 D_1AJ 前接点向右送 KZ 电源，2 线由右经 D_5AJ 前接点向左送 KF 电源。KF 能由右向左一直送到最左端，送至每个继电器的线圈 4 端子上；但 KZ 不同，只能送到左端第一个继电器的线圈 3 端子上。当左端 D_1JXJ 吸起后，才能将 KZ 向右传递，使 1DCJ 励磁。1DCJ 励磁后，KZ 再向右传递，使 3DCJ 励磁。3DCJ 励磁后，KZ 再向右传递，使最右端的 D_5JXJ 最后吸起。与此同时，当最左端的 D_1JXJ 吸起后，它的后接点断开，断开 2 线，不再向左送出 KF 电源。当 1DCJ 吸起后，用 1DCJ 后接点断开向左送出的 KF 电源，使 D_1JXJ 的 3-4 线圈断电，以后仅靠 1-2 线圈自闭电路保持吸起。同样 3DCJ 吸起后，后接点断开 1DCJ 的 3-4 线圈励磁电路，此后只靠自闭电路保持吸起。当最右端的 D_5JXJ 吸起后，断开 3DCJ 励磁电路的 KF 电源。这样，1 线由左向右逐段送 KZ；2 线由右向左送 KF，然后又由左向右逐段断 KF。这样供电的目的是使同时由网路线供电的继电器数量最少。上述这种由左向右顺序传递励磁的电路，称为并联传递选岔电路。

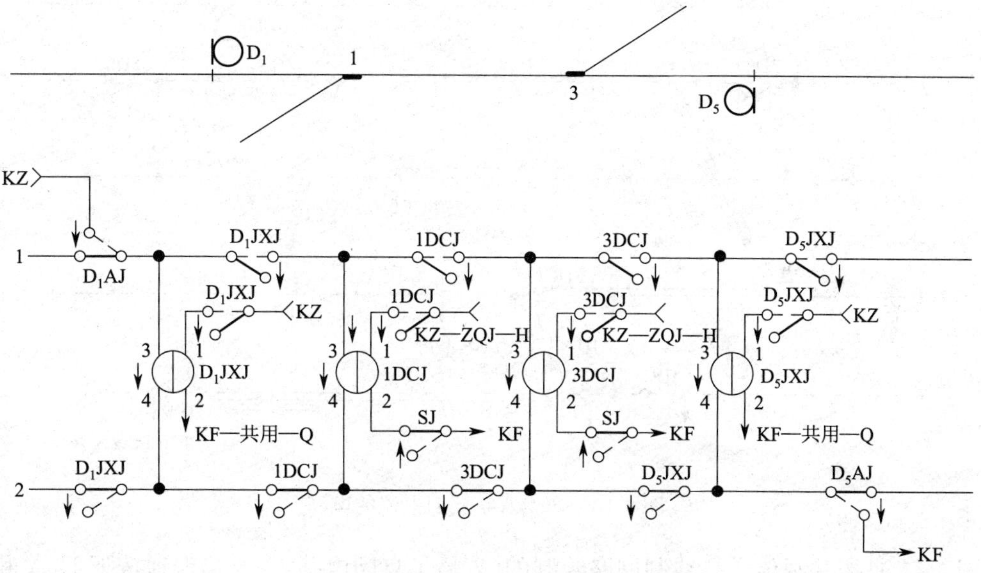

图 4-9　并联传递选岔电路原理图

从图 4-9 电路中可看出，对选信号点的 JXJ 来说，方向继电器复原，即方向电源“KF—共用—Q”断电，证明进路已全部选出后，就断开 JXJ 自闭电路，使之复原。对选道岔的操纵继电器来说，要等道岔转换完毕、进路锁闭（SJ↓）后，才断开 DCJ 或 FCJ 的自闭电路，使之复原。

并联传递选岔电路的优点有：

（1）可用最右端的进路选择继电器的吸起条件，证明进路全部选出。

（2）道岔的顺序选出，顺序启动，对降低道岔电源的输出电流峰值有利。

（3）不论并联多少个继电器，同时由网路线供电的只有两个继电器，这样可使继电器端电压基本不变，不影响继电器动作时间，能保证电路稳定可靠工作。

图 4-9 只是原理图，采用二线制并联传递网路。而实际的 6502 电气集中选岔电路，采用的是六线制并联传递网路。以下联系实际问题分析为什么要采用六线制并联传递网路。

图 4-10 是按照二线制并联传递网路原理绘制的（未绘出自闭电路）八字迂回电流的电路。当选 D_1 至 D_5 的进路时，同时接通两条电路：一条是虚线所示电路，能选出 1DCJ 和 7DCJ；另一条是点画线所示电路，能选出 1/3FCJ 和 5/7FCJ。这是错误的，当选基本进路时不允许错误选出变通进路。即使可以用同组道岔的 DCJ 后接点控制 FCJ 的励磁电路，使其只准许 DCJ 吸起，但在 DCJ 电路故障情况下，仍有可能错误选出 FCJ 来。为了防止产生图 4-10 中点画线的八字迂回电路，双动道岔的 FCJ 不能和 DCJ 接在同一网路线上。因此，6502 电气集中采取了分线法，即用 1、2 线选八字第一笔双动道岔反位，用 3、4 线选八字第二笔双动道岔反位。这样一来，八字形的迂回电路就不存在了。

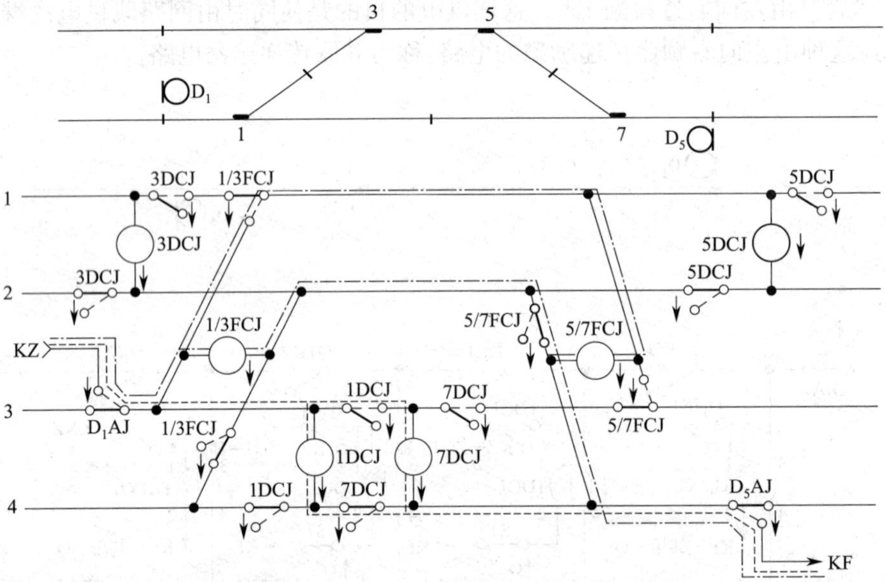

图 4-10　产生八字迂回电流的电路

图 4-11 是按并联传递二线制网路绘制的（省略了自闭电路）。当错误地按下 D_1A 和 D_7A 后，会出现一条虚线所示的迂回电路，将会使 5/7FCJ、1DCJ 和 1/3FCJ 三个继电器线圈串联，虽然继电器不可能吸起，但存在这样的迂回电路是一个危险的不稳定因素。为此，6502 电气集中进一步采取分线法，即同一双动道岔的 DCJ 和 FCJ 用不同的网路线来选。这样，就不会产生线圈串联的迂回电路，消除了不安全因素。

综上所述，6502 电气集中选岔电路采用六线制并联传递网路后，既保留了并联传递网路的优点，又克服了二线制并联传递网路存在迂回电路的缺点。六线并联传递选岔电路规定：用 1、2 线选八字第一笔双动道岔反位，接有 FCJ；用 3、4 线选八字第二笔双动道岔反位，也接有 FCJ；用 5、6 线选双动道岔定位、单动道岔定位和反位，接有双动道岔 DCJ 和单动道岔 DCJ 及 FCJ。还规定：先选双动道岔反位，即 1、2 线或 3、4 线先动作，后选单、双动道岔定位及单动道岔反位，即 5、6 线后动作。

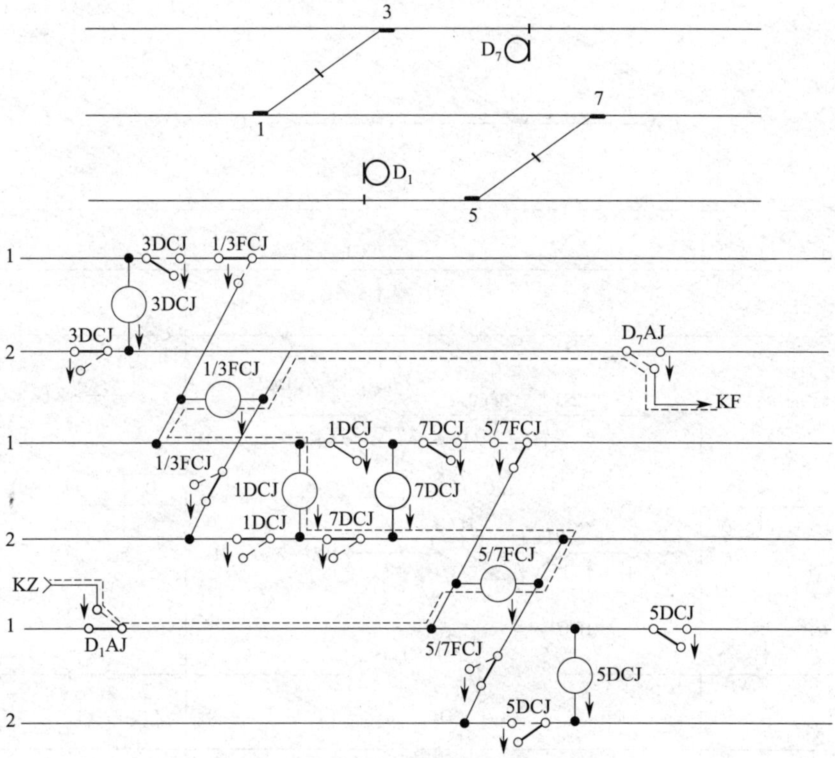

图 4-11　产生线圈串联的迂回电路

二、选岔电路实例

1. 1、2 网路线

图 4-12 是 1、2 线上接有八字第一笔双动道岔反位操纵继电器 FCJ 的实例。因为双动道岔的 FCJ 接点不够用，又增加了一个 FCJ。实际上，2FCJ 相当于 1FCJ 的复示继电器，1FCJ 先动作，2FCJ 后动作。因为双动道岔分别连接在两条平行的线路上，每个道岔对应设一个 DCJ。这样一来，双动道岔设两个 DCJ 和两个 FCJ。它们的编号方法是：左边道岔“1”，右边道岔为“2”。每个道岔还有一个锁闭继电器 SJ，其编号方法也相同。

选路时，按下进路始、终端按钮，只有当进路始、终端的 AJ 吸起后，才能向选岔网路供电，使选岔电路开始工作。图 4-12 中顺序按压 A、B 两按钮后，A 处 AJ 吸起，向 1 线网路接入 KZ；B 处 AJ 吸起，向 2 线网路接入 KF，选岔电路工作，选 1/3 道岔反位。1/3 1FCJ 的励磁电路为

$$KZ—(A)\ AJ_{12\text{-}11}—1DCJ_{41\text{-}43}—1FCJ_{3\text{-}4}—2DCJ_{43\text{-}41}—2\text{线}—(B)AJ_{11\text{-}12}—KF$$

当 $1FCJ_{3\text{-}4}$ 线圈励磁后，经条件电源“KZ—ZQJ—H”由 $1FCJ_{1\text{-}2}$ 线圈构成自闭电路。1FCJ 吸起后用其第 2 组前接点接通 $2FCJ_{3\text{-}4}$ 线圈，使 2FCJ 吸起并自闭。两个反位操纵继电器从左至右顺序励磁，用后吸起的 2FCJ 前接点接通道岔启动电路。

图中 1FCJ 第 2 组前接点和 2FCJ 第 2 组前接点是由左向右顺序传递 1 线 KZ 电源的条件，而 1FCJ 第 3 组后接点是当 1FCJ 吸起后断开由右向左送的 KF 电源的条件。上述接点都是并联传递网路必不可少的措施。

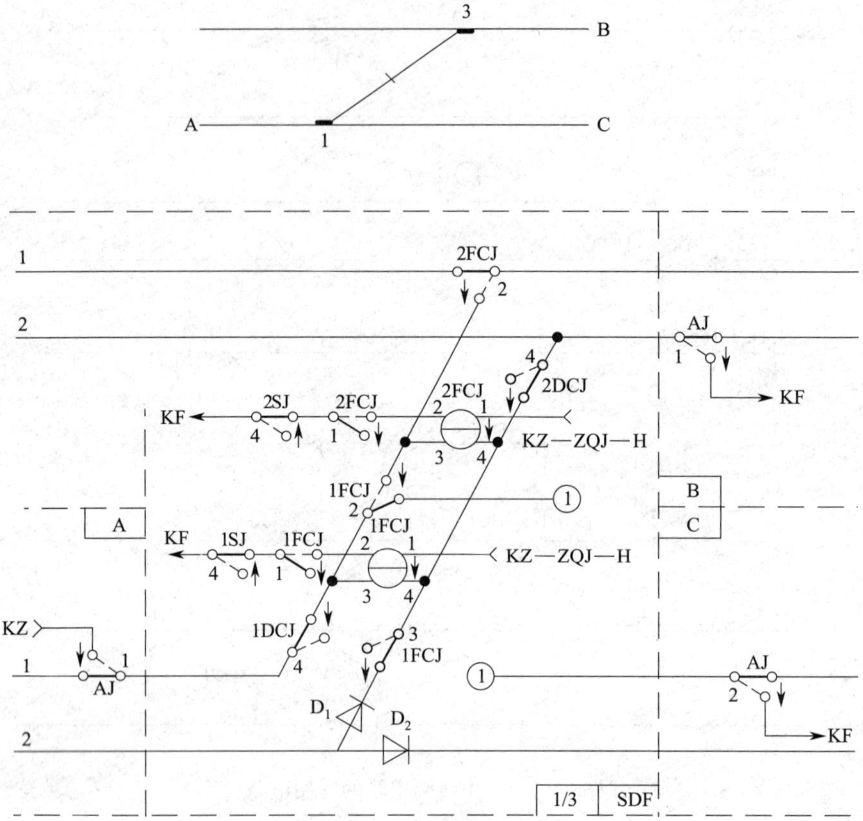

图 4-12 1、2 网路线实例

为了防止同时选出道岔定位和反位这样两条相互抵触的进路，同一组道岔的 DCJ 和 FCJ 应互相检查，即在 FCJ 的励磁电路中接入两个 DCJ 的第 4 组后接点，同样在 DCJ 的励磁电路中也接入 FCJ 的后接点。

道岔操纵继电器吸起说明道岔位置已被选出。从道岔位置选出到道岔转换完毕，直至进路锁闭这段时间里，由于信号点选出后 AJ 会很快复原而断开选岔电路的电源，为了保证道岔操纵继电器不提前落下，故 FCJ 和 DCJ 都设有经由 1-2 线圈的自闭电路。只有当检查进路选排一致，并且进路锁闭后，锁闭继电器 SJ 落下才断开道岔操纵继电器的自闭电路使之自动复原。在自闭电路中接入条件电源“KZ—ZQJ—H”的作用是，当进路因故不能锁闭时，使道岔操纵继电器人工复原。

2. 3、4 网路线

图 4-13 是 3、4 线上接有八字第二笔双动道岔反位操纵继电器 FCJ 的电路实例。

由图中可看出，八字第二笔双动道岔反位操纵继电器 FCJ 励磁电路接在 3、4 网路线上，其电路结构和接入的控制条件与 1、2 线完全相同。只不过是由 3 线从左向右顺序传递 KZ 电源，由 4 线从右向左接通 KF 电源。选路时，先吸起的仍是道岔左边的 1FCJ，后吸起的是右边的 2FCJ。

3. 5、6 网路线

双动道岔的定位操纵继电器 1DCJ 和 2DCJ，单动道岔的定位操纵继电器 DCJ 和反位操纵继电器 FCJ 都接在 5、6 网路线上。还有选信号点的进路选择继电器 JXJ 也接在 5、6 网路线上。图 4-14 是 5、6 网路线实例。

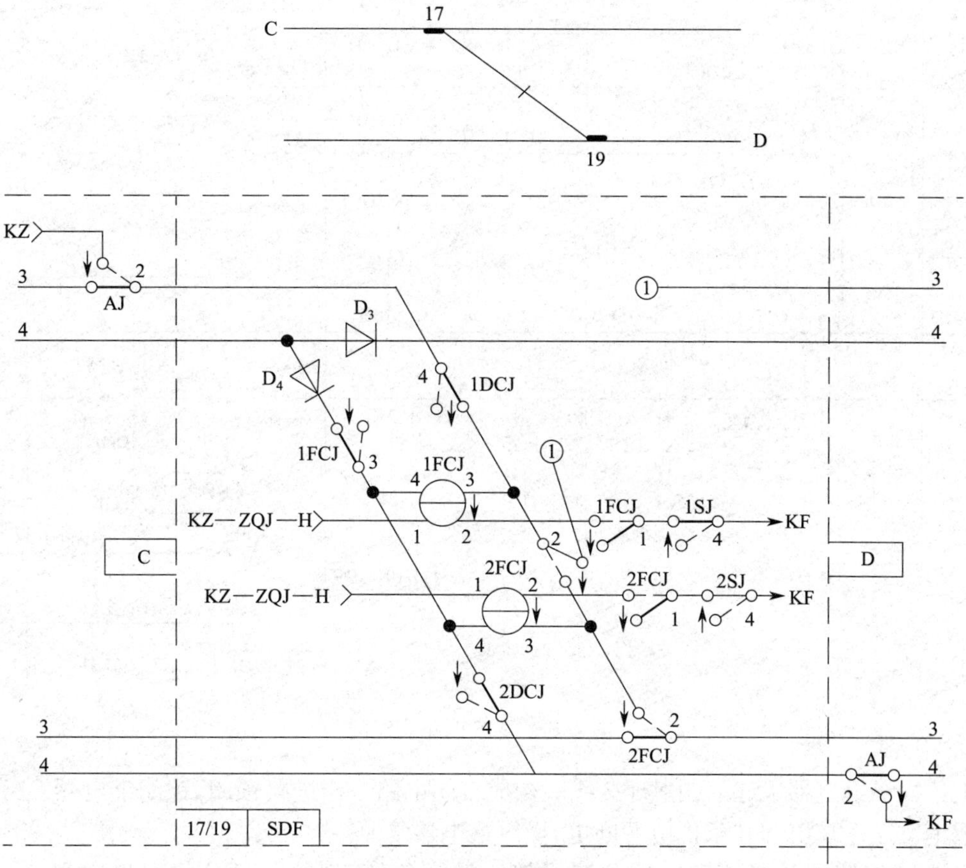

图 4-13　3、4 网路线实例

例如办理 A 点至 D 点的进路时，这条进路要求 1/3 号道岔定位、17/19 号道岔反位、27 号道岔定位。选岔电路动作如下：按下进路始端和终端按钮，A 处的始端 AJ 和 D 处的终端 AJ 吸起，先接通 3、4 线，使 17/19 号道岔的 1FCJ 和 2FCJ 吸起，经 17/19 号道岔的 1FCJ 和 2FCJ 的前接点接通 5、6 线，构成 1/3 号道岔的 2DCJ 和 27 号道岔的 DCJ 励磁电路。

1/3 2DCJ 励磁电路是

KZ—(A)$AJ_{32\text{-}31}$—1/3 $2DCJ_{3\text{-}4}$—1/3 $2FCJ_{43\text{-}41}$—17/19 $1FCJ_{61\text{-}62}$—17/19 $2FCJ_{42\text{-}41}$—D_1—$27DCJ_{33\text{-}31}$—$27FCJ_{43\text{-}41}$—(D)$AJ_{31\text{-}32}$—KF

1/3 2DCJ 吸起后用其第 2 组前接点将 KZ 电源由 5 线顺序向右传递，接通 27DCJ 励磁电路，其电路是

KZ—(A)$AJ_{32\text{-}31}$—1/3 $2DCJ_{22\text{-}21}$—17/19 $1FCJ_{41\text{-}42}$—17/19 $2DCJ_{23\text{-}21}$—$27DCJ_{3\text{-}4}$—$27FCJ_{43\text{-}41}$—(D)$AJ_{31\text{-}32}$—KF

如果办理由 B 点至 C 点之间的进路时，进路需要 17/19 号道岔定位、1/3 号道岔反位，选岔电路动作如下：按下 B 处和 C 处按钮，使始端和终端 AJ 吸起，先接通 1、2 线使 1/3 号道岔的 1FCJ 和 2FCJ 顺序吸起，由 1/3 号道岔的 1FCJ 和 2FCJ 的前接点接通 5、6 线，使 5、6 线工作，接通 17/19 号道岔的 1DCJ 励磁电路，其电路为

KZ—(C) $AJ_{32\text{-}31}$—1/3 $1FCJ_{41\text{-}42}$—1/3 $DCJ_{23\text{-}21}$—17/19 $1FCJ_{41\text{-}43}$—17 /19 $1DCJ_{3\text{-}4}$—(B)$AJ_{31\text{-}32}$—KF

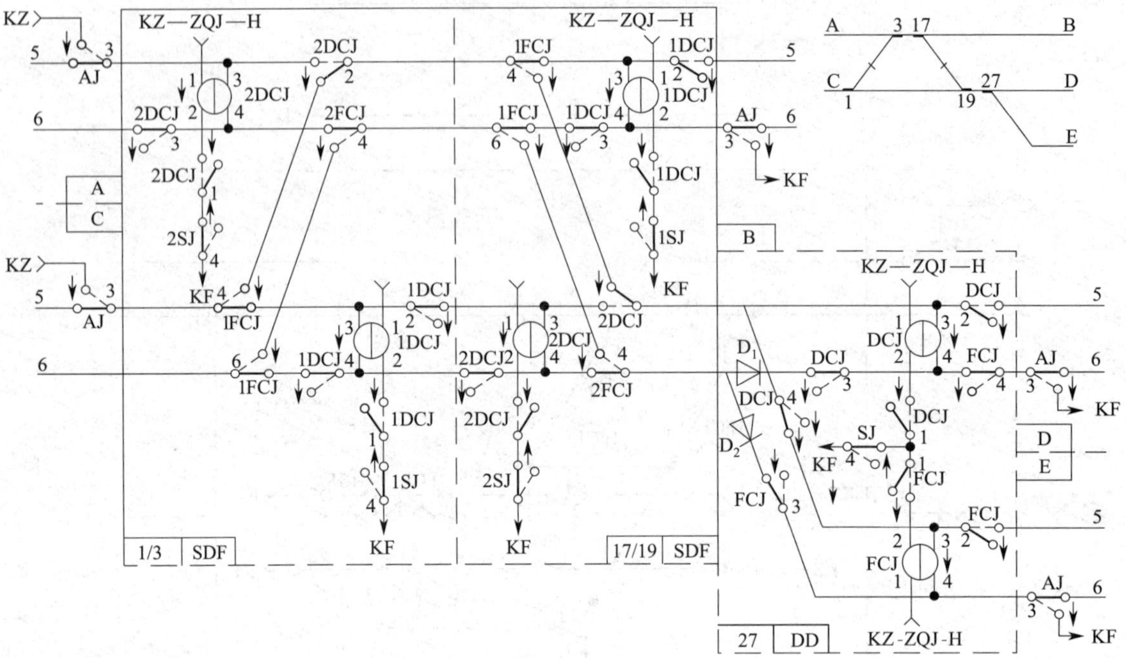

图 4-14　5、6 网路线实例

上述操纵继电器吸起后由其 1-2 线圈构成自闭电路。当进路锁闭，锁闭继电器 SJ 落下或办理取消“KZ—ZQJ—H”条件电源断电，操纵继电器复原。

在 5、6 网路线相当于双动道岔渡线部位的锐角处，都接有反位操纵继电器接点作为电路区分条件，以防止产生迂回电流。但这样一来，若选的进路包括双动道岔反位时，必须先选出双动道岔反位后，方能接通 5、6 网路线，顺序由左向右选出所有道岔定位或单动道岔反位。

在 5 线上 DCJ 和单动道岔的 FCJ 的第 2 组前接点都是作为顺序接通 KZ 电源用的，在 6 线上用 DCJ 和单动道岔的 FCJ 第 3 组后接点断开先吸起的操纵继电器励磁电路。这样在从左向右顺序传递励磁过程中，就能使 5、6 网路线上始终保持只有两个继电器。另外在 5 线和 6 线上所有操纵继电器的第 4 组后接点都起到了互切作用，即反位选出后禁止再选定位，定位选出后禁止再选反位。

根据以上讨论，可归纳六线制选岔电路的规律如下：

(1)各网路线的用途：1、2 线选八字第一笔双动道岔反位；3、4 线选八字第二笔双动道岔反位；5、6 线选双动道岔定位、单动道岔定位和反位，以及进路中所有信号点位置。

(2)各网路线送电规律：1、3、5 线从左向右顺序传递 KZ，一直传递到所选进路的右端；2、4、6 线从右向左送 KF，一开始直接送到进路的左端，然后由左向右依次断开 KF。电源传递与所选进路始、终端无关，而与左、右方向有关。

(3)道岔选出顺序：无论进路的方向如何，总是由左向右依次选出道岔位置和信号点位置。在进路中有双动道岔反位时，首先由左向右选出双动道岔反位，然后由左向右选出双动道岔定位、单动道岔定位和反位，以及进路中信号点位置。

三、选八字变通进路

变通进路有两种：一种平行变通进路，另一种是八字变通进路。两种变通进路的办理方法都一样，即先后按下始端按钮、变通按钮或能起变通按钮作用的调车按钮和终端按钮。

八字变通进路中既有八字第一笔双动道岔，又有八字第二笔双动道岔，在电路上有它的特殊性。图 4-15 是选八字变通进路的电路实例，图中包括八字第一笔双动道岔和八字第二笔双动道岔的所有操纵继电器，以及始、终端和变通按钮继电器，画出了六条网路线。图中只画出了操纵继电器的励磁电路，而未画出自闭电路。

如选 A、D 两点之间的基本进路时，须经由 1/3、17/19 号道岔定位，按下 A、D 处按钮后，始、终端按钮继电器 AJ 吸起，接通 5、6 网路线，这时，1/3 号道岔 1 DCJ 和 17/19 号道岔 2DCJ 吸起。于是选出经由 1/3 和 17/19 号道岔定位的基本进路。

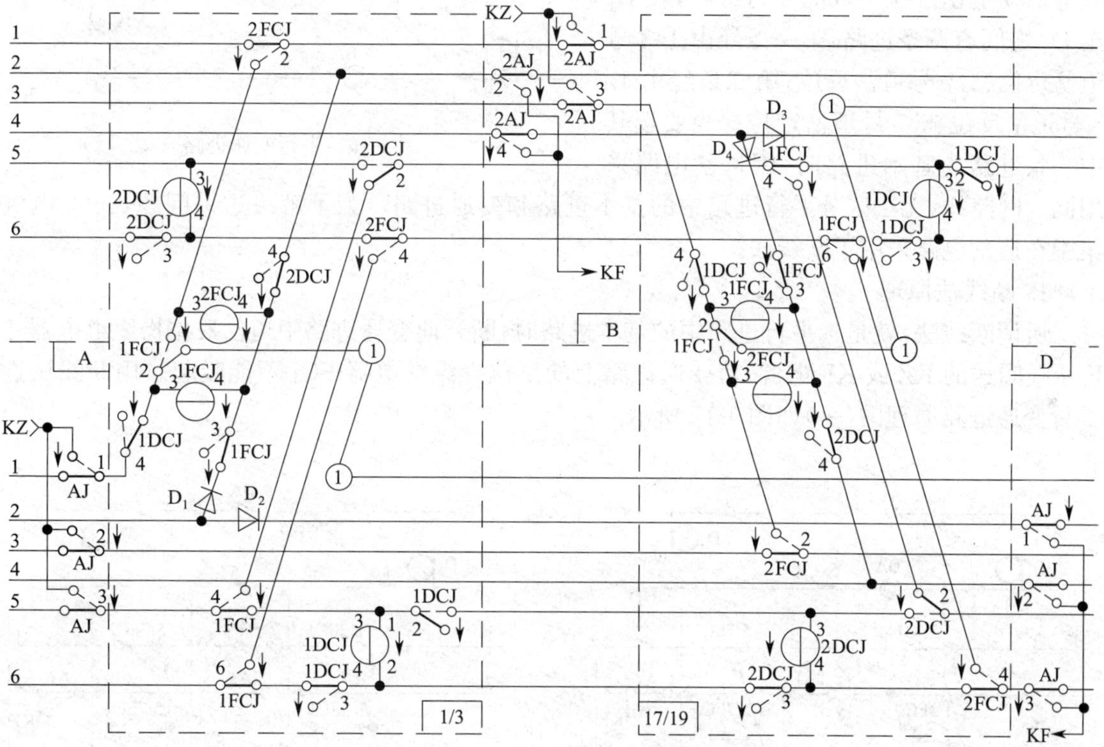

图 4-15　选八字变通进路电路

如选 A、D 两点间的变通进路时，要经 1/3 和 17/19 号道岔反位，因此 1、2 线和 3、4 线均要参加工作。当按下 A、B 和 D 处按钮后，始端、变通和终端按钮继电器均吸起。在 B 处变通按钮的 2AJ 吸起，由其 2、4 两组前接点分别将 KF 电源接入 2、4 线；由其 1、3 两组前接点分别将 KZ 电源接入 1、3 线。这样，就由 B 点的变通按钮将 A、D 两点间的变通进路分为两个进路段。对于八字第一笔双动道岔 1/3 来说，由 A 点 1 线供 KZ，B 点 2 线供 KF，使 1/3 1FCJ、2FCJ 首先吸起；对于八字第二笔双动道岔 17/19 来说，由 B 点 3 线供 KZ，D 点 4 线供 KF，使 17/19 1FCJ、2FCJ 随后吸起，选出了经由 1/3 和 17/19 号道岔反位的八字变通进路。

为了防止选变通进路时，错误地选出基本进路，用 1/3 道岔的 1FCJ 第 4 组后接点断开 5

线，用17/19道岔的2FCJ第4组后接点断开6线。假设1/3 1FCJ或17/19 2FCJ其中一个继电器因故不能吸起时，变通进路选不出来。而只要有一个反位操纵继电器吸起，仍能断开选基本进路的电源，也就不会自动改选基本进路。

综上所述，基本进路与八字变通进路对双动道岔位置要求不同，选基本进路时，要求两组双动道岔应处在定位状态；选路时，用选岔电路5、6线即可。选变通进路时要求两组双动道岔应处在反位状态，用1、2线选八字第一笔双动道岔反位，用3、4线选八字第二笔双动道岔反位。选八字基本进路与变通进路时采用不同网路线的选路方法称为分线法。

四、选平行变通进路

在比较复杂的站场上，往往会出现由两组或两组以上同类型双动道岔反位构成的平行进路。图4-16是由1/3和5/7号两组八字第一笔双动道岔反位构成的平行进路，在D_1至D_5之间有两条进路：第一条经由1/3号道岔定位、5/7号道岔反位；第二条经由1/3号道岔反位、5/7号道岔定位。当要选其中一条进路为基本进路时，因选岔电路采用同一网路线，无法区分平行进路中的基本进路和变通进路。为了解决这一问题，6502电气集中在选岔电路采用了断线法。

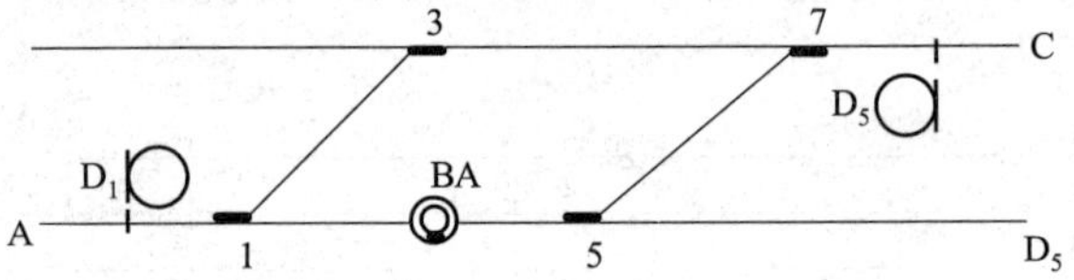

图4-16 平行变通进路

1. 断线法原理

所谓断线法，就是选平行进路中的基本进路时，断开向变通进路中道岔反位操纵继电器FCJ线圈送的KZ或KF电源，使变通进路上的反位操纵继电器FCJ不能吸起。用断线法选平行变通进路原理图(一)如图4-17所示。

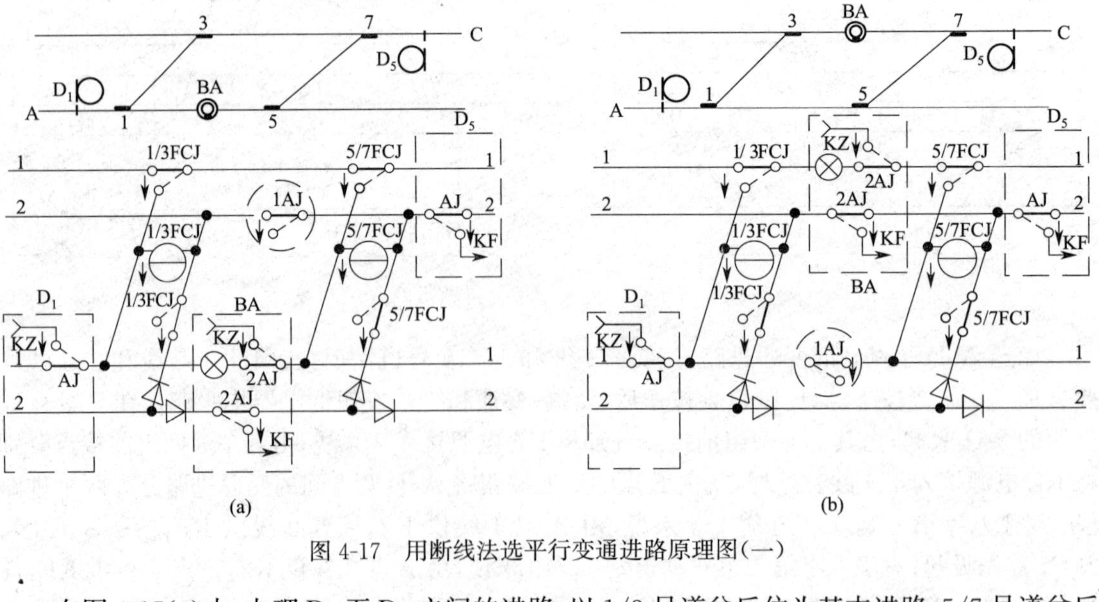

图4-17 用断线法选平行变通进路原理图(一)

在图4-17(a)中，办理D_1至D_5之间的进路，以1/3号道岔反位为基本进路，5/7号道岔反位为变通进路，当按下D_1A和D_5A后，使1/3FCJ吸起，优先选出1/3号道岔反位的基本进路。为了防止 5/7FCJ 吸起而错误选出变通进路，则在 1 号道岔的岔后画“⊗”处断开 1 线的 KZ 电源。断线之后既不影响 1/3FCJ 励磁吸起，又防止了 5/7FCJ 错误励磁。当选 5/7 号道岔反位的变通进路时，要按下 D_1A、BA 和 D_5A 三个按钮。为了防止选出 1/3 号道岔反位的基本进路，则在 3 号与 7 号道岔之间的 2 线处接入(B)1AJ 的后接点，利用 B 1AJ 的吸起断开 1/3FCJ 的 KF 电源，使其不能吸起。为了选出变通进路，则在 5 号道岔的岔前 1 线处由(B) 2AJ 前接点接入 KZ 电源并送给 5/7FCJ，使 5/7FCJ 吸起而选出变通进路。

在图 4-17(b)中，办理 D_1 至 D_5 之间的进路，以 5/7 号道岔反位为基本进路，以 1/3 号道岔反位为变通进路，当按下 D_1A 和 D_5A 后，使 1/3FCJ 吸起，优先选出 1/3 道岔反位的基本进路。为了防止 1/3FCJ 吸起而错误选出变通进路，则在 7 号道岔的岔后“⊗”处断开 2 线的 KF 电源。断线后既不影响 5/7FCJ 励磁吸起，又能防止 1/3FCJ 错误工作。当选 1/3 号道岔反位的变通进路时，要按下 D_1A、BA 和 D_5A 三个按钮，为了防止选出 5/7 道岔反位的基本进路，要在 1 号和 5 号道岔之间的 1 线上接入(B)1AJ 后接点，利用其吸起断开 5/7FCJ 的 KZ 电源，防止 5/7FCJ 错误吸起。为了选出变通进路，则在 3 号道岔的岔前 2 线上由 B 2AJ 前接点接入 KF 电源，送至 1/3FCJ，使 1/3FCJ 吸起而选出变通进路。

图 4-18 是由两组八字第二笔双动道岔反位构成的平行进路。其断线法原理与上述相同，因为八字第二笔双动道岔反位是用 3、4 线选的，所以 KZ 要断 3 线，KF 要断 4 线。综上所述，采用断线法的目的是为了区分平行进路中的基本进路和变通进路。在选基本进路时，为防止错误选出变通进路，断开变通进路的有关 FCJ 电路，在选变通进路时，一方面利用(B)1AJ 的后接点断开基本进路的有关 FCJ 电路，另一方面用(B)2AJ 的前接点将 KZ 或 KF 接入变通进路的有关 FCJ 电路，这样在选变通进路时就防止错误选出基本进路。

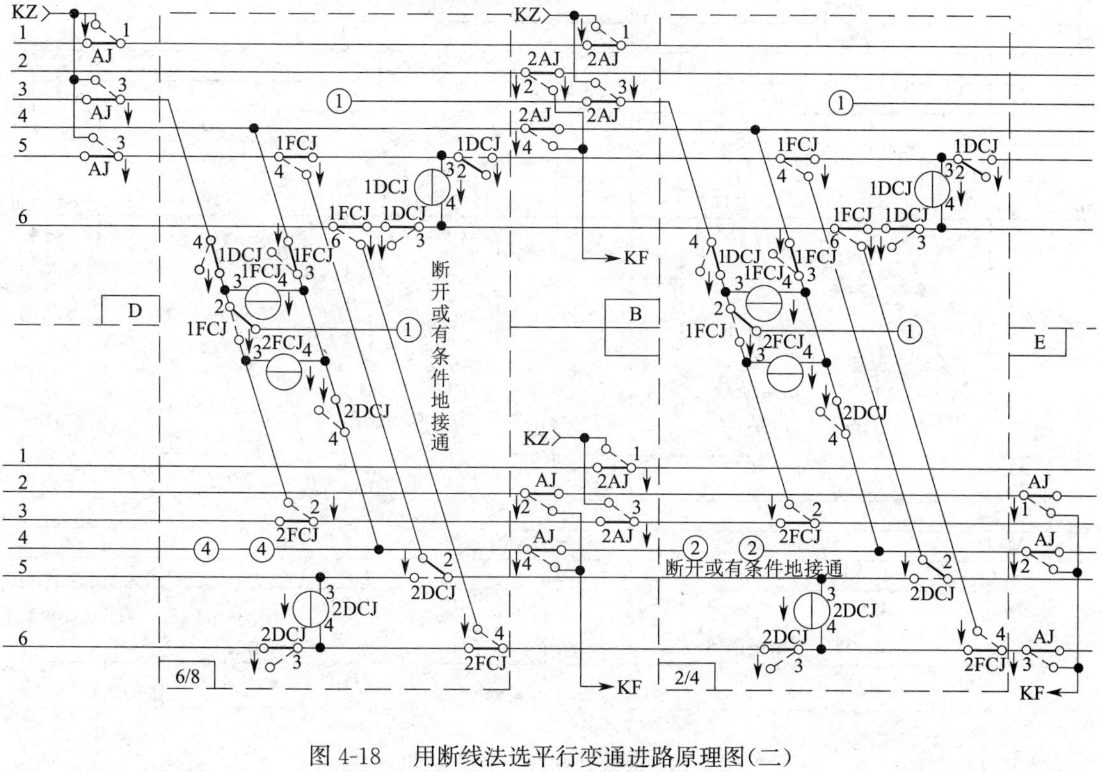

图 4-18　用断线法选平行变通进路原理图(二)

根据断线法原理，总结其规律如下：

(1)对于由两组八字第一笔双动道岔构成的平行进路，其断线规律是“左 1 右 2”。“左 1”即规定左边双动道岔为基本进路时，在左边双动道岔岔后直股部位断开 1 线；“右 2”即规定右边双动道岔为基本进路时，在右边双动道岔岔前直股部位断开 2 线。

(2)对于由两组八字第二笔双动道岔构成的平行进路，其断线规律是“左 3 右 4”。“左 3”即规定左边双动道岔为基本进路时，在左边双动道岔岔后直股部位断开 3 线；“右 4”即规定右边双动道岔为基本进路时，在右边双动道岔岔前直股部位断开 4 线。

(3)选变通进路时，除上述断线部位无条件断开外，与此同时，应在以下部位有条件的接通电路：对于两组八字第一笔双动道岔构成的平行进路，右边为变通进路时，应在两组双动道岔之间的 2 线接入(B)1AJ 的后接点，在断开的 1 线处由(B)2AJ 前接点接入 KZ 电源；左边为变通进路时，应在两组双动道岔之间的 1 线接入(B)1AJ 的后接点，在断开的 2 线由(B)2AJ 前接点接入 KF 电源。对于两组八字第二笔双动道岔构成的平行进路，右边为变通进路时，在两组双动道岔之间的 4 线接入(B)1AJ 的后接点，在断开的 3 线处由(B)2AJ 前接点接入 KZ 电源；左边为变通进路时，在两组双动道岔之间的 3 线接入(B)1AJ 的后接点，在断开的 4 线处由(B)2AJ 前接点接入 KF 电源。

2. 断线处理方法电路实例

图 4-19 是由两组八字第一笔双动道岔所构成的平行进路的电路实例。该图中省略了变通按钮的 JXJ。若规定以 9/11 号道岔反位为基本进路时，则在图中①与①断开，②与②之间有条件地接通，以 B′为变通按钮；若规定以 23/25 号道岔反位为基本进路时，则在图中①和①之间有条件地接通，②与②断开，以 B 为变通按钮。接通的条件是指变通按钮的 1AJ 后接点。

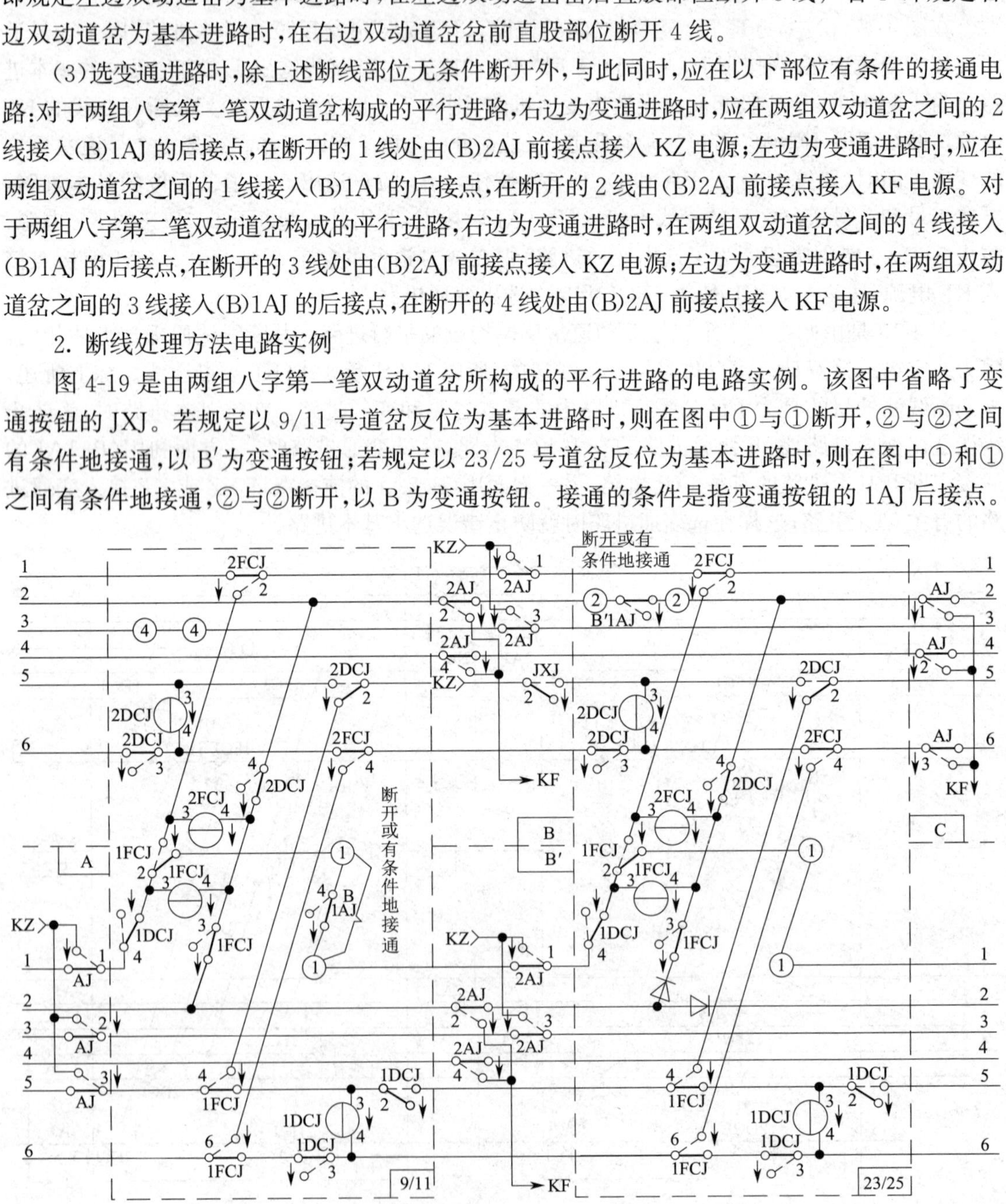

图 4-19 断线处理方法电路实例(一)

现以 23/25 号道岔反位为 A、C 的基本进路为例介绍电路工作原理。

(1)选基本进路

选基本进路时，顺序按下 A、C 处两个按钮后，23/25 1FCJ 和 23/25 2FCJ 吸起，9/11 1DCJ 吸起。

23/25 1FCJ 励磁电路是

KZ—(A)$AJ_{12\text{-}11}$—9/11 $1DCJ_{41\text{-}43}$—9/11 $1FCJ_{21\text{-}23}$—(B)$1AJ_{41\text{-}43}$—23/25 $1DCJ_{41\text{-}43}$—23/25 $1FCJ_{3\text{-}4}$—23/25 $2DCJ_{43\text{-}41}$—(C)$AJ_{11\text{-}12}$—KF

当 23/25 1FCJ 吸起后，2FCJ 也随着吸起，并接通第 5、6 网路线，使 9/11 1DCJ 吸起。

9/11 1DCJ 励磁电路是

KZ—(A)$AJ_{32\text{-}31}$—9/11 $1FCJ_{41\text{-}43}$—9/11 $1DCJ_{3\text{-}4}$—23/25 $1FCJ_{61\text{-}62}$—23/25 $2FCJ_{42\text{-}41}$—(C)$AJ_{31\text{-}32}$—KF

(2)选变通进路

选变通进路时，顺序按下 A、B 和 C 处按钮后，9/11 1FCJ 吸起，2FCJ 吸起，23/25 2DCJ 吸起。

9/11 1FCJ 首先励磁，其电路是

KZ—(A)$AJ_{12\text{-}11}$—9/11 $1DCJ_{41\text{-}43}$—9/11 $1FCJ_{3\text{-}4}$—9/11 $2DCJ_{43\text{-}41}$—(B)$2AJ_{21\text{-}22}$—KF

9/11 1FCJ 吸起后，2FCJ 也随之吸起。23/25 2DCJ 励磁电路是由 B 处经变通按钮的进路选择继电器 JXJ 传递接通 KZ 电源，由 C 处的 AJ 前接点接通 KF 电源，其励磁电路是

KZ—(B)$JXJ_{21\text{-}22}$—23/25 $2DCJ_{3\text{-}4}$—23/25 $2FCJ_{43\text{-}41}$—(C)$AJ_{31\text{-}32}$—KF

由此可见，选路时，首先由 1、2 线使 9/11 1FCJ 和 9/11 2FCJ 吸起而选出 9/11 号道岔反位，然后接通 5、6 线使 23/25 2DCJ 吸起而选出 23/25 号道岔定位。

在 23/25 1FCJ 励磁电路中，由于①与①之间接入了(B)1AJ 的第 4 组后接点，当选变通进路时利用(B)1AJ 的吸起断开 23/25 FCJ 的 KZ 电源，这样即使变通进路因故选不出来，也不会错误选出基本进路。

图 4-20 是由两组八字第二笔双动道岔构成的平行进路的电路实例，其原理与图 4-19 基本相同，只不过是断线位置和接入的(B)AJ 的位置是在 3、4 网路线上。

对于由双动道岔和单动道岔构成的平行进路或由两组单动道岔构成的平行进路，也采用断线法。

五、进路选择继电器电路

进路选择继电器 JXJ 是选路电路的组成部分。JXJ 励磁电路不单独占用网路线，它与选岔网路的第 5、6 线合用，其电路动作与选岔电路相似。

对应每一架信号机处(包括不设信号机，只设变通按钮或终端按钮处)的信号组合内均设一个 JXJ。对应单置调车信号机处设两个 JXJ，分别在 DX 组合和 DXF 组合内。

进路选择继电器 JXJ 吸起后，用其前接点与方向电源相配合，使有关的辅助开始继电器 FKJ 和终端继电器 ZJ 吸起，确定了进路的始端和终端，为进路锁闭、开放信号创造了条件。如果办理长调车进路时，为了简化办理手续，可以只按下进路始端和终端两个按钮。选岔网路从左至右顺序传递动作并带起中间信号点的进路选择继电器 JXJ，使长调车进路中有关信号机能由远及近自动开放。为了缩短选路时间，用 JXJ 前接点断开相应按钮继电器 AJ 的自闭电路，使记录电路及时复原。

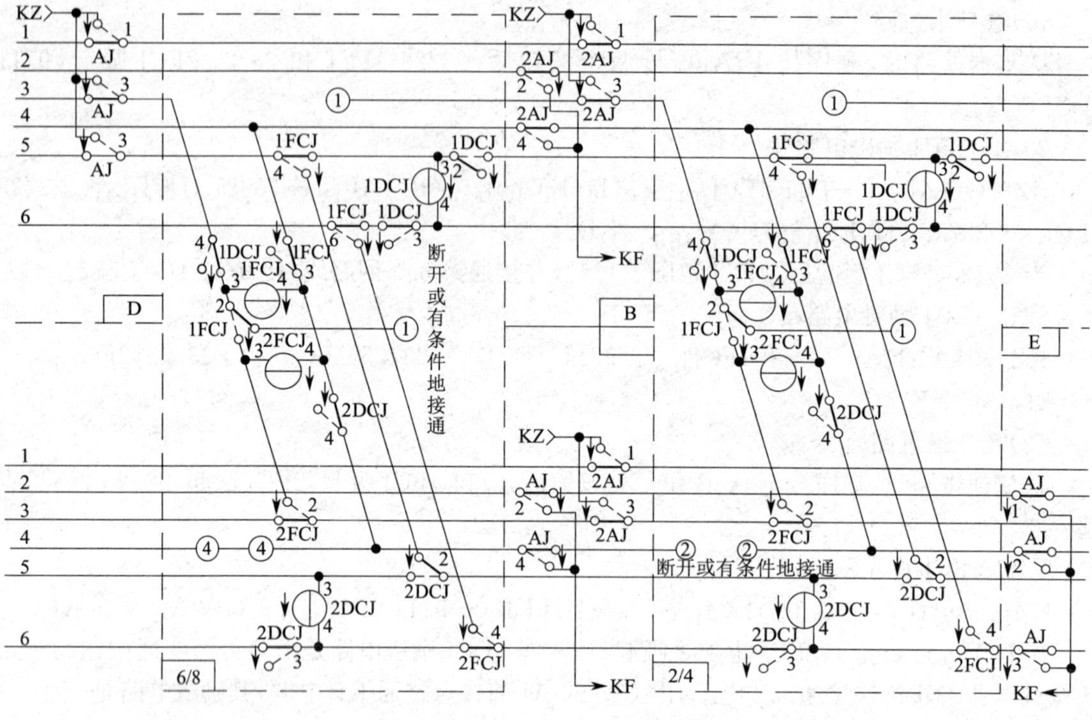

图 4-20　断线法处理电路实例(二)

1. 列车兼调车信号机处进路选择继电器电路

图 4-21 为进站内方带调车信号机 X 与 D_3 合用的 X/D_3JXJ 电路。

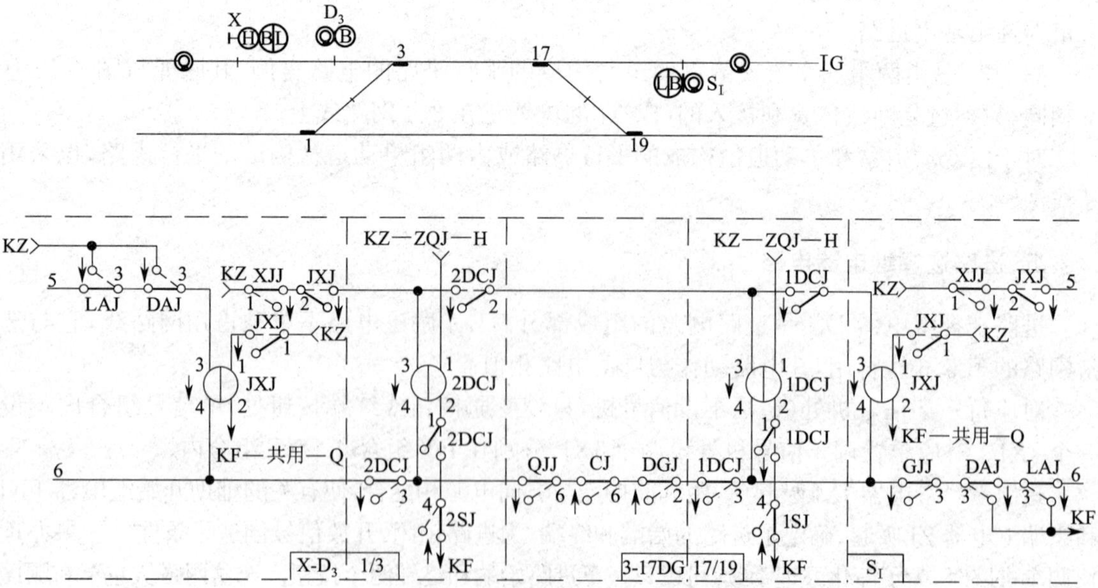

图 4-21　列车兼调车信号机处 JXJ 电路

进路选择继电器 X/D_3JXJ 和 $S_Ⅰ$JXJ 都并接在 5、6 网路线上，前者接在网路线左端，后者接在网路线右端。连接方法与定位操纵继电器 DCJ 的接法相同，都是用 3-4 线圈接入 5、6 网路作为励磁电路，1-2 线圈为自闭电路。JXJ 与 DCJ 的复原时间不同，JXJ 自闭电路接有方向电源“KF—共用—Q”，因而随着方向继电器释放而自动复原，而 DCJ 要等到进路锁闭，锁闭继电器 SJ 落下后才能自动复原。

例如办理 X 至ⅠG 的接车进路，按下 XLA 和 $S_Ⅰ$LA，XLAJ 和 $S_Ⅰ$LAJ 吸起，5、6 网路线被接通后，由左向右顺序传递吸起的继电器是：X/D_3JXJ、1/3 2DCJ、17/19 1DCJ 和 $D_Ⅰ$JXJ。用 X/D_3JXJ 第 6 组后接点，断开 XLAJ 自闭电路，使 XLAJ 自动复原。经由 X/D_3JXJ 第 2 组前接点，将 KZ 电源接向 5 线，使 1/3 2DCJ、17/19 1DCJ 相继吸起，最后 $S_Ⅰ$JXJ 才会吸起。$S_Ⅰ$JXJ 的吸起说明进路已全部选出，用 $S_Ⅰ$JXJ 第 6 组后接点断开 $S_Ⅰ$LAJ 的自闭电路，使 $S_Ⅰ$LAJ 复原。由于 XLAJ 和 $S_Ⅰ$LAJ 都落下，断开了方向继电器的励磁电路和自闭电路，使方向继电器复原。因方向电源“KF—共用—Q”断电，X/D_3JXJ 和 $S_Ⅰ$JXJ 也随之复原。

如果所选进路中包括有双动道岔反位时，因为必须先选双动道岔反位，才能接通 5、6 网路线，所以用进路最左端的 JXJ 吸起可以证明 1～4 线工作完毕，5、6 线开始工作。用进路最右端的 JXJ 吸起证明进路选出。当 JXJ 全部落下说明选岔电路工作完毕。

2. 差置、并置调车信号机处进路选择继电器电路

图 4-22 是差置调车信号机处的 JXJ 电路(并置调车信号机处的 JXJ 电路与此相同)，由于差置调车信号机 D_5 和 D_{15} 所防护的进路方向不同，其电路结构也略有差异。

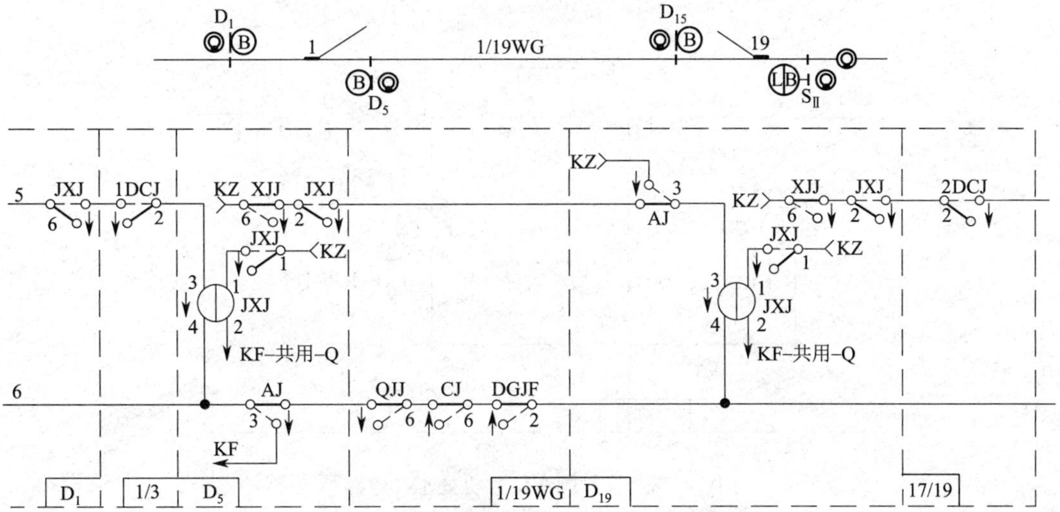

图 4-22　差置调车信号机处的 JXJ 电路

在办理 D_1 至 D_{15} 的调车进路时，进路的终端是 D_{15} 信号机，但进路终端按钮却是 D_5A。D_5JXJ 处于进路右端，只能从网路左端 5 线得到 KZ 电源，从本组合内 6 线通过 D_5AJ 第 3 组前接点得到 KF 电源。在该进路中，D_5JXJ 是最后吸起的，它的吸起证明进路已经选出。若办理 D_5 向 D_1 的调车进路，虽然运行方向改变，但 D_5 信号机仍处于进路右端，其工作情况与上述相同。若办理列车进路或长调车进路，D_5 信号机处于进路的中间信号点时，虽然不按下 D_5A，但 D_5JXJ 可以从 5、6 线网路得到电源而吸起，并用其第 2 组前接点将 5 线 KZ 电源由左向右传递，使其右边接在 5、6 线上的继电器顺序动作。

当办理 D_{15} 至ⅡG 的调车进路时，D_{15} 信号机处于进路的左端，D_{15}JXJ 可以通过 D_{15}AJ 第 3 组前接点得到 KZ 电源，从 6 线得到 KF 电源而吸起，并且将 5 线 KZ 电源从左向右顺序传递。若从ⅡG 至 D_5 办理调车进路，是以 D_{15}A 为进路终端按钮，D_{15} 信号机仍处于进路左端，其动作原理与上述相同。

如果办理以 D_{15} 为中间信号点的列车进路或长调车进路，无论运行方向如何，虽不按 D_{15}A，但 D_{15}JXJ 从 5、6 网路线得到电源而吸起。然后将 5 线 KZ 电源向右传递而动作右边的继电器。

从上述分析可知：对于差置（并置）调车信号机，无论是作调车进路始端、终端，还是作为列车进路或长调车进路的中间信号点，也不管运行方向如何，它的 JXJ 总能够从 5、6 网路线得到电源而吸起，并且将 5 线的 KZ 电源从左向右传递。

3. 单置调车信号机处的进路选择继电器电路

单置调车信号机设有两个 JXJ，一个设在 DX 组合内，另一个设在 DXF 组合内。单置调车信号机之所以要设置两个 JXJ 是因为单置调车信号机在不改变进路方向的情况下既可能作调车进路始端，又可能作调车进路终端。只有用两个 JXJ 与其所设的 1AJ、2AJ 和 AJ 相互配合，才能从电路上区分其进路始端和终端。现以图 4-23 中的 D_{13} 单置调车信号机为例，分析其两个 JXJ 的动作原理。

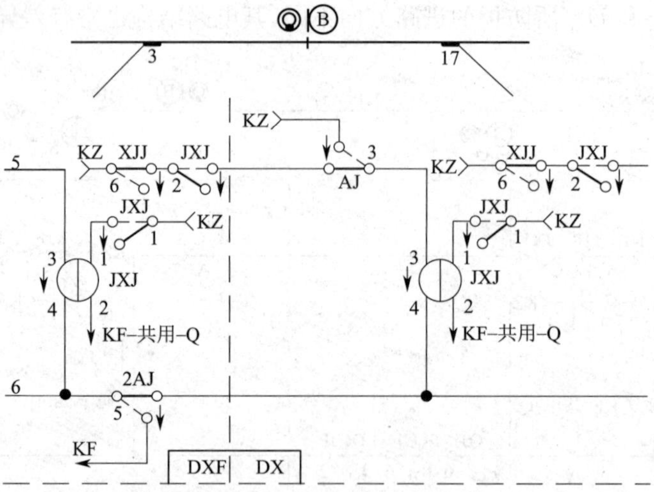

图 4-23 单置调车信号机处 JXJ 电路

（1）作进路始端时

当以 D_{13} 信号机作为调车进路始端时，它处在进路的左端。当按下进路始端按钮 D_{13}A 后，D_{13}AJ 吸起，D_{13} 信号机 DX 组合内的 D_{13}JXJ 通过 D_{13}AJ 第 3 组前接点得到 KZ 电源，从 6 线网路得到 KF 电源而吸起，并经由 D_{13}JXJ 第 2 组前接点向 5 线网路供给 KZ 电源。这时 DXF 组合内的 JXJ 因得不到 KZ 电源而不能吸起。

（2）作进路终端时

当以 D_{13} 信号机作调车进路终端时，它处在进路右端。D_{13}A 作为进路终端按钮是后按下的，DXF 组合的 D_{13}JXJ 只能从左端 5 线网路得到 KZ 电源，经在本组合内 D_{13}2AJ 第 5 组前接点得到 KF 电源而吸起。它的吸起证明进路已全部选出。此时，由于 DX 组合内的 JXJ 得不到 KF 电源而不能励磁。

(3)作进路中间信号点时

当经由 D_{13} 信号机办理列车进路或长调车进路时，因为不按 D_{13}A，所以 D_{13}AJ 和 D_{13}2AJ 均不励磁。这时 D_{13} 信号机的 DXF 和 DX 组合内的两个 JXJ 可以从 5、6 网路线得到电源而顺序吸起，并将 5 线 KZ 电源继续由左向右传递。

(4)作变通按钮使用时

当以 D_{13}A 作调车进路或列车进路的变通按钮使用时，它的 1AJ、2AJ 和 AJ 三个按钮继电器均要吸起。DXF 组合内的 JXJ 从左端 5 线得到 KZ 电源，由本组合内 D_{13}2AJ 第 5 组前接点得到 KF 电源而吸起。DX 组合内的 JXJ 经本组合内的 D_{13}AJ 第 3 组前接点得到 KZ 电源，从 6 线网路右端得到 KF 电源也吸起。当 DX 组合内 JXJ 吸起后，将 5 线网路 KZ 电源继续由左向右传递。

上述各种信号机处的进路选择继电器电路，因所处位置不同励磁条件有些差异，但自闭电路完全相同。JXJ 的 1-2 线圈为自闭电路，当方向继电器复原后，因“KF—共用—Q”断电，JXJ 自闭电路被断开而自动复原。

第四节　选岔网路防护措施及继电器动作规律

一、选岔网路防护措施

1. 六线制选岔网路线上装设二极管

6502 电气集中选岔电路采用六线制并联选岔网路。并联选岔网路存在的最大问题就是会产生迂回电路，从而导致选岔电路错误工作。虽然采用分线法能防止八字迂回电路的产生，但是同一类型道岔的 DCJ 或 FCJ 仍然共用着同一对网路线，在网路中相当于道岔的拐角处还会产生迂回电路而错误动作道岔操纵继电器。

为了防止产生迂回电路，在六线制选岔网路 2、4、6 网路线上，加装二极管 D_1～D_6，如图 4-24 所示。

图 4-24(a)中 2 线上的二极管 D_1 是阻截点画线迂回电流用的，D_2 是阻截虚线迂回电流用的。在图 4-24(b)中，4 线上的 D_3 是用来阻截点画线迂回电流的，D_4 是用来阻截虚线迂回电流的。同理，在图 4-24(c)中的 6 线上也接有 D_5 和 D_6，用 D_5 阻截点画线迂回电流，而用 D_6 阻截虚线迂回电流。

上述接在选岔网路中的二极管被击穿失效后，其后果如何呢？在正常操作情况下，如在图 4-24(a)中，依次按下 D_1A 和 D_5A 产生虚线所示迂回电路，能使 1/3FCJ 励磁。但这个使 1/3FCJ 励磁的虚线电路中，串接有 1/3FCJ 本身的后接点，而不可能使之吸起，可以及时地发现故障。图 4-24(b)和图 4-24(c)中的虚线和点画线情况，都与此情况相同。在错误操作情况下，如在图 4-24(a)中，错误地按下了 D_3A 和 D_7A 此时由于二极管被击穿会产生点画线所示的电路，可能使 5/7FCJ 吸起，但 D_3 和 D_7 之间构不成进路。这是在错误操作和设备故障情况下产生的，即使错误操作，进路也不会建立，信号不会开放。应当指出，此类设备故障不经检修发现不了，所以在维修工作中应特别予以注意。

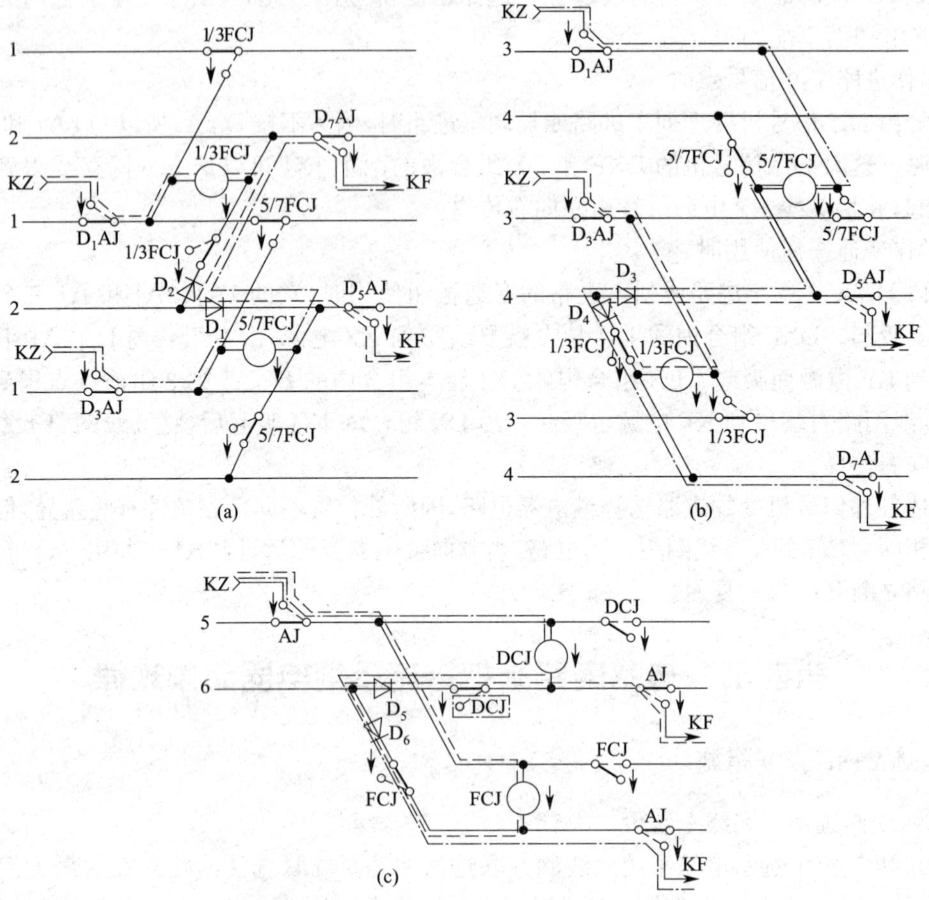

图 4-24　在 2、4、6 网路线上装设的二极管

实际上，除 $D_1 \sim D_6$ 外，在单动道岔 1/DD 和 2/DD 组合类型图内，为了防止迂回电流，还需要另外加装二极管。

2. 接在 6 线网路上的联锁条件

(1)区段组合内在 6 线网路上串接了 QJJ 后接点、CJ 前接点和 DGJ 前接点，如图 4-22 所示。区段检查继电器 QJJ 落下和传递继电器 CJ 吸起证明轨道区段处于解锁状态，轨道继电器 DGJ 吸起反映该区段空闲。实际上，这三个串联接点是用来代替锁闭继电器 SJ 前接点的，作用是：当进路在锁闭过程中，以及任一道岔区段被占用或轨道电路故障时，此段电路被断开，使该区段左边的有关进路选择继电器和道岔操纵继电器从 6 线网路上得不到 KF 电源而不能励磁，以达到禁止贮存进路和防止道岔错误转换的目的。在进路尚未解锁前，若允许利用该进路或进路中的某一段再选第二条进路，叫做贮存进路。为了避免由于轻型车(如轨道车等)的跳动对轨道电路瞬间失去分路作用而引起提前错误解锁造成道岔错误动作，6502 电气集中规定：禁止储存进路。例如，办理 D_3 至 D_{13} 进路，进路锁闭 D_3 信号开放后，若再办理 X 至 ⅠG 的接车进路，此时由于 3DG 区段中 QJJ 吸起和 CJ 落下切断 6 线，使后排的接车进路始端的 JXJ 不能励磁，5、6 线网路上的道岔定位操纵继电器和单动道岔的反位操纵继电器也不会励磁，从而防止了进路的储存。

上述防护措施还有不足之处，因为在1～4线网路上并没有接入QJJ、CJ和DGJ的串联接点，所以还不能防止双动道岔FCJ的错误动作。

应当指出，进路中的某一道岔区段有车或在锁闭状态下，又利用该区段提前选排了另外的进路，这种提前操作叫"预排进路"，预排进路也同样是危险的。应指出，在建立D_3调车进路的情况下，再按压XLA和S_I LA后，XLAJ和S_I LAJ不能自动复原。如当D_3调车进路解锁后，提前排的下行ⅠG接车进路即会自动选出，这样前条进路已建立又预先排下一条进路的操纵叫预排，为了安全起见，行车组织规则中严禁预排进路。6502电气集中还存在着这种可能性。从电路本身来说，还不能禁止车站值班员提前操作，只能从行车组织规则中进行限制。

(2)在向股道建立了进路或向股道引导接车时，严禁再向该股道建立进路，为此在股道端6线处接有股道检查继电器GJJ第3组后接点，已向股道建立了接车或调车进路后，GJJ吸起将6线KF电源切断，使后办进路的JXJ不能励磁。

(3)当信号已开放后，禁止再利用此信号排重叠的进路。信号开放后，信号检查继电器XJJ在励磁状态，对列车进路是用XJJ第1组后接点切断列车进路始端向5线接入的KZ电源；对于调车进路是用XJJ第6组后接点切断调车进路始端向5线接入的KZ，以达到禁止再利用此信号排进路的目的。

(4)在选岔网路中接有DCJ和FCJ的互切条件，并且只有在进路锁闭后方能使DCJ或FCJ复原，这就能够保证不会同时选出要求道岔位置不相同的抵触进路。

二、选岔网路继电器动作规律

为了加深理解选岔网路继电器动作规律，通过举例说明选岔网路动作程序和选岔网络继电器动作规律。

1. 办理D_1至D_{13}的长调车进路

为了简化操作手续，当办理D_1至D_{13}的长调车进路时，只需按压长调车进路的始、终端进路按钮。先按压始端按钮D_1A，D_1AJ吸起且自闭，并接通DJJ励磁电路，使DJJ吸起，DJJ吸起后方向电源"KF—共用—Q"有电。再按下终端按钮D_{13}A，D_{13}1AJ和D_{13}2AJ吸起且自闭，并接通DJJ自闭电路。这时经由D_1AJ和D_{13}2AJ的前接点分别给选岔网路1、2线和5、6线供电。首先接通1、2线，使进路上的八字第一笔双动道岔1/3 1FCJ和1/3 2FCJ吸起且自闭。然后接通5、6线，使进路上的JXJ和DCJ从左向右顺序励磁吸起并自闭。选岔网路继电器动作顺序是：1/3 1FCJ↑→1/3 2FCJ↑→D_1JXJ↑→D_7JXJ↑→D_9JXJ↑→13/15 2DCJ↑→9/11 1DCJ↑→D_{13}JXJ↑(DXF)。这里应注意，交叉渡线处的9/11号道岔和13/15号道岔组合位置要换位。当进路右端的D_{13}JXJ(DXF)吸起后说明该进路已全部选出，应使记录电路及时复原。即D_1JXJ吸起后使D_1AJ自动复原，断开DJJ的励磁电路，D_{13}JXJ(DXF)吸起后使D_{13}1AJ和D_{13}2AJ自动复原，断开DJJ自闭电路，使DJJ自动复原。DJJ落下后断开方向电源"KF—共用—Q"，从而使D_1JXJ、D_7JXJ、D_9JXJ和D_{13}JXJ(DXF)同时自动复原。

2. 办理由4股道向东郊方面的发车进路

办理该进路时，先按下进路始端按钮S_4LA，S_4LAJ吸起且自闭，并接通LFJ励磁电路，LFJ吸起。后按下进路终端按钮X_DLA，使X_DLAJ吸起并自闭，同时接通LFJ自闭电路。这

时经由 S_4LAJ 和 X_DLAJ 的前接点给选岔网路 3、4 线和 5、6 线分别供电；LFJ 吸起后接通方向电源“KF—共用—Q”，为进路中 JXJ 自闭电路提供电源。选路时，首先接通 3、4 线，使进路中 13/15 号和 17/19 号这两组八字第二笔双动道岔的 FCJ 从左向右顺序吸起并自闭。其动作顺序是：13/15 1FCJ↑→13/15 2FCJ↑→17/19 1FCJ↑→17/19 2FCJ↑。然后接通 5、6 线，使进路上的 JXJ、双动道岔的 DCJ 和单动道岔的 FCJ 从左向右顺序吸起且自闭。它们的动是：X_DJXJ↑→5/7 DCJ↑→D_{11}JXJ↑（DXF）→D_{11}JXJ↑（DX）→9/11 2DCJ↑→9/11 1DCJ↑→D_{13}JXJ↑（DXF）→D_{13}JXJ↑（DX）→27FCJ↑→S_4JXJ↑。

进路右端的 S_4JXJ 吸起证明进路全部选出，应使记录电路及时复原。当 X_DJXJ 吸起后使 X_DLAJ 自动复原，从而断开 LFJ 自闭电路。当 S_4JXJ 吸起后使 S_4LAJ 自动复原，断开 LFJ 励磁电路，使 LFJ 自动复原，LFJ 落下后使方向电源“KF—共用—Q”断电，使得 X_DJXJ、D_{11}JXJ（DXF、DX）、D_{13}JXJ（DXF、DX）和 S_4JXJ 自动复原。

3. 办理 X 至Ⅲ股道接车的变通进路

当办理 X 至Ⅲ股道接车，经由 5/7 号道岔反位的变通进路时，应顺序按下进路始端按钮 XLA、变通按钮 D_{11}A、终端按钮 $S_{Ⅲ}$LA。按下 XLA，使 XLAJ 吸起且自闭，并使 LJJ 励磁电路接通，LJJ 吸起后方向电源“KF—共用—Q”和“KZ—列共— DJJ—Q”有电。按下 D_{11}A 后，D_{11}1AJ、D_{11}2AJ、D_{11}AJ 先后顺序吸起且自闭，并接通 LJJ 自闭电路。按下 $S_{Ⅲ}$LA 后，$S_{Ⅲ}$LAJ 吸起且自闭，并接通 LJJ 又一条自闭电路。

X 至Ⅲ股道接车变通进路由 X 至 D_{11} 和 D_{11} 至 $S_{Ⅲ}$ 两个进路段组成，由 XLAJ 和 D_{11}2AJ 的前接点给 X 至 D_{11} 进路段的选岔网路供电；由 D_{11}AJ 和 $S_{Ⅲ}$LAJ 的前接点给 D_{11} 至 $S_{Ⅲ}$ 进路段的选岔网路供电。因为 XLA 和 D_{11}A 是先被按下的，$S_{Ⅲ}$LA 是最后被按下的，所以应首先选 X 至 D_{11} 进路段，这一进路段选岔网路继电器动作顺序是：5/7 1FCJ↑→5/7 2FCJ↑→X/D_3JXJ↑→D_{11}JXJ↑（DXF）。

然后再选出 D_{11} 至 $S_{Ⅲ}$ 进路段，这一进路段选岔网路继电器动作顺序是：D_{11}JXJ↑（DX）→9/11 2DCJ↑→13/15 1DCJ↑→BAJXJ↑→21DCJ↑→23/25 2DCJ↑→$S_{Ⅲ}$ JXJ↑。D_{11}JXJ（DXF）的吸起说明 X 至 D_{11} 进路段选出，$S_{Ⅲ}$JXJ 的吸起说明 D_{11} 至 $S_{Ⅲ}$ 进路段选出。进路全部选出后应使记录电路及时复原，为办理其他进路准备好条件。

通过上述分析，可以看出选岔网路继电器动作具有以下规律：

（1）接在选岔网路 1、2 线或 3、4 线上的双动道岔的 FCJ 优先于接在 5、6 线上 DCJ、单动道岔 FCJ 和 JXJ 而动作。

（2）六线制选岔网路每对网路线上的继电器总是从左向右顺序动作的，与所选进路的始、终端方向无关。

（3）当进路中有单置调车信号机时，5、6 网路线上接有两个 JXJ，一个设在 DX 组合内，另一个设在 DXF 组合内。当该信号机作进路始端时，DX 组合内的 JXJ 动作；作进路终端时，DXF 组合内的 JXJ 动作；作列车进路、变通进路或长调车进路的中间信号点时，两个 JXJ 都动作。

（4）所办理的进路经过双动道岔反位时，双动道岔的两个 FCJ 都动作；进路经过双动道岔定位时，一般只有进路经过的那一个道岔的 DCJ 才动作。

（5）办理的进路经由交叉渡线组合换位后的一组双动道岔反位时，虽然另一组双动道岔不在进路上，但它的两个 DCJ 都要吸起。

(6)办理变通进路时,以变通按钮所在组合处为分界点,将变通进路分为两个进路段,每个进路段分别使接在选岔网路的继电器由左向右动作,而且进路始端所在进路段继电器先动作。

第五节 辅助开始继电器和终端继电器

当进路选出后,记录电路会立即复原,但这时道岔还没有转完,进路还未锁闭,信号也没有开放,为了达到选路的最终目的,必须继续记录进路始端和终端。因此,在记录电路复原以前,在进路始端要用辅助开始继电器 FKJ 和开始继电器 KJ,在进路终端要用终端继电器 ZJ 继续记录电路而工作,它们将在整个执行组电路中起作用。

一、辅助开始继电器电路

在 6502 电气集中的 LXZ 和 DX 组合内各设有一个辅助开始继电器 FKJ。当作进路始端时,FKJ 参与工作,其作用是:一是在始端信号点被选出后,至信号开放前这段时间内继续记录进路的始端;二是防止自动重复开放信号。所谓防止自动重复开放信号,是指办理进路信号开放后,因故而自动关闭,当故障恢复后,未经再次办理不得自动重复开放。为了实现上述两个作用,FKJ 电路必须满足以下技术条件:

(1)为了继续记录进路始端,必须使 FKJ 在进路始端的进路选择继电器和与所选进路的性质及方向相符合的方向继电器吸起后接通励磁电路,以便反映所选进路的始端。

(2)为了防止信号自动重复开放,必须用 FKJ 的前接点作为开放信号的必要条件,在信号未开放前它应保持吸起,在信号开放后它应及时自动复原。若信号因故不能开放,应能使它手动复原。

(3)重复开放信号时,只要进路处于锁闭状态,按下进路始端按钮,就应使 FKJ 吸起。

也就是说防止信号自动重复开放,是指信号必须经 FKJ 吸起才能开放。当信号开放后,因故(如轨道电路的瞬间分路)引起信号关闭,如不再次办理开放信号手续(即重新按压进路始端信号按钮)就不准信号自动重复开放,这样,FKJ 相当于每次开放信号的开关。因此 FKJ 在信号开放后必须落下,在它落下后必须用开始继电器 KJ 来继续其记录进路始端的工作。KJ 和 ZJ 在整个执行网路中起作用,直到进路解锁才自动复原。

1. 列车和调车共用的辅助开始继电器电路

对于出站兼调车信号机和进站信号机内方带调车信号机时,列车和调车可以共用一个 FKJ,设在 LXZ 组合内。图 4-25 是列车和调车共用的 FKJ 电路。

辅助开始继电器 FKJ 的两个线圈分开使用,其 3-4 线圈为励磁电路,1-2 线圈为自闭电路。励磁电路由进路始端的进路选择继电器控制,JXJ 的第 3 组和第 4 组前接点接通,说明是在选路。如果所选的是发车方向的调车进路,则方向电源“KF—DFJ—Q”有电,使 FKJ 经由 3-4 线圈而吸起。如果所选的是列车进路,列车开始继电器 LKJ 先吸起,用 LKJ 第 6 组前接点接通 FKJ 的 3-4 线圈电路,使 FKJ 吸起。LKJ 的第 6 组前接点在这里是作为电路区分条件,用来区分进路的性质。

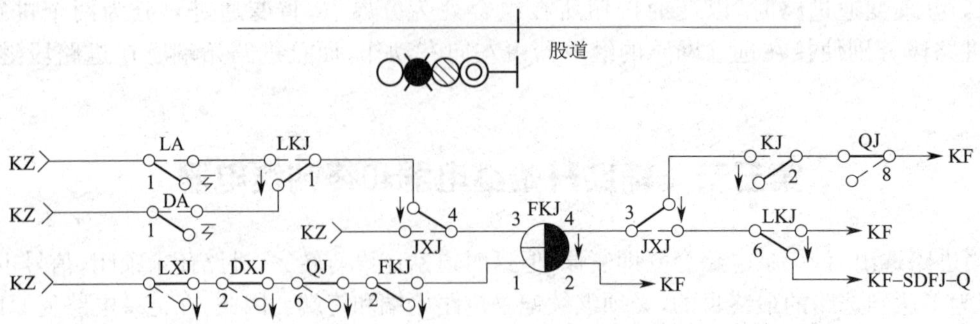

图 4-25 列车和调车共用的 FKJ 电路

在进路选出 JXJ 落下后励磁电路就被断开，这时 FKJ 经由本身的第 2 组前接点接通的 1-2 线圈自闭电路仍保持吸起。信号开放后，用列车信号继电器 LXJ 的第 1 组后接点或调车信号继电器 DXJ 的第 2 组后接点断开 FKJ 自闭电路，使 FKJ 自动复原。如果 FKJ 吸起后，信号因故不能开放，可按下总取消按钮和进路始端按钮，使取消继电器 QJ 吸起，用 QJ 的第 6 组后接点断开 FKJ 自闭电路，以达到手动复原的目的。

当信号开放后因故关闭，进路在锁闭状态，需要办理重复开放信号时，只需按下进路始端按钮，FKJ 可由 3-4 线圈重新励磁，使信号重复开放。重复开放信号时与选路时的 FKJ 励磁电路检查的条件是不同的。办理重复开放信号时，因为进路已经选出且在锁闭状态，开始继电器 KJ 吸起，虽然按下始端按钮，但不是选路，JXJ 也不会重新励磁。此时电路是经由 JXJ 第 3 组和第 4 组后接点，KJ 第 2 组前接点接通励磁电路的。电路中的 LKJ 第 1 组接点作为电路的区分条件，办理调车进路时，经 LKJ 第 1 组后接点和 DA 接点接入 KZ 电源；办理列车进路的，经 LKJ 第 1 组前接点和 LA 接点接入 KZ 电源。重复开放信号时松开始端按钮后，FKJ 的励磁电路即被断开，靠其 1-2 线圈自闭，直到信号开放后复原。QJ 第 8 组后接点在电路中的作用是防止办理取消进路或人工解锁时，不因按下进路始端按钮而使 FKJ 通过上述励磁电路而错误吸起。

2. 调车专用的辅助开始继电器电路

尽头线、差置和并置等调车信号机，要各设一个调车专用的辅助开始继电器。调车用的 FKJ 设在 DX 组合内，其电路如图 4-26 所示，与列车和调车共用的 FKJ 电路基本相同，只是接点使用组数不同。单置调车信号机与尽头线、差置和并置调车信号机的 FKJ 电路有所不同，这是因为单置调车信号机的调车进路按钮既可作始端按钮用，又可作终端按钮用。只有当其作始端按钮使用时，FKJ 才参与工作。

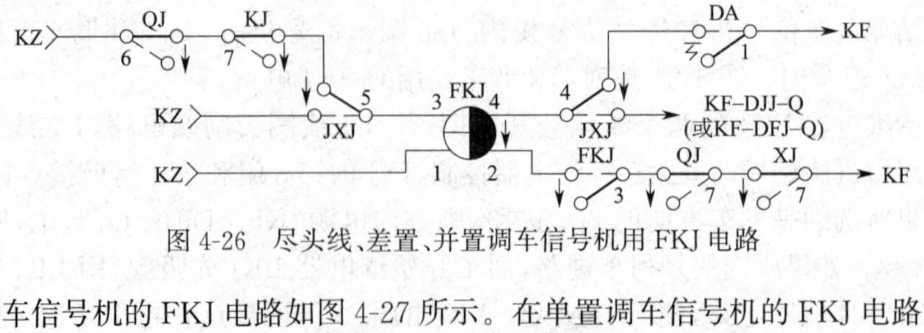

图 4-26 尽头线、差置、并置调车信号机用 FKJ 电路

单置调车信号机的 FKJ 电路如图 4-27 所示。在单置调车信号机的 FKJ 电路中用 1AJ 第 2 组前接点代替了按钮接点，这是因为采用单组接点按钮，其按钮接点不够用。经由 1AJ 第 2

组前接点接入的是方向电源"KF—共用—H"，而不是普通的 KF 电源，这是因为在分段办理长调车进路时要防止单置调车信号机的 FKJ 错误动作。例如当分段办理经由 D_{13} 的长调车进路时，先办理以 D_{13} 为始端的进路，后办理以 D_{13} 为终端的进路。如果不接入方向电源"KF—共用—H"，当后办理的进路 D_{13}A 作终端按钮时，D_{13} 的 1AJ 吸起，此时因先办理以 D_{13} 为始端的进路时，D_{13} 信号机已经开放，开始继电器 KJ 在吸起状态，FKJ 将会错误吸起。后办理的以 D_{13} 为终端的进路，D_{13}FKJ 是不应该吸起的。因为 D_{13}FKJ 一旦吸起，D_{13}2AJ 就不能励磁，后办理的以 D_{13} 为终端的进路将排不出来。接入了"KF—共用—H"方向电源后，由于后办理以 D_{13} 为终端的 进路时，D_{13}A 是后按下的，"KF—共用—H"早已无电，就防止了上述情况下 FKJ 的错误励磁。

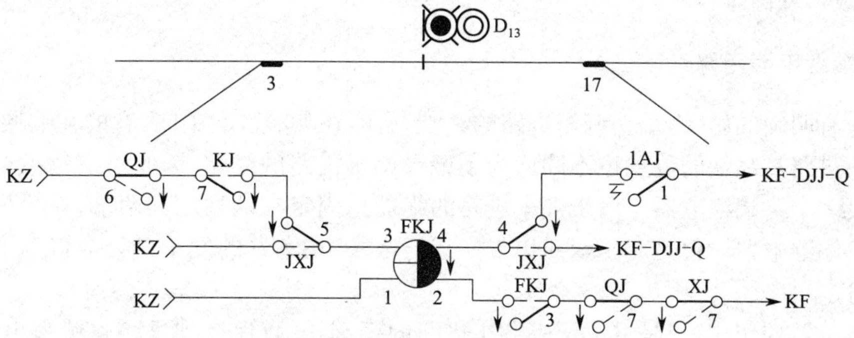

图 4-27　单置调车信号机用 FKJ 电路

二、列车开始继电器电路

当列车与调车共用一个 FKJ 电路时，应增设一个列车开始继电器 LKJ，用来作为电路区分条件，以便区分列车进路和调车进路。选调车进路时 LKJ 不吸起，选列车进路时，要求 LKJ 吸起，并一直保持到该进路解锁。

图 4-28 是列车开始继电器 LKJ 电路，其 3-4 线圈为励磁电路，1-2 线圈为自闭电路。

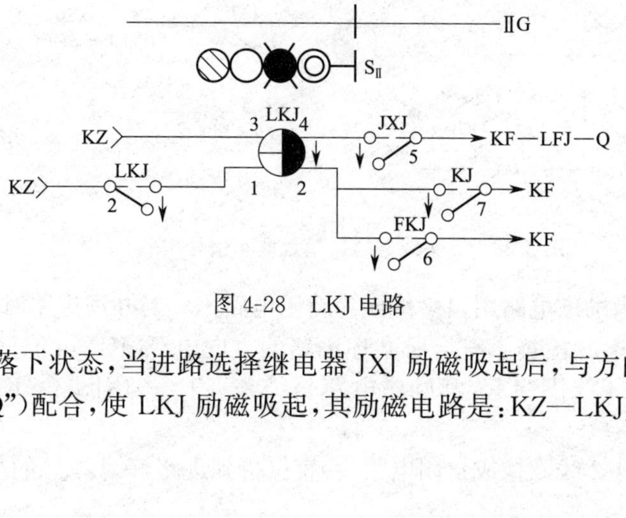

图 4-28　LKJ 电路

平时 LKJ 处于落下状态，当进路选择继电器 JXJ 励磁吸起后，与方向电源"KF—LFJ—Q"（或"KF—LJJ—Q"）配合，使 LKJ 励磁吸起，其励磁电路是：KZ—$LKJ_{3\text{-}4}$ 线圈—$JXJ_{52\text{-}51}$—KF—LFJ—Q。

LKJ 励磁吸起后经 1-2 线圈构成自闭电路。自闭电路共有两条,它们分别是:KZ—LKJ_{21-22}—LKJ_{1-2} 线圈—FKJ_{62-61}—KF;KZ—LKJ_{21-22}—LKJ_{1-2} 线圈—KJ_{72-71}—KF。

当以 S_{II} 为始端办理发车进路时,S_{II} LKJ 经由 JXJ 第 5 组前接点和"KF—LFJ—Q"方向电源而吸起。当记录电路复原后,3-4 线圈励磁电路断开,由 FKJ 和 KJ 前接点构成两条经由 1-2 线圈的自闭电路。FKJ 吸起,KJ 前接点尚未闭合前,先经由 FKJ 前接点接通短时间自闭电路。信号开放后,FKJ 落下,再由早已接通的 KJ 前接点构成长时间自闭电路保持到进路解锁。LKJ 随着 KJ 落下而自动复原。

当以 S_{II} 为始端办理调车进路时,由于方向电源"KF—LFJ—Q"无电,S_{II} LKJ 不会吸起,S_{II} LKJ 采用缓放型继电器的原因是,保证列车信号在电源屏的主、副电源切换过程中不致关闭,以免造成机外停车事故。

三、终端继电器电路

进路应有明确的始、终端。调车进路的终端,有的在咽喉区的中间,有的在咽喉区的两端,不同的调车进路其终端的位置也不同。为了记录调车进路的终端,因此对应每条调车进路的终端处应设一个终端继电器。由于列车进路的终端是固定在咽喉区的两端,对于列车进路一般不必设终端继电器。但是对于双线单方向运行区段,在车站的发车口处应设一个列车终端继电器 LZJ。

终端继电器的作用:一是继续记录调车进路的终端,一直保持到进路解锁为止;二是在执行组网路中,起区分电路的作用。

对于不同的调车信号机作进路终端时,终端继电器电路有所差别。

1. 尽头线、并置和单置调车信号机的终端继电器电路。

图 4-29 是尽头线、并置和单置调车信号机的 ZJ 电路。终端继电器 ZJ 设在 DX 组合或 LXF 组合,平时处于落下状态。当排列进路时,进路选择继电器 JXJ 吸起,并检查了符合所排进路的方向电源"KF—DJJ—Q"(或"KF—DFJ—Q")有电,由 ZJ 的 3-4 线圈励磁吸起。

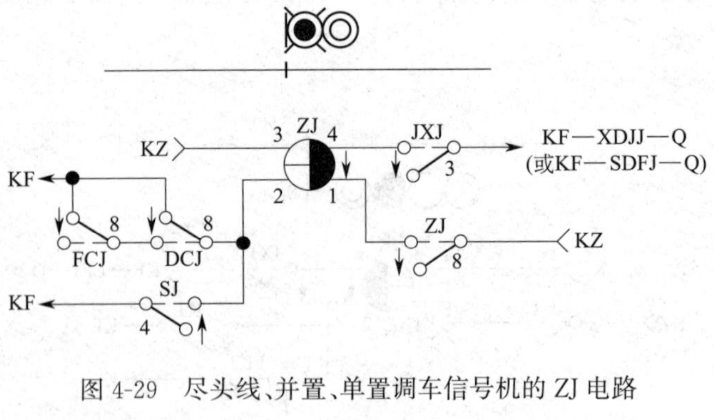

图 4-29 尽头线、并置、单置调车信号机的 ZJ 电路

ZJ 的 3-4 线圈为励磁电路用,1-2 线圈为自闭电路用。当办理进路时,ZJ 所在 DX 组合内进路选择继电器吸起,并检查了符合所办理进路的方向电源"KF—DJJ—Q"(或"KF—DFJ—Q")有电,则 ZJ 由 3-4 线圈吸起,其励磁电路是:KZ—ZJ_{3-4}—JXJ_{32-31}—KF—DJJ—Q(或 KF—DFJ—Q)。

ZJ 吸起后由其 1-2 线圈构成自闭电路,一直保持到进路解锁。ZJ 的自闭电路是经本身第

8 组前接点和 SJ 第 4 组后接点构通的。在进路选出，方向电源断电至 SJ 落下，在 SJ 后接点没有接通前，先由 DCJ 或 FCJ 前接点接通 ZJ 自闭电路。进路锁闭后，由于 SJ 落下，这时 DCJ 或 FCJ 也随着落下。在这以后，ZJ 是靠 SJ 第 4 组后接点构成的自闭电路保持吸起，一直到进路解锁为止，当 SJJ 吸起后使 ZJ 复原。

也就是说，ZJ 励磁吸起后并自闭，其自闭电路是：KZ—$ZJ_{82\text{-}81}$—$ZJ_{1\text{-}2}$—$DCJ_{81\text{-}82}$—KF，或 KZ—$ZJ_{81\text{-}42}$—$ZJ_{1\text{-}2}$—$DCJ_{81\text{-}82}$—$FCJ_{81\text{-}82}$—KF。当进路锁闭后，操纵继电器复原，由 SJ 接通另一条自闭电路：KZ—$ZJ_{81\text{-}82}$—$ZJ_{1\text{-}2}$—$SJ_{43\text{-}41}$—KF。

因为 DCJ 或 FCJ 是随着 SJ 的落下而落下的，DCJ 或 FCJ 都不是缓放型继电器，在 SJ 前、后接点转换时有瞬间断电，为保证 ZJ 被可靠吸起，它必须采用缓放型继电器。

2. 差置调车信号机的终端继电器电路

为了禁止由两个方向同时向差置调车信号机间的无岔区段调车和防止调车尾追列车事故，在差置调车信号机的终端继电器 ZJ 励磁电路中增加了需检查的联锁条件。差置调车信号机的 ZJ 电路如图 4-30 所示。

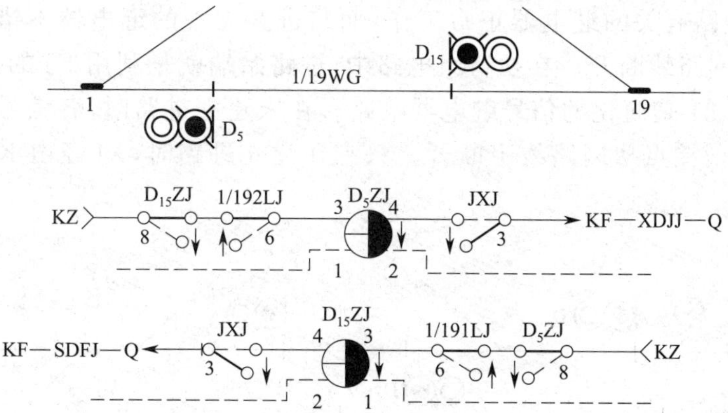

图 4-30　差置调车信号机的 ZJ 电路

在励磁电路中的 KZ 电源侧要用 ZJ 后接点实行互切，即在 D_5ZJ 励磁电路中接入 D_{15}ZJ 后接点，而在 D_{15}ZJ 励磁电路中接入 D_5ZJ 后接点，这样同时只允许其中的一个 ZJ 吸起。为防止列车追尾事故，在 ZJ 励磁电路中接有进路继电器 1LJ 或 2LJ 的前接点。

该 LJ 是两架差置调车信号之间有列车经过的 1/19WG 区段的。进路继电器 1LJ 和 2LJ 是在列车驶过无岔区段时，一个先吸起，另一个后吸起，1LJ 和 2LJ 那个先吸起，取决于列车的运行方向。在 D_5ZJ 励磁电路中用 1/19 2LJ 的前接点，D_{15}ZJ 励磁电路中用 1/19 1LJ 的前接点。如果列车运行方向由右向左时，列车进入无岔区段 1/19 2LJ 先吸起，列车出清无岔区段时，1/19 1LJ 才吸起。列车未出清无岔区段时，1/19 1LJ 还处于落下状态，此时后办理同方向调车进路 D_{15}ZJ 是不能吸起的，这就防止了调车追尾列车的可能性。

第六节　开始继电器电路

一、开始继电器的设置与作用

凡是进路的始端部位都应在信号组合内设置一个开始继电器 KJ，进路性质不同而始端相同的列车进路和调车进路可共设一个 KJ，如出站兼调车信号机、进站内方带调车信号机，可在 LXZ 组合内共设一个 KJ。开始继电器有以下作用：

(1)接续辅助开始继电器记录进路始端

信号开放后随着信号继电器 XJ 的吸起，FKJ 会自动复原，而进路始端的记录条件必须保持到进路解锁，所以在信号开放后至进路解锁这段时间由 KJ 接续 FKJ，继续记录进路始端。

(2)检查进路选排一致性

所谓进路选排一致性，是指办理进路时，选岔网路所选出的道岔位置必须与进路上道岔实际开通位置相一致，即进路上每组道岔的 DCJ 与定位表示继电器 DBJ 或 FCJ 与反位表示继电器 FBJ 一一对应在吸起状态，称为进路选排一致。只有检查进路选排一致，才允许锁闭进路，开放信号。用 KJ 吸起反映进路的选排一致性。

(3)作为电路的区分条件

在执行组电路中，利用 KJ 的接点作为网路线的电路区分条件。站场形网路结构中，为了使与所排进路有关的继电器正常工作，而与进路无关的继电器不错误动作，应在进路始、终端处将网路线断开。在执行组电路中，进路始端就是利用 KJ 的接点作为电路区分条件的。图 4-31 是简化的信号继电器电路。在未建立进路时，各信号机的 XJ 被进路始端部位的 KJ 前接点从网路线上断开。只有在建立进路时，XJ 经由 KJ 的前接点被接到网路线上。

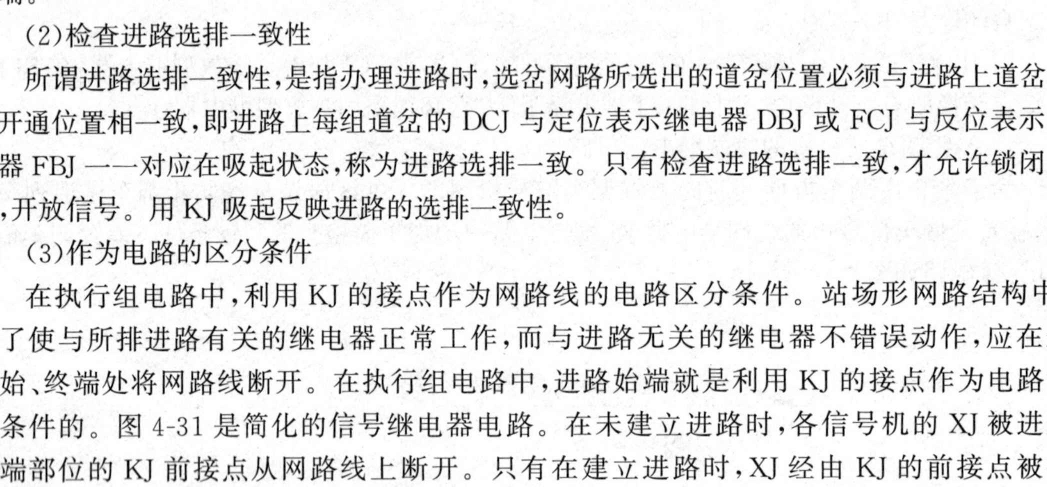

图 4-31 KJ 的电路区分条件示意图

例如办理 D_7 至 D_3 调车进路时，D_7KJ 吸起后将 D_7XJ 接到网路线上，D_3ZJ 吸起后把 KZ 电源送到网路线，使 D_7XJ 吸起而开放 D_7 信号机。再如办理下行 ⅠG 接车进路时，经由 X/D_3KJ 和 LKJ 的前接点将 LXJ 接到网路线上，从进路终端经由 D_7KJ、D_9KJ、$S_Ⅰ$ KJ 的后接点及 ZJ 的后接点接入 KF 电源，从而使 LXJ 吸起而开放 X 进站信号机。

由上述可知，办理不同进路，要求吸起的 XJ 不同，要用 KJ 接点加以区分，这就是 KJ 在电路中的区分作用。

二、7 线网路线的结构和检查的联锁条件

因为 KJ 电路要完成检查进路选排一致性的任务，涉及进路中的道岔位置，所以 KJ 电路用的 7 线网路采用站场形网路结构。同一个咽喉所有的 KJ 都由各自的 FKJ 前接点接到 7 线网路上。在网路中，进路始端的电路区分条件是 FKJ 接点，进路终端的电路区分条件是 ZJ 接点。在 7 线网路中检查以下联锁条件：

(1)检查进路选排一致性

进路选排一致性检查是用进路上各组道岔的 DCJ 与 DBJ 或 FCJ 与 FBJ 的前接点串联在 7 线网路来实现的。当进路选出时 DCJ 或 FCJ 吸起且自闭，直到进路锁闭后才自动复原，而 DBJ 或 FBJ 是在道岔转换完毕后吸起的。这样，在进路锁闭之前，道岔操纵继电器和道岔表示继电器有一段时间均在吸起状态，因此，使 KJ 能够从 7 线网路得到电源而吸起。

(2)检查进路在解锁状态

进路解锁的检查是用接在 7 线网路上各组道岔的 SJ 前接点来证明的。由于 7 线与 11 线网路共用道岔表示继电器和锁闭继电器接点，为了防止 7 线与 11 线网路互相干扰，同时作为网路线的区分条件，每组道岔接入了两组 SJ 的接点。SJ 吸起接通 7 线网路，反映进路在解锁状态；SJ 落下接通 11 线网路，反映进路在锁闭状态。

三、开始继电器电路原理

7 线网路结构及开始继电器 KJ 电路如图 4-32 所示。调车专用和列车与调车共用 KJ 电路有所差异。

1. 调车专用的开始继电器电路

调车专用的 KJ 由于 3-4 线圈经 7 线网路构成励磁电路，由 1-2 线圈构成两条并联的自闭电路。励磁电路从本组合得到 KF 电源，从调车进路终端处接在 7 线网路的 ZJ 前接点得到 KZ 电源。自闭电路接入相并联的 FKJ 和 XJJ 前接点串接支路与 SJ 后接点支路。

在举例站场中，例如办理 D_{13} 至ⅠG 的调车进路，当 D_{13}FKJ 吸起后将 D_{13}KJ 的 3-4 线圈接至 7 线网路上，从进路的终端处经 S_{I}ZJ 前接点得 KZ 电源，通过 7 线检查进路选排一致性和证明进路在解锁状态，使 D_{13}KJ 吸起。然后构成自闭电路，以保证在进路锁闭后至进路解锁前这段时间内使 KJ 可靠吸起。首先经由 FKJ 和 XJJ 的前接点构成一条短时间自闭电路，当进路锁闭 SJ 落下时又构成一条长时间自闭电路。信号开放后，FKJ 落下断开短时间自闭电路，待进路解锁 SJ 吸起后断开其长时间自闭电路，从而使 D_{13}KJ 自动复原。

KJ 的 1-2 线圈之所以要有两条自闭电路，是因为 SJ 接点转换过程中 KJ 有一瞬间断电，为使 KJ 可靠吸起，除由 SJ 后接点构成自闭电路外，在 SJ 转换过程中又由 FKJ 和 XJJ 的前接点构成短时间自闭电路。另外，在电源屏主、副电源切换过程中虽有瞬间断电，但不要求调车信号机不关闭，因此调车专用的 KJ 可不采用缓放型继电器。

在调车专用的 KJ 短时间自闭电路中还串接有 XJJ 前接点，其作用是防止车列驶入调车信号机内方，进路还未解锁时误碰进路始端按钮使 FKJ 吸起自闭，从而使 KJ 重新经由 FKJ

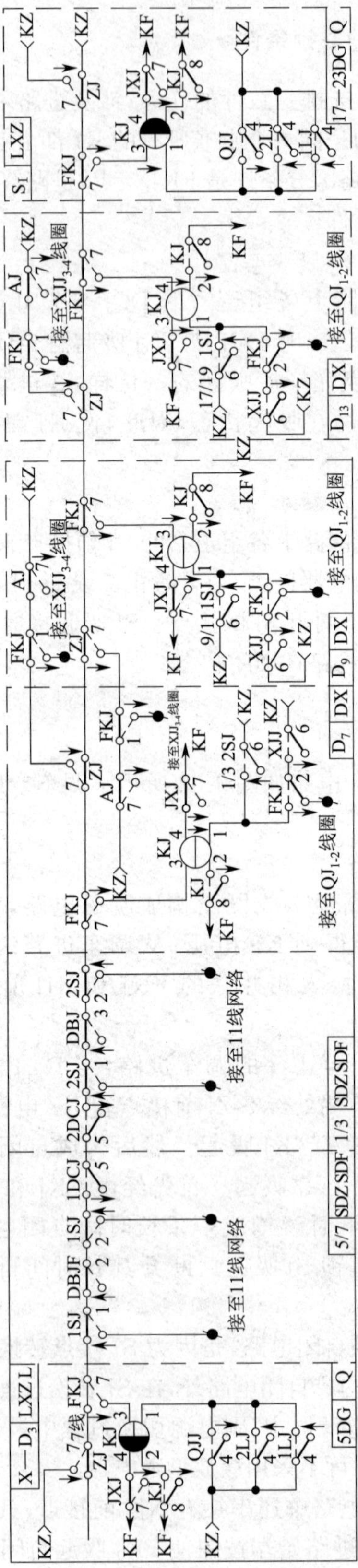

图 4-32　7 线网路结构及开始继电器 KJ 电路

前接点构成自闭，造成进路解锁后 KJ 不能自动复原。接入 XJJ 前接点后则可防止这种情况的发生。

2. 列车与调车共用的 KJ 电路

图 4-32 中，进站内方带调车或出站兼调车信号机的 1LXF 或 2LXF 组合内所设的 KJ 为列车与调车共用的 KJ。例如，办理下行至ⅠG 接车进路时，当 X/D_3FKJ 吸起后将 X/D_3KJ 的 3-4 线圈接到 7 线网路上，从进路终端的 7 线网路得到 KZ 电源，若 7 线网路所检查的联锁条件满足要求，便使 X/D_3KJ 吸起。KJ 的吸起既能继续记录进路始端，又能检查进路选排一致性和进路的解锁状态。

在列车与调车共用的 KJ 电路中，其 1-2 线圈的自闭电路与调车专用的 KJ 自闭电路不同，它是用 QJJ 前接点和 1LJ、2LJ 后接点并联电路代替 SJ 后接点而构成自闭电路的。KJ 采用缓放型继电器，在 SJ 与 1LJ、2LJ 的接点转换过程中，KJ 不会落下。从进路锁闭到进路解锁这段时间内，KJ 一直由 1-2 线圈保持在吸起状态。进路解锁时，首先是 QJJ 落下，然后 1LJ 和 2LJ 吸起，断开 KJ 的 1-2 线圈自闭电路，使其自动复原。

当在进路始端既有列车信号机又有调车信号机时，除了列车和调车共用一个开始端继电器(图 4-33)尚需增设一个列车开始继电器 LKJ，以便用其来区别所排列的进路是列车还调车用的。选列车进路时，要求 KJ 和 LKJ 同时吸起，而选调车进路时，则只需 KJ 励磁吸起即可。图 4-34 是 LKJ 电路。

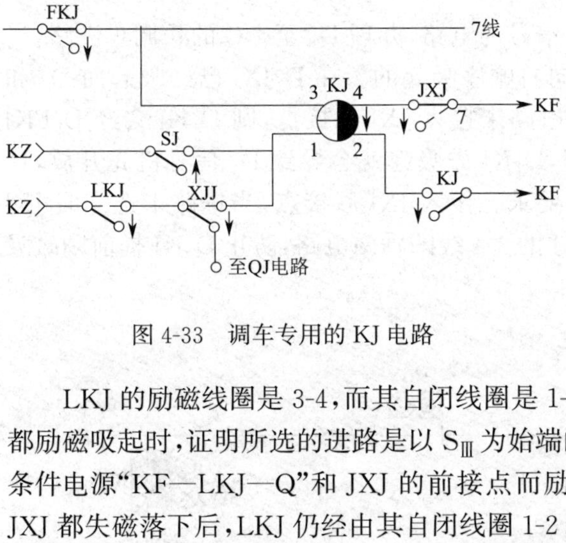

图 4-33 调车专用的 KJ 电路

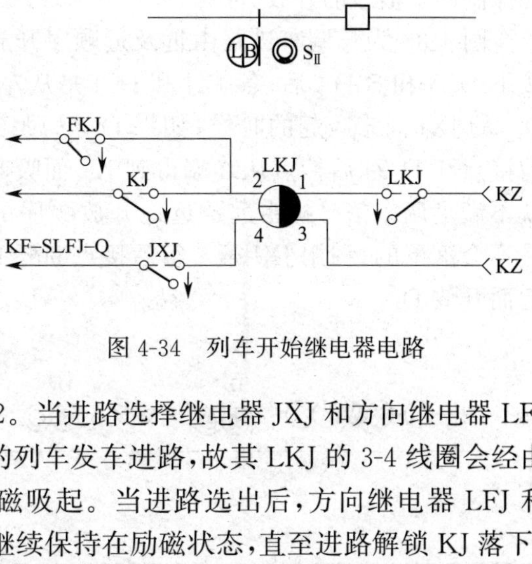

图 4-34 列车开始继电器电路

LKJ 的励磁线圈是 3-4，而其自闭线圈是 1-2。当进路选择继电器 JXJ 和方向继电器 LFJ 都励磁吸起时，证明所选的进路是以 $S_{Ⅲ}$ 为始端的列车发车进路，故其 LKJ 的 3-4 线圈会经由条件电源“KF—LKJ—Q”和 JXJ 的前接点而励磁吸起。当进路选出后，方向继电器 LFJ 和 JXJ 都失磁落下后，LKJ 仍经由其自闭线圈 1-2 继续保持在励磁状态，直至进路解锁 KJ 落下，切断其自闭电路而落下。在 LKJ 的 1-2 线圈的自闭电路中还有一条经由 FKJ 前接点并联的支路，其目的是在条件电源断开 LKJ 的 3-4 线圈电路时，而 KJ 前接点尚未闭合其 1-2 线的自闭电路的瞬间使 LKJ 不会失磁落下。注意 $S_{Ⅲ}$ 是发车进路始端，是进路的最右端。在叙述选择组电路原理时知道，最右端的信号点，指 $S_{Ⅲ}$ 是最后被选出的，其 JXJ、AJ、LFJ、LKJ 及 FKJ 的动作时序逻辑如下：

LXJ↑ → AT↓ → LFJ↓ → “KF—LFJ—Q” 无电
LFJ↑ → LKJ↑ → FKJ↑

从动作时序逻辑关系式中可以看出：当 LFJ 失磁前接点已断开 LKJ 的励磁线圈 3-4

的电路，而其 1-2 线圈的自闭电路还尚未闭合的瞬间会使 LKJ 失磁落下，故 LKJ 应采用缓放型。

为了保证电源屏的主、副电源转换过程中，不使 KJ 落下而将已开放的列车信号关闭，所以列车与调车共用的 KJ 必须采用缓放型继电器。

四、长调车进路中信号机由远及近顺序开放的措施

为了保证行车安全，提高调车作业效率，在办理长调车进路时，要求调车进路中与始端信号机同方向的各架调车信号机，要按调车车列的运行方向由远及近顺序开放。这是因为，其一，若离调车车列最近的第一架调车信号机开放，而第二或第三架调车信号机因故不能开放，会造成车列时开时停，堵塞咽喉区，影响其他作业。其二，若第一架和第三架调车信号机都已开放，而处于弯道上的第二架调车信号机因道岔故障不能开放，当车列越过第一架调车信号机后，司机可能错误地把第三架调车信号机误以为是第二架调车信号机开放，因而冒进第二架调车信号机后会造成挤岔或脱轨事故，影响行车安全。调车信号机由远及近顺序开放，则可防止上述情况的发生。为实现长调车进路中信号机由远及近顺序开放，6502 电气集中在 KJ 电路中采取了以下措施：

(1)每架调车信号机 KJ 的 3-4 线圈励磁电路中，经由本架信号机的 JXJ 第 7 组后接点接入 KF 电源。这样，在长调车进路未全部选出之前，由于 JXJ 不会落下，KJ 也不会吸起，因而能控制调车信号的开放。

图 4-35 为长调车进路由远及近顺序开放信号的电路，办理 D_3 至ⅠG 的长调车进路，当按下 D_3A 和 S_IDA 后，各 JXJ 和 DCJ 是从左向右顺序吸起的。在 D_3JXJ 已经吸起而 D_9 和 D_{13} 的 JXJ 尚未吸起的时候，如果 D_3KJ 励磁电路未接入 JXJ 后接点，则 D_3KJ 会经 D_3FKJ 前接点和 D_9ZJ 后接点从终端得到 KZ 而吸起，D_3KJ 先吸起就会导致 D_3 信号机先开放，这就不满足调车信号机由远及近地开放顺序的要求。接入 JXJ 后接点，当进路未选完时 JXJ 是不会落下的，利用 JXJ 第 7 组后接点断开 KJ 的 3-4 线圈励磁电路，防止 D_3KJ 提前励磁吸起而开放 D_3。

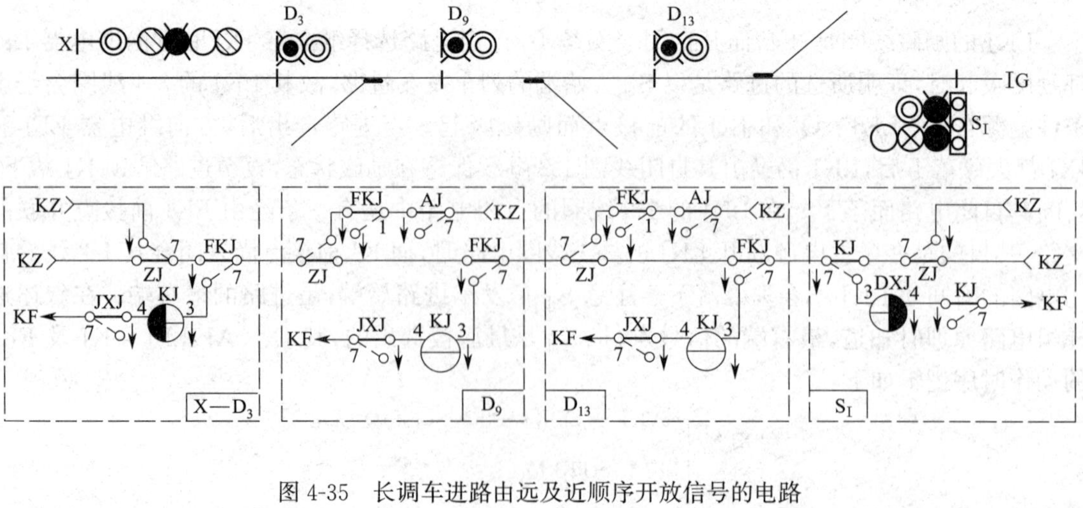

图 4-35 长调车进路由远及近顺序开放信号的电路

(2)在每架调车信号机的 KJ 的 3-4 线圈励磁电路中接入前一架调车信号机的 FKJ 后接点，通过 FKJ 后接点再接通 KZ 电源。如当办理 D_3 至ⅠG 长调车进路时，进路全部选出，虽然 JXJ 落下，接通每个 KJ 的 3-4 线圈的 KF 电源，但是由于此时各架信号机的 FKJ 和 ZJ 已经吸起，KJ 的 3-4 线圈 KZ 电源被前一架信号机的 FKJ 后接点断开，所以此时 KJ 仍不能励磁，只有当长调车进路中最远的 D_{13} 信号机开放后，D_{13}FKJ 就会落下，于是经 D_{13}FKJ 的后接点给 D_9KJ 供 KZ 电源，使 D_9KJ 吸起。同理，D_9 开放后，D_9FKJ 落下，又给 D_3KJ 供 KZ 电源，使 D_3KJ 吸起，最后开放 D_3 信号机。

由于采取了以上措施，使得长调车进路中的各个 KJ 由远及近顺序吸起，从而实现调车信号机由远及近顺序开放。在这个措施中，用前一架的 FKJ 来反映前一架信号机已开放，这是不严密的，如果长调车进路中某架信号机的 FKJ 因故不能励磁，会造成漏开信号，达不到信号机由远及近顺序开放的目的。

在 KJ 励磁电路中接入的 AJ 第 7 组后接点，是由于 KJ 和 XJJ 电路共用 FKJ 接点带来的，在此不起作用。

专题一　"故障—安全"原则与网路线

故障的层次可以分为物理层、逻辑层、元件层、部件层、系统层。从内到外可分为 4 个层次，即物理(硬件)层、逻辑层、信息(数据)层和系统(用户)层。

为方便起见，从"故障—安全"原则和逻辑层的角度，以调车按钮继电器电路为例，分析网路线。

为了记录按下按钮的动作，在 AJ 的励磁电路接入了按钮的按下接通接点，作为电路的励磁条件。由于进路按钮采用二位自复式按钮，松开该按钮时会切断其励磁电路。为此，AJ 必须在吸起后经由其本身的前接点构成自闭电路，以满足记录电路在选路过程对工作时机的要求。同时，为满足"故障—安全"原则，电路中必须串接有 XJ、QJ、FKJ、JXJ、AJ 等。尽头线调车按钮继电器电路的继电器功能原型及其电路镜像对称法分别如图 4-36 所示和图 4-37 所示。

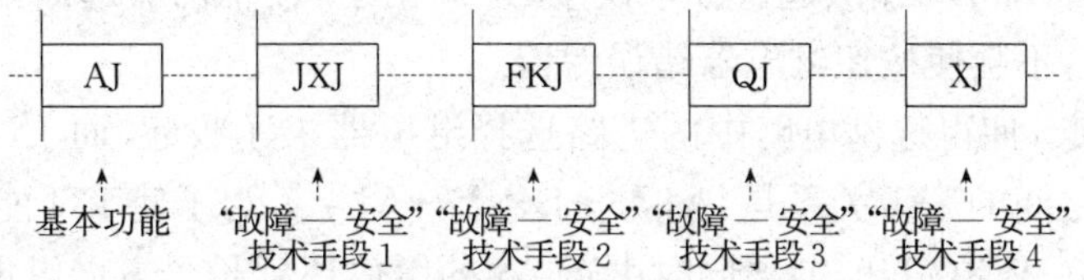

图 4-36　尽头线调车按钮继电器电路的继电器功能原型示意图

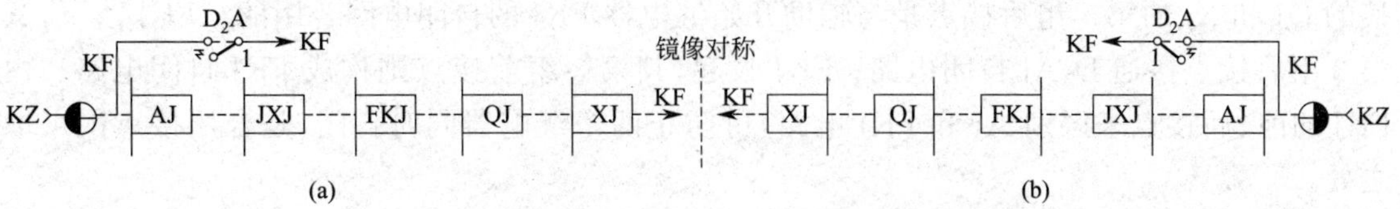

图 4-37　尽头线调车按钮继电器电路镜像对称法的框图

在图 4-36 中，AJ 实现基本功能，其他继电器为"故障—安全"性保障功能。为了与一般示例表示电路一致，将图 4-36 转换为图 4-37(a)，并采用镜像对称法，得到与尽头线调车按钮继电器电路相似的电路框图 4-37(b)。

下面结合图 4-36、图 4-37，对"故障—安全"技术手段加以叙述。

(1) 排列进路时(技术手段 1)

在进路选出(注意：不是进路排出，而仅是选出确定进路上道岔应转向的位置)后应使 AJ 落下，以自动取消按压按钮动作的记录。用进路选择继电器 JXJ 的吸起来反映进路已选出。因此在 AJ 的自闭电路中接入 JXJ 的后接点，就是使 AJ 在进路选出后自动复原。

(2) 重复开放信号时不使按钮继电器自闭故障(技术手段 2)

信号开放后，由于某种原因，如轨道电路瞬间人工短路导致调车信号关闭，这时进路处于锁闭状态，在确认没有危及行车安全的情况下，可再次按压进路始端的调车信号按钮，使辅助开始继电器 FKJ 励磁，信号便再次开放。由于重复开放信号时 FKJ 的吸起，切断 D_2AJ 的自闭电路，在松开 D_2A 后，按钮继电器就随之复原。

(3)取消进路或人工解锁进路时不使按钮继电器自闭故障(技术手段 3)

在取消进路时，要同时按下进路始端信号按钮和总取消按钮。总取消继电器 ZQJ 的励磁，使得进路始端的取消继电器 QJ 也吸起。用 QJ 的第 7 组后接点切断 D_2AJ 的自闭电路，达到按钮继电器不自闭的目的。在办理人工解锁进路时，同时按下进路始端信号按钮和总人工解锁按钮，此时总人工解锁继电器 ZRJ 励磁将带动 ZQJ 励磁，同样使进路始端的 QJ 吸起，也切断 D_2AJ 自闭电路使其复原。

在选路过程中，如因故进路选不出来，即 JXJ 不能励磁时，可按下总取消按钮 ZQA，通过已吸起的 DAJ 的接点，同样可使始端的 QJ 吸起，达到使按钮继电器复原取消选路的目的。

(4)防止信号开放后误按始端信号按钮造成按钮继电器错误保留故障(技术手段 4)

在 D_2AJ 的自闭电路中，接有信号继电器 XJ 的第 7 组后接点，它吸起断开自闭电路。当 D_2 调车信号开放后，即 D_1XJ 吸起。如果误按 D_2A，由于 XJ 早已吸起断开了 D_2AJ 的自闭电路，在松开 D_2A 后，不会使按钮继电器错误保留。

由于 AJ 的吸起，使得选岔电路中的进路选择继电器 JXJ 吸起，而 JXJ 的吸起又切断 AJ 的自闭电路，它们之间的逻辑关系是：AJ↑→JXJ↑→AJ↓。为了使 JXJ 能可靠吸起，要求 AJ 采用缓放型继电器(JWXC-H340)。同时由于 AJ 的缓放还延长了方向继电器的落下时间，从而可以确保辅助开始继电器 FKJ 和终端继电器 ZJ 的可靠吸起。

为了节省继电器的接点，在电路中有些接点是可以共用的。在 D_2AJ 的自闭电路中所接的 QJ 和 XJ 的第 7 组后接点是与辅助开始继电器 FKJ 的自闭电路合用的。FKJ 落下，其第 3 组后接点接通 D_2AJ 自闭电路；FKJ 吸起，其第 3 组前接点则构成 FKJ 自闭电路。由 FKJ 的前、后接点来区别 AJ 和 FKJ 电路，可防止两个继电器同时自闭，是合用接点的可取之处。

因而可以说，"故障—安全"原则是电气集中设备安全性保障的重要原则，它始终贯穿于电气集中的各条网路线之中。图 4-38 是尽头线调车按钮继电器电路。

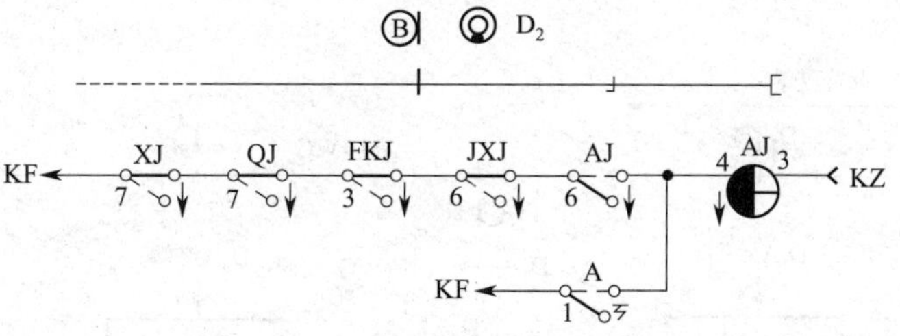

图 4-38 尽头线调车按钮继电器电路

D_2AJ 的自闭电路：KZ—$AJ_{3\text{-}4}$—$AJ_{62\text{-}61}$—$JXJ_{63\text{-}61}$—$FKJ_{33\text{-}31}$—$QJ_{73\text{-}71}$—$XJ_{73\text{-}71}$—KF。

在自闭电路中，串接各种切断自闭电路的继电器接点。这些接点，反映了它们切断 AJ 自闭电路的目的和时机。

至于并置、差置调车信号机按钮继电器电路和单置调车信号机按钮继电器电路，都是 DX 信号组合中的按钮继电器电路，其结构与尽头线调车按钮继电器电路基本相同。

专题二 选择组电路动作程序原理

选择组电路主要由记录电路、选岔电路和开始继电器电路组成，涉及 1 线至 7 线共七条网路线。

一、选择组电路功能

选择组电路的功能是：一是记录进路控制命令；二是根据进路的控制命令选择进路中各个道岔的位置。根据前述，若两点间既有基本进路又有变更进路，这就要求必须优先选出基本进路。在辅助操作情况下，又必须选出变更进路。三是根据按压按钮的顺序确定进路的始端和终端。进路选择电路逻辑框图如图 4-39 所示，反映了进路式操纵，从顺序地按压进路始端按钮和终端按钮开始，进路选择电路的层次和动作顺序。

二、记录电路

记录电路包含两部分内容：一是对应每个按钮设有一个按钮继电器(AJ)，用它接收按压按钮给出的控制命令；二是鉴别进路的性质和运行方向。在两点间有列车进路和调车进路，称它为进路的性质；有接车方向和发车方向，称它为进路的方向。两点间的进路一般有 4 种情况：即列车接车方向进路，用列车接车方向继电器(LJJ)进行鉴别；列车发车方向进路，用列车发车方向继电器(LFJ)进行鉴别；调车接车方向进路，用调车接车方向继电器(DJJ)进行鉴别；调车发车方向进路，用调车发车方向继电器(DFJ)进行鉴别。把这 4 个继电器作为一组，组成互锁电路，就可以鉴别出进路的性质和方向，故称为方向电路。

记录电路由按钮继电器、方向继电器和 FKJ、ZJ 电路组成，其作用是用来记录按压按钮的动作和进路的性质与方向，并且确定进路的始端和终端。

对应每一进路按钮至少设一个按钮继电器，按下按钮使按钮继电器励磁吸起并自闭；当按钮复位后，按钮继电器就以其吸起状态记录了控制命令。进路的性质(指列车或调车)和运行方向，则是根据首次按压的按钮，即先吸起的按钮继电器来确定的，这一记录任务由按钮继电器和方向继电器共同完成。

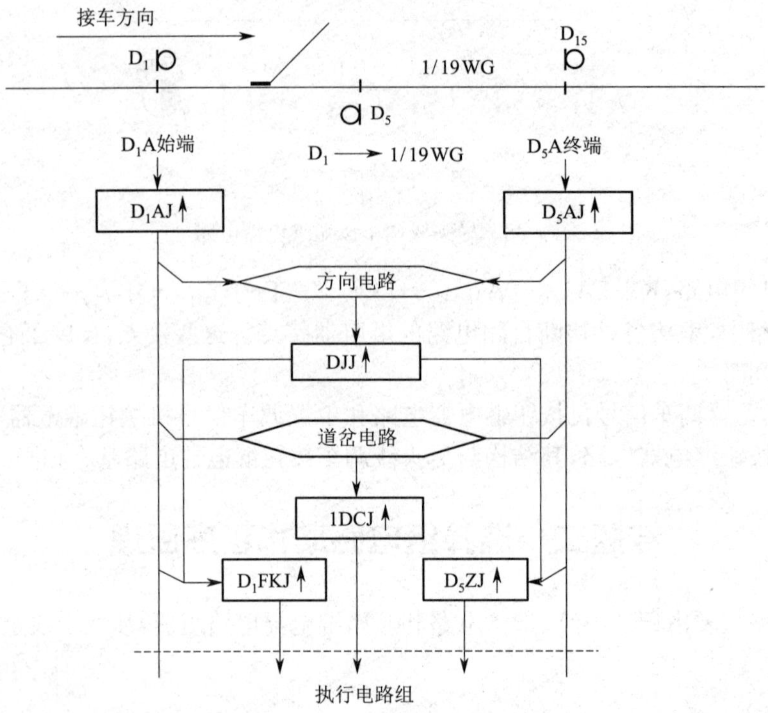

图 4-39 进路选择电路逻辑框图

1. 按钮继电器 AJ 电路

(1)按钮继电器 AJ 的作用

按钮继电器 AJ 的主要作用:一是用来记录和转达值班员按压按钮的动作;二是在选路时用始端按钮继电器前接点接通其相应的方向继电器励磁电路,用终端按钮继电器前接点接通相应的方向继电器自闭电路,并用进路两端的按钮继电器前接点接通选岔网路,向选岔网路送出 KZ、KF 电源;三是在办理取消进路和人工解锁进路时,用进路始端按钮继电器和总取消继电器 ZQJ 相互配合,完成取消进路和人工解锁进路的任务。

(2)按钮继电器 AJ 的技术要求

①按钮继电器应能够记录值班员按压按钮的动作。

②进路选择完毕后(注意不是排列完毕),按钮继电器自动复原。

③办理取消进路和人工解锁进路时,按钮继电器能自动复原。

④重复开放信号时,按压始端进路按钮,按钮继电器不作记录。

⑤信号开放后,误按进路始端按钮,按钮继电器不作记录。

(3)按钮继电器电路动作时机

按钮继电器平时落下,按下按钮,按钮继电器励磁并自闭;松开按钮,断开按钮继电器励磁电路。当该信号点的 JXJ 吸起时,JXJ 的后接点断开按钮继电器自闭电路,使按钮继电器缓放落下。

对于并置和差置调车信号机的按钮继电器,在它们的 1-2 线圈设有一条互为带动的励磁电路，当以并置或差置信号机的进路按钮作为列车进路的变通按钮使用时，只要按下其中的任一个按钮，就将另一个按钮继电器带起来，参与选岔电路的工作。

对于单置调车信号机设有三个按钮继电器，分别是 1AJ、2AJ 和 AJ。它们平时都处于落下状态。作进路始端时，1AJ 和 AJ 参与选路；作进路终端时，1AJ 和 2AJ 参与选路；作变通按钮使用时，1AJ、2AJ 和 AJ 都参与选路。作进路始端时，按下按钮，1AJ 励磁并接通 AJ 励磁电路，使 AJ 励磁并自闭。当方向继电器吸起，"KF—共用—Q"有电，1AJ 构成自闭。松开按钮，断开 1AJ 励磁电路。当始端 DX 组合内的 JXJ 吸起时，用 JXJ 后接点断开 AJ 的励磁和自闭电路，使 AJ 缓放落下。当方向继电器复原后，"KF—共用—Q"断电，使 1AJ 落下。作进路终端时，按下按钮，1AJ 励磁并自闭，用其前接点接通 2AJ 的励磁电路，使 2AJ 励磁并自闭。松开按钮，断开 1AJ 励磁电路，1AJ 落下并断开 2AJ 励磁电路。当终端 DXF 组合的 JXJ 吸起时，同时切断 1AJ 和 2AJ 的自闭电路，使 1AJ、2AJ 自动复原。作变通按钮时，按下该按钮，1AJ 励磁并自闭，2AJ 随之励磁并自闭，用 2AJ 前接点接通 AJ 励磁电路，使 AJ 励磁并自闭。松开按钮，断开 1AJ 励磁电路，AJ 吸起时用其后接点断开 2AJ 励磁电路。DXF 组合 JXJ 吸起，断开 1AJ 和 2AJ 自闭电路，使它们复原；DX 组合 JXJ 吸起，断开 AJ 的励磁电路和自闭电路，使其复原。

2. 方向继电器 FJ 电路

(1)方向继电器 FJ 的作用

方向继电器 FJ 电路有两个作用：一是记录在选路时哪一个按钮是被先按下的，以区别哪一个按钮为始端按钮，即确定运行方向；二是记录按下的是列车进路按钮还是调车进路按钮，以区别进路的性质。

(2)方向继电器 FJ 的技术要求

①为了确定运行方向和进路性质，要求按压进路始端按钮(即先按压的按钮)后，该咽喉相对应的方向继电器吸起，用以记录所选进路的方向和性质。

②四个方向继电器同时只准许一个吸起，即同一时间只能选一条进路(同方向同性质的进路除外)。

③方向继电器在整个选路过程中都要参与工作，即进路未全部选出前，方向继电器应保持在吸起状态。

④进路全部选出后，方向继电器应能及时自动复原。因故进路不能正常选出时，方向继电器应能手动复原，为选其他进路准备条件。

⑤在办理取消进路和人工解锁进路及重复开放信号时，方向继电器不应动作。

(3)方向继电器电路原理

方向继电器电路是用四个继电器组成的一组互锁电路，电路原理如图 4-40 所示。电路的特点是一个咽喉区共用一组方向电路，所以把该咽喉区的所有信号按钮分成四组：即列车接车方向始端按钮、列车发车方向始端按钮、调车接车方向始端按钮、调车发车方向始端按钮，将每组的各按钮继电器前接点并联起来，作为该组的方向继电器励磁电路的控制条件。如图 4-40 中的"…"所示。由始端的按钮继电器前接点作为其励磁条件，由终端的按钮继电器前接点作为其自闭条件。当选路完成始、终端的按钮继电器都释放，则方向继电器失磁落下终止工作。

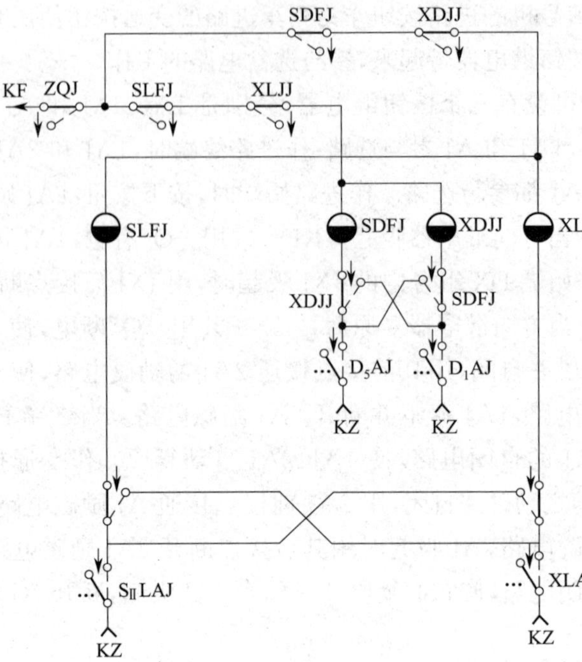

图 4-40 方向继电器电路原理图

以选 D_1 至 1/19WG 调车进路为例，这是一条调车性质接车方向的进路，始端是 D_1A，终端是 D_5A。所以，DJJ 的起始条件为 D_1AJ 励磁吸起，自闭条件为 D_5AJ 励磁吸起，它的终止条件是始端和终端选出 D_1AJ 和 D_5AJ 先后的释放落下。

(4)方向继电器电路的动作时机

每个咽喉设置有 LJJ、LFJ、DJJ、DFJ 四个方向继电器，它们平时均落下。当办理进路，始端 AJ 吸起，用其前接点接通方向继电器励磁电路，终端 AJ 吸起，用其前接点接通方向继电器自闭电路。

当办理由左向右的进路时，由于始端 AJ 先落下，终端 AJ 后落下，所以先断开方向继电器励磁电路，后断开方向继电器自闭电路，使方向继电器缓放落下。当办理由右向左的进路时，由于终端 AJ 先落下，始端 AJ 后落下，因此先断开方向继电器自闭电路，后断开其励磁电路，使方向继电器缓放落下。

当办理变通进路时，由变通 AJ 的吸起给方向继电器再增加一条自闭电路。

3. 方向电源

由方向继电器接点构成的控制电源，称之为方向电源。6502 电气集中电路的方向电源有 10 种：KF 电源 6 种，KZ 电源 4 种，其电路如图 4-8 所示。

三、选岔电路

在选路过程中，为了记录各个道岔被选出的位置，以便控制动力转辙机将道岔转换到规定位置，对应每一个道岔要设定位操纵继电器(DCJ)和反位操纵继电器(FCJ)。为了检查进路是否被选出，作为进路的始端和终端分别设进路选择继电器(JXJ)。

简单来说，选岔电路由接在 1～6 网路线上的 FCJ 和 DCJ 及 JXJ 组成，其作用是按照操纵人员的意图自动选出进路上各道岔的位置和各信号点的位置。

1. 选岔电路的作用

(1)根据记录电路的命令使进路中的定位操纵继电器 DCJ 或反位操纵继电器 FCJ 励磁，从而选出进路中的各道岔位置。

(2)通过始端的开始继电器 KJ 和终端继电器 ZJ 来确定进路的始端和终端，直到进路解锁为止。

2. 选岔电路的基本任务

(1)选出的进路应与车站值班员操纵意图一致。根据双按钮进路式的选路要求：排列一条进路，顺序按压进路始端和终端两个按钮后，只准许选出两点之间的基本进路，不能选出变通进路。

(2)根据值班员的意图选变通进路时，必须附加操作手续，即按压进路始端按钮之后，还必须按压变通进路上的变通按钮或兼作变通按钮的调车信号按钮，最后才按压终端按钮。

(3)根据按压进路按钮的先后顺序，应能确定只有进路始端的信号机才能开放。对长调车进路的中间信号点应能自动选出，并使长调车进路上的信号由远至近顺序开放。

(4)要求选岔电路工作稳定可靠，防止八字迂回电路和其他迂回电路产生。

3. 六线制选岔网路的结构及各网路线的用途

(1)六线制选岔网络的结构

根据站场上道岔所处的位置并结合选岔电路要求，可将道岔分类归纳为：单动道岔、撇形双动道岔和捺形双动道岔。对应每组单动道岔设一个定位操纵继电器 DCJ 和一个反位操纵继电器 FCJ。对应每组双动道岔设两个定位操纵继电器 1DCJ 和 2DCJ，两个反位操纵继电器 1FCJ 和 2FCJ。它们的编号方法是面对图纸看，道岔岔尖在左边的编号为 1DCJ 和 1FCJ，道岔岔尖在右边的编号为 2DCJ 和 2FCJ。DCJ 和 FCJ 的两组线圈分开使用，励磁线圈 3-4 并接在选岔网路里，1-2 线圈作为自闭电路。

(2)六线制选岔网路线的用途

选岔网路是按站场布置形式设计的，为了避免迂回电流，采用分开运用网路的方法：

第 1、2 网路线为选撇形双动道岔的反位操纵继电器 1FCJ 和 2FCJ 所用；第 3、4 网路线为选捺形双动道岔的反位操纵继电器 1FCJ 和 2FCJ 所用；第 5、6 网路线为选双动道岔的定位操纵继电器 1DCJ 和 2DCJ 和单动道岔的定、反位操纵继电器 DCJ、FCJ，以及选信号点的进路选择继电器 JXJ 所用。

4. 道岔选出顺序

选岔电路由接在 1～6 网路线上的 FCJ 和 DCJ 及 JXJ 组成。

(1)在进路中有双动道岔反位时，应优先选出双动道岔反位操纵继电器 1FCJ 和 2FCJ，然后再选出双动道岔定位操纵继电器 1DCJ 和 2DCJ，以及单动道岔定位、反位操纵继电器 DCJ、FCJ 和有关信号点的进路选择继电器 JXJ，即先选第 1～4 网路线，后选第 5、6 网路线。

(2)选岔电路中的继电器(即 1～6 线上的继电器)，无论进路的方向如何，一律由左至右顺序吸起。

5. 进路选择继电器电路

对应每架信号机处各设一个进路选择继电器 JXJ；变通按钮和终端按钮处也设一个 JXJ；对应单置调车信号机处设两个 JXJ。进路选择继电器 JXJ 的作用：

(1)用进路选择继电器 JXJ 的吸起条件与方向电源配合，使进路始端和中间信号点的辅助开始继电器 FKJ(或列车开始继电器 LKJ)及进路终端和中间信号点的终端继电器 ZJ 励磁吸起,从而用 FKJ 和 ZJ 来接续按钮继电器和方向继电器的工作,继续记录进路的始端和终端。

(2)在办理长调车进路时,为了简化操纵手续,在按压长调车进路的始、终端按钮后,可通过 JXJ 自动地选出中间信号点 FKJ 和 ZJ,从而使中间信号点的调车信号机自动开放。

(3)当进路全部选出后,利用 JXJ 的吸起条件来使按钮继电器和方向继电器自动复原,尽量缩短记录时间,为办理下一条进路准备条件,以提高运输效率。

6. 选岔电路的动作时机

(1)双动道岔的反位操纵继电器电路的动作时机

按下进路始、终端按钮后,始、终端 AJ 吸起,1FCJ 随终端 AJ 吸起而励磁并自闭,2FCJ 随 1FCJ 吸起而励磁并自闭。当进路左端的 AJ 落下后,同时断开 1FCJ 和 2FCJ 励磁电路。当进路锁闭后,有关 SJ 落下断开其自闭电路,使 1FCJ 和 2FCJ 复原。

(2)JXJ 和双动道岔的 1DCJ、2DCJ 及单动道岔的 DCJ、FCJ 电路的动作时机

各信号点的 JXJ、双动道岔的 1DCJ 和 2DCJ,以及单动道岔的 DCJ 和 FCJ 都并接在 5、6 网络线上,它们平时均落下。

办理进路时,如果进路中有双动道岔反位,由该道岔 2FCJ 前接点最后接通 5、6 网路线,使选岔电路最左端的 JXJ 励磁并自闭。如果进路中没有双动道岔反位,只要进路终端 AJ 吸起就直接接通 5、6 网路线,使接在 5、6 网路线的上述继电器由左向右顺序吸起并自闭。

进路上所有 JXJ 在方向继电器复原、“KF—共用—Q 无电”的情况下而落下。进路上所有 DCJ 和 FCJ 是由有关的 SJ 落下而使其复原的。

对于单置调车信号机,在 5、6 网路线并接有两个 JXJ,一个在 DXF 组合内,另一个在 DX 组合内。当单置信号机作调车进路终端时,DXF 组合里的 JXJ 参与选路。当作调车进路始端时,DX 组合里的 JXJ 参与选路。当作长调车进路或列车进路的中间信号点时,两个 JXJ 都要参与选路。

四、辅助开始继电器电路

当进路选出时,进路始端和终端的信号按钮继电器和方向电路都要停止工作,但这时进路中道岔还没有转换到规定位置,进路尚未锁闭,信号也没有开放,即办理进路的目的还没有达到。因此,要用辅助开始继电器和终端继电器来接续记录进路始端和终端,作为始端信号终端信号输出给下一电路环节。

对应每架信号机要设一个辅助开始继电器 FKJ,列车兼调车信号机可共用一个辅助开始继电器 FKJ。

1. 辅助开始继电器的作用

(1)接续始端按钮继电器和方向继电器电路的工作,继续记录进路的始端。

(2)在第 7 网路线上起区分选岔网路与执行网路的作用。

(3)防止自动重复开放信号。当信号开放后又因某种原因而自动关闭时,未经再次办理不得自动重复开放。

2. 对辅助开始继电器的技术要求

(1)由于 FKJ 用来记录进路始端,因此要用始端记录条件和方向电源接通 FKJ 的励磁电路。

(2)为了防止信号自动重复开放,必须用 FKJ 前接点作为开放信号的必要条件。在信号开放后它应自动复原。若信号因故不能开放,应能人工复原。

(3)重复开放信号时,必须验证进路处于锁闭状态,并且按压进路始端的信号按钮,才准许 FKJ 重新励磁吸起。

3. 辅助开始继电器电路的动作时机

辅助开始继电器 FKJ 平时落下。办理进路时,始端 JXJ 吸起后使 FKJ 励磁并自闭,重复开放信号时,按下进路始端按钮,也使其励磁并自闭。

正常办理进路时,始端 JXJ 复原,断开 FKJ 励磁电路;重复开放信号时,只要松开始端按钮,就断开励磁电路。当信号开放后,XJ 吸起断开 FKJ 自闭电路,使其缓放落下。

五、开始继电器、终端继电器电路

每架调车信号机设一个开始继电器 KJ,放在 DX 组合中。每架列车兼调车信号机合用一个 KJ,为了区分列车和调车进路的不同性质,又增设列车开始继电器 LKJ,它们均放在 LXZ 组合中;凡是调车进路的终端处,都设一个终端继电器 ZJ,放在 DX 组合或 LXF 组合中,用它来区别进路的性质和记录调车进路的终端。列车进路的终端均在网路两端,除特殊情况(如车站与之相连的区间为双线单向,上行发车口设 SLZJ),一般不设列车终端继电器。

1. 开始继电器、终端继电器的作用

(1)开始继电器 KJ 在进路排通(即道岔转到进路要求位置)后励磁吸起,接续辅助开始继电器 FKJ 记录工作,用来确定进路在执行组网路中的始端;ZJ 在终端选出后接续进路选择继电器和方向继电器工作,用来确定进路在执行组网路中的终端。

(2)在执行组各网路中都是用开始继电器 KJ 和终端继电器 ZJ 的接点作为电路的区分条件。

(3)检查进路的选排一致性。用开始继电器电路来检查进路的选排一致性。

2. 开始继电器、终端继电器的技术要求

开始继电器 KJ 和终端继电器 ZJ 电路应满足以下技术要求:

(1)能继续记录电路的工作。开始继电器应继续记录进路的始端,终端继电器应继续记录进路的终端。

(2)开始继电器励磁时,必须检查进路的选排一致性。选排不一致时,开始继电器电路不能励磁。

(3)在开始继电器和终端继电器励磁前,必须检查有关进路在解锁状态,如果处于锁闭状态,也不能励磁。

(4)开始继电器和终端继电器的接点,作为执行组网路的区分条件,在它们励磁吸起后,必须一直保持到进路解锁为止才能复原。

3. 开始继电器电路的动作时机

开始继电器 KJ 接在 7 线网路上,其作用是:检查进路选排一致性;继续记录进路始端;同时起到承上启下的作用,使执行组电路开始工作。

开始继电器 KJ 在进路排通(即道岔转到进路要求的位置)后励磁,继续 FKJ 的记录工作,用来确定进路在执行组网路中的始端。开始继电器 KJ 吸起后启动信号检查继电器 XJJ 电路和信号继电器 XJ 电路。

开始继电器 KJ 电路用来完成检查进路的选排一致性，这对列车和调车车列的安全运行十分重要。为使长调车进路上各调车信号由远至近顺序开放，采用使 7 线网路进路上各调车信号的开始继电器由远至近顺序励磁的方法，来控制调车信号机的开放顺序。

因为开始继电器电路要检查进路的选排一致性，这涉及进路中各个道岔，所以它的电路结构是站场网路形状的。同一咽喉区所有的开始继电器都通过辅助开始继电器前接点挂接在这个网路里，这条网路就是第 7 网路线。

开始继电器平时落下，当进路上无道岔转换时，利用始端 JXJ 后接点接通 KJ 励磁电路；当进路上有道岔转换，则用最后转换到位的道岔 DBJ 或 FBJ 前接点接通其励磁电路。进路锁闭后，因 SJ 落下，断开 KJ 的励磁电路。

在 LXZ 组合内的 KJ 为 JWXC-H340 型继电器，进路内方第一个道岔区段的 QJJ 吸起后，接通 KJ 第一条自闭电路；当 1LJ 和 2LJ 都落下后接通另外两条自闭电路。当列车进入第一个道岔区段时，因 QJJ 落下断开第一条自闭电路，同时由于其中的一个 LJ 吸起，又断开了一条自闭电路；列车出清该区段时，另一个 LJ 吸起，断开了最后一条自闭电路，使 KJ 缓放落下。在 DX 组合内的 KJ 为 JWXC-1700 型继电器，当 XJJ 吸起时接通 KJ 的第一条自闭电路；进路内方第一个道岔的 SJ 落下时，接通 KJ 的第二条自闭电路。在防护进路的信号机开放后，FKJ 复原，切断了 KJ 第一条自闭电路；进路内方第一个道岔区段解锁后，该道岔的 SJ 吸起，断开 KJ 的第二条自闭电路，使 KJ 自动复原。

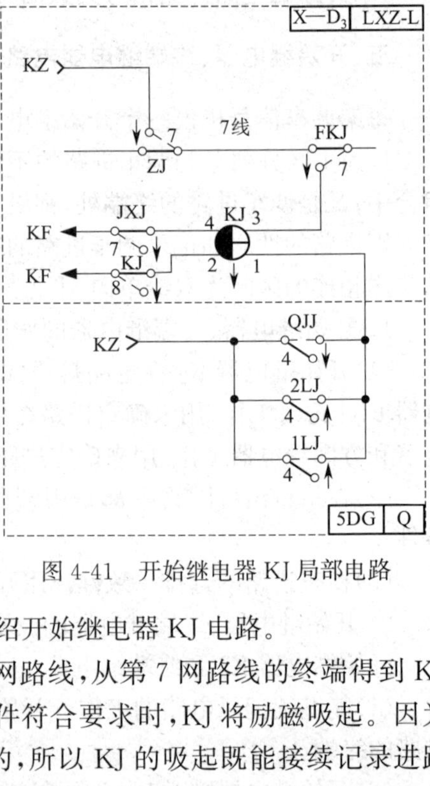

图 4-41 开始继电器 KJ 局部电路

开始继电器 KJ 局部电路如图 4-41 所示。

下面以列车与调车共用的开始继电器电路为例，介绍开始继电器 KJ 电路。

当 FKJ 吸起后将开始继电器 $KJ_{3\text{-}4}$ 线圈接入第 7 网路线，从第 7 网路线的终端得到 KZ 电源（从始端得到 KF 电源）。如果网路中所检查的条件符合要求时，KJ 将励磁吸起。因为 KJ 是经由 FKJ 前接点和第 7 网路线条件而励磁吸起的，所以 KJ 的吸起既能接续记录进路的始端，又能检查进路选排一致性和进路在解锁状态。KJ 吸起后会使后续的信号检查继电器 XJJ 和区段检查继电器 QJJ 相继励磁吸起，各区段的两个进路继电器 1LJ、2LJ 相继失磁落下，锁闭继电器 SJ 和道岔操纵继电器 DCJ、FCJ 也相继落下。这些继电器的电路逻辑关系是：

KJ↑ → XJJ↑ → QJJ↑ → 1LJ↓ → SJ↓ → DCJ↓
　　　　　　　　　　 └→ 2LJ↓ 　　　　└→ FCJ↓

由于 SJ 失磁落下，7 线将断开，即 SJ 落下切断 KJ 的励磁电路。为了保证 KJ 在从进路锁闭到进路解锁这段时间内保持吸起状态而继续记录进路的始端，所以 KJ 必须具有自闭电路，并且要求自闭电路要在进路解锁时才被切断而使 KJ 自动复原。因此，在 KJ 的 1-2 线圈自闭电路中应接入进路内方第一道岔的 SJ 后接点加以控制，而定型电路是用进路内方第一道岔区段的进路继电器 1LJ 和 2LJ 后接点代替 SJ 后接点使用的。为了保证在 1LJ 和 2LJ 接点转换过程中 KJ 可靠工作，除并联区段检查继电器 QJJ 前接点外，列车用 KJ 还采用缓放型继电器，这样也可以防止列车信号机在主、副电源切换的 0～15 s 断电时间内错误关闭。

4. 列车开始继电器电路

对于列车兼调车信号机，因共用一个 KJ，为了加以区别，另增加列车开始继电器 LKJ，作列车进路始端时，LKJ↑、KJ↑；作调车进路始端时，LKJ↓、KJ↑。

列车开始继电器电路如图 4-34 所示。

5. 终端继电器电路的动作时机

终端继电器用来继续记录调车进路的终端，用进路终端处的进路选择继电器吸起和同方向的调车方向继电器供出的方向电源构成其励磁条件，以确定调车进路的终端，作为执行组网路的区分条件。

终端继电器 ZJ 平时落下。当办理调车进路，终端的 JXJ 吸起使 ZJ 励磁，方向继电器落下，断开 ZJ 的励磁电路。

进路最末端的道岔区段锁闭后，因 SJ 落下，断开 DCJ 或 FCJ 的自闭电路，使 DCJ 或 FCJ 落下，从而切断 ZJ 的第一条自闭电路，但 SJ 又用其后接点接通了 ZJ 第二条自闭电路。进路最末道岔区段解锁后，SJ 吸起断开 ZJ 的第二条自闭电路，使 ZJ 缓放落下。

(1)调车终端继电器电路

在每条调车进路的终端都要设置一个终端继电器 ZJ，来接续进路选择继电路 JXJ 和方向继电器的工作，确定进路的终端。调车终端继电器电路如图 4-30 所示。终端继电器 ZJ 设在 DX 组合或 LXF 组合，平时终端继电器 ZJ 处于落下状态。

当排列进路时，进路选择继电器 JXJ 吸起，并检查了符合所排进路的方向电源“KF—DJJ—Q”(或“KF—DFJ—Q”)有电，由 $ZJ_{3\text{-}4}$ 线圈励磁吸起。

当进路解锁时，SJ 吸起切断 ZJ 自闭电路，使 ZJ 自动复原。在 SJ 的前、后接点转接过程中，为使 ZJ 不致在瞬间断电的情况失磁落下，ZJ 采用缓放型继电器。

(2)无岔区段差置调车信号机的终端继电器 ZJ 电路的特点(图 4-26)

①禁止两端同时向无岔区段排列调车进路，所以差置信号点的两个终端继电器 ZJ 励磁电路要互相检查对方终端继电器 ZJ 的后接点。

②为了防止追尾列车事故，在终端继电器 ZJ 励磁电路中接有进路继电器 LJ 前接点。

六、选择组网路线供电规律

当 6502 电气集中室内电路发生故障，特别是涉及网路线发生断线、混线故障时，总是要通过对网路线的测试进行分析判断，以缩小故障范围，尽快排除故障。掌握网路线供电规律，对分析处理故障是十分有益的。

选岔网路供电规律是：无论选排进路的性质和方向如何，总是由进路左端经 AJ 的吸起向 1、3、5 线供电，从左向右顺序传递，直至进路最右端经 AJJ 吸起向 2、4、6 线供 KF，一直送至进路最左端。随着进路由左向右逐段选出，1、3、5 线 KZ 电源由左向右逐段传递，而 2、4、6 线 KF 电源由左向右逐段断开。

7 线网路供电规律是：当进路始端 FKJ 和进路终端 ZJ 均吸起(列车进路 ZJ 落下)，在检查进路选排一致后，由进路终端向 7 线供 KZ。7 线 KZ 电源是由进路终端一直送至进路始端，构成 KJ 励磁电路。

需要注意的是：第1、3、5网路线的KZ电源总是从左向右顺序传递接通的，一直传递到所选进路的右端；第2、4、6网路线的KF电源并不是传递的，一开始就直接送到进路的左端，然后随着道岔操纵继电器的动作，依次由左向右逐段断开KF电源。

七、选择组电路动作顺序及举例

选择组各继电器的关系及动作顺序如图4-42所示。

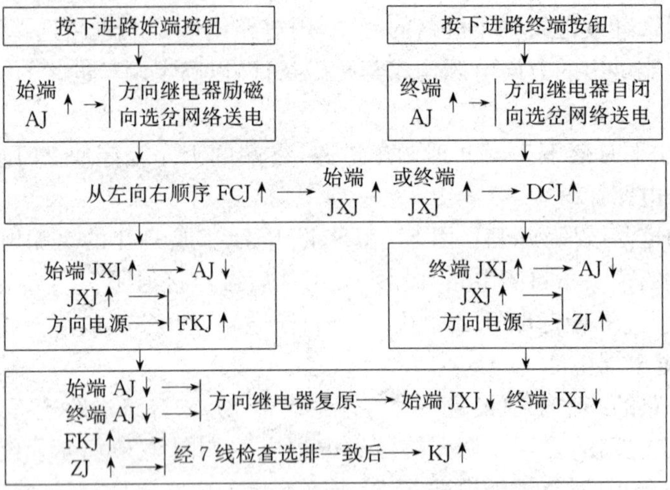

图4-42　选择组各继电器的关系及动作顺序

选择组电路动作程序举例

选择组电路从办理进路开始，直至进路选出，列车电路和调车进路电路动作过程可用以下两例动作程序表示。

1. X至4G接车进路的电路动作程序

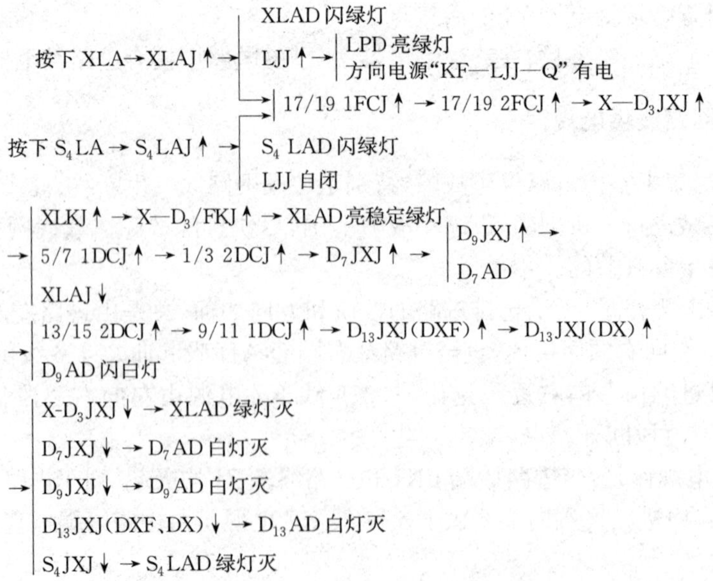

2. D_{11} 至 D_{13} 调车进路的电路动作程序

按下 D_{11}A→D_{11}1AJ↑→D_{11}AJ↑→
- D_{11}AD 闪白灯
- DJJ↑→
  - LPD 亮红灯
  - 方向电源“KF—共用—Q”无电
- →13/15 1FCJ↑→13/15 2FCJ↑→D_{11}JXJ(DXF)↑→

按下 D_{13}A→D_{13}1AJ↑→D_{13}2AJ↑→
- D_{13}AD 闪绿灯
- LJJ 自闭

→
- D_{11}FKJ↑→D_{11}AD 亮稳定白灯
- 9/11 2DCJ↑→9/11 1DCJ↑→D_{13}JXJ(DXF)↑→
  - D_{13}2AJ↓→DJJ↓→
  - D_{13}1AJ↓
- D_{11}AJ↓

→
- 方向电源“KF—共用—Q”无电→
  - D_{11}JXJ↓→D_{11}AD 白灯灭
  - D_{13}JXJ↓→D_{13}AD 白灯灭
- LPD 红灯灭
- D_{11}1AJ↓

上述两例中，当进路始端 FKJ 励磁时，将 KJ 接入 7 线网路，经检查选排一致后 KJ 励磁，使电路动作转入执行组电路。

思 考 题

1. 进路按钮配置的原则是什么？

2. 方向继电器用什么条件构成励磁电路和自闭电路？何时自动复原？

3. 什么叫方向电源？有哪几种？“KF—共用—Q”和“KZ—列共—DFJ—Q”何时有电？

4. 办理下行正线通过进路时，XLAJ 和 X_I LAJ 是被 XTAJ 带动吸起的，它们是同时复原还是按先后顺序复原的？为什么？

5. 选岔网路的继电器动作有何规律？选岔网路供电规律如何？

6. 为什么说无论办理任何运行方向的进路，均可用进路最右端的 JXJ 吸起来证明整条进路已经选出？

7. 在由两组八字第一笔或两组八字第二笔双动道岔构成的平行进路时，是如何保证在选基本进路时不致选出变通进路，而在选变通进路时不致选出基本进路的？

8. FKJ 的作用是什么？它何时吸起？何时自动复原？在单置调车信号机的 FKJ 电路中，为什么要接入“KF—共用—H”方向电源？

9. ZJ 为什么要采用缓放型继电器？两个差置调车信号机的 ZJ 励磁电路为什么要互相检查对方 ZJ 的后接点和无岔区段 LJ 的前接点？

10. KJ 的作用是什么？它是怎样检查选排一致性的？KJ 的励磁电路中接入 JXJ 第 7 组接点的作用是什么？办理从右向左的调车进路时 JXJ 是否还起此作用？

11. KJ 电路是如何实现长调车进路中的调车信号机由远及近顺序开放的？

12. 写出 4G 向北京方面正向发车进路选择组电路动作程序。

13. 写出 X_D 至 IG 接车进路选择组电路动作程序。

14. 选择组电路的时序逻辑表达式是根据给出的信号平面图办理 D_1 至 D_5 的调车进路时而画出的，用文字说明图 4-43 的时序逻辑电路。

15. 分析图 4-34 中列车开始继电器电路并写出其励磁电路和自闭电路。

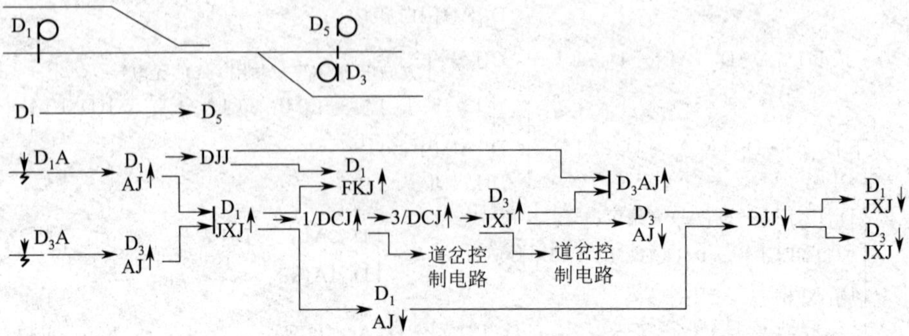

图 4-43 选择组电路的时序逻辑表达式

16. 分析图 4-29 中调车终端继电器电路并写出其励磁电路和自闭电路。

第五章　执行组电路

选择组电路完成选路任务后，由执行组电路完成开通进路、锁闭进路、开放信号和解锁进路的任务。与选择组电路一样，执行组电路也是站场形网路，由 8 线至 15 线共八条网路线组成。另外，还包括道岔控制电路和信号机点灯电路等。本章主要介绍 8～11 线网路线。

第一节　执行组电路的组成

一、执行组电路的任务和动作程序

在选择组电路确定进路的始、终端，区分进路的性质和方向，完成选岔任务的基础上，执行组电路应完成下列任务：

(1)转换道岔。选岔电路中有关道岔操纵继电器吸起，接通道岔启动电路，使道岔转换，并由道岔表示电路给出相应的道岔表示。

(2)锁闭进路。在选择组电路检查选排一致的基础上，检查该进路开放信号的联锁条件，即检查道岔位置正确、进路空闲、未建立敌对进路后，实现进路锁闭，将与进路有关的道岔和敌对进路锁好。

(3)开放信号。在检查开放信号的联锁条件后，信号继电器的吸起，接通信号机点灯电路，开放信号。当进站信号机不能正常开放时，可实现引导接车，开放引导信号。

(4)解锁进路。当列车或调车车列驶过进路或取消进路时，由解锁电路完成进路解锁的任务。它包括进路的正常解锁、取消进路、人工解锁、调车中途返回解锁、引导进路解锁，以及各种故障情况下的解锁。

(5)状态表示。在执行组电路工作过程中，在控制台盘面应有相应的表示，如进路光带显示、电流表指针摆动、有关表示灯显示及电铃鸣响等，以便车站值班员监督命令的执行情况，观察设备状况及列车、调车车列的运行动态。这些均由执行组表示电路来实现。

执行组电路的动作步骤是：转换道岔→锁闭进路→开放信号→解锁进路。

转换道岔是由 DCJ 或 FCJ 的前接点接通道岔启动电路，使转辙机转换道岔到规定位置。当道岔转换完毕，由道岔表示电路给出道岔表示。道岔定位时，定位表示继电器 DBJ 吸起；道岔反位时，反位表示继电器 FBJ 吸起。

锁闭进路前应先检查开放信号的联锁条件，即有无开放信号的可能性。用信号检查继电器 XJJ 的吸起表示有可能开放信号，反之说明不可能开放信号。不能开放信号时，禁止锁闭进路。锁闭进路是将与进路有关的轨道区段中的道岔锁闭，敌对进路不能建立。锁闭的对象是进路中的各道岔区段。因而，对应每个道岔区段需设一个区段检查继电器 QJJ，哪个区段的 QJJ 吸起，则该区段的进路继电器 LJ 和锁闭继电器 SJ 就会相继落下，使该区段锁闭。进路中各区段都锁闭，敌对进路未建立，就实现了进路锁闭。

信号开放时应再次检查开放信号的联锁条件，当满足道岔位置正确、道岔和敌对进路已锁闭、进路空闲等联锁条件时，信号继电器 XJ 才能吸起，使信号开放。XJ 吸起后使 FKJ 复原，如不重新办理开放信号手续，信号一旦关闭就不会自动重复开放。

解锁进路是由解锁网路实现的，进路解锁时应检查解锁条件，进路解锁方式不同，检查的解锁条件也不同。例如进路的正常解锁必须做到三点检查，进路的人工解锁要检查办理方法正确。但是无论何种解锁都必须首先关闭信号，然后解锁进路。解锁进路是指解除对道岔的和敌对进路的锁闭，使各区段的 LJ 和 SJ 相继吸起，锁闭迎面敌对进路的照查继电器 ZCJ 吸起，实现进路解锁。

二、执行组电路各网路线的用途

执行组电路共有八条网路线，为 8～15 线。由于各网路线检查的条件涉及咽喉区的许多道岔、轨道电路区段，为使电路定型化和节省继电器接点，所以各条网路线均采用站场形网路结构。各网路线作用如下：

8 线网路是控制 XJJ 用的网路线，通过 8 线检查进路是否空闲、道岔位置是否正确、敌对进路是否建立，当满足要求时，XJJ 吸起，为锁闭进路、开放信号准备条件。

9、10 线网路：9 线是 QJJ 和 GJJ 的励磁网路。$QJJ_{3\text{-}4}$ 线圈和 $GJJ_{1\text{-}2}$ 线圈均并接在 9 线上，当 XJJ 吸起后，通过 9 线接通与所选进路有关的 QJJ，使其吸起，使进路中的各区段转入锁闭状态。10 线是 QJJ 的自闭网路。$QJJ_{1\text{-}2}$ 线圈并接在 10 线上，用来防止进路迎面错误解锁，保证行车安全。

11 线网路是信号继电器 XJ 的网路，并兼作引导信号继电器 YXJ 用的网路。通过 11 线检查道岔位置是否正确、敌对进路是否在未建立状态、进路是否锁闭等条件。若满足各项条件，则 XJ 吸起，使信号开放。

12、13 线网路通常称为解锁网路，在网路上接有各区段的进路继电器 1LJ 和 2LJ。通过网 路检查各种进路解锁的解锁条件，满足解锁条件后接通解锁电源，使各区段的 1LJ 和 2LJ 按照一定的规律吸起，使进路解锁。

14、15 线网路是控制进路光带的网路。用 14 线控制白光带，白光带反映进路的锁闭；用 15 线控制红光带，红光带反映进路的占用，以及轨道区段的故障情况。

执行组电路在网路结构上有许多共同之处，都是用道岔表示继电器 DBJ 和 FBJ 的接点作为网路的区分条件；用开始继电器 KJ 的前接点确定网路的始端，以 KJ 的接入方向确定为进路的运行方向；用终端继电器 ZJ 的前接点确定调车进路的网路终端，以 ZJ 的吸起证明所选进路为调车进路。列车进路的终端在网路的两端，列车进路内的 ZJ 均处于落下状态。

第二节　道岔控制电路

道岔控制电路由道岔启动电路和道岔表示电路两部分组成。启动电路是动作转辙机、转换道岔的电路，表示电路是反映道岔位置的电路。

广泛采用的是四线制道岔控制电路。在提速区段推广使用五线制交流转辙机控制电路。现先以四线制单动道岔控制电路为例，介绍道岔控制电路的工作原理。

一、直流电动转辙机控制电路

1. 道岔启动电路

为了保证行车安全，道岔启动电路必须满足以下技术要求：

(1)道岔区段有车占用或道岔区段轨道电路发生故障时，该区段内道岔不能转换。对道岔的此种锁闭称为区段锁闭。

(2)进路在锁闭状态时，进路上的道岔不能再转换。对道岔的此种锁闭称为进路锁闭。

(3)道岔一经启动，就应转换到底，不受车辆进入影响，也不受车站值班员的控制。否则，在车辆进入道岔区段时，若道岔停转或受车站值班员控制而回转，都可能造成脱轨或挤岔事故。

(4)道岔启动电路接通后，由于电路故障(如自动开闭器接点、电动机碳刷接触不良)使道岔未转动，应能自动断开启动电路，以免由于邻线列车震动等原因使故障消除后造成道岔自行转换。

(5)道岔转换途中受阻(如尖轨与基本轨的轨缝夹有道砟等)使道岔不能转换到底时，应保证经车站值班员操纵能使道岔转回原位。

(6)道岔转换完毕应能自动断开启动电路。

(1)道岔启动电路工作原理

四线制单动道岔控制电路(定位 1、3 排接点闭合)如图 5-1 所示。道岔启动电路采用分级控制方式，首先由第一道岔启动继电器 1DQJ 检查联锁条件，然后由第二道岔启动继电器 2DQJ 控制电动机旋转方向，最后由直流电动机转换道岔。

道岔控制分为进路操纵和单独操纵两种方式。进路操纵是通过办理进路，使选岔网路中的 DCJ 或 FCJ 吸起，接通道岔启动电路，转换道岔至规定位置的。单独操纵是按下道岔按钮 CA，同时按下本咽喉道岔总定位按钮 ZDA 或道岔总反位按钮 ZFA，接通道岔启动电路，转换道岔至规定位置。

图 5-1 为道岔在定位状态的电路。当按进路操纵使道岔由定位向反位转换时，道岔启动电路的 1DQJ 励磁电路为

$$KZ—CA_{61\text{-}63}—SJ_{81\text{-}82}—1DQJ_{3\text{-}4}—2DQJ_{141\text{-}142}—CAJ_{11\text{-}13}—FCJ_{61\text{-}62}—KF$$

1DQJ 励磁后，其前接点接通 2DQJ 的转极电路，2DQJ 的转极电路是

$$KZ—1DQJ_{41\text{-}42}—2DQJ_{2\text{-}1}—CAJ_{11\text{-}13}—FCJ_{61\text{-}62}—KF$$

由于 1DQJ 的吸起和 2DQJ 的转极，接通 1DQJ 的 1-2 线圈自闭电路，其电路为

$DZ_{220}—RD_3—1DQJ_{1\text{-}2}—1DQJ_{12\text{-}11}—2DQJ_{111\text{-}113}$—自动开闭器 11-12—电动机定子绕组 2-3—电动机转子绕组 3-4—遮断接点 05-06—$1DQJ_{21\text{-}12}—2DQJ_{121\text{-}123}—RD_2—DF_{220}$

1DQJ 的 1-2 线圈和电动机绕组串接在自闭电路中，1DQJ 的自闭电路即是电动机电路。当道岔转至反位后，自动开闭器 11-12 接点断开，使电动机停转。同时断开 1DQJ 的 1-2 线圈自闭电路，使 1DQJ 缓放落下，接通道岔表示电路。若要再将道岔转回定位，办理进路后 DCJ 吸起，重新接通道岔启动电路。

单独操纵道岔时，如使道岔由定位向反位转换，按下道岔按钮 CA 和道岔总反位按钮 ZFA，道岔按钮继电器 AJ 和道岔总反位继电器 ZFJ 吸起，条件电源“KF—ZFJ”有电。这时接通 $1DQJ_{3\text{-}4}$ 线圈的励磁电路，其电路是：

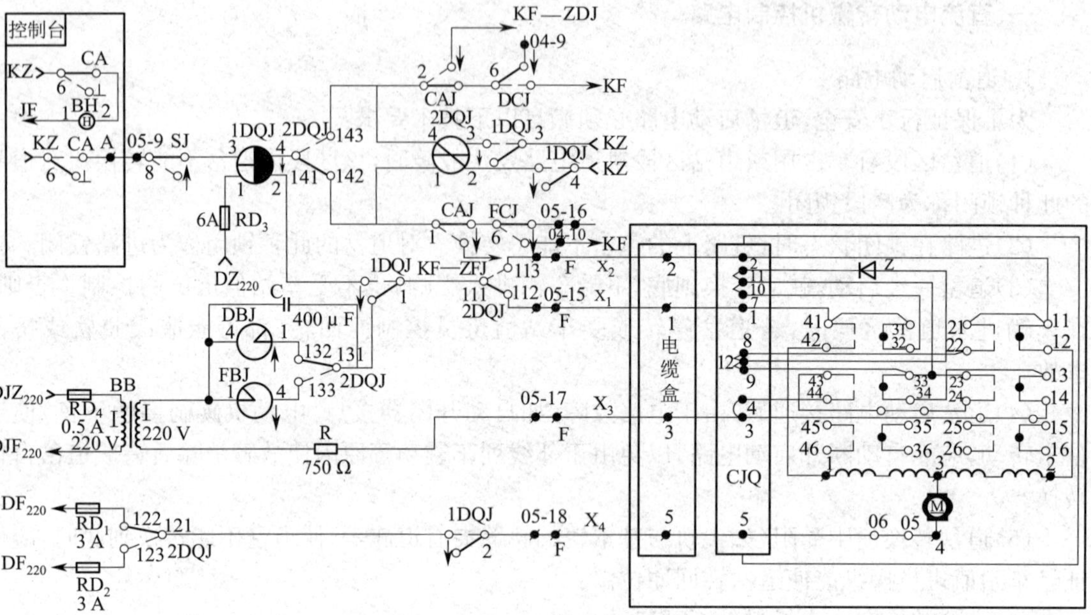

图 5-1　四线制单动道岔控制电路

$$KZ—CA_{61\text{-}63}—SJ_{81\text{-}82}—1DQJ_{3\text{-}4}—2DQJ_{14\text{-}142}—CAJ_{11\text{-}12}—KF—ZFJ$$

1DQJ 吸起后使 2DQJ 转极，接通 $1DQJ_{1\text{-}2}$ 线圈的自闭电路，使电动机转动。单独操纵道岔时，启动电路动作与进路操纵动作基本相同，只不过负电源是条件电源“KF—ZDJ”或“KF—ZFJ”，并由 CAJ 将其接入 1DQJ 和 2DQJ 的电路中。

在 $1DQJ_{3\text{-}4}$ 线圈励磁电路中接有以下联锁条件：

①单独操纵道岔按钮 $CA_{61\text{-}63}$ 接点。在维修电动转辙机或轨道电路区段故障时，拉出该按钮，断开道岔启动电路，对道岔实行单独锁闭。

②锁闭继电器 SJ 第 8 组前接点用来检查道岔区段是否空闲，进路是否在解锁状态。道岔区段有车或办理了经该道岔的进路，则 SJ 落下。用 SJ 前接点断开 1DQJ 的励磁电路，1DQJ 就不能吸起，道岔就不会转换。

③道岔按钮继电器 CAJ 前接点和条件电源“KF—ZDJ”或“KF—ZFJ”反映对道岔单独操纵的操作手续。只有按下道岔按钮，道岔按钮继电器 CAJ 吸起，同时按下道岔总定位按钮 ZDA 或道岔总反位按钮 ZFA，使 ZDJ 或 ZFJ 吸起，条件电源“KF—ZDJ”或“KF—ZFJ”有电，接通单独操纵时道岔启动电路。

④道岔定位操纵继电器 DCJ 和道岔反位操纵继电器 FCJ 第 6 组前接点实现对道岔的进路操纵。当办理进路时，选岔网路中的 FCJ 或 DCJ 吸起，自动接通进路操纵的道岔启动电路。

⑤第二道岔启动继电器 2DQJ 第 4 组接点是 $1DQJ_{3\text{-}4}$ 线圈励磁电路的电路区分条件，用来区分道岔由定位向反位转换，还是由反位向定位转换，用其极性接点分别接通 $1DQJ_{3\text{-}4}$ 线圈向反位转换或定位转换的励磁电路。

（2）道岔启动电路分析

四线制道岔控制电路的启动电路根据转辙机的特性，从控制用继电器类型、电路结构等方面采取措施，以满足道岔对启动电路的技术要求。

①ZD6 型电动转辙机用的是直流串激电动机，电动机采用激磁线圈（定子线圈）分开使用方式。四线制道岔控制电路室内外 4 根连线，X_1 线和 X_2 线为道岔启动电路和道岔表示电路共用线，X_3 线为表示电路专用线，X_4 线为启动电路专用线。为了方便维修，减少故障，转辙机采用配线定型化、连接插接化。

②采用特殊结构的继电器。第一道岔启动继电器 1DQJ 选用 JWJXC-H125/0.44 型，其 3-4 线圈电阻值较大，用于检查联锁条件，通过 SJ 第 8 组前接点证明道岔既未被区段锁闭又未被进路锁闭，实现技术要求(1)、(2)两项。其 1-2 线圈电阻值很小，与电动机串联，监督电动机的动作，只有道岔启动使电动机转动，有较大电流流经时才能保持自闭，若启动后电路某处接触不良使电流减小，1DQJ 即落下断开电动机电路，实现技术要求(4)。1DQJ 从励磁电路转换为自闭电路过程中有瞬间断电，为保证 1DQJ 可靠自闭，故选用缓放型。

第二道岔启动继电器 2DQJ 选用 JYJXC-135/220 型有极继电器，其两线圈分开使用，有利于构成接收道岔转换的两种控制命令，3-4 线圈接通正向电流，接收向定位转换的命令，1-2 线圈接通反向电流，接收向反位转换的命令。2DQJ 接在电动机电路中的两组接点之所以采用带有灭弧装置的加强接点，是因为电路中电流较大，防止接通或断开电路时产生电弧和火花。

③在 1DQJ 的 3-4 线圈励磁电路和 2DQJ 转极电路中，道岔按钮继电器 CAJ 接点在 DCJ 或 FCJ 接点的前面，这样当进路操纵遇到道岔不能转换到底时，可及时采用单独操纵方式使道岔转回原位，即对道岔的单独操纵优先于进路操纵。但操纵时应注意，应首先按下 ZQA，使“KZ—ZQJ—H”无电，将进路上的道岔操纵继电器复原，然后再单独操纵道岔，使道岔转回原位，实现技术要求(5)。

④$1DQJ_{1\text{-}2}$ 线圈与电动机绕组串联构成电动机电路，使道岔启动后不受区段锁闭、进路锁闭及车站值班员控制，使电动机转动时脱离 SJ 和 CAJ 的控制条件，保证道岔启动后能转换到底，实现技术要求(3)。

⑤在 DF_{220} 电源处分别设有定位熔丝 RD_1(3 A)和反位熔丝 RD_2(3 A)。一旦道岔转换途中遇有障碍物受阻，电动机空转熔断一处熔丝，仍能保证电动机转回原位。

⑥以自动开闭器接点作为电动机电路控制条件。当道岔转换完毕（如定位向反位转换），道岔尖轨与基本轨密贴后，自动开闭器 11-12 接点断开，自动切断电动机电路，使电动机停转，同时使 $1DQJ_{1\text{-}2}$ 线圈断电，1DQJ 落下接通道岔表示电路，实现技术要求(6)。

自动开闭器的两组动接点动作时机受表示杆密贴检查缺口的控制。当道岔由定位向反位转换，电动机启动时自动开闭器接点 41-42 就接通反转电路（自动开闭器 41-42 闭合），为车站值班员随时单独操纵道岔，使道岔返回原位准备好条件；道岔转换到底后，自动开闭器 11-12 接点断开，切断电动机电路。

⑦在电动机电路中接入遮断接点（安全接点）有利于维修人员的安全。当维修人员打开转辙机机盖时，遮断接点 05-06 断开电动机电路，防止维修、清扫转辙机时电动机转动。

2. 道岔表示电路

在道岔控制电路中，当道岔启动电路动作完毕，应接通道岔表示电路，将道岔的实际位置反映到信号楼内，以便于车站值班员对信号设备进行控制和监督。由电动转辙机的自动开闭器接点接通道岔表示电路，用定位表示接点接通道岔定位表示继电器 DBJ 电路，用反位表示接点接通道岔反位表示继电器 FBJ 电路。DBJ 和 FBJ 不仅是道岔位置表示灯的控制条件，而且是执行组电路的重要联锁条件。因此道岔表示电路必须是“故障—安全”电路，应满足以下技术要求：

(1)用道岔表示继电器的吸起状态和道岔的正确位置相对应，不准用一个继电器的吸起和落下表示道岔的两种位置，即只能用 DBJ 的吸起表示道岔在定位，用 FBJ 的吸起表示道岔在反位。

(2)当电路发生混线或混入其他电源时，必须保证不使 DBJ 和 FBJ 错误励磁。

(3)当道岔在转换过程中或发生挤岔、停电、断线等故障时，应保证 DBJ 和 FBJ 落下。

(1)道岔表示电路工作原理

道岔表示电路(定位时 1、3 排接点闭合)如图 5-1 所示。DBJ 和 FBJ 均采用 JPXC-1000 型偏极继电器。道岔表示电路所用电源由变压器 BB 供给，该变压器是变压比为 2∶1 的 BD_1-7 型道岔表示变压器，其初级输入电压为交流 220 V，次级输出电压为 110 V。DBJ 和 FBJ 线圈并联有 4 μF/500 V 的电容器 C，电路中还串接有二极管 Z。

当道岔转换到定位或反位后，自动开闭器动作接点断开 $1DQJ_{1\text{-}2}$ 线圈自闭电路，使 1DQJ 失磁，用 1DQJ 第 1 组后接点接通道岔表示电路。当道岔在定位时，DBJ 的励磁电路是

BB_3—$R_{1\text{-}2}$—移位接触器 04-03—自动开闭器 14-13—自动开闭器 34-33—二极管 $Z_{1\text{-}2}$—自动开闭器 32-31—$2DQJ_{112\text{-}111}$—$1DQJ_{11\text{-}13}$—$2DQJ_{131\text{-}132}$—$DBJ_{1\text{-}4}$—BB_4

从上述单动道岔的表示电路中可以看出，通过电动转辙机自动开闭器的定位表示接点接通电路，经二极管 Z 将交流电进行半波整流，整流后的正向电流方向正好与 DBJ 的励磁方向一致，使 DBJ 吸起。在交流电负半周，由于电容器 C 的放电作用，能使 DBJ 保持可靠吸起。

当道岔转换到反位后，自动开闭器反位表示接点接通，二极管反接在表示电路中，改变了半波整流后电流的方向，使 FBJ 吸起。

(2)道岔表示电路分析

在道岔表示电路中，DBJ 吸起是由自动开闭器定位表示接点接通的，FBJ 吸起是由自动开闭器反位表示接点接通的。这就使 DBJ 和 FBJ 的吸起和道岔的位置相对应，从而实现了技术要求(1)。为了确切反映道岔位置对 1、3 排接点定位闭合的转辙机而言，DBJ 励磁电路中不仅检查了自动开闭器第 1 排定位表示接点 13-14 的接通，而且检查了第 3 排定位表示接点 31-32、33-34 的接通，确认接点接触良好及定位表示接点动作一致后，DBJ 吸起。同样，FBJ 的吸起也检查了自动开闭器第 2 排和第 4 排反位表示接点动作的一致。

对 2、4 排接点定位闭合的转辙机来说，DBJ 电路检查 2、4 排定位接点，FBJ 电路检查 1、3 排接点。当电动转辙机外线混线时，设在室外的二极管 Z 被短路而失去作用，DBJ 或 FBJ 线圈只有交流电流通过，不会励磁。对每组道岔还设置了表示变压器 BB，用以降低电源电压，并对电路起到隔离作用。当混入其他电源时，因不能构成闭合回路，DBJ 或 FBJ 也不会错误吸起，这就实现了技术要求(2)。

当道岔在转换过程中，由于 JDQJ 第 1 组前接点断开表示电路，会使 DBJ 或 FBJ 落下。由于在表示电路中串接有移位接触器接点，当发生挤岔时，移位接触器接点被动作杆向上顶住而断开，使 DBJ 或 FBJ 均落下，挤岔报警电路被接通而发出报警。当电容器 C 被击穿时，DBJ 和 FBJ 线圈被短路而不会吸起；当电容器引接线断线时，失去滤波作用，DBJ 或 FBJ 将会颤动而不能可靠吸起。当自动开闭器接点发生断裂或松脱时，也会将表示电路断开，及时发现故障。上述防护措施实现了技术要求(3)。

在道岔表示电路中接入 2DQJ 第 3 组极性接点，其作用是区分 DBJ 和 FBJ，保证同时只能有一个吸起，检查表示继电器励磁状态与道岔位置的一致性。电路中 R 为限流电阻，阻值为 750 Ω。

由此可见，道岔表示电路不仅能反映道岔的正确位置，而且还能反映道岔的故障情况。由于表示电路是在启动电路工作完毕后才开始工作的，并由 1DQJ 第 2 组接点作为电路区分条件，所以两部分电路合起来构成道岔控制电路的室内电路，共用 X_1 和 X_2 两条外线。四线制道岔控制电路的 4 条外线与转辙机采用插接器 CJQ 连接起来，这为维修时更换电动转辙机提供了方便。

3. 双动道岔控制电路

双动道岔的两个道岔位置必须是一致的，当其中一个道岔在定位时另一个道岔也应在定位，其中一个道岔转换至反位时另一个道岔也必须转换至反位。当道岔启动电路控制电动转辙机转换两个道岔时，两个道岔必须按规定的顺序动作。先动作的道岔称为第一动道岔，后动作的道岔称为第二动道岔，规定双动道岔中距离信号楼近的为第一动道岔，距离信号楼远的为第二动道岔。这是为了节省室外电缆芯线，避免迂回走线。

由于双动道岔的两个道岔位置总是一致的，动作也应一致，因此，双动道岔可共用一套道岔控制电路。图 5-2 是四线制双动道岔控制电路。

双动道岔控制电路与单动道岔控制电路原理基本相同。因为双动道岔控制电路的控制对象是两个道岔，其启动电路和表示电路与单动道岔不同之处有以下几方面：

(1)在道岔启动电路的室内部分，$1DQJ_{3\text{-}4}$ 线圈励磁电路上串接有 1SJ 和 2SJ 两个锁闭继电器的第 8 组前接点。这是因为双动道岔设有两个 SJ，而且 1SJ 和 2SJ 分属于不同的道岔区段，当任意一个道岔处于区段锁闭或进路锁闭状态时，1SJ 或 2SJ 落下，$1DQJ_{3\text{-}4}$ 线圈励磁电路被切断，该双动道岔不得转换。

(2)在进路操纵的电路条件中，将单动道岔的 DCJ 接点换成双动道岔的 1DCJ 和 2DCJ 的第 6 组接点并联，将单动道岔的 FCJ 接点用双动道岔的 2FCJ 第 6 组接点代替。这是因为选双动道岔定位时，双动道岔的 1DCJ 和 2DCJ 分别在上、下两条平行网路中，它们不一定同时被选出，所以应将两个 DCJ 接点并联起来。而选双动道岔反位时，双动道岔 1FCJ 和 2FCJ 动作一致，而且 2FCJ 总是后吸起，所以只需用 2FCJ 接点即可。

(3)在启动电路室外部分，由于两个道岔顺序动作，当第一动道岔转换完毕后，才能接通第二动道岔电动机电路。例如双动道岔由定位向反位转换时，第一动道岔转到反位后，第一动道岔的自动开闭器第 1 排接点 11-12 断开，切断第一动电动机电路，同时接通 21-22 接点，经第一动道岔与第二动道岔之间的连线，将 DZ_{220} 电源经第二动道岔的自动开闭器第 1 排接点 11-12 送至第二动道岔的电动机定子绕组 2 端子。电源 DF_{220} 经 X_4 及第一动与第二动道岔之间的连线送至第二动道岔电动机转子绕组 4 端子，构成第二动道岔的电动机电路。当第二动道岔转换至反位后，自动开闭器第 1 排接点 11-12 断开，于是第二动道岔电机停转，1DQJ 落下，断开双动道岔启动电路，由 1DQJ 第 1 组后接点接通双动道岔表示电路。

(4)双动道岔表示电路是由两个道岔自动开闭器的表示接点串联起来组成的，二极管 Z 设于第二动道岔处。当启动电路控制第一动道岔和第二动道岔转换完毕后接通道岔表示电路，检查两个道岔都在定位或反位后，使双动道岔的 DBJ 或 FBJ 吸起。

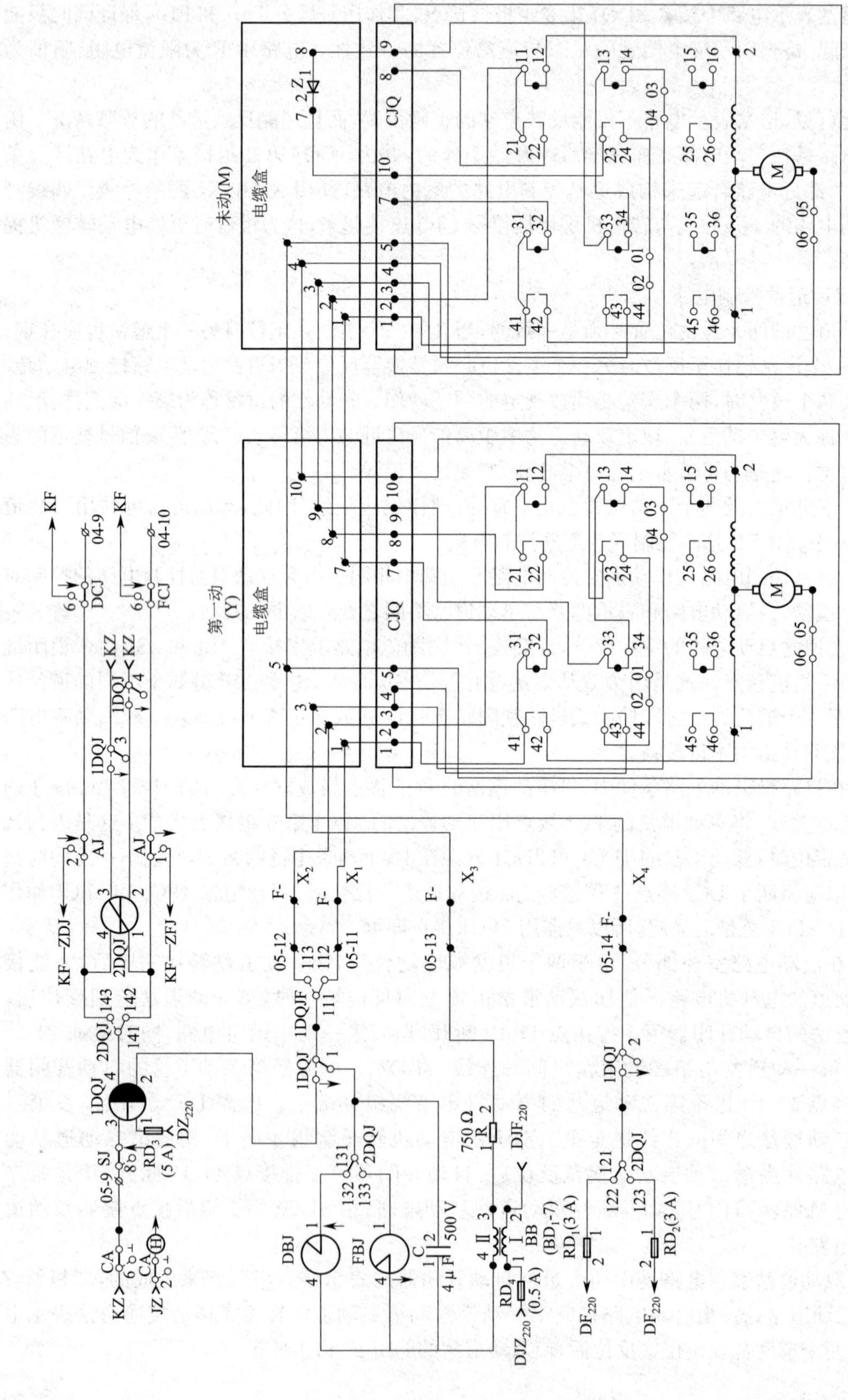

图 5-2 四线制双动道岔控制电路

4. 挤岔报警电路

当道岔发生挤岔或因尖轨与基本轨之间有障碍物道岔转换途中受阻时，为了使车站值班员和信号维修人员能及时发现，全站设置一套挤岔报警电路。

挤岔报警电路如图 5-3 所示。全站设一个挤岔继电器，将全站各组道岔的 DBJ 和 FBJ 的第 8 组后接点串联后，并联起来接入挤岔继电器 JCJ 电路中。平时每组道岔的 DBJ 和 FBJ 总有一个吸起，JCJ 电路不通，当某一道岔被挤后，该道岔的 DBJ 和 FBJ 都落下，接通 JCJ 电路，使其吸起。

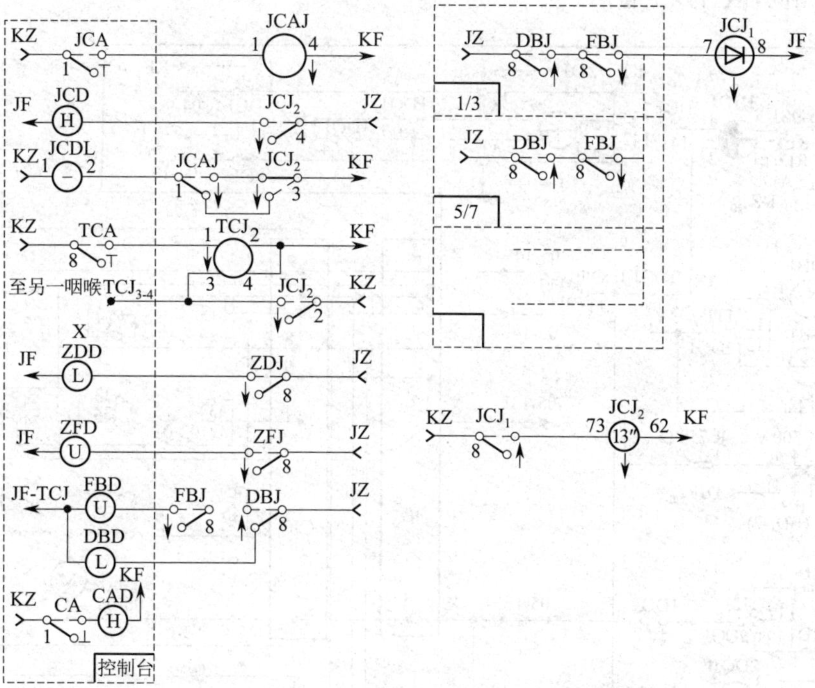

图 5-3　挤岔报警电路

道岔在正常转换过程中，DBJ 和 FBJ 约有 3 s 的时间也是同时处在失磁状态。为了区别道岔是在正常转换还是发生挤岔，又增设一个挤岔继电器 JCJ_2，它采用 JSBXC-850 型半导体时间继电器。挤岔时，JCJ_1 电路吸起接通 JCJ_2 电路，13 s 后 JCJ_2 吸起。JCJ_2 吸起后，用其第 4 组前接点接通挤岔表示灯，又用 JCJ_2 其第 3 组接点接通挤岔电铃，使其鸣响，以引起车站值班员的注意。当车站值班员按下切断挤岔电铃按钮 JCA，使切断挤岔电铃按钮继电器 JCAJ 励磁，用其第 1 组后接点切断电铃电路，使电铃停响。待被挤道岔修复后，由于 DBJ 或 FBJ 有一个吸起，使挤岔继电器 JCJ_1 和 JCJ_2 都复原，所以又接通电铃电路，挤岔电铃再次鸣响，通知车站值班员道岔已修复。当拉出 JCA 后，电铃停止鸣响，至此挤岔报警电路复原。

当道岔尖轨与基本轨间有障碍物(如夹有道砟)，使道岔转换途中受阻而不能转换到底时，由于电动机空转，1DQJ 第 1 组后接点不能接通表示电路，DBJ 和 FBJ 都落下，超过 13 s 后，挤岔电铃也会报警鸣响。这种情况下，由于控制台电流表指针摆动，车站值班员确认后，可单独操纵道岔，使之转回原位，以免长时间空转烧坏电动机。

5. 直流双电动转辙机控制电路

当采用 12 号 60AT 道岔时，用一台 ZD6 型电动转辙机转换道岔，转换力和密贴力满足不了要求，行车安全得不到保证。为此，用两台 ZD6 型电动转辙机作为牵引动力，实行两点牵引，并且要求两台电动转辙机同步动作，转换力匹配合适。

在道岔双机牵引方式中，以 ZD6-E 电动转辙机作为第一牵引点动力，而以 ZD6-J 型电动转辙机作为第二牵引点动力，并且具有监督尖轨位移、挤岔断表示等功能。

图 5-4 为六线制单动道岔直流双电动转辙机控制电路，该电路与直流单动转辙机控制电路原理基本相同，但有以下特点：

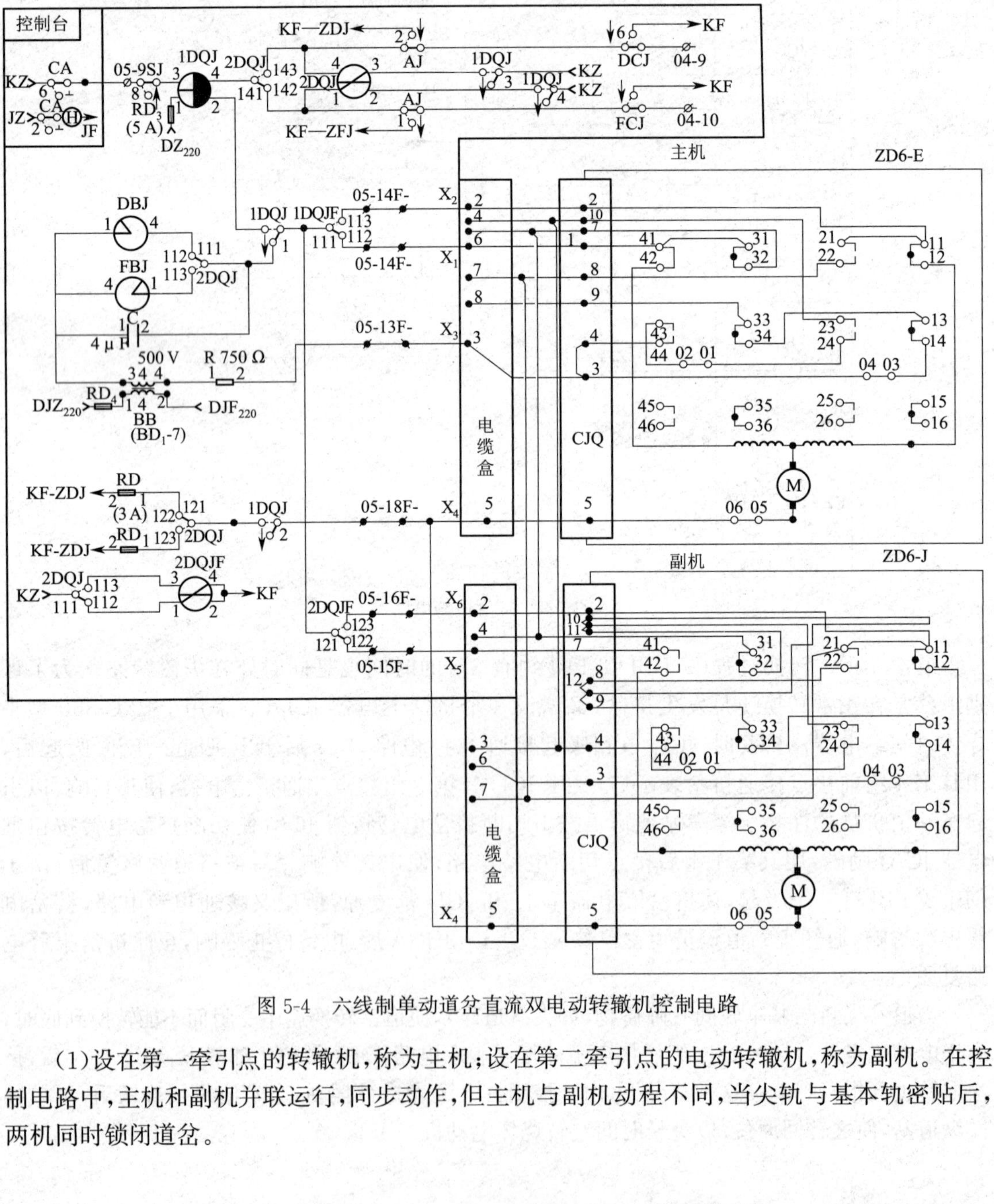

图 5-4　六线制单动道岔直流双电动转辙机控制电路

(1)设在第一牵引点的转辙机，称为主机；设在第二牵引点的电动转辙机，称为副机。在控制电路中，主机和副机并联运行，同步动作，但主机与副机动程不同，当尖轨与基本轨密贴后，两机同时锁闭道岔。

(2)由于 2DQJ 接点不够用,并且为使主机和副机同步动作,增加第二道岔启动继电器复示继电器 2DQJF,其型号与 2DQJ 相同。将 2DQJF 的第 1 组和第 2 组极性接点并联后从室内经分线盘引向室外电动转辙机,作为主机和副机的启动电路和表示电路的公用线。

(3)直流双电动转辙机表示电路室内部分共用,室外部分经主机和副机的自动开闭器表示接点串联,检查两台电动转辙机同步动作,并经过设在副机内的二极管 Z 整流后,使 DBJ 或 FBJ 励磁,给出道岔位置的正确表示。

第三节　进路锁闭和取消继电器电路

一、进路锁闭的概念

将道岔固定在进路所要求的位置,使它不能任意转换,称为道岔锁闭。6502 电气集中对道岔的电气锁闭分为单独锁闭、全咽喉总锁闭、区段锁闭和进路锁闭四种方式。

1. 单独锁闭

按下道岔单独锁闭按钮 CA,切断道岔启动电路的 $1DQJ_{3\text{-}4}$ 线圈励磁电路,使道岔不能转换。

2. 全咽喉总锁闭

按下引导总锁闭按钮 YZSA,引导总锁闭继电器 YZSJ 吸起,用它的后接点断开本咽喉所有锁闭继电器 SJ 的条件电源"KZ—YZSJ—H",使全咽喉的联锁道岔都被锁住而不能转换。

3. 区段锁闭

当道岔所在轨道区段有车占用时,使道岔不能转换,叫做道岔的区段锁闭。它是由区段的 DGJ 落下断开 SJ 电路来实现的。

4. 进路锁闭

当办理进路后,将进路上各区段的道岔锁在规定位置,并使敌对进路不能建立,叫做进路锁闭。进路锁闭是由各区段的进路继电器 1LJ 和 2LJ 控制锁闭继电器 SJ 落下来实现的。电气集中的进路锁闭以道岔区段为锁闭对象,进路的锁闭是由该进路中各个道岔区段的锁闭实现的,进路锁闭后,信号才能开放,列车驶入进路,使信号关闭,如果列车或调车车列不出清进路,进路不能解锁。根据对行车安全的影响,进路锁闭分为预先锁闭和接近锁闭。

预先锁闭是指在信号开放后,其接近区段没有车占用时的锁闭。进路锁闭设置预先锁闭,是为了提高行车效率。当进路锁闭,信号开放后,在车未驶入接近区段时,因故要取消已建立的进路,可按取消进路方式办理,关闭信号,进路立即解锁,为建立新的进路准备条件。

接近锁闭是指在信号开放后,其接近区段已经有车占用时的锁闭。此时不能用办理取消进路的手续使进路解锁,只有等列车或调车车列通过后使进路逐段解锁,或者用人工解锁的方法使进路延时解锁。接车进路和正线发车进路的人工解锁从信号关闭时起延时 3 min,站线发车进路和调车进路延时 30 s。

进路锁闭设置接近锁闭,是为了保证行车安全。这是因为当信号开放后接近区段有车占用,如果取消进路,使信号机由允许灯光突然变为禁止灯光,车很有可能冒进信号,如果这时准许进路在信号关闭时立即解锁,将会发生行车事故。设置接近锁闭,按人工解锁方式,信号关闭后进路延时解锁,以保证进路解锁时车已停住。

进路的预先锁闭和接近锁闭是在信号开放后，由接近区段是否有车来区分的。接近区段一般是指信号机前方的区段，接近区段的长度是由列车或调车车列的运行速度决定的。我国铁路对于接近区段的规定如下：

(1)进站信号机的接近区段必须大于 800 m。在非自动闭塞区段从预告信号机前方 100 m 处起至进站信号机止；在非自动闭塞提速区段，为接近信号机内方和外方各一个轨道电路区段；在自动闭塞区段，为进站信号机外方的第一个闭塞分区；在自动闭塞提速区段，为进站信号机外方的第一个和第二个闭塞分区。

(2)出站信号机的接近区段为股道。正线的出站信号机在办理通过进路时，其接近区段要由同方向进站信号机起至该出站信号机止。在提速区段，要延长到同方向进站信号机外方的第一个闭塞分区。

(3)调车信号机的接近区段为其外方的轨道电路区段，最短不少于 25 m。当调车信号机的外方未设轨道电路区段时，那么，调车信号机开放后，进路便立即无条件地转入接近锁闭状态。

二、取消继电器电路

对应每个咽喉区在相应的方向组合内设一个总取消继电器 ZQJ 和一个总人工解锁继电器 ZRJ。对应每架信号机各设一个取消继电器 QJ，列车信号机的 QJ 在 LXZ 组合内，调车信号机的 QJ 在 DX 组合内。对于出站兼调车、进站内方带调车的情况，列车信号和调车信号可合用一个 QJ。

在取消进路或人工解锁时，由 ZQJ、ZRJ 与 QJ 相互配合，可取消已经记录的操作命令，使有关继电器人工复原；还可关闭信号，完成进路的取消解锁和人工解锁。

1. 总取消及总人工解锁继电器电路

图 5-5 为总取消及总人工解锁继电器电路。当按下 ZQA 时，使总取消继电器 ZQJ 吸起，条件电源“KF—ZQJ—Q”有电，使后续的 QJ 吸起；条件电源“KZ—ZQJ—H”无电，使有关的方向继电器和 DCJ 或 FCJ 等继电器人工复原。松开 ZQA 后，ZQJ 缓放落下。

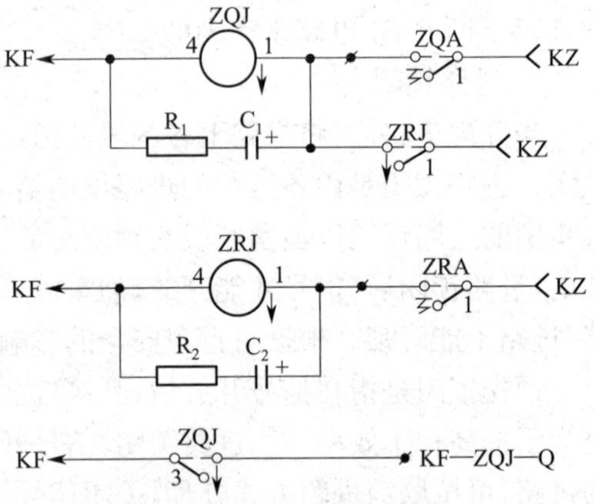

图 5-5 总取消继电器及总人工解锁继电器电路

按下 ZRA 时，总人工解锁继电器 ZRJ 吸起，以接通后续的人工解锁延时电路。此时 ZQJ 被 ZRJ 带动吸起，条件电源“KF—ZQJ—Q”有电，而条件电源“KZ—ZQJ—H”无电。松开 ZRA 后，ZRJ 和 ZQJ 先后落下。

在 ZQJ 和 ZRJ 的线圈上，都并联有电容器 C 和电阻 R，其作用是为了使继电器有 1 s 左右的缓放时间。这样，当办理取消或人工解锁进路时，按下 ZQA(或 ZRA)和进路始端按钮的时间，即使稍有先后，也能保证电路正常工作。

2. 取消继电器电路

取消继电器 QJ 电路按照信号机设置分为调车专用的取消继电器电路和列车与调车共用的取消继电器电路。

图 5-6 是调车专用的取消继电器电路。当按下总取消按钮和该调车进路始端按钮后，因

DAJ 前接点闭合，条件电源"KF—ZQJ—Q"有电。所以接通 $QJ_{3\text{-}4}$ 线圈的励磁电路，使 QJ 吸起。QJ 吸起后经本身第 6 组前接点接通 3-4 线圈自闭电路，直至条件电源"KF—ZQJ—Q"无电时，这条自闭电路才被断开。

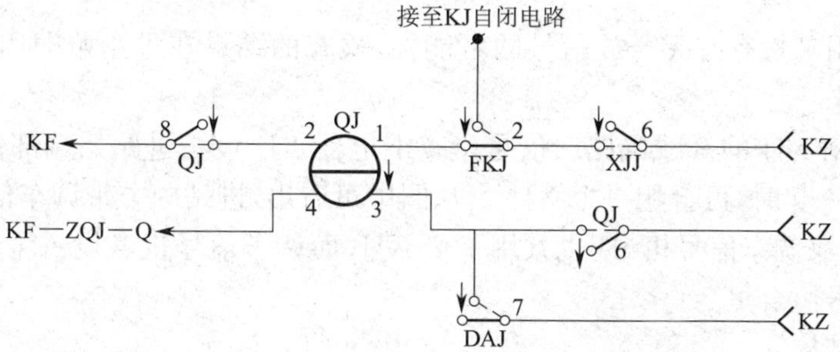

图 5-6　调车专用的取消继电器电路

在办理取消进路和人工解锁时，要求 QJ 进路未解锁之前，一直保持吸起，而对于接车和正线发车进路的人工解锁要保持 3 min，站线发车和调车进路的人工解锁要保持 30 s，显然，靠 QJ 的 3-4 线圈自闭电路是不行的，所以又设计了经 1-2 线圈的自闭电路。在这条自闭电路中，除有本身第 8 组前接点外，还接有信号检查继电器 XJJ 的第 6 组前接点。只有证明解锁电路工作正常，XJJ 已经落下，才准许断开这条自闭电路，使 QJ 自动复原。此外，还接有 FKJ 第 2 组后接点，该接点在此只起电路区分作用，通过它的前接点与 XJJ 第 6 组前接点还控制 KJ 的自闭电路。

应当注意，$QJ_{1\text{-}2}$ 线圈自闭电路不能代替 $QJ_{3\text{-}4}$ 线圈自闭电路，因为在取消误碰或误按的按钮继电器记录时，XJJ 并不吸起。$QJ_{3\text{-}4}$ 线圈自闭电路不能代替 $QJ_{1\text{-}2}$ 线圈的自闭电路，因为前者接通时间较短，而后者接通时间较长。

图 5-7 是列车和调车共用的取消继电器电路。出站兼调车信号机、进站内方带调车信号机时，采用这个电路。

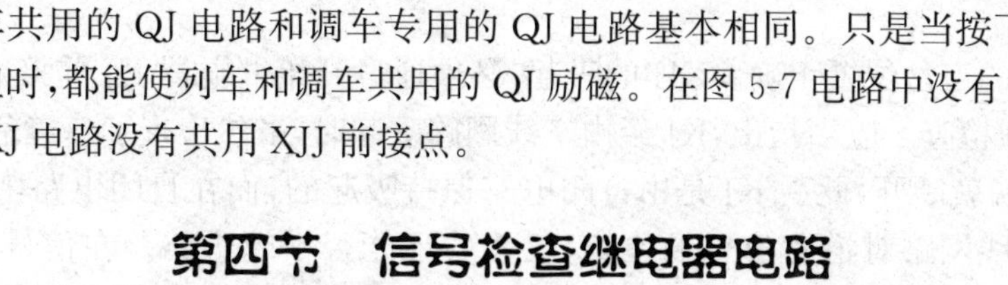

图 5-7　列车和调车共用的取消继电器电路

列车和调车共用的 QJ 电路和调车专用的 QJ 电路基本相同。只是当按下列车进路按钮或调车进路按钮时，都能使列车和调车共用的 QJ 励磁。在图 5-7 电路中没有 FKJ 接点，因为列车信号机的 KJ 电路没有共用 XJJ 前接点。

第四节　信号检查继电器电路

信号检查继电器 XJJ 按电路结构分为调车信号用的 XJJ 和列车与调车信号合用 XJJ，前者在 DX 组合中，后者在 LXZ 组合中。

信号检查继电器XJJ在进路的始端部位，由KJ的前接点将其接入第8线网路，经检查8线上的联锁条件符合后励磁，达到锁闭进路和开放信号的目的。

一、8线网路的结构和检查的联锁条件

8线网路是用来检查有无开放信号的可能性，检查的结果在进路始端用信号检查继电器XJJ状态反映出来。

图5-8是控制XJJ的8线网路。信号检查继电器XJJ设在进路始端部位，当列车进路和调车进路始端在一起时，可合用一个XJJ 。从图中可看出，进站内方带调车信号机X和D_3共用一个XJJ，出站兼调车信号机S_{II}也共用一个XJJ，而调车信号机各设一个专用的XJJ，这些XJJ都设置在信号组合里。

1.8线网路结构

8线网路有以下特点：

(1)每条进路始端的XJJ线圈，其端子3通过局部电路接入KZ电源；端子4经KJ前接点接向8线网路，在进路终端部位接入KF电源。因为调车进路的终端有时在咽喉中间，所以调车进路终端部位，都是由终端继电器ZJ前接点将KF电源接入网路的。

(2)在对应每个轨道区段的位置上接有轨道继电器DGJ的第1组前接点，以证明该轨道区段空闲。

(3)在网路对应股道端处，接有同一股道另一端的照查继电器ZCJ的前接点和终端继电器的后接点，以证明对方未建立敌对进路。

(4)每条进路始端的XJJ局部电路接入KZ电源，8线网路上接入KF电源，调车进路由ZJ的吸起接入KF，列车进路则从网路两端接入KF。

(5)在网路中用道岔表示继电器DBJ或FBJ的第1组接点区分网路的站场形状。

(6)在网路中用开始继电器KJ前接点区分运行方向。在下行咽喉，如果通过KJ前接点接通的是右边的电路即为接车方向；如接通的是左边的电路则为发车方向。

(7)用终端继电器ZJ接点区分进路性质。调车进路时ZJ前接点接通；列车进路时ZJ后接点接通。

上述后3条是执行组网路的共同特点。

2.8线网路检查的联锁条件

(1)进路空闲。是在8线网路上用串接各轨道电路区段的轨道继电器前接点来实现的。例如，在下行ⅠG接车进路中，进站信号机X的XJJ励磁电路中，就串接有ⅠAGJF、5DGJ、3DGJ、9—15DGJ、17—23DGJ、ⅠGJF等继电器的前接点，以证明这条接车进路确实空闲。

(2)进路上的道岔位置正确。XJJ的吸起，必须通过开始继电器KJ前接点，用KJ前接点来间接实现这项检查。应当指出，KJ经由7线网路吸起时，虽然检查了各道岔位置正确，但它吸起后，7线很快就断开，此后KJ是由自闭电路保持吸起的，而在自闭电路中，不反映道岔位置。因而，在8线网路对道岔位置的检查，仅能验证能否锁闭进路。在信号继电器XJ电路中，还要重新检查道岔位置，不能把串接在8线上的道岔表示继电器接点理解为是检查道岔位置用的，因为有很多不是前接点而是后接点，而后接点是不能证明道岔正确位置的，它只起区分电路的作用。

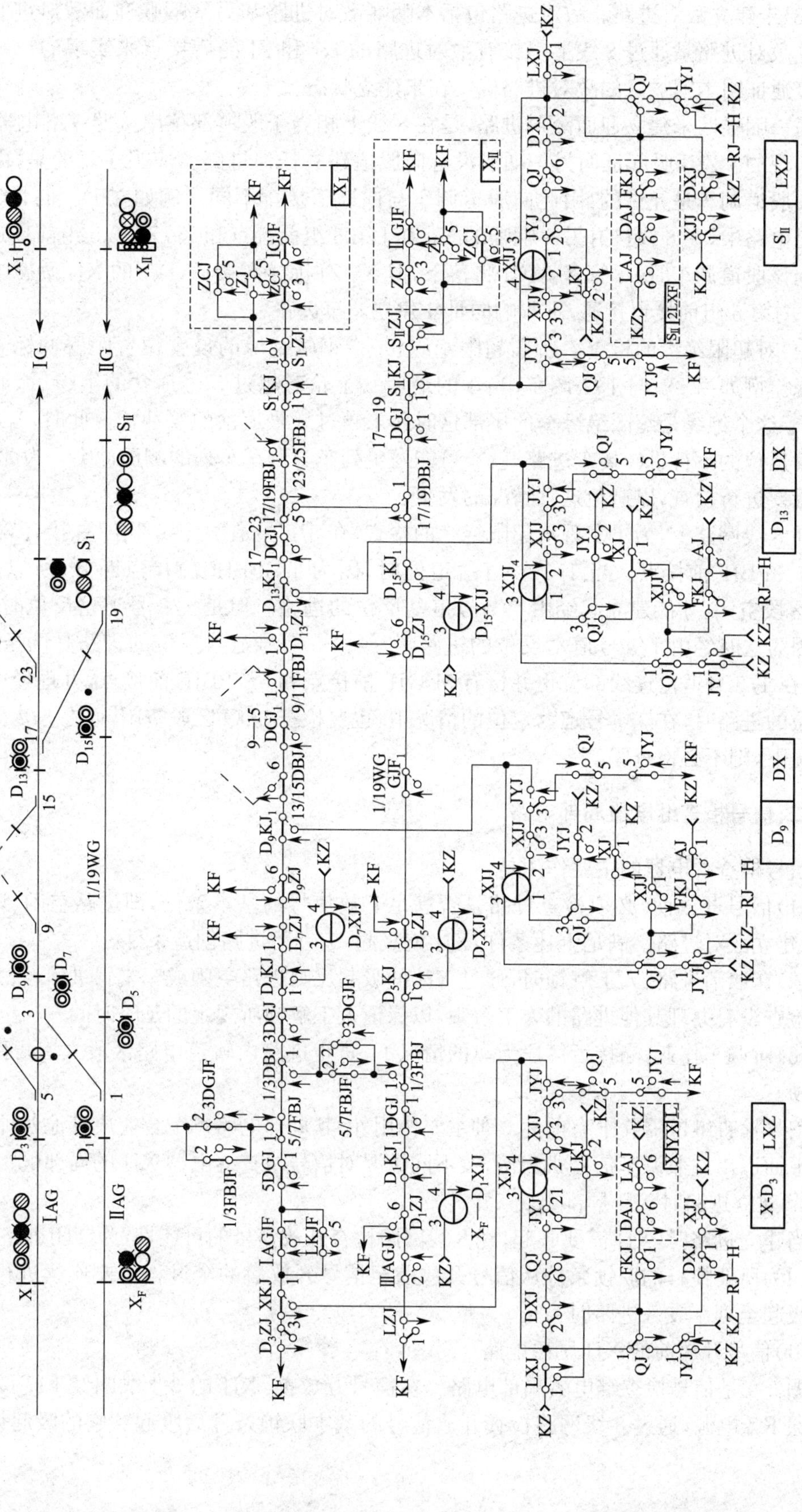

图 5-8 信号检查继电器电路

(3)未建立敌对进路。敌对进路包括本咽喉敌对进路和另一咽喉迎面敌对进路。本咽喉未建立敌对进路是通过 8 线上串接有敌对进路的 KJ 和 ZJ 的后接点来实现的。用这些后接点的接通证明本咽喉区的敌对进路确实在未建立状态。

另一咽喉区未建立迎面敌对进路,是在 8 线上相当于股道部位串接照查继电器 ZCJ 前接点来实现的。ZCJ 吸起证明另一咽喉没有向股道建立任何进路。应当注意的是,由两端同时向同一股道调车是允许的,因此向股道调车与向股道接车不同。例如在 D_{11} 向ⅢG 调车 XJJ 的励磁电路中,在 8 线接有另一咽喉的 $X_{Ⅲ}$ ZCJ 第 5 组前接点和 $X_{Ⅲ}$ ZJ 第 5 组前接点。当另一咽喉向该股道调车时,尽管 $X_{Ⅲ}$ ZCJ 将落下,但 $X_{Ⅲ}$ ZJ 前接点接通,D_{11} 的 XJJ 励磁电路可通过 $X_{Ⅲ}$ ZJ 的第 5 组前接点接通,不影响向ⅢG 建立调车进路。

(4)对超限绝缘的检查。所谓超限绝缘,是指钢轨绝缘的设置位置距警冲标不足 3.5 m 的绝缘。例如由 D_3 向ⅠG 调车,当车的最后一个轮对越过 5 号道岔的绝缘后,如果因故停车,由于这个绝缘是超限绝缘车的尾部这时还未越过 5 号道岔的警冲标。此时,若办理经 5/7 号道岔反位的下行ⅢG 接车进路,就有可能发生列车与调车车列的侧面冲突。为此,必须对超限绝缘要进行检查,以避免这种情况的发生。

在 8 线网路上,为了实现对超限绝缘的检查,在 5/7 号道岔连线部位,并接有 3DGJF 前接点和 1/3FBJF 前接点。当 1/3 号道岔定位时,因为 1/3FBJF 前接点断开,所以,必须检查 3DG 区段空闲,才能建立起经由 5/7 号道岔反位的进路。但是 1/3 号道岔反位时,可以不检查。因为这时经由 1/3 号道岔反位的进路,与经由 5/7 号道岔反位的进路是两条平行进路。同理,在 1/3 号道岔连线部位也并接有 5DGJF 前接点和 5/7FBJF 前接点,办理经由 1/3 号道岔反位的进路时,在 5/7 号道岔定位的情况下,也要检查 5DG 区段空闲,而在 5/7 号道岔反位的情况下,则不必检查。

二、信号检查继电器局部电路

信号检查继电器的主要作用是:

(1)信号开放前,必须检查进路是否满足开放信号的基本条件,即进路空闲、道岔位置正确、未建立敌对进路。满足上述条件,XJJ 就吸起,为锁闭进路创造条件。

(2)在取消进路、人工解锁时,通过 XJJ 的吸起反映进路空闲或车未冒进信号;并在人工解锁前检查没有办理其他进路的人工解锁,以保证人工解锁所规定的延时时间。

(3)对调车作业,当接近区段无车的情况下,防止进路内轨道电路区段人工短路使进路错误解锁。

信号检查继电器除了有前述 3 种主要作用外,其局部电路可配合完成其他各种作用。

下面以出站兼调车信号机为例,按不同情况对信号检查继电器 XJJ 的局部电路进行介绍。

1. 建立进路时 XJJ 局部电路

当建立进路时,XJJ 需要吸起,经 8 线网路检查开放信号的可能性,为锁闭进路准备条件。

因为所要检查的联锁条件从信号开放前至信号开放后的全过程中要连续进行,所以 XJJ 应当吸起至列车驶入进路时为止。

(1)信号开放前的 XJJ 励磁电路

图 5-9 是信号检查继电器局部电路。在信号开放前,XJJ 的 3-4 线圈经 FKJ 第 1 组前接点接通 KZ 电源,通过 8 线网路检查开放信号的基本联锁条件后吸起。它的吸起说明有开放

信号的可能性，并为锁闭进路准备好条件。信号开放以后由于 FKJ 落下，此电路便被断开，但信号检查继电器的任务还未完成。

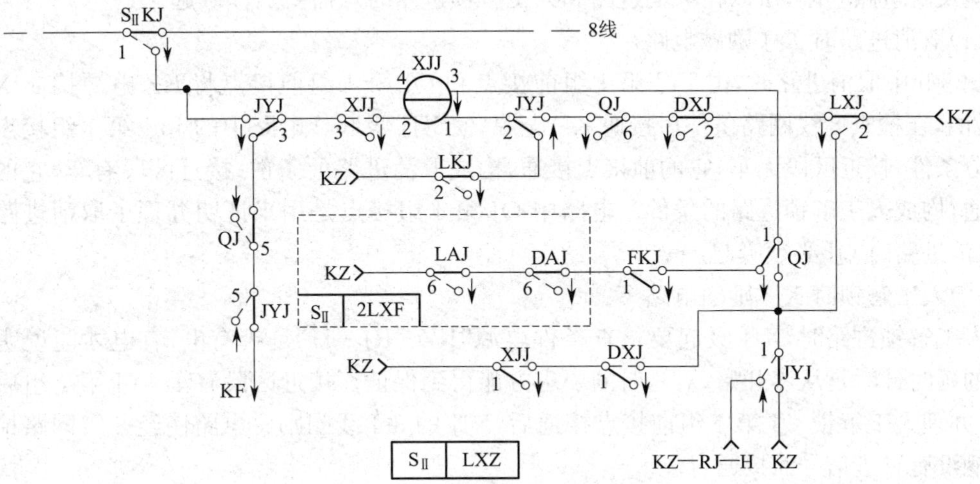

图 5-9　信号检查继电器局部电路

(2)信号开放后的 XJJ 励磁电路

在信号开放后的整个过程中，需要连续检查进路空闲的条件，所以在信号开放后，列车进路是经 LXJ 第 1 组前接点，调车进路是经 DXJ 第 1 组前接点接通 XJJ 励磁电路。继续利用 8 线网路检查进路是否空闲。当机车车辆驶入进路后，8 线网路被断开，XJJ 便停止工作。

(3)重复开放信号时的 XJJ 励磁电路

当信号开放后，进路内因轨道电路故障，使 XJJ 和 XJ 先后落下而关闭信号。故障消失后可办理重复开放信号手续，此时 XJJ 需要重新吸起，以证明进路空闲。当重复开放信号时，FKJ 要重新吸起，XJJ 励磁电路如前所述，仍按信号开放前和信号开放后的励磁电路接通。

(4)调车时 XJJ 的防护电路

在办理调车进路时，要考虑到调车车列驶入进路后保持信号继续开放的问题和调车中途返回解锁问题。所以，对于调车时为 XJJ 专设了不受 8 线网路控制的自闭电路，这条电路是防护用的。在调车作业中，用它防护轨道电路发生人工短路时，由调车中途返回解锁电路使进路错误解锁。图 5-9 中建立调车进路时，XJJ 吸起后，在接近区段无车的情况下，经接近预告继电器 JYJ 第 2 组前接点和 XJJ 本身第 3 组前接点沟通 XJJ 的 1-2 线圈自闭电路。

XJJ 接通自闭电路后就不受 8 线网路控制，此时即使进路内某一轨道电路发生瞬间人工短路，仍将使其保持吸起，以防止调车中途返回解锁电路起作用，而使进路错误解锁。

在这条防护用的自闭电路中，还接有列车开始继电器 LKJ 的第 2 组后接点，当办理列车进路时，用该接点断开自闭电路，因为列车进路不存在中途返回解锁的问题。在该电路中，接有 JYJ 第 3 组接点，是区分电路用的。JYJ 第 5 组接点是电路共用带来的，在此不起作用。在取消进路时，用电路中的 QJ 第 5 组后接点断开防护电路，使 XJJ 复原。

还应当指出，这条防护用的自闭电路，平时得不到检查，当电路断线仍能办理调车作业，出了故障不能发现，电路断线后就起不到应有的防护作用了，所以它并不是理想的防护办法。

2. 取消进路和人工解锁时 XJJ 局部电路

在取消进路和人工解锁进路时,都要检查进路空闲,车未冒进信号。因为 XJJ 经 8 线网路吸起能反映进路空闲,所以在取消进路和人工解锁进路时均需要 XJJ 吸起。

(1)取消进路时 XJJ 励磁电路

图 5-9 中取消进路时,由 JYJ 第 1 组前接点和 QJ 第 1 组前接点将 KZ 电源接向 XJJ 的 3-4 线圈,在检查 8 线网路条件后接通 KF 电源,使 XJJ 吸起。电路中的 JYJ 第 1 组接点是电路区分条件,接近区段无车,它的前接点接通,构成取消进路的条件;接近区段有车,它的后接点接通,构成人工解锁进路的条件。电路中 QJ 第 1 组接点是用来证明办理了取消进路的手续,取消进路时 QJ 必须吸起。

(2)人工解锁时 XJJ 励磁电路

人工解锁进路时,XJJ 吸起要检查条件电源"KZ—RJ—H"是否有电,有电才能说明人工解锁的延时计时是从零开始,对延时的要求方能得到保证。接近区段有车 JYJ 第 1 组后接点接通,办理人工解锁 QJ 第 1 组前接点接通后,XJJ 的 3-4 线圈励磁电路使经 8 线网路检查机车车辆没有冒进信号而接通。

条件电源"KZ—RJ—H"是瞬间有电的,然后很快就断电。接入条件电源"KZ—RJ—H"的目的是证明其他进路没有办理人工解锁。因为延时解锁电路用的继电器一个咽喉共用一套,如果本咽喉其他进路正在延时解锁,对后办的进路来说,延时计时就不是从零开始,就不能保证规定的延时时间了。因此 6502 电气集中规定,在一个咽喉区,同时只准有一条进路在人工解锁。

(3)人工解锁时 XJJ 的自闭电路

在人工解锁进路时,因为上述励磁电路在延时计时开始后,条件电源"KZ—RJ—H"就断电了,为了在延时的过程中利用 8 线网路检查机车车辆自始至终没有驶入进路,所以为人工解锁时的 XJJ 设自闭电路。

图 5-9 中自闭电路是由 XJJ 的 1-2 线圈构成的,由 LXJ 第 1 组后接点和 DXJ 第 2 组后接点串联后接入 KZ 电源,以证明办理人工解锁手续后信号确实已经关闭。在这条自闭电路中,接有 XJJ 本身的第 3 组前接点和证明人工解锁必要条件的 QJ 第 6 组前接点,以及 JYJ 第 2 组后接点。JYJ 第 3 组后接点是作为电路区分条件而接入的,并接向 8 线网路。

对于调车专用的 XJJ 局部电路,电路结构与列调共用的 XJJ 局部电路相同,只是在接点的运用上做了一些变动,并且去掉了与列车进路有关的接点。

3. XJJ 局部电路中的防护措施

XJJ 的局部电路比较复杂,各种不同用途的电路合并后,是否会发生错误动作需要经过实验检查。下面所讨论的接在 XJJ 局部电路中的有关继电器接点,是在检查后专门加入的防护用的接点。

(1)按钮继电器 LAJ 和 DAJ 第 6 组后接点

这两组接点的作用是在办理人工解锁时防止 XJJ 脱离条件电源"KZ—RJ—H"而励磁。人工解锁时 FKJ 和 QJ 的吸起顺序如下:

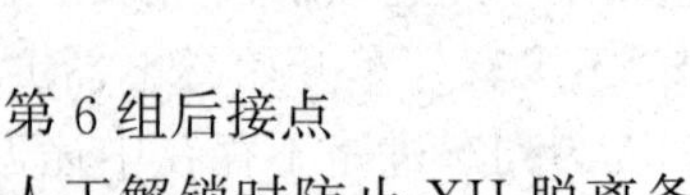

因为 FKJ 先于 QJ 吸起，所以在 XJJ 的 3-4 线圈励磁电路中如果不接入 LAJ 和 DAJ 第 6 组后接点，那么 XJJ 就先通过 FKJ 第 1 组前接点吸起。QJ 吸起后，在 QJ 第 1 组后接点断开至 QJ 第 6 组前接点接通期间，如果在信号关闭的情况下办理人工解锁，XJJ 还未来得及落下，那么，XJJ 又可经由 QJ 第 6 组前接点和 JYJ 第 2 组后接点接通它的 1-2 线圈自闭电路。这样，XJJ 就脱离了条件电源“KZ—RJ—H”而励磁且自闭。为了保证规定的延时时间接入了 LAJ 和 DAJ 第 6 组后接点，防止 XJJ 经 FKJ 第 1 组前接点励磁，迫使它必须经 QJ 第 1 组前接点和条件电源“KZ—RJ—H”而吸起。

在电路中接入 DAJ 和 LAJ 的后接点后，在建立进路时，如手不松开按钮，则 DAJ 和 LAJ 不会落下，因而 XJJ 就不能励磁，进路就不会锁闭。在重复开放信号时，虽然这时进路在锁闭状态，但手不松开按钮，XJJ 也不能励磁，所以信号不能重复开放。因此，在办理进路或重复开放信号时，都不允许长时间按压进路按钮。

(2)XJJ 第 1 组前接点

在办理调车进路时，XJJ 第 1 组接点的防护作用在以下两个方面体现：

①车列中途返回时防止退出进路不能解锁。调车中途返回解锁电路中，要求 XJJ 落下，才能使牵出进路在调车车列返回退出后自动解锁。如图 5-10(a)所示，当办理由ⅠG 向ⅢG 的转线调车作业时，由于牵出车列比较长，先办理好由ⅠG 向 D_3 信号机的牵出进路，当车列从ⅠG 牵出进入 D_7 内方时，由于牵出进路较长，D_7 信号虽然保持亮白灯，但由于 8 线网路被 3DGJ 前接点断开，所以 D_7XJJ 落下。然后，办理 D_{13} 向ⅢG 的调车折返进路。当调车车列依据 D_{13} 白灯显示向ⅢG 折返时，在调车车列退出 3DG 区段，3DGJ 又吸起并断开了 D_7XJ 的白灯保留电路。由于调车信号继电器缓放，其前接点在 XJJ 局部电路中仍接通。因此，如果在电路中不接入 XJJ 第 1 组前接点，则在调车车列退出 3DG 区段后，D_7 的 XJJ 还会重新吸起，3DG 区段就不能按调车中途返回解锁方式解锁了。在电路中接入 XJJ 第 1 组前接点后，能防止 XJJ 在上述情况下重新吸起，以便当车退出 3DG 区段后，牵出进路能按调车中途返回解锁电路自动解锁。

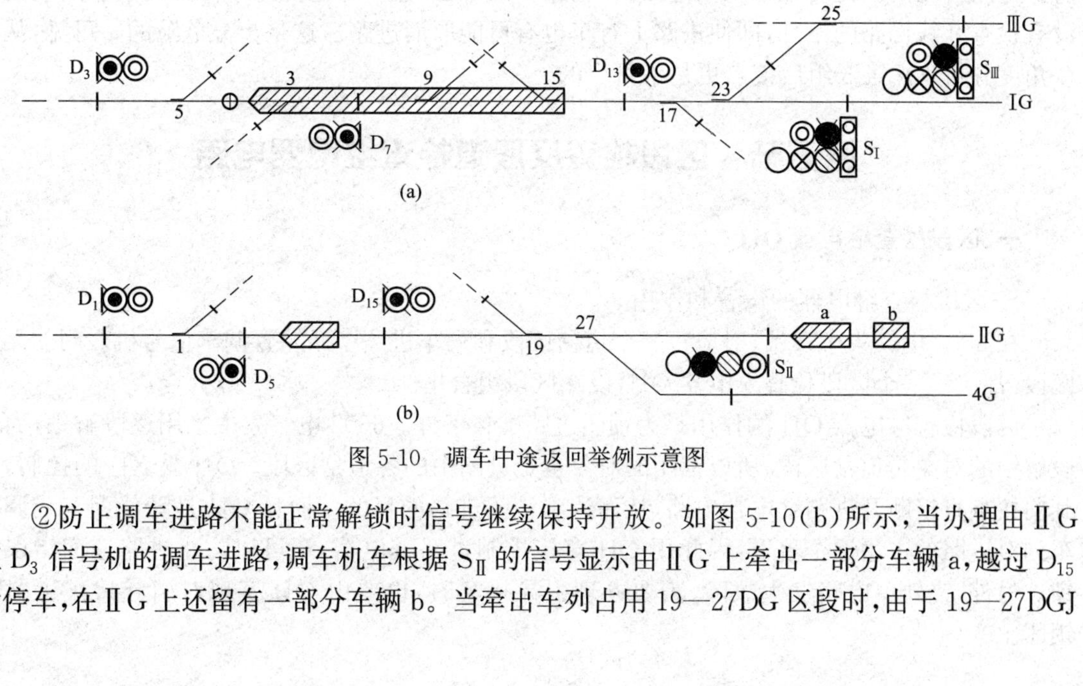

图 5-10　调车中途返回举例示意图

②防止调车进路不能正常解锁时信号继续保持开放。如图 5-10(b)所示，当办理由ⅡG 至 D_3 信号机的调车进路，调车机车根据 $S_{Ⅱ}$ 的信号显示由ⅡG 上牵出一部分车辆 a，越过 D_{15} 后停车，在ⅡG 上还留有一部分车辆 b。当牵出车列占用 19—27DG 区段时，由于 19—27DGJ

落下断开 8 线网路，S_{II} XJJ 落下。牵出车列出清 9—27DG 区段时，19—27DGJ 又吸起并断开 S_{II} DXJ 的自闭电路。但是，因为该调车进路只包括一个道岔区段，调车信号继电器又是缓放的，其前接点不会立即断开。此时若不在 XJJ 局部电路中接入其第 1 组前接点，则 S_{II} XJJ 就会在牵出车列出清 19—27DG 区段时重新吸起，造成进路不能正常解锁(因为正常解锁也要求 XJJ 落下)，并使 S_{II} 信号机继续保持开放，后果是严重的。接入 XJJ 第 1 组接点就不会使 XJJ 重新吸起，上述问题就不存在了。

对于列车进路既没有中途返回解锁的问题，也没有车驶入进路后保持信号继续开放的问题，所以对列车专用的电路，不需要接入 XJJ 第 1 组前接点。

(3)DXJ 第 1 组前接点

DXJ 吸起后，当进路处于接近锁闭状态下，如因调车信号机白灯灯泡断丝，使 DXJ 落下，进路要实行人工解锁，此时，如果在 XJJ 局部电路中不接入 DXJ 第 1 组前接点，则 XJJ 仍吸起。当办理人工解锁手续后，在 QJ 接点转接过程中，XJJ 有可能来不及释放衔铁，又由其 1-2 线圈自闭电路保持吸起。这样，就甩开了必须检查的条件电源“KZ—RJ—H”，不能保证人工解锁的延时时间。

(4)JYJ 第 2 组接点

JYJ 第 2 组接点反映进路锁闭状态，进路在预先锁闭时 XJJ 电路需要防护，用 JYJ 第 2 组前接点接通调车防护电路。进路在接近锁闭时 XJJ 电路不需要防护，用 JYJ 第 2 组后接点切断调车防护电路。

(5)QJ 第 5 组后接点

在取消调车进路时，XJJ 吸起不应接通调车防护电路。如果在电路中不接入 QJ 第 5 组后接点，则在取消调车进路时，XJJ 由于 3-4 线圈励磁后，可经 LKJ 第 2 组后接点，JYJ 的第 2、3、5 组前接点，接通 1-2 线圈的自闭电路，这样，XJJ 就不能复原了。接入 QJ 第 5 组后接点后，能防止产生此种情况。另外，当调车信号机开放后，在接近区段无车时，XJJ 是经其 1-2 线圈的防护电路自闭的。此时如果取消进路，在电路中又不接 QJ 第 5 组后接点，那么 XJJ 的吸起并没有检查 8 线网路的条件，即使进路上有车也有可能取消进路。这是十分危险的。可见，从这一角度分析，QJ 第 5 组后接点更是不可少的。

第五节　区段检查及股道检查继电器电路

一、区段检查继电器 QJJ

1. 区段检查继电器的设置和作用

在 6502 电气集中车站，对应每一个道岔区段和列车进路中两差置调车信号机之间的无岔区段，都应设一个区段检查继电器 QJJ，设在区段组合里。

区段检查继电器 QJJ 的作用是为锁闭进路准备条件。6502 电气集中采用逐段解锁，而逐段解锁的对象是道岔区段，所以锁闭的对象也是进路中的各道岔区段。QJJ 受 XJJ 的控制，用其前接点直接断开进路继电器电路，从而达到锁闭进路的目的。而且 QJJ 是随着列车或调车车列对进路的占用逐个落下，因此用 QJJ 直接控制进路继电器，还可以防止进路迎面错误解锁。另外，当轨道电路发生故障，需要办理引导接车时，也要由 QJJ 实现对引导接车进路的锁闭。

因为实行进路锁闭涉及进路中各道岔区段，所以 QJJ 用网路线进行控制。9 线网路是 QJJ 的励磁网路线，10 线网路是 QJJ 的自闭网路线。

在单线进站信号机处，以及双线双向运行的进站信号机处，也设有 GJJ，这是由于采用 1LXF 定型组合的缘故，它还起另外的特殊作用。例如 X_D 进站信号机处的 X_DGJJ，可在取消进路时向 13 线转接解锁电源。双线单向运行的发车口处在零散组合中设 GJJ，其吸起将作为信号辅助继电器 XFJ 的励磁接通条件。

2. 9 线网路与 QJJ 励磁电路

图 5-11 是 QJJ 和股道检查继电器 GJJ 电路。9 线网路结构具有以下特点：

(1)用 DBJ 和 FBJ 的第 2 组接点区分网路的站场形状。在这里 DBJ 或 FBJ 的接点，不起检查道岔位置的作用。

(2)9 线网路的 KZ 电源，是从进路始端部位经信号检查继电器 XJJ 第 2 组前接点接入的，并从进路始端送至进路终端。KF 电源由各轨道电路区段经轨道继电器 DGJ 第 2 组前接点接入。

(3)同一咽喉区各道岔区段的 QJJ 的 3-4 线圈，都并接在 9 线网路上。若网路线接通 KZ 电源，则进路上各区段的 QJJ 都会吸起。

(4)9 线网路上的终端继电路 ZJ 第 2 组接点是确定调车进路终端的。办理调车进路时，用 ZJ 第 2 组后接点断开 9 线网路，防止进路外的道岔错误锁闭。

掌握了 9 线网路的结构后，在建立进路时，就可知道哪些 QJJ 能吸起。例如，当建立下行ⅠG 的接车进路时，当 X 信号机的 XJJ 吸起后，9 线网路就接入 KZ 电源，这时能吸起的继电器有：5QJJ、3QJJ、9—15QJJ 等。又如，在建立由 D_3 至 D_9 的调车进路时，当 X—D_3/XJJ 吸起后，9 线网路接入 KZ 电源，能吸起的继电器是 5QJJ 和 3QJJ。而 9—15QJJ 就不能励磁，因为 D_7ZJ 已经吸起，在调车进路终端部位将 9 线网路断开。显然，这时如果使 9—15QJJ 吸起，将会造成 9/11 和 13/15 号道岔的错误锁闭。

在向 9 线接入 KZ 电源时，还串接有取消继电器 QJJ 第 2 组后接点，这是当取消进路或人工解锁时用来断开 KZ 电源，使 QJJ 和 GJJ 复原，为进路解锁准备条件的。

在 9 线网路中还接有引导按钮继电器 YAJ 第 2 组接点，这是锁闭引导接车进路时用的。

3. 10 线网路和 QJJ 自闭电路

对于 QJJ 仅有 9 线网路的励磁电路是不安全的。当车进入信号机内方时，XJJ 将随着 DGJ 的失磁而落下，于是进路中所有的 QJJ 将一起落下。对车还未到达的运行前方各道岔区段来说，这些区段的 QJJ 落下，就意味着会提前解锁，这是十分危险的。例如由 X 进站信号机向ⅠG 接车，当列车进入信号机内方并在 5DG 区段运行时，如果车站值班员在办理个别区段的故障解锁，错误按下了 3DG 区段的事故按钮 SGA，则 3DG 区段会立即解锁，这种情况叫做列车迎面错误解锁。

这样，很有可能 1/3 号道岔正在转换时，列车开过来就造成重大事故。如果在电路上采取措施，禁止提前做解锁准备，列车不到达该区段，该区段的 QJJ 继续保持吸起，那么就能够防止上述危险。利用 10 线网路构成 QJJ 的自闭电路，就可以达到防止列车迎面错误解锁的目的。10 线网路的结构如下：

(1)用 DBJF 或 FBJF 的接点区分网路的站场形状。

(2)本咽喉区的 $QJJ_{1\text{-}2}$ 线圈都并接在 10 线网路上。

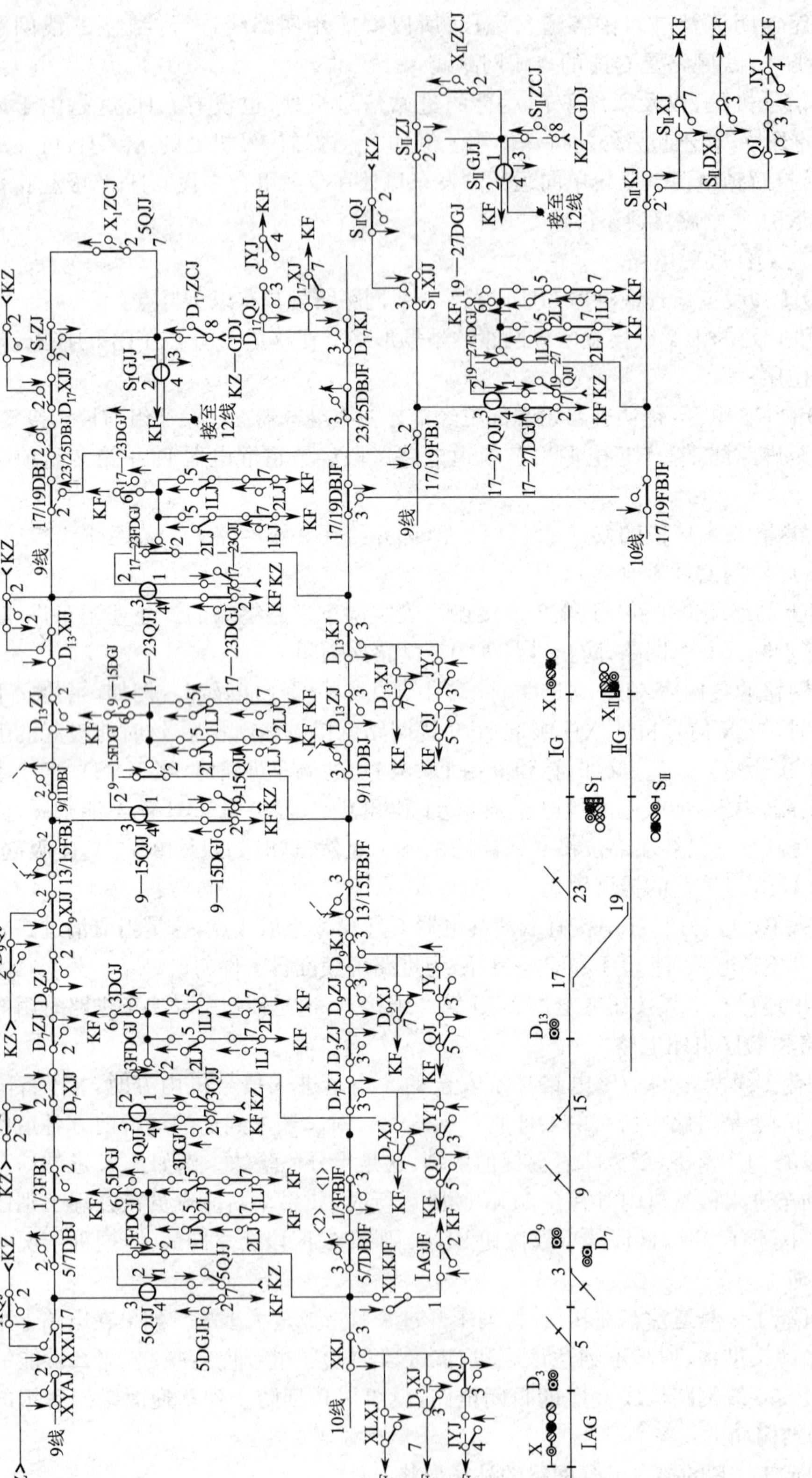

图 5-11 QJJ 和 GJJ 电路

(3)由10线网路的进路始端部位经KJ第3组前接点接入KF电源,一直供电至进路终端。如果调车进路终端在咽喉中间,用ZJ第3组后接点断开网路。

(4)为防止迎面错误解锁,由车占用区段的轨道反复示继电器FDGJ前接点向10线网路分别接入KF电源。

因为并接在10线网络上的$QJJ_{1\text{-}2}$线圈是由本身的第7组前接点接通电路的,所以把10线称为QJJ自闭用的网路线。QJJ能否自闭,关键在于10线网路是否有电和车是否占用该区段。

二、10线网络结构和QJJ自闭电路

现以X进站信号机向ⅠG接车为例,对10线网路接入KF电源的条件及其接通和断开的先后顺序进行分析。

1. 在进路始端由KJ前接点接入KF电源的支路

其一是,KF—$LXJ_{71\text{-}72}$(或$D_3XJ_{31\text{-}32}$)—$KJ_{32\text{-}31}$—10线;其二是,KF—$JYJ_{41\text{-}43}$—$QJ_{31\text{-}33}$—$KJ_{32\text{-}31}$—10线。

经由LXJ或DXJ前接点,向10线送出KF电源,是在进路处于预先锁闭时,使QJJ构成自闭电路,而在取消进路或人工解锁时,用LXJ或DXJ的缓放给车列未占用区段的QJJ供KF电源,以满足先关闭信号,后解锁进路的要求。

经接近预告继电器JYJ后接点向10线供KF电源支路的作用是:当进路处于接近锁闭时,若用正常办法(如办理取消进路)不能关闭信号,须采用特殊情况关闭信号(按下区段事故按钮),但只准许使信号关闭,不准许使该区段不延时就解锁。有了这条供电支路,则在按下区段事故按钮时,11线网路被断开,信号随之关闭。但经由JYJ后接点继续向10线送出KF,使进路上的QJJ均保持吸起,防止不延时解锁。在办理人工解锁时用QJ第3组后接点断开此支路,使进路中的QJJ都落下,做好延时解锁准备。该支路中JYJ第4组后接点还在调车中途返回解锁电路中起作用,因为在调车中途返回时,调车车列退出原牵出进路的接近区段后,才能进行中途返回解锁,这时JYJ吸起,断开向10线网路所供KF电源,所以能使中途返回解锁电路正常工作。

2. 有车在ⅠAG区段运行,经ⅠAGJF后接点接入KF电源的支路

为保证列车运行过程中,不间断地向10线网路供电,必须由此支路先接通KF电源,后断开由KJ前接点接入的KF电源。为了先接通下一区段经FDGJ供出的KF电源,后断开本支路电源,所以对于ⅠAG区段,必须使用ⅠAGJF继电器接点,而不能使用ⅠAGJ的接点,从而使断电时间延迟一步。

3. 在每个道岔区段经FDGJ的前接点接入的KF电源支路

其一是,KF—$2LJ_{71\text{-}72}$—$1LJ_{51\text{-}53}$—$FDGJ_{22\text{-}21}$—10线;其二是,KF—$1LJ_{71\text{-}72}$—$2LJ_{51\text{-}53}$—$FDGJ_{22\text{-}21}$—10线;其三是,KF—$DGJ_{61\text{-}62}$—$FDGJ_{21\text{-}22}$—10线。

上述前两条支路的作用相同,是用以区分列车或调车车列占用还是轨道电路区段故障的。如果是列车占用,即列车在进路上运行,那么支路1或支路2给10线网路送出KF电源,使车运行前方区段的QJJ都吸起,防止迎面提前错误解锁。由于列车运行方向不同,每个区段的两个进路继电器吸起的顺序也不同,所以需两条支路的条件才能完成任务。列车从左向右运行时,进路继电器动作顺序是1LJ先吸起,2LJ后吸起。列车从右向左运行时,进路继电器动

作顺序是 2LJ 先吸起，1LJ 后吸起。为此，在前两条支路中接有 1LJ 和 2LJ 的条件，当车驶入该区段时，一个 LJ 吸起，另一个 LJ 落下，以区别列车的运行方向。如果是轨道电路故障时，前两条支路不能向 10 线网路供电，使其运行前方区段的 QJJ 都落下，进路无法正常解锁。

上述第三条支路的作用是保证列车运行时向 10 线网路连续供电。因为当列车在进路上运行，出清本区段进入下一个区段时，从本区段后吸起的 2LJ(或 1LJ)，到下一个区段先吸起的 1LJ(或 2LJ)这段时间内，10 线网路有瞬间断电，为了保证列车运行前方区段的 QJJ 能可靠自闭。所以在列车刚出清本区段时，通过 DGJ 前接点给 10 线网路接入本供电支路。

建立调车进路时的进路锁闭，以及将敌对进路锁在未建立状态的电路原理与列车进路相同。列车进路中的无岔轨道区段，也设区段组合，但其 QJJ 电路与道岔区段有以下不同：

(1)向无岔区段办理调车进路时，无岔区段的 QJJ 不需励磁，无岔区段不锁闭，故不设 SJ。

(2)排列经过无岔区段的长调车进路或列车进路时，情况就有所区别，排长调车进路时 QJJ 仍不能励磁，而排列车进路时 QJJ 又必须励磁，锁闭进路。

取消进路和人工解锁进路时，需要使 QJJ 和 GJJ 复原以便做好解锁准备，故在 9 线各 XJJ 前接点之后串接有 QJ 第 2 组后接点。办理取消和人工解锁进路时，用 QJ 吸起切断供给 9 线的 KZ，而在信号关闭 XJ 落下后又断开了 10 线 KF，使进路上 QJJ 失磁。

为了办理引导进路锁闭，开放引导信号，用引导按钮继电器 YAJ 的第 2 组前接点向 9 线接入 KZ 电源，使引导进路的 QJJ 和 GJJ 励磁，锁闭引导进路。为了在引导进路锁闭后，引导列车占用轨道区段时保持 QJJ 吸起，用 CJ 第 2 组后接点接通 QJJ 的 3-4 线圈的自闭电路。为使引导进路能正常按引导方式解锁及不使道岔区段故障的进路错误锁闭，在每个道岔区段 QJJ 的 3-4 线圈局部电路 KF 电源处，接有轨道继电器复示继电器 DGJF 的第 6 组前接点。某段轨道电路故障时，由于 DGJF 的落下断开 KF 电源，使故障区段的 QJJ 不能励磁，防止了进路错误锁闭。这是区段检查继电器励磁时首先要检查的一项内容，即通过 DGJF 前接点检查区段是否空闲，或者发生轨道电路故障。

由上述分析可知，10 线网路是作为防护电路用的，车占用哪个区段，哪个区段才有解锁的可能，防止了列车运行前方区段提前错误解锁的危险。这个防护电路在正常办理列车进路和调车进路的过程中应该得到检查，检查有无断线故障，因断线后就起不到防护作用了。

三、股道检查继电器 GJJ 电路

1. 股道检查继电器的设置和作用

在 9 线网路上除设有区段检查继电器 QJJ 外，还设有股道检查继电器 GJJ，GJJ 的设置和作用有以下几种情况：

(1)具有接、发车作业的股道都需要设置两个 GJJ，分别设在股道两端的信号辅助组合里，其作用是与照查继电器 ZCJ 配合，锁闭另一个咽喉的敌对进路。另外，还参与取消进路解锁和人工解锁电路的工作。

(2)在单线区段及双线双向运行区段的进站信号机处需设一个 GJJ，设在信号辅助组合 1LXF 里，其作用是锁闭迎面敌对进路；并且在取消进路解锁和人工解锁进路时，通过 12 线网路吸起，向 13 线网路接通 KF 解锁电源。

(3)在双线单向运行区段有两个及以上发车方向的车站，在对应主要发车方向的发车口处需设一个 GJJ，放在零散组合里。它的作用是接通信号辅助继电器 XFJ 电路。

2. 股道检查继电器 GJJ 电路

股道检查继电器 GJJ 的 1-2 线圈经终端继电器 ZJ 接点接在 9 线网路上。同 QJJ 一样，当 9 线网路接通 KZ 电源时，GJJ 就吸起，但断开 9 线 KZ 电源时，因 GJJ 没有自闭电路就落下。

接在 9 线网路上的 QJJ 和 GJJ 吸起的作用可以用逻辑关系式表示如下：

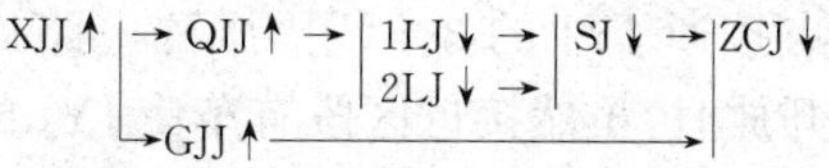

SJ 落下，说明进路上的道岔已经锁闭，同时将本咽喉的敌对进路也锁闭。由以上逻辑关系不难看出，若 8 线网路所检查的联锁条件得不到满足，那么 XJJ 就不能励磁，因而 QJJ 和 GJJ 也不能励磁。QJJ 和 GJJ 不励磁，就不会实现进路锁闭，信号也就不能开放。由 8 线网路检查锁闭进路的条件，由 9 线网路执行锁闭进路的命令，这样就能防止道岔和敌对进路的错误锁闭。

股道检查继电器 GJJ 的 3-4 线圈是参与进路解锁工作的，因而它接在 12 线网路上。当取消进路或人工解锁时，用其吸起表明 12 线网路工作正常，用 GJJ 的前接点给 13 线供 KF 解锁电源。

有两个发车方向的主要发车口处 GJJ 的 1-2 线圈也接在 9 线网路上，办理发车进路时，经 XJJ 的前接点给 9 线网路送出 KZ 电源，使 GJJ 吸起并用其前接点接通信号辅助继电器 XFJ 电路，为开放主要方向的出站信号做好准备。此处 GJJ 的 3-4 线圈不参与解锁电路工作。

第六节　接近预告及照查继电器电路

一、接近预告继电器 JYJ 电路

进路的预先锁闭和接近锁闭是在信号开放后由接近区段是否有车来区分的，那么对应每架信号机就应设一个能反映在信号开放后其接近区段有无车的继电器，这个继电器就是接近预告继电器 JYJ。对应于每架信号机均要设一个 JYJ，出站兼调车信号机可以合用一个 JYJ，它们都设在信号组合里。

接近预告继电器的作用是：在信号开放后，用来区分进路的状态，即车未驶入接近区段时，JYJ 吸起，进路处于预先锁闭状态；当车驶入接近区段后，JYJ 落下，进路处于接近锁闭状态。

因为各种信号机的接近区段不同，所以 JYJ 的电路也不同。JYJ 的电路有以下 3 种类型。

1. 调车信号机专用的 JYJ 电路

考虑到故障导向安全原则，用 JYJ 的吸起状态来反映接近区段无车占用，用 JYJ 的落下状态来反映接近区段有车占用。

调转用 JYJ 电路如图 5-12 所示，接近预告继电器有两条电路，JYJ 的 3-4 线圈在励磁电路中，JYJ 的 1-2 线圈在自闭电路中。励磁电路是：KZ—JYJ_{3-4}—$DGJF_{42-41}$—KF；自闭电路是：KZ—JYJ_{1-2}—XJ_{33-31}—JYJ_{41-42}—KF。

JYJ_{3-4} 线圈励磁电路反映接近区段是否有车：如果无车，那么 DGJF 就励磁吸起，JYJ_{3-4} 线圈有电；如果有车，那么 DGJF 就失磁落下，JYJ_{3-4} 线圈断电。在 JYJ_{1-2} 线圈自闭电路中接有 XJ 后接点，当信号开放时，用 XJ 的前接点断开 JYJ_{1-2} 线圈自闭电路。以上不难看出，JYJ 失磁落下必须具备以下两个条件：

(1)接近区段有车，DGJF 失磁落下，断开 JYJ_{3-4} 线圈电路。

(2)信号开放，XJ 励磁吸起，断开 JYJ_{1-2} 线圈电路。

两个条件都具备，JYJ 才能失磁落下，表示进路处于完全锁闭状态。

励磁电路反映接近区段的状况，图 5-12 中，如果 D_{11} 的接近区段无车，则 7DG 区段的 DGJF 吸起，用其第 4 组前接点接通 JYJ 的 3-4 线圈励磁电路；如果接近区段有车，DGJF 落下，断开励磁电路。在信号未开放时，虽然接近区段有车使 JYJ 的 3-4 线圈断电，但仍可由 1-2 线圈经 XJ 的第 3 组后接点和 JYJ 本身的第 4 组前接点保持吸起。只有当信号开放(KJ 第 8 组后接点和 XJ 第 3 组后接点均断开)，并且接近区段有车时，JYJ 的 1-2 线圈和 3-4 线圈电路都被断开，JYJ 才落下，说明进路处在接近锁闭状态。

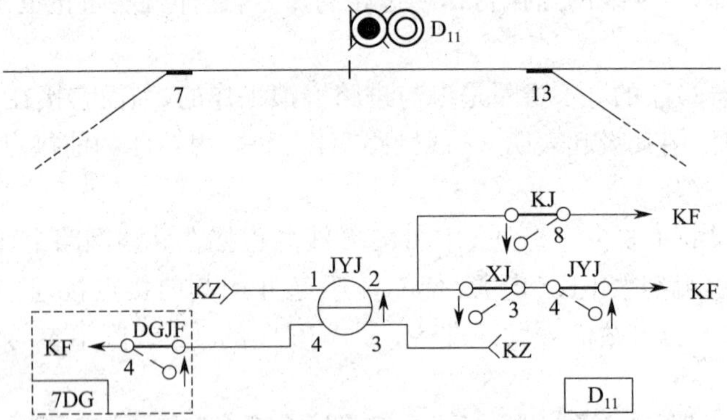

图 5-12 调车专用 JYJ 电路

当车进入信号机内方并出清接近区段后，JYJ 的 3-4 线圈随 7DG 区段的 DGJF 第 4 组前接点闭合而吸起，通过本身第 4 组前接点及 XJ 第 3 组后接点经 JYJ 的 1-2 线圈而自闭。JYJ 不能由其 1-2 线圈电路励磁，因为在电路中接有本身的前接点。在正常情况下，车不出清接近区段，进路内方的第一个道岔区段不会解锁，KJ 不可能落下，所以 JYJ 也不能通过 KJ 后接点吸起。

在正常情况下，车不出清接近区段，进路内方第一个道岔区段不解锁，KJ 不会失磁落下，所以 JYJ 也不能通过 KJ 后接点励磁吸起。

当进路锁闭、信号开放、接近区段无车的情况下，此时 JYJ 的 1-2 线圈断电，而经 JYJ 的 3-4 线圈吸起。这时进路处于预先锁闭，如果因故需要将进路取消，可采用取消进路的方法。

在 JYJ 的 1-2 线圈电路中，之所以并接有 KJ 第 8 组后接点，是因为当信号开放后，车已进入接近区段，进路处于接近锁闭，若因故取消进路，只能采取人工解锁的方法。此时，由于 JYJ 落下，在人工解锁进路后，准许经由 KJ 第 8 组后接点使 JYJ 重新吸起。这样在第二次办理进路，进路锁闭后，由于某种原因不能开放信号，则可用取消进路的方法使进路解锁，否则将由于 JYJ 不吸起，势必采取人工限时解锁，而影响作业效率。

2. 进站内方带调车和站线出站兼调车用的 JYJ 电路

图 5-13 是进站内方带调车用的接近预告继电器 JYJ 电路。提速区段进站信号机 X 的接近区段为 2JG 和 3JG(在非提速区段为进站信号机前方的第一个接近区段)，调车信号机 D_3 的接近区段为ⅠAG，在 JYJ_{1-2} 线圈电路中用列车开始复示继电器 LKJF 的第 4 组接点把这两者区分开来。当进站信号机开放，建立接车进路，LKJF 前接点接通，用 JYJ 反映 2JG 和 3JG 区段的情况；当调车信号机开放，建立调车进路，LKJF 后接点接通，用 JYJ 反映ⅠAG 区段的情况。

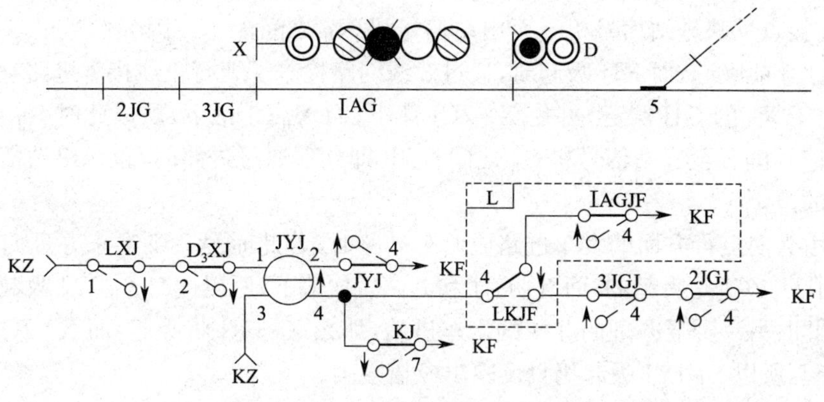

图 5-13　进站内方带调车共用的 JYJ 电路

3. 正线出站兼调车信号机用的 JYJ 电路

在非提速区段办理通过列车进路时，正线出站兼调车信号机的接近区段是由同方向的进站信号机开始至该出站信号机为止，但对始发列车或停站后再发的列车来说，其接近区段是股道。办理调车作业时调车信号机的接近区段仍是股道。

在提速区段办理列车通过进路时，自动闭塞区段正线出站信号机的接近区段由同方向的进站信号机的 3JG 区段开始至该出站信号机为止，但对始发列车或停站后再发的列车来说，其接近区段是股道。正线出站兼调车用 JYJ 电路如图 5-14 所示。

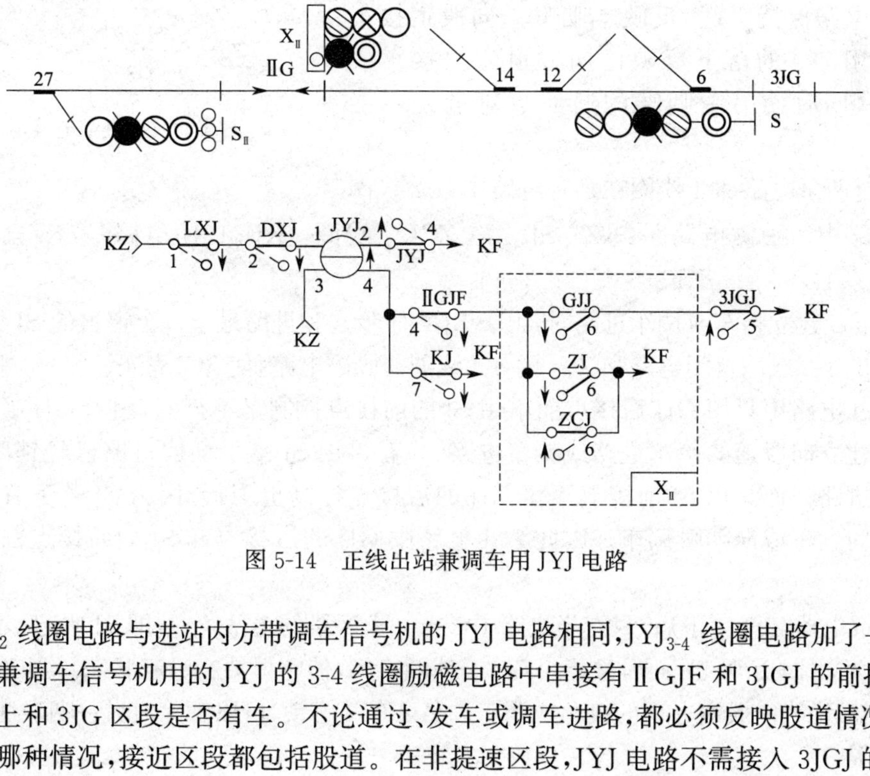

图 5-14　正线出站兼调车用 JYJ 电路

$JYJ_{1\text{-}2}$ 线圈电路与进站内方带调车信号机的 JYJ 电路相同，$JYJ_{3\text{-}4}$ 线圈电路加了一些条件。正线出站兼调车信号机用的 JYJ 的 3-4 线圈励磁电路中串接有ⅡGJF 和 3JGJ 的前接点，用它反映股道上和 3JG 区段是否有车。不论通过、发车或调车进路，都必须反映股道情况，因为上述无论是哪种情况，接近区段都包括股道。在非提速区段，JYJ 电路不需接入 3JGJ 的前接点。

在JYJ的3-4线圈电路中，还串接有GJJ、ZJ和ZCJ三组接点组成的并联电路环节。其中X_{II}的GJJ前接点反映进站信号机S至出站信号机X_{II}之间无车。因为信号机S的XJJ吸起后，X_{II}的GJJ才能吸起，而XJJ吸起时，通过8线网路检查了上行正线接车进路空闲。在办通过进路时，由于X_{II}的GJJ吸起，并使X_{II} ZCJ落下，而X_{II} ZJ落下，所以此时S_{II} JYJ能吸起，反映出进站信号机S至出站信号机S_{II}之间空闲，即办理通过进路时，正线出站信号机的接近区段是空闲的。

当办理由Ⅱ向上行方面的发车进路或调车进路时，若此时另一咽喉未办理向ⅡG的调车进路，则这时X_{II} ZCJ是吸起的，而X_{II} GJJ和D_{II} ZJ均落下，所以此时S_{II} JYJ吸起仅反映股道空闲。假如此时另一咽喉办理向ⅡG的调车进站，那么X_{II} GJJ将吸起，而X_{II} ZCJ落下，但此时X_{II} ZJ吸起，所以S_{II} JYJ吸起仍只反映出股道空闲。

出站兼调车信号机用的接近预告继电器电路，因为列车和调车的接近区段相同，都是股道，所以，其电路构成原理与调车信号机专用JYJ电路相同。

二、照查继电器电路

照查继电器的作用是锁闭另一咽喉的迎面敌对进路。对应每一条能接车的股道都要设照查继电器ZCJ，由于照查关系是相互的，所以对应每一股道应设置两个ZCJ，分别放在对应股道的出站信号机的1LXF或2LXF组合里，用来实现对同一股道迎面敌对进路的照查。

照查继电器电路如图5-15所示，平时由ZCJ的1-2线圈自闭电路保持吸起，反映本咽喉未向股道接车或调车。用ZCJ的落下反映已向股道建立接车或调车进路，同时使另一咽喉的迎面敌对进路不能建立。

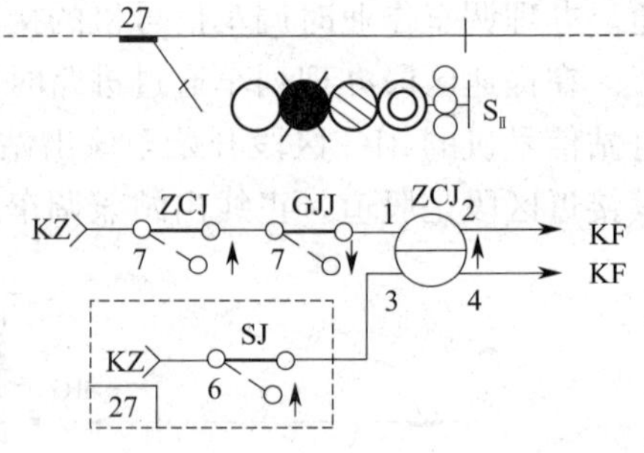

图5-15 照查继电器电路

ZCJ有两条电路，3-4线圈在励磁电路中，1-2线圈在自闭电路中。励磁电路是：KZ—$SJ_{61\text{-}62}$—$ZCJ_{3\text{-}4}$线圈—KF；自闭电路是：KZ—$ZCJ_{71\text{-}72}$—$GJJ_{71\text{-}73}$—$ZCJ_{1\text{-}2}$线圈—KF。

当向ⅡG建立接车或调车进路时，由于S_{II} GJJ吸起和进路最末一个道岔的SJ落下，分别断开ZCJ的1-2线圈自闭电路和ZCJ的3-4线圈的励磁电路，使ZCJ落下。

在ZCJ电路中只用GJJ后接点而不用SJ的前接点控制是不行的，因为GJJ吸起并不足以说明已建立向股道的接车进路或调车进路，只有再用SJ落下证明进路已经锁闭，才能说明建立了进路。而只用SJ前接点不用GJJ的后接点控制也不行，因为SJ落下有可能是由股道向区间发车或向咽喉调车。因此ZCJ电路中GJJ的后接点和SJ的前接点都是不可缺少的。

照查继电器ZCJ落下后，只有当进路中最末一个区段的道岔解锁，即SJ吸起，才能使ZCJ经由其3-4线圈重新吸起，而后又能由其1-2线圈自闭，使它保持在吸起状态。当ZCJ由落下又重新吸起，说明向股道办理的接车或调车进路已全部解锁，可以解除对另一咽喉迎面敌对进路的锁闭了。

第七节　信号继电器电路

信号继电器电路是控制信号的主要电路。对应每架信号机设置一个信号继电器，对应进站内方带调车、出站兼调车信号机处应设两个信号继电器，即一个列车信号继电器 LXJ 和一个调车信号继电器 DXJ。信号继电器设在信号组合里，信号继电器电路如图 5-16 所示。

信号继电器电路因为要检查道岔位置及进路锁闭情况，涉及进路中各道岔，所以要采用站场形网路，11 线就是信号继电器用的网路线。因为进站、出站、调车信号机显示不同，自动关闭信号的时机不同，所以它们的局部电路也各不相同。对于信号继电器检查的联锁条件，一般共同的在 11 线网路上检查，个别的在局部电路中检查。

一、开放信号的基本联锁条件

根据《铁路技术管理规程》的有关规定，以及长期运用实践的经验，开放信号时应检查以下联锁条件：

(1)进路必须在空闲状态

在开放信号时及在信号开放过程中，必须连续检查进路在空闲状态。

(2)未建立敌对进路

开放信号时及在信号开放过程中，必须连续检查敌对进路在未建立状态，并且确实被锁在未建立状态。

(3)进路上道岔位置正确

在开放信号时及在信号开放过程中，必须连续检查进路上的道岔(包括防护道岔)位置正确，并且确实被锁在规定位置。

(4)信号机必须手动开放，自动关闭，应能防止自动重复开放

信号机必须是在办理进路时经车站值班员的操纵才能开放。信号关闭以后，不得自动重复开放。但在通过列车较多的车站，允许进站信号机和正线上的出站信号机，在车站值班员的操纵下，改为自动重复开放方式。

(5)列车信号和调车信号自动关闭时机不同

列车信号应在列车第一轮对驶入进路后立即自动关闭。调车信号自动关闭分为两种情况：一是调车车列驶入进路完全出清接近区段后，调车信号自动关闭；二是当接近区段留有部分车辆，调车车列驶入进路出清进路内方第一个轨道电路区段后才能自动关闭。调车信号自动关闭时机滞后，是因为进行调车作业时，有时机车在后面推送，避免车列在蓝灯下运行。

(6)列车信号和调车信号应能随时手动关闭

在取消进路和人工解锁时，经操纵信号机应先关闭，然后才准许进路解锁。在特殊情况下，即信号机不能自动关闭，按取消进路方式也不能手动关闭时，应能采用按下区段事故按钮的办法关闭信号，以应急需。

(7)进站信号机的允许灯光因故障熄灭时应自动改点禁止灯光

如果进站信号机的允许灯光——黄灯或绿灯熄灭，没有任何显示，虽然按行车规则规定：色灯信号机灭灯应作为禁止信号，但是考虑到灭灯若发生在夜间，司机在远处看不见进站信号机，等司机驶近发现灭灯时，为了不冒进信号，势必要采取紧急制动，紧急制动可能会造成严重

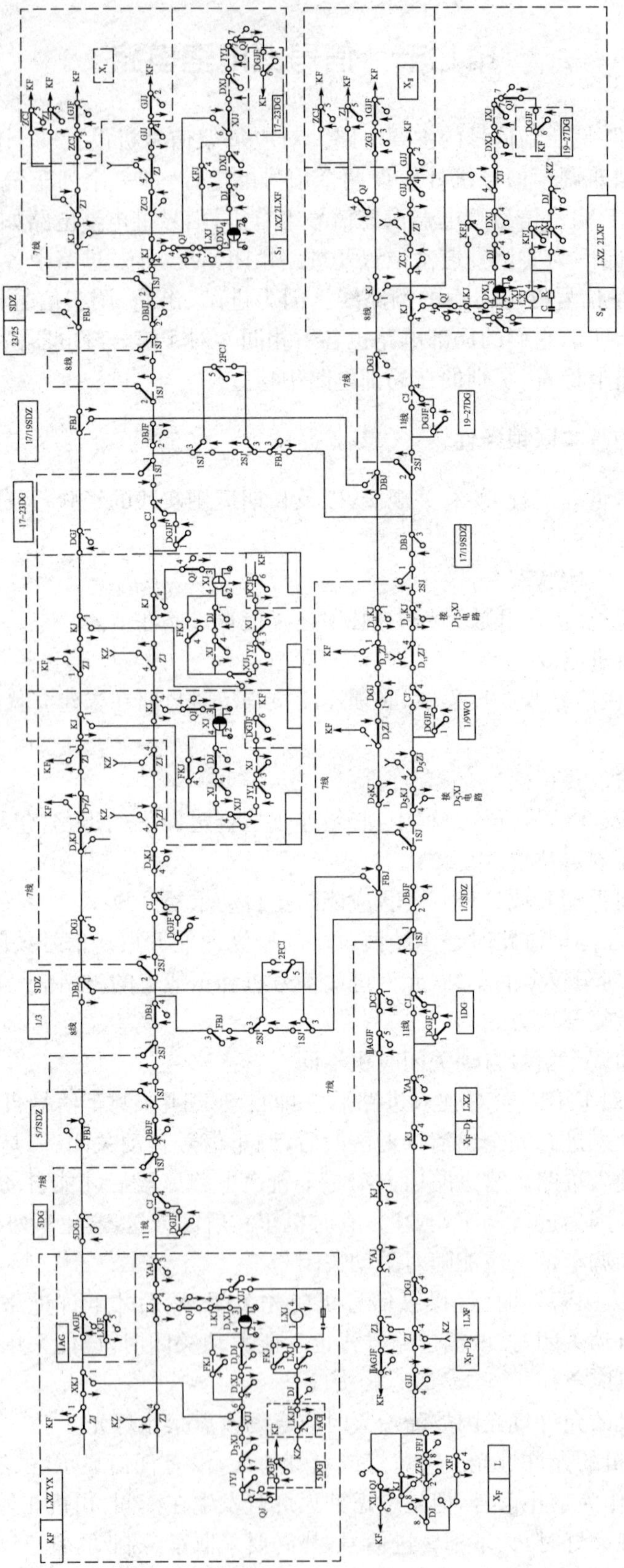

图 5-16　信号继电器电路

后果。为避免上述行车事故的发生,进站信号机的允许灯光因故障熄灭时,要保证能自动改点禁止灯光——红灯。

(8)进站信号机和正线上的出站信号机开放时,应先检查红灯灯丝的完整性,当红灯断丝时不准许开放允许灯光

如果红灯灯泡断丝又开放了允许灯光,而恰巧此时允许灯泡也断丝,那就无法改点红灯。又如,若允许灯丝是完好的,红灯灯丝断了,在此情况下,如果夜间给出允许灯光,并且司机已经看到,随后因某种原因关闭了信号,这时司机因看不见红灯,可能误认为已经看到的允许灯光(绿灯或黄灯)被其他障碍物遮住了,因而没有及时采取制动措施。等到车驶近,才突然发现信号机灭灯,采取紧急制动。因此,开放允许灯光时,先要检查红灯灯丝完整。红灯断丝不准许开放信号,将影响效率。因此,对速度较低的站线上的出站信号机和调车信号机,准许不检查此项联锁条件。

二、11 线网路结构和所检查的联锁条件

11 线是信号继电器用的网路线。信号继电器电路既涉及 11 线,又涉及 7 线和 8 线。一个咽喉区所有信号继电器都并接在 11 线网路上,构成信号继电器的励磁电路。涉及 7 线的原因,是 7 线和 11 线共用道岔表示继电器 DBJ 和 FBJ 的前接点,以及道岔锁闭继电器 SJ 的接点。涉及 8 线是因为调车时在接近区段无车的情况下,XJJ 有一条经 1-2 线圈的自闭电路,在此自闭电路中不检查进路空闲,所以要借用 8 线检查进路空闲,而不能像列车进路那样可以用 XJJ 前接点间接反映进路空闲。

1. 11 线网路结构

11 线网路结构具有以下特点:

(1)用 DBJ 和 FBJ 接点区分网路的站场形状。因为在电路中道岔表示继电器用的是前接点,所以在区分网路站场形状的同时又起到检查道岔位置的作用。为了节省接点,11 线和 7 线共用道岔表示继电器前接点。图 5-16 的电路中虚线表示 7 线网路。

(2)同一咽喉区所有的信号继电器都并接在 11 线网路上。用 KJ 第 4 组前接点区分运行方向,运行方向不同,接点的接法也不同,用 ZJ 第 4 组接点区分进路性质,用 ZJ 前接点接通的是调车信号继电器电路,用 ZJ 后接点接通的是列车信号继电器电路。在同一部位接有列车和调车信号继电器时,要用列车开始继电器 LKJ 的接点进行区分,用 LKJ 第 4 组前接点接通 LXJ 电路,用 LKJ 第 4 组后接点接通 DXJ 电路。

(3)在 11 线网路上既接有 KZ 电源,又接有 KF 电源。KZ 是给调车信号继电器电路用的,KF 是给列车信号继电器电路用的。

每一个信号继电器都接在进路始端部位,用 KJ 前接点接向网路,列车信号继电器 LXJ 由局部电路接入 KZ,由进路终端部位 11 线网路上接入 KF。调车信号继电器 DXJ 由调车进路终端部位 11 线网路经 ZJ 前接点接入 KZ,而由调车进路终端部位 8 线网路经 ZJ 前接点接入 KF。这样,LXJ 只受 11 线控制,涉及 7 线;DXJ 受 8 线和 11 线控制,涉及 7 线。

上述供电方法,对 LXJ 来说,由于局部电路接入是 KZ 电源,11 线网路供 DXJ 用的 KZ 电源不会造成 LXJ 错误吸起,因为 KZ 对 KZ 无效。对 DXJ 来说,由于经 8 线接入 KF,11 线网路供 LXJ 用的 KF 电源不会造成 DXJ 错误吸起,因为 KF 对 KF 也无效。这种供电方法称为电路极性防护法。

2.11线网路检查的联锁条件

在11线网路中检查了下列联锁条件：

(1)进路空闲。对列车进路，由于XJJ的吸起在8线网路上检查了进路空闲，所以通过XJJ第4组前接点(接在LXJ局部电路中)可间接证明进路空闲。对调车进路是经8线网路上的DGJ第1组前接点来实现的。

(2)敌对进路未建立并被锁在未建立状态。本咽喉的敌对进路未建立是用KJ和ZJ的第4组后接点串接在网路中来证明的；锁在未建立状态，是用SJ第1组和第2组后接点证明的。用SJ两组后接点，是因为要用它们区分7线和11线网路，SJ前接点是7线检查条件，SJ后接点是11线检查条件。

另一咽喉迎面敌对进路未建立并锁在未建立状态，是用另一咽喉GJJ第2组后接点和接在LXJ局部电路中的XJJ第4组前接点来证明的。前者直接证明没有同时建立迎面敌对进路；后者间接证明迎面敌对进路在未建立状态，因为在XJJ电路中，接有另一咽喉的ZCJ第3组前接点或ZCJ第5组前接点。

(3)道岔位置正确并被锁在规定位置。用7线和11线共用的DBJ或FBJ前接点证明道岔位置正确，用SJ的第1组和第2组后接点证明道岔被锁在规定位置。

(4)车站值班员随时能手动关闭信号。信号开放后，如果需要关闭信号，在一般情况下车站值班员应按取消进路方法关闭信号，但如果此时由于AJ或QJ因故不能吸起时，用取消进路方法不能关闭信号，则可采用特殊情况下关闭信号的办法，即采用按下区段人工解锁按钮盘上SGA的方法关闭信号。为此，在11线网路上对应每个区段都接有传递继电器CJ第4组后接点，在信号开放过程中CJ后接点是闭合的，当因故障需关闭信号时，一人在控制台上按下相应咽喉的总人工解锁按钮，另一人在人工解锁按钮盘上按下进路中任一区段的SGA，使该区段的CJ吸起，即可断开11线网路，以达到手动关闭信号的目的。

还应当指出：在11线网路上没有检查进路空闲，检查进路空闲的条件是在局部电路中通过XJJ前接点间接反映的。这样，11线网路还可以兼作引导信号用的网路线。因为办理引导接车往往是在轨道电路故障情况下使用的，开放引导信号就不检查进路空闲了。在11线上经CJ第4组前接点串接DGJF第1组后接点，是为了当轨道电路发生故障时，用此条件接通11线，构成引导信号控制电路。

(5)改变运行方向和区间自动闭塞结合的电路条件。在双线双向运行的四显示自动闭塞区段，在11线网路端部应接入改变运行方向和区间自动闭塞结合的电路条件。

正向发车口(X_F进站信号机处)11线接入改变运行方向用的方向继电器FJ_1和FJ_2的131-133反位接点，如图5-17(a)所示，用以证明本站是发车站。正常办理时，经短路继电器DJ第8组后接点、发车辅助继电器FFJ第8组后接点和总辅助办理继电器ZFAJ第2组后接点接通11线网路的LXJ电路。辅助办理时，用短路继电器DJ第8组前接点和控制继电器KJ第8组前接点接通11线LXJ。电路中的1LQJF第6组前接点用来证明一离去区段空闲，若1LQ有车占用，出站信号机不能开放，改变运行方向后，本站为接车站，FJ_1和FJ_2反位接点131-133断开，转极至定位接点。发车进路从11线得不到KF电源，LXJ不能励磁吸起，出站信号不会开放。

在反向发车口(X进站信号机处)11线网路接入FJ_1和FJ_2的131-133反位接点，如图5-17(b)所示，未改变运行方向时，本站为接车站不能发车，反位接点131-133断开。只有改变运行方向后，FJ_1 和 FJ_2 转极，反位接点接通，11 线的 LXJ 吸起，才能开放出站信号机。在图中接入区间轨道继电器 QGJ 第 6 组前接点是为了检查反向发车时自动站间闭塞的条件，只有整个区间空闲才能开放出站信号机。

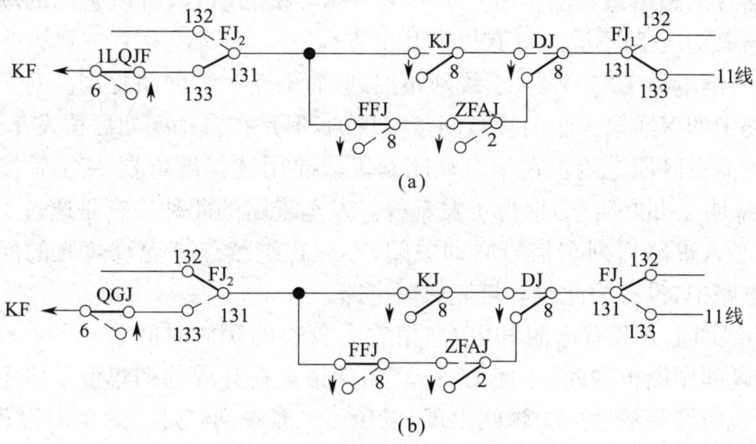

图 5-17　出站 LXJ 结合电路

此外，在半自动闭塞区间发车口（X_D 进站信号机处）11 线网路应接入开通继电器 KTJ 前接点和选择继电器 XJJ 后接点，证明已经办理好闭塞。

开放信号的联锁条件，在 11 线中检查了四项，其中前三项是开放信号必须检查的最基本的联锁条件，其余联锁条件在各信号继电器局部电路中检查。

三、列车信号继电器电路

列车信号继电器电路包括出站兼调车和进站内方带调车两种情况。图 5-16 中列车信号继电器电路与调车信号继电器电路是用 LKJ 前后接点来区分的。办理列车进路时，通过 KJ 和 LKJ 的吸起将 $LXJ_{1\text{-}4}$ 线圈接向 11 线网路；办理调车进路时，通过 KJ 吸起和 LKJ 的落下将 $DXJ_{3\text{-}4}$ 线圈接向 11 线网路。

例如办理ⅡG 向北京方面发车进路时，$S_{Ⅱ}$ LXJ 励磁电路如下：

KZ—$S_{Ⅱ}$ $DJ_{11\text{-}12}$—$S_{Ⅱ}$ $FKJ_{31\text{-}32}$—$S_{Ⅱ}$ $LXJ_{1\text{-}4}$—$S_{Ⅱ}$ $XJJ_{42\text{-}41}$—$S_{Ⅱ}$ $LKJ_{42\text{-}41}$—$S_{Ⅱ}$ $QJ_{43\text{-}41}$—$S_{Ⅱ}$ $KJ_{42\text{-}41}$—19—$27CJ_{41\text{-}43}$—17/19　$2SJ_{23\text{-}21}$—$17/19DBJ_{31\text{-}32}$—17/19　$2SJ_{11\text{-}13}$—D_{15} $KJ_{41\text{-}43}$—D_{15} $ZJ_{41\text{-}43}$—$1/19CJ_{41\text{-}43}$—D_5 $ZJ_{43\text{-}41}$—D_5 $KJ_{43\text{-}41}$—1/3　$1SJ_{23\text{-}21}$—$1/3DBJF_{22\text{-}21}$—1/3　$1SJ_{11\text{-}13}$—$1CJ_{41\text{-}43}$—D_1 $KJ_{41\text{-}43}$—D_1 $ZJ_{41\text{-}43}$—Ⅱ $AGJ_{12\text{-}11}$—$XFJ_{12\text{-}11}$—$1LQJ_{62\text{-}61}$—$1LZJ_{41\text{-}43}$—KF。

上述励磁电路中，列车信号继电器主要是经 11 线网路励磁的，KZ 电源由局部电路供给，KF 电源由进路终端 11 线网路供给。列车驶入信号机内方时，19—27DGJF 落下，$S_{Ⅱ}$ XJJ 和 $S_{Ⅱ}$ LXJ 均落下，信号自动关闭。

又如办理 X 进站信号机至ⅠG 接车进路时，XLXJ 励磁电路是：

KZ—$XLKJF_{21\text{-}22}$—$XDJ_{11\text{-}12}$—$XFKJ_{31\text{-}32}$—$XLXJ_{1\text{-}4}$—$XXJJ_{42\text{-}41}$—$XLKJ_{42\text{-}41}$—$XQJ_{43\text{-}41}$—$XKJ_{42\text{-}41}$—$XYAJ_{33\text{-}31}$—$5CJ_{43\text{-}41}$—5/7　$1SJ_{13\text{-}11}$—$5/7DBJF_{21\text{-}22}$—5/7　$1SJ_{23\text{-}21}$—1/3　$2SJ_{13\text{-}11}$—$1/3DBJ_{32\text{-}31}$—1/3　$2SJ_{21\text{-}23}$—$3CJ_{43\text{-}41}$—D_7 $KJ_{41\text{-}43}$—D_7 $ZJ_{41\text{-}43}$—D_9 $ZJ_{43\text{-}41}$—D_9 $KJ_{43\text{-}41}$—D_{13} $ZJ_{41\text{-}43}$—D_{13} $KJ_{43\text{-}41}$—17—$23CJ_{43\text{-}41}$—17/19　$1SJ_{13\text{-}11}$—$17/19DBJF_{21\text{-}22}$—17/19 $1SJ_{21\text{-}23}$—23/25　$1SJ_{13\text{-}11}$—

23/25DBJF$_{21\text{-}22}$—23/251 SJ$_{21\text{-}23}$—S$_{Ⅰ}$ KJ$_{41\text{-}43}$—S$_{Ⅰ}$ ZCJ$_{41\text{-}43}$—S$_{Ⅰ}$ ZJ$_{41\text{-}43}$—S$_{Ⅰ}$ GJJ$_{42\text{-}41}$—X$_{Ⅰ}$ GJJ$_{23\text{-}21}$—KF

XLXJ 吸起后，经本身第 3 组前接点构成自闭电路。

由于进站信号机和出站兼调车信号机采用同一类型的组合，所以它们的局部电路基本相同。LXJ 电路与 DXJ 电路不同之处有以下几个方面：

(1)列车信号继电器 LXJ 仅受 11 线网路控制，而不受 8 线网路控制。对于进路空闲的检查是由局部电路中的 XJJ 第 4 组前接点间接实现的，但是在自动闭塞区段发车进路要由 1LQJ 前接点检查第一离去区段空闲。在半自动闭塞区段要用选择继电器 XZJ 后接点和开通继电器 KTJ 前接点证明已办好闭塞，取得了发车权。发车进路的此种检查是通过 11 线完成的。

(2)当列车驶入进路后列车信号立即关闭，不存在继续点亮允许灯光的问题。在列车信号继电器局部电路中，没有为此设计灯光保留电路。

(3)在 LXJ 线圈上并联有电阻和电容，使它有较长的缓放时间(1.5～2 s)。这是为了在主、副电源切换瞬间中断电源时，不使 LXJ 落下，保证正在开放的列车信号机不至于关闭。另外，使出站信号机的红灯滞后一个瞬间出现，以免司机能看到红灯。这是因为蒸汽机车司机的座位距机车第一轮对约有 15 m 远，当机车轮对进入信号机内方，信号继电器电路被断开，如果 LXJ 没有缓放立即落下，司机就可能在看到红灯的情况下运行。

(4)在 LXJ 局部电路中接有 DJ 第 6 组前接点，在信号开放前用它反映红灯灯丝完好，在信号开放后用它反映允许灯光的灯丝完好。从而实现红灯断丝信号不能开放；信号开放后允许灯光的灯丝断丝，信号能自动关闭，并改点红灯。

信号开放前检查红灯的完整性，只对进站信号机和正线上出站信号机有要求，而对站线出站信号机没有要求。正因为如此，在进站信号机和站线出站信号机的 LXJ 电路中，DJ 接点接入的部位不同。

(5)在进站内方带调车 LXJ 的局部电路中，还接有列车开始复示继电器 LKJF 第 2 组前接点，即只有 LKJF 吸起，才能使 LXJ 吸起而开放信号。这是因为进站信号机 X 内方设有无岔区段 ⅠAG，在 8 线网路上接有 ⅠAGJF 第 5 组前接点的缘故。如果 LKJ 励磁时而 LKJF 因故没有励磁，会造成在 8 线上使应检查的 ⅠAGJF 第 5 组前接点被 LKJF 第 5 组后接点短路的危险。因此，用 LKJF 第 2 组前接点来防止在进站内方无岔区段有车的情况下，也可开放进站信号机的错误。另外，在进站信号机用的 JYJ 电路中接有 LKJF 第 4 组接点。当办理列车进路时，X 进站信号机的接近区段是 2JG 而不是 ⅠAG，若此时 LKJF 因故未吸起还允许开放信号，当列车进入接近区段，此时 JYJ 仍然可以通过 ⅠAGJF 前接点而吸起。JYJ 不落下，进路不能实现接近锁闭。

以上两种情况都是危险的，必须加以防止，在 LXJ 电路中接入 LKJF 第 2 组前接点，当 LKJF 与 LKJ 动作不一致时，断开 LXJ 的电路使信号不能开放。

四、调车信号继电器电路

调车信号继电器 XJ 的 3-4 线圈既作为励磁电路又作为自闭电路用，而 XJ 的 1-2 线圈在非进路调车电路中用。这里所说自闭电路是指办理进路调车信号开放后，调车车列未驶入进路前的自闭电路和调车车列驶入进路后的白灯保留电路。XJ$_{1\text{-}2}$ 线圈的局部电路将在非进路调车电路中介绍。

下面以办理D_{13}至ⅠG的调车进路为例，介绍D_{13}调车信号继电器电路及局部电路。办理D_{13}至ⅠG的调车进路，则$D_{13}XJ_{3\text{-}4}$线圈励磁电路为

$KZ—S_{Ⅰ}ZJ_{42\text{-}41}—S_{Ⅰ}ZCJ_{43\text{-}41}—S_{Ⅰ}KJ_{43\text{-}41}$—23/25 $1SJ_{23\text{-}21}$—23/25$DBJF_{22\text{-}21}$—23/15 $1SJ_{11\text{-}13}$—17/19 $1SJ_{23\text{-}21}$—17/19$DBJF_{22\text{-}21}$—17/19 $1SJ_{11\text{-}13}$—17$CJ_{41\text{-}43}$—$D_{13}KJ_{41\text{-}43}$—$D_{13}XJ_{3\text{-}4}$—$D_{13}FKJ_{42\text{-}41}$—$D_{13}XJJ_{41\text{-}42}$—$D_{13}KJ_{12\text{-}11}$—17—23$DGJ_{12\text{-}11}$—17/19$FBJ_{11\text{-}13}$—23/25$FBJ_{11\text{-}13}$—$S_{Ⅰ}KJ_{11\text{-}13}$—$S_{Ⅰ}ZJ_{11\text{-}12}$—$X_{Ⅰ}ZCJ_{52\text{-}51}$—KF(或$XZJ_{52\text{-}51}$—KF)

$D_{13}XJ$吸起后，断开$D_{13}FKJ$的自闭电路，所以$D_{13}XJ$的励磁电路被断开，经$D_{13}DJ_{11\text{-}12}$和$D_{13}XJ_{41\text{-}42}$转入自闭电路。当调车车列驶入信号机内方时，D_{13}信号并不关闭，而是通过$D_{13}XJJ$的落下，使$D_{13}XJ_{3\text{-}4}$线圈转入到脱离8线网路的白灯保留电路，其电路为

$KZ—S_{Ⅰ}ZJ_{42\text{-}41}—S_{Ⅰ}ZCJ_{43\text{-}41}—S_{Ⅰ}KJ_{43\text{-}41}$—23/25 $1SJ_{23\text{-}21}$—23/25$DBJF_{22\text{-}21}$—23/25 $1SJ_{11\text{-}13}$—17/19 $1SJ_{23\text{-}21}$—17/19$DBJF_{22\text{-}21}$—17/19 $1SJ_{11\text{-}13}$—17—23$CJ_{41\text{-}43}$—$D_{13}KJ_{41\text{-}43}$—$D_{13}QJ_{41\text{-}43}$—$D_{13}XJ_{3\text{-}4}$—$D_{13}DJ_{11\text{-}12}$—$D_{13}XJ_{41\text{-}42}$—$D_{13}XJJ_{41\text{-}43}$—$D_{13}JYJ_{41\text{-}43}$—$D_{13}XJ_{31\text{-}32}$—17—23$DGJ_{63\text{-}61}$—KF

当调车车列完全进入信号机内方，出清接近区段时，由于JYJ吸起断开白灯保留电路，使DXJ落下而关闭信号。但当接近区段有车辆或调车车列进行转线作业时，只有调车车列出清进路内方第一个道岔区段DGJ吸起断开白灯保留电路，使DXJ落下而关闭信号。调车信号继电器XJ的3-4线圈转入白灯保留电路，它从11线网路进路终端部位仍可得到KZ，而从进路始端局部电路得到KF。

在局部电路中，调车信号继电器检查了以下联锁条件：

(1)FKJ第4组前接点。信号开放前，用它接通励磁电路，未办理进路或重复开放信号手续，FKJ不励磁，即不经车站值班员操纵，信号不能自动开放和自动重复开放。

(2)信号继电器XJ第4组接点和灯丝继电器DJ第1组前接点。用XJ第4组前接点接通自闭电路，在自闭电路中接入DJ第1组前接点，其作用是当白灯断丝时，断开这条自闭电路，迫使XJ落下，实现信号自动关闭，改点禁止灯光——蓝灯。

(3)信号检查继电器XJJ第4组接点。在车没有进入进路之前，经其前接点，把$XJ_{3\text{-}4}$线圈接向8线网路，车进入进路后，经其后接点，把$XJ_{3\text{-}4}$线圈接至白灯保留电路，使信号机能继续点亮白灯。

(4)接近预告继电器JYJ第4组接点。当调车车列完全进入调车信号机内方时，用JYJ的吸起断开调车信号继电器的白灯保留电路，达到关闭信号的目的。

(5)DGJF的第6组后接点。在接近区段停有车辆或调车车列进行折返作业时，当车列驶入进路且出清进路内方第一个道岔区段，因DGJF吸起，它的第6组后接点断开调车信号继电器的白灯保留电路并关闭调车信号。

(6)XJ第3组前接点。在白灯保留电路中，如果不接有XJ第3组前接点，在11线网路上又不检查DGJ前接点，那么$XJ_{3\text{-}4}$线圈的励磁电路有可能经DGJF第6组和JYJ第4组后接点接通，这是不允许的。有了XJ第3组前接点，能防止XJ不通过8线，而仅由11线错误励磁。

(7)取消继电器QJ第4组后接点。在取消进路和人工解锁进路时，用这个接点断开$XJ_{3\text{-}4}$线圈电路，达到关闭信号的目的。当发现紧急情况，需要手动关闭信号时，也靠这个接点起作用。

调车信号继电器采用缓放型继电器，其主要原因是：在XJJ第4组接点转换过程中，不因瞬间断电而使XJ落下；在调车进路人工解锁时，QJ吸起后，利用XJ缓放性能，用仍在接通的

第 2 组前接点断开 $XJJ_{1\text{-}2}$ 线圈电路(假定 QJ 接点转换中,XJJ 未来得及落下),迫使 XJJ 必须通过条件电源"KZ—RJ—H"重新励磁,以保证规定的人工解锁延时时间;依靠 XJ 的缓放,用其前接点接通正常解锁电路。

第八节　信号辅助继电器电路

对于进站信号机和具有两个及以上发车方向的出站信号机有多种显示,需要增设辅助信号显示用继电器,以便对允许灯光进行选择。

一、进站信号机用信号辅助继电器电路

进站信号机有五个灯:黄、绿、红、黄、白,要用五个灯组成六种显示:绿、绿黄、黄、双黄、红白、红。在有 18 号及其以上道岔的车站还有黄闪黄显示。要用一个具有两种状态的继电器 LXJ 是无法实现这些显示的,必须增设一些信号辅助继电器来控制进站信号机的这些显示。

当进站信号机有七种显示时,要设置列车信号继电器 LXJ、正线信号继电器 ZXJ、通过信号继电器 TXJ、绿黄信号继电器 LUXJ、引导信号继电器 YXJ、侧线通过信号继电器 CTXJ 和闪光继电器 SNJ。用这些继电器的动作相互配合可控制进站信号机的七种显示,其动作关系如下:

LJX↓→, YXJ↓→ | 点一个红灯

LXJ↑→, ZXJ↑→, LUXJ↓→, TXJ↓→ | 点一个黄灯

LXJ↑→, ZXJ↑→, LUXJ↑→, TXJ↓→ | 点一个绿灯和一个黄灯

LXJ↑→, ZXJ↓→, CTXJ↑→, SNJ 脉动 | 点一个黄闪和一个黄灯

LJX↑→, ZXJ↓→ | 点两个黄灯

LXJ↑→, ZXJ↑→, LUXJ↓→, TXJ↑→ | 点一个绿灯

LXJ↓→, YXJ↑→ | 点一个红灯和一个月白灯

进站信号机用信号辅助继电器电路如图 5-18 所示。

正线信号继电器 ZXJ 是用来区分进站信号机的黄与双黄显示的,当 ZXJ 吸起反映开通的是正线,ZXJ 落下反映开通的是站线。向正线接车还是向站线接车,取决于站内正线上对向道岔的位置,如 5/7、9/11、17/19 和 23/25 号对向道岔都在定位,即是向正线接车。只要其中有一个对向道岔在反位,则是向站线接车。因此,正线上对向道岔都在定位时,ZXJ 就吸起,否则就落下。ZXJ 电路是由正线上对向道岔的 DBJ 或 DBJF 的前接点串接在电路中构成的。

LXJ 吸起和 ZXJ 落下是向站线接车,给出双黄显示;LXJ 吸起和 ZXJ 吸起,是向正线接车,能给出黄、绿黄或绿灯显示,究竟显示哪一种,决定于 LUXJ 和 TXJ 的状态,这两个继电器都落下时,就给出一个黄色灯光。

通过信号继电器是用来区分绿与黄、绿黄显示的。当 TXJ 吸起,反映办理的是通过进路,它落下说明不是通过进路(在四显示自动闭塞区段,显示绿灯不一定通过车站)。只有正线的接车进路排好,X 进站信号机的 LXJ 和 ZXJ 均吸起,并且该正线同方向的发车进路也排好,检查了发车进路中关键的对向道岔 6/8 在定位,6/8DBJF 吸起,2LQ 区段空闲,X2LQJF 吸起,是直向发车

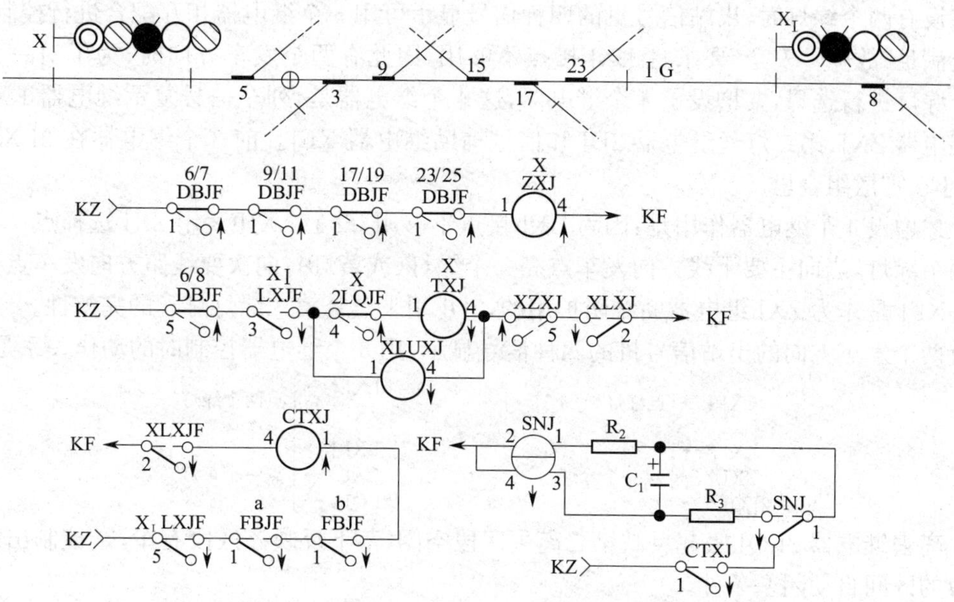

图 5-18　进站信号机用信号辅助继电器电路

进路，X_ILXJF 吸起时，才说明办理的是通过进路。TXJ 吸起，给出一个绿色灯光。

在四显示自动闭塞区段或设有接车进路信号机的情况下，在进站信号机上要显示绿黄灯，这时排好的是正线接车进路，并且在这条进路终端处的出站信号机或接车进路信号机也在开放。LUXJ 电路受 X 进站信号机的 LXJ 前接点和 ZXJ 前接点，以及出站信号机或接车进路信号机的 LXJF 前接点控制。当 TXJ 落下，而 LUXJ 吸起时，进站信号机显示一个绿灯和一个黄灯。在四显示自动闭塞区段，根据通过列车驶离同方向 2LQ 区段的情况，分别有绿黄显示和绿灯显示。

当接车进路经过 18 号及以上道岔侧向位置时，进站信号机显示黄闪和黄色灯光。为了实现黄灯闪光，进站信号机应增设侧向通过继电器 CTXJ 和闪光继电器 SNJ。

在 CTXJ 电路中，XLXJF 第 2 组前接点和 X_I LXJF 第 5 组前接点证明进站信号机和同方向出站信号机开放。aFBJF 和 bFBJF 的第 1 组前接点分别说明接车进路和发车进路经过 18 号及其以上道岔的侧向位置，这些条件使 CTXJ 励磁吸起。

在闪光继电器 SNJ 电路中，经由 CTXJ 第 1 组前接点接通 SNJ 励磁电路，由于电路接有 C_1 和 R_2，使 SNJ 缓吸。当 SNJ 吸起后，其第 1 组后接点断开 SNJ 励磁电路，但由于 C_1 放电而使其缓放。当 SNJ 落下后，它的第 1 组后接点再次接通其励磁电路，因此在 CTXJ 吸起时间内，SNJ 脉动。

二、两个发车方向的出站信号机用的信号辅助继电器电路

具有两个发车方向的出站信号机设有两个绿灯时（在双线单方向运行三显示自动闭塞区段，次要方向为半自动闭塞），有四种显示，即绿、黄、绿绿、红。在具有两个发车方向，出站信号机设有进路表示器时，出站信号无双绿灯显示，向哪个线路方向发车，除出站信号机开放外，对应进路表示器应亮白灯，以区分不同发车方向。在双线双向自动闭塞区段，出站信号机上设一个进路表示器。正方向发车时，进路表示器不亮；反方向发车时，进路表示器点亮。

在设有两个绿灯时，出站信号机的四种信号显示可用 3 个继电器相互配合进行控制，但是由于要满足“故障—安全”要求且 LXJ 接点不够用，因此有两个发车方向时，为了对一个绿灯和两个绿灯进行选择，要增设了 4 个继电器，这 4 个继电器是：列车信号复示继电器 LXJF、主信号继电器 ZXJ、第二灯丝继电器 2DJ 和信号辅助继电器 XFJ。前 3 个继电器在 2LXF 组合里，XFJ 在零散组合里。

上述增设 4 个继电器作用是：因为 LXJ 接点不够用，设了 LXJF。用 ZXJ 选择点一个绿灯还是两个绿灯，当向主要干线方向发车点亮一个绿灯(或黄灯)；向次要线路方向发车点亮两个绿灯。XFJ 是作为 ZXJ 继电器断线防护用的，2DJ 用来监督第二绿灯灯丝的完整性。

有两个发车方向的出站信号机的四种信号显示，用 3 个继电器控制时的动作关系是：

LXJ↓→ | 点红灯

LXJ↑→
ZXJ↑→
2LQJ↑→ | 点一个绿灯

LXJ↑→
ZXJ↑→ | 点两个绿灯

LXJ↑→
ZXJ↑→
2LQJ↓→ | 点一个黄灯

二离去继电器 2LQJ 吸起反映第二离去区段空闲，落下反映该区段有车，是控制出站信号机开放的区间自动闭塞条件。

图 5-19 为 ZXJ 和 XFJ 电路，ZXJ 和 XFJ 是串接在 13 线网路上的。

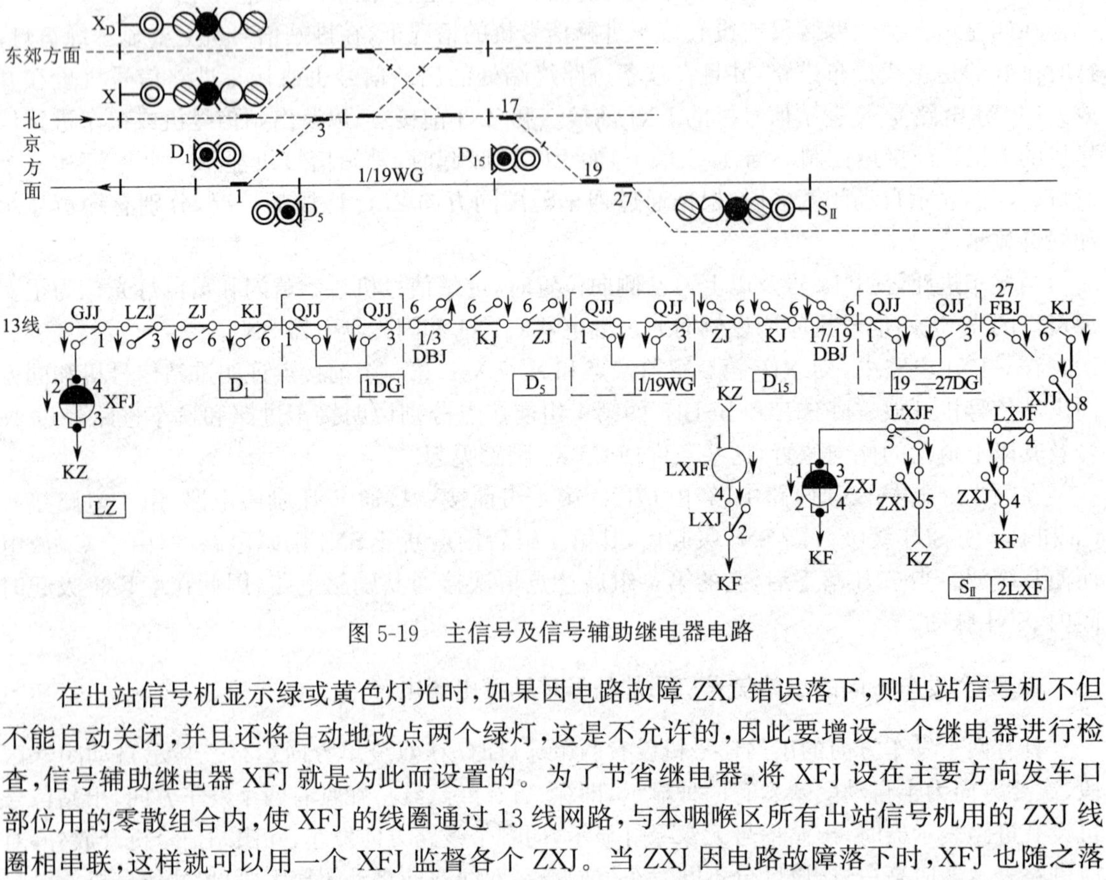

图 5-19　主信号及信号辅助继电器电路

在出站信号机显示绿或黄色灯光时，如果因电路故障 ZXJ 错误落下，则出站信号机不但不能自动关闭，并且还将自动地改点两个绿灯，这是不允许的，因此要增设一个继电器进行检查，信号辅助继电器 XFJ 就是为此而设置的。为了节省继电器，将 XFJ 设在主要方向发车口部位用的零散组合内，使 XFJ 的线圈通过 13 线网路，与本咽喉区所有出站信号机用的 ZXJ 线圈相串联，这样就可以用一个 XFJ 监督各个 ZXJ。当 ZXJ 因电路故障落下时，XFJ 也随之落下，用 XFJ 前接点断开 11 线，使 LXJ 落下，以达到 ZXJ 故障时出站信号机自动关闭的目的。

13 线网路是解锁进路用的，在进路处于锁闭状态下，列车还未驶入进路前，这条网路线不起作用，正好用来兼作 ZXJ 和 XFJ 电路。在进路锁闭过程中，利用两个 QJJ 前接点，把网路线在断开处连起来。在进路始端，经 KJ 第 6 组前接点和 XJJ 第 8 组前接点将 ZXJ 线圈接向网路。在进路终端，通过 GJJ 第 1 组接点将 XFJ 线圈接向网路。这样，当向主要方向发车时，ZXJ 和 XFJ 便会同时吸起，使出站信号机显示绿灯或黄灯。

为了防止出站信号机在开放信号和关闭信号时，出现闪两个绿灯的情况，在电路中必须解决 LXJ 和 ZXJ 的吸起和落下的时间关系。从继电器控制四种信号显示的动作关系中可看出，在开放信号时，如果 LXJ 先于 ZXJ 吸起，就要在显示一个绿灯（或一个黄灯）前，先闪一下两个绿灯；在关闭信号时，如果 ZXJ 先于 LXJ 落下，那么，也将在改点红灯前，先闪一下两个绿灯。在电路中必须要求 ZXJ 先于 LXJ 吸起，LXJ 先于 ZXJ 落下，这样，才会防止上述闪两个绿灯情况的发生。

当向主要方向发车时，在进路锁闭后 13 线网路被接通，有关继电器动作的顺序是：

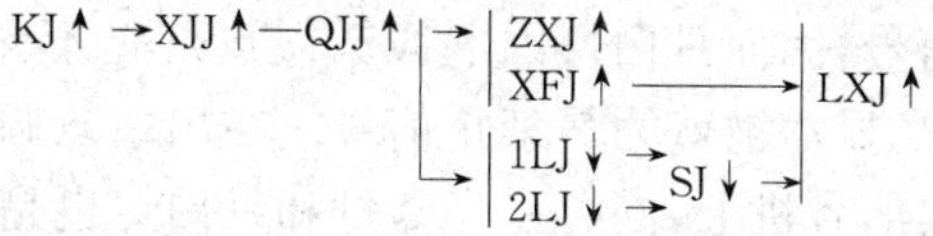

可见，ZXJ 是先于 LXJ 吸起的。并且在 11 线上还接有 XFJ 的前接点，这就保证了如果 ZXJ 不吸起，LXJ 是不会吸起的，在开放信号时，不会出现闪两个绿灯的乱显示。

当 LXJ 吸起后，LXJF 也随着吸起，这时 ZXJ 经由 LXJF 第 5 组前接点接通自闭电路。而 XFJ 经由 LXJF 第 4 组前接点和 ZXJ 第 4 组前接点通过 13 线网路继续接通励磁（因 XFJ 和 ZXJ 串联，经由 ZXJ 前接点构成的 XFJ 电路，也可称为自闭电路）。ZXJ 一直到 LXJF 随着 LXJ 落下断开自闭电路后才复原，而 XFJ 是随着 XJJ 或 GJJ 的失磁而复原的。

在 ZXJ 的自闭电路中，因为接有 LXJF 的前接点，所以在关闭信号过程中，LXJ 和 ZXJ 的落下动作顺序是：LXJ↓→LXJF↓→ZXJ↓。由于 LXJ 是先于 ZXJ 落下的，在关闭信号时，也能保证不会出现闪两个绿灯的乱显示。但是，在开放信号后，ZXJ 因断线而落下，仍会出现闪两个绿灯的乱显示，这属于故障情况。

由于 ZXJ 和 XFJ 是串联使用的，控制电源仍用 24 V 未变，所以这里采用了继电器两个线圈并联的接法。又因为 LXJF 接点转换过程中有一个瞬间断电现象，所以这两个继电器都采用缓放型继电器。

ZXJ 和 XFJ 串联，以及 XFJ 吸起后，必须经由 ZXJ 前接点接通 XFJ 的自闭电路，都是为了使 ZXJ 和 XFJ 动作一致，以便当 ZXJ 断线时，不论在 ZXJ 吸起前或吸起后，都能使 XFJ 也随之落下，通过 XFJ 第 1 组前接点断开 11 线网路，使信号不能开放或开放后自动关闭，以防止出站信号机自动改点两个绿灯，给出错误显示。

第九节　信号机点灯电路

控制信号机灯光显示的电路称为信号机点灯电路，它包括进站信号机、出站兼调车信号机及调车信号机点灯电路等。

在 6502 电气集中联锁车站，使用的信号机为色灯信号机，采用集中供电方式，由设在信号楼继电器室里的电源屏供给专用的交流 220 V 点灯电源。

信号机灯泡一般采用12 V/25 W双灯丝灯泡。由于点灯电源是220 V，为此在信号机旁设置有变压器箱，箱内对每一个灯泡分别设有一台BX_1-34型信号点灯变压器(矮型信号机也可设在机构后盖内)，初级电压为220 V，次级电压为13～14 V。这种供电方式，可以减少线路压降，在保证控制点灯距离的基础上不增加电缆芯线。

信号机点灯电路是"故障—安全"电路，除有室内控制条件外，还有室外电缆线路，所以信号机点灯电路既要考虑断线防护，又要考虑混线防护。

信号机点灯电路断线，信号机就要灭灯。允许灯光灭灯要使信号显示降级，如绿灯或黄灯灭灯时，要自动改点红灯。禁止灯光灭灯时，不允许信号机再开放(对进站信号机和正线出站信号机而言)。因此在每一个信号灯泡的点灯电路上都串接灯丝继电器，用来监督灯丝的完整性。由于禁止灯光和允许灯光不能同时点亮，因此每架信号机同时点亮几个灯，就设几个灯丝继电器，这样既能监督灯丝的完整，又节省了器材。

信号机点灯电路混线，将会点亮平时不应该点亮的灯光。在进站信号机上，同时点亮一个红灯和一个月白灯是引导信号，因而月白灯因混线错误点灯是不允许的。红灯和绿灯或红灯和黄灯同时点亮是乱显示，乱显示被认为是禁止信号。在出站兼调车信号机上，同时点亮红灯和月白灯是乱显示。在调车信号机上，同时点亮蓝灯和月白灯也是乱显示。在这两种情况下，如果红灯或蓝灯突然灭灯，将变为准许调车的信号。因为调车信号的月白灯显示对列车无效，所以为了减少室外连线，对调车信号降低要求，对出站兼调车信号机和调车信号机上的月白灯，可不加混线防护措施。

信号灯泡是双灯丝的，在点灯电路中，灯泡的主灯丝电路都串接有一个灯丝转换继电器DZJ，这个继电器都设在变压器箱或机构后盖内。当主灯丝断丝时，DZJ落下，通过它的后接点自动地将副灯丝接在电路中，使副灯丝点亮，继续给出信号显示。由于副灯丝寿命比较短(约200 h)，只有主灯丝寿命的1/5，所以主灯丝断丝报警后，应及时更换灯泡。

一、进站信号机点灯电路

图5-20是进站信号机点灯电路。进站信号机有五个灯泡，灯位从上至下排列顺序为：U、L、H、2U、YB。这五个灯泡中的U、L和H是不会同时亮灯的，2U和YB也不会同时亮灯，只有L和U或U和2U或H和YB能同时亮灯。对能同时亮灯的两个灯泡，不能用一个灯丝继电器进行监督，因为两个灯泡中坏一个，无法区分是哪一个坏了。对不能同时亮灯的几个灯泡，都可以用同一个灯丝继电器进行监督，因为它们可以用控制灯光的条件进行区分。根据上述分析，在进站信号机点灯电路中，U、L和H用一个灯丝电器(JZXC-H18)监督，叫做第一灯丝继电器DJ，而2U和YB用另一个灯丝继电器进行监督，叫第二灯丝继电器2DJ。平时进站信号机点红灯，红灯点灯变压器HB次级有输出，因此在初级线圈中串接的DJ在吸起状态，表示灯泡完好。假如此时红灯主、副灯丝都烧断而灭灯，那么DJ将因HB的次级没有输出，初级电路中的电流大大减少而落下。用DJ的后接点使控制台相应的信号复示器闪红灯，及时反映出红灯灯丝断。在进站信号机开放时，当LXJ吸起，一方面断开红灯点灯变压器初级电路，另一方面把点灯电源接向允许灯光。允许灯光亮什么灯，取决于建立什么样的进路，由信号辅助继电器动作配合接通有关允许灯光点灯电路。各种情况下的点灯电路如下：

(1)平时进站信号机显示红色灯光，电路为

$$XJZ_{220}—RD_1—DJ_{5\text{-}6}—LXJ_{41\text{-}43}—HB_{1\text{-}2}—LXJ_{63\text{-}61}—RD_2—XJF_{220}$$

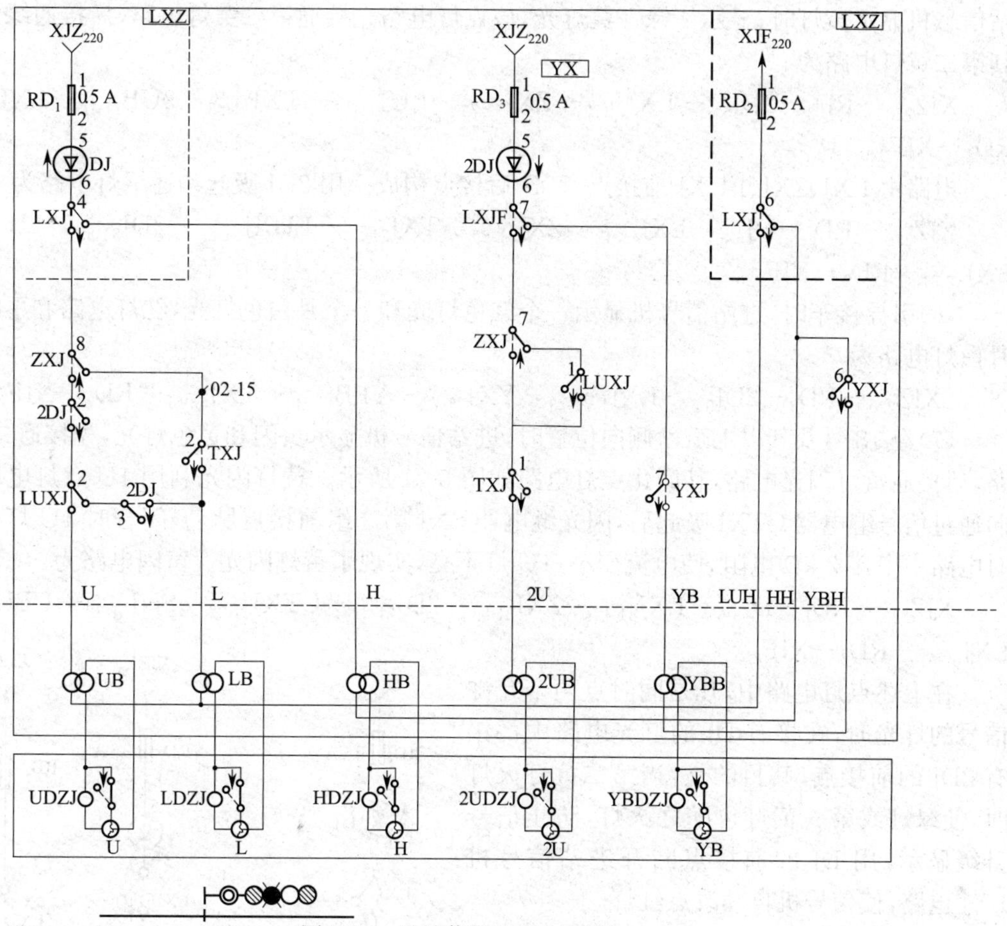

图 5-20 进站信号机点灯电路

(2)正线通过时显示一个绿色灯光(在四显示自动闭塞区段,不一定通过车站),电路为

XJZ_{220}—RD_1—$DJ_{5\text{-}6}$—$LXJ_{41\text{-}42}$—$ZXJ_{81\text{-}82}$—$TXJ_{21\text{-}22}$—$LB_{11\text{-}12}$—$LXJ_{62\text{-}61}$—RD_2—XJF_{220}

电路中检查了 LXJ、ZXJ 和 TXJ 的前接点。

(3)正线接车时显示一个黄色灯光,电路为

XJZ_{220}—RD_1—$DJ_{5\text{-}6}$—$LXJ_{41\text{-}42}$—$ZXJ_{81\text{-}82}$—$TXJ_{21\text{-}22}$—$LUXJ_{21\text{-}23}$—$UB_{11\text{-}12}$—$LXJ_{62\text{-}61}$—RD_2—XJF_{220}

电路中检查了 LXJ 和 ZXJ 的前接点、TXJ 和 LUXJ 的后接点。

(4)站线接车时,显示两个黄色灯光,首先接通第二黄灯电路,其电路为

XJZ_{220}—RD_3—$2DJ_{5\text{-}6}$—$LXJ_{71\text{-}72}$—$ZXJ_{71\text{-}72}$—$TXJ_{11\text{-}13}$—$2UB_{11\text{-}12}$—$LXJ_{62\text{-}61}$—RD_2—XJF_{220}

该电路由 LXJ 前接点和 ZXJ、TXJ 后接点构成,电路中用 2DJ 吸起证明第二黄灯完好,同时构成第一黄灯点灯电路,其电路为

XJZ_{220}—RD_1—$DJ_{5\text{-}6}$—$LXJ_{41\text{-}42}$—$ZXJ_{81\text{-}82}$—$2DJ_{21\text{-}22}$—$LUXJ_{21\text{-}23}$—$UB_{11\text{-}12}$—$LXJ_{62\text{-}61}$—RD_2—XJF_{220}

在电路中接有 2DJ 第 2 组前接点,若第二黄灯灭灯,则用 2DJ 落下断开第一黄灯点灯电路,防止出现信号升级显示。

(5)当进站列车通过第一个车场到另一个车场去时或在四显示自动闭塞区段但同方向出

站信号机显示黄灯时，显示一绿一黄灯光，该点灯电路先接通第二黄灯电路，后接通绿灯电路，其第二黄灯电路为

XJZ_{220}—RD_3—$2DJ_{5\text{-}6}$—$LXJ_{71\text{-}72}$—$ZXJ_{71\text{-}72}$—$LUJ_{11\text{-}12}$—$TXJ_{11\text{-}13}$—$2UB_{11\text{-}12}$—$LXJ_{62\text{-}61}$—RD_2—XJF_{220}

电路由 LXJ、ZXJ、LUXJ 前接点，TXJ 后接点构成。用 2DJ 吸起沟通绿灯电路为

XJZ_{220}—RD_1—$DJ_{5\text{-}6}$—$LXJ_{41\text{-}42}$—$ZXJ_{81\text{-}82}$—$TXJ_{21\text{-}23}$—$LUXJ_{21\text{-}22}$—$2DJ_{31\text{-}32}$—$LB_{11\text{-}12}$—$LXJ_{62\text{-}61}$—RD_2—XJF_{220}

(6)引导接车时，进站信号机显示一个红色灯光和一个月白色灯光，红灯电路和平时一样，月白灯电路为

XJZ_{220}—RD_3—$2DJ_{5\text{-}6}$—$LXJF_{71\text{-}73}$—$YXJ_{71\text{-}72}$—$YBB_{11\text{-}12}$—$YXJ_{63\text{-}61}$—RD_2—XJF_{220}

(7)经 18 号及其以上道岔侧向位置时，进站信号机显示黄闪和黄色灯光，先接通二黄灯电路，后接通黄灯闪光电路，其简化点灯电路如图 5-21 所示。黄灯闪光利用 1U 点灯电路，当侧向通过信号继电器 CTXJ 吸起后，闪光继电器 SNJ 第 3 组前接点脉动，闭合时 1U 灯亮，断开时电路中串接 2 kΩ 电阻，使电流变小，1U 灯不亮，实现了黄灯闪光。黄闪电路为

XJZ_{220}—RD_1—$DJ_{5\text{-}6}$—$LXJ_{41\text{-}42}$—$ZXJ_{81\text{-}83}$—$2DJ_{21\text{-}22}$—$CTXJ_{21\text{-}22}$—$SNJ_{31\text{-}32}$—$UBU_{11\text{-}12}$—$LXJ_{62\text{-}61}$—RD_2—XJF_{220}

在上述点灯电路中，凡是同时点两个允许信号的灯光时，在接有 DJ 的灯光电路中都接有 2DJ 的前接点，其目的是：当第二黄灯灭灯时，使绿灯或第一黄灯也随之灭灯，防止信号升级显示，用 DJ 的前接点断开进站信号机 LXJ 电路，使信号机自动改点红灯。

在进站信号机点灯电路中，电路控制条件均设置在电源与负载之间，满足对混线防护的位置法的要求。对于混线防护除采用位置法外，对允许灯光和月白灯光都采用了双断法。为了减少连线，简化电路，在点灯电路中 U、L 和 2U 灯共用一条回线。

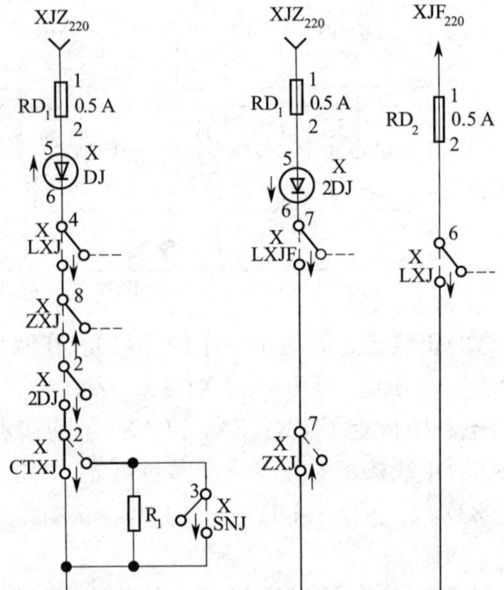

图 5-21 黄闪、黄灯光电路

二、出站兼调车信号机点灯电路

图 5-22 是两方向出站兼调车信号机点灯电路(用于三显示自动闭塞区段)。位于正线上的出站兼调车信号机采用高柱信号机，设有三个信号机构 5 个灯位。灯光由上至下排列为 U、L、H、2L 和 B。到发线出站兼调车信号机设置为矮型信号机，用两个信号机构，并排设置。靠近线路侧用一个两显示信号机构，从上至下灯光为 B、H；并排设置另一个三显示信号机构，从上至下灯光为 L、U、2L。

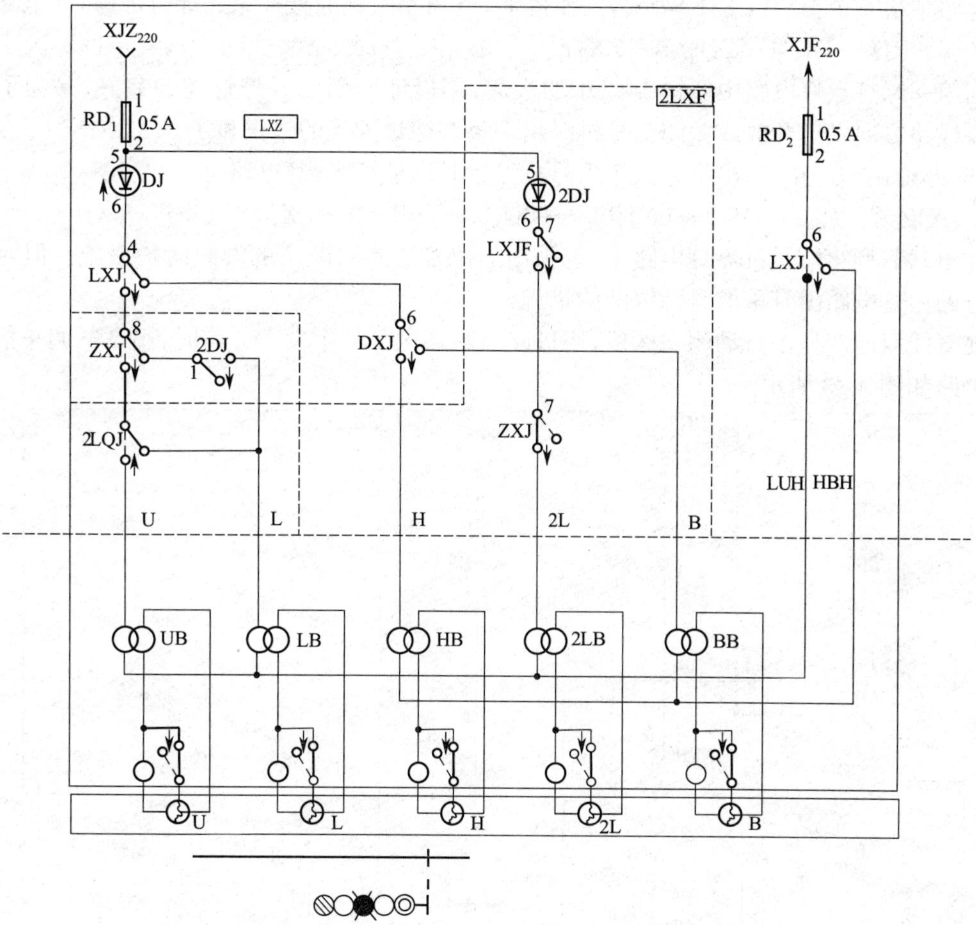

图 5-22　两方向出站兼调车信号机点灯电路

在电路中，用主信号继电器 ZXJ 区分点一个绿灯还是两个绿灯；用第二离去继电器 2LQJ 区分点一个黄灯还是点一个绿灯。当 ZXJ 吸起说明是向主要方向发车，显示一个绿灯（或黄灯）；ZXJ 落下说明是向次要线路方向发车，显示两个绿灯。2LQJ 吸起说明前方至少有两个闭塞分区空闲，显示一个绿灯；2LQJ 落下说明前方只有一个闭塞分区空闲，显示一个黄灯。

出站兼调车信号机在各种情况下接通的点灯电路如下：

（1）平时出站兼调车信号机显示红灯，其电路为

$XJZ_{220}—RD_1—DJ_{5\text{-}6}—LXJ_{41\text{-}43}—DXJ_{61\text{-}63}—HB_{11\text{-}12}—LXJ_{63\text{-}61}—RD_2—XJF_{220}$

电路中检查了 LXJ 和 DXJ 均落下。

（2）向主要方向发车，前方有两个闭塞分区空闲，显示一个绿灯，电路为

$XJZ_{220}—RD_1—DJ_{5\text{-}6}—LXJ_{41\text{-}42}—ZXJ_{81\text{-}82}—$2LQJ 前接点$—1LB_{11\text{-}12}—LXJ_{62\text{-}61}—RD_2—XJF_{220}$

电路中检查了 LXJ、ZXJ 和 2LQJ 都吸起。

（3）向主要方向发车，前方有一个闭塞分区空闲，显示一个黄灯，电路是

$XJZ_{220}—RD_1—DJ_{5\text{-}6}—LXJ_{41\text{-}42}—ZXJ_{81\text{-}82}—$2LQJ 后接点$—UB_{11\text{-}12}—LXJ_{62\text{-}61}—RD_2—XJF_{220}$

（4）向次要方向发车，显示两个绿灯，首先是第二绿灯电路接通，其电路为

$XJZ_{220}—RD_1—DJ_{5\text{-}6}—LXJF_{71\text{-}72}—ZXJ_{71\text{-}73}—2LB_{11\text{-}12}—LXJ_{62\text{-}61}—RD_2—XJF_{220}$

电路中检查了 LXJ(LXJF)吸起，ZXJ 落下，当 2DJ 吸起后接通第一绿灯电路，其电路是

$XJZ_{220}—RD_1—DJ_{5\text{-}6}—LXJ_{41\text{-}42}—ZXJ_{81\text{-}83}—2DJ_{11\text{-}12}—1LB_{11\text{-}12}—LXJ_{61\text{-}62}—RD_2—XJF_{220}$

在第一绿灯点灯电路中要检查 2DJ 的吸起，用以证明第二绿灯灯丝的完好，是为了防止向主要线路方向发车开放或关闭信号机时出现第二绿灯闪光的错误显示。

(5)办理调车进路时，出站兼调车信号机显示月白色灯光，其电路是

$$XJZ_{220}—RD_1—DJ_{5\text{-}6}—LXJ_{41\text{-}43}—DXJ_{61\text{-}62}—BB_{11\text{-}12}—LXJ_{63\text{-}61}—RD_2—XJF_{220}$$

在出站兼调车信号机点灯电路中，也采用了位置法和双断法的混线防护措施。但对于调车信号的白灯电路没有采取电源双断的措施。

在双线双向四显示自动闭塞区段，用进路表示器区分三个发车方向时，出站兼调车信号机点灯电路如图 5-23 所示。

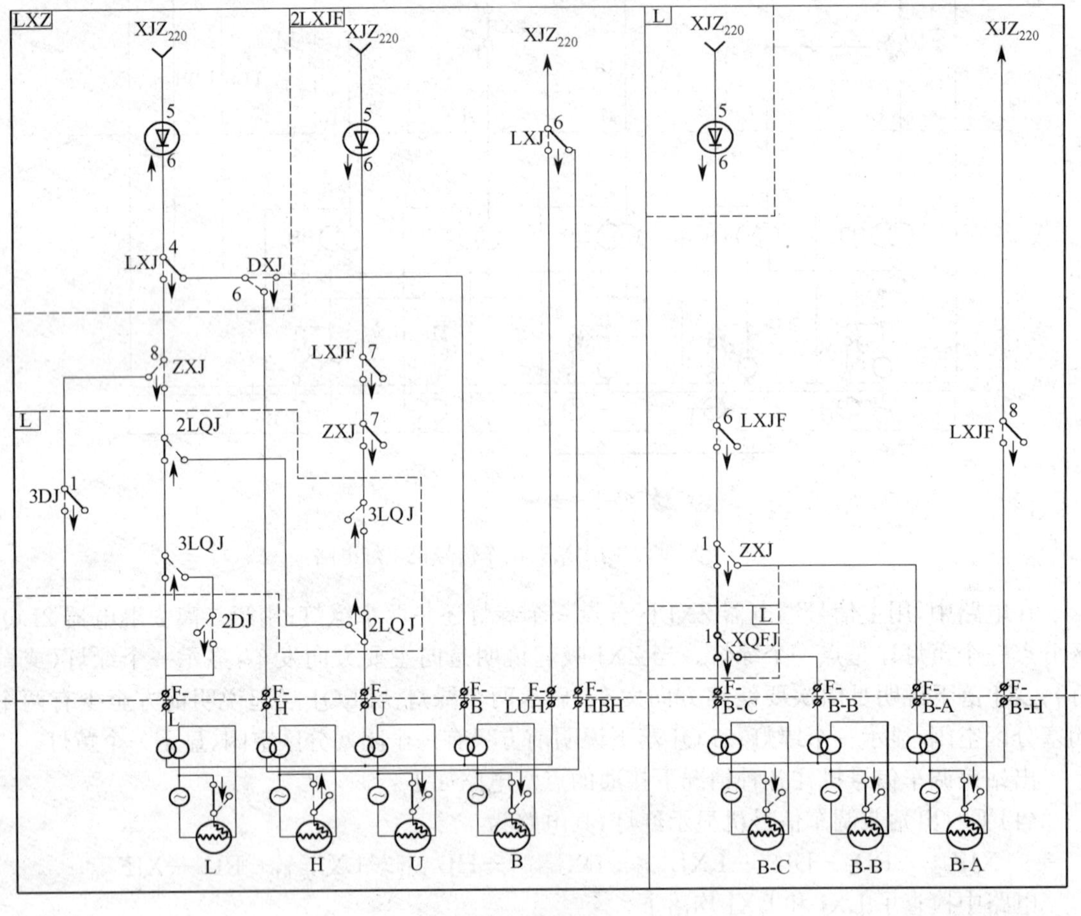

图 5-23　三方向出站兼调车信号机点灯电路

举例站场出站信号机有 H、U、LU 和 L 灯四种显示，上行有三个发车方向，即正方向、反方向和东郊方向。当正方向(X_F方向)发车时，主信号继电器 ZXJ 吸起。若二离去区段有车占用，2LQJ 落下，出站信号机亮黄灯；若二离去区段空闲，三离去区段被车占用，由于 2LQJ 吸起，3LQJ 落下出站信号机点亮绿黄灯；当二离去、三离去两个区段都空闲，2LQJ 和 3LQJ 均吸起，则出站信号机点亮绿灯。此时进路表示器的 B-A 白灯点亮，指示向正方向发车。

向反方向(X 方向)发车时,主信号继电器 ZXJ 落下,区间反方向继电器 QFJ 吸起,进路表示器的 B-B 白灯亮灯指示反向发车。因区间采用自动站间闭塞,出站信号机没有绿黄显示和黄灯显示,此时绿灯电路检查了 3DJ 前接点,只有反向进路表示灯亮白灯,绿灯才能点亮。

向东郊方向发车时,ZXJ 落下,区间为半自动闭塞,出站信号机也只有绿灯显示,进路表示器的 B-C 白灯亮灯,3DJ 吸起便接通绿灯电路。

在电路中,用主信号继电器 ZXJ 区分是否向正向发车,该方向为主发车方向;用 3DJ 监督进路表示器三个白灯灯丝的完好;用 2LQJ 和 3LQJ 区分四显示出站信号机灯亮黄灯、绿黄灯还是绿灯;用区间反方向继电器 QFJ 证明反向发车。

下行有两个发车方向:正方向和反方向,用 ZXJ 区分。ZXJ 落下说明是反方向发车,点亮进路表示器白灯,正方向发车时该白灯不点亮。

三、调车信号机点灯电路

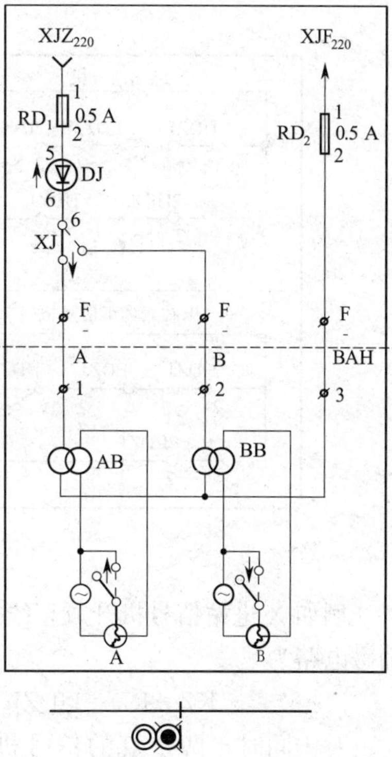

图 5-24 调车信号机点灯电路

调车信号机点灯电路如图 5-24 所示。平时调车信号机点亮蓝灯,当 DXJ 吸起后亮白灯。调车信号机一般采用矮型信号机,点灯用信号变压器可安装在信号机构的后盖里,即不需要设置信号变压器箱。

四、主灯丝断丝报警电路

为了监督列车信号灯泡主灯丝断丝并及时报警,以防止因列车信号灭灯而影响接发列车作业,每个咽喉设一套主灯丝断丝报警电路。列车信号采用双灯丝灯泡,当灯泡的主灯丝断丝后,虽然立即接通副灯丝保持继续亮灯,但因副灯丝寿命短且副灯丝断丝后,列车信号就会中断信号显示。因此,在列车信号的主灯丝断丝后就要及时更换灯泡,确保列车信号的连续显示。

图 5-25 是主灯丝断丝报警电路。在电路中设有断丝报警继电器 DSJ、灯丝断丝报警表示灯 DSD、灯丝断丝报警电铃 DSDL 和切断断丝报警按钮 DSA。

电路组成原理是:本咽喉每架进站信号机和出站信号机的灯丝转换继电器 DZJ 后接点串联,各架信号机串联支路并联,然后接入室内的 DSJ 电路中。如果该信号机同时点两个灯,再将第二个灯的 DZJ 后接点和监督其状态的 2DJ 前接点串接后接向 DSJ 电路。主灯丝断丝报警继电器 DSJ 采用时间继电器,平时落下,当任何一架信号机点亮的灯丝主灯丝断丝时,该架信号机的 DZJ 都落下,接通 DSJ 电路,使 DSJ 延时 3 s 后吸起。主灯丝断丝使 DSJ 吸起后,控制台上的下行咽喉主灯丝断丝表示灯 DSD 闪红灯,并使 DSDL 电铃鸣响。当确认是主灯丝断丝后,车站值班员按下非自复式的切断灯丝断丝报警按钮 DSA,使电铃停响。等维修人员更换信号机断丝的灯泡后,由于 DZJ 吸起使 DSJ 落下,断丝报警电铃再次鸣响,车站值班员拉出 DSA,电铃停响。至此,主灯丝断丝报警电路复原。

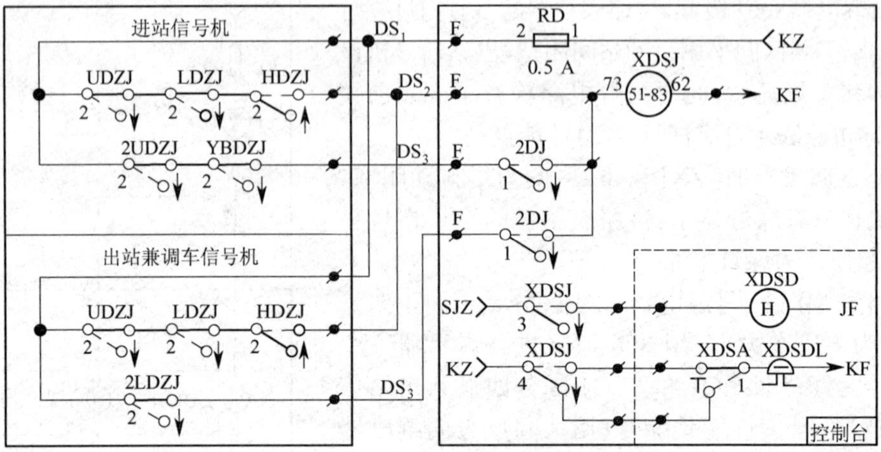

图 5-25 主灯丝断丝报警电路

例如 X 进站信号机开放正线接车信号，黄灯灯泡主灯丝断丝，UDZJ 落下接通 DSJ 路，其励磁电路为

$$KZ—RD—UDZJ_{21\text{-}23}—LDZJ_{21\text{-}23}—HDZJ_{21\text{-}23}—XDSJ_{73\text{-}62}—KF$$

对于同时点两个灯的信号机，如出站信号机点两个绿灯，当第二个绿灯灯丝断丝时，2LDZJ 落下接通 DSJ 电路，其励磁电路为

$$KZ—RD—2LDZJ_{21\text{-}23}—2DJ_{11\text{-}12}—XDSJ_{73\text{-}62}—KF$$

在电路中，第二绿灯主灯丝断丝后，副灯丝仍在点亮，2DJ 吸起。检查 2DJ 第 1 组前接点后使 DSJ 吸起，发出第二绿灯主灯丝断丝报警。

主灯丝断丝报警继电器 DSJ 采用时间继电器的原因，是为了在信号机改变信号显示时，灯光的 DZJ 已落下，而即将点亮灯光的 DZJ 还未来得及吸起时，防止报警电路错误报警。

第十节 进路锁闭与解锁用的继电器及故障解锁电路

6502 电气集中的进路解锁，按照解锁方式分为正常解锁、取消进路、人工解锁、调车中途返回解锁、引导解锁，以及故障解锁。进路解锁是有条件的，满足解锁的条件进路才会解锁。为实现进路的锁闭与解锁，在区段组合里设有锁闭继电器 SJ、轨道反复示继电器 FDGJ、传递继电器 CJ、进路继电器 1LJ 和 2LJ，以及在 F 组合供出的条件电源“KZ—GDJ”。这些继电器是实现进路锁闭与解锁的必要条件。

一、锁闭继电器电路

对应每组单动道岔设一个锁闭继电器。双动道岔因在不同的两个道岔区段，必须设两个锁闭继电器，双动道岔左边的为 1SJ，右边的为 2SJ。

锁闭继电器的作用是锁闭道岔和敌对进路。锁闭道岔是由接在道岔启动电路中的 SJ 前接点实现的。当 SJ 落下，断开 1DQJ 的励磁电路，从而达到锁闭道岔的目的。

锁闭敌对进路是通过接在 KJ 和 ZCJ 励磁电路中的 SJ 前接点实现的。进路锁闭后，SJ 落下断开本咽喉的敌对进路；用 SJ 前接点与 GJJ 后接点配合，使 ZCJ 落下，锁闭另一咽喉迎面的敌对进路。

图 5-26 是锁闭继电器电路。平时 SJ 吸起，道岔处于解锁状态，可对道岔进行单独操纵或经该道岔办理进路。

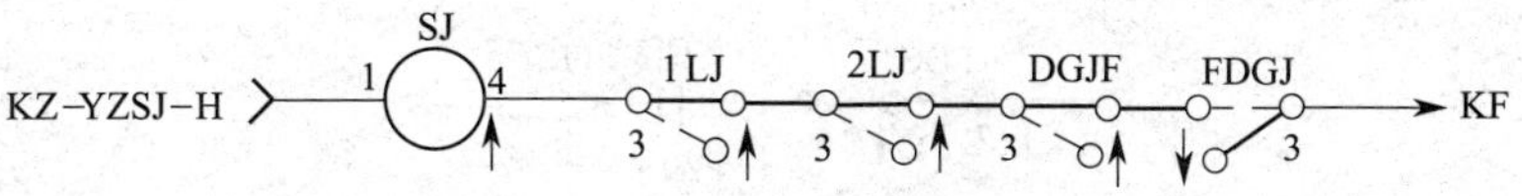

图 5-26　锁闭继电器电路

锁闭继电器 SJ 电路中接有 1LJ 和 2LJ、DGJF 和 FDGJ 继电器接点及条件电源“KZ—YZSJ—H”，这些接点的作用如下：

(1)1LJ 和 2LJ 前接点。当进路建立后，由于进路继电器落下，断开 SJ 电路，使 SJ 落下，实现进路锁闭。

(2)DGJF 前接点。当道岔区段有车占用或轨道电路发生故障时，由于 DGJF 落下断开 SJ 电路，使 SJ 落下，实现区段锁闭。

(3)FDGJ 后接点。防止轻车跳动或轨道电路瞬间分路不良而使 SJ 吸起，造成进路提前错误解锁。

有时会出现这样的情况，当列车高速运行快要离开道岔区段时，由于轻车的跳动引起轨道电路瞬间分路不良，使 DGJ 瞬间吸起。因为此时车尚未出清道岔区段，SJ 的提前错误吸起可能会造成道岔中途转换。由于 FDGJ 有 3～4 s 的缓放时间，将它的第 3 组后接点串在 SJ 电路中，当轻车跳动时，由于 FDGJ 的缓放，经 3～4 s 后 SJ 才能吸起，此时车已出清道岔区段，不会危及行车安全。

电路中接入 FDGJ 也不能将 DGJF 接点取消，因为仅有 FDGJ 后接点，当道岔区段有车占用时，不能反映区段有车占用。用 FDGJ 落下反映区段空闲，这不符合“故障—安全”原则。

(4)条件电源“KZ—YZSJ—H”。平时“KZ— YZSJ—H”有电，当需要办理全咽喉道岔总锁闭方式引导接车时，按下引导总锁闭按钮 YZSA，引导总锁闭继电器 YZSJ 吸起，断开条件电源“KZ—YZSJ—H”，使全咽喉 SJ 都落下，实现全咽喉道岔总锁闭。

二、轨道反复示继电器电路

轨道反复示继电器 FDGJ 与轨道继电器 DGJ 相对应，设在同一个区段组合内。

轨道反复示继电器的作用是：(1)利用 FDGJ 的缓放特性防止轻车跳动或轨道电路瞬间分路不良引起 SJ 错误吸起，造成道岔提前解锁；(2)控制传递继电器 CJ，使其具有及时励磁特性和滞后励磁特性，使进路解锁具有不同的动作规律；(3)检查 10 线网路是否断线及 FDGJ 线圈并联 RC 支路的完整性；(4)利用 FDGJ 的缓放，实现对解锁电路的瞬间供电，提高解锁电路的可靠性。

轨道反复示继电器 FDGJ 电路如图 5-27 所示。平时 DGJ 吸起，FDGJ 落下。建立进路后 QJJ 吸起，当有车占用时 DGJ 落下使 FDGJ 励磁，同时接通 RC 充电回路。在刚接通的瞬间，RC 充电电流大，FDGJ 励磁电流小，FDGJ 还不能立即吸起。当充电到一定时间，RC 充电电流越来越小，而 FDGJ 励磁电流越来越大，达到工作值时使 FDGJ 吸起。由于 FDGJ 吸起使 QJJ 落下，FDGJ 的励磁电路又被 QJJ 前接点断开，这时 FDGJ 要依靠电容 C 的放电电流才能可靠吸起，然后自闭。车出清轨道区段，DGJ 吸起后，FDGJ 自闭电路被断开，经 3～4 s 缓放后落下。

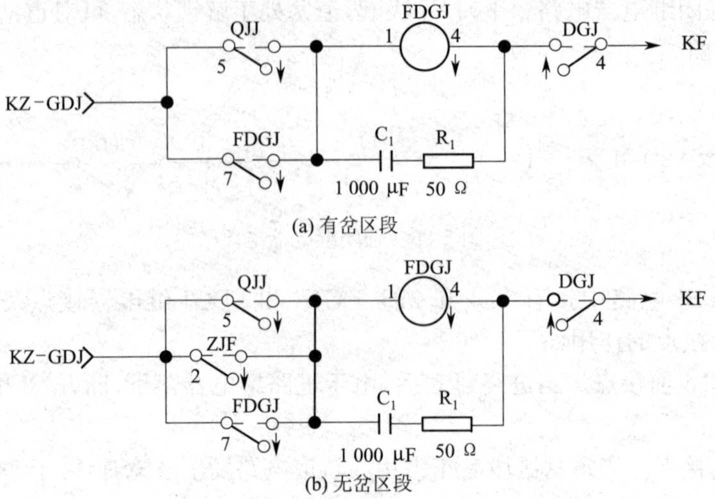

图 5-27 轨道反复示继电器电路

合理选择 RC 数值，使 FDGJ 具有 3～4 s 缓放时间，当轻车跳动或轨道电路瞬间分路不良时，由于 FDGJ 的缓放时间较长，虽然 DGJ 曾一度吸起又落下，但是 FDGJ 不会落下，从而防止轻车跳动使 SJ 提前吸起而造成道岔提前解锁。

在 FDGJ 的励磁电路中接入 QJJ 第 5 组前接点，是用来检查 10 线及 FDGJ 线圈并联 RC 支路完整性的。QJJ 的自闭电路是在车未驶入本区段时依靠 FDGJ 第 2 组后接点从 10 线获得 KF 电源的，如果 10 线断线，列车或调车车列运行前方各区段的 $QJJ_{1\text{-}2}$ 线圈因得不到 10 线 KF 电源而提前落下，当车进入本区段时，该区段的 FDGJ 将因 QJJ 的落下而不能励磁。FDGJ 不吸起，进路就不能正常解锁，从而能及时发现 10 线的断线故障。若 FDGJ 线圈上并联的 RC 支路断线或电容器 C 被击穿时，因 FDGJ 电路失去了所需的充放电过程，当车进入本区段时不能构成 FDGJ 线圈的缓吸电路，使 FDGJ 不能吸起，进路不能正常解锁，也可以及时发现 RC 支路断线或电容器被击穿。

对于 FDGJ 作用(2)、(4)的实现，将分别在传递继电器电路和正常解锁电路中予以说明。

图 5-27(b)是无岔区段的 FDGJ 电路，它与道岔区段的 FDGJ 电路有所不同。因为向无岔区段调车时，无岔区段的 QJJ 不会吸起。因此在无岔区段 FDGJ 电路中的 QJJ 第 5 组前接点上并联终端复示继电器 ZJF 的前接点，ZJF 是无岔区段两端差置调车信号机的 ZJ 的总复示继电器。凡是办理以差置调车信号机为终端的调车进路，或是经无岔区段的长调车进路时，其终端继电器 ZJ 必定吸起，使得 ZJF 也吸起。这样，当调车车列占用无岔区段时，ZJF 吸起，构成了 FDGJ 的励磁电路，以满足调车中途返回解锁电路的需要。

当 FDGJ 接点不够用时，在区段组合 Q 里要增设 FDGJF。在一般情况下，FDGJF 不起作用，可以不插入，只有在下述两种情况下需插入 FDGJF：

第一种情况：与两条及其以上股道连接的道岔区段应增设 FDGJF，如举例站场的 19—27DG 区段。因为连接股道的 13 线网路需接入相邻道岔区段的 FDGJ 前接点，用于向股道建立进路的正常解锁。连接两条股道，需要两组 FDGJ 接点，而 FDGJ 只有一组备用接点，所以要在 Q 组合里增设 FDGJF。

第二种情况：一个道岔区段既能作为两架调车信号机的接近区段，又能作为两条调车进路的最末道岔区段时，例如 9—15DG 区段，则必须设 FDGJF，因为调车中途返回解锁电路要用接近区段的 FDGJ 第 6 组接点，该区段作为两架信号机 D_7 和 D_{13} 的接近区段则需两组 FDGJ 接点，该区段作为两条进路最末道岔区段又需两组 FDGJ 接点。这样，上述 9—15DG 共需 4 组 FDGJ 接点，因接点不够用，应增设 FDGJF。

三、传递继电器电路

传递继电器的作用主要是传递解锁电源，另外用于实现故障解锁和特殊情况下关闭信号。图 5-28 是 CJ 电路，平时 CJ 经其 3-4 线圈保持吸起，建立进路后由 1LJ 和 2LJ 的落下使 CJ 落下。CJ 的 1-2 线圈是供故障解锁和特殊情况下关闭信号用的。

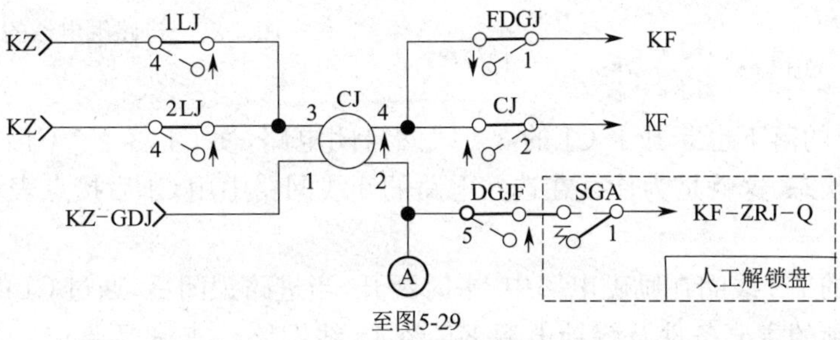

图 5-28　传递继电器电路

在 CJ 的 3-4 线圈励磁电路中接有 FDGJ 第 1 组后接点，它控制 CJ 的励磁时间，使 CJ 具有两个特性。CJ 的两个特性是：

(1)滞后励磁特性

由于进路上有车，当 1LJ 和 2LJ 都吸起，CJ 滞后 3～4 s 吸起的特性称为 CJ 的滞后励磁特性，也称慢动特性。

在正常解锁时，由于进路上有车，当车占用本区段时，虽然两个 LJ 中有一个会吸起，但因此时 FDGJ 吸起，所以 CJ 的 3-4 线圈电路不通。当车出清该区段后，两个 LJ 都吸起，FDGJ 经 3～4 s 缓放落下。由 FDGJ 第 1 组后接点接通 $CJ_{3\text{-}4}$ 线圈电路，使 CJ 吸起。CJ 的滞后励磁特性，用于进路的正常解锁。

(2)及时励磁特性

由于进路上无车，只要有一个 LJ 吸起，CJ 会立即吸起的特性称为 CJ 的及时励磁特性，也称快动特性。

在人工解锁、取消进路和调车中途返回解锁时，因为进路上无车，FDGJ 在落下状态，当两个 LJ 中的任何一个吸起，就能立即接通 CJ 的 3-4 线圈电路，使 CJ 立即吸起。CJ 的及时励磁特性用于人工解锁、取消进路和调车中途返回解锁。

传递继电器 CJ 的 1-2 线圈电路在故障解锁及特殊情况下关闭信号时起作用。

四、进路继电器电路

进路继电器的作用是参与进路的锁闭与解锁，同时控制进路光带表示灯。对应每个道岔区段和设有区段组合的无岔区段均设两个进路继电器 1LJ 和 2LJ。在一个组合中之所以设两个进路继电器，主要是为了正常解锁时实现三点检查。

图 5-29 是进路继电器的局部电路。两个进路继电器 1LJ 和 2LJ 平时都是由 3-4 线圈接通自闭电路而保持吸起的，由它们的前接点接通锁闭继电器 SJ 励磁电路，使 SJ 吸起，表明该区段处于解锁状态。当利用该区段建立进路时，在 QJJ 吸起后断开 1LJ 和 2LJ 的自闭电路，使两个进路继电器都落下，并断开 SJ 电路，使 SJ 也落下，该区段处于进路锁闭状态。上述继电器动作的逻辑关系为

$$XJJ\uparrow \rightarrow QJJ\uparrow \rightarrow \left|\begin{matrix} 1LJ\downarrow\rightarrow \\ 2LJ\downarrow\rightarrow \end{matrix}\right| SJ\downarrow$$

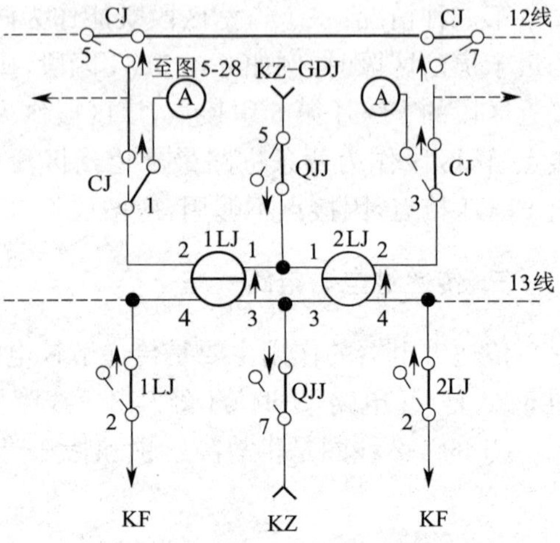

图 5-29 进路继电器的局部电路

同时两个 LJ 的落下也断开了 CJ 的 3-4 线圈自闭电路，使 CJ 落下。CJ 的落下也可以反映区段处于锁闭状态，这就是为什么在选岔电路的 6 线网路中用 CJ 后接点表示区段处于锁闭状态的原因。

进路继电器的 1-2 线圈在励磁电路中，平时断开，当进路锁闭后，通过 CJ 的后接点接入 12 线网路。各种解锁的主要条件及解锁电源 KF 经 12 线网路检查满足要求后，使 LJ 的 1-2 线圈吸起。同样 LJ 的 3-4 线圈是从 13 线网路上得到解锁电源 KF 而吸起，LJ 的 1-2 线圈接入条件电源“KZ—GDJ”，用来防止轨道电源停电后恢复供电时，造成进路继电器错误吸起。

进路继电器的电路结构，左右完全对称。左边为 1LJ，右边为 2LJ，1LJ 的 1-2 线圈经 CJ 后接点从左侧接向 12 线网路；2LJ 的 1-2 线圈经 CJ 的后接点从右侧接向 12 线网路。1LJ 的 3-4 线圈从左侧直接与 13 线网路连接；2LJ 的 3-4 线圈从右侧直接与 13 线网路连接。这样一种左右完全对称的电路结构是为了适应两个不同方向进路的解锁，可以使进路的各种解锁方式具有规律性。

五、故障解锁电路

故障解锁电路是由 CJ 和 1LJ、2LJ 的局部电路构成，不涉及 12、13 线解锁网路。故障解锁主要用于下列情况：

(1)在办理进路时，因电路故障使有些道岔区段未锁闭，信号不能开放，需要将已锁闭的区段实行故障解锁。

(2)在正常解锁、取消取路、人工解锁、调车中途返回解锁或引导进路解锁时，由于轨道电路故障造成某些道岔区段未解锁，对于未解锁区段需进行故障解锁。

(3)在轨道电源停电恢复供电、维修换线或更换继电器等引起个别区段的锁闭，应对已锁闭的区段实行故障解锁。

(4)电源停电后恢复供电引起全站所有区段的锁闭。要使设备恢复正常，要进行故障解锁。

故障解锁的条件是：必须检查故障解锁的区段空闲，必须检查故障解锁的手续已办好。故

障解锁要由两人协同操作，一人按下控制台上本咽喉的总人工解锁按钮ZRA，另一人按下区段人工解锁按钮盘上相应区段的事故按钮SGA。在破铅封按下SGA前要确认列车的动态。

在故障锁闭时，两个LJ一般都在落下状态，CJ的自闭电路被断开，它也在落下状态。按下ZRA后，条件电源"KF—ZRJ—Q"有电。按下故障区段的SGA，使CJ的1-2线圈电路接通，其励磁电路为

$$KZ—GDJ—CJ_{1\text{-}2}—DGJF_{51\text{-}52}—SGA_{12\text{-}11}—KF—ZRJ—Q$$

该励磁电路中，由SGA的11-12接点和条件电源"KF—ZRJ—Q"检查办理了故障解锁手续，由DGJF第5组前接点检查了区段空闲。CJ吸起后，经CJ第1、3两组前接点使1LJ和2LJ励磁，其励磁电路是

$$KZ—GDJ—QJJ_{51\text{-}51}—\left|\begin{matrix}1LJ_{1\text{-}2}—CJ_{11\text{-}12}\\2LJ_{1\text{-}2}—CJ_{31\text{-}32}\end{matrix}\right|—DGJF_{51\text{-}52}—SGA_{12\text{-}11}—KF—ZRJ—Q$$

故障区段的1LJ和2LJ吸起后经其3-4线圈自闭，继而使锁闭继电器SJ吸起，故障区段解锁。

应注意，在办理进路过程中有些区段未锁闭，进路建立后接近区段故障或接近区段有车占用等情况下，在办理故障解锁时，必须首先取消原办理的进路，使进路始端的取消继电器QJ吸起，使已锁闭区段的QJJ落下，然后办理故障解锁。

在特殊情况下关闭信号的方法，也和上述故障解锁的手续相同，只不过按下的是进路中任意一个区段的SGA。当CJ经1-2线圈吸起，用CJ的第4组后接点断开11线网路，使信号继电器落下，从而达到关闭信号的目的。

为了防止当进路建立车正在接近区段上运行时，错误按下该进路上某一区段的SGA和ZRA造成迎面错误解锁，在10线网路QJJ自闭电路的始端信号机处接入JYJ后接点进行防护。接近区段有车，JYJ落下，QJ因故障不能吸起时，10线供出的KF电源使进路上各区段的QJJ可靠自闭。这样在车已驶入接近区段时，即使错误按下进路上某区段SGA和ZRA，关闭信号，也不会使LJ吸起而错误解锁。

六、条件电源"KZ—GDJ"

在进路锁闭与解锁用1LJ和2LJ、CJ、FDGJ及GJJ电路中之所以都采用条件电源"KZ—GDJ"是因为：正常解锁和调车中途返回解锁是受运行中的列车或调车车列的控制而自动进行的，是用组成进路的各个轨道电路区段的轨道继电器DGJ的顺序落下和吸起来验证的。如果当轨道电源停电后又恢复供电时，进路上各区段的DCJ由于参数差异，其落下和吸起顺序恰好与车占用与出清轨道区段的顺序一致，那么已锁闭的进路会在轨道电源停电恢复时自动错误解锁，这是十分危险的。为了防止这种情况的发生，6502电气集中采取了两项措施，一是对轨道电路供电设置监督设备；二是在进路锁闭与解锁用的继电器电路中采用了条件电源"KZ—GDJ"，从电路上进行防护。

1. 轨道供电监督设备

为缩小轨道电路停电的影响范围，轨道电路区段较多的电气集中车站一般采用四束干线供电(注：大站分四束，中小站分二束或不分束)，每个咽喉两束。每束供电干线在电源屏内各设一个轨道供电监督继电器1GDJ～4GDJ，用来监督供电情况。每个咽喉在方向组合F内设一个轨道停电继电器GDJ和一个轨道停电复示继电器GDJF，用这两个继电器的前接点构成

条件电源"KZ—GDJ"其电路如图 5-30 所示。在轨道电路供电正常时,GDJ 和 GDJF 均吸起,条件电源"KZ—GDJ"有电。当轨道电路电源发生故障(如电源停电、熔丝熔断、断线等)时,GDJ 和 GDJF 相继落下,条件电源"KZ—GDJ"无电。当轨道电源停电后,控制台上各区段点亮红光带,以引起车站值班员的注意。

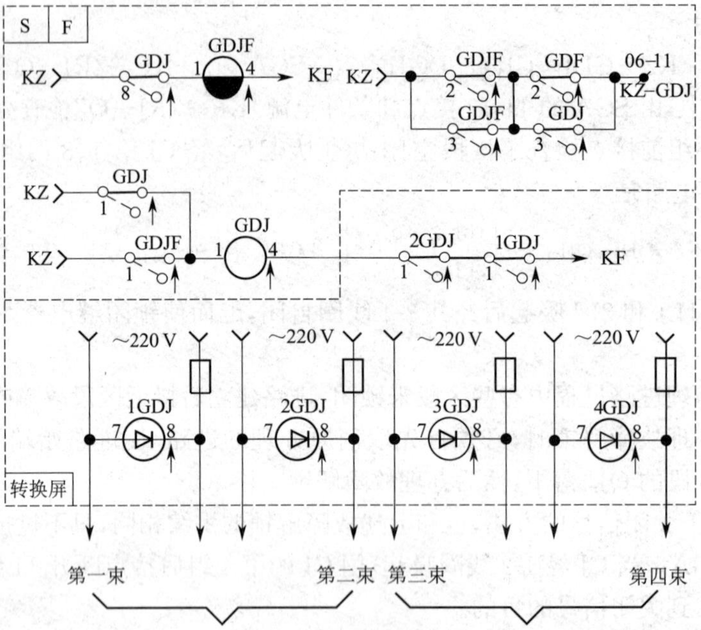

图 5-30　GDJ 电路和条件电源"KZ—GDJ"电路

2. 条件电源"KZ—GDJ"

条件电源"KZ—GDJ"是由 GDJ 和 GDJF 两组前接点分别并联后串接形成的,它具有两个显著的特点:

(1)断电快。只要轨道电源停电,条件电源"KZ—GDJ"立即断电,有关继电器动作程序是

断电→ | DGJ↓
　　　 | 电源屏 GDJ↓→GDJ↓→"KZ—GDJ"有电

(2)来电慢。轨道电源恢复供电时,条件电源"KZ—GDJ"需经三个继电器的动作时间才会有电,有关继电器动作程序是

通电→ | DGJ↑
　　　 | 电源屏 GDJ↑→GDJ→GDJF↑→"KZ—GDJ"有电

从以上动作程序可以看出:当轨道电源供电干线断电时,DGJ 立即落下,由于条件电源"KZ—GDJ"断电快,防止 FDCJ 吸起。在停电后又恢复供电时,电源屏内轨道供电监督继电器 GDJ 先吸起,F 组合内 GDJ 和 GDJF 随后相继吸起,并且由于 GDJF 选用 JWXC-H340 型缓放继电器,它具有缓吸性能,所以经 GDJ 和 GDJF 前接点接通的条件电源"KZ—GDJ"要比 DGJ 吸起时间滞后许多,这样就能保证进路中各区段轨道继电器 DGJ 全部吸起后,条件电源"KZ—GDJ"才会接通有电。进路解锁要通过条件电源"KZ—GDJ"才能使进路继电器 1LJ 和 2LJ 吸起。所以,对已锁闭的进路不会因轨道电源停电恢复而产生错误解锁。

对已锁闭的进路,如果在停电期间车尚未驶入进路,则可重复开放信号,等车经过进路后,使进路正常解锁。如果车已经在停电过程中驶过,那么可按故障解锁方法,使进路中各区段解锁。

第十一节　正常解锁电路

6502电气集中进路解锁采用逐段解锁方式。当进路锁闭后，防护进路的信号机开放，列车或调车车列驶入进路使信号机自动关闭，在顺序占用和出清进路上的轨道电路区段后，各区段自动解锁，这种解锁称为进路的正常解锁。进路的解锁是有条件的符合解锁条件进路才能解锁。

一、正常解锁的条件

为了保证行车安全，进路的正常解锁必须满足以下条件：

(1)防护进路的信号机关闭。

(2)必须满足三点检查。

进路锁闭后，列车或调车车列驶入进路，进路在正常解锁前首先应关闭信号，以防止后续列车或调车车列驶入正在解锁的进路，危及行车安全。

采用逐段解锁方式时，解锁的对象是进路上的轨道电路区段。因此，可以用轨道电路区段的DGJ一度落下后又吸起作为车顺序占用和出清区段的证明。

用一段轨道电路的DGJ落下后又吸起证明车曾占用过并已出清区段的方法，叫做一点检查。用一点检查作为轨道区段解锁的条件是不安全的，因为轨道电路故障后又恢复正常，或轨道电路人工短路时，也会使该区段DGJ一度落下后又吸起，而无法与一点检查相区别。用相邻的两个轨道区段的DGJ落下后又吸起证明车占用过进路的方法叫做两点检查。用两点检查作为轨道区段解锁的条件也存在问题，因为轨道电路采用极性交叉来防护绝缘破损，当相邻轨道电路之间的绝缘破损时，使得两个DGJ同时落下，此后因邻线行车震动可能使破损的绝缘恢复正常，又会使两个DGJ重新吸起，从而造成区段错误解锁。显然，两点检查的方法不安全，一般也不采用。

采用三点检查使轨道区段解锁，是安全有效的方法。所谓三点检查就是用相邻的三个轨道区段作为解锁的检查条件。一个区段的解锁不仅要检查车占用过并且已出清本区段，还要检查车占用过并且已出清前一区段，而且已进入后一区段。

三点检查如图5-31所示，以3DG区段为解锁对象，必须检查调车车列占用并出清1DG区段，占用并出清3DG区段且占用5DG区段，此时3DG区段才能解锁。

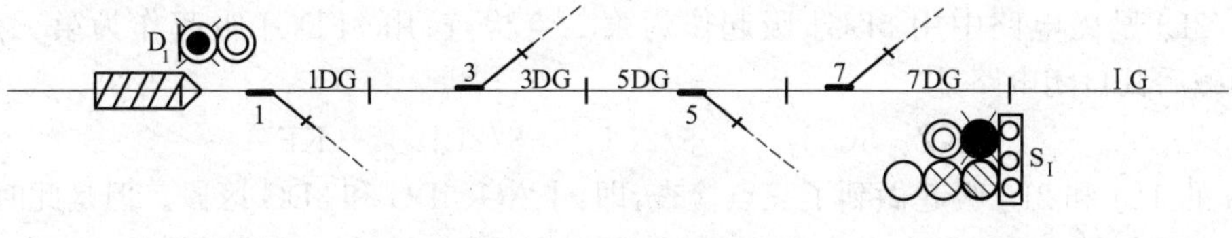

图5-31　三点检查示意图

用两个进路继电器来进行正常解锁三点检查。例如从左向右解锁进路，当车占用过并已出清前一区段且占用本区段时，1LJ吸起，做好检查第一点的占用和出清，以及第二点占用的记录；当车出清本区段并占用后一个区段时，2LJ吸起，做好第二点出清和第三点被占用的记录。这样1LJ和2LJ都吸起，就完成了被解锁区段的三点检查。反之，从右向左解锁进路时，用2LJ先吸起作为车占用过并已出清前一区段且占用本区段的记录，用1LJ后吸起作为车出清本区段并占用后一区段的记录。

在进路的正常解锁中，也存在着两点检查和一点检查后轨道区段就解锁的情况。例如，对于由股道办理的调车进路和列车进路，以及由尽头线或无岔区段办理的调车进路，由于股道、尽头线及无岔区段都允许停有车辆，所以进路内方第一个轨道区段的解锁不能检查其前一区段的车辆出清情况，此时只能实现两点检查。

对于调车进路中仅有一个道岔区段，其接近区段是股道或尽头线，最后一个区段是无岔区段的情况时，该道岔区段的解锁只能实现一点检查。

二、列车进路的正常解锁

1. 接车进路的正常解锁

在图5-32所示的解锁网路实例中，以下行向ⅠG接车为例，分析正常解锁时电路的动作。

当建立下行向ⅠG接车进路，列车根据X进站信号机的黄灯显示驶入进路。在列车进入ⅠAG区段时，由于ⅠAGJ落下，使X信号机的XJJ落下。XJJ落下后，一方面断开9线网路的KZ电源，使QJJ只能靠10线网路接通未被占用区段的自闭电路，使它们保持吸起；另一方面断开LXJ的自闭电路，使LXJ落下，于是X进站信号机自动关闭。

列车进入5DG区段后，5DGJ落下使5FDGJ吸起，5DG的QJJ落下，于是接通5/1LJ的励磁电路，其电路是

KZ—GDJ—$5QJJ_{51\text{-}53}$—$5/1LJ_{1\text{-}2}$—$5CJ_{11\text{-}13}$—$5CJ_{53\text{-}51}$—$XKJ_{51\text{-}52}$—$XXJJ_{51\text{-}53}$—$D_3XJ_{51\text{-}53}$—$XLXJ_{51\text{-}53}$—$XLKJ_{31\text{-}32}$—$5CJ_{83\text{-}81}$—$ⅠAGJ_{33\text{-}31}$—$XLKJF_{31\text{-}32}$—$XKJ_{62\text{-}61}$—$5QJJ_{11\text{-}13}$—$5/2LJ_{11\text{-}13}$—$5FDGJ_{12\text{-}11}$—KF

在5/1LJ励磁电路中列车占用前一区段ⅠAG，用ⅠAGJ落下为第一点检查；本区段5DG被占用，用5FDGJ吸起为第二点检查。5/1LJ励磁后，其自闭电路是

KZ—$5QJJ_{71\text{-}73}$—$5/1LJ_{3\text{-}4}$—$5/1LJ_{22\text{-}21}$—KF

列车继续运行，驶入3DG区段，3DGJ落下，出清5DG区段时5DGJ吸起，由于5/1LJ已经吸起自闭，所以5/2LJ的励磁电路可经由3FDGJ前接点吸起接通，于是5/2LJ励磁，其励磁电路是

KZ—$5QJJ_{71\text{-}73}$—$5/2LJ_{3\text{-}4}$—$5DGJ_{32\text{-}31}$—$5/1LJ_{12\text{-}11}$—$5QJJ_{33\text{-}31}$—$5/7DBJ_{61\text{-}62}$—$1/3FBJ_{63\text{-}61}$—$3QJJ_{11\text{-}13}$—$3/2LJ_{11\text{-}13}$—$3FDGJ_{12\text{-}11}$—KF

在5/2LJ励磁电路中用5DGJ吸起作为第二点检查；用3FDGJ吸起作为第三点检查。5/2LJ励磁后其自闭电路是

KZ—$5QJJ_{71\text{-}73}$—$5/2LJ_{3\text{-}4}$—$5/2LJ_{22\text{-}21}$—KF

5DG的1LJ和2LJ吸起做到了三点检查，即：ⅠAG、5DG和3DG区段。但是此时的5DG区段并未立即解锁，CJ还在失磁状态。正常解锁就是利用CJ的滞后励磁特性，为下一个区段3DG的进路继电器传递解锁电源，使3/1LJ吸起，其励磁电路是

KZ—GDJ—$3QJJ_{51\text{-}53}$—$3/1LJ_{1\text{-}2}$—$3CJ_{11\text{-}13}$—$3CJ_{53\text{-}51}$—$1/3\ 2SJ_{51\text{-}52}$—$1/3DBJ_{51\text{-}52}$—$5/7FBJ_{53\text{-}51}$—$5/71SJ_{53\text{-}51}$—$5QJJ_{21\text{-}23}$—$5CJ_{71\text{-}73}$—$5/1LJ_{52\text{-}51}$—$5/2LJ_{72\text{-}71}$—KF

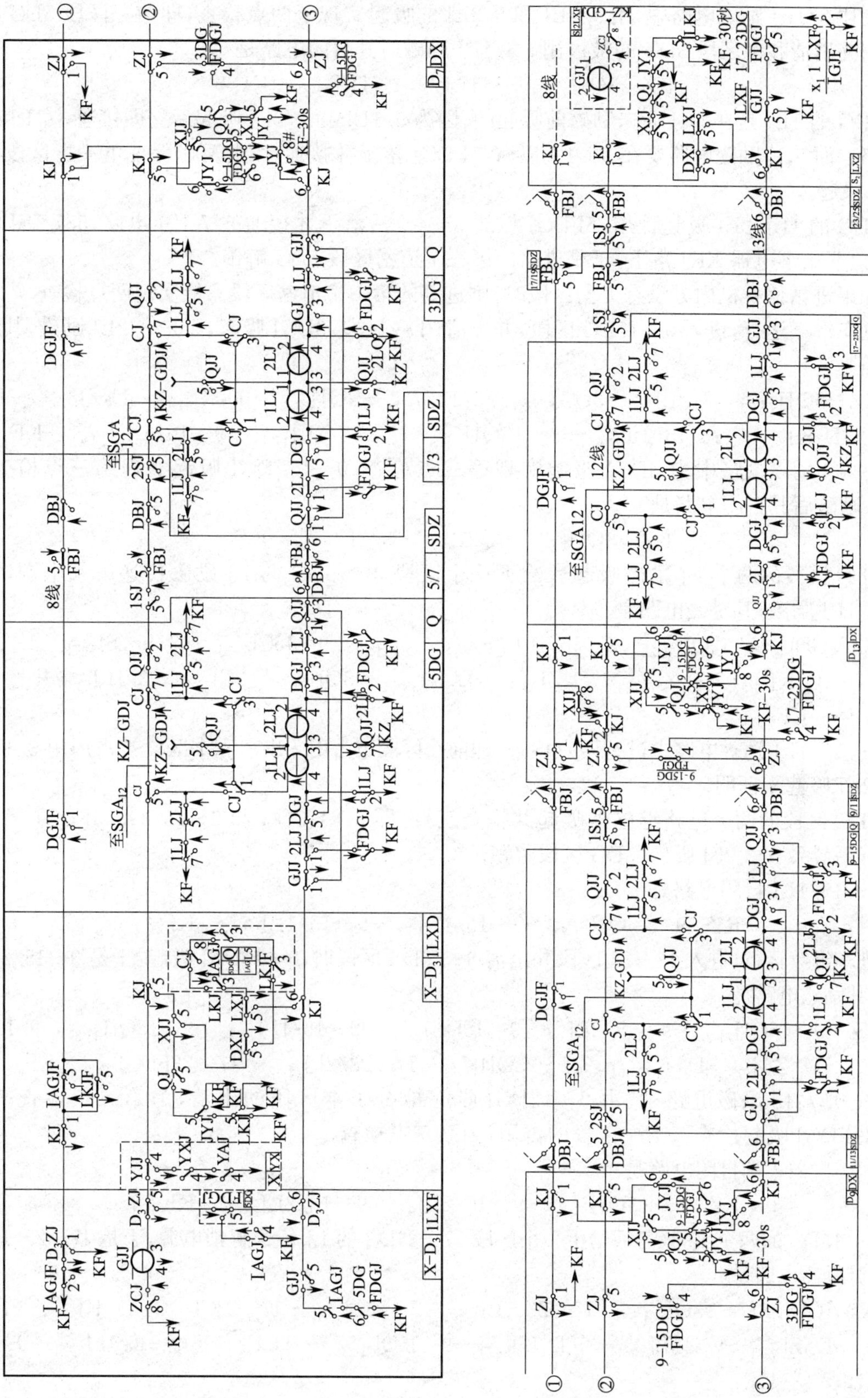

图 5-32 解锁网路图

上述 3/1LJ 励磁电路中，用 5/1LJ 和 5/2LJ 的吸起实现了两点检查，即前一区段 5DG 的被占用并出清和本区段 3DG 的被占用。3/1LJ 励磁后其自闭电路是

$$KZ—3QJJ_{71\text{-}73}—3/1LJ_{3\text{-}4}—3/1LJ_{22\text{-}21}—KF$$

3DG 的 1LJ 是在 5CJ 尚未励磁前吸起的，因为 5/1LJ 和 5/2LJ 吸起后立即接通 3/1LJ 励磁电路。而 5GJ 励磁电路要在 3～4 s 以后，5FDGJ 落下才接通，因此可以保证下一个区段的 3/1LJ 吸起。

5DG 的 1LJ、2LJ 吸起后，由 5FDGJ 缓放 3～4 s 后落下才接通 5/7 1SJ 电路，5/7 1SJ 吸起，随之开始继电器 XKJ 落下，于是进路的第一个道岔区段 5DG 解锁。

如果进站信号机内方没有无岔区段时，则进路的第一个道岔区段只能实现两点检查。

列车继续运行，进入 9—15DG 区段，并出清 3DG 区段，3DGJ 吸起，于是 3/2LJ 励磁，其励磁电路是

$KZ—3QJJ_{71\text{-}73}—3/2LJ_{3\text{-}4}—3DGJ_{32\text{-}31}—3/1LJ_{11\text{-}12}—3QJJ_{33\text{-}31}—D_7K_{J61\text{-}63}—D_7ZJ_{61\text{-}63}—D_9ZJ_{63\text{-}61}—D_9KJ_{63\text{-}61}—13/15FBJ_{63\text{-}61}—9—15QJJ_{11\text{-}13}—9—15/2LJ_{11\text{-}13}—9—15FDGJ_{12\text{-}11}—KF$

3/2LJ 励磁电路中由 3DGJ 吸起实现第二点检查；9—15FDGJ 吸起实现第三点检查。3/2LJ 励磁后其自闭电路是

$$KZ—3QJJ_{71\text{-}73}—3/2LJ_{3\text{-}4}—3/2LJ_{22\text{-}21}—KF$$

3DG 区段的两个 LJ 励磁吸起后给下一个区段 9—15DG 的 LJ 励磁传递解锁电源，使 9—15/1LJ 励磁，其励磁电路是

$KZ—GDJ—9—15QJJ_{51\text{-}53}—9—15/1LJ_{1\text{-}2}—9—15CJ_{11\text{-}13}—9—15CJ_{53\text{-}51}—13/15\ 2SJ_{51\text{-}53}—13/15DBJ_{51\text{-}52}—D_9KJ_{51\text{-}53}—D_9ZJ_{51\text{-}53}—D_7ZJ_{53\text{-}51}—D_7KJ_{53\text{-}51}—3QJJ_{21\text{-}23}—3CJ_{71\text{-}73}—3/1LJ_{52\text{-}51}—3/2LJ_{72\text{-}71}—KF$

9—15/1LJ 励磁电路中进行两点检查，即前一区段被占用并出清和本区段被占用用 3/1LJ 和 3/2LJ 吸起来证明。

3DG 区段的两个进路继电器吸起共检查三点，即 5DG、3DG 和 9—15DG。3FDGJ 缓放 3～4 s 后导致 1/3 2SJ 吸起，3DG 区段解锁。

9—15/1LJ 自闭电路是

$$KZ—9—15QJJ_{71\text{-}73}—9—15/1LJ_{3\text{-}4}—9—15/1LJ_{22\text{-}21}—KF$$

列车继续运行，进入 17—23 区段并出清 9—15DG 区段时，9—15DGJ 吸起，于是 9—15/2LJ 励磁，其励磁电路是

$KZ—9—15QJJ_{71\text{-}73}—9—15/2LJ_{3\text{-}4}—9—15DGJ_{32\text{-}31}—9—15/1LJ_{12\text{-}11}—9—15QJJ_{33\text{-}31}—9/11DBJ_{61\text{-}62}—D_{13}ZJ_{61\text{-}63}—D_{13}KJ_{63\text{-}61}—17—23QJJ_{11\text{-}13}—17—23/2LJ_{11\text{-}13}—17—23FDGJ_{12\text{-}11}—KF$

9—15/2LJ 励磁电路中，由 9—15DGJ 吸起检查了本区段的出清，为第二点检查；由 17—23FDGJ 吸起检查了下一区段的占用，为第三点检查。

9—15/2LJ 其自闭电路是

$$KZ—9—15QJJ_{71\text{-}73}—9—15/2LJ_{3\text{-}4}—9—15/2LJ_{22\text{-}21}—KF$$

9—15DG 的两个 LJ 吸起后给下一个区段 17—23DG 的 LJ 传送解锁电源，于是 17—23/1LJ 励磁，其励磁电路是

$KZ—GDJ—17—23QJJ_{51\text{-}53}—17—23/1LJ_{1\text{-}2}—17—23CJ_{11\text{-}13}—17—23CJ_{53\text{-}51}—D_{13}KJ_{51\text{-}53}—D_{13}KJ_{23\text{-}21}—D_{13}ZJ_{53\text{-}51}—9/11FBJ_{53\text{-}51}—9/11\ 1SJ_{53\text{-}51}—9—15QJ_{21\text{-}23}—9—15CJ_{71\text{-}73}—9—15/1LJ_{52\text{-}51}—9—15/21LJ_{72\text{-}71}—KF$

在 17—23/1LJ 励磁电路中检查了两点，即占用并出清前一区段和本区段被占用，用 9—15/1LJ 和 9—15/2LJ 吸起分别予以证明。

17—23/1LJ 励磁后自闭，其自闭电路是

KZ—17—23QJJ$_{71\text{-}73}$—17—23/1LJ$_{1\text{-}2}$—17—23/1LJ$_{22\text{-}21}$—KF

9—15DG 区段的两个 LJ 都吸起，实现了三点检查，即 3DG、9—15DG 和 17—23DG。9—15DGJ 缓放 3～4 s 后落下，使 9/11 1SJ 和 13/15 2SJ 吸起，9—15DG 区段解锁。

列车继续运行，驶入ⅠG 并出清 17—23DG 区段时，ⅠGJF 落下，17—23DGJ 吸起，于是 17—23/2LJ 励磁，其励磁电路是

KZ—17—23QJJ$_{71\text{-}73}$—17—23/2LJ$_{3\text{-}4}$—17—23DGJ$_{32\text{-}31}$—17—23/1LJ$_{12\text{-}11}$—17—23QJJ$_{33\text{-}31}$—17/19DBJ$_{61\text{-}62}$—23/25DBJ$_{61\text{-}62}$—S_{I}KJ$_{61\text{-}63}$—S_{I}QJJ$_{51\text{-}53}$—17—23FDGJ$_{52\text{-}51}$—ⅠGJF$_{13\text{-}11}$—KF

在 17—23/2LJ 励磁电路中检查两点，即出清本区段和占用下一区段，17—23DGJ 吸起为第二点检查，ⅠGJF 落下是第三点检查。

17—23/2LJ 自闭电路是

KZ—17—23QJJ$_{71\text{-}73}$—17—23/2LJ$_{3\text{-}4}$—17—23/2LJ$_{22\text{-}21}$—KF

17—23DG 的两个 LJ 吸起共检查三点，即 9—15DG、7—23DG 和ⅠG。9—15FDGJ 缓放 3～4 s 后落下，使 9—15CJ 及 17/191SJ 和 23/251SJ 均吸起，则 17—23DG 区段解锁。至此，进路全部解锁。

各区段进路继电器动作顺序是

5/1LJ↑→5/2LJ↑→3/1LJ↑→3/2LJ↑→9—15/1LJ↑→9—15/2LJ↑→17—23/1LJ↑→17—23/2LJ↑

各区段的锁闭继电路动作顺序是

5/7 1SJ↑→1/3 2SJ↑→ | 9/11 1SJ↑→ | 17/19 1SJ↑
| 13/15 2SJ↑→ | 23/25 2SJ↑

进路由始端向终端逐段解锁。

当办理 X_D 向ⅠG 接车进路时，因为进站信号机内方没有无岔区段，进路中的第一个区段是 7DG 区段，正常解锁时，7/1LJ 的 1-2 线圈励磁电路与上述有所不同：一是解锁电源 KF 接入要检查 X_DLXJ 在缓放；二是 7DG 区段正常解锁只能实现两点检查。

2. 发车进路正常解锁

发车进路的正常解锁与接车进路的正常解锁基本相同。以上行ⅡG 发车进路为例，在进路建立，S_{II} 出站信号机开放，列车出发驶入进路，当列车第一轮对越过 S_{II} 出站信号机时，S_{II} 信号机自动关闭。进路的第一个区段实现两点检查，即本区段 19—27DG 被车占用使 19—27/2LJ 吸起作为第一点检查，下一个区段 1/19WG 被占用和本区段的出清使 19—27/1LJ 吸起作为第二点检查。

1/19WG 是无岔区段，不设锁闭继电器，但为了锁闭列车进路和实现进路正常解锁三点检查的连续进行，在无岔区段的区段组合中也设有 LJ 和 GJ。

发车进路的最后一个道岔区段 1DG 区段也能实现二点检查，1DG 区段的 2LJ 在出清 1/19WG 区段和本区段被占用时吸起，1DG 区段的 1LJ 在出清本区段和ⅡAG 区段被占用时吸起。

由于该发车进路列车运行方向是从右向左的，各区段的 1LJ 和 2LJ 的励磁顺序也是从右向左进行的。发车进路的进路继电器动作顺序是

19—27/2LJ↑→19—27/1LJ↑→1/19 2LJ↑→1/19 1LJ↑→1/2LJ↑→1/1LJ↑

锁闭继电器的动作顺序是

27SJ↑→
17/19 2SJ↑→ | 1/3 1SJ↑

发车进路与接车进路一样，进路也是由始端向终端逐段解锁的。

三、调车进路的正常解锁

先以办理 D$_7$ 至 Ⅰ AG 调车进路的正常解锁为例。当调车车列进入 D$_7$ 信号机内方时，由于 3DGJ 落下，断开 8 线网路使 D$_7$XJJ 落下，使 D$_7$XJ 转入白灯保留电路。在调车车列全部驶入 D$_7$ 信号机内方时，出清接近区段 9—15DG，9—15DGJ 吸起使 D$_7$JYJ 励磁，断开 D$_7$XJ 白灯保留电路。在 D$_7$XJ 缓放的时间内接通 3/2LJ 的 1-2 线圈电路使其励磁，3/2LJ 励磁电路为

KZ—GDJ—3QJJ$_{51\text{-}53}$—3/2LJ$_{1\text{-}2}$—3CJ$_{71\text{-}73}$—3QJJ$_{23\text{-}21}$—D$_7$KJ$_{51\text{-}52}$—D$_7$XJJ$_{51\text{-}53}$—D$_7$XJ$_{51\text{-}52}$—D$_7$JYJ$_{81\text{-}82}$—D$_7$KJ$_{62\text{-}61}$—3QJJ$_{31\text{-}33}$—3/1LJ$_{11\text{-}13}$—3FDGJ$_{32\text{-}31}$—KF

在 3/2LJ 励磁电路中，用进路始端 D$_7$XJJ 后接点和 D$_7$JYJ 的前接点（断开 DXJ 白灯保留电路）来间接证明调车信号已关闭，并实现了两点检查。用 XJJ 的落下间接反映出清接近区段 9—15DG 为第一点检查，3FDGJ 吸起为第二点检查。

调车车列进入 5DG 区段，出清 3DG 区段时，3DGJ 吸起，于是 3/1LJ 励磁，其励磁电路为

KZ—3QJJ$_{71\text{-}73}$—3/1LJ$_{3\text{-}4}$—3DGJ$_{52\text{-}51}$—3/2LJ$_{12\text{-}11}$—3QJJ$_{13\text{-}11}$—1/3FBJ$_{61\text{-}63}$—5/7DBJ$_{62\text{-}61}$—5QJJ$_{31\text{-}33}$—5/1LJ$_{11\text{-}13}$—5FDGJ$_{32\text{-}31}$—KF

3/1LJ 励磁电路中检查两点，3DGJ 吸起为第二点检查，5FDGJ 吸起为第三点检查。3DG 区段的 2LJ 和 1LJ 吸起实现了三点检查，即 9—15DG、3DG 和 5DG。待 3～4 s 后 3FDGJ 落下使 1/3 2SJ 吸起，3DG 区段解锁。

3DG 区段的 2LJ 和 1LJ 吸起，利用 CJ 的滞后励磁特性从 12 线给下区段 5DG 的 2LJ 励磁电路接入 KF 解锁电源。5/2LJ 励磁电路为

KZ—GDJ—5QJJ$_{51\text{-}53}$—5/2LJ$_{1\text{-}2}$—5CJ$_{31\text{-}33}$—5CJ$_{73\text{-}71}$—5QJJ$_{23\text{-}21}$—5/71SJ$_{51\text{-}53}$—5/7FBJ$_{51\text{-}53}$—1/3DBJ$_{52\text{-}51}$—1/32SJ$_{53\text{-}51}$—3CJ$_{51\text{-}53}$—3/2LJ$_{52\text{-}51}$—3/1LJ$_{72\text{-}71}$—KF

在 5/2LJ 励磁电路中，用 3/2LJ 和 3/1LJ 证明前一区段 3DG 区段的被占用并出清，本区段 5DG 的被占用。

调车车列驶入 Ⅰ AG 区段时，Ⅰ AGJ 落下，当调车车列出清 5DG 区段时，5DGJ 吸起使 5FDGJ 缓放，于是 5/1LJ 吸起，5/1LJ 励磁电路是

KZ—5QJJ$_{71\text{-}73}$—5/1LJ$_{3\text{-}4}$—5DGJ$_{52\text{-}51}$—5/2LJ$_{12\text{-}11}$—5QJJJ$_{3\text{-}11}$—XKJ$_{61\text{-}63}$—D$_3$ZJ$_{61\text{-}62}$—5FDGJ$_{51\text{-}52}$—Ⅰ AGJ$_{42\text{-}41}$—KF

5/1LJ 励磁电路检查两点，5DG 吸起为第二点检查，Ⅰ AGJ 落下为第三点检查。

5DG 区段的 2LJ 和 1LJ 吸起实现了三点检查，即 3DG、5DG 和 Ⅰ AG。5FDGJ 缓放 3～4 s 落下，5/7 1SJ 吸起使 5DG 区段解锁。至此 D$_7$ 至 Ⅰ AG 调车进路全部解锁。

进路继电器动作顺序是

3/2LJ↑→3/1LJ↑→5/2LJ↑→5/1LJ↑

各区段锁闭继电器动作顺序是

$$1/3\ 2SJ\uparrow\rightarrow 5/7\ 1SJ\uparrow$$

调车进路由始端向终端逐段解锁。

再办理以 $S_{Ⅱ}$ 至 D_5 的调车进路为例。当进路建立,信号开放后,车驶入 19—27DG 时,19—27/2LJ 吸起并自闭。在这条励磁电路中检查了 19—27DG 区段有车占用,由 19—27FDGJ 的前接点实现了第一点检查。

车列驶入 1/19WG 区段并出清 19—27DG 区段时,19—27DGJ 吸起,于是 19—27/1LJ 励磁并自闭。在 19—27/1LJ 的励磁电路中检查了两点,即 19—27DGJ 的前接点为第一点检查,1/19WGJF 的后接点为第二点检查。

19—27DG 区段的 2LJ 和 1LJ 吸起实现了两点检查,即 19—27DG 区段有车占用并出清下一区段 1/19WG 有车占用。当 19—27FDGJ 缓放落下,17/19 2SJ 和 27SJ 吸起,并使 D_{15}ZJ 和 $S_{Ⅱ}$ KJ 落下,于是 19—27DG 区段解锁。由于进路中只有一个道岔区段,因而进路也就解锁了。

应当指出,该调车进路中,如果 1/19WG 区段停有车辆,进路处于接近锁闭状态时,只要人工瞬间短路一下 19—27DG 区段,进路就会自动解锁,这是一点检查实现进路正常解锁的特殊情况,也是解锁电路存在的缺陷。

还应当说明的是,差置调车信号机之间的无岔区段,在经由其办理长调车进路时,它不锁闭,QJJ 吸起,而 1LJ、2LJ 和 CJ 均保持励磁。

最后以办理 D_9 至ⅠG 长调车进路为例。它由两条短调车进路构成,即 D_9 至 D_{13} 和 D_{13} 至ⅠG 两条进路。

由 D_9 至 D_{13} 的进路只有一个道岔区段,因此,当车占用并出清 9—15DG 区段,进入 D_{13} 内方的 17—23DG 区段时,9—15DG 区段才能解锁。当进路排通,信号开放后,车列进入 9—15DG 区段时,9—15DGJ 及 9—15QJJ 均落下,于是 9—15/1LJ 励磁并自闭。在 9—15/1LJ 励磁电路中用 D_9XJJ 落下作为第一点间接检查,9—15FDGJ 吸起作为第二点检查。

当调车车列驶入 17—23DG 区段时,17—23DGJ 和 17—23QJJ 均落下,调车车列出清 9—15DG 区段时,9—15/2LJ 吸起并自闭。在 9—15/2LJ 励磁电路中,用 9—15DGJ 吸起作为第二点检查,17—23DGJF 落下作为第三点检查。9—15DG 区段的两个 LJ 都吸起,实现了三点检查,即 3DG、9—15DG 和 17—23DG。在 9—15FDGJ 缓放 3～4 s 落下,9/11 1SJ 及 13/15 2SJ 吸起,同时 D_9KJ 和 D_{13} ZJ 均落下后,9—15DG 区段解锁,由于 D_9 至 D_{13} 的调车进路只有 9—15DG 一个区段,至此该调车进路全部解锁。对 D_{13} 向ⅠG 调车进路也只有 17—23DG 一个区段,其解锁过程与 D_9 至 D_{13} 调车进路基本相同。

四、正常解锁电路的动作规律及电路防护措施

1. 正常解锁电路的动作规律

从对列车进路和调车进路正常解锁电路的动作原理分析,可总结出以下规律:

(1)受运行中的列车或调车车列的控制,自动进行解锁

在建立进路,信号开放后,列车或调车车列根据信号显示驶入进路,以进路中各轨道电路区段为解锁对象,随着进路由始端至终端各区段顺序被车占用和出清而逐段自动解锁。

(2)先关闭信号,通过 LJ 的励磁电路实现三点检查

无论是列车进路还是调车进路，在进路解锁前首先应证明信号已关闭。在列车进路中，因列车信号在列车第一轮对压入进路内方第一个轨道区段后，信号机即关闭，因此在进路内方第一个道岔区段，在先吸起的 LJ 励磁电路中用 LXJ 的后接点证明信号关闭。除进站内方有无岔区段之外，列车进路第一个道岔区段先吸起的 LJ 均检查 LXJ 前接点(缓放)，虽未直接检查信号已关闭，但检查 XJJ 后接点，证明已将 LXJ 电路断开，间接证明信号关闭。

在调车进路中，因调车信号机在调车车列出清接近区段，全部进入防护进路的信号机内方时信号才关闭，故用进路始端的 XJJ 后接点和 JYJ 前接点断开调车白灯保留电路，间接证明调车信号机关闭。

在轨道区段的区段组合内设有两个 LJ，一般情况下，在两个 LJ 的励磁电路中，共同实现三点检查后，道岔区段方能解锁。用先吸起的 LJ 来证明前一区段的占用和出清及本区段被占用，用后吸起的 LJ 来证明本区段的出清和后一区段的占用。

(3)迎着列车或调车车列运行方向的 LJ 先吸起，12 线和 13 线网路交替工作

进路继电器 LJ 的动作顺序与列车或调车车列的运行方向有关。由于解锁网路的对称性，每个区段组合内设置的两个 LJ，左边的为 1LJ，右边的为 2LJ。若办理由左向右运行的进路，每个区段迎着列车或调车车列运行方向的 1LJ，总是经 12 线网路先吸起，而 2LJ 总是经 13 线网路后吸起；若办理由右向左运行的进路，每个区段迎着列车或调车车列运行方向的 2LJ 总是经 12 线网路先吸起，而 1LJ 总是经 13 线网路后吸起。

(4)KF 解锁电源是瞬间接通，利用 CJ 滞后励磁特性传递的

向进路继电器送出的 LJ 解锁电源是瞬间接通的，使进路继电器吸起后很快从解锁网路上断开，由自闭电路保持吸起，使解锁电路工作时不致发生串电。向 12 线网路送的解锁电源 KF 是利用 CJ 的滞后励磁特性接通而传递的，只有 3～4 s 的时间，向 13 线网路送出的解锁电源 KF 是利用前方区段的 FDGJ 缓放接通的，也只有 3～4 s 的时间。

2. 正常解锁电路的防护措施

在正常解锁电路中采取了以下防护措施：

(1)在 LJ、FDGJ、CJ、GJJ 电路中接入条件电源“KZ—GDJ”，在轨道电源停电后又恢复供电时，防止已建立的进路错误解锁。

(2)在 12 线网路每个区段组合处接入 QJJ 第 2 组后接点防止调车车列在进路上运行时产生串电现象。

例如建立 D_7 至 ⅠAG 的调车进路，当车列刚进入 3DG 区段，还未出清 D_7 接近区段时，3DGJ 落下使 3FDGJ 吸起，3QJJ 落下，而 D_7JYJ 仍落下则 3/2LJ 还没有励磁。

若 5DG 区段在 12 线不接入 QJJ 第 2 组后接点将会产生如下串电回路：

KZ—GDJ—3$QJJ_{51\text{-}53}$—3/1$LJ_{1\text{-}2}$—3$CJ_{11\text{-}13}$—3$CJ_{53\text{-}51}$—1/3 2$SJ_{51\text{-}53}$—1/3$DBJ_{51\text{-}52}$—5/7$FBJ_{53\text{-}51}$—5/7 1$SJ_{53\text{-}51}$—5$QJJ_{21\text{-}23}$—5$CJ_{71\text{-}73}$—5$CJ_{33\text{-}31}$—5/2$LJ_{2\text{-}1}$—5/1$LJ_{1\text{-}2}$—5$CJ_{11\text{-}13}$—5$CJ_{53\text{-}51}$—$XKJ_{51\text{-}53}$—$XYJJ_{41\text{-}43}$—$D_3ZJ_{51\text{-}52}$—5$FDGJ_{53\text{-}51}$—$D_3ZJ_{62\text{-}61}$—$XKJ_{63\text{-}61}$—5$QJJ_{11\text{-}12}$—5$QJJ_{32\text{-}31}$—5/7$DBJ_{61\text{-}63}$—1/3$FBJ_{63\text{-}61}$—3$QJJ_{11\text{-}13}$—3/2$LJ_{11\text{-}13}$—3$FDGJ_{12\text{-}11}$—KF

上述串电回路是由于 5DG 区段 12 线网路上未接入 5QJJ 第 2 组后接点，而使 3/1LJ、5/2LJ 和 5/1LJ 三个继电器的 1-2 线圈串联在一起。在正常解锁过程中发生这种不正常的串电现象将影响解锁网路的安全工作。

(3)在 12 线上串接各道岔 SJ 的后接点用来防止电路故障情况下出现串电现象，发生进路迎面错误解锁。

例如有一调车车列 A 根据 D_7 的允许信号驶过 3DG 区段全部进入 5DG 区段，在 3DG 区段已解锁时又办理了 S_I 至 D_7 进路。当调车车列 B 刚进入 17—23DG 区段，17—23/2LJ 已吸起时，恰好发生 10 线断线使 9—15DG 的 QJJ 落下，同时又发生 D_9ZJ 故障落下。就在调车车列 B 运行在 17—23DG 区段，调车车列 A 已出清 5DG 区段，而 5/1LJ 和 5/2LJ 均已吸起。在这种情况下，如果不在 12 线接入 SJ 后接点，那么解锁电源 KF 就会经由 5/1LJ 和 5/2LJ 的前接点向右送入 12 线网路，再经由 D_9ZJ 和 9—15QJJ 的后接点送给 9—15/1LJ 的 1-2 线圈，从而使 9—15/1LJ 吸起且自闭。在 17—23/1LJ 刚刚吸起而 S_I KJ 尚未落下之前，解锁电源 KF 经由 17—23/1LJ 和 12—23/2LJ 的前接点从 17—23DG 区段送给 12 线，再经由 S_I XJJ 后接点，S_I XJ，S_I KJ 的前接点转接到 13 线，然后又经由 17—23DGJ 的后接点送给 9—15/2LJ 的 3-4 线圈，使 9—15/2LJ 励磁。由于 9—15/1LJ 和 9—15/2LJ 均已吸起，使 9/11 1SJ 和 13/15 2SJ 励磁，造成调车车列 B 进路前方的 9—15DG 区段迎面错误解锁。在 12 线网路接入 SJ 的后接点，可用其断开 12 线网路，从而防止进路迎面错误解锁。

(4)在 GJJ 的 3-4 线圈电路中接入 ZCJ 第 8 组后接点防止办理发车进路或由股道向外调车时，GJJ 错误励磁而锁闭另一咽喉的接车进路。

例如办理上行ⅡG 发车，当列车出清ⅡG 时，恰好另一咽喉办理了上行向ⅡG 接车进路。当出发列车出清第一个道岔区段 19—27DG 时，19—27/1LJ 和 19—27/2LJ 均已励磁，19—27CJ 在滞后励磁时，S_{II} KJ 已经落下。此时 KF 解锁电源会从 12 线送向右方 S_{II} GJJ 的 3-4 线圈，使其错误励磁，用 S_{II} GJJ 第 2 组后接点断开另一咽喉的 11 线网路，使 S 进站信号机关闭，影响了另一咽喉的接车作业，在 GJJ 的 3-4 线圈电路中接入 ZCJ 后接点则可防止这一情况的发生。

(5)为了使解锁网络安全可靠地工作，防止意外串电，12 和 13 线网路均采用瞬间送出解锁电源的方法。为此，12 线网路利用各区段 CJ 滞后励磁特性瞬间传递解锁电源，13 线网路利用各区段 FDGJ 前接点缓放特性瞬间接通解锁电源。

第十二节　取消电路和人工解锁电路

一、取消进路电路

当进路建立，信号开放，在接近区段无车的情况下，想要取消或改变进路，这时就要办理取消进路手续，使欲取消的进路按取消进路方式解锁。

1. 取消进路的解锁条件

取消进路时必须符合下列解锁条件，才允许进路解锁：

(1)进路的接近区段确实无车，进路处于预先锁闭状态。

(2)防护进路的信号机随办理取消进路的手续而关闭。

(3)进路处于空闲状态。

作为取消进路的先决条件，必须证实进路的接近区段确实无车，进路处于预先锁闭状态。这可以用信号开放后，其接近预告继电器 JYJ 吸起来证明。

办理取消进路的手续是：同时按下本咽喉的总取消按钮 ZQA 和所要取消进路的始端按钮。办理取消进路手续后，取消继电器 QJ 吸起，断开信号继电器电路，信号机随之关闭。同时断开信号检查继电器的自闭电路，使 XJJ 落下。再通过 8 线网路证明进路确实空闲后使 XJJ 重新吸起。由于区段检查继电器 QJJ 和信号继电器 XJ 落下表明已具备取消进路的解锁条件，此时将解锁电源 KF 接入解锁网路，使进路中各区段的进路继电器 1LJ 和 2LJ 吸起，进路中各轨道区段由终端向始端逐段解锁。

2. 列车进路的取消进路解锁电路

(1)接车进路的取消进路解锁电路

以 X 至 I G 的接车进路为例。当进路建立，X 进站信号机开放，进路处于预先锁闭状态时，办理取消进路手续，按下本咽喉的 ZQA 和接车进路始端 XLA 后，有关继电器动作顺序是

按下 ZQA→ZQJ↑→KF—ZQJ—Q 有电→ │ QJ↑→ │ ———→ │ QJJ↓
按下 XLA→XLAJ↑ ————→ │ │ LXJ ↓→
│ │ XJJ↓ ↑→

进路始端的取消继电器 QJ 吸起，证明取消进路手续已经办好；列车信号继电器 LXJ 落下说明进站信号机已关闭；信号检查继电器 XJJ 落下后又重新吸起，通过 8 线网路证明进路空闲；接近预告继电器 JYJ 吸起，证明接近区段无车。此时已具备进路解锁的条件，进路开始解锁。

由进路始端把 KF 解锁电源接向 12 线网路，首先使 5DG 区段的 5/1LJ 励磁并自闭，励磁电路是

KZ—GDJ—5QJJ$_{51-52}$—5/1LJ$_{1-2}$—5CJ$_{11-13}$—5CJ$_{53-51}$—XKJ$_{51-52}$—XXJJ$_{51-52}$—QJ$_{51-52}$—XJYJ$_{51-52}$—KF

5/1LJ 吸起后，由于 5DG 区段上无车 5FDGJ 未励磁过，因此其传递继电器 CJ 具有及时励磁特性。当 5/1LJ 励磁后，使 5CJ 立即吸起，用其前接点将 KF 解锁电源立即传向下一个区段 3DG，使 3/1LJ 励磁并自闭。其励磁电路是

KZ—GDJ—3QJJ$_{51-53}$—3/1LJ$_{1-2}$—3CJ$_{11-13}$—3CJ$_{53-51}$—1/3 2SJ$_{51-53}$—1/3DBJ$_{51-52}$—5/7FBJ$_{53-51}$—5/7 1SJ$_{53-51}$—5QJJ$_{21-23}$—5CJ$_{71-72}$—5CJ$_{52-51}$—XKJ$_{51-51}$—XXJJ$_{51-52}$—XQJ$_{51-52}$—XJYJ$_{51-51}$—KF

同理，3/1LJ 励磁后，3CJ 随即励磁，继续将 KF 解锁电源传递至 9—15DG 区段，使 9—15/1LJ 吸起并自闭。9—15/1LJ 励磁后，9—15CJ 立即吸起，再将解锁电源 KF 传至 17—23DG 区段，使 17/23 1LJ 吸起并自闭。17—23/1LJ 励磁后，17—23CJ 利用快动特性立即吸起，将解锁电源 KF 传向股道检查继电器 GJJ。在检查了敌对进路仍处于锁闭状态，即 S$_{\text{I}}$ ZCJ 落下后，接通 S$_{\text{I}}$ GJJ 的 1-2 线圈，S$_{\text{I}}$ GJJ 励磁电路是

KZ—GDJ-S$_{\text{I}}$ZCJ$_{81-83}$—S$_{\text{I}}$GJJ$_{3-4}$—S$_{\text{I}}$KJ$_{53-51}$—23/25FBJ$_{53-51}$—23/25 1SJ$_{53-51}$—17/19FBJ$_{53-51}$—17/19 1SJ$_{53-51}$—17—23QJ$_{J21-23}$—17—23CJ$_{71-72}$—17—23CJ$_{52-51}$—D$_{13}$KJ$_{53-51}$ —D$_{13}$KJ$_{23-21}$—D$_{13}$ZJ$_{53-51}$—9/11FBJ$_{53-51}$—9/11 1SJ$_{53-51}$—9—15QJJ$_{21-23}$—9—15CJ$_{71-72}$—9—15CJ$_{52-51}$—13/15 2SJ$_{53-51}$—13/15DBJ$_{51-52}$—D$_{9}$KJ$_{53-51}$—D$_{9}$ZJ$_{51-53}$—D$_{7}$ZJ$_{53-51}$—D$_{7}$KJ$_{53-51}$—3QJJ$_{21-23}$—3CJ$_{71-73}$—3CJ$_{53-51}$—1/3 2SJ$_{51-53}$—1/3DBJ$_{52-51}$—5/7FBJ$_{53-51}$—5/7 1SJ$_{53-51}$—5QJJ$_{21-23}$—5CJ$_{71-71}$—5CJ$_{52-51}$—XKJ$_{51-52}$—XXJJ$_{51-52}$—XQJ$_{51-52}$—XJYJ$_{51-52}$—KF

S$_{\text{I}}$ GJJ 吸起，证明 12 线网路正常。然后由 S$_{\text{I}}$ GJJ 第 5 组前接点将 KF 解锁电源接入 13 线网路，使 17—23DG 区段的 2LJ 励磁吸起并自闭，17—23/2LJ 励磁电路是

KZ—17—23QJJ$_{71-73}$—17—23/2LJ$_{3-4}$—17—23DGJ$_{32-31}$—17—23/1LJ$_{12-11}$—17—23QJJ$_{33-31}$—17/19DBJ$_{61-62}$—23/25DBJ$_{61-62}$—S$_{\text{I}}$KJ$_{61-63}$—S$_{\text{I}}$GJJ$_{51-52}$—KF

17—23DG 区段的 1LJ 和 2LJ 吸起，使 17/19 1SJ 和 23/25 1SJ 也立即吸起，首先使处于进路终端的 17—23DG 区段解锁。当 23/25 1SJ 吸起后使 S_{I} ZCJ 吸起，用 S_{I} ZCJ 第 8 组前接点断开 S_{I} GJJ 励磁电路，使 S_{I} GJJ 落下，从而停止向 13 线网路送 KF 解锁电源。

由于本区段空闲 DGJ 处于励磁状态，以及 17—23DG 区段的 1LJ 和 2LJ 相继吸起，将 KF 解锁电源送向 9—15DG 区段，使 9—15/2LJ 吸起并自闭，其励磁电路是

KZ—9—$15QJJ_{71\text{-}73}$—9—$15/2LJ_{3\text{-}4}$—9—$15DGJ_{32\text{-}31}$—9—$15/1LJ_{12\text{-}11}$—9—$15QJJ_{33\text{-}31}$—$9/11DBJ_{61\text{-}62}$—D_{13}—$ZJ_{61\text{-}63}$—$D_{13}KJ_{61\text{-}63}$—17—$23QJJ_{11\text{-}13}$—17—$23/2LJ_{11\text{-}12}$—17—$23DGJ_{51\text{-}52}$—17—$23/1LJ_{22\text{-}21}$—KF

当 9—15DG 区段的 1LJ 和 2LJ 吸起后，该区段立即解锁。与 9—15/2LJ 励磁电路相似，以同样的方法使 3/2LJ、5/2LJ 相继吸起并自闭。当 5DG 区段解锁后，使 X 进站信号机的 KJ、XJJ，以及 QJ 相继复原。这样，接车进路的取消全部完成。

进路上各区段 LJ 动作顺序是

5/1LJ↑→3/1LJ↑→9—15/1LJ↑→17—23/1LJ↑→S_{I}GJJ↑→17—23/2LJ↑→9—15/2LJ↑→3/2LJ↑→5/2LJ↑

由此可见，取消进路解锁时利用各区段 CJ 的及时励磁特性，使接在 12 线网路上的 1LJ 吸起，用 S_{I} GJJ 吸起证明 12 线工作正常后，将 KF 解锁电源转入 13 线网路，使接在 13 线网路上的 2LJ 吸起，进路中各区段由终端向始端逐段解锁。

(2)发车进路的取消进路解锁电路

发车进路在取消进路时，其办理方法、解锁条件和解锁规律与接车进路基本相同。以上行ⅡG 发车进路为例，对发车进路的取消进路解锁进行简要分析。

进路中各区段进路继电器动作顺序是

19—27/2LJ↑→1/19 2LJ↑→1/2LJ↑→1/1LJ↑→1/19 1LJ↑→19—27/1LJ↑

因为进路终端是主要发车方向的双线发车口，其股道检查继电器 GJJ 用作信号辅助继电器 XFJ 的励磁条件，不能用于向 13 线网路转接 KF 解锁电源。因而只能用进路的 2LJ 前接点将 KF 解锁电源经 1DG 区段的 FDGJ 前接点和ⅡAGJ 后前接点送入 13 线网路，使 1/1LJ 吸起。进路上各区段的锁闭继电器 SJ 吸起顺序为

1/3 1SJ↑→ | 17/19 2SJ↑
　　　　　 | 27SJ↑

有关继电器的复原顺序是：由于 1DG 区段首先解锁，1/3 1SJ↑→SLZJ↓→S_{II}XJJ↓→S_{II}QJ↓，19—27DG 区段解锁后，19—27/1LJ↑→S_{II}KJ↓→S_{II}LKJ↓。在一般情况下，列车进路的取消进路解锁时均由 KJ 落下将 XJJ 从 8 线网路断开使其复原。发车进路的取消进路解锁也是由终端向始端逐段进行的。

3. 调车进路的取消解锁电路

调车进路的取消解锁电路，其办理方法、解锁条件和解锁规律与上述列车进路基本相同。所不同的是其向 13 线接入 KF 解锁电源的条件有差异，有如下三种情况：

(1)以股道或单线区段接、发车口为终端的调车进路，如 D_{13} 至ⅠG、S_{III} 向 X_{D} 内方的调车进路，是由进路终端处的 GJJ 前接点向 13 线网路接入 KF 解锁电源。

(2)以咽喉区调车信号机为终端的调车进路，如 D_{3} 至 D_{9}、D_{5} 向ⅡAG 调车进路，向 13 线网路接入 KF 解锁电源是由进路终端处的 ZJ 第 5、6 两组前接点由 12 线转接到 13 线的。

(3)长调车进路的取消进路是按照短调车进路为单元进行的。办理解锁手续是在按下ZQA的同时,分别按下各短调车进路的始端按钮。向13线网路接入KF解锁电源是由短调车进路终端处分别由ZJ第5、6两组接点或GJJ前接点接入,以便各短调车进路分别按取消进路进行解锁。

由于调车进路终端处设有终端继电器ZJ,取消进路时由终端向始端解锁,进路终端道岔区段先解锁。SJ励磁使ZJ落下,所以调车进路的XJJ是由ZJ失磁而落下的,它与列车进路XJJ的落下不同,其有关继电器复原动作顺序是

SJ↑→ZJ↓→XJJ↓→QJ↓

4. 取消进路解锁电路动作规律

按照上述取消进路时的解锁电路原理分析,可总结出如下规律:

(1)经人工操纵后,首先关闭信号,后解锁进路。当办理取消进路,按下本咽喉ZQA和进路始端按钮,QJ吸起,使信号继电器落下而首先关闭防护进路的信号机。

(2)在进路始端部位检查取消进路解锁条件。在进路解锁过程中,由进路始端部位接近预告继电器JYJ吸起证明车未进入接近区段,进路处于预先锁闭状态;以QJ吸起证明办理了取消手续,并用QJ后接点断开信号继电器电路,使信号关闭,同时使区段检查继电器QJJ落下为解锁做好准备。在整个解锁过程中,用信号检查继电器XJJ吸起来检查进路空闲。

(3)进路中各区段LJ动作顺序与所办进路方向有关,利用CJ的及时励磁特性,使12线网路工作完毕后,13线网路才开始工作。

在解锁过程中,各区段LJ动作顺序与所办理进路的方向有关。若办理由左向右运行的进路,各区段1LJ从始端向终端顺序励磁,到终端后又使2LJ从终端向始端顺序励磁;若办理由右向左运行的进路,各区段2LJ从始端向终端顺序励磁,到终端后又使1LJ从终端向始端顺序励磁。之所以如此,是因为进路上各区段无车占用,FDGJ从未吸起过,利用CJ的及时励磁特性,当每个区段有一个LJ吸起,CJ就会立即吸起,将KF解锁电源立即向下一个区段传递,结果使得12线上的1LJ(或2LJ)都吸起,即12线网路工作完毕后,经证明工作正常,13线上的2LJ(或1LJ)方能吸起,使得进路中各区段从终端向始端逐段解锁。

(4)在12线网路工作正常后,才能经由GJJ或FDGJ或ZJ的前接点从进路终端处向13线网路送入KF解锁电源。向13线网路接入KF解锁电源分三种情况:

①向股道或单线区段接、发车口或双线区段反向发车口办理列车进路或调车进路时,用GJJ前接点向13线网路接入KF解锁电源。

②向双线区段正向发车口办理发车进路时,用最后一个道岔区段的FDGJ前接点向13线网路接入KF解锁电源。

③以咽喉区调车信号机为进路终端办理调车进路时,由终端继电器ZJ前接点将12线网路KF解锁电源转接至13线网路口。

(5)长调车进路的取消进路解锁按短调车进路进行。

(6)列车进路和调车进路断开始端向12线网路送入的KF解锁电源有两种不同情况:

①对列车进路,由KJ落下断开送入12线网路的KF解锁电源。因为KJ随始端的解锁而复原,有关继电器动作顺序是

始端的1LJ↑→ |
始端的2LJ↑→ | KJ↓→XJJ↓→QJJ↓

②对于调车进路，XJJ 的落下断开始端送向 12 线网路的 KF 解锁电源。有关继电器复原顺序是：进路终端 SJ↑→ZJ↓→XJJ↓→QJ↓；进路始端 SJ↑→KJ↓，因为进路是由终端向始端逐段解锁，显然，XJJ 早于 KJ 落下而断开 12 线网路 KF 解锁电源。

二、人工解锁电路

在进路建立，信号开放，列车或调车车列驶入接近区段，进路处于接近锁闭状态时，若要关闭信号、解锁进路，就不能用取消进路的方法，而必须办理人工解锁。在人工解锁进路时，应检查人工解锁的条件，防护进路的信号机随办理手续而立即关闭，为防止列车或调车车列冒进信号而进入解锁的道岔区段，进路必须延时解锁。

1. 人工解锁的解锁条件

(1)信号开放后，列车或调车车列已驶入接近区段，进路处于接近锁闭状态。

(2)防护进路的信号机随办理人工解锁的手续而关闭。从关闭信号时起，接车进路和正线发车进路要延时 3 min 方允许解锁；站线发车进路和调车进路要延时 30 s 才允许解锁。

(3)应检查进路空闲并在延时过程中车未冒进信号。

2. 人工解锁电路动作规律

(1)需经人工操纵，即按下本咽喉的总人工解锁按钮 ZRA 和进路始端按钮后，进路始端的 QJ 吸起，信号继电器落下，防护进路的信号机关闭。

(2)在解锁电路始端部位检查人工解锁的条件。以 X 至 ⅠG 接车进路的人工解锁为例，当按下下行咽喉 ZRA 和 XLA 后，进路始端部位有关继电器动作顺序是

按下 ZRA→ZRJ↑→ZQJ↑→"KF—ZQJ—Q"有电→ ｜ QJ↑→ ｜ XJJ↓↑ ｜ QJJ↓
按下 XLA→XLAJ↑ ——————→ ｜ ｜ XLXJ↓ ｜

从上述有关继电器动作关系可看出，在进路始端部位 QJ 吸起证明已办理人工解锁手续；XJJ 落下又吸起，说明进路空闲，车未冒进信号；随着办理人工解锁手续，QJ 吸起使 LXJ 落下证明信号机关闭；信号开放后接近区段有车，使 JYJ 落下，用 JYJ 后接点证明进路处于接近锁闭状态，用条件电源"KF—3min"和"KF—30s"保证规定的延时时间。

(3)进路中各区段 LJ 动作顺序与取消进路时相同。也是与所办进路方向有关，利用 CJ 的及时励磁特性，12 线网路工作完毕，13 线网路才开始工作。

(4)在 12 线网路工作正常后，才能经由 GJJ 或 LJ 或 ZJ 的前接点从进路终端处向 13 线网路送入 KF 解锁电源。向 13 线接入 KF 解锁电源的三种情况与取消进路时相同。

(5)长调车进路的人工解锁，应对长调车进路的第一条短调车进路按人工解锁办理，对其余的短调车进路分别按取消进路方式办理。

(6)人工解锁列车进路时，当接车和正线发车要用列车开始继电器 LKJ 区分条件电源，进路始端第一个要吸起的 LJ 必须经"KF—3min"，以保证足够的延时时间。当站线发车和调车时，不需要用 LKJ 区分条件电源，进路始端第一个要吸起的 LJ 必须经"KF—30s"。无论是列车进路还是调车进路的人工解锁，除进路始端第一个要吸起的 LJ 要使用条件电源外，其他 LJ 吸起均使用 KF 解锁电源。

进路的人工解锁和取消进路，在解锁条件的检查、电路动作规律等方面基本相同，区别主要在于，取消进路时车未占用接近区段，JYJ 吸起，将 KF 解锁电源接入 12 线网路使进路立即解锁；而人工解锁时车已占用接近区段，JYJ 落下，延时解锁过程中用 XJJ 吸起证明车未冒进信号，在进路始端接入的是条件电源"KF—3min"或"KF—30s"，经延时后进路才能解锁。

3. 延时电路

延时电路产生延时电源，保证在人工解锁时达到进路延时解锁的目的。延时电路如图5-33所示，延时电路分别设有第一人工解锁继电器1RJJ、第一限时继电器1XCJ、第二人工解锁继电器2RJJ和第二限时继电器2XCJ。限时继电器均采用JSBXC-850型半导体时间继电器。这四个继电器是一个咽喉区共用的，它们受这个咽喉区所有信号机控制，因此在1RJJ和2RJJ的电路中接入各有关信号机的控制条件。

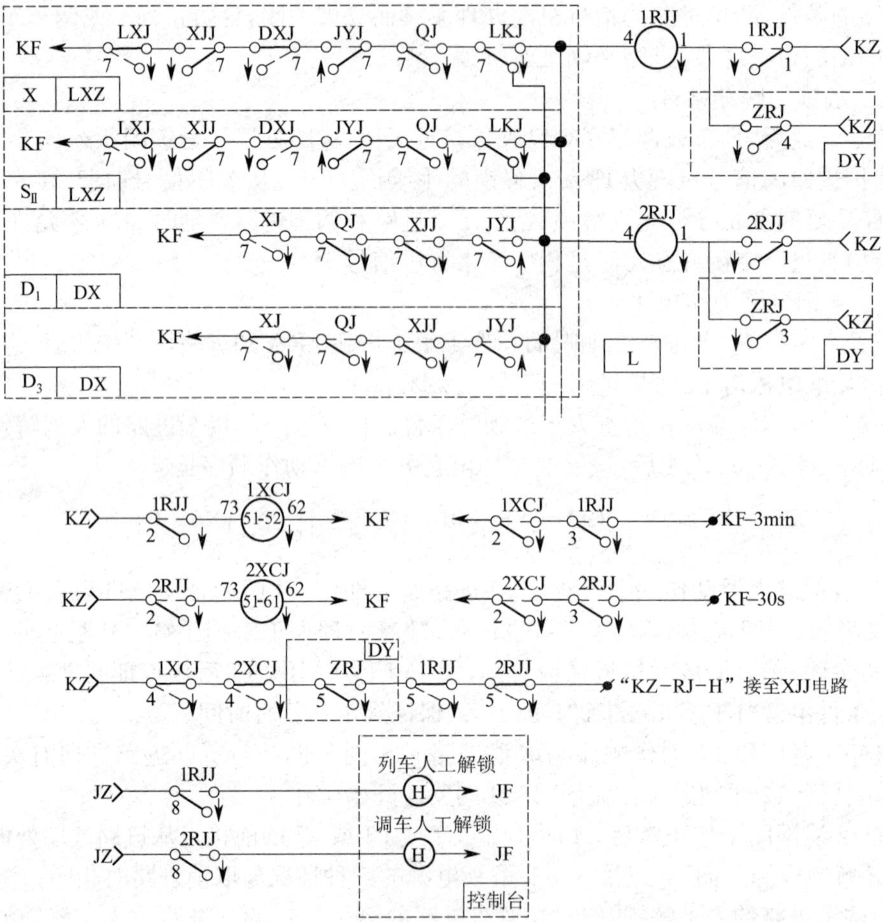

图5-33 延时电路

接车进路或正线发车进路的人工解锁，由1RJJ和1XCJ参与工作，供出延时3 min解锁电源；调车或站线发车进路的人工解锁，由2RJJ和2XCJ参与工作，供出延时30 s的解锁电源。

1RJJ和2RJJ的作用是在进路处于接近锁闭状态下车站值班员办理了人工解锁手续，当满足人工解锁条件时吸起，并用其前接点接通相应的限时继电器，供出延时解锁电源。

1XCJ和2XCJ的作用是保证人工解锁的延时时间。1XCJ在1RJJ励磁时接通，经过3 min后吸起，用1XCJ第2组和1RJJ第3组前接点接通“KF—3min”条件电源。2XCJ在2RJJ励磁时接通，经过30 s吸起，用2XCJ第2组和2RJJ第3组前接点接通“KF—30s”条件电源。1XCJ 和 2XCJ 为同规格的继电器，只是接线不同。将 1XCJ 的 51 和 52 两端子短接，具有 3 min 的延时时间；将 2XCJ 的 51 和 61 两端子短接，具有 30 s 的延时时间。

在 1RJJ 和 2RJJ 电路中，用 ZRJ 和 QJ 前接点证明已办好人工解锁手续；用 LXJ 或 DXJ 的后接点证明防护进路的信号机已经关闭并开始延时；XJJ 前接点证明车没有冒进信号，如果一旦冒进信号，XJJ 落下即断开解锁电路，停止进路解锁；用 JYJ 后接点证明接近区段有车，进路处于接近锁闭状态。在列车与调车合用的组合内，用 LKJ 区分电路的延时时间，站线发车和调车时因延时时间相同，联锁条件并联后接至 2RJJ 线圈。在延时的整个过程中，1RJJ 和 2RJJ 各由本身第 1 组前接点构成自闭电路。当进路解锁后由 XJJ 的落下断开 1RJJ 或 2RJJ 电路，使 1XCJ 或 2XCJ 相继落下，延时电路复原。在人工解锁时为引起车站值班员注意，由 1RJJ 或 2RJJ 的前接点接通控制台上相应的红色表示灯。人工解锁完毕该表示灯熄灭。

第十三节　调车中途返回解锁电路

调车中途返回解锁是调车进路的一种自动解锁方式，通常在转线调车作业时涉及这种解锁。

一、转线调车作业过程

转线调车作业时，整个调车作业过程包括牵出作业和返回作业两个阶段。为牵出作业建立的进路称为牵出进路，为返回作业建立的进路称为返回进路，也叫折返进路。牵出进路可能是一条短调车进路，也可能是一条长调车进路。当转线的调车车列被牵出时，往往走不完牵出进路的全程，就根据反向的调车信号折返了。例如由ⅠG 转线到ⅡG 去的调车作业，因为调车车列较长，牵出时开放了出站信号机 $S_{Ⅰ}D$ 和 D_7，调车车列牵出越过反向的调车信号机 D_{13} 后停车，其占用了 3DG 区段，但没有占用 5DG 区段。停车后，根据 D_{13} 的白灯显示，车转到ⅡG 去。在牵出作业过程中，无论牵出进路是短调车进路还是长调车进路，只要被调车车列占用过而又没有沿牵出方向通过，就不符合正常解锁的条件，不能按照正常解锁方式解锁，需要采取特殊解锁方式，这种特殊解锁方式称作调车中途返回解锁，而返回进路是能够正常解锁的。

牵出进路不能正常解锁时可能有两种情况：一是牵出进路全部区段都没有解锁；二是牵出进路有一部分区段已经解锁，还留有一部分区段没有解锁。在上例中，由ⅠG 牵出作业时，办理的牵出进路是一条长调车进路，包括 $S_Ⅰ$ 至 D_7 和 D_7 向 D_3 的两条短调车进路。中途返回解锁的两种情况是按短调车进路进行分析的。由ⅠG 向ⅡG 的转线调车作业中，$S_{Ⅰ}D$ 所防护的牵出进路有两个区段，17—23DG 和 9—15DG。只有 17—23DG 区段解锁，以 D_{13} 为折返信号的返回进路才能建立，而 9—15DG 区段就不同了，虽然车牵出时顺序占用过 17—23DG、9—15DG 和 3DG，但并没有出清 9—15DG 区段，当调车车列折返时，先出清 3DG 区段，后出清 9—15DG 区段，这不符合正常解锁的条件。所以，9—15DG 区段不能正常解锁。这是牵出进路不能正常解锁的第二种情况，即牵出进路一部分区段解锁，一部分区段没有解锁。D_7 所防护的牵出进路也有两个区段，3DG 和 5DG 区段。对 3DG 区段来说，因为车没有占有过 5DG 区段，缺少第三点检查，当车退出后不能正常解锁。就 5DG 区段而言，车根本就没有占用过，第二点和第三点检查都没有，更不能正常解锁。这就是牵出进路不能正常解锁的第一种情况，即牵出进路全部区段都没有解锁。

二、第一种情况的调车中途返回解锁电路

上述的第一种情况，即 D_7 所防护的牵出进路在调车车列按照 D_{13} 的信号显示折返后，进路的全部区段都不能正常解锁，需要由调车中途返回解锁电路使其解锁。凡是咽喉区的单置、并置或差置调车信号机，都有可能遇到这种情况。在有到发线中间出岔的情况下，该股道上的出站兼调车信号机也有中途返回解锁的需要。

1. 解锁条件

第一种情况的调车中途返回解锁应满足下列条件后，牵出进路才能自动解锁：

(1)证明牵出进路在调车车列折返后，全部区段都没有解锁。

(2)牵出调车车列曾占用过进路并确实已退出了牵出进路。

(3)防护牵出进路的信号机已经关闭。

为了实现对解锁条件的检查，调车中途返回解锁电路不仅涉及 12 线和 13 线解锁网路，还涉及 8 线网路。必须用接在 8 线及解锁网路中的牵出进路始端的 KJ 前接点和牵出进路终端的 ZJ 前接点，证明牵出进路在调车车列折返后没有正常解锁；用接在 8 线上的牵出进路各区段的 DGJ 前接点检查车退出了牵出进路；在 8 线和 12 线转接电路上，用 XJJ 后接点证明牵出调车车列曾占用过进路；用 XJ 后接点证明信号关闭。

2. 电路原理分析

以上述 D_7 防护的牵出进路为例，将由 D_7 防护的牵出进路终端部位经由 D_3ZJ 第 1 组前接点接向 8 线的 KF 作为解锁电源。通过 8 线，在 D_7 进路始端部位经 D_7KJ 第 1 组和第 5 组前接点，再将该解锁电源转接到 12 线网路上，向 D_7 进路的终端方向送出。使 D_7 防护的牵出进路中的 3/2LJ 和 5/2LJ 相继吸起。在 D_7 进路终端经 D_3ZJ 第 5 组和第 6 组前接点，再把 12 线上的解锁电源转接到 13 线网路上，于是 13 线开始工作，使 D_7 进路中的 5/1LJ 和 3/1LJ 相继吸起。可见，当车根据 D_{13} 的显示折返时，D_7 进路的各区段和取消进路时一样，也是由进路终端至始端顺序解锁的。首先是 3/2LJ 励磁，电路为

KZ—GDJ—$3QJJ_{51\text{-}53}$—$3/2LJ_{1\text{-}2}$—$3CJ_{31\text{-}33}$—$3CJ_{73\text{-}71}$—$3QJJ_{23\text{-}21}$—$D_7KJ_{51\text{-}52}$—$D_7XJ_{51\text{-}53}$—$D_7XJ_{51\text{-}53}$—9—$15FDGJ_{62\text{-}61}$—$D_7JYJ_{62\text{-}61}$—$D_7KJ_{12\text{-}11}$—$3DGJF_{11\text{-}12}$—$1/3DBJ_{11\text{-}12}$—$5/7FBJ_{13\text{-}11}$—$5DGJF_{11\text{-}12}$—$IAGJF_{51\text{-}52}$—$XKJ_{11\text{-}13}$—$D_3ZJ_{11\text{-}12}$—KF

3/2LJ 的自闭电路是

KZ—$3QJJ_{71\text{-}73}$—$3/2LJ_{3\text{-}4}$—$3/2LJ_{22\text{-}21}$—KF

因为 3/2LJ 吸起，使 3CJ 吸起，根据 CJ 的快动特性，用上述给 8 线网路接入的 KF 电源，继续由 D_7 进路始端沿着 12 线向终端方向传递，使 5/2LJ 吸起。5/2LJ 励磁电路为

KZ—GDJ—$5QJJ_{51\text{-}53}$—$5/2LJ_{1\text{-}2}$—$5CJ_{31\text{-}33}$—$5CJ_{73\text{-}71}$—$5QJJ_{23\text{-}21}$—$5/7\ 1SJ_{51\text{-}53}$—$5/7FBJ_{51\text{-}53}$—$1/3DBJ_{52\text{-}51}$—$1/3\ 2SJ_{53\text{-}51}$—$3CJ_{51\text{-}52}$—$3CJ_{71\text{-}71}$—$3QJJ_{23\text{-}21}$—$D_7KJ_{51\text{-}53}$—$D_1XJJ_{51\text{-}53}$—$D_1XJ_{51\text{-}53}$—9—$15FDGJ_{62\text{-}61}$—$D_1JYJ_{62\text{-}61}$—$D_1KJ_{12\text{-}11}$—$3DGJF_{11\text{-}12}$—$1/3DBJ_{11\text{-}12}$—$5/7FBJ_{13\text{-}11}$—$5DGJF_{11\text{-}12}$—$IAGJF_{51\text{-}51}$—$XKJ_{11\text{-}13}$—$D_3ZJ_{11\text{-}12}$—KF

5/2LJ 自闭电路是

KZ—$5QJ_{71\text{-}73}$—$5/2LJ_{3\text{-}4}$—$5/2LJ_{22\text{-}21}$—KF

当 5/2LJ 吸起后，使 5CJ 吸起，使上述解锁电源 KF 经进路终端的 D_3ZJ 第 5 和第 6 两组前接点，从 12 线转接到 13 线上去，于是 5/1LJ 吸起。5/1LJ 励磁电路为

KZ—5QJJ$_{11-13}$—5/1LJ$_{3-4}$—5DGJ$_{52-51}$—5/2LJ$_{12-11}$—5QJJ$_{13-11}$—XKJ$_{61-63}$—D$_3$ZJ$_{61-62}$—5FDGJ$_{51-53}$—D$_3$ZJ$_{52-51}$—XYJJ$_{43-41}$—XKJ$_{53-51}$—5CJ$_{51-52}$—CJ$_{72-71}$—5QJJ$_{23-21}$—5/7 1SJ$_{51-53}$—5/7FBJ$_{51-53}$—1/3DBJ$_{52-51}$—1/3 2SJ$_{53-51}$—3CJ$_{51-52}$—3CJ$_{72-71}$—3QJJ$_{23-21}$—D$_7$KJ$_{51-52}$—D$_7$XJJ$_{51-53}$—D$_7$XJ$_{51-53}$—9—15FDGJ$_{63-61}$—D$_1$JYJ$_{62-61}$—D$_1$KJ$_{12-11}$—3DGJF$_{11-12}$—1/3DBJ$_{11-12}$—5/7FBJ$_{13-11}$—5DGJF$_{11-12}$—ⅠAGJF$_{51-52}$—XKJ$_{11-13}$—D$_3$ZJ$_{11-12}$—KF

5/1LJ 的自闭电路是

KZ—5QJJ$_{71-73}$—3/1LJ$_{3-4}$—5/1LJ$_{22-21}$—KF

因为 5/1LJ 吸起，接通 13 线，使 3/1LJ 吸起。3/1LJ 的励磁电路为

KZ—3QJJ$_{71-73}$—3/1LJ$_{3-4}$—3DGJ$_{52-51}$—3/2LJ$_{12-11}$—3QJJ$_{13-11}$—1/3FBJ$_{61-63}$—5/7DBJ$_{62-61}$—5QJJ$_{31-33}$—5/1LJ$_{11-12}$—5DGJ$_{31-32}$—5/2LJ$_{22-21}$—KF

3/1LJ 的自闭电路是

KZ—3QJJ$_{71-73}$—3/1LJ$_{3-4}$—3/1LJ$_{22-21}$—KF

第一种情况的调车中途返回解锁的解锁条件，接在上述进路继电器的励磁电路中，即接在 8 线网路和由 8 线转向 12 线的转接电路上。通过 8 线证明车确实退出牵出进路，这由接在 8 线上各区段的 DGJ 前接点检查。用 8 线向 12 线转接电路上的 XJJ 第 5 组后接点证明车曾占用过牵出进路，否则 XJJ 不会落下，因为进路始端的 KJ 和进路终端的 ZJ 都在吸起状态，进路并没有解锁。用转接电路上的 XJ 第 5 组后接点证明信号已经关闭，由于进路空闲，说明牵出车列不是越过接近区段使信号机关闭，而是退出进路使信号机关闭。

在转接电路上还接有 JYJ 第 6 组前接点和 FDGJ 第 6 组前接点，这两个接点在电路中主要起防护作用。

当信号开放后在接近区段有车的情况下，如果 5DG 发生人工短路现象，则 D$_7$XJ 会落下，D$_7$XJJ 也相继落下，一旦短路现象消失，8 线就会接通。这样，当发生人工短路时，上述的调车中途返回解锁电路将起作用，使进路错误解锁。因此，用 JYJ 前接点防护，等车退出接近区段后，再接通调车中途返回解锁电路。JYJ 第 6 组前接点也确定了调车中途返回解锁的时机，即在车折返后出清 D$_7$ 信号机的接近区段开始解锁。

FDGJ 第 6 组前接点在以下特殊情况下起防护作用：在上述牵出进路中，当 D$_7$ 开放后，有一轻车（如二轴轨道车）快速前进。因为车体轻或轨面生锈，当车完全驶入 D$_7$ 内方，这时 XJJ 和 XJ 都会落下，而 JYJ 已经吸起，如果恰好发生轨道电路分路失灵现象（超过 3 s），上述的调车中途返回解锁电路也会错误动作。接入 9—15FDGJ 前接点后，只有当 D$_7$JYJ 吸起，9—15FDGJ 缓放的瞬间转接电路才能接通，从时间上缩小了由于轻车跳动可能产生上述危险的机会。

还有一种情况：在上述牵出进路中，当调车车列依据 S$_{\mathrm{I}}$D 信号机的允许灯光驶入 17—23DG 区段时，若 5DG 区段发生瞬间人工短路，此时假设 D$_7$XJJ 线圈没有局部自闭电路，那么 D$_7$XJJ 将会落下，当车进入 9—15DG 区段时，则 D$_7$ 防护的牵出进路也会错误地按调车中途返回解锁电路解锁。因此在 XJJ 的 1-2 线圈中设有局部电路，使其不受 8 线网路控制。如果上述 XJJ 自闭电路一旦断线，在正常工作过程中发现不了，会失去它应有的防护作用，在维修时应予以注意。

三、第二种情况调车中途返回解锁电路

以上述 S$_{\mathrm{I}}$D 防护的牵出进路为例，因为在调车车列牵出时越过了 17—23DG 区段，17—23DG

区段已经正常解锁。当车按照 D_{13} 的允许信号折返时，9—15DG 区段不能正常解锁，需要按第二种情况下的调车中途返回解锁电路解锁。第二种情况只有在牵出进路上设有反向的单置调车信号机时才有可能，而反向的并置或差置调车信号机都不会使牵出进路一部分区段正常解锁，一部分区段不能正常解锁。

1. 解锁条件

第二种情况的调车中途返回解锁应符合下列条件，牵出进路中未解锁的部分区段才会自动解锁：

(1)应证明牵出进路部分区段已解锁，部分区段未解锁。

(2)应证明车列已进入折返进路，退出原牵出进路。

对于第二种情况的调车中途返回解锁，因为牵出进路部分区段已解锁，牵出进路始端 KJ 已落下，防护进路的信号机已关闭。对牵出进路未解锁的部分区段实施中途返回解锁时，不再需要检查信号关闭的条件。

与第一种情况调车中途返回解锁一样，其解锁条件也接在 8 线及 8 线与 12 线的转接电路上。因牵出进路始端 KJ 已落下，而牵出进路终端的 ZJ 仍吸起，说明牵出进路部分区段已解锁，而部分区段未解锁。利用 8 线证明车已全部退出牵出进路。与第一种情况不同的是，在转接电路中接有折返进路始端的 D_{13}XJJ 第 8 组后接点和 D_{13}KJ 第 2 组前接点，用这两组接点证明车已根据 D_{13} 的信号显示折返。因为调车车列折返时 D_{13} 必须开放，它的 KJ 和 XJJ 都应吸起。在正常情况下，KJ 在吸起状态，而 XJJ 又落下，这就证明车已进入 D_{13} 防护的折返进路。若在开放 D_{13} 的过程中，在 KJ 吸起后，XJJ 因故不吸，则 D_{13} 信号不能开放，车退不回去，因而 8 线是接不通的。

2. 电路原理分析

以上述 S_{I} D 牵出进路为例，分析当牵出调车车列按照 D_{13} 信号显示折返后，9—15DG 区段是怎样解锁的。在调车车列牵出完全进入 S_{I}D 信号机内方时，S_{I}D 信号机关闭。出清 17—23DG 区段，进入 9—15DG 区段时，9—15DG 区段的 2LJ 已按正常解锁方式吸起，9—15/2LJ 励磁电路为

KZ—GDJ—9—15$QJJ_{51\text{-}53}$—9—15/2$LJ_{1\text{-}2}$—9—15$CJ_{31\text{-}33}$—9—15$CJ_{73\text{-}71}$—9—15$QJJ_{23\text{-}21}$—9/11 1$SJ_{51\text{-}53}$—9/11$FBJ_{51\text{-}53}$—$D_{13}$$ZJ_{51\text{-}53}$—$D_{13}$$KJ_{21\text{-}23}$—$D_{13}$$KJ_{53\text{-}51}$—17—23$CJ_{51\text{-}53}$—17—23/2$LJ_{52\text{-}51}$—17—23/1$LJ_{72\text{-}71}$—KF

当 D_{13} 信号开放，折返调车车列出清 9—15DG 区段，9—15/1LJ 吸起时 KF 解锁电源由 S_{I} D 进路终端部位，经 D_{9}ZJ 第 1 组前接点接入 8 线网路，将此电源通过 8 线传递到折返进路始端 D_{13} 处，再经由 D_{13}XJJ 第 8 组后接点和 D_{13}KJ 第 2 组前接点转接到 12 线上。转接进来的 KF 电源，不是向 D_{13} 折返进路终端方向送，而是向 S_{I} D 牵出进路终端方向送。在牵出进路终端部位，经 D_{9}ZJ 第 5、6 两组前接点转接到 13 线网路上，使 9—15/1LJ 吸起，其励磁电路为

KZ—9—15$QJJ_{71\text{-}73}$—9—15/1$LJ_{3\text{-}4}$—9—15$DGJ_{12\text{-}11}$—9—15/2$LJ_{12\text{-}11}$—9—15$QJJ_{13\text{-}11}$—13/15$FBJ_{61\text{-}63}$—$D_{9}$$KJ_{61\text{-}63}$—$D_{9}$$ZJ_{61\text{-}62}$—9—15$FDGJ_{41\text{-}43}$—$D_{9}$$ZJ_{52\text{-}51}$—$D_{9}$$KJ_{21\text{-}23}$—$D_{9}$$KJ_{53\text{-}51}$—13/15$DBJ_{52\text{-}51}$—13/15 2$SJ_{53\text{-}51}$—9—15$CJ_{51\text{-}52}$—9—15$CJ_{72\text{-}71}$—9—15$QJJ_{23\text{-}21}$—9/11 1$SJ_{53\text{-}51}$—9/11$FBJ_{51\text{-}53}$—$D_{13}$$ZJ_{51\text{-}53}$—$D_{13}$$KJ_{21\text{-}22}$—$D_{13}$$XJJ_{83\text{-}81}$—$D_{13}$$ZJ_{13\text{-}11}$—9/11$FBJ_{13\text{-}11}$—9—15$DGJF_{11\text{-}12}$—13/15$DBJ_{11\text{-}12}$—$D_{9}$$KJ_{11\text{-}13}$—$D_{9}$$ZJ_{11\text{-}12}$—KF

9—15/1LJ 的自闭电路为

$$KZ—9—15QJJ_{71\text{-}73}—9—15/1LJ_{3\text{-}4}—9—15/1LJ_{22\text{-}21}—KF$$

因为 9—15/2LJ 和 9—15/1LJ 均已吸起，9—15DG 区段在调车车列折返后空闲，则 9/11 1SJ 及 13/15 2SJ 吸起，使 9—15DG 区段按第二种情况的调车中途返回解锁电路解锁。

四、调车中途返回解锁电路动作规律

1. 受运行中的调车车列控制自动进行解锁

根据转线调车作业需要，办理好牵出进路后，调车车列驶入牵出进路，牵出进路中部分区段满足正常解锁条件时，这些区段就正常解锁，正常解锁是受运行中调车车列的控制自动进行的。办理好折返进路后，调车车列进入折返进路，退出牵出进路，牵出进路中部分区段不能正常解锁时，需按照第二种情况的调车中途返回解锁电路自动进行解锁。退出牵出进路，整条进路不能正常解锁时，需按照第一种情况的调车中途返回解锁电路自动进行解锁。无论是第一种或第二种情况的调车中途返回解锁，其解锁的对象都是牵出进路。在区分是第一种还是第二种情况的调车中途返回解锁时，是以牵出进路中的短调车进路为单元进行的。

2. 在 8 线及与 12 线的转接电路上检查解锁条件

通过 8 线网路上的 DCJ 吸起证明调车车列退出牵出进路。在第一种情况时，用 8 线及与 12 线转接电路上的 KJ 和 ZJ 吸起证明牵出进路全部区段未解锁；用 XJ 的落下证明防护牵出进路的信号机已经关闭；用 XJJ 的后接点证明车列占用过牵出进路。在第二种情况时，用牵出进路始端 KJ 落下和 ZJ 吸起证明部分区段已解锁，部分区段未解锁；用折返进路始端 KJ 吸起证明折返进路已建立，用 XJJ 落下证明调车车列已按照折返信号的显示，进入折返进路。第一种情况的调车中途返回解锁电路在 8 线与 12 线的转接电路上还接有 JYJ 的前接点，该接点在电路中主要起防护作用。在第一种情况下也并非所有调车中途返回解锁均能由 JYJ 前接点起到电路防护作用。当以单置或差置调车信号机为折返信号时，其调车中途返回解锁电路要通过 JYJ 前接点检查调车车列出清接近区段的条件，确定牵出进路解锁的时机，以保证电路安全工作。但是，当以并置调车信号机为折返信号时，则调车中途返回解锁电路不能由 JYJ 前接点检查调车车列出清接近区段的条件。

3. 进路中各区段 LJ 的动作顺序与所办理牵出进路的方向有关

利用 CJ 及时励磁特性，使 12 线工作完毕后，13 线才开始工作。

调车中途返回解锁电路解锁的区段或整条进路是调车车列折返后已经退清的牵出进路，其 LJ 动作顺序与所办牵出进路的方向有关。在第一种情况下，办理由左向右运行的牵出进路，则各区段 1LJ 从牵出进路始端向终端顺序励磁，而 2LJ 从牵出进路终端向始端顺序励磁；反之，则各区段 2LJ 从始端向终端，而 1LJ 则从终端向始端顺序励磁。在第二种情况下，办理由左向右运行的牵出进路，则各区段 1LJ 从折返进路始端向牵出进路终端顺序励磁，而 2LJ 从牵出进路终端向折返进路始端顺序励磁。反之，则各区段 2LJ 从折返进路始端向牵出进路终端顺序励磁，而 1LJ 则从牵出进路终端向折返进路始端顺序励磁。之所以如此，是因为牵出进路空闲，FDGJ 已缓放落下，利用 CJ 的及时励磁特性，将从 8 线上接入的 KF 解锁电源立即向下一个区段传递，使 12 线上的 LJ 顺序吸起，12 线工作完毕，13 线上 LJ 才能顺序吸起。按调车中途返回解锁的区段或进路，在第一种情况下由牵出进路终端向牵出进路始端逐段解锁，在第二种情况下由牵出进路终端向折返进路始端逐段解锁。

4. KF 解锁电源"S"形传递，瞬间接通

调车中途返回解锁电路采用的 KF 解锁电源，涉及 8 线、12 线和 13 线，其传递线路形似"S"。即解锁电源 KF 从牵出进路终端 8 线网路接入，沿着 8 线送至牵出进路始端，由始端转接至 12 线，再由牵出进路始端沿着 12 线传递到牵出进路终端，由终端再转接至 13 线，然后再由牵出进路终端沿着 13 线送向牵出进路始端方向。对于第二种情况的调车中途返回解锁时，只要将牵出进路始端改变为折返进路始端即可。为提高电路的安全性，KF 解锁电源也采用瞬间接通的办法。在调车中途返回解锁时，由牵出进路终端 8 线经 ZJ 前接点接入，按上述"S"形传递，当牵出进路终端最末道岔区段解锁后，使 ZJ 落下，断开 KF 解锁电源。

第十四节　引导信号电路

当进站信号机故障或轨道电路故障，以及在道岔失去表示或向非接车线路接车时，因不能正常办理接车进路开放进站信号，可采用开放引导信号的方式，实行引导接车。当进站信号机显示一个红灯和一个月白色灯光时，称为引导信号。在进站信号机开放引导信号时，准许列车在该信号机前不停车，以不超过 20 km/h 的速度进站，并随时准备停车。

引导接车时，为确保行车安全，对引导接车进路也要实行锁闭，这种锁闭叫引导锁闭。

6502 电气集中将引导锁闭分为两种：一种是按进路锁闭进行，叫做引导进路锁闭；另一种是将全咽喉道岔都锁闭，叫做引导总锁闭。为实现引导进路锁闭和开放引导信号，对应每架进站信号机或接车进路信号机都应设一个引导信号组合 YX。在 YX 组合里设有引导按钮继电器 YAJ、引导信号继电器 YXJ 和引导解锁继电器 YJJ。在电源组合 DY 里，设有引导总锁闭继电器 YZSJ。

一、引导进路锁闭

当信号机故障或轨道电路故障，不能开放进站信号机或接车进路信号机时，应采取引导进路锁闭的方式开放引导信号，实行引导接车。

办理手续是：先单独操纵道岔，把进路开通好；如果因轨道电路故障，还要按下发生故障区段的道岔单独锁闭按钮，对道岔实行单独锁闭，以防止故障修复(或自然恢复)后该区段的道岔解锁；然后破铅封按下引导按钮，开放引导信号。如果确认是信号机灯泡断丝而不能正常开放进站信号时，先按下该接车进路的始、终端按钮，排通进路，然后将进路取消，破铅封按下引导按钮，开放引导信号。引导进路的解锁是人工确认列车全部进入股道后，由车站值班员按下本咽喉的总人工解锁按钮 ZRA 和该进站信号机或接车进路信号机的列车按钮 LA 后，不限时解锁。

引导信号电路如图 5-34 所示。按下引导按钮，引导按钮继电器 YAJ 经 3-4 线圈吸起，其励磁电路是

$$KZ—YA_{11\text{-}12}—LXJF_{31\text{-}33}—YXJ_{51\text{-}53}—YAJ_{3\text{-}4}—YZSJ_{71\text{-}73}—ZCJ_{33\text{-}31}—KF$$

YAJ 吸起后，经 1-2 线圈自闭。其自闭电路是

$$KZ—YAJ_{11\text{-}12}—YAJ_{1\text{-}2}—YJJ_{13\text{-}11}—D_3ZCJ_{33\text{-}31}—KF$$

在 YAJ 的 3-4 线圈励磁电路中检查了 LXJF、YXJ、YZSJ 和 ZCJ 等联锁条件。这些接点在电路中的作用是：LXJF 第 3 组后接点能防止在进站信号机开放后，错误按下引导按钮 YA，使 YAJ 和 YXJ 吸起将已开放的进站信号机关闭。YXJ 第 5 组后接点是为了防止 YAJ 的 3-4

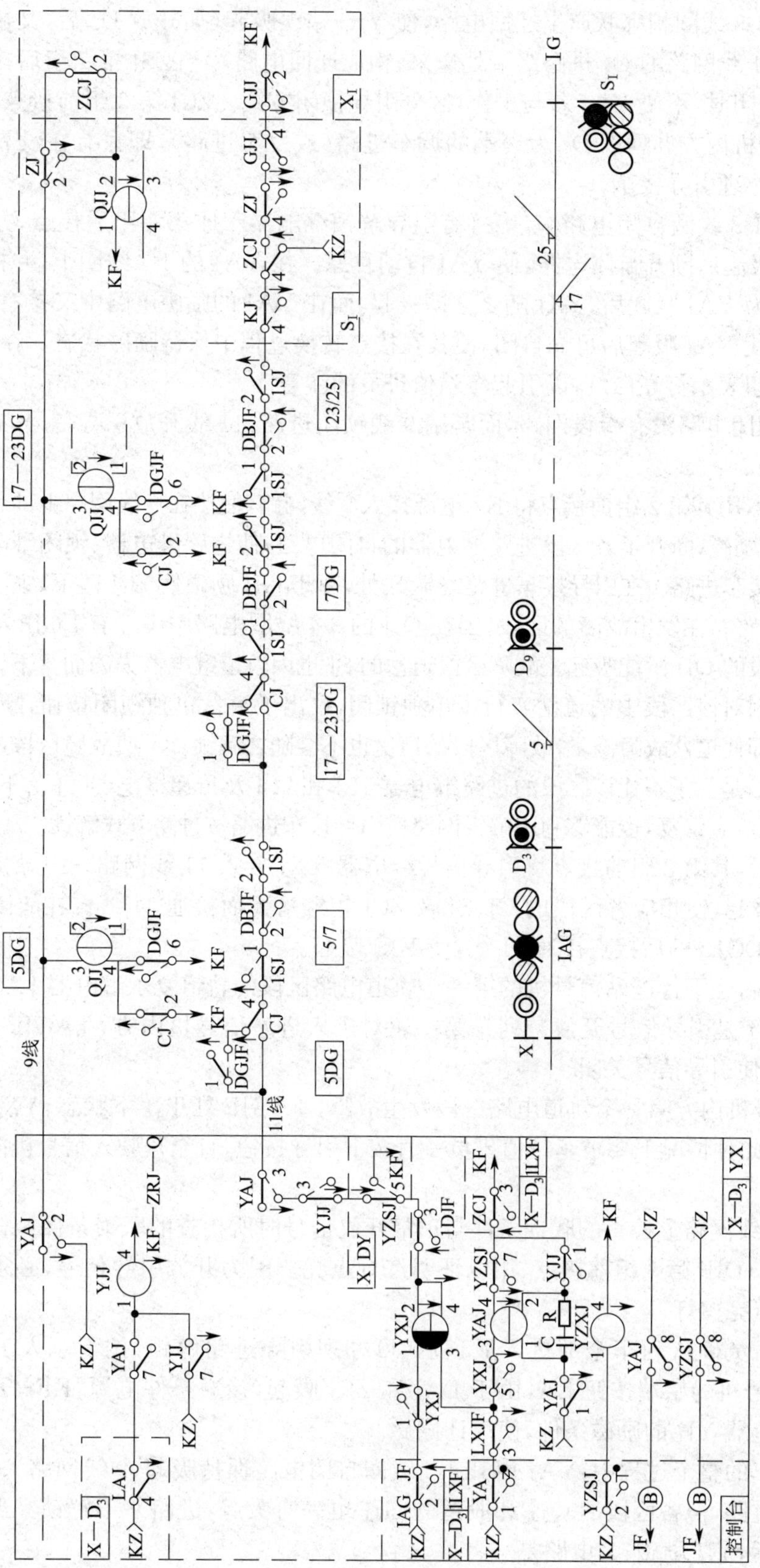

图 5-34　引导信号电路

线圈和 YXJ 的 4-3 线圈相串联产生迂回电路，使 YXJ 错误吸起（如开放 D_3 后，又错误地按下 YA，这时就由 11 线网路的 D_3 进路终端处送来，构成迂回电路）。YZSJ 第 7 组后接点是为了在办理引导总锁闭时，不使 YAJ 参与工作，区分引导锁闭方式。ZCJ 第 3 组前接点，是用来证明未向进站信号机内方办理以 D_3 为终端的调车进路（或发车进路），即只有在没有建立敌对进路时，才准许办理引导接车。

在 YAJ 的 1-2 线圈自闭电路中，串接有引导解锁继电器 YJJ 第 1 组后接点，办理引导进路解锁时，YJJ 吸起后断开自闭电路，使 YAJ 自动复原。在 YAJ 的 1-2 线圈上，并接有 RC 串联支路，这是因为 YAJ 吸起后，YXJ 随之立即吸起，而在 YAJ 的励磁电路中又接有 YXJ 的后接点，所以为了使 YAJ 吸起后可靠自闭，使其在接点转换过程中保持励磁状态。在 YAJ 吸起过程中，引导按钮表示灯亮白灯，以引起车站值班员的注意。

引导进路锁闭电路没有专设网路，而是用 9 线锁闭进路，11 线开放引导信号，12、13 线进行引导进路解锁。

YAJ 励磁后，用其第 2 组前接点将 KZ 电源接入 9 线网路，使接在 9 线网路上的各区段的区段检查电器 QJJ 励磁，断开了各区段进路继电器的自闭电路，使进路继电器、锁闭继电器相继落下，锁闭了引导接车进路。在引导接车进路终端 S_{I} 处，由于 GJJ 励磁使 ZCJ 落下，锁闭了另一咽喉的迎面敌对进路。在发生故障的区段，因在 QJJ 的 3-4 线圈电路中串接有 DGJF 第 6 组前接点，所以故障区段的 QJJ 不能吸起。故障区段道岔的 SJ 也因轨道继电器失磁而落下。当轨道电路区段故障时，因对该区段中的道岔实行了单独锁闭，拉出了道岔单独锁闭按钮，断开了 1DQJ 励磁电路，所以即使道岔故障修复，故障区段的道岔也不会随之解锁。不使故障区段的区段检查继电器 QJJ 励磁，是为了不让该区段的进路继电器 1LJ 和 2LJ 及传递继电器 CJ 落下，以便解锁时即使是故障还没有修复，也能够利用解锁网路使引导接车进路按进路方式解锁。

YAJ 励磁后，其第 3 组前接点将引导信号继电器 YXJ 接入 11 线网路。引导接车进路上各区段的 QJJ 吸起，使相应各区段的 CJ、SJ 及 ZCJ 相继落下而接通 11 线。在故障区段则经 CJ 的前接点和 DGJF 的后接点接通 11 线，使 YXJ 吸起。

YXJ 励磁后，经下行进站信号机的第一个轨道电路区段的轨道复示继电器 ⅠAGJF 的第 2 组前接点自闭，于是引导信号开放。列车第一轮对进入进站信号机内方，ⅠAGJF 失磁，断开 YXJ 自闭电路，使引导信号关闭。

若进站信号机内方第一个轨道电路区段发生故障，ⅠAGJF 处于落下状态，YXJ 的自闭电路不能构成，在此种情况下要求车站值班员一直按下引导按钮，直至车驶入信号机内方时才可以松手。

YXJ 在 11 线网路上检查的联锁条件与正常开放信号时所检查的联锁条件一样。在局部电路中，还接有 1DJF 第 3 组前接点，用以证明红灯点亮。因为开放引导信号，必须是在红灯亮灯的情况下点亮白灯。

在车站值班员确认列车全部进入股道后，可办理引导进路解锁：按下总人工解锁按钮 ZRA 和进站信号机的始端按钮 LA，由于 LAJ 和 ZRJ 吸起，接通条件电源“KF—ZRJ—Q”构成引导解锁继电器 YJJ 的励磁条件，使 YJJ 励磁。

在引导接车的整个过程中，YAJ 由其 1-2 线圈自闭电路保持吸起，9 线网路一直有电，所以列车虽驶过进路，但各区段的 QJJ 和股道的 GJJ 也一直吸起，进路并不解锁。当办理引导进路解锁手续后，YJJ 励磁，其电路是

$$KZ—XLAJ_{41\text{-}42}—XYAJ_{71\text{-}72}—YJJ_{1\text{-}4}—KF—ZRJ—Q$$

YJJ 励磁后，经本身第 7 组前接点自闭，用其第 1 组前接点断开 YAJ 的自闭电路，使其复原，用 YAJ 的第 2 组前接点断开送向 9 线网路的 KZ 电源。在引导进路锁闭时，因为 10 线网路不工作，当 9 线网路断电后，引导接车进路上的 QJJ 和 GJJ 都落下，为解锁做好准备。同时，YJJ 的第 3 组前接点断开 YXJ 接向 11 线网路的励磁电路(此前自闭电路已被 ⅠAGJF 断开)，使 YXJ 不再励磁。若引导接车进路上某一轨道电路区段故障，如 5DG 故障，由于 5DGJF 落下，使 5QJJ 不能励磁。此时，5DG 区段的传递继电器 CJ 和进路继电器 1LJ、2LJ 均不失磁。这样，在解锁引导进路时，即使故障区段尚未修复，也能利用 12、13 线网路来进行解锁。但是，故障区段轨道电路未修复前，故障区段的道岔是不会解锁的，因为此时还处在区段锁闭状态。当故障修复后，解除对故障区段道岔的单独锁闭，故障区段的道岔即解锁。

由于 YJJ 励磁，YAJ 和 YXJ 落下，接通了送向 12 线网路的 KF 解锁电源，引导解锁电路开始工作。引导进路解锁时 1LJ 和 2LJ 的动作程序与取消进路时相同。例如办理 X 至ⅠG 的引导进路解锁，假设 5DG 故障，则 3DG 的 1LJ 首先励磁，3/1LJ 的励磁电路(图 5-32)为

$$KZ—GDJ—3QJJ_{51\text{-}53}—3/1LJ_{1\text{-}2}—3CJ_{11\text{-}13}—3CJ_{53\text{-}51}—1/3\ 2SJ_{51\text{-}53}—1/3DBJ_{51\text{-}52}—5/7FBJ_{53\text{-}51}—5/7\ 1SJ_{53\text{-}51}—5QJJ_{21\text{-}23}—5CJ_{71\text{-}72}—5CJ_{52\text{-}51}—XKJ_{51\text{-}53}—XYJJ_{41\text{-}42}—XYXJ_{43\text{-}41}—XYAJ_{43\text{-}41}—KF$$

当 3/1LJ 励磁后，3CJ 立即吸起，将 KF 电源传向 9—15DG 区段，使 9—15/1LJ 励磁，再传至 17—23DG 区段，使 17—23/1LJ 吸起，最后传至进路终端，使 $S_{Ⅰ}$GJJ 励磁。由 $S_{Ⅰ}$GJJ 第 5 组前接点将 KF 解锁电源接入 13 线网路，使 17—23/2LJ 励磁，然后使 9—15/2LJ、3/2LJ 先后顺序励磁，进路从终端向始端依次解锁。当 KF 电源传至发生故障区段 5DG 时，经 5DGJ 的第 3、5 两组后接点的短路线传至始端。这样，除 5DG 区段外，引导进路的其余区段均解锁。当 5DG 区段故障修复后，按下拉出的 5/7 号道岔按钮，使 5DG 区段道岔解锁。

引导解锁电路中有关接点的作用是：

YJJ 励磁电路中的 YAJ 第 7 组前接点用以区分是接车进路的人工解锁还是引导进路解锁，因为两者办理方法相同。办理引导接车进路时要按下 YA，只有在 YAJ 励磁的情况下 YJJ 才能吸起；而在进行接车进路的人工解锁时，由于 YAJ 落下，不会使 YJJ 吸起。

在 12 线网路始端接入的 YAJ 第 4 组后接点用来证明引导按钮已经复原，9 线网路 KZ 电源确已断开。QJJ 落下，为解锁做好准备。

在 12 线网路始端还接有 YXJ 第 4 组后接点，用以证明引导信号确已关闭，向 12 线网路送入 KF 解锁电源是安全的。

在试验引导信号时，试验完毕后也要按引导进路解锁手续办理，使引导信号关闭，引导进路解锁。这时 YXJ 励磁电路由 YJJ 第 3 组前接点断开，而不是由 YAJ 第 3 组后接点断开的。因为 YAJ 线圈并有 RC 支路，有较长的缓放时间。

当故障区段的道岔位置需改变时，只能手摇，道岔将失去表示，此时即不能办理引导进路锁闭，而只能用引导总锁闭方式接车。

二、引导总锁闭

当道岔失去表示或向非接车线路上接车时，只能用引导总锁闭方式引导接车。

办理引导总锁闭，开放引导信号的手续是：对于道岔失去表示的引导接车，除故障道岔需

用手摇把将该道岔摇至所需位置外，可先将各道岔单独操纵至所需位置；确认引导进路正确后，破铅封按下引导总锁闭按钮 YZSA，对全咽喉道岔实行锁闭；然后按压引导按钮 YA，开放引导信号。此时，进路不亮白光带，信号复示器亮红灯和白灯，表示引导信号开放。向非接车线路上引导接车，可单独操纵道岔至所需位置。对于单方向运行的正线股道的反向接车，也可以用按下进路始、终端按钮，以进路方式选出进路，再按下接通光带按钮 TGA，确认引导进路正确；然后破铅封按下 YZSA，将全咽喉道岔锁闭；当引导总锁闭表示灯亮白灯后，再按下 YA 开放引导信号。此时，进路白光带也不会点亮。

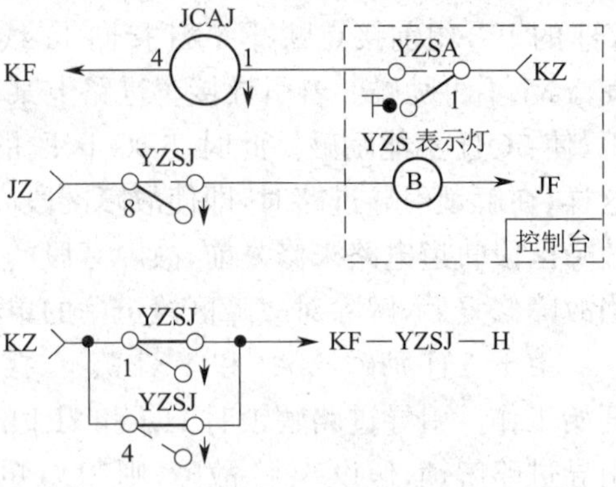

图 5-35 引导总锁闭电路

引导总锁闭电路如图 5-35 所示。在控制台上设有带铅封的引导总锁闭按钮 YZSA，该按钮是二位非自复式的。当按下 YZSA 后，YZSJ 吸起，断开本咽喉区所有的“KZ—YZSJ—H”条件电源，使全咽喉道岔的 SJ 都落下，对全咽喉道岔实行总锁闭。

YZSJ 吸起后，按下 YA，接通引导信号继电器电路，使引导信号开放。YXJ 的励磁电路是

$$KZ—YA_{11\text{-}12}—LXJF_{31\text{-}33}—YXJ_{3\text{-}4}—1DJF_{32\text{-}31}—YZSJ_{51\text{-}52}—KF$$

YXJ 自闭电路是

$$KZ—ⅠAGJF_{21\text{-}22}—YXJ_{11\text{-}12}—YXJ_{1\text{-}2}—1DJF_{32\text{-}31}—YZSJ_{51\text{-}52}—KF$$

在用引导总锁闭方式接车时，电路既不检查道岔位置正确、进路空闲，也不检查是否建立敌对进路，此时，任何网路线不参与工作，联锁关系由车站值班员确认，行车安全完全由人工保证。

YZSJ 吸起后，用其第 7 组后接点断开 YAJ 励磁电路，使 YAJ 不能吸起。9 线网路和 11 线网路不参与工作。在办理引导总锁闭过程中，控制台上由 YZSJ 第 8 组前接点点亮白色的引导总锁闭表示灯，引起车站值班员注意。列车进入进站信号机内方后，由ⅠAGJF 前接点断开 YXJ 自闭电路，引导信号自动关闭。

当列车全部进入股道，经确认后车站值班员拉出 YZSA，使 YZSJ 落下，于是条件电源“KZ—YZSJ—H”有电，全咽喉 SJ 均吸起，道岔全部解锁。至此，电路复原。

专题一　交流转辙机控制电路

一、道岔启动电路的技术条件

(1)道岔区段有车时，道岔不应转换，此种锁闭叫做区段锁闭。

(2)进路在锁闭状态时，进路上的道岔，都不应再转换，此种锁闭叫进路锁闭。

(3)在道岔启动电路已经动作后，如果车随后驶入道岔区段，则应保证转辙机继续转换到底，不受条件(1)的限制而停转。

(4)道岔启动电路动作以后，如果由于转辙机的自动开闭器接点或电动机的整流子与碳刷接触不良，以致电动机的电路不通时，应使启动电路自动停止工作并复原，保证道岔不再转换。

(5)维修试验或在尖轨与基本轨之间夹有障碍物，致使道岔转不到底时，能使道岔转回原位，必须保证道岔无论转到什么位置，都可以随时使它向回转。

(6)道岔转换完毕，应自动切断电动机电路。

二、道岔表示电路的技术条件

(1)只能用继电器的吸起状态与道岔的正确位置相对应，要分别设置道岔定位表示继电器DBJ和道岔反位继电器FBJ，而不能合用一个继电器。

(2)当室外联系线路发生混线或混入其他电源时，必须保证不致使DBJ或FBJ错误吸起。

(3)当道岔在转换或发生挤岔事故、停电或断线等故障时，必须保证DBJ或FBJ失磁落下，因此必须使用安全型继电器，而不能用电码继电器代替。

三、交流转辙机控制电路

为满足列车提速后对行车安全的要求，在车站正线改换提速道岔后，转辙机采用交流S700K型电动转辙机或ZYJ7型电动液压转辙机。这两种型号的转辙机都具有如下特点：

(1)道岔锁闭采用钩式外锁闭装置。

(2)对道岔尖轨和可动心轨采用多点牵引。

(3)以三相交流电动机作为动力。

1. 道岔断相保护器

交流转辙机采用三相交流电源，供电电压为380 V。为防止在三相交流电源断相情况下烧坏电动机，在交流转辙机控制电路中设有道岔断相保护器DBQ。道岔断相保护器电路如图5-36所示。DBQ由三个电流互感器、桥式整流器和保护继电器BHJ三部分组成。三个电流互感器的一次侧线圈分别串联在三相交流电路中，二次侧线圈首尾相连，经桥式整流后，输出端接保护继电器BHJ。

当三相交流电源正常供电，电动机定子绕组中三相电流流过，电流互感器工作在磁饱和状态，二次侧感应电流中的三次谐波经桥式整流后输出直流电，BHJ由于得到直流电而吸起，用BHJ的接点作为道岔控制电路的条件。当道岔转换到底后，由于三相负载断开，BHJ复原落下。

三相交流电源出现断相故障时，其示意图如图5-37所示。若B相断电，则为A、C两相供电，其线电压加至电流互感器一次侧，而二次侧两电流互感器电压反向串联，互相抵消，桥式整流器无输出，使BHJ落下，从而断开1DQJ电路和三相交流电动机电路，防止因断相运行而烧坏电动机。

断相保护器在使用中会发生整流二极管击穿，造成未断相时BHJ落下的故障，其原因是电路启动时过电压所致。经改进后的断相保护器DBQ电路如图5-38所示。电路中采用了耐压高的二极管，加大输入滤波电容C_2的容量(3 μF/160 V)，并在输出端接有滤波电容C_2(1 μF/160 V)，使断相保护器工作稳定可靠。

在多机牵引情况下，应设总断相保护器ZBHJ，对道岔的尖轨和可动心轨应分别设ZBHJ，用来监督各牵引点转辙机的同步工作。图5-39是双机牵引尖轨时ZBHJ电路，将两牵引点转辙机BHJ前接点接入ZRHJ的励磁和自闭电路中，再将ZBHJ前接点串接在1DQJ的1-2线圈电路中，实现对各牵引点转辙机电源的断相保护。

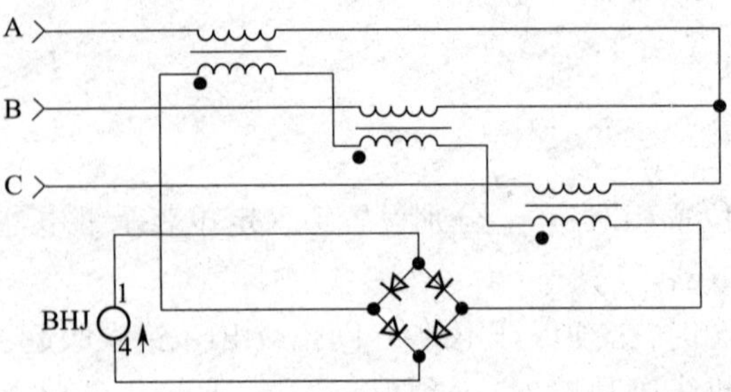

图 5-36　道岔断相保护器电路

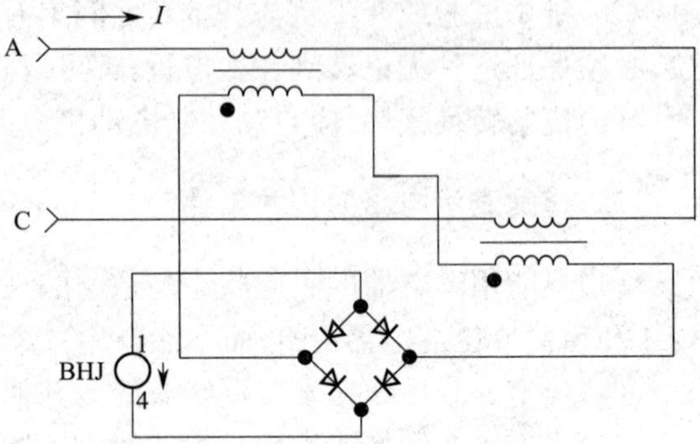

图 5-37　一相断电时的 DBQ 示意图

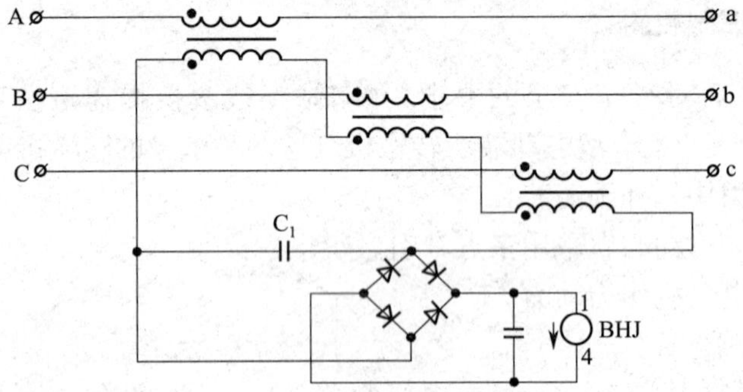

图 5-38　改进型 DBQ 电路

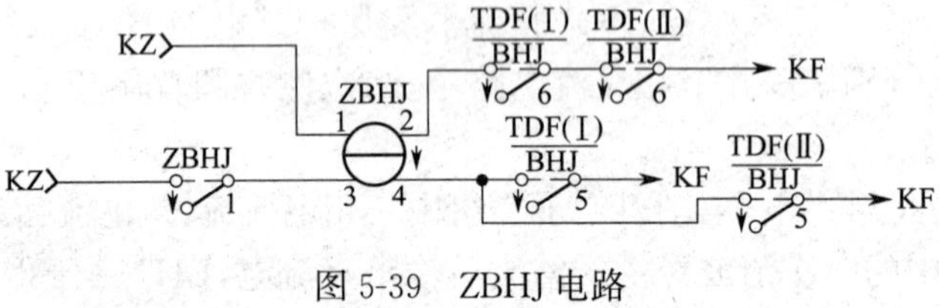

图 5-39　ZBHJ 电路

2. S700K 型交流转辙机道岔控制电路

(1)S700K 型交流转辙机道岔启动电路

图 5-40 是 S700K 型交流转辙机道岔控制电路，其采用钩式外锁闭装置，不带密贴检查器。当进路操纵道岔由定位向反位转换时，使 1DQJ 吸起，电路为

$$\text{KZ—CA}_{61\text{-}63}\text{—SJ}_{81\text{-}82}\text{—1DQJ}_{3\text{-}4}\text{—2DQJ}_{141\text{-}142}\text{—AJ}_{11\text{-}13}\text{—FCJ}_{61\text{-}62}\text{—KF}$$

1DQJ 吸起后，1DQJF 随之吸起，电路为

$$\text{KZ—1DQJF}_{1\text{-}4}\text{—TJ}_{33\text{-}31}\text{—1DQJ}_{32\text{-}31}\text{—KF}$$

1DQJF 吸起后接通 2DQJ 转极电路，其电路是

$$\text{KZ—1DQJF}_{32\text{-}31}\text{—2DQJ}_{2\text{-}1}\text{—AJ}_{11\text{-}13}\text{—FCJ}_{61\text{-}62}\text{—KF}$$

当 1DQJ，1DQJF 吸起，2DQJ 转极后构成三相交流电动机电路，A、B、C 三相交流电源经 RD_1～RD_3 进入保护器 DBQ，接通电动机定子绕组电路，分别是：

A 相—RD_1—$DBQ_{11\text{-}21}$—$1DQJ_{12\text{-}11}$—电动机 A 绕组。

B 相—RD_2—$DBQ_{31\text{-}41}$—$1DQJF_{12\text{-}11}$—$2DQJ_{111\text{-}113}$—转辙机接点 11-12—电动机 C 绕组。

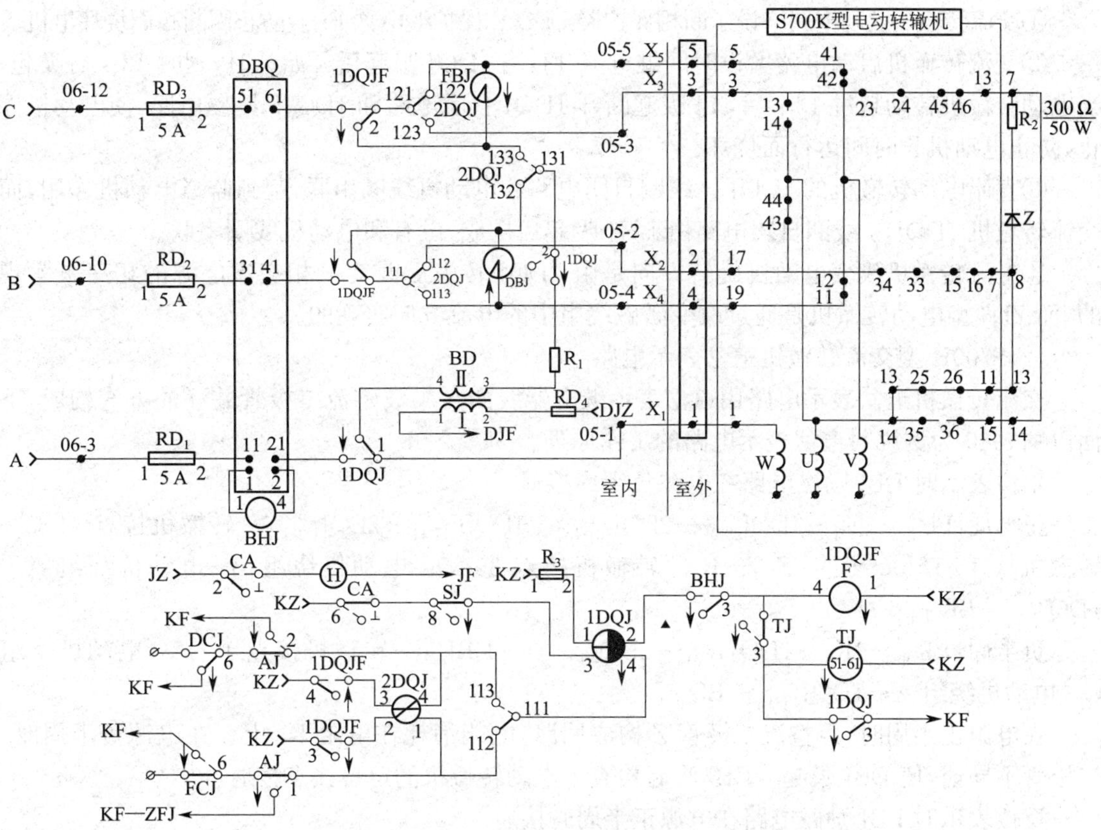

图 5-40 S700K 型交流转辙机道岔控制电路

C 相—RD_3—$DBQ_{51\text{-}61}$—$1DQJF_{22\text{-}21}$—$2DQJ_{121\text{-}123}$—转辙机接点 13-14—遮断开关 K—电动机 B 绕组。

三相交流电动机相序为 A、C、B，电动机反转。三相交流电流经 DBQ，使 BHJ 吸起，接通 1DQJ 自闭电路。电动转辙机转换完毕，无电流流经 DBQ，BHJ 落下，断开 1DQJ 电路，随之断开 1DQJF 电路。

1DQJ 自闭电路为

$$KZ—R_3—1DQ_{1\text{-}2}—BHJ_{32\text{-}31}—TJ_{33\text{-}31}—1DQJ_{32\text{-}31}—KF$$

当进路操纵道岔由反位向定位转换时，1DQJ 吸起，1DQJF 吸起使 2DQJ 转极，构成电动转辙机启动电路。三相交流电 A、B、C，经 RD_1～RD_3 进入保护器 DBQ，分别接通电动机定子绕组，其电路是：

A 相—RD_1—$DBQ_{11\text{-}21}$—$1DQJ_{12\text{-}11}$—电动机 A 绕组

B 相—RD_2—$DBQ_{31\text{-}41}$—$1DQJ_{12\text{-}11}$—$2DQJ_{111\text{-}113}$ 转辙机接点 43-44—遮断开关 K—电动机 B 绕组

C 相—RD_3—$DBQ_{51\text{-}61}$—$1DQJ_{22\text{-}21}$—$2DQJ_{121\text{-}123}$—转辙机接点 41-42—电动机 C 绕组

三相交流电动机相序为 A、B、C，电动机正转。

单独操纵道岔时，1DQJ 励磁电路、2DQJ 转极电路与四线制直流电动转辙机电路原理相同。1DQJ 自闭电路、三相交流电动机电路与上述进路操纵交流转辙机电路原理相同。

S700K 型电动转辙机和 ZD6 型电动转辙机道岔启动电路原理主要区别在于以下方面：

①交流转辙机启动电路增设了断相保护器 DBQ 和保护继电器 BHJ，防止因断相而烧坏电机。

②交流转辙机启动电路增设时间继电器 TJ，当 1DQJ 吸起后开始计时，延时 13 s 后吸起，当电动转辙机转动超过 13 s 后，TJ 吸起断开 1DQJ 自闭电路和 1DQJF 励磁电路，使电动机停止，防止电动机长时间运行而烧坏。

③直流电动转辙机的 $1DQJ_{1\text{-}2}$ 线圈自闭电路和电动机线圈串联，起到监督电动机作用，而交流转辙机 $1DQJ_{1\text{-}2}$ 线圈自闭电路由 BHJ 吸起后构成，没有和电动机线圈串联。

④交流转辙机改变电动机旋转方向是由 2DQJ 转极后改变三相交流电源的相序来实现的，而 ZD6 型电动转辙机是通过改变激磁绕组中的电流方向实现的。

(2)S700K 型交流转辙机道岔表示电路

交流转辙机道岔表示电路用道岔表示继电器线圈与半波整流二极管并联的方式构成，下面以图 5-40 为例说明道岔表示电路的工作原理。

定位表示时 DBJ 励磁电路在电源负半周接通。

正半周：$BD_{II\text{-}3}$—R_1—$1DQJ_{23\text{-}21}$—$2DQJ_{131\text{-}132}$—$1DQJF_{13\text{-}11}$—$2DQJ_{111\text{-}112}$—转辙机接点 34-33—转辙机接 15-16—二极管 $Z_{2\text{-}1}$—R_2—转辙机接点 36-35—电动机绕组 B—电动机绕组 A—$1DQ_{11\text{-}13}$—$BD_{II\text{-}4}$

负半周：$BD_{II\text{-}3}$—R_1—$1DQJ_{23\text{-}21}$—$2DQJ_{131\text{-}132}$—$DBJ_{4\text{-}1}$—转辙机接点 11-12—电动机绕组 C—电动机绕组 A—$1DQJ_{11\text{-}13}$—$BD_{II\text{-}4}$

在电源正半周时，经整流二极管 Z 构成回路，电能消耗在电阻 R_2 上。在电源负半周时，二极管不导通，使 DBJ 吸起。DBJ 吸起检查了电动转辙机的定位接点接通。

反位表示时 FBJ 励磁电路在电源正半周时接通。

正半周：$BD_{II\text{-}3}$—R_1—$1DQJ_{23\text{-}21}$—$2DQJ_{131\text{-}133}$—$FBJ_{1\text{-}4}$—转辙机接点 41-42—电动机绕组 C—电动机绕组 A—$1DQJ_{11\text{-}13}$—$BD_{II\text{-}4}$

负半周：$BD_{II\text{-}3}$—R_1—$1DQJ_{23\text{-}21}$—$2DQJ_{131\text{-}133}$—$1DQJF_{23\text{-}21}$—$2DQJ_{121\text{-}123}$—转辙机接点 23-24—转辙机接点 45-46—R_2—二极管 $Z_{1\text{-}2}$—转辙机接点 26-25—电动机绕组 B—电动机绕组 A—$1DQJ_{11\text{-}13}$—$BD_{II\text{-}4}$

在电源正半周时，二极管 Z 不能导通，使 FBJ 吸起。FBJ 吸起检查了电动转辙机的反位接点、接通。在电源负半周时，经整流二极管构成回路，电能消耗在电阻 R_2 上。

交流转辙机道岔表示电路与直流电动转辙机表示电路比较，其特点在于：

①道岔表示继电器 DBJ 和 FBJ 与二极管整流电路并联。当二极管截止时，半波电流经表示继电器线圈，使 DBJ 或 FBJ 吸起。当二极管导通时，表示继电器线圈两端电压接近于零，但线圈产生的自感电流经二极管使继电器保持吸起。所以取消了在直流电动转辙机电路中表示继电器线圈并联的电容器，提高了表示电路的可靠性。

②道岔表示继电器励磁电路经电动机绕组，起到监督电动机的作用，同时要检查转辙机接点动作一致性。

设在原道岔组合中的道岔表示继电器为总道岔表示继电器。总表示继电器 DBJ 或 FBJ，要经道岔心轨和可动尖轨的各 DBJ 或 FBJ 前接点构成励磁电路。双动道岔总表示继电器则要检查第一动心轨、尖轨及第二动心轨、尖轨的 DBJ 或 FBJ 前接点后才能吸起。

3. ZYJ7 型电液转辙机

图 5-41 为 ZYJ7 型电液转辙机道岔控制电路，其室内电路与 S700K 型交流电动转辙机室

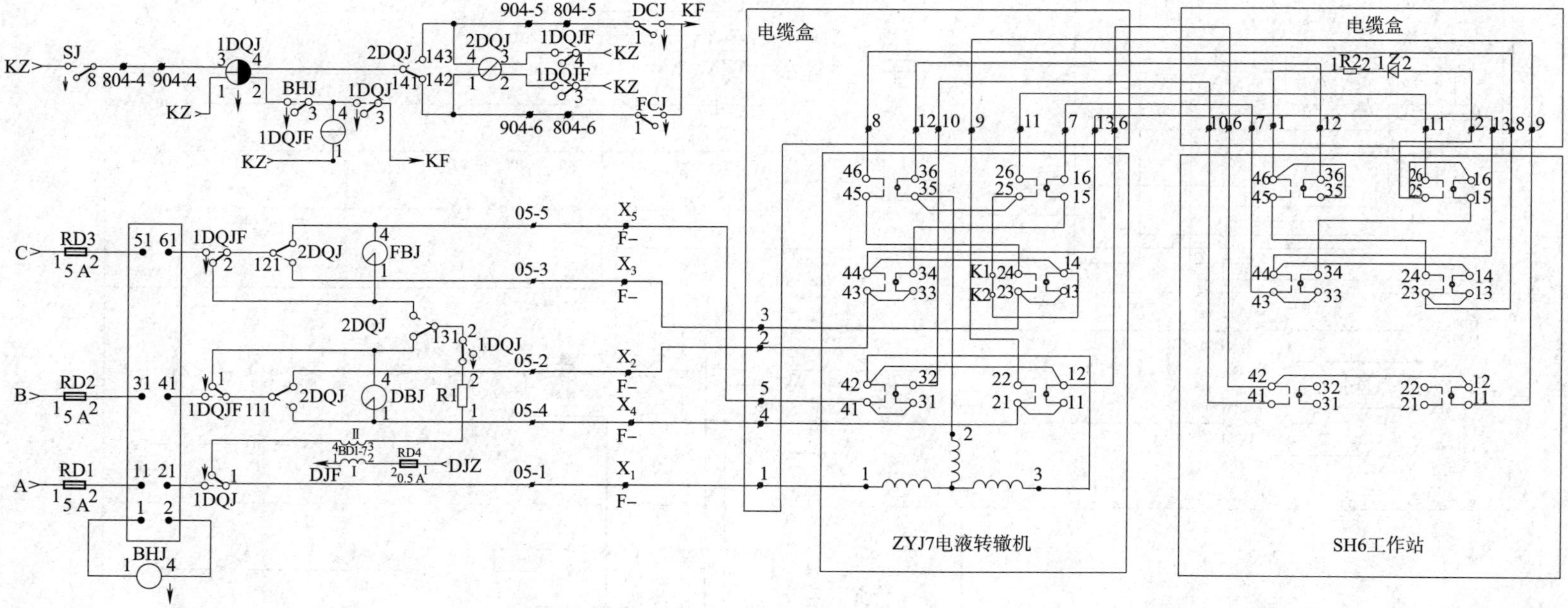

注：本图按照转辙机在定位时1、3排接点闭合设计。

若转辙机在定位时2、4排接点闭合需要做如下改变：

(1)X_2 与 X_3 交叉，X_4 与 X_5 交叉。

(2)现场二极管颠倒极性。

图5-41 ZYJ7型电液转辙机控制电路

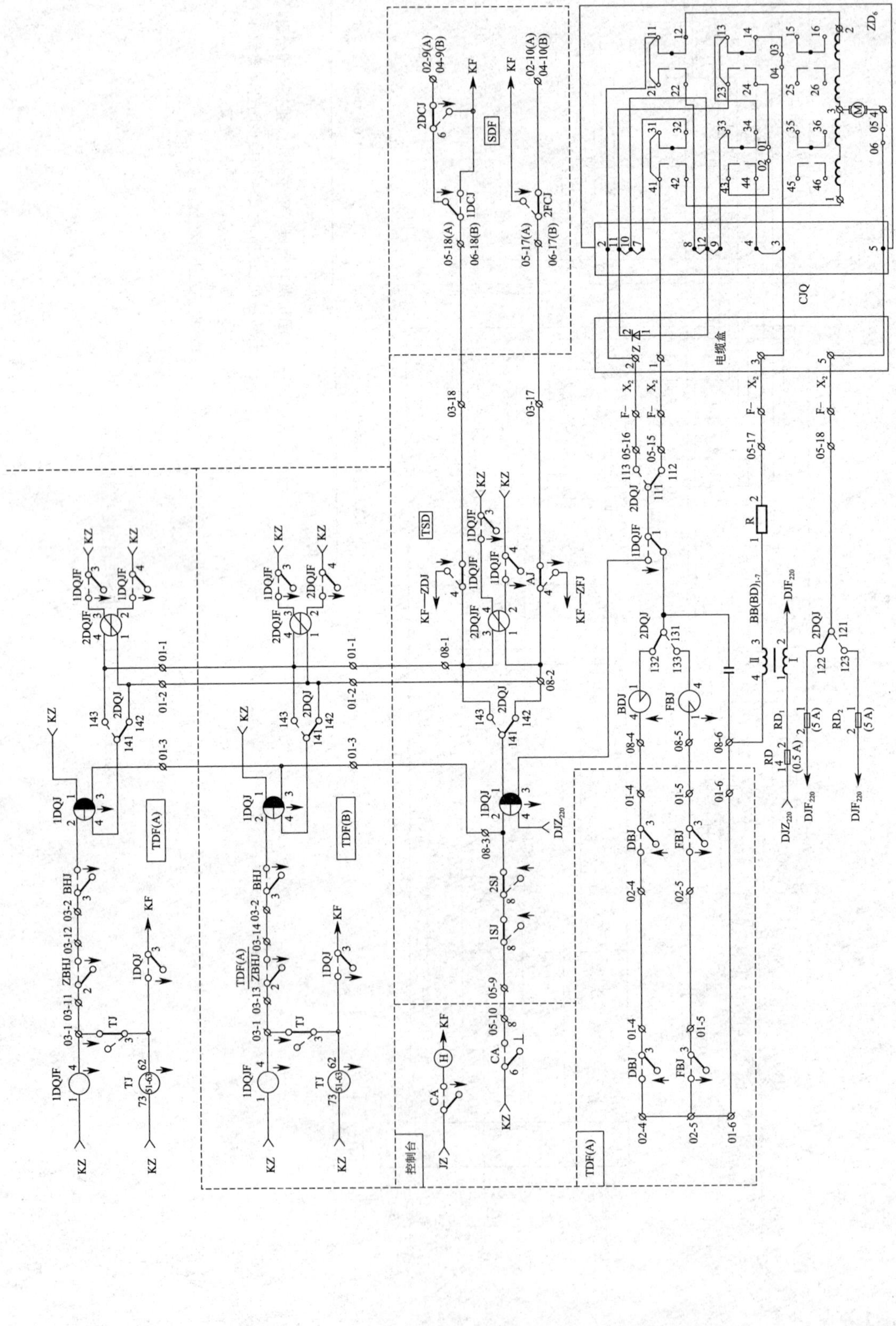

图 5-42 S700K 型固定辙叉与 ZD6 型电动转辙机结合电路

内电路相同，室外电路略有差别。该图是定位时1、3排接点闭合，若定位时2、4排接点闭合，需将X_2与X_3、X_4与X_5互换，二极管极性互换即可。

ZYJ7型电液转辙机（主机）带有SH6型转换锁闭器（副机），道岔尖轨和可动心轨的第一牵引点由主机牵引，第二牵引点由副机牵引。启动电路中主、副机的接点是并联的，当主、副机动作不同步时，若主机先转换到位，虽其动作接点断开，但仍能经另一排接点和副机的接点给主机中的三相交流电动机接通电源，使副机转换到位。另外，表示电路中DBJ或FBJ励磁吸起必须检查SH6型转换锁闭器中的表示接点。

四、直流转辙机和交流转辙机道岔控制电路的结合电路

在铁路提速区段的站场有些双动道岔一端位于正线，另一端不在正线上，如举例站场的5/7号道岔。在正线上的提速道岔应采用S700K型或ZYJ7型交流转辙机，不在正线上的道岔采用ZD6型直流电动转辙机，对同一组双动道岔因为采用的转辙机类型不同，存在控制电路的结合问题。结合电路分为一端是交流转辙机、固定辙叉，另一端为ZD6型转辙机，以及一端是交流转辙机、可动心轨，另一端为ZD6型转辙机的两种情况。图5-42为一端是S700K型固定辙叉，另一端为ZD6型转辙机的结合电路。

结合电路中，道岔启动电路是从提速道岔双动主组合TSD内将控制条件引至正线上道岔尖轨两牵引点TDF组合的1DQJ和2DQJ电路，使两牵引点转辙机用的1DQJ励磁，2DQJ转极，实现两牵引点S700K型电动转辙机同步动作。

在表示电路中，将正线提速道岔各牵引点转辙机用的DBJ和FBJ前接点分别串联在TSD组合的DBJ和FBJ电路中。只有提速道岔各牵引点DBJ和FBJ吸起，非提速端道岔的DBJ或FBJ才会吸起。该表示继电器的吸起反映了双动道岔动作的一致性。因此，非提速端TSD组合内的DBJ和FBJ是双动道岔总的DBJ和FBJ。

当一端是交流转辙机、可动心轨，另一端为ZD6型转辙机的结合电路与上述结合电路基本相同，只是增加了可动心轨两牵引点的TDF组合的1DQJ和2DQJ电路环节。

专题二　执行组电路动作程序原理

一、执行组电路任务及要求

1. 执行组电路的任务

(1)转换道岔。由选岔电路中进路上各道岔操纵继电器的吸起接通各对应的道岔启动电路，使道岔转换，转换完毕后由道岔表示电路给出表示。该任务由道岔控制电路完成。

(2)锁闭进路。在选择组电路检查选排一致的基础上，根据选择组电路所确定的进路始端和终端，检查有无开放信号的可能性，即检查道岔位置正确、进路空闲、未建立敌对进路，然后锁闭进路上的道岔和敌对进路，完成进路锁闭。该任务由信号检查继电器XJJ和区段检查继电器QJJ来完成。

(3)开放信号。在检查了具有开放信号的全部条件之后，信号继电器XJ励磁吸起，用其前接点接通信号机灯光控制电路，开放信号。该任务由信号继电器XJ和信号机灯光控制电路来完成。

(4)进路解锁。进路使用完后,由解锁电路解锁进路,使电路全部复原。该任务由解锁电路来完成。

(5)开放引导信号和进行引导解锁。在进站信号机不能正常开放允许信号时,需要由引导信号电路来开放引导信号,并在引导进路用完或引导信号关闭后将其解锁。

(6)监督表示。在执行组电路的工作过程中,控制台盘面要有相应的表示,以便车站值班员监督命令的执行情况,观察信号设备的运用状况,以及列车或调车车列的运行状态。这些均由表示电路来完成。

2. 执行组电路动作要求

先由道岔控制电路转换道岔,再由锁闭电路将进路锁闭,最后由信号控制电路使信号开放。在列车或车列驶过进路后,由解锁电路将进路解锁,其逻辑框图如图 5-33 所示。它需要由以下电路环节组成:

(1)转换道岔电路

进路中的所有道岔,根据 DCJ 或 FCJ 的吸起条件,接通道岔启动电路,使动力转辙机带动道岔转换,转到位后给出道岔表示,定位时使道岔定位表示继电器 DBJ 励磁吸起,反位时使道岔反位表示继电器 FBJ 励磁吸起。转换道岔的电路称为道岔控制电路。

(2)校核选排一致性电路

所谓选排一致性检查是指道岔所选位置与道岔实际位置是否一致的检查。根据 DCJ 或 FCJ 吸起条件,相应转辙机电路本应正常工作,当因故障应该变位的而未变位,则实际排通的进路就有可能与所选的进路出现不一致现象。因此在对进路锁闭前需要对进路的选排是否一致进行检查。实际排通进路用 DBJ 或 FBJ 反映,所选进路用 DCJ 或 FCJ 反映。由于道岔涉及整个咽喉区,所以设计一条选排一致性校核网络,以 FKJ 和 ZJ 作为网络的起始和终端条件,若选排是一致的网络有输出,即开始继电器 KJ 励磁吸起。

(3)检查有无开放信号的可能性电路

在进路锁闭前要检查开放信号的基本联锁条件是否满足。基本联锁条件有三项:一是进路中的道岔位置正确;二是进路空闲(包括接车股道);三是敌对进路未建立(包括本咽喉的敌对进路和迎面敌对进路);由于检查的内容涉及整个咽喉区,所以设计一条检查基本联锁条件的网络。该网络的起始条件是始端的 FKJ、KJ 和终端的 ZJ 吸起条件。检查结果用信号检查继电器 XJJ 励磁吸起表示基本联锁条件满足。不吸起即说明不可能开放信号。

(4)进路锁闭电路

电气集中进路解锁采用逐段解锁制,即列车或调车机车车辆每越过一个道岔区段,该道岔区段应立即解锁,以便及时排列其他进路。这样一来,锁闭和解锁的对象就不是整条进路,而是进路中每个道岔区段。因此,对应每一个道岔区段设计一套锁闭和解锁电路,其中包括一个区段检查继电器 QJJ 电路、两个进路继电器 1LJ 和 2LJ 电路,以及一个锁闭继电器 SJ 电路。用 QJJ 来选择究竟哪一个道岔区段可以锁闭或可以解锁,当进路中各道岔区段的 QJJ 一旦励磁吸起,这些区段的进路继电器 1LJ 和 2LJ,以及锁闭继电器 SJ 相继失磁落下,就使进路中各区段进入锁闭状态。哪个区段的 QJJ 失磁落下,就为该区段解锁准备了条件(能否解锁还要检查其他条件)。进路继电器 1LJ 和 2LJ 是检验该区段解锁条件用的;锁闭继电器 SJ 是反映该区段是在锁闭状态还是解锁状态。当 SJ 落下,反映该区段已转入锁闭状态。

为了实现对迎面敌对进路的锁闭与解锁,对应每一股道入口处要设照查继电器 ZCJ 电路和股道检查继电器GJJ电路。进路中每个道岔区段的QJJ并联在一条网路线上，该网路称为锁闭进路用的网路，当取得可以锁闭进路的证明时即XJJ励磁吸起条件，该网路线才开始工作，由进路终端ZJ吸起条件确定进路锁闭的范围，使与进路有关道岔区段的QJJ励磁吸起，而使各个道岔区段转入锁闭状态。

(5)开放信号电路

进路锁闭后，将进入开放信号工作程序。一旦该进路的防护信号机开放，说明进路开通了或进路建立。控制开放信号的电路是信号继电器XJ电路，用来检查开放信号联锁条件的，只有在符合进路空闲、道岔位置正确、敌对进路未建立、道岔和敌对进路已经被锁闭等联锁条件时刻才能励磁吸起，才能使信号开放。

以上是进路建立所经历的工作程序，说明了执行组电路的基本功能和动作顺序。以图5-43所示的D_1至1/19WG调车进路为例，进路建立过程中各电路的逻辑关系表述如图5-44所示。

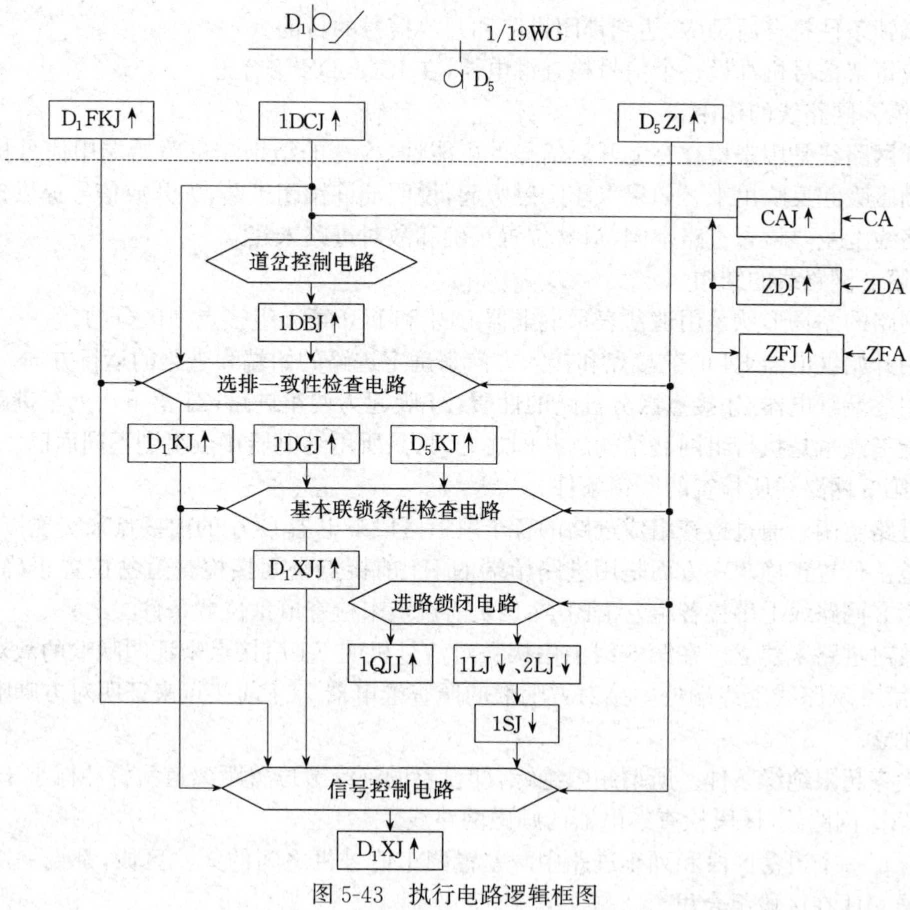

图5-43　执行电路逻辑框图

二、执行组电路各网路线的用途

执行组电路由很多继电器组成。与选择组电路一样，为了使电路定型化和节省继电器接点，也是按站场形状构成网路电路。执行组网路共有8条网路线，即8～15线。

1. 第 8 网路线(信号检查继电器的励磁、自闭网路线)

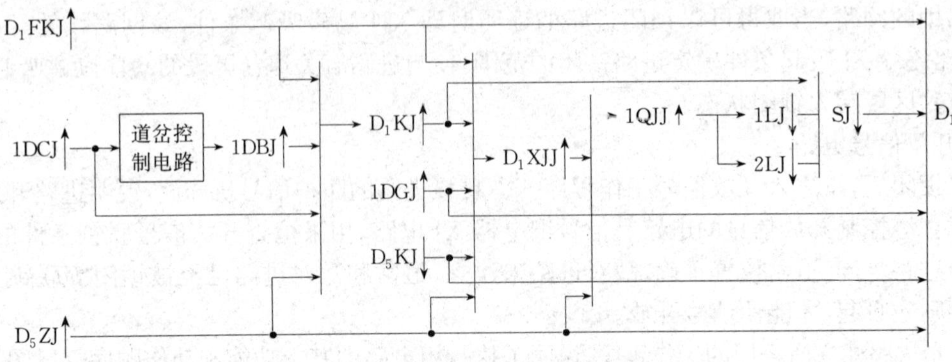

图 5-44 进路建立过程中各电路的逻辑关系

信号检查继电器 XJJ 在进路的始端部位,由 KJ 的前接点将其接入第 8 线网路,经检查 8 线上的联锁条件符合后励磁,达到锁闭进路和开放信号的目的。

对应每架信号机都设一个信号检查继电器,在 LXZ、DX 组合里。

(1)第 8 网路线的作用

第 8 网路线是用来检查有无开放信号的可能性,检查的结果在进路始端用信号检查继电器 XJJ 励磁吸起反映出来。如果 XJJ 励磁吸起,说明准许锁闭进路,为开放信号提供条件。在第 8 网络线上主要检查进路空闲、道岔位置正确和敌对进路未建立。

(2)第 8 网路线的结构

①网路的站场形状是用道岔表示继电器 DBJ 和 FBJ 第 1 组接点来区分的。

②用开始继电器 KJ 的前接点和接入方向来确定进路的始端和进路的运行方向。

③用终端继电器 ZJ 接点区分进路的性质:ZJ 吸起为调车进路;ZJ 落下为列车进路。

以上三点也是执行组网路结构的共同之处,只是所用继电器接点组别不同而已。

(3)第 8 网路线所检查的联锁条件

①进路空闲。通过检查组成进路的各个轨道区段继电器 DGJ 的前接点来实现。

②道岔位置正确。一方面是用进路始端的 KJ 前接点来间接检查道岔位置正确,另一方面是用第 8 网路线上串接各道岔 DBJ 或 FBJ 前接点来检查道岔位置条件。

③敌对进路未建立。在第 8 线上串接敌对信号机的 KJ 后接点来证明咽喉的敌对进路未建立;在第 8 网路线上终端处串接对方咽喉的照查继电器 ZCJ 前接点来证明对方咽喉的敌对进路未建立。

④检查超限绝缘条件。所谓超限绝缘,即设置的绝缘节位置距离道岔警冲标小于 3.5 m。

2. 第 9 网路线(区段检查继电器的励磁网路线)

对应每一个道岔区段和列车进路中两差置调车信号机之间的无岔区段,都设一个区段检查继电器 QJJ 在区段组合里。

(1)第 9 网路线的作用

第 9 网路线是为进路锁闭和解锁做准备的。在每一个道岔区段设置一个区段检查继电器 QJJ,用它为每个区段的锁闭和解锁做准备。当 QJJ 励磁吸起时,就为该区段锁闭提供条件:如果 QJJ 失磁落下时,就为该区段解锁提供条件;另外,股道检查继电器 GJJ 也接在第 9 网路线上,用 GJJ 励磁吸起为锁闭另一个咽喉的敌对进路提供条件。

(2)第9网路线的结构

因为进路的锁闭和解锁均要涉及进路上的各道岔和各个道岔区段,所以第9网路线也采用站场式网路,其网路结构如下:

①由各道岔的DBJ或FBJ第2组接点来区分进路,构成站场式网路。这里的DBJ或FBJ接点并不起检查道岔位置的作用。

②同一咽喉区的各个道岔区段的$QJJ_{3\text{-}4}$线圈均并接在9网路线上,并与所接的各道岔区段的位置相对应。

③第9网路线的KZ电源是从进路的始端经由XJJ第2组前接点送入的,送电的方向由进路始端直至终端。在咽喉区中间的进路终端部位用调车终端继电器ZJ第2组后接点断开网络线,以防止进路范围以外的QJJ励磁吸起而造成错误锁闭。

3. 第10网路线(区段检查继电器的自闭网路线)

第10网路线是区段检查继电器QJJ的自闭网路线。该网路线的作用是防止列车迎面错误解锁。列车还没有到达该区段时,该区段的道岔解锁,称为列车迎面错误解锁。所有各区段线圈都并接在第10网路线上,如果QJJ没有第10网路线自闭电路,当列车或车列进入信号机内方后,XJJ将随着DGJ的失磁落下而落下,并切断第9网路线上KZ电源,于是,进路所有各区段QJJ将同时失磁落下。对于车在第一道岔上运行的区段来说,QJJ失磁落下是正常的,并为该区段解锁做好准备。但对车尚未到达的道岔区段来说,这些区段QJJ失磁落下,意味着提前做好了解锁准备,这样会导致提前错误解锁,是非常危险的。有了$QJJ_{1\text{-}2}$线圈自闭电路,即设了第10网路线,就可以避免上述列车迎面错误解锁的问题。这是由于列车未到达的轨道区段QJJ都在励磁吸起,此时即使值班员误按进路中任意一区段的事故按钮,进路也不会提前解锁。

4. 股道检查继电器电路

在9网路线上除了设有区段检查继电器QJJ外,还设有股道检查继电器GJJ。股道检查继电器GJJ的设置一般分为以下几种情况:一是每个股道都需要设置两个股道检查继电GJJ,分别放置在股道两端的列车信号辅助组合1LXF或2LXF里;二是单线进站信号机处需设一个股道检查继电器GJJ放在列车信号辅助组合1LXF里;三是在有两个发车方向的车站,其主要方向发车口处需要设置一个股道检查继电器GJJ,一般放在零散组合L里。

股道检查继电器GJJ的作用:

(1)股道上的GJJ与本组合照查继电器ZCJ相配合,锁闭另一个咽喉的敌对进路。另外,它还参与取消进路解锁和人工解锁进路的工作。

(2)单线接车口处GJJ,在办理取消进路解锁和人工解锁进路时,通过第12网路线励磁吸起,并用其前接点接通第13网路线的KF解锁电源。

(3)在有两个方向的主要发车口处的GJJ,在开放信号前励磁吸起,并用其前接点接通主信号继电器ZXJ和信号辅助继电器XFJ电路,为开放去主要方向的信号电路服务。

5. 接近预告继电器和照查继电器电路

(1)接近预告继电器JYJ电路

对应每架主体信号机均需设置一个接近预告继电器JYJ,出站兼调车信号机或进站信号机内方带调车信号机可以合用一个接近预告继电器JYJ,它们都放在信号DX或LXZ组合里。

①接近预告继电器 JYJ 的作用

在信号开放后，用来反映接近区段是否有车占用，从而由 JYJ 来区分进路的两种锁闭状态。在信号开放后，如果接近区段空闲，则用 JYJ 吸起条件使进路构成预先锁闭状态；如果接近区段有车占用，则用 JYJ 条件使进路构成接近锁闭状态。

②接近预告继电器 JYJ 电路

a. 调车专用的接近预告继电器 JYJ 电路如图 5-12 所示。

b. 进站内方带调车信号机共用的接近预告继电器电路如图 5-13 所示。

c. 正线出站兼调车信号机用的接近预告继电器电路如图 5-14 所示。

(2)照查继电器 ZCJ 电路

对应每一条能接车的股道应设置两个 ZCJ，分别放在对应股道的出站信号机或调车信号机的 1LXF 或 2LXF 组合里；在单线进站信号机处也设一个 ZCJ，放在 1LXF 组合里。

①照查继电器 ZCJ 的作用

股道里设置的照查继电器 ZCJ 是用来反映有否向股道建立进路，从而用 ZCJ 的接点对同一股道的迎面敌对进路实行互相照查和互相锁闭。所谓互相照查，就是一个咽喉要向股道建立进路时，要照查另一咽喉向同一股道的迎面敌对进路未曾建立。所谓互相锁闭，就是一旦一个咽喉已经向股道建立了进路，就要用这个咽喉的 ZCJ 来锁闭另一个咽喉的迎面敌对进路。

在单线进站信号机处设置的照查继电器 ZCJ 是在向单线区段方向办理发车时进路或调车进路时，用其 ZCJ 的接点锁闭引导信号。

②照查继电器 ZCJ 电路(图 5-15)

照查继电器 ZCJ 平时处于励磁吸起状态，并以吸起状态反映本咽喉未向股道建立接车进路或调车进路，其落下状态反映已向股道建立接车进路或调车进路。从第 9 网路线可以看出，是否向股道建立接车进路或调车进路，可以用 GJJ 的状态说明，GJJ 励磁吸起，说明可能建立进路，因为仅 GJJ 励磁吸起而如果与股道相邻的道岔区段 SJ 因故没有失磁落下，则不能建立进路，此时也不应影响另一个咽喉向股道接车或调车。

综上所述，照查继电器 ZCJ 电路主要是解决进路终端照查的安全问题。因此，对 ZCJ 电路的检查条件及应用到其他电路中的条件都有严格要求，目的是为了“故障—安全”原则的实现。

6. 第 11 网路线(信号继电器用的网路线)

对应每架信号机均要各设一个信号继电器对(列车信号机设一个 LXJ，放在 LXZ 组合内；调车信号机设一个 DXJ，放在 DX 组合内)。对应每架出站兼调车信号机要设置 LXJ 和 DXJ 两个信号继电器(这两个继电器均放在 LXZ 组合内)。

(1)第 11 网路线的作用

第 11 网路线是用来检查开放信号的各种联锁条件的。当开放信号各种联锁条件满足之后，LXJ 或 DXJ 励磁吸起。信号继电器励磁吸起后即接通信号机灯光控制电路，使信号机开放。

(2)第 11 网路线的结构

第 11 网路线是信号继电器 XJ 网路线，也是站场形网状电路，由 KJ 和 ZJ 的接点作为电路的区分条件，用 DBJ 和 FBJ 接点构成站场网路，以使网路上相同条件的接点为信号继电器励磁共用。这样，既可以节省继电器接点，又可以防止接通迂回电路和敌对进路，有利于电路定型化，所以列车信号继电器 LXJ 和调车信号继电器 DXJ 均是通过 KJ 接入第 11 网路线和其他共用网路中的。第 11 网路线网路结构具有如下特点：

①按站场的形状，采用相应道岔的 DBJ 和 FBJ 的前接点，它们既作为电路的区分条件，又起检查进路上道岔位置的作用。

②同一咽喉区内所有的信号继电器均通过 KJ 第 4 组前接点接入第 11 网路线，运行方向由 KJ 的接入方向决定；进路性质用 ZJ 第 4 组接点区分，其后接点接通列车进路，前接点接通调车进路。同一始端有列车和调车两个信号继电器时，用列车开始继电器 LKJ 第 4 组接点来进行区分，KJ 和 LKJ 都吸起接通 LXJ 电路，由 KJ 的前接点和 LKJ 的后接点接通 DXJ 电路。

③为了节省继电器接点，第 11 网路线要与第 7 网路线共用 DBJ(DBJF)或 FBJ 的前接点和锁闭继电器 SJ 的后接点。

④LXJ 和 DXJ 的供电情况是：LXJ 励磁电路的 KZ 电源，由进路始端信号组合的局部电路接入，KF 电源由第 11 网路线尽头处接入。DXJ 励磁电路的 KZ 和 KF 电源均由调车进路终端处 ZJ 吸起供给，KZ 由第 11 网路线上 ZJ 第 4 组前接点供给，KF 由第 8 网路线上 ZJ 第 1 组前接点接入。因此在第 11 网路线上既有 KZ 电源，又有 KF 电源。

⑤第 11 网路线上接有 DGJF 第 1 组后接点和传递继电器 CJ 第 4 组前接点的两个并联接点，可使第 11 网路线兼作引导信号电路，以及特殊情况下由 CJ 吸起来切断信号继电器达到手动关闭信号的目的。

(3)第 11 网路线中检查的联锁条件

①检查进路空闲。

②检查敌对进路未建立，并被锁在未建立状态下。

③检查道岔位置正确，并锁在规定位置。

④车站信号必须在车站值班员操纵下开放。信号关闭后应防止自动重复开放，在通过列车较多的车站，允许正线上的列车信号机，在值班员的操纵下自动重复开放。

⑤列车信号应在车列进入进路后立即自动关闭；调车信号应在车列全部越过调车信号机后自动关闭，无论是列车信号还是调车信号，都应在值班员操纵下，能随时关闭。

⑥取消进路或人工解锁进路，信号应随着办理手续先关闭。

⑦信号机的允许灯光熄灭时，应自动改点禁止灯光。

⑧开放信号时，应先检查红灯灯丝完整，红灯灯丝断丝时，不准许再开放允许灯光。

(4)引导信号电路

在办理引导接车时为了确保行车安全，对接车进路也要实行锁闭，这种锁闭叫做引导锁闭，开放的信号叫做引导信号，解除这种锁闭的方式叫做引导解锁。引导信号并不常用，只是在电路故障不能正常开放进站信号机或接车进路信号机时，或向非接车股道(如编组线等)接车时，才能使用引导信号进行接车。

6502 电气集中设有两种引导锁闭方式：一种是按进路锁闭方式引导，称为引导进路锁闭；另一种是将全咽喉的联锁道岔都进行锁闭，即按全咽喉总锁闭方式引导，称为引导总锁闭。

在轨道电路故障或信号机允许灯光电路故障等不能正常开放进站信号机或接车进路信号机的情况下，可以采用引导进路锁闭方式开放引导信号进行接车。当接车进路中某道岔失去表示或虽未失去表示但不在规定位置，并且该道岔所在区段故障或向非接车线路接车，应采用总锁闭方式。

引导信号的设置与作用：对应每架进站信号机或接车进路信号机，设置一个引导信号组合 YX。在引导信号组合内设有引导按钮继电器 YAJ、引导信号继电器 YXJ 和引导解锁继电器 YJJ。另外，还设有一个引导总锁闭继电器 YZSJ，它放在电源组合 DY 内。

引导信号电路是为了完成引导锁闭，开放引导信号而设的，其显示是红灯、引导月白灯同时点亮。

7. 第12、13网路线

(1)第12、13网路线的作用

在第12、13网路线上，接有进路继电器1LJ和2LJ，它们平时励磁吸起，表示进路处于解锁状态。当QJJ励磁吸起后，该区段的1LJ和2LJ就失磁落下，标志着进路由解锁状态转变到锁闭状态。当QJJ失磁落下后，为解锁进路提供条件。因此，第12和13网路线是解锁用的，用它取得各种解锁的证明条件。

(2)锁闭与解锁

进路锁闭的对象是对道岔和敌对进路的锁闭，只有将进路中的道岔和敌对进路锁闭，才准许开放信号。进路解锁就是解除对道岔和敌对进路的锁闭。进路要解锁必须在信号关闭后才准许进路解锁；必须证明车确实通过了进路，以及符合其他必要的联锁条件。

6502电气集中的解锁方式有以下6种：

①正常解锁：是指列车或车列正常通过一个区段就自动使一个区段解锁的进路解锁。

②调车中途返回解锁：是指调车转线作业时，在车列占用过进路后又返回时的牵出进路解锁。

③取消解锁：是指进路建立后，在车尚未驶入接近区段前取消进路并使之解锁。

④人工解锁：是指进路建立后，在车已驶入接近区段时，用人工延时解锁的方式使进路解锁。

⑤引导解锁：是指引导接车进路建立后，在接车完毕或根据需要办理引导解锁。

⑥故障解锁：是指由于电路故障或停电，以及列车、车列通过或退出进路后未能解锁等，用特别规定的操纵手续使区段解锁。

以上6种解锁方式，前两种是依靠车体控制自动进行解锁；后4种均要由人工操纵，采用不同的操纵方法使进路解锁。

(3)进路解锁条件

根据进路锁闭的性质有预先锁闭、接近锁闭和故障锁闭等，对进路解锁的不同方式解锁条件有不同的要求。

①正常解锁

进路解锁方式分一次解锁和分段(逐段)解锁两种。一次解锁是指列车通过进路所有道岔区段后，整条进路一次解锁。分段解锁是指列车每通过一个道岔区段，该道岔区段就立即自动解锁，即整条进路随着列车的占用出清每一道岔区段而自始至终逐段自动解锁。进路解锁一般采用逐段解锁方式。进路正常解锁时，必须满足以下条件，进路才能自动解锁：

a. 证明信号已经关闭，信号不关闭不准进路解锁。

b. 对一次解锁而言，证明列车确实通过进路中所有道岔区段，对逐段解锁而言要证明列车确实通过了道岔区段，否则不准许进路解锁。

证明列车通过进路中道岔区段的办法，即车曾占用过该道岔区段又出清该道岔区段，采用轨道电路技术来检查。用该区段占用轨道继电器的失磁落下，而后出清又恢复励磁吸起与之对应证明。如果仅用一段轨道电路的轨道继电器失磁落下证明车曾占用过该道岔区段的方法，称为一点检查法。但是，一点检查法不足以证明确实是由于车的通过而造成的，因为人工短路时该区段轨道继电器也会失磁落下，取消短路后它又会励磁吸起。很明显，用一点检查法和人工短路故障无法区别。所以，采用一点检查法证明车曾占有过进路或道岔区段是不安全的。因此，至少要用相邻两段轨道电路的轨道继电器的失磁落下证明车曾占用过进路，这种方法称为二点检查法。

为了检查钢轨绝缘节的破损故障，在两相邻的轨道电路区段都要极性交叉。由于有了极性交叉防护一旦发生钢轨绝缘破损时，两区段的轨道继电器会同时失磁落下。如果出现因为邻线列车震动钢轨绝缘又恢复正常，两轨道继电器又同时励磁吸起，它和两点检查法的效果相同，从而使道岔区段错误解锁，这是非常危险的。为此，对一次解锁一般要求采用不相邻的两段轨道电路作为检查点；逐段解锁一般要求采用三点检查法。

三点检查法是指除了本身区段外，还要用其左右相邻的两段轨道电路的动作来证明列车确实通过了本区段。例如，进路中有 a、b、c 三个相邻的道岔区段。对 a 区段来说，证明 a、b 和 a 的前一区段都被车占用过，当车出清 a 区段后，a 区段立即解锁。对 b 区段来说，证明 a、b、c 三个区段都被占有过，当车出清 b 区段后，则 b 区段立即解锁。对 c 区段来说，证明 b 、c 和 c 的下一区段都被占用过，当车出清 c 区段后，c 区段立即解锁。由此可见，采用三点检查法可以提高进路解锁的安全性。

②调车中途折返解锁

在转线调车作业过程中，需要有牵出和折返两个过程。在牵出时，往往没有走完牵出进路的全程，就根据反向的调车信号开放而中途返回了，从而使牵出进路部分道岔区段，甚至整个牵出进路不能按正常解锁方式解锁。对于牵出进路中未解锁的道岔区段要按一种特殊的解锁方式进行解锁，这种解锁方式称为调车中途折返解锁。

牵出进路的中途折返解锁有两种情况：一是牵出进路有一部分区段已经解锁，还留有一部分没有解锁；二是牵出进路全部区段都没有解锁；构成调车中途折返解锁的条件：

a. 证明防护进路的信号机确实已经关闭。

b. 证明车确实曾占用过进路。

c. 证明车全部退出进路。

针对上述两种情况，用什么条件才能充分证明以上三条要求，举例如下。

第一种情况是当牵出进路中有折返信号机，而调车车列根据该信号机进行折返，牵出进路的一部分区段已解锁，一部分区段需要按中途折返解锁电路来解锁，如图 5-45(a)所示。

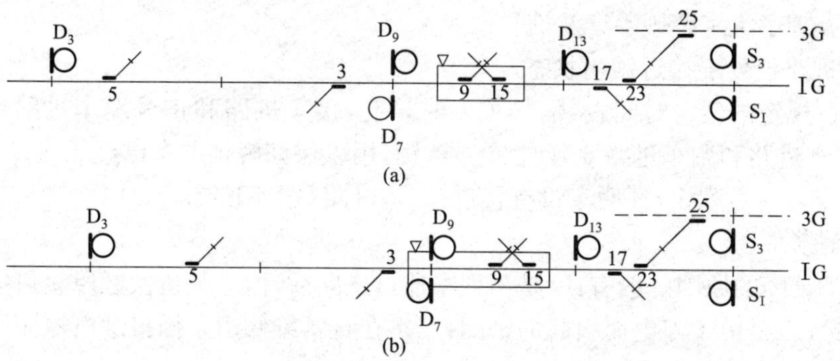

图 5-45　调车中途折返解锁举例

由ⅠG 到 3G 转线调车作业，首先要建立由 S_I 至 D_7 的牵出进路，当车列牵出越过 17—23DG 后，再建立由 D_{13} 至 3G 的折返进路，车列根据 D_{13} 开放，车就转线至 3G。那么牵出进路中 9—15DG 道岔区段不能正常解锁，要按中途折返解锁方式解锁。9—15DG 道岔区段要解锁，需用哪些具体条件反映车列确实已经折返且出清了待解锁的区段，而且这些条件是不会由于轨道电路瞬间误动而造成的。针对第一种中途折返解锁方式，应满足以下解锁条件：

a. 证明已建立折返进路，防护信号机(特征是单置型调车信号机)信号必须开放。

b. 证明车已经全部退出牵出进路，待解锁的各区段已经出清空闲。

c. 证明车已经折返，折返进路的第一轨道区段有车占用。

第二种中途折返解锁方式是出现在转线的车列较长，而要办理牵出进路是由多条基本进路相衔接的复合调车进路(又称长调车进路)，如图 5-45(b)所示，由 S_I 至 D_3 的牵出进路是由 S_I 至 D_7 与 D_7 至 D_3 两段基本进路组成。当车列牵出过程中占用 D_7 至 D_3 的进路后，又根据折返信号机 D_{13} 信号开放而折返转到 3G。那么，由 D_7 所防护 3DG、5DG 道岔区段全部不能按正常解锁方式解锁，则需要用中途折返解锁方式给以解锁。针对第二种中途折返解锁方式，应具备以下解锁条件：

a. 证明曾占用过原牵出进路。

b. 证明已经全部退出牵出进路。

c. 证明牵出进路的防护信号已关闭。

d. 证明牵出进路的接近区段占用又出清。

经分析，这些条件足以表明车列确实折返并出清待解锁的道岔区段，牵出进路中未解锁的道岔区段应该可以解锁。

③取消进路

信号开放后列车还没有到达接近区段，即进路处于预先锁闭状态时，需使进路解锁采用取消进路方式。取消进路时必须符合以下条件才准许进路解锁：

a. 办理了取消进路的手续，证明信号已经关闭。

b. 证明接近区段没有车。

c. 证明进路是空闲的。

④人工解锁进路

信号开放后车已经占用接近区段，即进路处于接近锁闭状态(或称完全锁闭)时，要想改变进路，必须采用人工延时解锁办法使进路解锁。人工解锁进路必须符合以下条件：

a. 证明办理了人工解锁手续及信号已经关闭。

b. 证明进路已处于接近锁闭状态。

c. 保证所规定的延时时间，从信号关闭时算起，接车进路和正线发车进路要延时 3 min 解锁，站线发车进路和调车进路要延时 30 s 解锁，用以保证解锁前车已经停住。

d. 在整个延时过程中，证明车没有冒进信号，进路是空闲的。

⑤故障解锁

引起故障锁闭的原因一般有：一是当列车通过进路后，由于某道岔区段轨道电路故障造成区段不能解锁；二是由于停电而引起的锁闭；三是在日常维修由于插拔继电器而引起的错误锁闭等。

上述正常解锁、取消进路和人工解锁进路在实施解锁时都是针对某一条进路的解锁。但是故障锁闭则不同,有时可能是整条进路的锁闭,也可能发生在某一个或几个道岔区段故障锁闭。因此,解除故障锁闭办法采用人工分段解除区段故障锁闭方式,因为一条进路的故障解锁也可以用一个区段的故障解锁办法使之解锁。为此,每个区段没有区段人工解锁按钮(简称事故按钮)用于区段故障解锁。

(4)进路解锁电路原理

① 进路继电器 1LJ、2LJ 电路

通过以上分析,进路解锁一般采用分段解锁制,并且每一道岔区段解锁要采用三点检查法。为此,对应每一道岔区段要设两个进路继电器 1LJ、2LJ,其作用主要是完成三点检查,用 1LJ、2LJ 分别记录车曾占用过前一区段及本区段和占用下一区段并出清本区段的轨道继电器动作顺序。

进路继电器电路如图 5-46 所示,各个区段的进路继电器 1LJ 和 2LJ 的 1-2 线圈串接在 12 网路上,它们的 3-4 线圈串接在 13 线上,故称 12 线、13 线为解锁网路。平时,1LJ 和 2LJ 的 3-4 线圈构成自闭电路保持励磁吸起,反映未利用该区段建立进路。排列进路时,进路锁闭有相关继电器之间的逻辑关系是

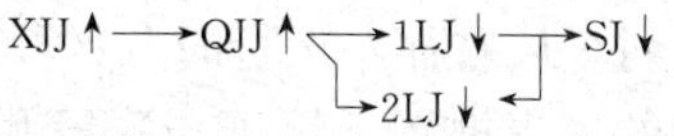

当进路中各个区段的 QJJ 励磁吸起,就切断了各区段的进路继电器电路,各个区段的进路继电器 1LJ 和 2LJ 自闭电路,使 1LJ、2LJ 和 SJ 相继失磁落下,这些区段即由解锁状态转变为锁闭状态。

② 三点检查法

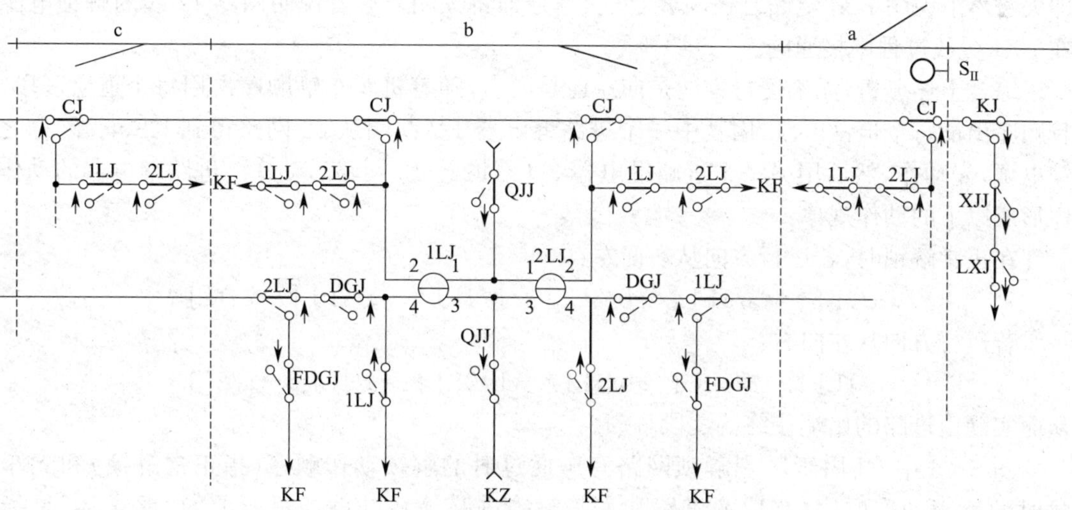

图 5-46　进路继电器及解锁网路原理图

下面具体分析当列车顺序占用 a、b、c 区段,在出清 b 区段时,b 区段的 1LJ 和 2LJ 是在什么条件下构成励磁的。从图 5-46 中可见,列车运行方向是从右往左。当列车驶入 b 区段时,b 区段的 QJJ 将失磁落下,为该区段的解锁准备好条件。当列车出清 a 区段时,如 a 区段的 1LJ 和 2LJ 能正常励磁吸起,则 a 区段正常解锁。那么 b 区段的 $2LJ_{1-2}$ 线圈电路检查本区段 QJJ 后接点(反映本区段占用)和 a 区段的 1LJ 和 2LJ 前接点(反映前一区段曾占用并出清)经 12

网路线先励磁吸起并自闭。列车继续运行到 c 区段，但出清 b 区段时，b 区段的 1LJ3-4 线圈电路检查本区段的 DGJ 前接点(反映本区段出清)和 c 区段的轨道反复示继电器 FDGJ 前接点(反映下一区段占用)经 13 网路线后励磁吸起并自闭。当 b 区段的 2LJ 和 1LJ 励磁吸起，则 b 区段正常解锁。随着列车的运行，c 区段的 2LJ 和 1LJ 电路动作原理与上述相同。一要检查前一区段(即 b 区段)曾占用并出清的条件；二要检查下一个区段被占用和本区段出清的条件后，c 区段的 2LJ 和 1LJ 相继励磁吸起，则 c 区段正常解锁。

另外，由于各个区段的 1LJ 和 2LJ 的电路结构都完全一样，不论在继电器的接法上还是在控制条件的接法上完全是对称的。所以，当列车运行方向相反，即从左往右运行时，仍以 b 区段为例，此时 1LJ 经 12 线首先励磁吸起，然后 2LJ 经 13 线后励磁吸起。

总之，b 区段的 1LJ 或 2LJ 要励磁吸起，必须证明它的前一区段 c 或 a 列车曾占用并出清和本区段已被占用的条件才能励磁吸起。b 区段的 2LJ 或 1LJ 要励磁吸起，必须证明下一区段 a 或 c 已被列车占用，而且又出清了本区段 b 的条件才能励磁吸起。由此说明 b 区段的 1LJ 和 2LJ 的相继励磁是在列车的作用下，记录了 a、b、c 三个区段轨道电路顺序动作的过程，即通过三点检查才能构成该区段的正常解锁。b 区段构成解锁电路动作过程可用图 5-47 所示的逻辑框图来描述，其中(a)部分是列车从右往左运行时 b 区段解锁的逻辑框图，而(b)部分是指列车从左往右运行时 b 区段解锁的逻辑框图。至于 a 区段和 c 区段也可画出类似的框图，描述每一区段解锁三点检查的逻辑关系。

另外，解锁网路的工作决定于在进路始端部位向 12 线接入解锁电源的条件。仍以图 5-46 所示的 a 区段为例，a 区段是进路中的第一个区段，这时 a 区段的 2LJ 的 1-2 线圈电路经 12 线接通的条件：是用 S_{II} 的 XJJ 后接点和 LXJ 前接点条件，前者当列车占用进路第一区段时 XJJ 即失磁落下说明 LXJ 电路已被断开，证明信号即将关闭。后者说明网路 12 线的解锁电源是在 LXJ 缓放过程中接通的。

综合上述分析，无论运行方向是向左还是向右，随着机车车辆顺序占用每个道岔区段，并且顺序出清每个道岔区段，用其中一个进路继电器 1-2 线圈从 12 网路得到 KF 电源(称之解锁电源)先动作，然后用另一个进路继电器 3-4 线圈经 13 网路后动作。进路继电器的动作顺序形成以下的动作规律：

在正常解锁时，若运行方向从右向左：

$$a/2LJ\uparrow \rightarrow a/1LJ\uparrow \rightarrow b/2LJ\uparrow \rightarrow b/1LJ\uparrow \rightarrow c/2LJ\uparrow \rightarrow c/1LJ\uparrow$$

若运行方向从左向右：

$$c/1LJ\uparrow \rightarrow c/2LJ\uparrow \rightarrow b/1LJ\uparrow \rightarrow b/2LJ\uparrow \rightarrow a/1LJ\uparrow \rightarrow a/2LJ\uparrow$$

从而实现由进路的始端往终端逐段解锁。

图 5-46 中 CJ 用于区别解锁网路有车通过时的解锁动作顺序(指正常解锁)和无车通过时的解锁动作顺序(指取消进路和人工解锁进路等)。FDGJ 里所谓的“反复示”是指与轨道继电器动作是一种反逻辑关系：当区段有车占用时 DGJ 失磁落下，则 FDGJ 励磁吸起；区段出清时 DGJ 励磁吸起，则 FDGJ 要失磁落下。但 FDGJ 有缓放 3～4 s 后接点才断开的功能，FDGJ 的缓放功能用来防护由于列车“跳动”(轻型轨道车、空车在高速运行时出现的现象)可能使轨道继电器瞬间失去分路，相当于列车占用区段后又出清一样，引起进路错误解锁。

图 5-47 是进路解锁电路逻辑框图。

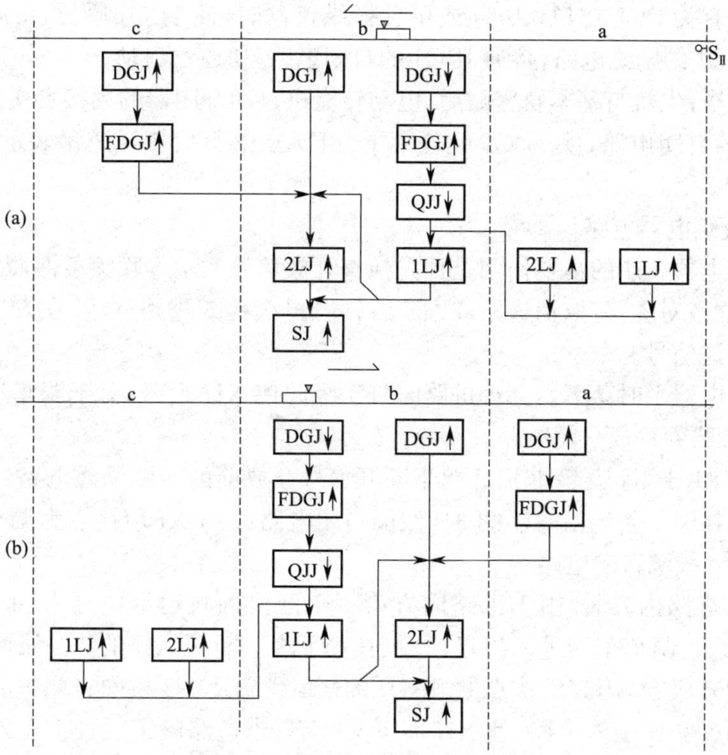

图 5-47　进路解锁电路逻辑框图

8. 解锁电路各继电器作用

进路锁闭与解锁电路主要由 QJJ、GJJ、ZCJ、1LJ、2LJ、SJ、CJ、FDGJ 等继电器组成，其作用是实现进路的锁闭和解锁。

9. 第 14、15 网路线（表示灯电路和报警电路）

第 14 网路线是点白光带用的，表示进路处于锁闭状态，第 15 网路线是点红光带用的，表示进路处于列车占用状态。

在控制台上设有各种表示灯。车站值班员通过它们的表示了解室内外信号设备的运用状况及列车的运行情形。表示灯只在车站值班员注视的情况下才起作用，为此对重要的情况，如道岔被挤、列车信号主灯丝断丝等，除表示灯外还应有音响报警电铃，当信号设备发生故障时，信号维修人员借助表示灯可分析和判断故障的性质和范围，以便及时排除故障。

表示灯包括：进路按钮表示灯、排列进路表示灯、信号复示器、轨道光带表示灯、取消进路和人工解锁进路的表示灯、道岔按钮表示灯、道岔表示灯、电源表示灯，以及各种报警表示灯等。

报警电路包括：跳信号报警电路、列车信号主灯丝断丝报警电路、挤岔报警电路、断路器报警电路等。

三、执行组电路继电器作用及动作时机

1. 道岔控制电路

ZD6 型四线制道岔控制电路设有四个继电器，分别是 1DQJ、2DQJ、DBJ 和 FBJ。平时，如果道岔在定位，则 1DQJ 和 FBJ 落下，DBJ 吸起，2DQJ 处在定位吸起状态；若道岔在反位，1DQJ 和 DBJ 落下，FBJ 吸起，而 2DQJ 处在反位打落状态。

当选岔电路有关 DCJ 或 FCJ 吸起或单独操纵道岔时，使 1DQJ 励磁，2DQJ 转极。2DQJ 转极后，断开 1DQJ 的励磁电路，接通 IDQJ 的自闭电路，使道岔启动。

道岔转换完毕，尖轨与基本轨密贴后，电动转辙机自动开闭器的动接点变位断开道岔启动电路，即 1DQJ 的自闭电路，使 1DQJ 缓放落下。1DQJ 落下后接通道岔表示电路，使相应的 DBJ 或 FBJ 吸起。

2. 信号检查继电器电路

信号检查继电器 XJJ 的主要作用是预先检查开放信号的基本联锁条件，即进路空闲、道岔位置正确、未建立敌对进路；取消进路或人工解锁时再次检查进路空闲，在人工解锁的延时时间内检查车未冒进信号。

信号检查继电器平时落下。办理进路时，KJ 吸起使 XJJ 励磁；对于调车进路只要接近区段无车，由其 1-2 线圈构成自闭电路。

信号开放后，由于 XJ 吸起使 FKJ 落下断开信号开放前的 XJJ 励磁电路。同时用 LXJ 前接点为列车进路接通一条经由 XJJ 的 3-4 线圈自闭电路；用 DXJ 前接点为调车进路接通又一条经由 XJJ 的 3-4 线圈自闭电路。

当列车进入进路内方时，由于进路内方第一个区段的轨道继电器 DGJ 落下，断开 8 线网路，使 XJJ 复原。调车车列进入接近区段时，JYJ 落下断开 XJJ 的 1-2 线圈自闭电路。办理取消进路时，QJ 吸起，用其后接点断开 XJJ 的 3-4 线圈及 1-2 线圈自闭电路，并用 QJ 前接点接通 3-4 线圈另一条励磁电路，使 XJJ 落下又吸起；当进路解锁后，KJ 或 ZJ 落下使 XJJ 复原。

办理人工解锁时 QJ 吸起，在断开 XJJ 的 3-4 线圈自闭电路的同时，用 QJ 前接点接通经"KZ—RJ—H"条件电源的瞬间励磁电路，使 XJJ 瞬间落下又励磁，并经 XJJ 的 1-2 线圈保持自闭；进路解锁后，KJ 或 ZJ 落下使 XJJ 复原。

3. 进路锁闭与解锁电路

进路锁闭与解锁电路主要由 QJJ、GJJ、ZCJ、1LJ、2LJ、SJ、CJ、FDGJ 等继电器组成，其作用是实现进路的锁闭和解锁。

(1)区段检查继电器电路

区段检查继电器平时落下。办理进路时 XJJ 吸起，接通 9 线的 KF 电源，使 QJJ 励磁。信号开放后，由 XJ 的前接点向 10 线送 KF 电源，接通 QJJ 的第一条自闭电路。当车进入接近区段，JYJ 落下后经其后接点又接通 QJJ 的第二条自闭电路。

对于列车，车进入信号机内方，因 XJJ 落下断开 9 线的 KZ 电源，断开了 QJJ 的励磁电路，同时由于 LXJ 落下，断开第一条自闭电路。对于调车，必须等 DXJ 白灯保留电路断开，才能使 DXJ 落下而断开第一条自闭电路。车出清接近区段使 JYJ 吸起，断开第二条自闭电路。为防止进路迎面错误解锁，列车驶入哪个区段，哪个区段的 FDCJ 吸起，使该区段的 QJJ 复原。但车未驶入区段，由于 FDCJ 落下，接通运行前方区段的 QJJ 第三条自闭电路，当车驶入时，使 QJJ 复原。

在办理引导进路锁闭时，按下引导按钮，使 YAJ 吸起，向 9 线供出 KZ 电源，使进路中 QJJ 励磁。办理引导解锁时，YAJ 落下断开 9 线 KZ 电源，使 QJJ 落下。

(2)股道检查继电器电路

股道检查继电器 GJJ 平时落下。办理进路时，始端 XJJ 吸起向 9 线供 KZ，使 GJJ 经 3-4 线圈励磁。当列车进入信号机内方时，XJJ 落下，GJJ 也随之落下。

办理引导进路锁闭时，YAJ 吸起向 9 线供 KZ，使 GJJ 吸起。办理引导解锁时，YAJ 落下使 GJJ 随之落下。

办理取消进路解锁、人工解锁或引导进路解锁时，GJJ 经 1-2 线圈励磁，将 KF 解锁电源由 12 线转 13 线。当进路最末道岔区段解锁后，因 SJ 吸起断开 12 线使 GJJ 落下。

(3)进路继电器电路

进路继电器 1LJ 和 2LJ 平时都吸起。锁闭进路时，QJJ 吸起断开两个 LJ 的自闭电路，使之落下，点亮该区段的白光带。

当列车或调车车列经过进路，是正常解锁。从左至右的进路总是 1LJ 先吸起，2LJ 后吸起；从右至左的进路总是 2LJ 先吸起，1LJ 后吸起。先吸起的 LJ 总是经 1-2 线圈从 12 线上的始端方向得到 KF 解锁电源而励磁，并经 3-4 线圈自闭；后吸起的 LJ 总是经 3-4 线圈从 13 线上的终端方向得到 KF 解锁电源而励磁，并经 1-2 线图自闭。

(4)锁闭继电器电路

锁闭继电器 SJ 平时吸起。办理进路 1LJ 和 2LJ 落下使 SJ 落下，实现进路锁闭。进路解锁时，当 1LJ 和 2LJ 均吸起使 SJ 吸起。

区段有车 DGJF 落下，使 SJ 落下，实现区段锁闭。

办理引导总锁闭接车，按下 YZSA 使 YZSJ 吸起，“KZ—YZSJ—H”条件电源断电，SJ 落下，实现全咽喉道岔总锁闭。拉出 YZSA 使 YZSJ 落下，SJ 吸起。

(5)传递继电器电路

传递继电器 CJ 平时吸起。办理进路时，当 1LJ 和 2LJ 都落下断开 CJ 的 3-4 线圈励磁电路和自闭电路，使 CJ 落下。

故障解锁时，随办理手续 CJ 经 1-2 线圈励磁，1LJ 或 2LJ 吸起后接通其 3-4 线圈自闭电路。正常解锁时，利用 FDGJ 缓放，用其后接点接通 CJ 的 3-4 线圈励磁电路并自闭，使其具有滞后励磁特性。

取消进路、人工解锁、调车中途返回解锁或引导进路解锁时，因 FDGJ 一直落下，只要 1LJ 或 2LJ 吸起，CJ 使经 3-4 线圈励磁并自闭，使其具有及时励磁特性。

(6)轨道反复示继电器电路

轨道反复示继电器 FDGJ 平时落下。信号开放后，列车顺序进入轨道区段，利用 DGJ 后接点与 QJJ 前接点相配合接通 FDGJ 励磁电路，首先向 RC 支路充电，而后 FDGJ 才励磁。FDGJ 吸起断开 QJJ 自闭电路，使 QJJ 落下，反过来 QJJ 前接点又断开 FDGJ 励磁电路，此时 RC 支路又向 FDGJ 的 1-4 线圈放电，使 FDGJ 维持接通自闭电路。

当车出清轨道区段时，DGJ 吸起，切断 FDGJ 自闭电路，使 FDGJ 缓放 3～4 s 后落下。

(7)照查继电器电路

照查继电器平时吸起。办理进路时 GJJ 吸起，断开 ZCJ 自闭电路，当进路最末道岔区段的 SJ 落下，断开 ZCJ 励磁电路，使 ZCJ 落下。当进路最末道岔区段解锁时，SJ 吸起使 ZCJ 励磁并自闭。

4. 信号控制电路

信号控制电路主要包括 XJ、ZXJ 电路，引导接车用的 YAJ 和 TXJ 电路，信号机点灯电路等，其作用是开放信号。

(1)信号继电器电路

对于列车进路设有LXJ,对于调车进路设有DXJ,它们平时落下。办理进路时,11线网路接通,XJ励磁并自闭,FKJ落下断开励磁电路。

对于列车进路,当列车进入信号机内方时,由于XJJ落下,断开11线网路,LXJ随之缓放落下。对于调车进路,因DXJ有一条经XJJ后接点接通的白灯保留电路,当调车车列出清接近区段时,因JYJ吸起,用其后接点切断白灯保留电路,使DXJ缓放落下;若接近区段留有车辆,则要待调车车列出清进路内方第一个轨道区段后,用DGJF的后接点断开白灯保留电路,使DXJ缓放落下。

(2)正线信号继电器电路

正线信号继电器ZXJ平时吸起,开通正线的对向道岔处于定位时吸起;当正线上某组对向道岔开通侧线时ZXJ落下。用以区分进站信号机点亮一个黄灯还是点亮两个黄灯。

(3)通过信号继电器电路

通过信号继电器TXJ平时落下。当办理正线通过进路时,进站信号机的LXJ和正线出站信号机的LXJ吸起,接车进路开通正线ZXJ吸起,使TXJ吸起。进站信号机关闭时,LXJ落下使TXJ落下。

(4)引导按钮继电器电路

引导按钮继电器YAJ平时落下。办理引导接车时,按下YA使YAJ励磁并自闭。松开YA即断开YAJ励磁电路。办理引导进路解锁,引导解锁继电器YJJ吸起,用其后接点断开YAJ自闭电路,使YAJ缓放落下。

(5)引导信号继电器电路

引导信号继电器YXJ平时落下。办理引导接车,按下YA使YAJ吸起,将YXJ接向11线,进路锁闭后,YXJ经11线励磁并自闭。松开YA,断开YXJ励磁电路,列车进入进站信号机内方第一个轨道区段时,因DCJ落下断开YXJ自闭电路,使其缓放落下。当进路内方第一个区段故障,办理引导接车时,需长时间按下引导按钮,保证YXJ吸起开放引导信号。

四、执行组网路线供电规律

执行组涉及8～15线共八条网路线,各网路线供电规律如下。

1. 8线XJJ网路

由进路终端向8线接入KF电源,列车进路KF由网路线终端接入,调车进路KF由进路终端经ZJ前接点接入。8线的KF由进路终端一直送至进路始端的XJJ线圈上。

2. 9线和10线的QJJ网路

9线是QJJ和GJJ励磁网路,当XJJ吸起时,由进路始端向9线接入KZ电源,送至进路各区段的QJJ的3-4线圈及GJJ的1-2线圈。

10线是QJJ自闭网路,10线网路的KF电源先后从进路始端XJ前接点,由进路始端JYJ后接点、各区段FDGJ前接点接入。

3. 11线XJ网路

在11线网路上既有KZ,又有KF电源。对于列车进路,由网路线终端接入KF,经7线和11线网路将KF送至进路始端LXJ线圈,由始端局部电路送KZ使LXJ励磁。对于调车进路,由进路终端经ZJ前接点向11线供KZ电源,经7线和11线网路将KZ送至进路始端DXJ线圈,由进路终端8线经ZJ前接点送KF,使DXJ励磁。

4.12 线和 13 线解锁网路

12 线和 13 线解锁网路传递的是 KF 解锁电源。由于进路解锁方式不同，KF 电源传递规律也不同。正常解锁采用逐段解锁，12 线和 13 线解锁电源交替瞬间有电，利用 CJ 滞后励磁特性进行传递。当进路第一个区段正常解锁时，12 线 KF 由本区段 13 线经 FDGJ 缓放条件接入；其后各区段 12 线 KF 是由前一区段 1LJ 和 2LJ 前接点接入；13 线 KF 是由后一区段 FDGJ 缓放条件接入。

取消进路或人工解锁时，12 线先有 KF，13 线后有 KF，利用 CJ 及时励磁特性传递。当办理取消或人工解锁手续后，由进路始端经 QJ 前接点向 12 线接入 KF 解锁电源（或“KF—3min”或“KF—30s”），利用 CJ 及时励磁特性由进路始端向终端方向传递，使 12 线上各区段的 1LJ 或 2LJ 吸起。在进路终端，列车进路经 GJJ 前接点，调车进路经 ZJ 前接点（若为股道或单线区段发车口部位时，经 GJJ 前接点；若为双线区段发车口部位时，经 FGDJ 前接点），将 12 线 KF 电源转接至 13 线，由进路终端向始端传递，使 13 线上各区段的 1LJ 或 2LJ 吸起。

调车中途返回解锁时，KF 解锁电源由牵出进路终端 8 线经 ZJ 前接点接入，送至牵出进路始端（第二种情况送至折返进路始端），经 KJ 前接点由 8 线转接至 12 线，利用 CJ 及时励磁特性，在 12 线上从进路始端向终端方向传递，使 12 线上的 1LJ 或 2LJ 吸起。在牵出进路终端经 ZJ 前接点将 12 线 KF 转接至 13 线，并向牵出进路始端（第二种情况为折返进路始端）方向传递，使 13 线上 1LJ 或 2LJ 吸起。

引导进路解锁时，办好解锁手续，KF 电源在进路始端经 YJJ 前接点接入 12 线，按照取消进路的供电规律传递。对于故障区段在 13 线上将由 DGJ 第 3 组和第 5 组后接点短路线将其 LJ 线圈短路掉，待其故障修复后，对该区段实行故障解锁。

5.14 和 15 线光带表示灯网路

14 线和 15 线为光带表示灯网路线，网路线上接入的是 JZ 电源。14 线供白光带 JZ；15 线供红光带 JZ。

五、执行组电路动作程序举例

以 X 至 4G 接车进路为例，分别介绍进路锁闭和信号开放、进路正常解锁和取消进路等的电路动作程序。

1. 锁闭进路和开放信号电路动作程序

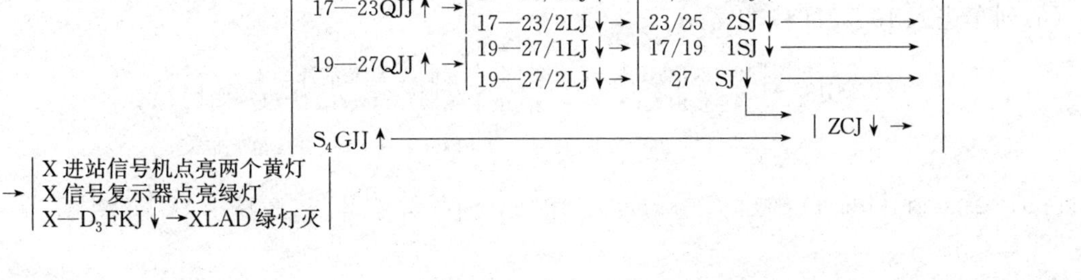

执行组电路是在通过 KJ 励磁经 7 线检查选排进路一致性的基础上，由 8 线检查开放信号指基本联锁条件后 XJJ 吸起，使进路上各区段 QJJ 吸起，股道端 GJJ 吸起和 ZCJ 落下，将进路锁闭好，排除本咽喉和另一咽喉敌对进路后，才使 LXJ 励磁开放进站信号机，其电路动作满足以下逻辑关系：

KJ↑→XJJ↑→ | QJJ↑→1/2LJ↓→SJ↓→ | ZCJ↑→LXJ↑
　　　　　 | GJJ↑——————————→ |

2. 正常解锁的电路动作程序

信号开放，列车驶入 X 进站信号机内方使其关闭，列车经过进路，各轨道区段做到三点检查实行逐段解锁。

(1)列车驶入信号机内方第一个轨道区段ⅠAG

ⅠAGJ↓→ | ⅠAG 白光带灭红光带亮
　　　　 | X—D_3XJJ↓→XLXJ↓→ | X 进站信号机关闭
　　　　　　　　　　　　　　　　 | X 信号复示器点红灯

(2)列车进入 5DG，出清ⅠAG

5DGJ↓→ | 5DGJF↓→白光带灭、红光带亮
　　　　 | 5DGJF↑→5QJJ↓→5/1LJ↑
ⅠAJ↑→ⅠAG 红光带灭

(3)列车进入 3DG，出清 5DG

3DJ↓→ | 3DGJF↓→3DG 白光带灭、红光带亮
　　　 | 3FDGJ→↑→3QJJ↓→ | 5/2LJ↑→ | X—D_3KJ↑
　　　　　　　　　　　　　　　　　　　 | 5CJ↑→3/1LJ↑
5DGJ↑→ 5FDGJ↓→5DG 红光带灭

(4)列车进入 9—15DG，出清 3DG

9—15DGJ↓→ | 9—15DGJF↓→9—15DG 白光带灭、红光带亮
　　　　　　 | 9—15FDGJ↑→9—15QJJ↓→ | 3/2LJ↑→3CJ↑→9—15/1LJ↑
3DGJ↑→ 3FDGJ↓→3DG 红光带灭

由于 3DG 和 1LJ 和 2LJ 都吸起，3～4 s 后，3FDGJ↓→1/3 2SJ↑，于是 3DG 区段解锁。

(5)列车进入 17—23DG，出清 9—15DG

17—23DGJ↓→ | 17—23DGJF↓→17—23DG 白光带灭、红光带亮
　　　　　　　 | 17—23FDGJ↑→17—23QJJ↓→ | 9—15/2LJ↑→9—15CJ↑→17—23/1LJ↑
9—15DGJ↑→ 9—15FDGJ↓→9—15DG 红光带灭

由于 9—15DG 的 1LJ 和 2LJ 都吸起，3～4 s 后，9—15FDGJ↓→ | 9/11 1SJ↑ | 13/15 2SJ↑，于是 9—15DG 区段解锁。

(6)列车进入 19—27DG，出清 17—23DG

19—27DGJ↓→ | 19—27DGJF↓→19—27DG 白光带灭、红光带亮
　　　　　　　 | 19—27FDGJ↑→19—27QJJ↓→ | 17—23/2LJ↑→17—23CJ↑
17—23DGJ↑→ 17—23FDGJ↓→17—23DG 红光带灭

由于 17—23DG 的 1LJ 和 2LJ 都吸起，3～4 s 后，17—23FDJ↓→ | 17/19 1SJ↑ | 23/25 2SJ↑，于是 17—23DG 区段解锁。

(7)列车进入 4G,出清 19—27DG

4GJ↓→ | 4G 红光带亮
　　　 | ──────→ | 17/27LJ↑
17—27DGJ↑→ | ──────→ |
　　　 | 19—27FDGJ↓→19—27DG 红光带灭

由于 19—27DG 的 1LJ 和 2LJ 都吸起,3～4 s 后,

19—27FDG　J↓→ | 17/19　2SJ↑
　　　 | 27SJ↑→S_4ZCJ↑→4G 红光带灭

于是 X 至 4G 接车进路全部解锁。进路中各 LJ 动作顺序是

5/1LJ↑→5/2LJ↑→3/1LJ↑→3/2LJ↑→9—15/1LJ↑→9—15/2LJ↑→17—23/1LJ↑→17—23/2LJ↑→19—27/1LJ↑→19—27/2LJ↑

3. 取消进路电路动作程序

取消进路时 QJ 励磁,使 LXJ 落下而关闭进站信号,同时进路各区段 QJJ 落下,进路由终端向始端逐段解锁,其动作程序如下:

按下 ZQA→ZQJ↑→ | X—D_3QJ↑→ | XJYJ↑→ | X 进站信号机关闭 X 信号复示器点红灯 (各区段)QJJ↑→ | 5/1LJ↑→
按下 XLA→XLAJ↑→ | JYJ↑→ | XJJ↑ XLAJ↓ ──────→ |

5CJ↑→3/1LJ↑→3CJ↑→9—15/1LJ↑→9—15CJ↑→17—23CJ↑→19—27/1LJ↑→
19—27/CJ↑→S_4GJJ↑→19—27/2LJ↑→

17—23/2LJ↑ ──→ 17/19 2SJ↑ 27SJ↑ 19—27DG 白光带灭 | 9—15/2LJ↑ ──→ 17/19 1SJ↑ 23/25 1SJ↑ 17—23DG 白光带灭 | 3/2 LJ↑ ──→ 9/11 1SJ↑ 13/15 2SJ↑ 9—15DG 白光带灭 | 5/2LJ↑ ──→ 1/3 1SJ↑ 3DG 白光带灭 |

──→ | XKJ↓→X—D_3XJJ↓→X—D_3QJ↓
　 | 5/7　1SJ↑
　 | 5DG 白光带灭

人工解锁进路时,除 JYJ 落下外,其余电路动作与取消进路时相同。

专题三　如何进行 6502 继电电气集中电路的分析

一、电路分析

1. 小电路分析法

采用继电电路逻辑分析的方法,跑通电路。在此,以单置调车按钮继电器电路为例来说明。

图 5-48 是单置调车按钮继电器电路。对应于单置调车信号机处设有三个按钮继电器,其中 1AJ 是按钮接点的复示继电器,AJ 是进路始端按钮继电器,2AJ 是进路终端按钮继电器。AJ 设在 DX 组合里,1AJ、2AJ 设在 DXF 组合里。平时这三个按钮继电器均处于落下状态,当办理进路时则互相配合完成。

在图 5-48 中,一共有四个方向电源,多条励磁电路。

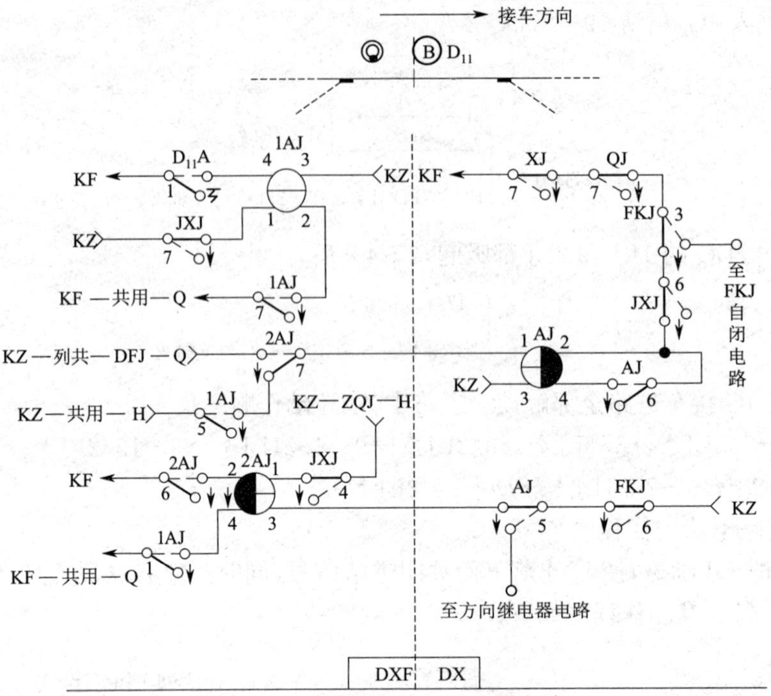

图 5-48　单置调车按钮继电器电路

(1)当作为调车进路的始端按钮时，单置调车按钮是被先按下，应起始端作用。先按下 D_{11} 按钮，由于 1AJ 节点未接入方向继电器电路中，方向继电器均未励磁，此时方向电源“KZ—列共—H”有电，其励磁电路为

KZ—共用—H—$1AJ_{51\text{-}52}$—$2AJ_{73\text{-}71}$—$AJ_{1\text{-}2}$—$JXJ_{63\text{-}61}$—$FKJ_{33\text{-}31}$—$QJ_{73\text{-}71}$—$XJ_{73\text{-}71}$—KF

按钮继电器吸起使得 DJJ 励磁后，“KF—列共—Q”有电，将经 1AJ 第 1 组前节点使 2AJ 励磁。

(2)作为调车进路终端按钮使用时，它是后按下的，起终端作用，“KF—共用—Q”有电。

(3)当做列车进路的变通按钮使用时，单置调车按钮是在始端先按过列车信号按钮之后才被按下的，起始端作用的 AJ 吸起，起终端作用的 2AJ 也吸起。始端按下列车按钮时，“KF—共用—Q”和“KZ—列共—DFJ—Q”均有电。

(4)当作为反向调车进路的变通进路按钮使用时，“KF—共用—Q”和“KZ—列共—DFJ—Q”的电源是由 DFJ 的吸起而供出的。

对于 AJ 励磁的方向电源接入，决定于该单置信号机的显示方向，如图中 D_{11} 调车信号机，AJ 应接入“KZ—列共—DFJ—Q”方向电源；若单置信号机为发车方向显示，则 AJ 应接入“KZ—列共—DJJ—Q”方向电源。

2. 复杂电路分析方法一

采用框图辅助分析法和继电电路逻辑分析相结合的方法，跑通电路。在此，以区段检查和股道检查继电器电路为例说明。

(1)6502 电气集中采用逐段解锁制。以各个道岔区段作为锁闭与解锁对象，因此对每个道岔区段和咽喉区有列车经过的无岔区段都要设一个 QJJ，它在 Q 组合中，其作用是锁闭与解锁道岔。

(2)对应每个能接车的股道的两端，各设一个股道检查继电器 GJJ。它的作用是锁闭另一咽喉的迎面敌对进路。当向股道办理接车进路时，GJJ 吸起与进路最后一个道岔区段的锁闭继电器 SJ

相配合，使照查继电器 ZCJ 落下，将 ZCJ 前接点接在股道另一端执行组网路中，用以锁闭另一咽喉的敌对进路，使其不能建立。例如，办理下行ⅠG 接车时，此时要照查上行咽喉有没有向ⅠG 建立调车进路。下行ⅠG 接车时，股道端 D_{17} 机号机的 D_{17}GJJ 励磁吸起，17—23DG 区段中进路最末一个道岔锁闭继电器 23/25SJ 的落下使 D_{17}ZCJ 失磁，用其前接点控制上行咽喉ⅠG 的执行组网路，使向ⅠG 办理的迎面调车进路不能建立。反之，上行咽喉ⅠG 端 X_IZCJ 的前接点也接在下行咽喉ⅠG 的执行组电路中，参看图 5-11。上行咽喉向ⅠG 办理调车进路后，X_IZCJ 的落下既切断 8 线 KF 电源，也断开经 D_{17}ZJ 后接点接通的 D_{17}GJJ 的 1-2 线圈电路，使 D_{17}GJJ 不能吸起，防止下行咽喉向ⅠG 建立迎面接车敌对进路。因此，同股道两端的照查继电器，是互相照查迎面敌对进路的。此例为接车进路与调车进路的敌对，还有接车进路与接车进路的迎面敌对。而两端向同一股道调车，两调车进路不算敌对进路，两咽喉均用 ZJ 前接点，将 ZCJ 前接点短路掉，使两咽喉执行组电路均能接通。

在单线双方向运行的进站信号机处、双线单向运行的发车口处，也设有 GJJ，这是由于采用 1LXF 定型组合的缘故，它还起另外的特殊作用。例如 X_D 进站信号机处的 X_DGJJ，可在取消进路时向 13 线转接解锁电源。双线发车口处的 GJJ 吸起，将作为信号辅助继电器 XFJ 的励磁接通条件。

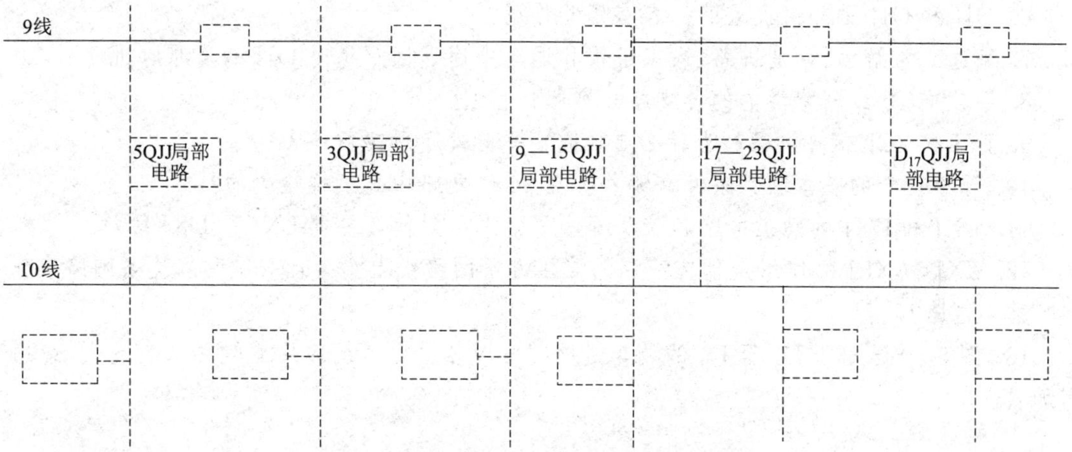

图 5-49　框图辅助分析法和继电电路逻辑分析相结合的方法

采用框图法将区段检查继电器和股道检查继电器电路转化为框图表示之后，即为图 5-49。

3. 复杂电路分析方法二

复杂电路或网路线，往往涉及多个知识点和电路环节，不易分析。下面以解锁网路为例加以说明。

解锁网路由 12、13 网路线组成，其中 12 线是经各个区段的传递继电器 CJ 的前接点所贯通。13 线基本上由各个道岔区段两个进路继电器 $1LJ_{3\text{-}4}$ 和 $2LJ_{3\text{-}4}$ 线圈串联而成。12、13 网路线的结构从整体上看貌似复杂，但它是由信号点、道岔点和轨道区段的定型电路环节所组成。如果对各个定型电路的环节有了认识或理解了，对分析、掌握整个解锁网路的结构和原理就打下了坚实的基础。

简言之，进路解锁时，12、13 线电路只有进路范围内的电路环节，以及进路的接近区段和离去区段的个别继电器参与工作。因此分析电路时首先明确进路所涉及的范围，再根据解锁的条件分析网路的工作原理就可以了。

二、设计原则

符合铁路信号有效地设计规范；满足车站列车接发进路和调车进路基本功能和特殊功能的需求；满足故障导向安全原则；产品设计符合铁路信号可靠性、安全性等的要求。

思考题

1. 执行组电路的任务是什么？执行组各网路线有何作用
2. 道岔启动和表示电路应分别满足哪些技术要求？
3. 什么叫进路锁闭？什么叫预先锁闭？什么叫接近锁闭？
4. XJJ 有何作用？
5. 办理人工解锁时，XJJ 的 3-4 线圈励磁电路为什么要检查条件电源“KZ —RJ —H”为保证检查此电源，电路中采取了哪些措施？
6. QJJ 和 GJJ 是如何设置的？各有哪些作用？
7. 简述正常解锁、取消进路、人工解锁和调车中途返回解锁时 QJJ 的复原时机。
8. 简述向 10 线网路供电的各支路分别起何作用？
9. JYJ 和 ZCJ 有何作用？为什么要求它们平时处于励磁状态？
10. 开放信号的基本联锁条件有哪些？在 11 线网路中是怎样检查的？
11. LXJ 和 DXJ 的励磁电路各涉及哪些网路线？为什么要求 LXJ 和 DXJ 缓放？
12. ZXJ 和 XFJ 的作用是什么？它们接在哪条网路线上？为什么能利用这条网路线作为励磁电路？
13. 图 5-50 给出了 D_3 至 D_9 的调车进路建立时相关电路的时序逻辑关系表达式，请用文字加以说明。

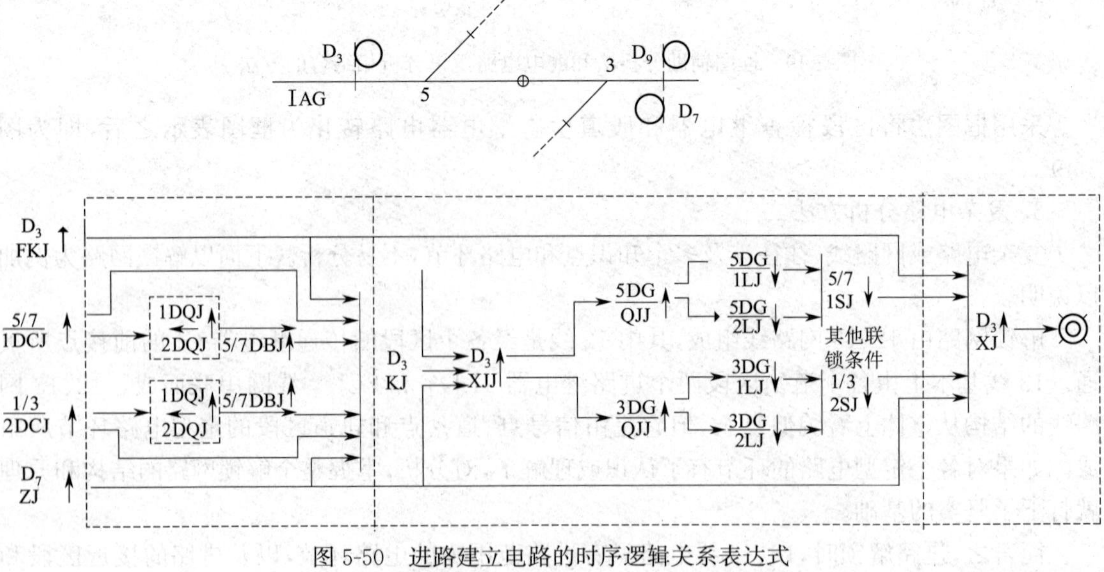

图 5-50　进路建立电路的时序逻辑关系表达式

14. 解锁电路中设置了哪些继电器？各起什么作用？

15. 什么是三点检查？X 至ⅠG 接车进路正常解锁时，3DG 和 5DG 区段是如何实现三点检查的？

16. 图 5-51 是从 D_3 至 D_9 排列调车进路时，当车列顺序通过进路中各个道岔区段时，各区段解锁过程中各有关继电器的时序逻辑关系表达式是什么？请用文字加以说明。

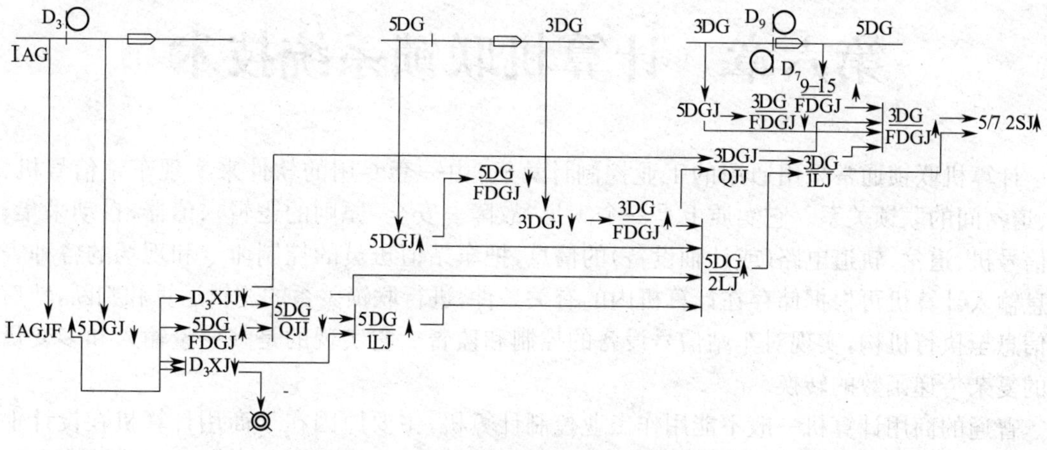

图 5-51 进路解锁的时序逻辑关系表达式

17. 办理 X 至ⅠG 接车进路，在列车进入接近区段时发生信号关闭故障，当列车驶过进路后，该进路能否正常解锁？为什么？当办理 X_D 至ⅢG 接车进路时，同样发生上述情况，此进路能否正常解锁？为什么？

第三篇　计算机联锁

第六章　计算机联锁系统技术

计算机联锁通常采用通用的工业控制计算机，由一套专用的软件来实现车站信号机、进路、道岔间的联锁关系。它实质上是一个满足“故障—安全”原则的逻辑求值器，自动采集、处理信号机、道岔、轨道电路（或计轴设备）的信息，把车站值班员的控制命令和现场的各种表示信息输入计算机再根据储存在计算机内的有关条件，进行联锁关系的逻辑运算和判断，然后输出信息至执行机构，实现对车站信号设备的控制和监督。它实现的是多变量输入和多变量输出的复杂传递函数的转换。

普通的商用计算机一般不能用作工业控制计算机，主要原因在于商用计算机在设计上是针对良好的工作环境，在整机的机械、防震动、耐冲击、防尘、耐高温、抗电磁干扰、抗电流浪涌、防化学腐蚀等方面没有采取特殊的措施，可靠性较差；商用计算机没有采用开放式的总线结构，也没有开发相对于工业应用的数据采集及输出等 I/O 接口模板，而这些又是工业现场对所应用的计算机提出的基本要求。

为了克服商用机在工业应用领域中的种种不足，多选用工业标准计算机（也称作工业控制计算机，简称工控机）。所谓工业标准计算机是指作为工业现场监测与控制用的计算机，这类计算机依赖某种标准总线，按工业化标准设计，由包括主机板在内的各种 I/O 接口功能模板组成。

典型的实时工业控制计算机系统的结构如图 6-1 所示。

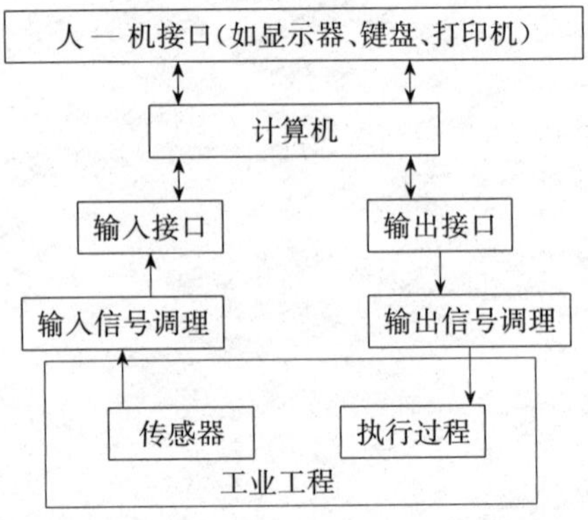

图 6-1　实时工业控制计算机系统的结构

在工业控制计算机系统的设计中，最基本的问题是计算机接口技术和人—机接口技术。计算机接口技术根据信号的流向分为输入接口和输出接口；人—机接口技术包括输入技术、显示技术、打印技术。

第一节　概　　述

随着计算机技术的迅速发展，尤其是对于可靠性技术和容错技术的深入研究，出现了计算机联锁，正积极推广使用。计算机联锁用微型计算机和其他一些电子、继电器件组成具有“故障—安全”性能的实时控制系统。它与继电集中联锁相比具有十分明显的技术经济优势，无论在安全性、可靠性、经济性等方面都是继电集中联锁无法比拟的，而且设计、施工、维修和使用大为方便。它具有广阔的发展前景，被认为是车站联锁设备的发展方向。

一、计算机联锁系统的组成

计算机联锁系统由室内外设备组成。图 6-2 为某计算机联锁系统室内设备图，图 6-3 为某计算机联锁系统信号机械室组合柜背面图。

图 6-2　某计算机联锁系统室内设备图

图 6-3　某计算机联锁系统信号机械室组合柜背面图

二、计算机联锁与继电集中联锁的主要区别

计算机联锁与传统的继电集中联锁的主要区别在于：

(1)利用计算机对车站值班员的操作命令和现场监控设备的表示信息进行逻辑运算后，完成对信号机、道岔及进路的联锁和控制。

(2)计算机发出的控制信息和现场发回的表示信息，均能由传输通道串行传送，可节省大量的干线电缆，并使得采用光缆成为可能。

(3)用 CRT、LCD 屏幕显示代替继电联锁的表示盘，大大缩小了体积，简化了结构，方便了使用，提供了比较友好的人—机交互环境，可提供比继电集中更丰富的信息和表现形式(如光带、图形、音响和语音等)。

(4)采用积木式的模块化软件和硬件结构，便于站场变更，并容易实现故障控制、分析等功能。

在计算机联锁里，就没有到发线出岔、6‰下坡道延续进路、非进路调车等结合电路的概念，也不存在方向电路、方向电源的电路层次结构，对于长进路一次解锁、中途返回解锁等都能方便而合理地实现。

三、计算机联锁系统的发展

计算机联锁是以计算机技术为核心,采用通信技术、可靠性与容错技术,以,及"故障—安全"技术,实现铁路车站联锁要求的实时控制系统。我国自20世纪80年代初开始计算机联锁系统的研究工作,20世纪80年代末计算机联锁系统投入现场运用,进入起步阶段,1997年以后原铁道部进行了大力整顿和规范管理,计算机联锁系统进入健康、有序、积极的发展阶段。

自2000年以来,国内双机热备型计算机联锁得到广泛使用,技术基本成熟,管理逐步规范。随着高速铁路客运专线的建设逐步提上议事日程,以及提速、大型客运站、重点车站、重载线路的建设和改造,对计算机联锁的安全性、可靠性提出了更高的要求,需要计算机联锁技术在双机热备的基础上有一个大的提高,以适应中国铁路发展的需求。

提高计算机联锁技术水平的最直接方法是采用由"三取二"或"二乘二取二"冗余构成的多重冗余/校核联锁系统。这两种系统在国际上均有应用,技术已经成熟。在国内,由于有现场脱机模拟联锁测试的需求,造成"三取二"系统不适用于这种模式,因而实现计算机联锁向多重冗余/校核方向发展,采取"二乘二取二"模式是一种必然趋势。

国际上"二乘二取二"结构计算机联锁的基本应用模式是采用专用"故障—安全"型计算机,利用专用计算机作为计算机联锁主机,该专用计算机多自身即为"二取二"模式,即在一块电路板上制作双CPU系统,通过时钟同步的总线比较,实现总线级的同步和总线级的互校,达到极高的安全性。

第二节 计算机联锁系统硬件

一、计算机联锁系统的体系结构

计算机联锁系统由于控制规模、功能的完备程度、经济因素、技术实现,以及技术背景和历史背景的不同而有多种体系结构。各国的计算机联锁系统的体系结构不仅与技术和经济因素有关,而且还涉及运输组织、规章制度,以及历史背景。

就功能而言,计算机联锁系统要完成多项任务:人—机对话、联锁运算、现场设备的监控等,这些任务如果由一台计算机来完成,不仅存在很多困难,而且也不省时。

就控制规模而论,一台计算机所能控制的室外设备总有一个限度,如果室外监控对象的数量超过了规定限度,就需用两台或多台计算机。

就可靠性和安全性,计算机联锁系统必须采用冗余结构,也需要多台计算机。

由于上述原因,计算机联锁系统一般是由多个计算机构成的。若把每个计算机看成是系统的一个模块,则计算机联锁系统是多模块结构。多模块结构对于设计、生产维护和扩充都有其优越性。

由于系统的功能划分方法并非是唯一的,而模块之间的联系方式也是多样的,因此目前国内外存在着多种体系结构。

按执行功能的计算机数量划分,可分为单模块系统和多模块系统两类。

1. 单模块结构

单模块结构的计算机联锁系统如图6-4所示。当系统的功能比较简单时,才可使用这种结构。单模块结构需要具有一个或几个串行数据接口，以便与其他系统（如集中监测等）相联系。

2. 多模块结构

计算机联锁系统大多采用多模块结构，但各计算机的功能及计算机之间的联系是不尽相同的。在多计算机系统中，将整个功能划分为若干相对独立的功能模块，分别由计算机进行处理。根据功能的繁简，模块的划分不尽相同。按功能划分为多个模块，分别由各自的计算机进行处理，这便于设计、修改和扩展，而且多个模块具有相对独立的并行处理性能，可提高整个系统的处理速度。

图 6-5 是一种双模块的计算机联锁系统框图。在该系统中配备人—机对话计算机和联锁计算机，分别完成人—机对话和联锁运算的任务。

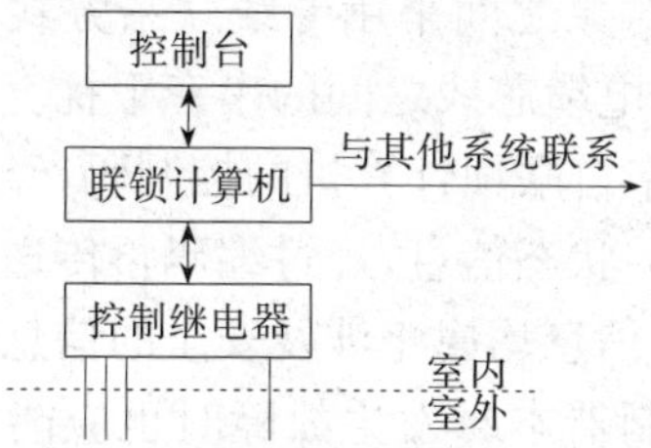

图 6-4　单模块结构的计算机联锁系统

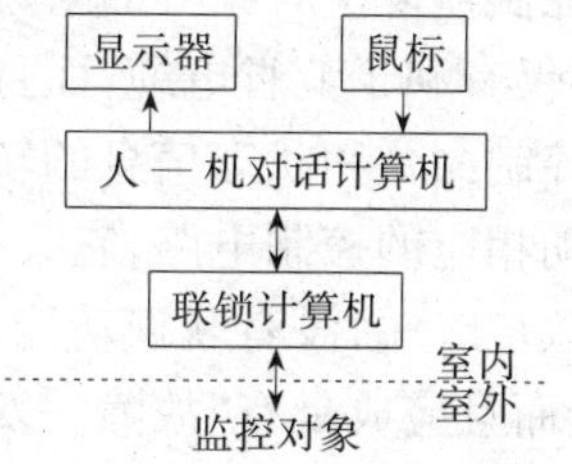

图 6-5　双模块结构的计算机联锁系统

二、计算机联锁系统的层次结构

计算机联锁系统的功能要求与性能要求均比较高，既要求具有友好而准确的人—机界面，同时又要求具有高可靠性与高安全性，只采用单层结构难以全面完成各项技术要求，需要采用上、下两层乃至多层的分层结构。

就控制的层次而论，计算机联锁系统可分为人—机对话层、联锁层和监控层，相应地可由人—机对话计算机、联锁计算机，以及控制器（也称作集中器）来承担各层的任务。这样，整个系统可以分为上、下两层，即上层为人—机会话层，下层为联锁层。

（1）人—机对话计算机

人—机对话计算机接收来自控制台的操作输入，判明操作输入能否构成有效的操作命令，并将操作命令转换成约定的格式，由串行口输送给联锁计算机。另外，接收来自联锁计算机的表示信息，将它们转换成显示器能够接受的格式。

采用了人—机对话计算机，可以加快人—机会话的响应速度，对控制台的操作命令进行预处理，提供丰富的表示信息，减轻联锁计算机的工作量，使联锁计算机能承担更多其他功能；并可使联锁计算机的硬件结构标准化，联锁计算机只需一个串行接口与人—机对话计算机联系，而不需要许多并行的操作输入和表示输出接口。

当车站规模较大时，采用人—机对话计算机也是经济的。

人—机对话计算机所处理的信息不涉及行车安全，所以不要求该计算机具有“故障—安全”功能，但它必须十分可靠才能保证联锁系统正常工作。一般采用动态冗余的计算机结构。为了简单起见，可用人工方式控制它的切换。

由于人—机对话计算机的功能是传送和生成操作命令和表示信息的，所以在有的系统中也将它作为联锁计算机与中心的联系机构。

(2)联锁计算机

联锁计算机是联锁系统的核心部分,实现高可靠性与高安全性的联锁功能。

联锁计算机接收来自人—机对话计算机的操作命令;接收来自人—机对话计算机的室外监控对象的状态信息,进行联锁逻辑运算,发出控制道岔转换和开放信号的控制命令。

联锁计算机与人—机对话层的联系一般是经由串行接口实现的。

联锁计算机与执行层的联系有两种方式:专线方式和总线方式。

(3)控制器

控制器用来实现对象群与室内联锁计算机之间的联系。设置控制器的主要目的是为了节省干线电缆。控制器设于对象群的附近,它与所辖各对象之间采用专线联系方式。控制器与对象群越近,不仅有利于节省电缆,而且也有利于减少电缆芯线之间的串音干扰。

控制器是控制命令和状态信息的转送站,它接收来自联锁计算机的控制码,经过变换形成控制命令以驱动相应的控制电路;它又接收监控对象的状态信息,经过编码再传送到联锁计算机。控制器是数传终端,没有联锁功能,但它所处理的信息均属于涉及安全的信息,因此,它不仅应十分可靠,而且应成具有“故障—安全”性能。控制器本身发生故障时也应能自动地通知联锁计算机,以便及时进行处理。

但目前,基本采用输入/输出接口继电器来连接现场设备。

三、计算机联锁系统的室内外联系方式

室内外联系方式指室内设备和室外监控对象的联系方式,有专线方式和总线方式两种。

1. 专线方式

专线方式即对应每一监控对象都有专门的控制命令输出口和状态信息输入口(对轨道电路来说,仅有状态信息输入口)相对应。专线方式就和继电集中联锁一样,室外各监控对象(信号机、道岔、轨道电路或计轴设备)直接用专用的电缆芯线与室内设备相联系。或者说,基本上保留了继电集中联锁系统的道岔控制电路和信号机点灯电路。

目前,绝大多数计算机联锁均采用专线方式。

2. 总线方式

总线方式是将室外的监控对象按地理位置划分为若干群,也可能将一个咽喉的设备划为一群,对于每一对象群,在其附近设置一个由计算机构成的现场控制器(也称作集中器)。各集中器可分别与室内联锁计算机联系,也可通过总线相联系。由它作中介,实现联锁计算机与监控对象之间的联系。在这种情况下,联锁计算机与控制器之间以串行通信方式交换数据(控制命令和状态信息),可以节省干线电缆,而且为使用光缆创造条件,有利于提高系统的抗干扰能力和安全可靠性。总线方式特别适用于新建车站。

图 6-6 是联锁计算机与控制器之间的联系框图,其中图 6-6(a)是星形网联系方式。联锁计算机与各个控制器之间采用了专用通道,有利于采用光缆,而且一条通道损坏了,不致造成整个系统的瘫痪。但这种结构要求联锁计算机有多个串行接口。图 6-6(b)是一种总线网联系方式。多个控制器都挂接在数据总线上再与联锁计算机相联系。当控制器的控制规模较小且距信号楼较远时,这种结构由于节省通道而比较经济。

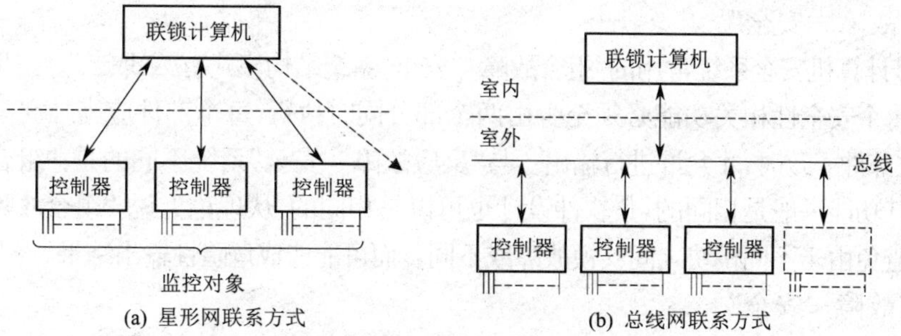

图 6-6　联锁计算机与控制器之间的联系框图

图 6-7 是联锁计算机与控制器之间的另一种联系框图，其特点是车站的一个咽喉的监控对象以专线方式与联锁计算机联系，另一咽喉的对象通过控制器与联锁计算机联系。这种结构适用于信号楼靠近一个咽喉，而另一咽喉离信号楼较远的情况。

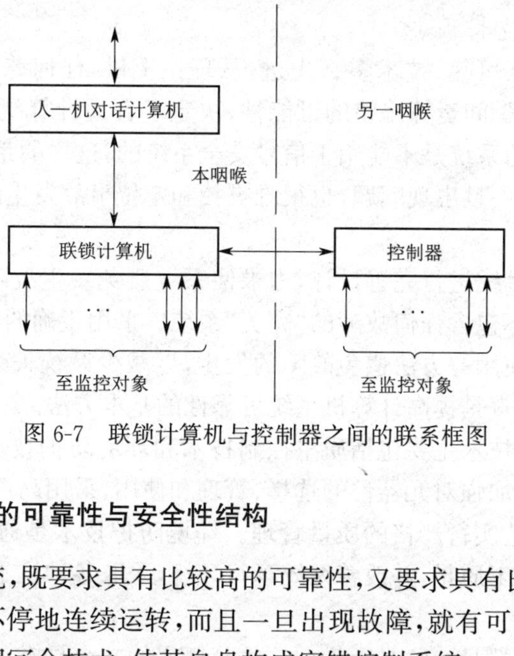

图 6-7　联锁计算机与控制器之间的联系框图

四、计算机联锁系统的可靠性与安全性结构

对于计算机联锁系统，既要求具有比较高的可靠性，又要求具有比较高的安全性。这是因为该系统不仅需要昼夜不停地连续运转，而且一旦出现故障，就有可能导致重大损失。所以，计算机联锁系统需要利用冗余技术，使其自身构成容错控制系统。

1. 计算机联锁系统的可靠性与安全性要求

(1)平均故障间隔时间 MTBF 值达到 10^6 h。

(2)“故障—安全”系统的安全完善度等级必须达到 SIL4 级。

从系统结构来看，靠单片机自身测试和监督的系统结构，在 SIL4 级系统中是不推荐或不允许使用的，而基于“组合故障—安全”“反应故障—安全”和/或“固有故障—安全”技术的系统是安全系统的基本结构要求。

欧洲铁路标准 EN 50129，对铁路安全电子系统推荐了三种“故障—安全”型设备的体系结构：

①“反应故障—安全”

这种体系的前提是由快速的故障检测和对任何危险失效进行避错来保证它的安全(如通过编码、多版软件比较或通过连续的测试)。“反应故障—安全”系统的设计前提是系统的控制和防护部分是完全独立的两部分硬件，而且这两个部分的硬件功能不同，软、硬件也不同。

②“组合故障—安全”

铁路信号计算机安全系统常用的“组合故障—安全”系统结构模式有“二取二”、“三取二”等。使用这种技术时，每个安全性相关功能必须至少由两个部分同时执行，每个部件应当独立于其他的部件。只有当大多数部件一致时，才允许进行输出。与“反应故障—安全”系统不同的是：“组合故障—安全”的不同部件，其功能一般是相同的，其软件设计也可以是相同的，从理论上说，“组合故障—安全”系统的设计，应该避免由于不同模块之间共模故障或不同步而可能造成危险性输出结果。

③“固有故障—安全”

这种技术是在假定单个部件所有可信的失效模式均无危险的情况下，允许一个安全性功能由一个单独部件来执行。“固有故障—安全”也可用在“组合和反应故障—安全”系统的某些功能中，如用来确保部件之间的独立性或如果检测到一个危险侧失效时来强制停止系统的非安全性输出。但由于“固有故障—安全”技术的设计复杂性，“固有故障—安全”技术一般只用在功能强大的计算机联锁系统的个别关键模块中。

2. 避错技术和容错技术

不管计算机系统多么可靠、技术多么先进，从理论上讲，任何普通的计算机，由于其“0”、“1”逻辑的对称性及系统瞬间运算出错的可能性，决定了普通计算机系统并不具备“故障—安全”特性，仅仅依靠自检的系统是不能用于信号安全系统的，这样的系统出现偶发的、不能再现的误动是完全有可能的，一旦出现问题，也很难查找和定位事故发生的原因及部位。

(1)避错技术

避错技术是通过对系统进行完善设计，力求使系统避免发生故障的一种技术。它的基本思想是试图构造出一个不包含任何故障的“完美”系统。采用正确的设计尽量避免把故障引入系统，用质量控制、减载使用等方法避免故障的发生，以减少系统失效的可能性。随着计算机技术的发展，避错技术一直是提高计算机系统可靠性的基本方法。

在实际应用中，避错技术主要包括质量控制技术和环境防护技术。质量控制技术是在计算机系统的研制过程中，加强对元器件的选择、管理和使用，采用高可靠的部件和计算机系统，并在此基础上对组装工艺实行严格的质量管理。环境防护技术是通过散热、抗震、化学防护、电磁兼容等设计，提高施工质量，并改善系统运行环境，采取各种抗干扰措施，提高系统运行的稳定性和环境适应性。

避错技术有相当的局限性，这是因为系统故障概率的减少是有一定限度的，一个系统不发生任何故障是不可能的，因此必须采用容错技术。

(2)容错技术

容错，即当系统出现硬件或软件故障时，程序不会因系统中的故障而终止或被修改，并且执行结果也不会包含系统中故障引起的差错，即容许某种失效的存在，而使其后果不致造成系统工作失效或能及时发现而缩短修复时间。容错的基本思想是在系统的体系结构上精心设计，利用外加资源的冗余技术来达到掩蔽故障影响的目的，从而自动恢复系统或安全停机。

容错技术主要依靠外加资源的方法来换取可靠性，外加资源有硬件、软件、时间和信息，因此容错技术的主要方法有：

①硬件冗余

通过硬件的堆积冗余或待命储备冗余来达到容错。硬件的堆积冗余可以体现在物理级的元件重复，也可以体现在逻辑域的多数表决。待命储备冗余体现在具有“$n+1$”个模块，并带有检错和切换装置的计算机系统中。

②软件冗余

提高软件可靠性有两种方法：一是研究无错软件；二是研究容错软件。后者将具有设计差异、完成同一任务的不同软件组成一个有机整体，完成错误检测、程序系统及系统恢复等功能。

③时间冗余

通过消耗时间资源来达到容错。

④信息冗余

增加信息的多余度来提高可靠性，如增加检错码、纠错码，附加位越多，检错纠错的能力就越强。

在这些主要方法中，更多采用的是硬件冗余和软件冗余。因此，容错控制系统无论在硬件结构方面，还是在软件结构方面均存在着一些明显的特点。

根据对故障处理的不同方式，可以把容错技术分为动态冗余和屏蔽冗余。

动态冗余指主机故障时备机（热备）自动代替。采用动态冗余的系统需要具有故障检测和动态切换功能。

屏蔽冗余是将故障模块对系统的影响屏蔽掉。采取屏蔽冗余的系统具有表决功能。

3. 计算机联锁系统冗余结构

为了提高系统的可靠性和安全性，计算机联锁系统大多采用了冗余结构。按处理故障的方式，冗余结构分为两大类：一类是故障切换结构；一类是故障屏蔽结构。

(1)故障切换结构

故障切换结构采用动态冗余技术。这类结构又分为双机热备结构和“二乘二取二”结构。在双机热备系统中，一个 CPU 执行联锁（主机），另一 CPU 虽然也进行联锁运算（热备），但无控制输出。在“二乘二取二”系统中，两个 CPU 构成一个子系统执行联锁任务（主机），另两个 CPU 处于热备状态（备机）。

在双机热备系统中，对主机故障的检测是由一个 CPU 执行两套功能相同而编码各异的联锁程序及诊断程序来实现的。通过这样的检测，认为主机故障漏检的可能性极小，即使万一漏检，而产生危险侧输出的概率在容忍范围以内。

在“二乘二取二”系统中，主机采用两个 CPU 各执行一套编码相同的联锁程序，并在码元(Bit)一级对两个 CPU 的操作进行比较以检测故障。只有当两个 CPU 同时发生了同样的故障才可能漏检，但认为这种可能性是微乎其微的。

对于故障切换系统来说，当主机发生故障时，只有备机处在无故障的热备状态，才允许替代主机工作或才允许切换，否则可能产生危险后果。在不允许切换时，除非主机的 CPU 发生了故障，否则应坚持工作，以免造成全站作业的瘫痪。另外，故障修复后，联锁机内的程序进程和数据必须与主机取得一致时方允许作为热备机使用，否则也是危险的。因此，故障切换系统的切换机理既涉及可靠，又涉及安全，在人工参与切换时应特别注意。

(2)故障屏蔽结构

故障屏蔽结构采用屏蔽冗余技术，属于这类结构的目前只有“三取二”系统。在“三取二”系统中，3 个 CPU 运算结果两两进行比较，只要有两个 CPU 的运算结果一致时，就认为联锁系统处在安全可靠的运用状态。从功能角度来看，这相当于有一个 CPU 系统的故障被屏蔽了。对于“三取二”系统来说，只有两个 CPU 同时发生相同的故障，才有可能产生危险输出，但这种可能性极小，这类似于“二乘二取二”系统。

与故障切换系统一样，修复后的 CPU 系统的程序进程和数据必须与正在工作的 CPU 取得一致时，方可投入使用。

4. 计算机联锁系统的可靠性和安全性冗余结构

(1)计算机联锁系统的可靠性冗余结构

计算机联锁系统可靠性的定义是：系统在规定的时间内、在规定的条件下完成规定功能的能力。度量可靠性的定量标准是可靠度，可靠度常用平均故障间隔时间 MTBF 来表征。

对于一般的电子产品，其原始设备制造商 OEM(Original Equipment Manufacture)板级产品的 MTBF 约为 10^5 h，计算机系统由若干块 OEM 板级产品组成，其 MTBF 约为 10^4 h。而要求计算机联锁系统的 MTBF 值达到 10^6 h，亦即要求至少在系统进行技术改造前(一般按 15 年计算)不出现故障。显然，只依靠单个计算机构成的单机系统是不能够达到该目标值的，必须导入冗余资源以构成冗余系统，使得整个系统的可靠性达到或超过该目标值。

计算机联锁系统的可靠性冗余结构，往往采用双机热备系统。双机热备系统的 MTBF 值可概略地估算如下：若单机系统的 MTBF 值约为 10^4 h，当单机系统的每一个故障均能够被检测到且倒机逻辑电路的故障率为零时，双机系统的 MTBF 值可能达到 $10^7 \sim 10^8$ h。

(2)计算机联锁系统安全性冗余结构

计算机联锁系统安全性的定义是：当系统的任何部分发生故障时，其后果不会导致重大损失的性能。度量系统安全性的技术指标是系统产生不安全性输出的平均间隔时间。对于计算机联锁系统，根据有关的技术标准，要求产生不安全性输出的平均间隔时间为 10^{11} h 以上。显然，对于平均故障间隔时间为 10^6 h 的可靠性冗余系统而言，如果不采取必要的安全性技术措施是不能够达到安全性要求的。

使系统具有安全性且使安全性指标达到规定标准的途径也是要为系统导入冗余资源。常采用双机同时工作并彼此间进行频繁比较的“二取二”冗余结构。

在极短的时间间隔内，两台计算机同时出错且错误呈现同一种模式的概率几乎为零，这就要求两台计算机的校核频率要相当高，亦即校核的时间间隔要足够短，最好短到可以用计算机的机械周期来计算的程度。

计算机联锁系统既要求有比较高的可靠性指标，又要求有比较高的安全性指标。因此，其可靠性与安全性系统结构是将上述两种结构结合。

为了使系统既具有可靠性，又具有安全性，可采用多重冗余结构，构成“二乘二取二”系统，共用四台计算机，其中的两台处于热备状态，其结构如图 6-8 所示。

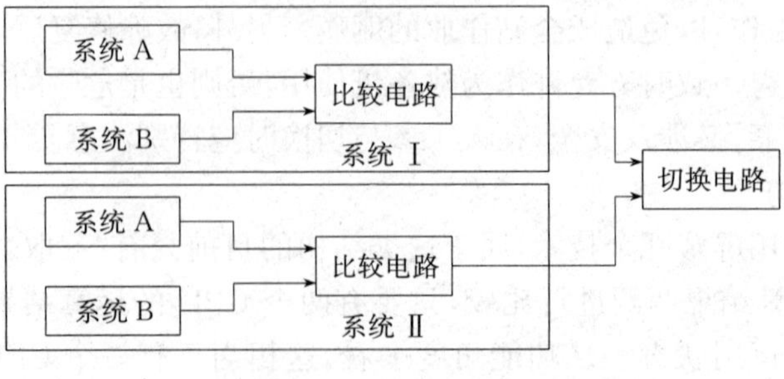

图 6-8 “二乘二取二”结构

也可采用“三取二”系统，即三台计算机同时工作，两两进行比较，当有两个结果相同(当然包括三个结果完全相同)时，则认为正确无误，其结构如图 6-9 所示。

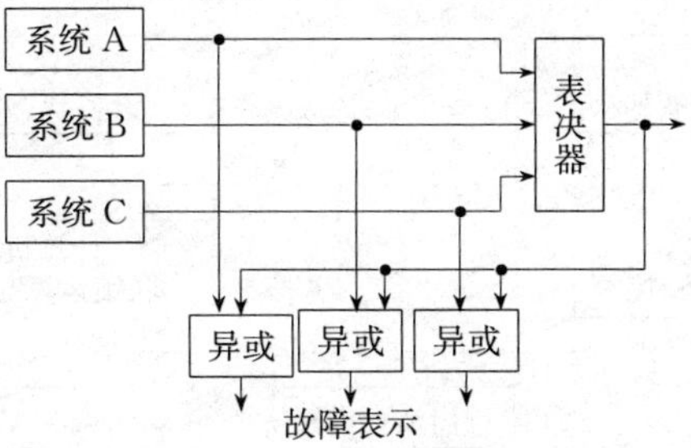

图 6-9　“三取二”冗余结构

采用“三取二”冗余结构需要妥善解决一些技术问题：三台计算机的同步运行；具有更高数量级的可靠性与安全性的表决器；故障机的及时切离与及时修复。

五、一般计算机联锁系统的硬件构成

现以采用双机热备的最典型的系统结构为例，介绍计算机联锁系统的硬件构成。

1. 系统的层次结构

从功能方面划分，系统采用两层结构，即人—机会话层和联锁层。人—机会话层选用工控机 IPC，而联锁层选用工业控制总线的测控系统用计算机。

2. 系统的可靠性结构与安全性结构

为了使系统达到所要求的可靠度，联锁计算机的硬件结构采用双机热备的二重冗余系统，其中的一台计算机为主用机，另一台为备用机。当主用机发生故障时，备用机变成主用机，而故障机的维修时间不大于 8 h。

为了使系统达到所要求的安全度，采用运行双版本联锁程序在功能模块级进行比较的方式。

3. 硬件构成示意图

图 6-10 是计算机联锁系统硬件结构图，其中，人—机对话计算机和联锁计算机，以及联锁计算机和联锁计算机之间的通信方式很多，最早采用 RS-232 等标准串行通信，随着网络技术和电子技术的发展，采用成熟的以太网。现又出现了一些面向控制系统的基于现场总线的网络，如 Lonwork、CAN 等，为计算机控制系统的联系方式提供了新的选择。

六、切换开关电路和表决电路

在计算机联锁系统中，一般采用双机热备或三机表决系统，而切换开关电路和表决电路是实现单个系统硬件冗余，保证联锁机可靠性和安全性的关键部件，这些电路也必须是“故障—安全”的。

1. 切换逻辑控制与切换开关电路

在双机热备系统中，对切换逻辑控制和切换开关电路的基本要求是结构简单、可靠性高。切换逻辑控制电路监测联锁机的工作状态，当发现联锁机工作不正常时，产生切换信号控制切换开关电路动作并报警。

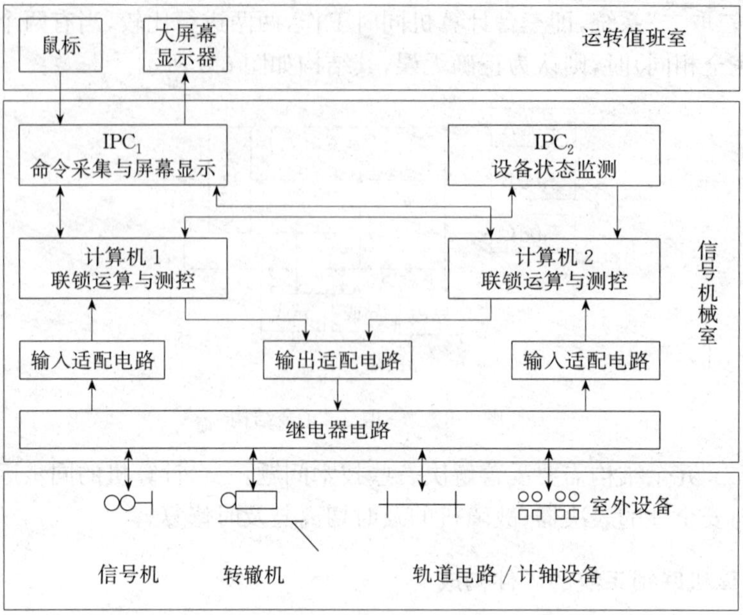

图 6-10 计算机联锁系统硬件结构图

(1)切换逻辑控制电路

常用的切换逻辑控制电路有定时监视法和动态信号监视法两种。定时监视法如图 6-11 所示,它利用可再触发单稳态触发器的定时作用构成。联锁机的工作具有周期性,系统正常工作时,将定时输出标准脉冲序列,可再触发单稳态触发器总是在规定的时间到来之前被联锁机复位,其输出总是“1”。当联锁机故障时,不会有脉冲序列输出,单稳态触发器在规定的时间到来时,由于得不到触发信号,其输出将变为“0”,这个输出变化可作为切换信号来控制切换开关电路。

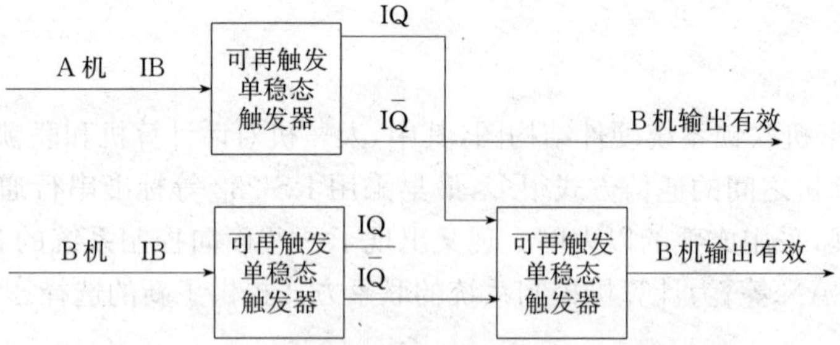

图 6-11 定时监视法切换逻辑控制电路

动态信号监视法和定时监视法的工作原理相类似,只是用动态信号检测器代替可再触发单稳态触发器,具体电路与动/静一电平输出接口电路相同。联锁机在无故障时,定时调用动态信号驱动程序,向动态信号检测器输出方波信号,动态信号检测器只有在接收到方波信号时,其输出为“1”,否则为“0”,用动态信号检测器的输出去控制切换开关电路进行切换。

但是这两种方法本身的故障检测覆盖率不高,为了提高故障检测覆盖率,在复位定时器或执行动态信号输出程序之前,应尽量使系统中的所有部件都被用到,或者调用检测程序以扩大检测范围。

(2)切换开关电路

切换开关电路可以由多种器件构成,图 6-12 是切换开关及其控制电路的一个例子。其中,由继电器 X_a 代表 A 机的报警信号,X_b 代表 B 机的报警信号,X_a 和 X_b 的接点构成切换 S_1 和 S_2 的控制继电器 AJ 和 BJ 的电路。当继电器 AJ 励磁时,使开关 S_1 导通;当 BJ 励磁时,使开关 S_2 导通。

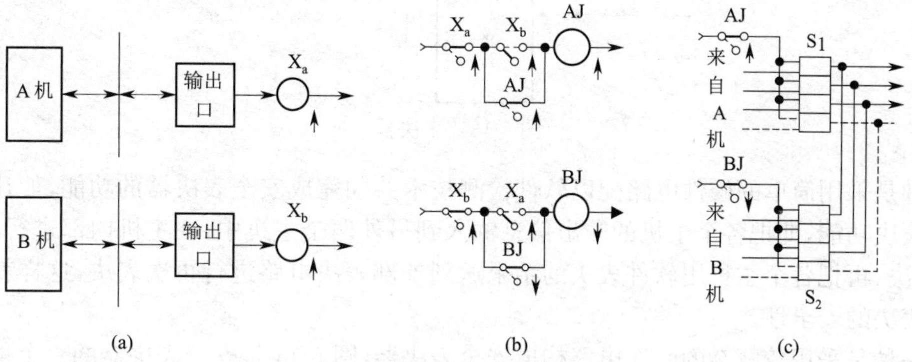

图 6-12 切换开关及其控制电路

假定计算 A 和 B 输出的故障报警信号均为电平信号,并约定无故障时为高电平"1",故障时为低电平"0";同时假定系统开始工作时,计算机 A 处于工作机位置,计算机 B 处于备用机位置,此时,由于 AJ 吸起、BJ 吸起,切换开关使 A 的输出作为系统的输出。在此以后,可能有以下情况发生:

① 若 B 机先发生故障,则低电平信号使 X_b 继电器落下。在这种情况下,AJ 仍保持吸起,BJ 保持落下,切换开关维持在原位。在 B 机修复后,输出的高电平信号又使 X_b 吸起,切换开关维持原状。

② 若 A 机先发生故障,则 X_a 继电器落下。此时 AJ 落下,BJ 吸起,切换开关转换,使 B 机的输出成为系统的输出。在 A 机修复后,尽管 X_a 吸起,但切换开关不动,仍维持 B 机处于工作机的位置。此后,若 A 机发生故障,切换开关不动;若 B 机先发生故障,则转换切换开关。

2."三取二"表决电路

"三取二"冗余计算机联锁是利用静态屏蔽技术构成的联锁系统,它共有三个主机,每个主机是联锁机的一个子模块,只要三个中的任意两个的输出是一致的,就将这个一致性的输出作为主机的输出且认为联锁机的主机在可靠的工作,而不管第三个主机是否发生了故障。

对三个子模块输出的比较,以及对主机输出的控制,是通过表决器来实现的,表决器的任务是对三个子模块的输出进行两两比较,只要有两个子模块的输出信号是一致的,则表决器就有输出信号。假如三个 A、B 和 C 的输出信号分别为 a、b 和 c,则表决器完成如下逻辑运算:

$$V(a,b,c)=a\cdot b+a\cdot c+b\cdot c$$

这很容易用组合逻辑电路来实现。

图 6-13 是表决器构成的一个例子,它由三个两两比较器和一个或门组成。由于表决器是对安全信息进行表决,必须具有"故障—安全"性能。然而仅由组合逻辑构成的表决器是不具备"故障—安全"性能的。因此,需采取技术措施使表决器在发生故障时不致造成危险侧输出。一般有两种方法来保证表决器的安全性。

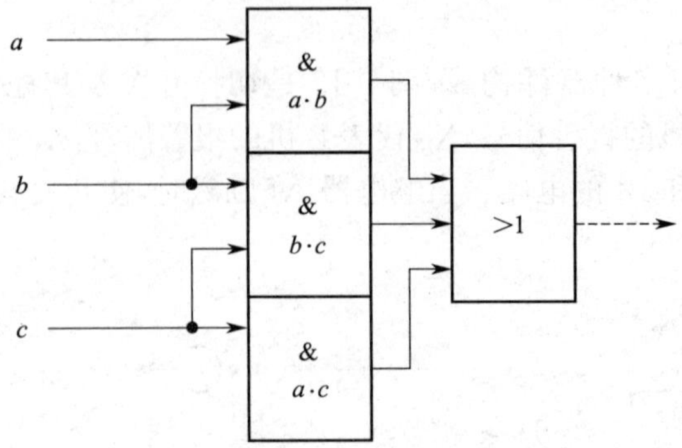

图 6-13　表决器

一种是采用简单的硬件电路配以软件检测技术共同完成安全表决器的功能，如让软件具有多数表决功能，即把各个主机的输出信息输入到另外两个主机中，在主机内部进行一次"三取二"表决，再把各个主机用软件表决的结果送到外部表决电路进行再次表决，这样就极大地提高了表决的安全性。

另一种是采用较复杂的时序电路构成安全表决器，图 6-14 是安全表决器的一个例子。图中仅画出了三个比较器中的一个，它对主机 A 和 B 的输出信号 a 和 b 进行比较，该比较器由四个脉冲信号 CP_1～CP_4 推动工作，其波形如图 6-15 所示，当 a 和 b 均为高电平（两者一致）时，CP_1 脉冲到来时或门"1"就输出一个脉冲信号，在 CP_3 脉冲到来时，或门"2"就输出一个脉冲信号。当 a 和 b 均为低电平（两者一致）时，在 CP_2 到来时，或门"1"输出一个脉冲信号，在 CP_4 到来时，或门"2"输出一个脉冲信号信号。当 a 为高电平、b 为低电平（不一致）时，在 CP_1 和 CP_2 的作用下或门"1"连续输出两个脉冲信号。当 a 为低电平、b 为高电平时，在 CP_3 和 CP_4 的作用下，或门"2"连续输出两个脉冲信号。或门"1"和或门"2"的输出脉冲作用于两位双向移位寄存器 R，在 R 中事先置为"10"状态，当两个主机的输出信号 a 和 b 为脉冲序列（危险信息）且两者一致时，移位寄存器就能左右移位，从而输出脉冲序列经或门"3"成为表决器的输出，当信号 a 和 b 不一致时，移位寄存器 R 被向一个方向连续推动两次，于是它的内容变成"00"，它的输出也就保持在"0"状态了。当比较器发生固定型单一故障时，表决器的输出为稳定输出（"0"或"1"）。因此该电路是"故障一安全"的。

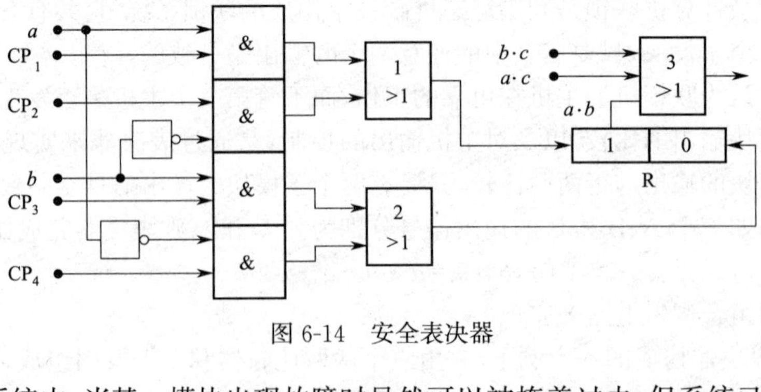

图 6-14　安全表决器

三机表决系统中，当某一模块出现故障时虽然可以被掩盖过去，但系统已失去容错能力，这时若不及时修复，则另一模块再发生故障时，将表决失误。为此，三机系统必须具有模块故障检测功能，即三个主机中任何一个发生故障时，应能及时检测出，以便通过检修消除故障。

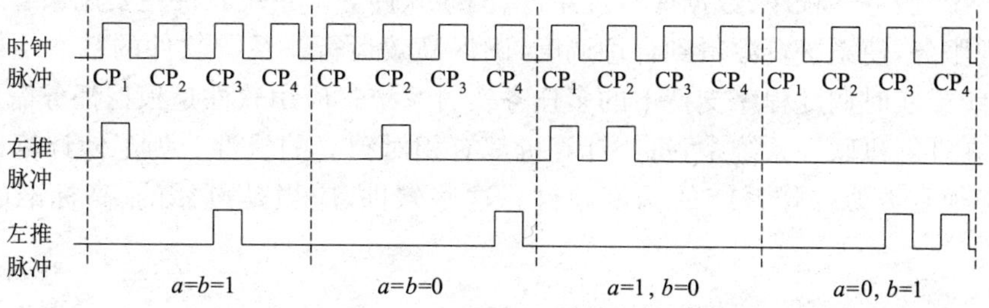

图 6-15　脉冲信号波形

主机故障检测电路可在表决器电路的基础上增加少量的电路来完成。如把三个主机的输出信号和表决器的输出信号同时加在异或门，就能判明是哪个模块发生了故障。当三个模块均正常工作时，它们的输出信号电平和表决器输出的信号电平一致，各个异或门均无输出。如果某一模块的输出电平与表决器的输出电平不一致，则相应的异或门就有输出，从而可判明是哪个模块发生了故障。

七、人—机会话层的硬件

人—机会话层的硬件支持系统包括按钮操作的硬件和信息显示的硬件，以及人—机会话层和联锁机通信的硬件。

1. 按钮操作的硬件

在计算机联锁系统中，系统的操作可以通过多种方式来实现。曾经采用过控制台方式、数字化仪方式、键盘方式，但是都不方便，便不再使用。目前多采用鼠标方式。

2. 信息显示的硬件

在计算机联锁系统中，要求将计算机采集或计算机所获得的信息显示出来。曾采用指示灯方式、CRT 显示方式。目前多采用 LCD 显示方式。

(1)大屏幕显示器

大屏幕显示器的尺寸可根据站场规模进行选择，尺寸多在 17 英寸以上。为了让车站值班员能够清晰地看到站场的实际状态，一般情况下选择 21 英寸的平面直角显示器。

(2)智能化图形控制卡

①VGA 显示卡

这是一种最简便、最经济的显示实现技术，在人—机会话的工控 PC 机上插入一块 VGA 显示卡，并通过 VGA 显示电缆将显示卡和大屏幕显示器连接起来，就实现人—机会话机的信息显示任务。VGA 显示卡是普通的显示卡，本身不带处理器，图形处理速度比较慢。

②多屏显示卡

在计算机联锁系统中，当站场很大时，必须采用多屏显示卡。一块多屏显示卡占用一个 PC 机的扩展插槽，它可以连接多个大屏幕显示器。如可以用一块双屏显示卡连接两个大屏幕显示器，分别显示站场的上行咽喉和下行咽喉。

第三节　计算机联锁系统软件

计算机联锁系统的软件分为系统软件和应用软件。系统软件包括标准程序库、语言处理程序、操作系统、服务性程序、数据库管理系统、网络软件等。系统软件主要用来管理整个计算机系统，监视服务，使系统资源得到合理调度，确保高效运行。系统软件的基本结构应设计成实时操作系统或实时调度程序支持下的多任务实时系统。应用软件是根据任务需要所编制的各种程序。在计算机联锁系统中，每一计算机都有相对独立的软件。为了使计算机之间能协调工作，还必须有类似操作系统的调度软件。这些软件，应当是可靠的、高标准的和易于扩展的。

一、计算机联锁系统软件的功能与总体结构

1. 计算机联锁系统软件的功能

一般来说，计算机联锁系统的软件应具有人—机界面信息处理功能、联锁控制功能、执行控制功能、自动检测与诊断功能等。

(1)人—机界面信息处理功能

人—机界面信息处理功能包括操作信息处理、表示信息处理、维护与管理信息处理功能。

①操作信息处理

对正常的操作进行处理，形成有效的操作命令，并在屏幕上给出相应的表示，使车站值班员确认自己的操作、对错误的操作进行处理，并在屏幕上给出相应的提示，使车站值班员能立即发现自己的错误操作，及时采取措施纠正错误的操作。

②表示信息处理

对现场信号设备的状态，在屏幕上实时地给出显示，使车站值班员能随时监督现场设备的运用情况。

③维护与管理信息处理

对现场信号设备的故障状态，在屏幕上及时给出特殊显示，以便使维护人员迅速、准确地查找故障；自动记录并储存车站值班员办理作业的时间及被操作的按钮；完成与其他有关系统的联系。

(2)联锁控制功能

联锁控制功能指基本的联锁功能，即进路控制功能，主要包括：

①建立进路。

②进路锁闭。

③信号开放。

④信号开放保持。

⑤进路正常解锁。

⑥进路非正常解锁。

⑦道岔单独操纵。

⑧进路引导锁闭。

(3)执行控制功能

执行控制功能即输入控制和输出控制功能。

①输入控制功能

采集现场设备的状态信息，为联锁运算提供数据。

②输出控制功能

根据联锁软件生成的控制命令来驱动现场设备控制电路。

(4)自动检测与诊断功能

主要是在执行联锁程序的过程中检测故障的现象、检查硬件的失效、软件的缺陷，以及故障的位置。

(5)其他功能

其他功能指基本的联锁功能以外的功能，包括：

①与 TIMS、TDCS 等系统联系的功能。

②与其他系统，如站内调度、管理信息系统等的结合功能。

③监测联锁设备状态功能等。

这些功能尽管存在着某些联系，但它们的目的不同，而且在一个具体车站上也不需要联锁系统具备所有这些功能，因此对于每项功能需由独立的软件，甚至是由独立的计算机来实现。

在这些软件中，人—机界面信息处理软件、基本联锁软件、执行控制软件、自动检测与诊断软件是计算机联锁系统必须具备的。

2. 计算机联锁系统软件的任务划分

计算机联锁系统软件的任务由联锁机、人—机会话机、电务维修机的软件分工完成。

联锁机软件完成按钮操作处理及站场信息处理，联锁运算，输入和输出。

人—机会话机软件完成对操作命令的接收、判断与发送，站场信息显示，系统信息提示。

电务维修机软件完成站场状态跟踪与回放，操作命令记录与故障记录，输入/输出故障定位。

3. 计算机联锁系统软件的总体结构

不同的计算机联锁系统，软件的组成和原则是不一样的，但软件的基本结构可归结如下：

(1)按照系统层次结构分类

按照软件的层次结构，可分为三个层次，即人—机会话层、联锁运算层和执行层。每个层次又根据功能需要划分为几个功能模块。计算机联锁系统软件的层次结构如图 6-16 所示。

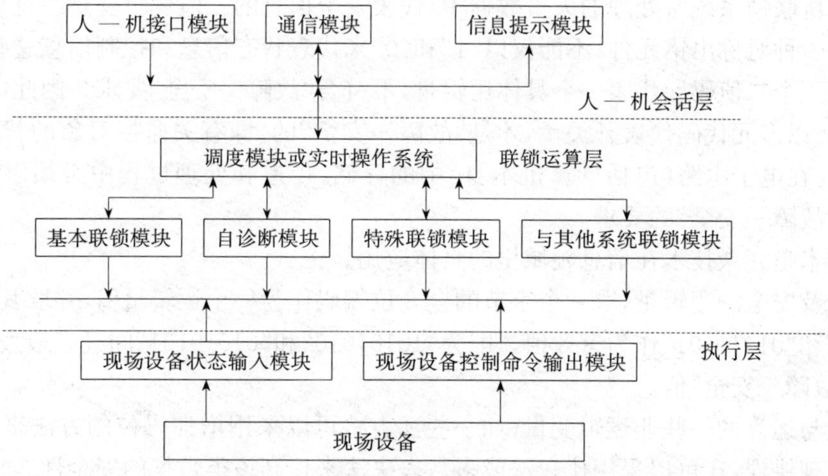

图 6-16　计算机联锁系统软件的层次结构

人—机对话层完成人—机界面信息处理；联锁运算层完成联锁运算；执行层完成控制命令的输出和表示信息的输入。

(2)按照冗余结构分类

按照冗余结构,可分为双机热备制式的双版本软件结构和“三取二”系统的单软件结构。

(3)按照联锁数据的组织形式分类

按照联锁数据的组织形式,可分为联锁图表式软件结构和进路控制式软件结构,前者适用于小站规模,后者适用于中站以上规模。

二、联锁数据和数据结构

联锁数据是指在联锁计算机中,所有参与联锁运算的数据。在联锁数据中,有一些数据有可能由于硬件故障或受到干扰而发生错误时,其后果不仅能导致系统失败,而且会造成危险输出。例如,一个涉及行车安全的逻辑变量的安全侧代码可能由于故障而畸变成危险侧代码,这是十分危险的,又比如一个地址码在传输过程中发生错误而未识别出来,也将造成数据传输的去向混乱,其后果也是十分危险的。因此必须采取适当的数据编码和差错控制技术以提高系统的可靠性和安全性。

联锁数据在存储器中的组织方法称作数据结构。数据有静态数据(常量)和动态数据(变量)两类,相应地有静态数据结构和动态数据结构。

数据结构的形式不仅影响联锁程序的结构,而且直接关系到占用空间、搜索时间及搜索算法等衡量系统的参数,即关系到数据结构自身的生成方式问题。一种好的数据结构可用计算机辅助设计方法生成,这样可以减少或避免编制数据结构时的人为错误。

1. 联锁数据

在联锁程序中,参与逻辑运算的逻辑变量统称为联锁数据。联锁数据可按信号机、道岔和轨道电路等监控对象划分为相应的数据块。如对一组道岔来说,在数据块中应包括道岔定位操纵、反位操纵、定位表示、反位表示、道岔锁闭等数据结构。数据量确定后,数据块的格式就定型化了,也就是说数据块本身与车站结构无关。

(1)数据的编码

在计算机联锁系统所处理的大量数据中,代表安全信息的二值逻辑变量占有重要的地位。电子器件是一种对称出错元件,不能仅以“1”和“0”来代表状态信息和控制信息这些开关量,如果简单地用一个二值码元代表一个具体逻辑量,不符合“故障—安全”要求。因此,必须采取多个码元编码,以多元代码代表开关量,才是“故障—安全”的,即有关监控对象的状态和控制的所有开关量,在电子电路(包括计算机本身)中的存储、传递和处理过程中必须以代码形式存在,才符合“故障—安全”的要求。

编码技术是冗余技术在信息领域里的具体应用。

对于涉及安全的逻辑量,取一个字节的全8位编码作为一个逻辑量值,并取其中的相间码“10101010”和“01010101”作为有效值。因为“10101010”和“01010101”间具有最大的码距且具有更高的“故障—安全”值。

对于参与运算的一些非逻辑变量(如一些标志),可以采用增加码位的方法来判别它是否因故障而出现错误,还可以采用比较法或多数表决法来提高该类数据的安全性。

在计算机系统中还有一些常量。对于参与运算的常量的检测,除了用比较法外,更多的是用校验法,即设计一种算法对数据进行整批的检测。常量一般存于RAM中,对于常量的检测也就是对RAM的检测,检查方法很多。

(2)数据的传输

在多计算机的安全系统中，当计算机之间相距较远时，一般采取串行数据传输方式。所传输的数据有逻辑量、数字量和地址数据等。为了克服数据在传输中出错，一般采取避错和容错相结合的技术。避错技术是采用可靠的器件、抗干扰的通道介质，以及严格的工艺措施等，力求数据不发生错误。容错技术就是传输理论中的差错控制技术。

从目前使用中的安全系统来看，多采用标准的编码形式，如汉明码和 BCH 码等，而不采用纠错能力很强的特殊编码方式。在实时控制系统中，要求数据及时刷新，因此可利用周期循环传输的特点采取比较或表决方法提高数据的安全性，这也就是说，数据的接收端必须是安全系统。如果在运算时间上允许的话，可对重要数据附上它的产生或传输的时间标志，在使用时检查它的时间标志是否过时从而提高了系统的安全性。

2. 静态数据及其结构

(1)静态数据

静态数据即常量，在联锁运算中保持不变。例如，对于一条进路，该进路的特性和有关监控对象的特征及其数量就是静态数据。

联锁程序需要哪些静态数据，以及这些数据在存储器中的组织形式，对于联锁程序的结构有很大的影响。

这里介绍标准的、各条进路共享的联锁程序的静态数据及其结构形式。建立任何一条进路，它的静态数据包括：

①进路性质：是列车进路还是调车进路。

②进路方向：是接车方向还是发车方向。

③进路的范围：即进路的始端和终端，如果是迂回进路，应指明变更点(相当于变通按钮所对应的位置)。

④防护进路的信号机(信号机名称)。

⑤与建立进路相敌对的信号机及敌对条件。

⑥进路中的轨道电路(或计轴)区段(名称)及数量。

⑦进路中的道岔(名称)、所处的位置、数量。

⑧进路所涉及的侵限绝缘轨道区段(名称)及检查条件。

⑨进路的接近区段(名称)和离去区段(名称)。

⑩进路末端是否存在需要结合或照查的设施。

给定一个车站的信号平面布置图后，就可根据图选定全部静态数据块。

(2)静态数据结构

进路表结构和站场形结构是两种可供选择的基本数据结构。

①进路表结构

若将各项数据纳入一个数据表中就构成了一个进路表。将一个车站的全部进路(包括迂回进路)的进路表汇总在一起就构成了总进路表(很像联锁表)。总进路表存于 ROM 中就是一个静态数据块。

进路表的结构中，各个数据块间没有联系，而是利用进路表指明每条进路所涉及的数据块。表中数据块是按对象类别列出的(也可按对象在进路中的顺序列出)，进路表结构实际上记录了进路与对象间的关系。只要信号布置图不变，则进路表结构不变。

办理进路时，根据进路操作命令可从静态数据块中选出相应的进路，从而可找出所需的静态数据。通过进路表查询数据的过程是：根据操作信息确定进路号；根据进路号查到数据块的首址；根据数据块首址算出数据所在单元的地址，读出或写入数据。

进路表结构容易找到进路中的数据块，但当车站规模较大，进路数量很多时，总进路表十分庞大，进路表本身占用的存储容量较大。尽管现代的计算机中存储器容量已不是限制因素，但是占用 ROM 的容量愈大，就意味着增大了 ROM 检测程序的长度和执行时间，不利于提高系统的可靠性。而且，当车站改建和扩建时，需对总进路表进行较大的修改，这也是不足之处；同时，由于总进路表是人工编制的，编制大型的总进路表时十分烦琐且容易出错，因此需对总进路表进行严格审查。

为此，设计并开发了进路生成软件，它能根据站场图自动搜索并生成所需进路，把该程序嵌入到联锁软件中。办理进路时，由进路操作命令调用该程序，自动生成一个与进路操作命令相符的进路表，供联锁软件使用。不需要此进路时从存储器中将该进路表删除。这样，就不再需要总进路表，而是需要一个可以表达站场拓扑结构的站场形数据结构。

②站场形结构

站场形结构是指各个数据块在链接形式上和站场形状是一样的。假设以圆圈表示数据块所占用的存储区，并称之为节点。每个节点由数据场和指针场两部分织成。数据场用来存放数据块；指针场用来实现节点之间的联系，即用来指明相邻节点的存储首址。对于信号节点和轨道区段节点只能与相邻两个节点链接，所以每个节点仅需具有两个指针指明左右节点的首址。对于道岔节点来说，因它与三个节点相邻，所以应有三个指针，以记录相邻节点的首址。在站场形数据结构中找出与进路有关数据块的过程是，在按压了进路始端和终端按钮后，首先确定了进路的始端数据节点和终端数据节点。由始端数据节点开始，按指针的链接方向搜索下去，总能找到一条由始端节点到终端节点的通路。如果这条通路与进路相对应，则这条通路上的节点就是与进路有关的数据块。站场形结构占用存储容量较小，搜索过程不及进路表那样简明，但搜索程序是标准化的。站场形结构类似于 6502 电气集中的组合连接图，便于掌握，对于大型车站尤其如此。

3. 动态数据及其结构

参与联锁运算的动态数据是变量，主要包括操作输入变量、状态输入变量、表示输出变量、控制输出变量，以及为实现联锁逻辑所需的控制变量及中间变量等。

(1)操作输入变量

操作输入变量是反映操作人员操作动作的开关量。

在联锁系统中，为了防止误动一个操作而形成操作命令，一般需由两次或两次以上的操作才能形成操作命令，如办理一条基本进路需按压进路始端和终端按钮。所以操作输入变量是形成操作命令的原始数据。在 RAM 中需开辟一个区域集中地存放操作命令，这个区域称为操作命令表。每个操作变量在操作命令表中的逻辑地址应与它的输入通道地址一一对应。一条操作命令形成后，就可从操作命令表中删去相应的操作变量了。

操作变量表根据系统的硬件体系结构，可能存于人—机会话计算机或联锁计算机中。

操作输入变量除了用以形成操作命令外，还作为表示信息的原始数据，以及监测系统的记录内容。为了记录，需将操作输入变量表的内容复制一份存于监测系统中，保存时间应不小于 8 h。

(2)状态输入变量

状态输入变量是反映监控对象状态的变量,如轨道电路区段状态、道岔状态、信号机状态、灯丝状态,以及与进路有关的其他设备状态等。状态变量是参与联锁运算的安全数据,每个变量最好经由两个通道输入,形成两个变量分别存入两个相距较远的存储单元中,其目的在于对两个变量进行直接或间接比较,可以发现输入通道是否发生故障。如果发现故障则给出故障信号,促成双机切换,以提高系统的可靠性;如果不采取双通道输入方式,则需通过双机互检方法才有可能发现输入通道故障。

状态变量应周期性地及时刷新,以保证变量能确切反映监控对象的实际状态,刷新周期一般应不大于 250 ms。状态变量除了参与联锁运算外,还作为表示信息和监测系统的原始数据。状态变量在 RAM 中有集中存储方式和分散存储两种方式。

①集中存储方式

集中存储方式是将同类输入变量集中在一个变量表中,如将全部轨道电路区段变量集中在轨道电路区段变量表中。对于这种数据结构,只要给出变量表的首址及各个变量在表中的逻辑地址,就能查到所需变量。对应这种结构形式,在站场形数据结构中,应把状态变量的逻辑地址列入相应的轨道电路区段静态数据模块中。这样,在建立进路时,就可把进路中的所有状态变量的逻辑地址找出来,并构成进路表,从而为联锁程序提供了状态变量的地址。因此,进路表不仅反映了进路的特征和哪些监控对象与进路有关,而且指明了监控对象的状态变量的地址。

②分散存储方式

分散存储方式是在 RAM 中为每一监控对象开辟一个存储区,称作动态数据模块,动态数据模块与静态数据模块一一对应。凡是与监控对象相关的变量均设置在该模块中,如在轨道电路区段动态数据模块中,包括状态变量、进路锁闭变量、进路解锁变量,以及其他变量等。在这种情况下,将动态数据模块的首址列入相应的静态数据模块中,那么搜索出进路的静态数据模块后,就找到了各动态数据模块,也就找到了所需的状态变量。在进路表中给出动态数据模块首址就可以了。

(3)表示输出变量

表示输出变量是指向控制台、显示器提供的变量。通过这些变量反映有关列车或调车车列运行情况、操作人员的操作情况,以及联锁设备工作状况。

这些信息取自状态输入变量、操作输入变量、中间变量,以及控制命令输出变量。一般是将表示输出变量集中在一个存储区以便输出。

(4)设备控制变量

设备控制变量是指控制信号机和转辙机的变量。对于任何一个控制对象都由两套程序产生双份控制变量,只有双份变量一致时,才可形成有效控制命令并经由安全输出通道输出。

控制变量可存放在动态数据模块中,而控制命令存放在专辟的控制命令表中。控制命令的逻辑地址与输出通道一一对应。

控制变量和控制命令都应周期性地刷新,以保证数据的实时性。

(5)中间变量

中间变量是指联锁程序执行过程中产生的一些变量。这些变量是为实现联锁逻辑而起过渡或中间转换作用的。有的存放在动态数据模块中,有的动态产生并动态释放。不同的数据结构往往所需的中间变量的个数及类型也是不同的,但好的数据结构可以避免使用太多的中间变量。

三、人—机会话软件

1. 人—机会话软件的任务

人—机会话软件的任务主要包括按钮命令发送任务和信息显示任务。

(1)按钮命令发送任务

按钮命令发送任务就是将车站值班员的操作命令通知给联锁机，使得联锁机可根据车站值班员的操作意图实现联锁运算。

在计算机联锁系统中用到各种按钮，每个按钮都有一个唯一的编号，各个按钮排布在显示器屏幕上，并有它唯一的位置范围，通过程序不断扫描鼠标的动作及其在显示器屏幕上的物理位置；通过分析鼠标被按下时其所处的位置属于哪个按钮所辖的位置范围，就可以知道哪个按钮被按下了。人—机会话计算机将此按钮的编号送到联锁机，由联锁机进行后续处理工作。

①按钮的分类

计算机联锁系统中的按钮包括列车按钮、调车按钮、道岔按钮、功能按钮。有时根据现场的实际需要会增加和减少部分按钮。对于一般站场来说，所用按钮见表 6-1。

表 6-1 一般站场计算机联锁所用按钮

分　类	按　钮
列车按钮	上行列车按钮、下行列车按钮、通过按钮、列车终端按钮、引导信号按钮
调车按钮	上行调车按钮、下行调车按钮、调车终端按钮
道岔按钮	上行道岔按钮、下行道岔按钮
功能按钮	上行引导总锁闭按钮、下行引导总锁闭按钮、总定位按钮、总反位按钮、单锁按钮、单解按钮、封锁按钮、封解按钮、进路故障解锁按钮、区段故障解锁按钮、关信号按钮、总取消按钮、总人工解锁按钮、信号名称按钮、道岔名按钮、复原按钮

②按钮的操作原则

为了防止因误操作或误碰输入器件而产生不必要的后果，计算机联锁系统采取顺序按压两个及以上的按钮或为按钮设置密码才能形成有效操作命令的原则。按压按钮能形成的有效操作命令有：

列车始端按钮＋(变更按钮)＋列车终端按钮：排列列车进路。

调车始端按钮＋(变更按钮)＋调车终端按钮：排列调车进路。

列车始端按钮：重新开放列车信号。

调车始端按钮：重新开放调车信号。

取消按钮＋列车始端按钮：取消列车进路。

取消按钮＋调车始端按钮：取消调车进路。

总人工解锁(带锁)＋列车始端按钮：人工解锁列车进路。

总人工解锁(带锁)＋调车始端按钮：人工解锁调车进路。

总定位按钮＋道岔按钮：单独操纵道岔转向定位。

总反位按钮＋道岔按钮：单独操纵道岔转向反位。

单锁(带锁)按钮＋道岔按钮：排列进路时单独锁闭道岔。

单解(带锁)按钮＋道岔按钮：解除道岔单独锁闭。

封锁(带锁)按钮＋道岔按钮：维修道岔时单独封锁道岔。

封解(带锁)按钮＋道岔按钮:解除道岔单独锁闭。

区故解(带锁)按钮＋道岔按钮(或区段按钮):区段因故障未能自动解锁时故障解锁。

上行引导总锁闭按钮:锁闭上行咽喉道岔。

上行引导总解锁(带锁)按钮:取消上行引导总锁闭,上行引导信号关闭。

下行引导总锁闭按钮:锁闭下行咽喉道岔。

下行引导总解锁(带锁)按钮:取消下行引导总锁闭,下行引导信号关闭。

信号名称按钮:显示信号表示器名称。

道岔名称按钮:显示道岔名称。

关信号(带锁)按钮:紧急关闭全站信号。

复原按钮:清除错误操作及由于其他故障而出现的各种表示和汉字提示。

凡带锁的按钮,必须先开锁后,按压才有效。

(2)信息显示任务

信息显示任务就是将车站设备的状态、车站值班员当前的操作状态,以及计算机联锁系统的系统状态实时地通知给车站值班员,使车站值班人员完全了解现场状态、操作状态和系统状态,按计划安全而有效地完成各种作业。

信息显示任务包括接收联锁机数据、处理接收的数据和显示处理后的数据三个阶段:

①接收联锁机数据

通过终端将联锁机实时发送到通信总线的数据接收下来,并将其放在缓冲区。

②处理接收的数据

人—机会话机将数据分解为信号数据、道岔数据、区段数据、提示数据等。

③显示处理后的数据

以各种数据形式将信号机、道岔、区段、提示的状态等显示在屏幕上,最终实现人—机会话显示任务。

计算机联锁系统中的信息显示包括区段状态显示、道岔状态显示、信号状态显示、功能按钮状态显示、道岔名和信号名显示、操作提示和其他提示。

a. 区段状态

未办理进路或进路处于解锁状态;轨道电路或计轴区段有车;轨道电路或计轴区段发生故障;进路锁闭。

b. 道岔状态

道岔开通定位位置;道岔开通反位位置;道岔四开;道岔挤岔;道岔封锁;道岔单锁。

c. 信号状态

列车信号关闭;列车信号开放;调车信号关闭;调车信号开放;列车信号灯丝断丝;调车信号灯丝断丝。

④功能按钮状态

未按压功能按钮(按钮处于常态);按压功能按钮后按钮的状态。

⑤道岔名和信号名显示

道岔在转换期间,道岔名显示;进路在选路期间,信号名显示;进路在人工解锁期间,信号名显示。

⑥操作提示

“操作错误”:操作不符合规定。

“操作无效”:操作符合规定,但不具备执行条件。

“选排不一致”:因某种原因,道岔不能转换到所需位置。

“进路不能锁闭”:因条件不具备而不能实现进路锁闭。

“信号不能开放”:因条件不具备而不能开放信号。

“信号不能保持”:信号开放命令送出或信号已开放,因条件不具备而不能保持开放。

“1 灯泡断丝”:相应的信号表示器闪光。

“2 灯泡断丝”:反映列车信号机的辅助允许灯光的主、副灯丝均损坏。

⑦其他提示

以双机热备系统为例。

“A 机工作正常”:A 机为主机,并且工作正常。

“B 机工作正常”:B 机为主机,并且正作正常。

“A 机热备”:A 机为备机,并且处于热备状态。

“B 机热备”:B 机为备机,并且处于热备状态。

“按 A 机联机按钮”:通知电务人员按压 A 机联机按钮。

“按 B 机联机按钮”:通知电务人员按压 B 机联机按钮。

“A 机通信中断”:A 机线路中断或 A 机程序中断。

“B 机通信中断”:B 机线路中断或 B 机程序中断。

“B 机信息不同”:B 机现场信息不一致。

“站场不能更新”:由于 B 机通信同时中断而使站场信息不能更新。

2. 人—机会话软件的实现

(1)按钮接收与发送任务的实现

①通过程序扫描被按下的按钮

各种按钮均在屏幕上有一个固定位置,也就是说,对于任何一个按钮,都有一个坐标范围与其相对应。当某一按钮被按下时,通过程序可以知道当前鼠标光标所在位置的坐标,而这一坐标恰好处于某一按钮的坐标范围内,这样就知道哪一个按钮被按下。

②将该按钮的编号发送到联锁机

在任何一个计算机联锁系统中,所有按钮都统一编号,这样对于每一个按钮都有一个唯一的编号与它相对应。人—机会话计算机判断到某一按钮被按下时,就将该按钮的编号送到联锁机,联锁机根据这一编号,就知道哪一个按钮被按下,可进一步进行联锁运算。

(2)信息显示任务的实现

①接收联锁机的数据

人—机会话计算机通过中断将联锁机实时发送到通信总线的数据接收过来,并将其放在缓冲区中。

②处理接收到的数据

人—机会话计算机将缓冲区中的数据进行处理,将数据分解为信号数据、道岔数据、区段数据、提示数据等。

③将处理过的数据在屏幕上显示出来

人—机会话计算机通过各种数据将信号机、道岔、区段、提示的状态显示在屏幕上,最终完成人—机会话机的信息显示任务。

(3)人—机会话软件的调度模式及流程

目前广泛采用的操作系统是DOS622或Windows系统，在DOS系统下任务的调度一般采用顺序执行的方法，而Windows下通常采用的是消息触发的方式来实现程序调用。从当前计算机的处理速度来看，两种方式的程序执行效率是差不多的，有时在DOS622系统下的执行速度要比Windows下还要快一些。

无论采用何种调度方式，软件的功能结构是一样的，人—机会话软件调度流程如图6-17所示。

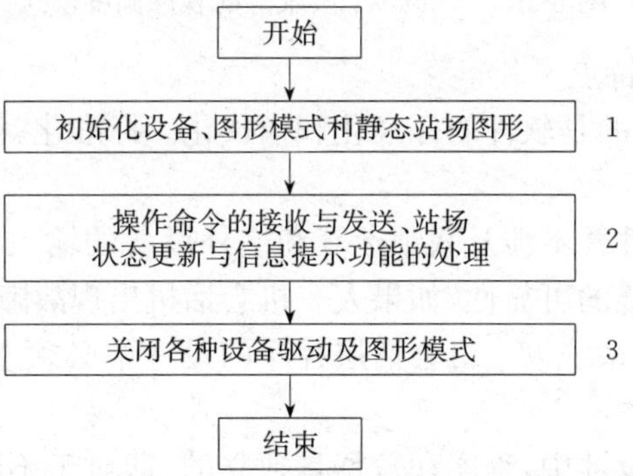

图6-17 人—机会话软件调度流程

图中“2”部分是整个上位机软件的核心部分，主要完成操作输入的定位与信息转换、站场图形的动态显示、动态文字提示信息的显示、语音提示等功能。

①DOS系统下的软件调度模式

在DOS系统下采用的是“循环调用＋顺序执行”的调度模式，如图6-18所示。在这种模式下，程序进入主程序后，从第一个功能模块开始顺序执行各功能模块，当完成所有任务后，再回到第一个功能模块，进入下一次循环扫描过程，从而保证了程序执行的实时性和较高的效率。一般来说，在DOS系统下程序的执行频率大于10次/s，对于速度较快的计算机，程序的执行频率会更快，但考虑到程序的稳定性和设备的功耗问题，往往要选择一个最佳的执行周期。

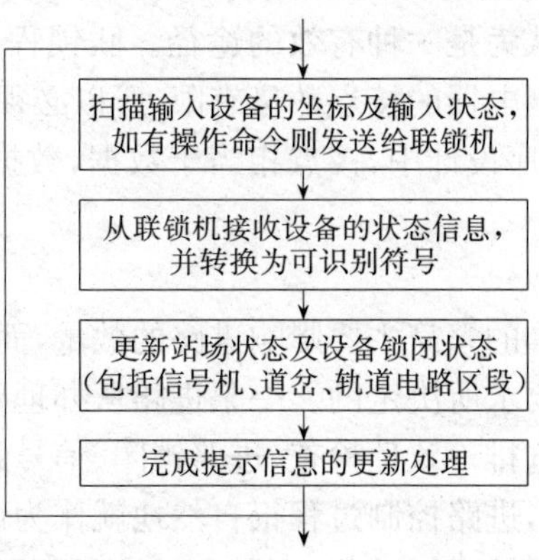

图6-18 DOS系统下的软件调度模式

②Windows系统下的软件调度模式

在Windows系统下采用的是“任务队列消息触发”模式，如图6-19所示。在这模式下，程序的调用不是周期循环的方式，而是采用集中调度的方式。当接收到操作命令或下位机传上来的信息后，先确定任务的数量及类型，再以消息触发的方式来调度程序。

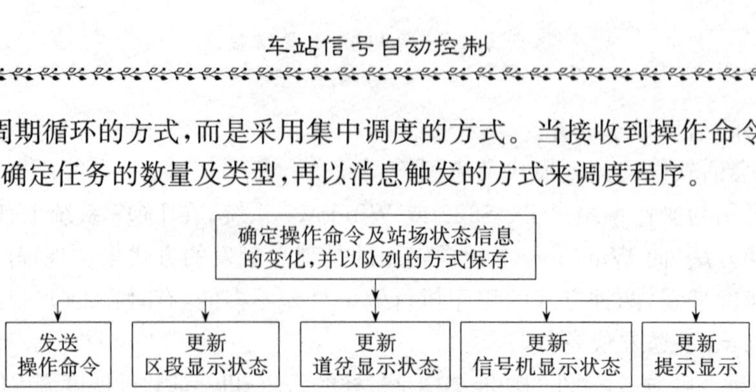

图 6-19　Windows 系统下的软件调度模式

3. 人—机会话软件的特点

在软件设计中，最重要的是软件的标准化和模块化。标准化就是程序的通用化；模块化就是程序由单独的模块组成。

虽然人—机会话层软件并不涉及联锁运算和室外设备的输入与输出，但是它的可靠性直接影响整个计算机联锁系统的可靠性，如果人—机会话机出现故障，整个计算机联锁系统也将瘫痪。因此，在计算机联锁系统人—机会话层程序的设计中必须遵循软件设计的标准化和模块化。

在人—机会话层程序设计中，程序和数据是独立的，即对于不同的站场，程序是完全通用的，只需修改相应站场的数据就可完成人—机会话任务。如果人—机会话需要增加新的任务，由于程序是模块化结构，模块与模块之间是相互独立的，只需加入相应的模块即可完成新的任务，并不影响以前的任务。

在计算机联锁系统的人—机会话程序设计中，把轨道区段、道岔、信号机设计为标准模块，通过标准模块就可搭建出一个完整的车站平面图。对于任何一个车站平面图，均可以生成相应的站场数据，利用该站场数据，标准的人—机会话程序就可实现人—机会话。

四、联锁软件

联锁是一种比较复杂的功能。在实现联锁处理时，如果完全离开已由实践验证的继电集中联锁而另行研究一种新的逻辑算法，难免潜藏着逻辑错误的危险。因此，以继电集中联锁为依据编制联锁处理程序，一般认为是一种有效的途径。联锁程序原理上可由继电电路变换而成。在设计继电电路时，由于继电器的接点数量有限，所以必须考虑接点的复用，或者说；必须考虑合并电路的问题。而在程序设计中，接点相当于数据，数据的使用是不受限制的，不需考虑电路合并所遇到的问题。

1. 联锁软件的基本模块

车站规模的大小、站场结构的繁简主要影响进路的数量，而各条进路的控制过程则基本上是一样的，这是由安全作业的要求所决定的。一条进路从办理到解锁需经历一个过程，这个过程包括操作、选路、道岔动作、选排一致性检查、进路锁闭、信号开放及进路解锁阶段，这些阶段的划分与车站结构无关。因此，进路控制过程很自然地就作为设计联锁程序的依据，这可使它为各条进路所共用，也就使联锁程序标准化，为各个车站所通用。

对于每一个阶段的程序，可设计成相应的模块，模块再划分为若干个子模块，这样可使联锁程序尽量模块化，以摆脱车站结构的约束。

对于进路控制，有些过程必须有操作人员的参与，如办理进路、取消进路、人工解锁进路等;有些过程不需人的参与,如进路锁闭、信号开放、进路自动解锁等。在进路控制过程中必须了解监控对象的状态,必须向操作人员提供表示信息,以及向道岔控制电路和信号机控制电路提供控制命令。

因此,一般来说联锁软件可分成六个模块:操作输入及操作命令形成模块、操作命令执行模块、进路处理模块、状态输入模块、表示信息输出模块、控制命令输出模块。

(1)操作输入及操作命令形成模块

操作输入是指把车站值班员操作按钮形成的操作信息输入到计算机中并记录下来,分析操作信息是否能构成合法的操作命令,不合法时则向操作人员提示。

操作输入量很大,形成的操作命令的种类也有十几种。该模块一般可由人—机会话计算机完成。人—机会话计算机将形成的操作命令经由串行数据通道输送到联锁计算机中,并储存在一个操作命令表中。

(2)操作命令执行模块

操作命令执行模块是根据操作命令执行相应功能的程序模块。该模块中包括许多子模块。实际上,有多少种操作命令就有多少个子模块。每个子模块执行时间很短,无需考虑它们的优先级别,在执行顺序上不受限制。在执行"操作命令执行模块"时,根据操作命令表每一条现在的命令,从操作命令执行模块中找出相应的子模块予以执行。如果执行结果达到预期目的,则从操作命令表中删去相应的操作命令。否则应给出表示信息:提醒车站值班员采取相应的措施。

(3)进路处理模块

进路处理模块是在执行了进路搜索子模块对所办进路已形成进路表之后,对进路进行处理的模块。进路处理分成五个阶段,进路处理程序也相应的分成五个子模块。

①进路选排一致性检查及道岔控制命令形成子模块

检查道岔位置是否符合进路要求,如果不符则形成相应的道岔控制命令。

②进路锁闭模块

检查进路的锁闭条件是否满足,若满足时给出进路锁闭变量及提示信息(如白光带等)。

③信号开放与保持子模块

检查进路信号开放条件是否满足,若满足时形成防护该进路信号机的开放命令。在信号开放后,不间断地检查信号开放条件,条件满足时使信号保持开放,否则使信号关闭。

④进路正常解锁子模块

实现进路正常解锁和调车进路的中途返回解锁。

⑤取消进路子模块

实现进路的取消和人工解锁。

(4)状态输入模块

将道岔、信号和轨道电路等的状态信息输入到联锁计算机中。

(5)表示信息输出模块

将已形成的各种表示信息通过相应的接口,使显示器工作。

(6)控制命令输出模块

将已形成的道岔控制命令和信号控制命令通过相应的输出通道,来控制道岔控制电路和信号控制电路。

2. 联锁软件的任务调度方式

在联锁计算机中，如何把各个程序模块管理起来使它们协调而有效地工作，是软件设计的一个重要内容。对于程序模块的管理，也称为程序模块的调度。一般来说，有集中调度方式和分散调度方式两种基本的调度方式。

(1)集中调度方式

集中调度方式是在各个程序模块之外，另设计一套实时调度程序，由它统一调度各个任务的执行，如图 6-20 所示。

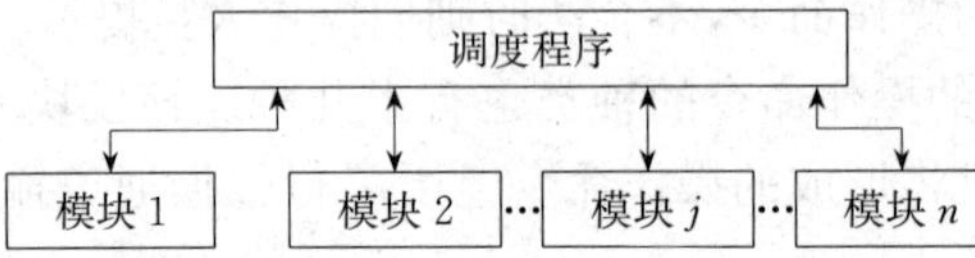

图 6-20　程序模块的集中调度方式

这种方式是由调度程序确定向哪个任务发送一组信息，由这些信息激活任务开始工作。任务执行结束时也向调度程序提供一组信息，调度程序收到该组信息后确定下一步调用哪个任务。

集中调度方式具有层次结构清晰的特点，调度程序处于上层，各个任务处于下层。各个任务仅与调度程序交换信息而任务之间不需相互联系，这为扩展任务提供了方便。集中调度方式可以根据各个任务的优先级别进行调度，可以监督任务的执行情况。例如，某个任务由于某种原因超过了规定的执行时间，则强制它停止执行而调用其他任务。集中调度方式还能较方便地根据正在执行的任务的需要确定下一步调用哪个任务，而不局限于某种确定的顺序，也就是说，对于任务的调度具有较大的灵活性。

(2)分散调度方式

分散调度方式是相对于集中调度方式而言的，即不设专门的调度程序而将调度的功能由各个任务分别承担。一个任务执行结束时，由任务自身确定下一步执行哪个任务。根据任务之间联系的简繁程度，有多种分散调度方式，其中最简单的是顺序控制方式，如图 6-21 所示，其任务的执行顺序是固定不变的。这种方式结构简单、节省时间，但灵活性较差。

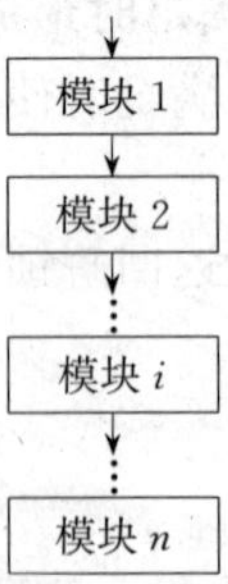

图 6-21　程序模块的顺序执行方式

对于计算机联锁系统来说，上述两种方式原则上均可使用或混合使用。但是，采用集中调度方式使得程序的层次化和模块化结构比较清晰，而且充分利用集中调度方式的优点，如对各模块进行监督等，有利于提高系统的可靠性，所以采用集中调度方式更有优势。

3. 操作命令执行程序

对应每种操作命令都有一个执行程序子模块，这些子模块按一定的程序控制方式联系在一起就构成了操作命令执行模块，如图 6-22 所示。这个结构构成思路是：操作人员的操作由人—机对话计算机采集并传送到联锁计算机，由按钮分析模块对按钮操作进行分析后，形成操作命令并存储在操作命令表中，当主程序执行“操作命令执行模块”时，顺序地从存储区中取出命令并予以执行；当命令的执行条件满足而成功执行后，从存储区删去相应的命令。图 6-22 的模块仅有一个入口和一个出口且其中各个子模块也仅有一个入口和一个出口，这种结构符合结构化程序设计，便于对模块进行独立设计和调试。

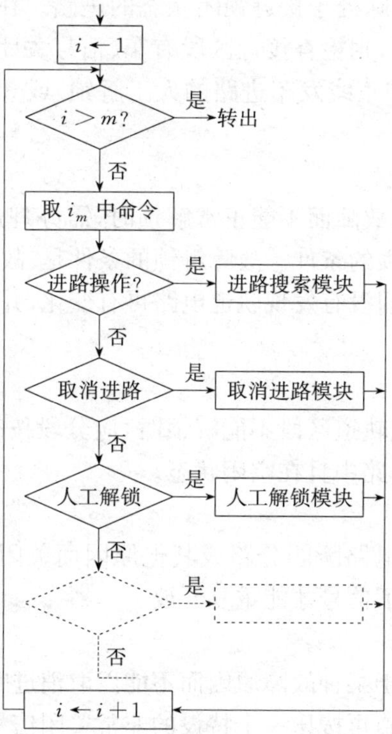

图 6-22 操作命令执行模块

(1)操作命令类型与功能

由于操作人员难免有操作失误的可能，所以应尽量通过检验或判断使错误操作不致形成操作命令。因此，对应于按钮的操作有一个按钮操作分析程序，它的任务就是对输入的按钮操作进行分析。符合要求的形成操作命令存于操作命令表中，以便进一步处理；不符合要求的给出“操作错误”的语音及文字提示，提醒操作人员改正错误操作。根据联锁要求，即使是合法的操作命令也必须在规定的条件满足之后才能执行。当执行一条操作命令时，如果它的执行条件没有满足，则也应向操作人员提供“操作命令无效”的信息，以便操作人员采取相应措施，如取消该命令或进行其他操作等。

①进路操作命令

进路操作命令的任务是选一条具体的进路。在采用进路表静态数据结构时，该命令的任务是从进路表库中选取符合所选进路条件的数据形成进路表，并将该表存于进路总表中；在采用站场形静态数据结构时，该命令需要通过“进路搜索”从站场数据库中选出一组符合条件的进路数据，形成进路表存放在进路总表中。因此，进路操作命令的执行程序模块称为“进路搜索模块”。

②取消进路命令

取消进路命令的任务是取消已建立的进路。在执行该命令时，应首先检查是否已建立了需取消的进路。如果事先根本没有建立这条进路，则该取消进路命令是无效的；如果存在需要取消的进路时，则必须检查：接近区段无车、防护该进路的信号机已关闭，以及进路在空闲状态。当这些条件满足时，才能取消进路。实际上，就是从进路总表中删除该进路表，以及将有关进路锁闭的变量复原为解锁状态。

③人工解锁命令

人工解锁命令的任务是解除处于接近锁闭状态的进路。在执行了该命令时，同样需要检查该命令是否有效。如果有效，则检查接近区段有车、信号关闭、进路空闲。上述条件满足后再延时 3 min（对于接车进路和正线发车进路的人工解锁）或 30 s（对于调车进路和其他列车进路人工解锁）才使进路解锁。

④进路故障解锁

当一条进路由于轨道电路故障而不能正常解锁时，需办理进路故障解锁。首先检查该命令是否有效，有效时再检查解锁的条件。故障解锁的条件是：故障的轨道电路已经修复或故障区段没有修复，而经过一段时间没有发现轨道电路再有变化，并检查列车或调车车列已经通过了该进路的所有道岔区段。

⑤区段故障解锁命令

当开机或由于某种原因使轨道区段不能解锁时，应分段按故障解锁方式使其解锁。解锁条件是该区段未被排在某条进路中且在空闲状态。

⑥重复开放信号命令

当信号开放后，由于轨道电路瞬间分路或其他原因而关闭时，若开放信号的条件又满足了，则应在车站值班员的操作下信号才能重复开放。

⑦非常关闭信号命令

在计算机联锁系统中，由于某种故障原因而不能以取消进路、人工解锁等方式使信号机关闭时，需通过一定的手段或措施再按压一个特设的非常关闭信号按钮，强制切断信号继电器电源，使信号关闭。

⑧开放引导信号命令

当进站信号机因故不能正常开放时，可开放引导信号。引导信号开放时一般无联锁保证，引导信号的开放一般为非保留式。当其开放后能保持对进路中的有关道岔施行锁闭时，可采用开放保留方式，并应能随时将其关闭。

⑨引导锁闭命令

引导进路可按进路控制和单独操纵道岔方式建立。若引导进路上的道岔状态信息正确，则应锁闭进路中的道岔和敌对进路，否则应根据咽喉区道岔状态信息的反映情况，扩大锁闭道岔的范围，乃至实现全咽喉锁闭。

⑩引导解锁命令

引导锁闭在列车通过后，由引导解锁命令使其解锁。

⑪道岔单独操纵命令

在道岔未受区段锁闭、进路锁闭和单独锁闭的条件下，可单独操纵道岔。

⑫道岔单独锁闭命令

操作人员无条件地单独锁闭道岔。

⑬道岔单独解锁命令

操作人员无条件地解除道岔的单独锁闭。

(2)操作命令的形成与任务分配

从操作命令的执行对象上来分,可分为进路的操作命令、道岔的操作命令,以及其他特殊任务的操作命令。

①进路操作命令的形成

进路的操作命令主要包括进路选路操作、关闭信号操作、解锁进路操作。

a. 进路选路操作

基本进路,一般由进路始端按钮和进路终端按钮组合形成一次有效操作。对于变通进路还要加上变更按钮才可以形成一次有效的操作命令。

长调车进路,以其第一条基本进路的始端按钮加最后一条进路的终端按钮组成一次有效操作。对于有变通进路的长调车进路也要加一个能够确定进路方向的变更按钮才可选出。

通过进路,始端按钮加通过进路的终端按钮才可形成有效操作命令。

引导进路,带密码的引导按钮。

b. 关闭信号操作

关闭信号有三种方式:取消按钮+进路始端按钮、人工解锁按钮+进路始端按钮、区段故障解锁按钮+进路中道岔按钮。

c. 解锁进路操作

对于正常的接发车进路,根据进路的状态一般采用取消进路、人工解锁进路、区段故障解锁方式来解除进路的锁闭,它们的共同点是由进路的控制命令按钮与进路中选路按钮或道岔按钮相组合才可形成有效操作。

②道岔操作命令的形成

道岔的操作命令主要包括定操、反操、单锁、单解、封锁、封解操作,道岔的控制命令按钮与道岔按钮相组合才可形成有效操作。

③其他特殊任务操作

其他特殊任务操作的办理,只有选择相应的按钮才可形成有效操作。操作命令形成后要进行任务的分配,根据操作命令的类型分配给相应的功能模块,进行进一步的判断与处理。程序模块的调度模式如图 6-23 所示。

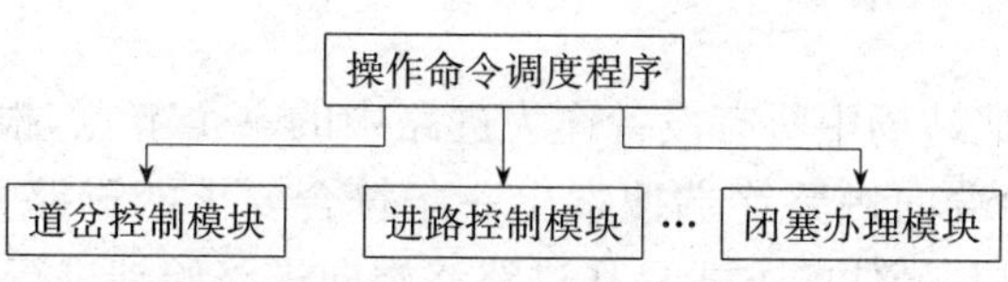

图 6-23　程序模块的调度模式

对应每种操作命令都有一个执行程序子模块,这些子模块按一定的程序控制方式联系在一起就构成了操作命令执行模块。这种结构符合结构化程序设计,便于对模块进行独立设计和调试。

(3)道岔控制程序的实现

①道岔控制技术条件的检查

a. 道岔总定位、总反位

检查道岔锁闭情况，如果道岔被进路锁闭和单锁，则不允许转换道岔；检查道岔所在区段是否有车占用，如果占用，则不允许操作；检查道岔所在区段的侵限绝缘情况，如相邻区段有车，则不允许操作；检查双动道岔的另一道岔及其所在区段是否被锁闭或有车占用，如果锁闭或占用，则不允许操作；道岔转换时间如果超过 13 s，则取消控制命令，并给出提示"命令不能执行"提示。

b. 单锁、单解

道岔未被封锁；道岔不在转换之中；单锁后允许排列经锁闭道岔位置的进路，但不能转换道岔；单解道岔应在满足相应的检查条件后方可进行。

c. 封锁、封解

道岔未被进路锁闭；道岔未被单独锁闭；道岔不在转换之中；在对设备进行维护或维修时，锁闭后不允许再排列经该道岔的进路。

②道岔操作命令程序的结构流程

道岔操作命令的处理模块是一个相对独立的部分，不与进路的处理发生联系，有较好的独立性，实现的技术条件也比较简单。该模块的总体结构流程图如图 6-24 所示。

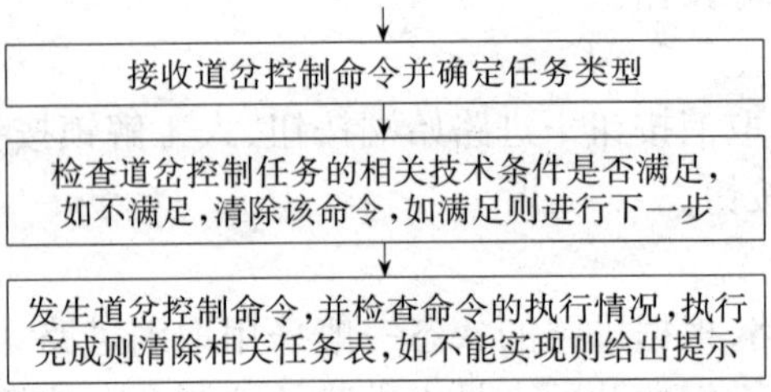

图 6-24 道岔操作命令程序的总体结构流程

4. 进路处理程序

进路处理程序是联锁程序的核心部分，对进路的处理采用进程控制方式。进路的处理主要包括进路搜索和进路处理。

(1)进路搜索程序

进路搜索程序根据形成的进路操作命令搜索进路，选出符合进路需要的静态数据，构成一个进路表，并存于进路总表中。目前广泛采用的进路搜索方式有动态生成进路和从进路表中选出进路两种。

①动态生成进路

动态生成进路方式把站场中所有设备作为进路中的一个节点，根据进路中的相关节点之间的关联关系，从进路始端向进路终端搜索出一条符合要求的进路并存储到进路控制表中。但从经验及理论分析得知，最佳的方式是从进路终端向进路始端进行搜索。

②从进路总表中选出进路

从进路总表中选出符合进路需要的静态数据，并存于进路控制表中。这种方式是事先把与进路相关的数据都存于进路总表中，在进路总表中指明各设备之间的联锁关系，从而便于进路的处理。

上述两种进路搜索方式各有优缺点。动态生成进路的方式不必事先存储大量的数据，节省了存储空间，也避免了因手动输入数据而产生的人为差错。但是这种方式对程序的要求很高，程序必须是完善的和可靠的才可以使用。静态进路表方式大大减少了搜索程序的复杂程度，而且搜索速度快，但较大站场的静态数据量是很庞大的，需要很大的内存空间才行。

目前计算机的发展已经解决了内存的容量限制问题，所以综合上述两种方式，最佳的方案就是采用计算机辅助设计（CAD）方式来生成静态进路表，在 CAD 中设计出一套完整成熟的进路搜索程序来完成进路表的制作，从而避免了手工输入进路表而产生的人为错误，大大提高了联锁程序的效率和可靠性。

（2）进路处理模块

进路搜索完成后，联锁程序将进入进路处理模块。进路处理包括进路的选排一致检查、进路锁闭、信号开放并保持、进路解锁，其中进路解锁又包括进路正常解锁、取消进路、人工延时解锁、故障解锁等。

一般进路处理模块通用的子模块可划分：标准检查子模块、进路处理基本子模块。

①标准检查子模块

进路处理过程中，不少地方需检查进路空闲、道岔位置正确、照查条件（包括两咽喉间的敌对进路的检查等）是否满足等。对此，可设计相应的标准检查子模块以供调用。

a. 进路空闲检查子模块

进路空闲的检查就是检查进路上的所有轨道区段都无车占用或轨道电路故障，因此必须设置输入参数和返回参数才能实现完备的检查。输入参数主要是所要检查进路的首址，也就是该进路在静态进路表中的位置。这样就可从静态进路表中提取进路上各区段的状态地址，从而完成进路空闲的检查。检查完成后，有两种情况：一是进路空闲，二是进路不空闲，要把进路的状态通知给调用它的模块就必须设置返回参数，并在参数中指明进路处于上述两种情况中的哪一种状态。进路空闲检查子模块的流程如图 6-25 所示。

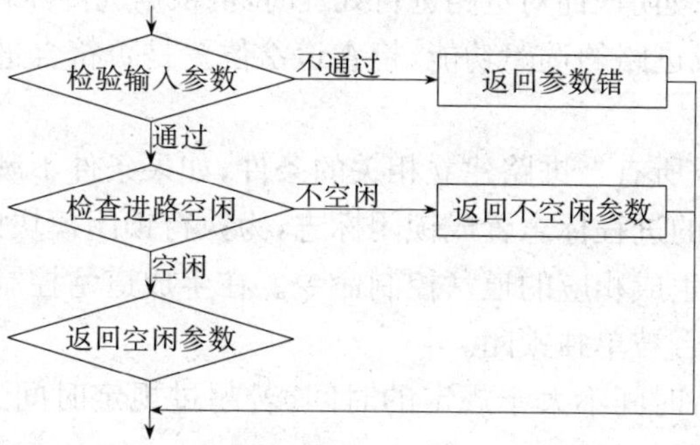

图 6-25　进路空闲检查子模块的流程

b. 道岔位置检查子模块

道岔位置检查就是检查进路上的道岔开通位置是否满足进路建立的状态。与进路空闲的检查处理方式相类似，也是从静态进路表中找到要检查道岔的首址，将从道岔动态控制表中采集到的道岔位置与进路建立所要求的位置相比较，来确定道岔的位置是否正确，同要在返回参数中指明检查的结果。输入参数就是进路在静态进路表的地址。道岔位置检查子模块的流程如图 6-26 所示。

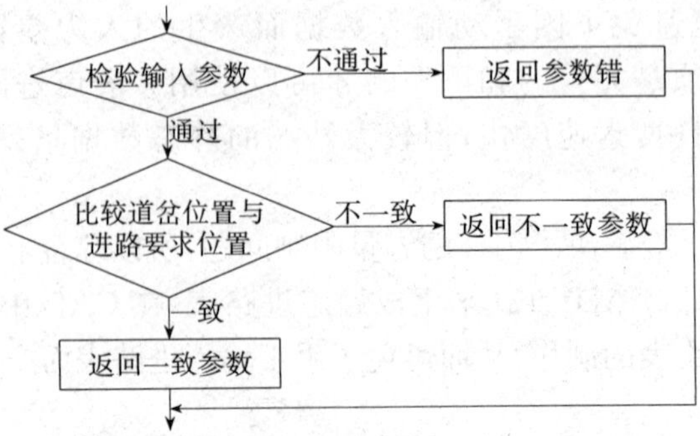

图 6-26 道岔位置检查子模块流程

c. 照查条件检查子模块

照查条件就是指与该进路有联锁关系。有的进路有照查条件，有的进路没有照查条件，但总可以建立一个标准的照查条件检查模块，通过设置一个或几个照查参数来反映照查条件（如果无照查条件就设控制参数为 0）。

d. 进路控制表设置子模块

当完成进路搜索并找到要处理的进路时，下一步就是对进路的处理了。采用进路控制表来实现进路的控制，要把找到的进路及其相关参数转移到进路控制表中，以便于控制。进路控制表的维数就是一个站场能够同时排列进路的最大数。一个进路控制的长度就是所有与进路控制相关的参数长度的总和。可采用插空的方式来添加进路控制表。从进路控制表的第一行向下扫描，当找到空闲的一行时就把进路的控制参数添加以该行中。在进路处理时，根据该条进路的进程来实现各功能模块间的转换与处理。

②进路处理基本子模块

a. 进路选排及道岔控制命令生成子模块

当执行了进路操作命令选出一条进路后，在该进路的进路表中首先将进程标志设置成选排标志。当程序进入进路处理阶段而对进路进行处理时，可根据选排标志进入进路选排子模块。

进路选排子模块完成进路的选路功能，检查道岔位置是否符合进路要求，其基本流程如图 6-27 所示。

在这个模块里要检查所有与进路建立相关的条件，如果条件不满足则说明进路不能建立；如果条件满足，则将进路的进程标志置成锁闭标志，为执行锁闭模块做准备。写进路中某一道岔位置不符合要求时，则生成相应的道岔控制命令。在生成道岔控制命令以前，检查道岔所在区段是否空闲，该道岔是否被单独锁闭。

道岔控制命令的保持时间不大于规定的时间，若超过规定时间道岔仍选排不一致，则强制取消该操作命令。

b. 进路锁闭子模块

当进路处理模块的进路标志为锁闭标志时，进路处理程序转到执行进路锁闭子模块。

进路锁闭是在进路选排一致后，表明进路建立条件成立的情况下，把进路中的区段、道岔及各种锁闭变量设置为相应锁闭状态或标志。进路锁闭前必须检查满足进路建立的条件，这些条件是：进路中的所有区段空闲，包括侵限的道岔区段；道岔位置正确；照查继电器吸起。在条件满足时，实现进路锁闭；在条件不满足时，调用诊断程序，分析不能锁闭的原因，给出提示信息，其流程如图 6-28 所示，其中进路建立条件的检查流程如图 6-29 所示。

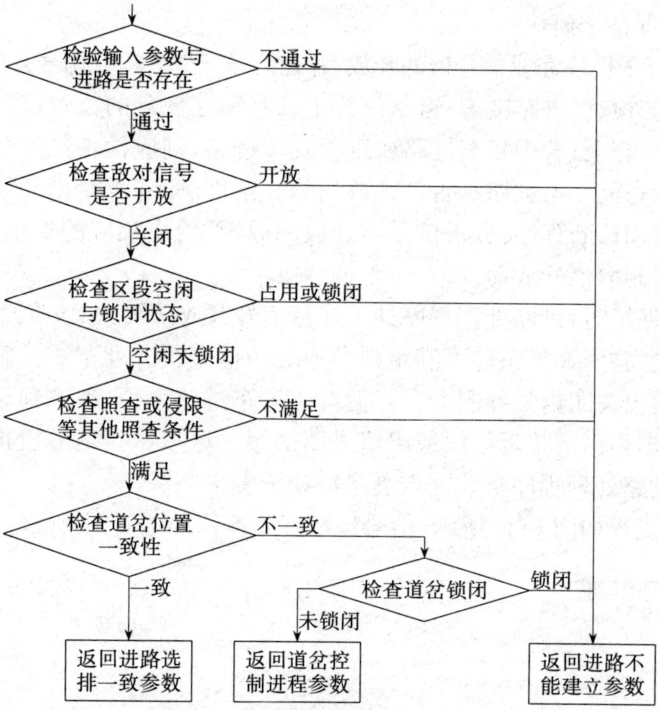

图 6-27　进路选排一致检查子模块流程

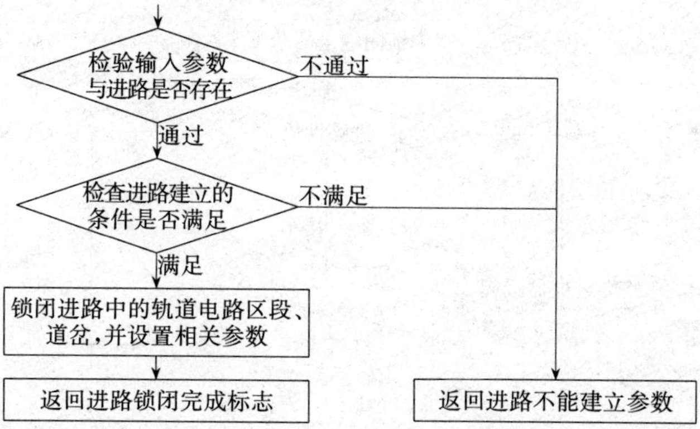

图 6-28　进路锁闭子模块流程

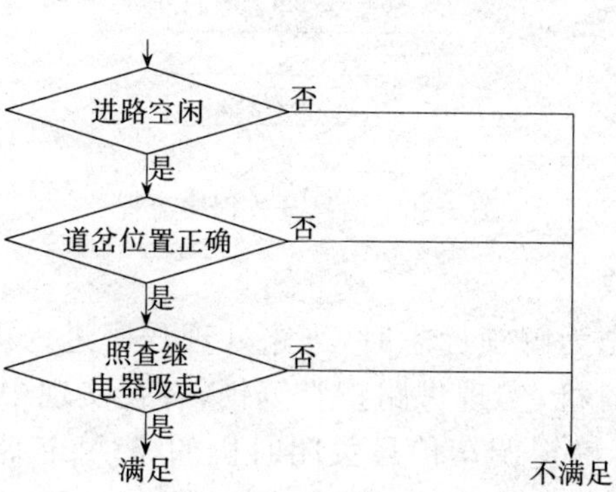

图 6-29　进路建立条件的检查流程

c. 信号开放与保持子模块

信号开放与保持子模块完成信号机的开放，并在信号开放后检查信号开放的条件是否满足。

在信号开放前应检查：进路空闲；道岔位置正确并锁在规定的位置；道岔条件满足并将敌对进路锁在未建立状态上；若为接车进路或正线发车进路，则应检查红灯灯丝是否完好；若为长调车进路，则应检查前一条进路是否已开放信号。条件满足时，给出开放信号的控制命令；当条件不满足时，调用诊断程序，分析信号不开放的原因，给出相应的提示。信号开放控制命令有时限，超时应强制取消开放命令。

当进程标志为保持时，进路处理程序处于保持信号开放阶段，在该阶段应持续地校核进路状态，检查允许灯光完好，如果条件不满足则马上关闭信号机。列车一旦驶入进路，信号机应立即关闭，即立即给出关闭信号控制命令。但对于调车进路来说，考虑到调车中途折返情况，其信号关闭时机为车列出清接近区段或出清进路的第一区段。当信号机正常关闭时，给出进路解锁标志，以便进路处理程序自动进入进路解锁子模块。

信号开放程序流程如图 6-30 所示，信号保持程序流程如图 6-31 所示。

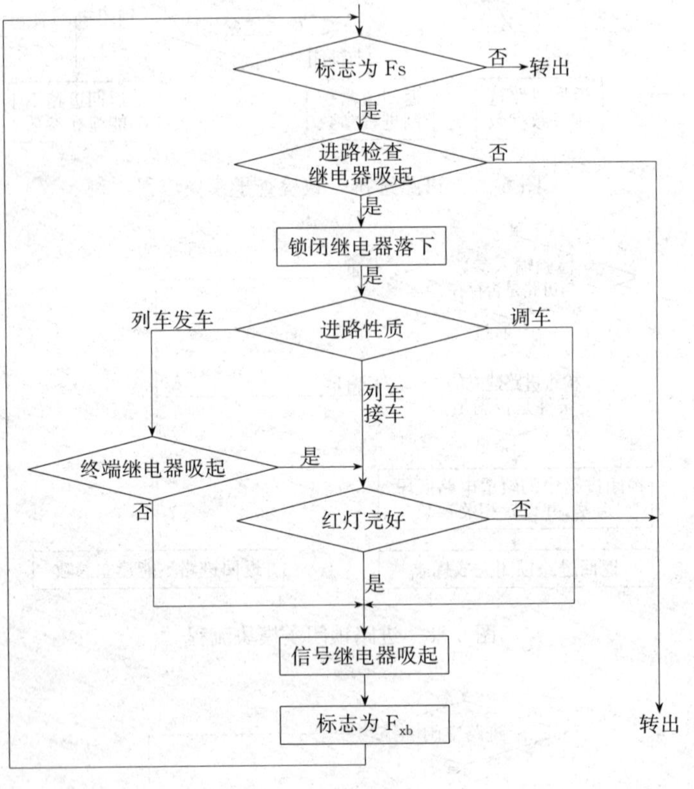

图 6-30　信号开放程序流程

d. 进路正常解锁子模块

当进路处理的进程标志为解锁标志时，进路处理程序进入进路自动解锁阶段，在该阶段要确定调车信号的关闭时机，实现进路正常解锁，以及实现中途返回解锁。与这三个功能相应地设三个程序模块：确定调车信号关闭时机的模块；正常解锁模块；中途返回解锁模块。

调车信号关闭的时机：一是当调车车列进入信号机内方第一区段且出清接近区段时；二是当接近区段留有车辆时，当调车车列出清信号机内方第一区段并压入下一相邻区段时。

进路的正常解锁是在进路两端采用两点检查法，其他区段按三点检查法解锁区段及道岔。

中途返回解锁是在转线的调车作业过程中，由于调车车列中途返回而使得某些牵出进路的道岔区段，甚至整个牵出进路不能按正常解锁方式解除进路锁闭，因此，需采取中途返回解锁措施。

牵出进路的中途返回解锁有两种情况。第一种情况是当牵出进路中有折返信号机，而调车车列根据该信号机折返时，折返信号机前方的道岔区段按中途返回解锁方式解锁。

例如在图6-32(a)中，进行由1G到2G的转线作业，首先需建立由D_{17}到D_7的牵出进路，当调车车列牵出并越过17—23DG后，再建立D_{13}到2G的折返进路。那么对应牵出进路中的道岔区段8—15DG和3DG就需按中途返回解锁方式解锁。

在这种情况下，解锁的条件必须能反映调车车列确实已经折返且离开了待解锁的区段，而且这些条件不会由于轨道电路瞬间误动而造成。于是选取如下条件作为中途返回解锁的依据：在牵出进路中有折返信号机；该折返信号机曾开放过；待解锁的各个轨道区段已经空闲；折返信号机内方第一轨道区段有车占用。这些条件满足后，足以表明调车车列确实折返而又出清了待解锁的轨道区段。

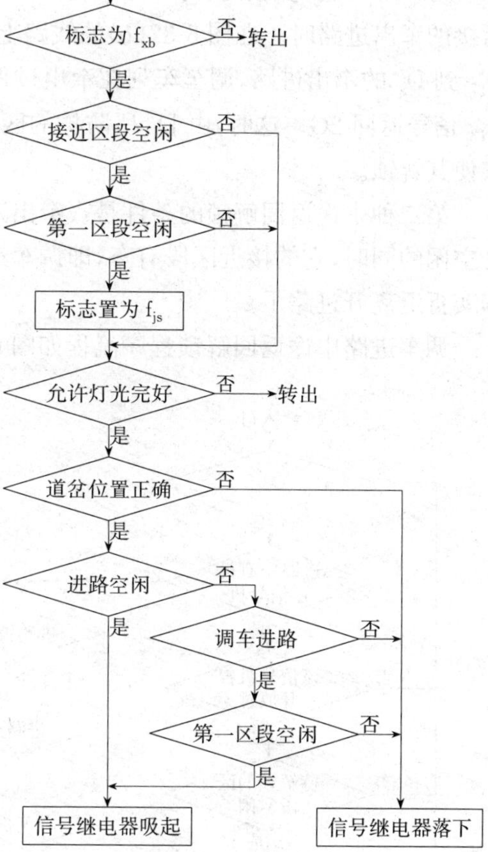

图6-31　信号保持程序流程

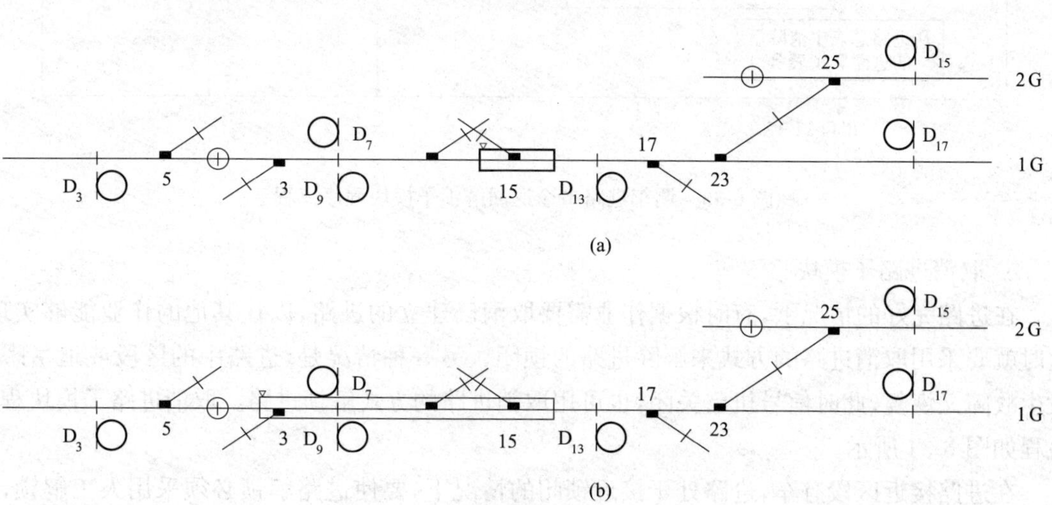

图6-32　中途返回解锁举例

另一种中途返回解锁的情况出现在当转线的调车车列较长，需为它办理多条基本进路相衔接的牵出进路时。在图 6-32(b)的线路上，同样办理从 1G 到 2G 的转线作业，首先办理了由 D_{17} 到 D_3 的牵出进路，调车车列在牵出过程中占用过 D_7 到 D_3 的进路后，又根据折返信号机 D_{13} 信号返回 2G。这时，由 D_7 所防护的区段无法正常解锁，而需要用第二种中途返回解锁方式使其解锁。

第二种中途返回解锁的条件是：(牵出)进路曾被占用过，调车车列未驶入过该进路；进路已空闲的同时，它的接近区段有车，即调车车列已退出进路；进路的接近区段又空闲，调车车列确实折返离开进路了。

调车进路中途返回解锁程序流程如图 6-33 所示。

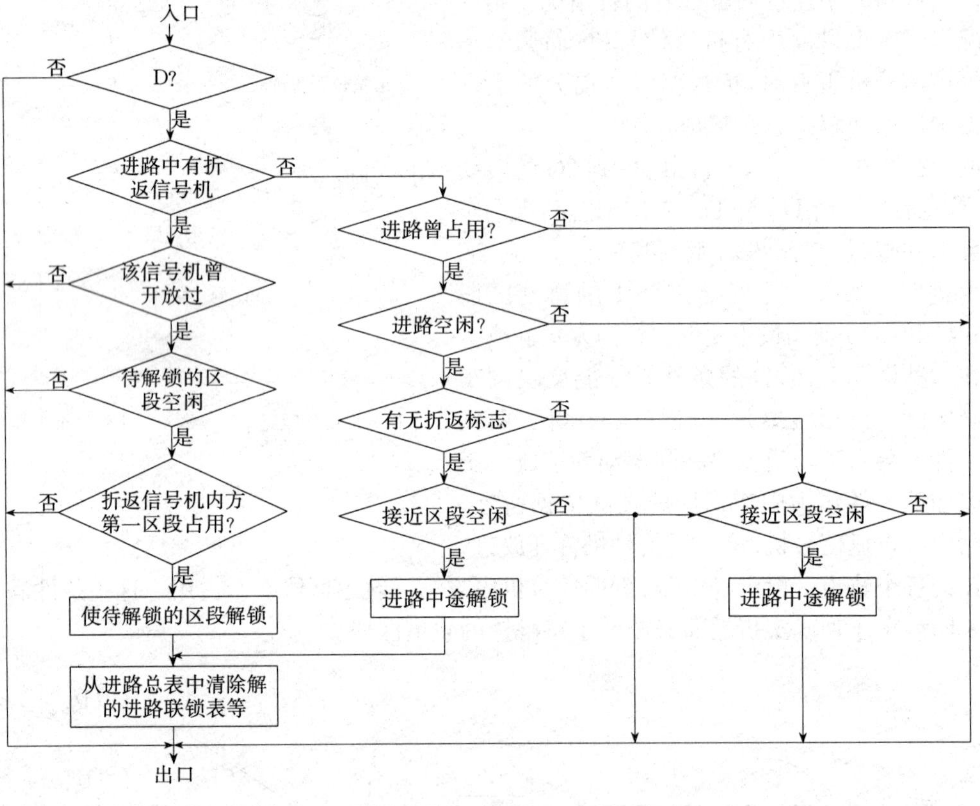

图 6-33 调车进路中途返回解锁子模块程序流程

e. 取消进路子模块

在进路完好的情况下，有时根据作业需要取消已建立的进路，以让其他的作业能够实现，这时就要采用取消进路的方式来解除进路的锁闭。另一种情况是，进路中的区段或道岔瞬间发生故障又恢复，此时信号机已关闭，也可用取消进路的方式解锁进路。取消进路子模块程序流程如图 6-34 所示。

在进路接近区段有车，进路处于接近锁闭的情况下，要使进路解锁必须采用人工解锁，延时解除进路锁闭。人工解锁子模块程序流程如图 6-35 所示。

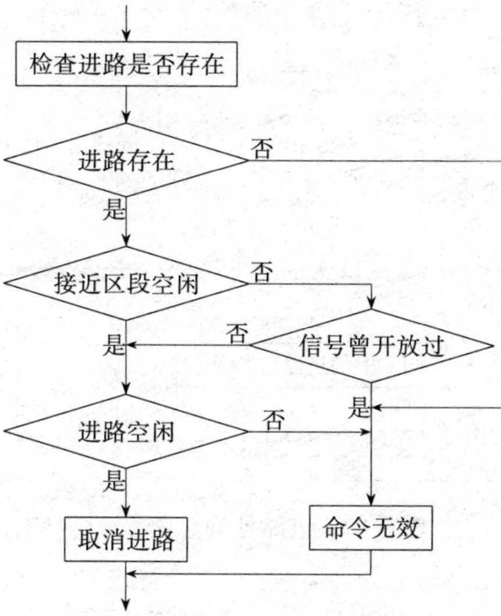

图 6-34　取消进路子模块程序流程

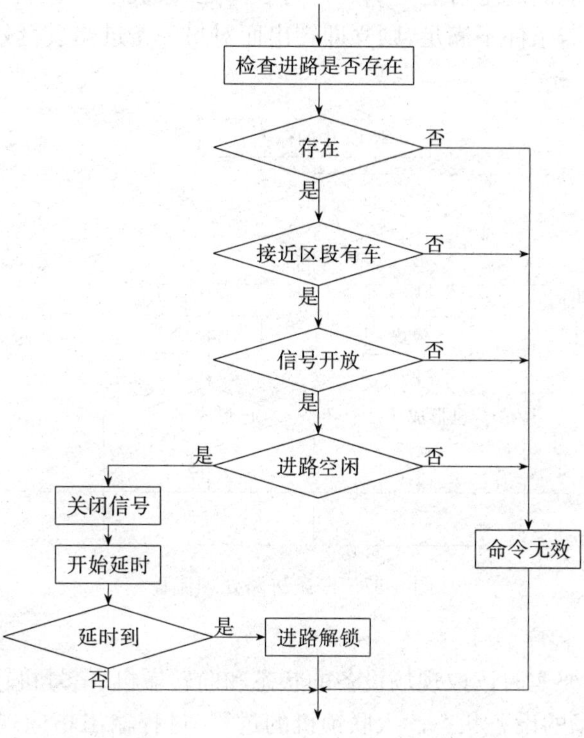

图 6-35　人工解锁子模块程序流程图

③进路处理模块的调度

a. 各条进路的处理

一个车站同时最多能办理 x 条进路，进路总表中最多存有 m 条进路的进路表。当主程序进入进路处理阶段时，对进路总表中各条进路处理一遍而后转出。假设进路总表中的存放进路的单元为 $i(1,2,3,\cdots,m)$，单元 i 中可能存有进路，也可能是空着的。进路处理总流程如图 6-36 所示。

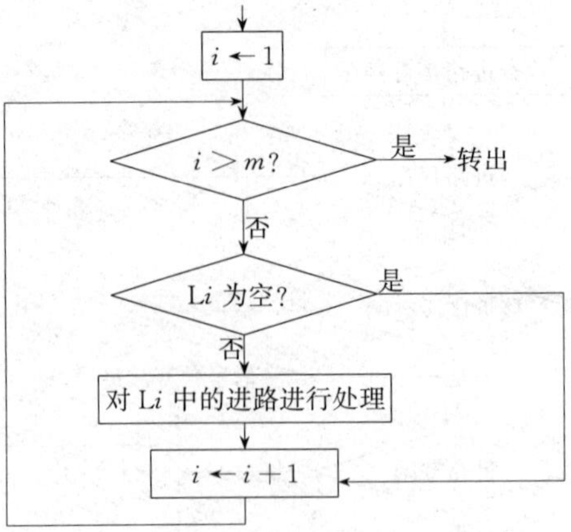

图 6-36　进路处理总流程

b. 一条进路的处理

在对某一条具体进路进行处理时，分五个阶段，并按照顺序方式进行处理。每次进入一个阶段时，其执行条件可能满足也可能不满足。为了不延误时机，当条件满足时，处理完毕后立即处理它的后续模块；若条件不满足，则立即转出而对另一条进路进行处理。一条进路处理流程如图 6-37 所示。

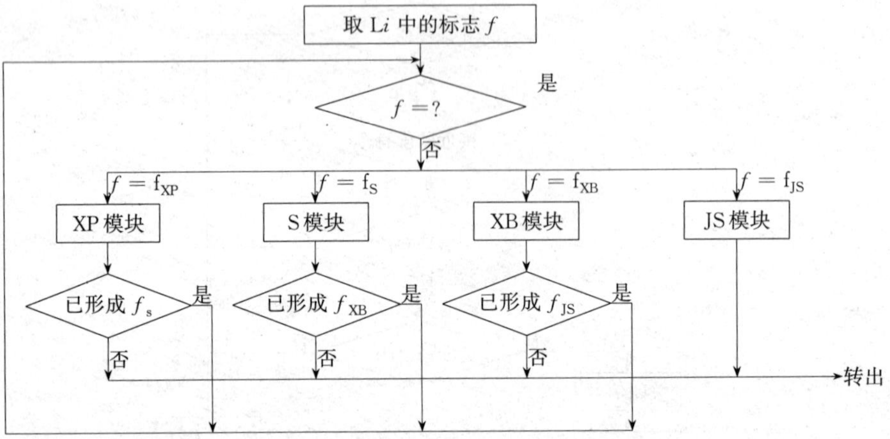

图 6-37　一条进路处理流程

5. 过程输入/输出程序

在联锁运算中，需要实时读取现场设备的状态和向转辙机、信号机输出控制命令。这里的过程输入指完成将现场的设备状态读入联锁机的过程，过程输出指向现场设备输出控制命令的过程，相应的有完成现场设备状态输入的安全输入程序，向现场设备输出控制命令的安全输出程序。过程输入/输出程序流程如图 6-38 所示。

(1)安全输入程序

安全输入程序由输入清零、读入数据和置回执三个模块组成。

①输入清零模块

输入清零模块的功能是输入表清零。为了实现输入设备与输入口的一一对应，为每一个输入设备设一个说明表，表中存放该设备的名称、输入地址和输入的状态数据，将所有输入设备

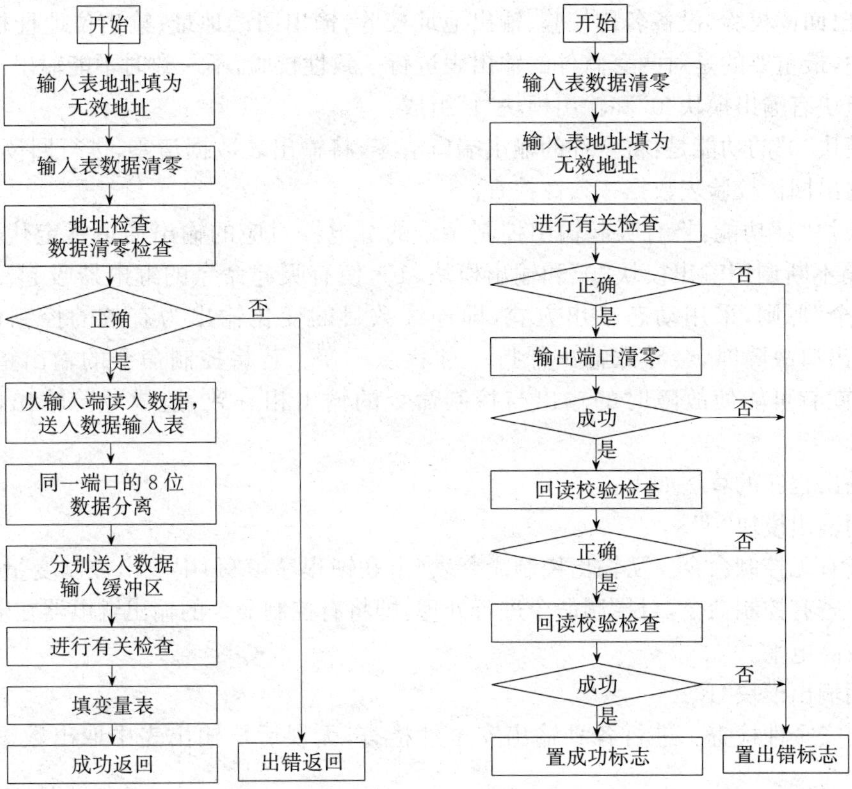

(a)　　　　(b)

图 6-38　过程输入/输出程序流程

的说明表集中存放，称作输入表。为了实时输入动态数据，将输入表中的输入地址、输入数据均清为无效数据，保证每一次输入的数据都是现场设备的实际数据，防止因输入口故障造成数据的长久不变。例如，某一个道岔，上一次的输入数据表示该道岔在定位，输入前不将其清为无效，这时若输入口故障，使得本次输入没有采集进来，联锁程序就会误把上次的数据当作此时的设备状态而进行联锁运算，这是很危险的。

②读入数据模块

读入数据模块的功能是读输入口数据并进行数据分离。将全部用到的输入数据端口的数据读入到输入表中的对应字节中去，将每一输入端 8 位或 16 位数据分别处理后送入到数据输入缓冲区中去，进行有关的检查。

③置回执模块

置回执模块的功能是将输入缓冲区的数据处理后送入动态变量表。先进行数据转换处理，把输入缓冲区中的数据取出后，判断对应的继电器状态，填写对应的动态表(即联锁运算程序同安全输入程序的接口数据区)。再检查动态变量表，根据检查的结果设置相应的标志，如信号曾开放标志等。若此时读入程序运行成功，设置成功返回标志；若不成功，设置不成功返回标志，以便主程序能够知道该程序的运行情况，并且通过返回标志得知不成功的原因和故障点。

(2)安全输出程序

在驱动继电器前必须做最后的输出数据一致性检查，检查的内容是：两套软件的输出一致性校验、输出回读校验、设备名称校验、输出地址校验、输出回读地址、输出位地址校验等。在各种校验中，最重要的是对两套软件的输出表进行一致性校验，不一致时不能输出。

输出模块有输出模块“0”和输出模块“1”组成。

输出模块“0”的功能是：将全部的输出端口清零，将输出表数据清零，进行回读检查，进行输出表与输出回读校验表数据一致性检查。

输出模块“1”功能：将有吸起输出控制命令的继电器对应的输出通道指定代码，按一定的时间间隔不断调用输出模块“0”和输出模块“1”，使有吸起命令的继电器吸起。为了实现“故障—安全”原则，采用动态输出方式，即连续数目的变化输出为有效的控制命令输出。因为，当输出口故障时，会导致输出保持一种状态不变。若将控制命令的输出指定为一种稳定状态，就有可能使故障时的输出与控制命令的输出相一致，造成危险输出，这是不允许的。

安全输出程序的算法如下：

①调用输出模块“0”。

②检查有无控制命令。从输出控制命令表(由联锁程序填写)中取出控制变量，检查有无控制命令。若有控制命令，对控制命令进行处理，即将有控制命令的输出继电器在输出表中的对应位置位高电平。

③调用输出模块“1”。

④输出安全性检查。进行各种输出安全性检查，无误后从输出表中取出数据送往输出端口。

⑤一致性检查。将输出数据和输出回读数据及地址进行一致性检查，一致时输出，不一致时不输出。

6. 提高软件可靠性的措施

软件可靠性一般指软件本身完成指定功能的能力。对于联锁程序来说，就是指程序本身是否能正确地实现联锁要求。软件的缺陷或故障是指在开发设计阶段考虑不周造成的。在投入使用前，尽管经过检验和调试，也可能有潜在错误未被发现。提高软件可靠性的措施，类似于提高硬件可靠性的措施，也是从避错、检测和屏蔽三方面来考虑的。在设计联锁处理程序时，参考设计继电集中联锁的经验，采用结构化设计方法，采用车站模拟系统对软件进行检验都是避免错误的重要措施。

在计算机联锁系统中，检测软件故障的技术多采用双软件技术(软件冗余)，即针对不同的联锁条件，由不同设计者，采用不同的数据结构、不同的程序结构，甚至不同的语言设计成两套程序，将其运算的中间结果和最终结果进行比较，当比较一致时才有控制输出。在现实的计算机联锁系统中，有的将两套程序由一台计算机执行，有的将两套程序分别由两台计算机执行，甚至有的由两台计算机各执行两套程序经过两次比较来检验运算结果的正确性。

软件故障屏蔽技术主要是采用三个功能相同的软件(三台计算机分别执行或单机执行)，就其运算结果进行多数表决。只要任何两个运算结果相同时，表决的输出即为可靠的，但目前的计算机联锁系统中还没有采用单机执行三个软件的系统。

应当指出，软件可靠技术虽然是针对软件故障设计的，但它对硬件故障和数据故障均有反映，所以从效果上看，它不仅提高了软件可靠性，而是提高了整个系统的可靠性。

第四节　计算机联锁系统的通道与接口

计算机联锁系统的通道与接口指计算机联锁系统与外部设备的联系通道与接口,包括开关量输入通道、开关量输出通道,以及“故障—安全”输入/输出接口,而不是通用的标准接口。

一、计算机联锁系统输入/输出信息与接口

1. 计算机联锁系统输入/输出信息的性质

计算机联锁系统从外部设备采集状态信息,向外部设备发送驱动命令。计算机联锁系统和外部设备之间有大量的信息交换。这种信息交换具有两种性质:一是开关性;二是安全性。

(1)开关性

外部设备向联锁机提供的输入信息具有开关性。信号机的状态信息有开放和关闭,亮灯和灭灯。道岔的状态信息有在定位和在反位,在锁闭状态和解锁状态。轨道电路的状态信息有空闲状态和占用状态。操作信息有按钮按下和复原。在实际系统中均是用具有两个状态的器件(也称作二值器件),如继电器来反映。在处理时,需要用开关量输入通道将它的两种状态转换成二值逻辑量才能送到联锁机中参与联锁运算。同样,联锁机的输出信息也具有开关性,同样需要用开关量输出通道将二值逻辑量变换成二值执行器件的动作信号。

(2)安全性

输入/输出信息的安全性是根据其与行车安全的关系来确定的。一类是与安全无关的信息,称作非安全信息;另一类是与安全有关的信息,称作安全信息。联锁机和控制台之间所传送的信息,无论是操作信息还是表示信息,都是非安全性的,因此可以采用通用的输入/输出通道和接口,无需采取“故障—安全”技术措施。联锁机与监控对象之间交换的信息属于安全信息,因此必须考虑当输入/输出通道发生故障时,一定使传送的信息导向安全侧。为此,在通道设计上必须采用安全输入/输出接口,以保证传送的涉及安全的信息经由接口电路时,不致因接口电路本身的故障而错误地产生危险侧信息。

2. 计算机联锁系统接口的采用

非安全接口是不涉及行车安全数据的接口,无论是并行还是串行,均可采用通用的标准接口。

对传输安全数据的串行接口电路来说,可采用编码理论中的差错控制技术发现数据是否因故障而发生错误,从而可用检测数据出错的方法使系统输出不会产生危险侧信息。所以这种接口也可以采用标准通用接口。

传输安全数据的并行接口电路,不能简单地用通用标准接口,由于不能用编码控制数据传输的错误,而且标准开关量输入/输出接口电路的故障模型属于逻辑层的固定型故障,若以电平信号(“0”、“1”)作为开关量信号,则在接口电路发生故障时,不能保证开关量的值必然导向安全侧。

状态信息的采集采用动态输入的方式,计算机按规定格式周期地输出代码,该代码经继电器接点输入到计算机中去。计算机可通过检验输入的代码是否畸变来判断输入电路是否失效。

控制信息的输出采用动态驱动的方式,将控制码以串行方式输出。该动态输出经由静态

鉴别电路以驱动继电器工作。如果计算机系统内部采取了“故障—安全”措施，也可采用静态驱动方式。

尽管利用编码理论可以实现电子电路内部的“故障—安全”要求，然而目前对安全性信息的输入和输出仍由继电器来完成。

二、开关量输入通道

开关量输入通道是将二值开关量信息变换成计算机能接收的两种电平信号，并抗干扰，保证输入信号的正确性。开关量输入通道如图 6-39 所示。

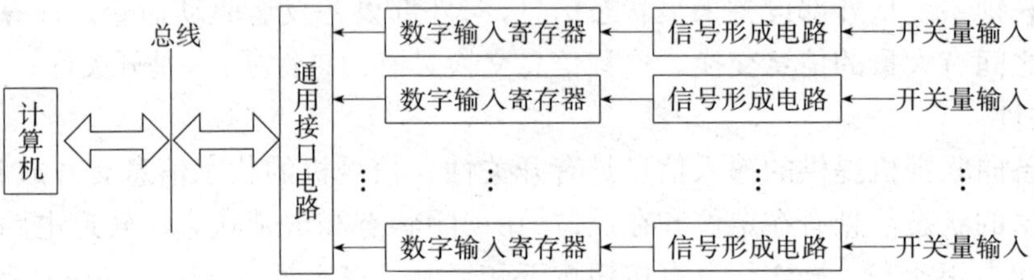

图 6-39 开关量输入通道方框图

开关量输入通道一般由信号形成电路、数字输入寄存器、其他通用接口组成，其特点是每个二进制位都可以代表开关量，即一个二值器件的状态。信号形成电路应具有变换、隔离和去抖功能。

1. 变换

对于有触点的开关来说，如继电器接点要把它的“通”与“断”两种状态变换成计算机能识别的“0”和“1”。

2. 隔离

为防止现场强电磁干扰或工频电压通过输入通道反串到计算机系统中，需要采用通道隔离技术。在开关量输入通道的隔离中，最常用的是光电隔离技术，因为光信号的传输不受电场、磁场的干扰，可以有效地隔离电信号。

3. 去抖

有接点的开关元件，在接点刚刚接通或刚刚断开时，有机械振动，这种抖动对继电器来说不会产生影响，而计算机对此是敏感的，抖动可能使检测结果出错。一般可以用硬件电路去抖，也可以用软件延时的方法去抖。

信号形成电路可有多种形式，图 6-40 为两种开关信号形成电路，它们用光电耦合器将接点输入侧与计算机输入侧进行隔离。二者的区别仅在于滤波电容的位置不同。

开关量输入通道的形式有多种，常用的有直接输入方式、分组输入方式和矩阵输入方式。

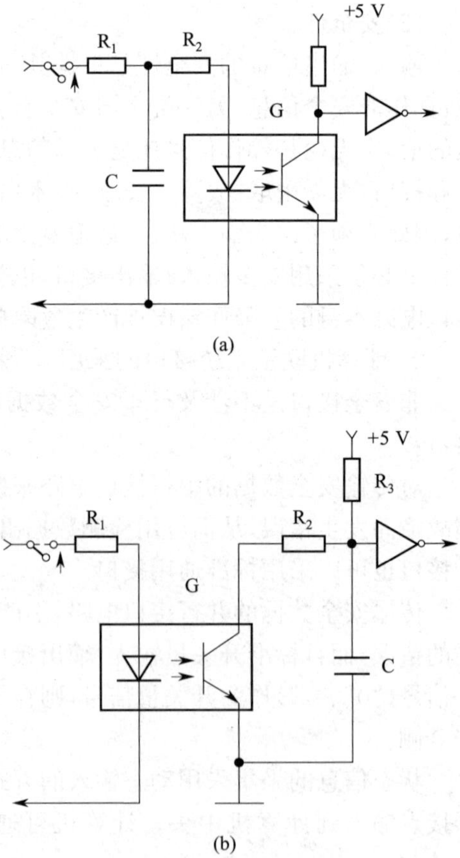

图 6-40 信号形成电路

三、开关量输出通道

联锁计算机输出的开关量用来控制执行继电器、表示灯或音响报警装置，图 6-41 是开关量输出通道的一般组成框图，与图 6-39 相比，它们的构成形式基本相同，只是信号的流通方向相反而已。数字输出寄存器的每一位可控制一个开关量，也就是去控制一个继电器的励磁或失磁，一个表示灯的点亮或熄灭，一个扬声器的响与不响等。

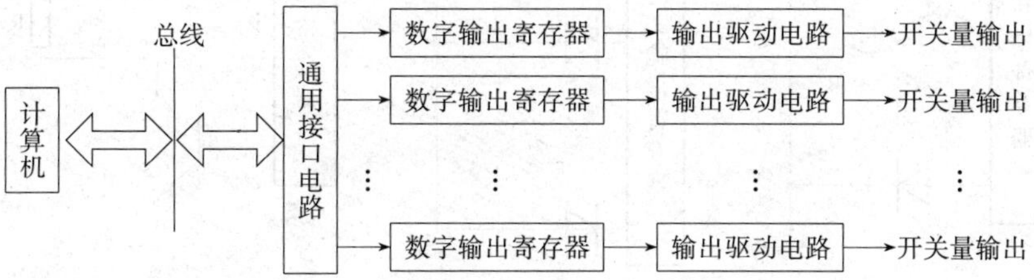

图 6-41　开关量输出通道的一般组成框图

开关量输出通道的主要功能：一是提高驱动能力，将 TTL 电平信号转换成能驱动继电器等执行器件的信号；二是实现计算机与外部设备之间的电气隔离，防止干扰信号侵入，保证系统可靠工作。

1. 继电器输出接口

继电器输出接口电路如图 6-42 所示。CPU 执行输出指令使输出寄存器相应位置“1”，高电平信号加到光电耦合器输入级使它导通，其导通电流使继电器励磁；当输出指令使输出寄存器相应位置“0”时，光电耦合器截止，继电器失磁。这种接口方式，其输出既可用于高压场合；也可用于低压场合，既可适用于大电流，又可适用于小电流，这主要取决于继电器接点所能承受的电压及流过的电流的大小。继电器线圈和触点没有电的联系，因此继电器输出接口还兼起隔离作用，在有的场合可省去光电隔离器件。

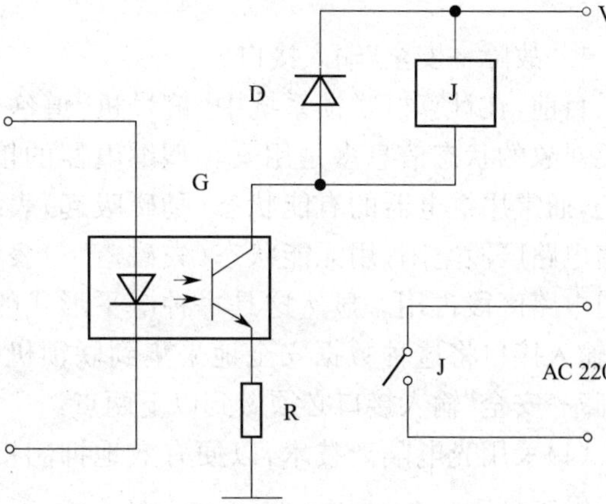

图 6-42　继电器输出接口电路

但是，由于继电器采用电磁吸合方式，在开关瞬间，接点容易产生火花引起干扰；对接点施加交流高压时，接点容易氧化；由于继电器的驱动线圈有一定的电感，在关、断瞬间可能会产生较大的电压，因此在继电器线圈一侧常反接一个保护二极管，用于反向放电。

2. 表示灯输出接口

发光二极管（LED）的点灯一般不必加驱动器，可由输出的 TTL 电平信号直接驱动，但要注意不同的接法，如图 6-43（a）和图 6-43（b）所示，其中图 6-43（a）为输出高电平有效；图 6-43（b）为输出低电平有效；表示灯的输出接口如图 6-43（c）所示。应根据表示灯的规格选用驱动器件。

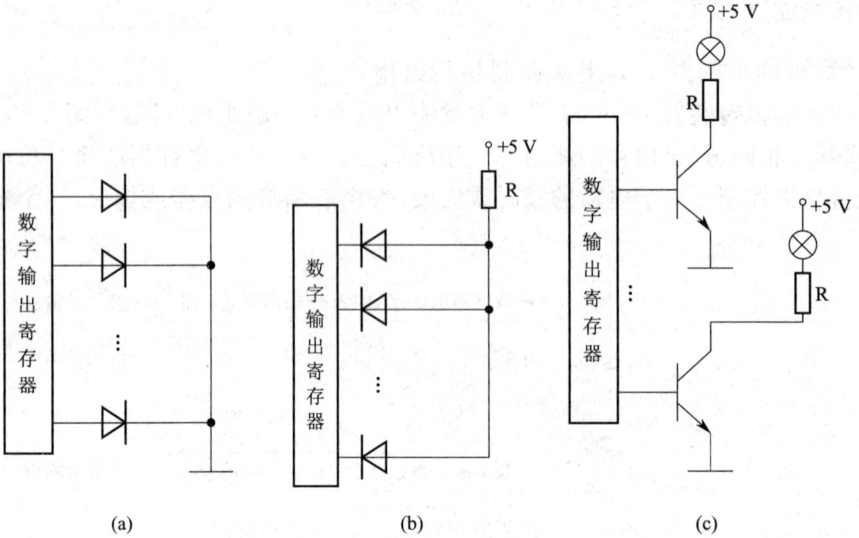

图 6-43　表示灯输出接口

3. 音响报警输出接口

音响报警输出接口如图 6-44 所示，由 G_1 和 G_2 组成驱动电路。当输出寄存器相应位输出高电平时，音响装置鸣响，发出报警信号，否则停鸣。

四、“故障—安全”输入/输出接口

1.“故障—安全”输入接口

目前，在计算机联锁系统中，信号机、道岔、轨道电路等监控对象的状态信息多是用安全型继电器的接点状态来反映的，通常用继电器的有能状态(励磁吸起)表征危险侧，如轨道电路区段空闲；用无能状态(失磁落下)表征安全侧，如轨道电路区段占用。显然这是一种电平形式的二值逻辑数据，输入接口将这种数据安全地采集到联锁机中来。为此，“故障—安全”输入接口必须做到以下两点：

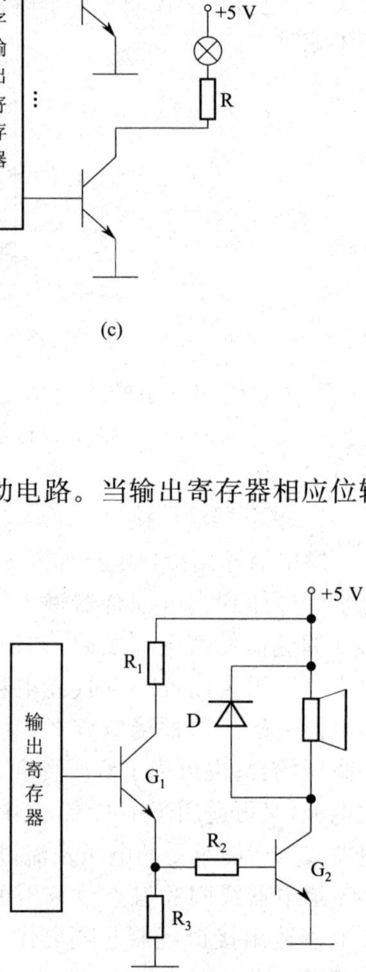

图 6-44　音响报警输出接口

(1)采用光电隔离技术，以便有效地抑制接点输入电路的电磁干扰。

(2)采用静态输入或动态输入方式，以便有效地实现“故障—安全”原则。

①静态“故障—安全”输入接口

静态“故障—安全”输入接口采用编码方式，将反映监控对象状态的二值开关量用多元代码来表达。假设取码长为 n，则可组成 2^n 个代码。若取其中的一个代码代表危险侧信息，另取其补码作为安全侧信息，称这两个代码为合法码，那么余下的“2^n-1”个代码为非法码。当 n 足够大时，一个合法码错成危险侧代码的概率极小，而错成非法码的可能性很大。利用这种非对称的出错性质，就可以实现二值信息在存储、传送和处理过程中的“故障—安全”。

静态"故障—安全"输入接口的结构如图 6-45 所示，以继电器的前接点(危险侧)接通 4 个光电耦合器(G)中的发光二极管，光电耦合器的输出通过并行接口输入联锁机，当联锁机读入的代码为全"1"时，说明继电器在吸起状态，否则是落下状态或输入电路发生了故障。只有当 4 个耦合器的输出级同时发生了短路故障才会产生全"1"的危险码，但这种概率极小，因此该电路是"故障—安全"的。理论上讲，代码的码元越多就越安全，但相应的电路也越复杂，如果通过不同的并行接口输入联锁机，还可对并行接口电路本身进行检测。

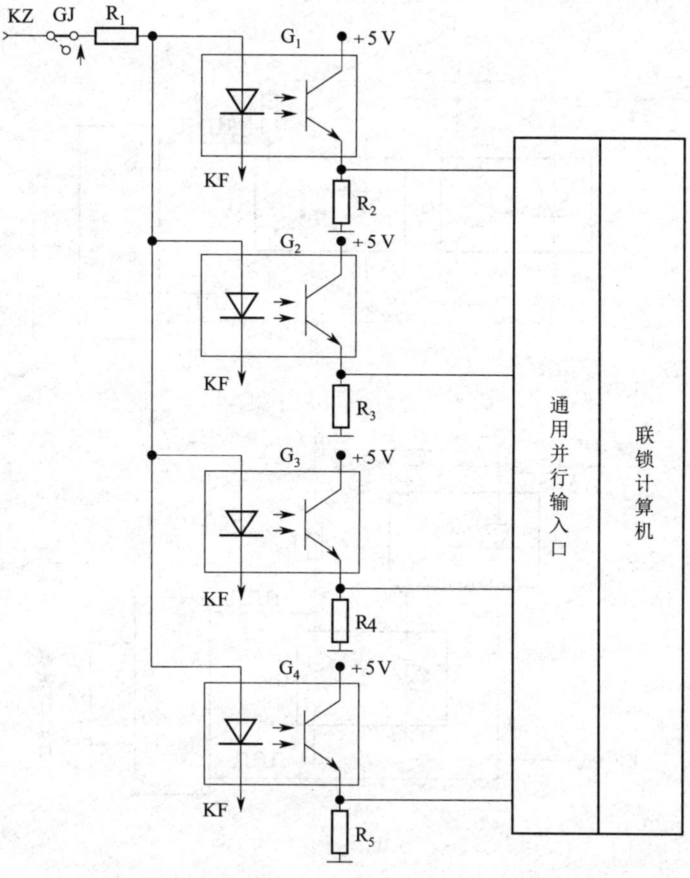

图 6-45　静态"故障—安全"输入接口的结构图

②动态"故障—安全"输入接口

动态"故障—安全"输入接口电路如图 6-46 所示，在图 6-46(a)中用了两个光电耦合器，光电耦合器 G_1 的输出级和 G_2 的输入级并联连接组成安全性校核电路，由电平信号(继电器接点)控制电源的通断。在继电器前接点闭合且电路未发生故障的情况下，计算机输出脉冲序列，则在输入端必然收到反向的脉冲序列信号，这就实现了高电平与脉冲串的变换。当继电器落下或电路发生故障时，G_2 的输出端必然呈现稳定电平("1"或"0")的信号，计算机读到该稳定信号，则表明收到了安全侧信息。这个电路采用了两个光电耦合器，以防电路故障时，计算机的输出脉冲窜到输入端。另外起到了电源隔离和一定的抗干扰作用，能确保输入信息的安全性。

但是,当接点输入电路发生故障而输出稳定电平时,联锁系统是不能发现的,将输入安全侧信息,虽然经联锁运算,控制输出的结果是安全的,但影响了整个系统的利用率。为此可采取冗余工作的方式,分别用两个通道同时输入一个接点的状态信息,当某一路发生故障而输出稳定电平时,可及时发现并排除。当采用多条(如三条)通道同时输入一个接点状态信息时,如果某一通道发生故障,不仅可以发现故障,而且还可采用多数表决方式判断有效的接点方式,显著地提高了系统的利用率。从计算机的角度来看,该电路又是闭环的,利用闭环原理还能够检测输入/输出接口的正确性。在图 6-46(b)中,G_1 的输出级与 G_2 的输入级串联连接,构成安全校核电路,其工作原理与图 6-46(a)基本相同。

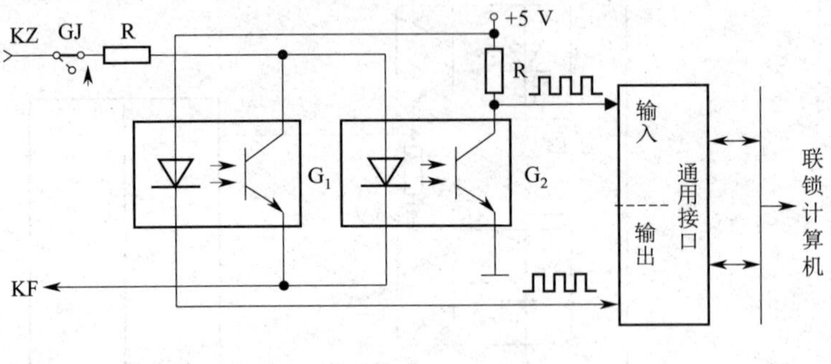

(a)

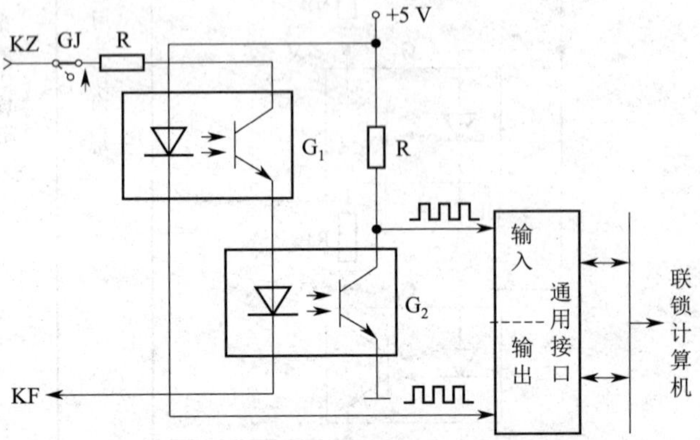

(b)

图 6-46 动态"故障—安全"输入接口电路

2."故障—安全"输出接口

广泛使用的信号机控制电路和道岔控制电路经长期实践检验,证明是确实可行的"故障—安全"电路。计算机联锁系统只要在此基础上设计出相应的驱动电路,带动继电器动作,通过继电控制电路控制现场设备,即可满足系统对输出接口的各项技术要求。而联锁机输出的控制信息通常是代码形式且信号电平很低,一般不足以驱动继电器工作,为此,输出接口的任务是将控制信息从代码形式转换为电平形式,并将电平放大到足以驱动继电器工作,同时要求在变换过程中满足"故障—安全"原则。为了达到上述这一要求,在输出接口的设计中,一般采用代码→动/静态和动/静态→电平两级变换电路来实现。

(1)代码→动/静态变换电路

代码→动/静态变换电路是联锁机输出控制信息所必须经历的过程,这种变换可以分成软件变换和硬件变换两种实现方式。

软件变换是根据逻辑运算结果(代码形式),在需要输出诸如"开放信号"或"转换道岔"等这类危险侧控制命令时,借助软件的执行使计算机不断输出脉冲序列。一旦当输出电路的任一点发生固定型故障,脉冲序列就自动地变成稳态输出,从而达到故障导向安全的目的。这种方式尽管节省了硬件,但占用了计算机的处理时间。

硬件变换可以采用移位寄存器来实现,如图 6-47 所示的变换电路,计算机先将危险侧控制代码并行送入移位寄存器中,再将寄存器中的代码读入,检查代码正确后,启动控制时钟,推动移位寄存器串行输出脉冲序列,完成了代码→动/静变换。该变换电路,利用了闭环检测方法,当电路发生故障时不会有脉冲序列输出,是"故障—安全"的。

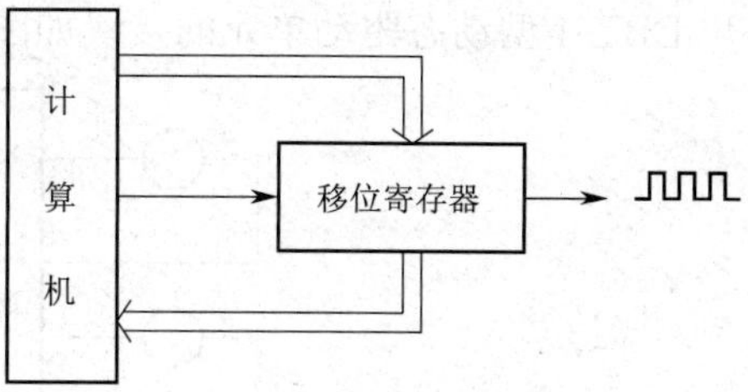

图 6-47　代码→动/静变换硬件变换电路

(2)动/静态→电平变换电路

这是一种只有当输入为规定脉冲序列时,其输出才为高电平,而在其他任何情况下输出均为低电平的电路,所以称为动态鉴别电路、动态驱动电路或动态继电器电路。它一般是由控制命令输出光电隔离电路、驱动放大电路及继电器电路组成。

采用脉冲变压器的动/静态→电平变换电路如图 6-48 所示,它由光电隔离、脉冲放大电路和电磁继电器组成。脉冲序列经由光电耦合器后驱动脉冲放大电路工作,其输出经整流后使继电器励磁吸起,当电路输入固定电平信号时,由于脉冲变压器的隔离作用,其输出端不会有电压信号产生,继电器处于落下状态。电路发生故障时,变压器也不会有高电平输出,所以该电路是"故障—安全"的。

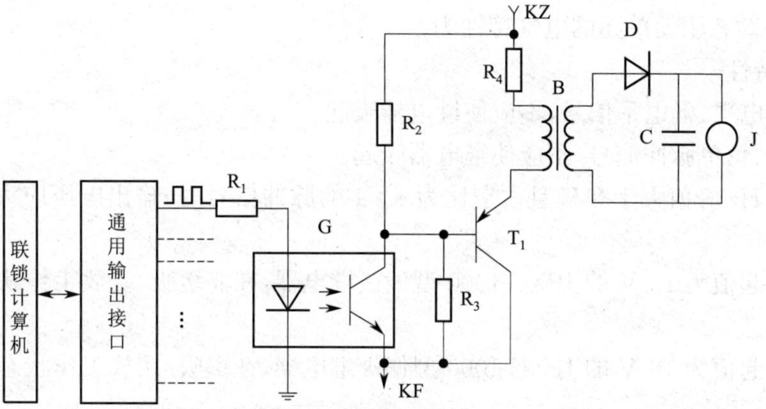

图 6-48　采用脉冲变压器的动/静态→电平变换电路

其他类型的动/静态→电平变换电路见"动态继电器"。

五、动态继电器

动态继电器用于早期部分双机热备计算机联锁的接口电路,后被动态驱动组合代替。

六、动态驱动单元

动态驱动单元又称动态驱动组合，是把 4 组动态驱动电路组合在一起，安装在安全型继电器匣内。一个动态驱动单元可以驱动 4 个 JPXC-1000 型偏极继电器。动态驱动单元的动态驱动电路原理同动态继电器的驱动电路，每组驱动电路都有 A、B 两个输入端，分别接收主控系统 A、B 机的输出脉冲控制，并有相应的灯光指示。A、B 双路输入只有一路有效，其控制选择权除采用切断备机驱动回线的方式外，更主要的是由动态驱动电源的输入方向来决定。

DBT-4 型动态驱动单元的接线如图 6-49 所示。

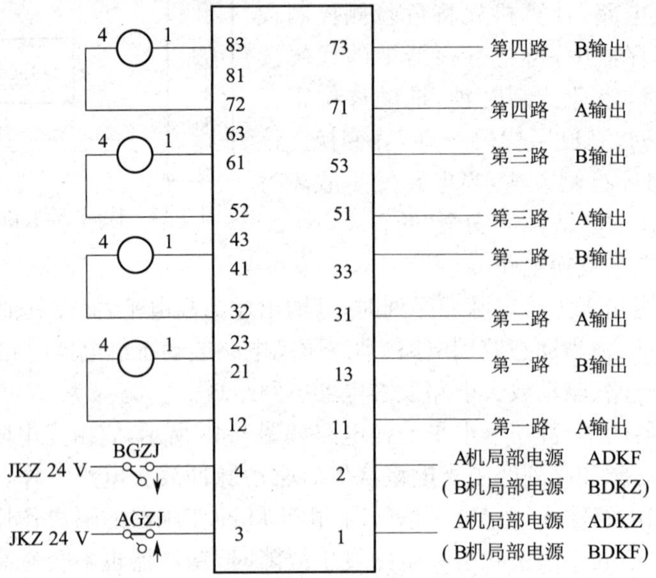

图 6-49 DBT-4 型动态驱动单元的接线

DBT-4 型动态驱动单元的电气特性为：

(1)吸起特性

①输入高电平、低电平信号，不应使继电器吸起。

②输入正、负单脉冲信号，不应使继电器吸起。

③输入 5 Hz 峰值大于 8 V 且占空比为 1∶1 的脉冲信号时，输出电压应大于 18 V，继电器可靠吸起。

④驱动吸起值为 16 V 的 JPXC-1000 型偏极继电器，在非缓吸/缓放工作状态下吸起时间为 0.4～0.8 s。

⑤驱动吸起值为 16 V 的 JPXC-1000 型偏极继电器，在缓吸/缓放工作状态下吸起时间为 0.6～1 s。

(2)落下特性

①输入 5 Hz 峰值小于 6 V 且占空比为 1∶1 的脉冲信号，继电器可靠落下。

②驱动落下值为 4 V 的 JPXC-1000 型偏极继电器，在非缓吸/缓放工作状态下，落下时间为 0.7～1.5 s。

③驱动落下值为 4 V 的 JPXC-1000 型偏极继电器，在缓吸/缓放工作状态下，落下时间为 2～3 s。

④电气特性测试应满足表 6-2 的要求。

表 6-2　DTB-4 型动态驱动单元电气特性测试

输入条件				输出特性				
电源电压(V)	控制信号(方波)			电压(V)	非缓吸/缓放		缓吸/缓放	
	频率(Hz)	峰值(V)	占空比		吸起时间(s)	落下时间(s)	吸起时间(s)	落下时间(s)
30	5	12	1∶1	18	$0.4<t<0.8$	$0.7<t<1.5$	$0.6\leqslant t<1$	$2.0<t<3$

(3)DTB-4 型动态驱动单元电气特性测试

①3、4 端子是继电器局部电源输入口，可测出继电器局部电源供给情况，其额定电压为(27±2.7)V，应不小于 23 V，最高电压不大于 30 V。

②11、31、51、71 端子是 A 机控制信号的输入口，13、33、53、73 端子是 B 机控制信号的输入口，可检测出输入信号波形和电压(直流电压约 6 V)。

③12、21，32、41，52、61，72、81 端子是固态继电器输出口，可用示波器观察到固态继电器工作过程。若固态继电器集电极与发射极内部短路，则直流电压表测得电压应为 0 V；若测得为电源电压，则集电极与发射极断路或截止。

④继电器 1、4 端子可检测出继电器工作电压波形与电压，一般应不小于 16 V(有效值)。

七、采集信息和驱动命令的接口电路

1. 计算机采集的表示信息

计算机采集的表示信息由现场设备的状态信息和控制命令输出的反馈信息两部分组成。

(1)现场设备的状态信息

①道岔定位、反位表示继电器的前接点。

②信号机灯丝继电器前接点。

③轨道继电器的前后接点。

(2)控制命令输出的反馈信息

①信号继电器的前接点。

②道岔操纵继电器的前接点。

上面列出的是主要的采集信息，由于各种站场的作业情况有所不同，采集信息也将有所差异。这些继电器的接点接在采集电路中，即将这些信息输入到计算机系统中去。

2. 计算机输出的控制命令

计算机输出的控制命令通过动态或静态的方式驱动继电器，包括：

(1)信号继电器

包括列车信号继电器、调车信号继电器、引导信号继电器。

(2)道岔操纵继电器

计算机联锁车站的道岔各设一组道岔操纵继电器。

(3)道岔锁闭防护继电器(SFJ)

计算机联锁车站的道岔各设一个锁闭防护继电器，该继电器平时在落下状态，当操纵道岔时，锁闭防护继电器和定(反)位操纵继电器同时吸起。

3. 信号机点灯电路

有进站信号机点灯电路、出站信号机点灯电路、调车信号机点灯电路。

4. 道岔控制电路

道岔控制电路有四线制单动道岔直流控制电路和五线制单动道岔交流控制电路。

专题一　计算机联锁系统的软件

一、计算机联锁系统软件功能

计算机联锁系统采用软件来实现各种联锁逻辑运算，并把联锁运算的结果形成控制命令来驱动相应的电子电路设备，从而实现对站场设备的操作和进路的控制。联锁软件是实现车站信号系统功能安全的核心软件模块。

一套完好的软件必须符合层次化、结构化、模块化和标准化的特点。

计算机联锁系统分为操作表示层、联锁运算层和I/O控制层。对应每层结构都有相应的控制软件，因此，系统必须包括控显软件、联锁运算软件和I/O采集驱动软件，以及完成各个软件模块间相互交换数据的通信软件，计算机联锁系统软件的总体结构如图6-50所示。

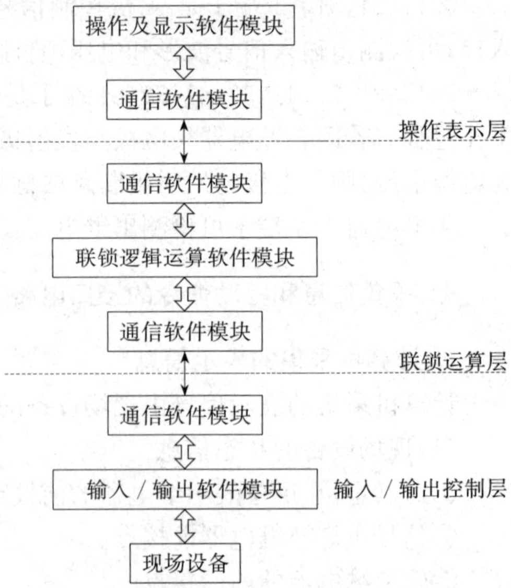

图6-50　计算机联锁系统软件的总体结构

二、联锁数据与数据结构

对于道岔、信号机及进路的操作不同，它们之间的联锁关系也不同。在此仅对基本联锁功能中的联锁关系进行说明。

联锁关系是通过联锁软件实现的，也就是应用联锁数据对其进行描述，接下来就介绍联锁数据。

联锁数据，是指在联锁计算机中，所有参与联锁运算的数据。参与联锁的数据有静态数据（常量）和动态数据（变量）两类，相应地有静态数据结构和动态数据结构，数据结构的形式影响联锁程序的结构。

1. 静态数据及其结构

联锁程序需要哪些静态数据，以及这些数据在存储器中的组织形式，对于联锁程序的结构有很大的影响，在这里，以标准的联锁程序为背景，讨论静态数据及其结构形式。

目前，存在两种联锁逻辑：进路表型联锁和站场形联锁。对应的就存在两种不同的静态数据结构：进路表型静态数据结构和站场形静态数据结构。

建立任何一条进路都必须指明该进路的特性和有关监控对象的特征及其数量等，这包括：(1)进路性质；(2)进路方向；(3)进路的范围；(4)防护进路的信号机（信号机名称）；(5)进路中的轨道电路区段（名称）及数量；(6)进路中的道岔（名称）、所处的位置及数量；(7)进路所涉及的侵限绝缘轨道区段（名称）及检查条件；(8)进路的接近区段（名称）；(9)进路的离去区段（名称）；(10)进路末端是否存在需要结合或照查的设施。

若将上列各项纳入一个数据表中就构成了一个进路表。将一个车站的全部进路(包括迂回进路)的进路表汇总在一起就构成了总进路表(它很像我们熟悉的进路联锁表)。总进路表存于 ROM 中,就是一个静态数据库。当办理进路时,根据进路操作命令可从静态数据库中选出相应的进路,从而可找到所需的静态数据。这就构成了进路表型静态数据结构。

另外,在应用进路搜索软件时,需要与之对应的静态数据结构,即站场形数据结构。

(1)进路表型静态数据结构

在进路表型联锁系统中,信号机、道岔、轨道区段与进路之间的联锁关系是通过联锁表的形式表示的,联锁表中包含了所有进路及其联锁条件。目前比较常用的 3 种进路表型静态数据结构是:

①因果关联型联锁(Cascade Locking)静态数据结构。

②相关进路型联锁(Route-related Locking)静态数据结构。

③进路表型静态数据结构。

因果关联型联锁是传统英国式联锁形式,同时也为北美铁路所采用;相关进路型联锁则是传统德国式联锁形式,得到了许多欧洲国家的认同;而在我国,进路表型静态数据结构是比较常用的几种数据结构之一。

①因果关联型静态数据结构

符号和联锁表的设计因站场而异,如图 6-51 所示的站场图,表 6-3 中给出了因果关联型联锁的联锁表。当表 6-3 左列中的信号机开放时,要将右列中列出的道岔锁闭在相应位置。中间一列列出了道岔锁闭的条件,只有在条件满足时,右列中的道岔才能够实现锁闭。

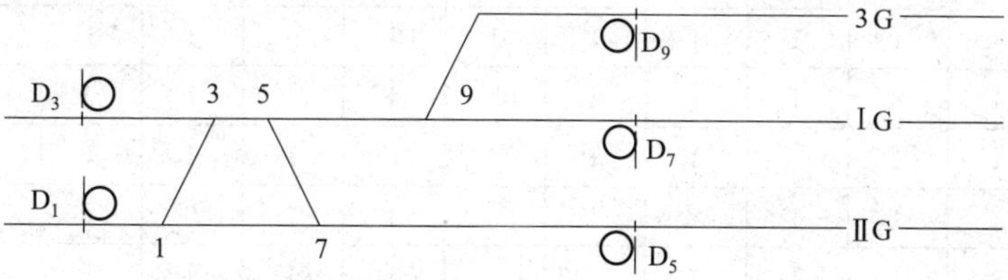

图 6-51　站场图(一)

表 6-3　因果关联型联锁静态数据结构

信号机	条　件	锁　闭
D_1		1(1),5,7
	1	3,D_5
	(1)	(3),9(9)
	(1),9	7,D_7
	(1) (9)	D_9
D_3		1,3,5(5)
	5	7,9(9)
	5,9	D_7
	5,(9)	D_9
	(5)	(7),D_5

注:1 表示道岔在定位;(1)表示道岔在反位;1(1)表示道岔在任意状态。以此类推。

下面以 D_1 作为起始信号机的进路及联锁关系为例，说明因果关联型联锁关系是如何实现的。

a. D_1 开放，要求无条件锁闭道岔 1、5、7。其中道岔 1 可以在定位也可以在反位，而道岔 5、7 锁闭在定位（不要求排出迂回进路）。

b. 当道岔 1 在定位时，锁闭道岔 3 在定位，同时要防护 D_5 的开放。

c. 当道岔 1 在反位时，锁闭道岔 3 在反位，这时还将锁闭道岔 9（定位或反位）。

d. 当道岔 9 在定位时，防护 D_7 的开放。

e. 当道岔 9 在反位时，防护 D_9 的开放。

②相关进路型联锁静态数据结构

在相关进路型联锁系统中，道岔和信号机之间在锁闭时序上不直接相关。每一条进路都含有一个特殊的进路锁闭监控对象，只有所有的道岔都在正确的位置时，这个监控对象才能够被驱动。驱动这个监控对象将锁闭进路的所有道岔，并开放信号机。同时只要信号机是开放的，监控对象就不能解锁，由此，信号机的开放间接地锁闭了进路上所有的道岔。

在此采用图 6-51 的站场图来说明相关进路型联锁静态数据结构，见表 6-4。

表 6-4　相关进路型数据结构

进路	敌对进路												道岔				
	D_1—ⅠG	D_1—ⅡG	D_1—3G	D_3—ⅠG	D_3—ⅡG	D_3—3G	ⅠG—D_1	ⅠG—D_3	ⅡG—D_1	ⅡG—D_3	3G—D_1	3G—D_3	1	3	5	7	9
D_1—ⅠG	×	1	1	1			0	1	1		1		−	−	+	+	+
D_1—ⅡG	1	×	1	1	1	1	1	1	0	1	1	1	+	+	+	+	
D_1—3G	1	1	×	1	1	1	1	1	1	1	0	1	+	+	−	−	−
D_3—ⅠG	1	1	1	×	1	1	1	0	1	1	1	1	+	+	+	+	+
D_3—ⅡG		1	1	1	×	1		1	1	0	1	1	+	+	−	−	
D_3—3G		1	1	1	1	×		1	1	1	1	0	+	+	+	+	−
ⅠG—D_1	0	1	1	1			×	1	1		1		−	−	+	+	+
ⅠG—D_3	1	1	1	0	1	1	1	×	1	1	1	1	+	+	+	+	+
ⅡG—D_1	1	0	1	1	1	1	1	1	×	1	1	1	+	+	+	+	
ⅡG—D_3		1	1	1	0	1		1	1	×	1	1	+	+	−	−	
3G—D_1	1	1	0	1	1	1	1	1	1	1	×	1	+	+	−	−	−
3G—D_3		1	1	1	1	0		1	1	1	1	×	+	+	+	+	−

注：①进路："1"表示敌对进路实行抵触锁闭；"0"表示敌对进路实行敌对锁闭；"×"表示进路矩阵中的对角线。

②"+"表示道岔锁定在定位；"−"表示道岔锁定在反位。

在相关进路型联锁表中，每一行表示一条进路，记录了所有道岔在进路中的状态，以及所有的敌对进路。那些要求道岔锁闭在不同位置的敌对进路之间互相制约，形成了抵触锁闭，而其他的敌对进路则采用了敌对锁闭。与因果关联型联锁一样，联锁表中采用的符号可以依据站场而定，图中应用的符号沿袭了传统的德国联锁表风格。

(2)进路表型数据结构

进路表型静态数据结构是目前在国内比较常用的数据结构，图 6-52 的站场图，在联锁

表 6-5 中标明了进路性质、进路方向、进路的范围、防护进路的信号机名称及显示、进路中的轨道电路区段名称、敌对信号机等内容。在每一行中记录了办理一条进路需要满足的条件。

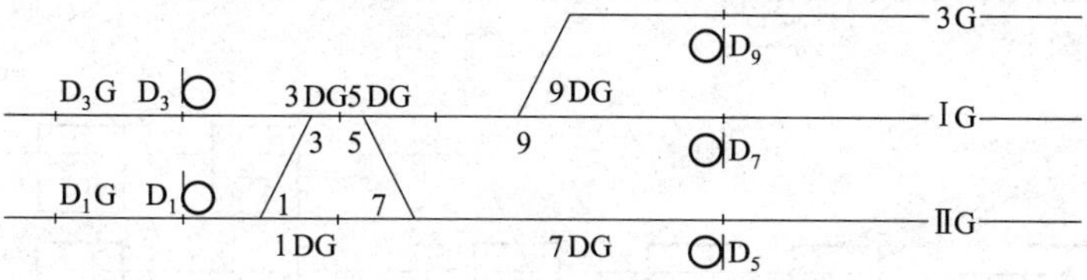

图 6-52　站场图(二)

联锁表是车站所有进路信息的集合。当办理进路时,根据进路操作命令可从静态数据库中选出相应的进路,从而得到所需要的静态数据,见表 6-5。

表 6-5　联锁表型静态数据结构

方向			进路	进路号码	始、终端按钮	信号机		道岔	敌对信号	轨道电路区段
						名称	显示			
调车进路	由	D_1	至ⅡG	1	D_1A、D_5A	D_1	B	1/3、5/7	D_5	1DG、7DG、ⅡG
			至ⅠG	2	D_1A、D_7A	D_1	B	(1/3)、5/7、9	D_7	1DG、3DG、5DG、9DG、ⅠG
			至 3G	3	D_1A、D_9A	D_1	B	(1/3)、5/7、(9)	D_9	1DG、3DG、5DG、9DG、3G
		D_3	至ⅡG	4	D_3A、D_5A	D_3	B	1/3、(5/7)	D_5	3DG、5DG、7DG、ⅡG
			至ⅠG	5	D_3A、D_7A	D_3	B	1/3、5/7、9	D_7	3DG、5DG、9DG、ⅠG
			至 3G	6	D_3A、D_9A	D_3	B	1/3、5/7、(9)	D_9	3DG、5DG、9DG、3G
		ⅡG	至 D_1	7	D_5A、D_1A	D_5	B	5/7、1/3	D_1	7DG、1DG
			至 D_3	8	D_5A、D_3A	D_5	B	(5/7)、1/3	D_3	7DG、5DG、3DG
		ⅠG	至 D_1	9	D_7A、D_1A	D_7	B	9、5/7、(1/3)	D_1	9DG、5DG、3DG、1DG
			至 D_3	10	D_7A、D_3A	D_7	B	9、5/7、1/3	D_3	9DG、5DG、3DG
		3G	至 D_1	11	D_9A、D_1A	D_9	B	(9)、5/7、(1/3)	D_1	9DG、5DG、3DG、1DG
			至 D_3	12	D_9A、D_3A	D_9	B	(9)、5/7、1/3	D_3	9DG、5DG、3G

当车站规模较大、进路数量很大时,总进路表势必十分庞大;当车站改建和扩建时,需要对总进路表进行较大的修改。

(3)站场型静态数据结构

由人工编制总进路表,特别是编制大型的总进路表,是件十分烦琐的事,而且容易出错,因此可以采用计算机辅助设计方法生成总进路表。如果将生成软件纳入联锁软件中,当办理进路时,由进路操作命令调用该程序,自动生成一个与进路操作命令相符的进路数据,供给联锁软件使用,这时采用站场型数据结构。

在应用进路搜索软件时,采用站场型静态数据结构。下面首先介绍进路搜索过程的两种方式。

在站场形联锁系统中,应用相互关联的逻辑单元表示轨道的组成元素(信号机、道岔、轨道区段、线路的进站和出站信号机),从而形成了轨道布置图。

建立一条进路时,首先根据需要设置进站和出站标志,然后从进站标志开始搜索进路。遇到分歧道岔时,同时沿两个方向进行搜索。搜索进程呈现树状结构,一旦进程的一个分支搜索到了设定的出站标志,将会产生响应信号,这时,其他进程分支将被删除。随后,所有的道岔根据搜索和响应进程中的设定状态进行转换,从而排出进路。根据图 6-51 的站场,给出联锁简图如图 6-53 所示。

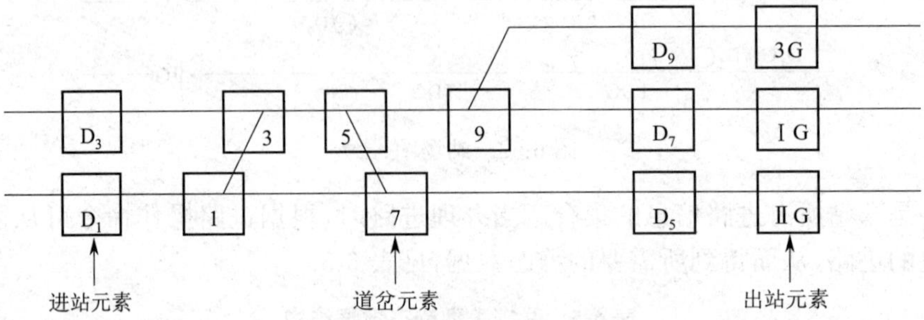

图 6-53 站场型联锁简图

设定进站和出站标志,进行进路搜索。以 D_1—ⅠG 为例,搜索进程如图 6-54 所示。

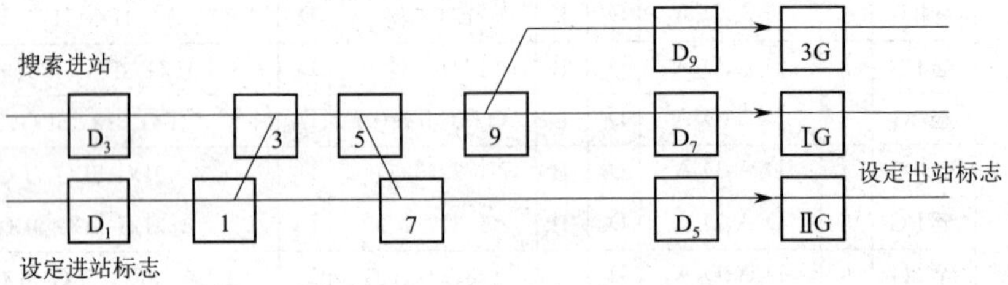

图 6-54 搜索进程

找到设定的出站标志后,产生响应信号,进路被选出,删除其他分支,选排进路如图 6-55 所示。

另一种进路搜索方式是在进行进路搜索时如果遇到对向道岔标志是以直股搜索优先,如果找不到目标标志就返回沿弯股方向进行搜索。基于这种结构的搜索方式需要更长的搜索时间,但是能够节省一定的存储空间。

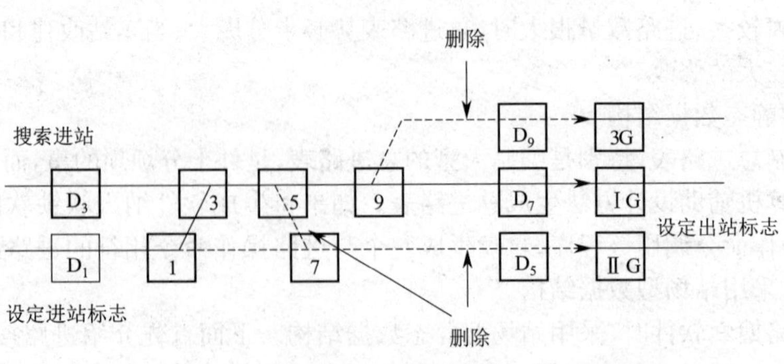

图 6-55 选排进路

另外,进行进路搜索时采用沿发车方向进行搜索的方式,能够大大提高搜索效率。

对应信号平面图(更确切地说是对应控制台盘面图,也就是前面提到的轨道布置图)中的每一个监控对象，如信号机、道岔、轨道电路区段、侵限绝缘区段、特设的变通按钮、进路终端按钮(没有信号机)等，各设一个静态数据模块。在模块中列出表述该监控对象特性的数据及进路搜索时所需要的一些标志。在实际程序设计中，对应每一个监控对象还需要设定动态数据模块，如图 6-56 中虚线框所示。

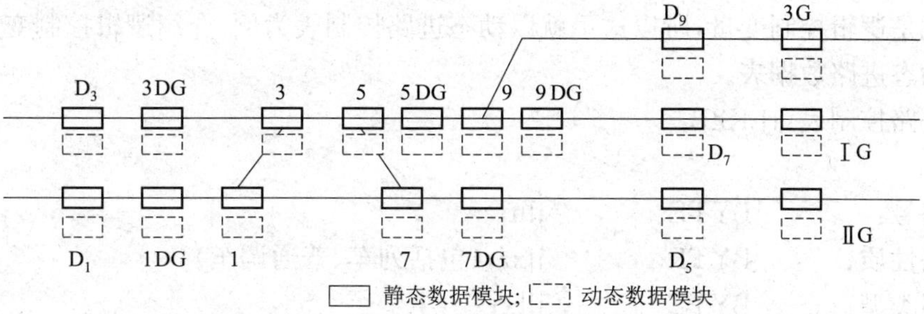

图 6-56　静态数据结构

2. 动态数据及其结构

静态数据是实现联锁功能的最基本信息，一般包括一些元素的名称和性质。而联锁功能的实现还需要这些元素的状态变量，以及其他一些变量，这些变量就是动态数据，相应动态数据的组合就构成了动态数据结构。联锁逻辑结合动态数据和静态数据，才能够形成操作控制命令。下面就按照功能对必需的动态数据及其结构进行介绍。

参与联锁运算的动态数据主要包括操作输入变量、状态输入变量、表示输出变量、控制变量，以及为实现联锁逻辑运算所需的控制变量及中间变量等。按照计算机联锁系统的层次结构对需要的动态数据及其结构进行介绍。

(1)操作表示功能模块中的动态数据及其结构

①操作输入变量

操作输入变量是反映操作人员操作动作的逻辑量。在 RAM 中需设一个操作变量表集中地存放操作变量。每个操作变量在变量表中的逻辑地址应与它的输入通道的地址一一对应。

操作输入变量是形成操作命令的原始数据。在 RAM 中应开辟一个区域集中地存放操作命令，称这些操作命令的集合为操作命令表。一条操作命令执行后，就可从操作命令表中删去相应的操作变量了。

操作输入变量除了用以形成操作命令外，还作为表示信息的原始数据。

②表示输出变量

表示输出变量是指向显示器提供的变量。通过这些变量反映有关站场的状态、列车或车列运行情况、操作人员的操作情况，以及联锁设备工作状况。这些信息需取自状态输入变量、操作输入变量、中间变量，以及控制命令输出变量等。

(2)联锁运算功能模块中的动态数据及其结构

对于计算机联锁系统软件的设计，有多种设计方法。本书将要介绍的是根据联锁软件的设计需要，建立动态进路控制表，并通过动态进路控制表中的进路进程(jljc)实现对各个功能模块的调度。同一时间，程序只能完成一个进程的动作。

计算机基本联锁控制功能包括进路选排等几个模块，各个模块之间通过进路进程进行调度，在模块内部实行内部控制。各个模块间存在公用的动态数据和静态数据，而对应每个模块又设置有适应本模块需要的动态数据和静态数据。以下内容将对上述动态数据及其结构进行介绍。

①逻辑控制变量

逻辑控制变量是指为实现联锁功能所必须建立的控制表及控制变量，这些控制变量存放在动态数据模块中。

上文中已经提到联锁软件采用动态进路控制表中的进路进程对不同功能模块进行调度，进路进程就是逻辑控制变量，所以这里就以动态进路控制表为例，介绍逻辑控制变量。

设定动态进路数据表。

```
动态进路控制表:JLKZB
{
  进路号：        BYTE      jlh；
  进路性质：      BYTE      jlxz；(包括列车、普通调车)
  进路类型：      BYTE      jllx；
  进路进程：      BYTE      jljc；
  始端按钮：      BYTE      sdan；
  变更按钮：      BYTE      bgan；
  终端按钮：      BYTE      zdan；
  主体信号机号：  BYTE      ztxhjh；
}JLKZB
```

BYTE为无符号字节变量类型。

动态进路控制表的作用：接收从操作表示层传来的按钮操作命令，以进路按钮操作命令(接收按压的始终端按钮，将信息传至联锁机，已进行进路选排进路等操作)，根据始终端按钮，在静态数据表中选出相应的进路，将进路的信息保存在动态进路控制表中，然后形成相应的控制命令。在动态进路控制表中，由进路进程(jljc)标志控制进程。如jljc＝Fxp(选排进程)，设定进路进程为选排一致，即通过判断动态进路控制表中的jljc调用相应的功能模块。

当然在联锁软件中这样的联锁控制变量还有很多，比如进路按钮控制表中的进路按钮控制进程。功能和进路进程基本相同，这里不做详述。

②状态输入变量

状态输入变量是反映监控对象状态的变量，如轨道区段状态、道岔状态、信号状态、灯丝状态，以及与进路有关的其他设备状态等。

状态输入变量应周期性地及时刷新，以保证变量能确切反映监控对象的实际状态，刷新周期一般应不大于250 ms。

状态输入变量除了参与联锁运算外，还作为表示信息的原始数据。状态输入变量在RAM中有两种基本组织方式，一种组织方式是将同类输入变量集中在一个变量表中，如将全部轨道区段变量集中在轨道区段变量表中。对于这种数据结构，只要给出变量表的首地址及各个变量在表中的逻辑地址，就能查到所需变量。对应这种结构形式，在站场形数据结构中，应把状态量的逻辑地址列入相应的轨道区段静态数据模块中。这样一来，在建立进路时就可把进路中的所有状态变量的逻辑地址找出来，并构成进路表，从而为联锁程序提供了状态变量的地址。进路表不仅反映了进路的特征和哪些监控对象与进路有关，而且指明了监控对象的状态变量的地址。

状态输入变量的另一种组织方式是分散存储方式。在存储器 RAM 中为每一监控对象开辟一个存储区称作动态数据模块,动态数据模块与静态数据模块一一对应。凡是与监控对象相关的变量均设在该模块中,如在轨道区段动态数据模块中包括状态数据模块的首地址列入相应的静态数据模块中,那么搜索出进路的静态数据模块后,也就找到了各动态数据模块,从而也就找到了所需的状态变量。在进路表中给出动态数据模块首址就可以了。

在进行联锁运算时,需要判断联锁条件是不是能够满足,此时就要根据联锁条件采集所需要的数据,如道岔状态、信号机状态,以及区段状态。下面分别建立信号控制表、道岔控制表和区段控制表说明状态输入变量。

a. 信号控制表:XHKZB

```
typedef   struct
{
  信号编号        BYTE      xhbh;
  按钮号          BYTE      anh;
  信名状态        BYTE      xmzt;
  信号状态        BYTE      xhzt;
  锁闭标志        BYTE      sbflag
  信号控制        BYTE      xhkz;
  灯丝状态        BYTE      dszt;
  允许灯丝状态    BYTE      yxdszt;
  曾开放          BYTE      opened;
}XHKZB;
```

信号控制表中记录了信号编号、信号状态、信号控制等信息。信号状态、灯丝状态信息也需要实时采集更新,以便准确反映信号机当时的状态,从而为需要信号机实时状态的控制命令提供数据基础,如执行选排进路命令时需要判断信号机的状态。

b. 道岔控制表:DCKZB

```
typedef   struct
{
  道岔号        BYTE    dch;
  道岔性质      BYTE    dcxz;
  双动岔号      BYTE    sdch;
  按钮号        BYTE    anh;
  所属区段号    BYTE    sqdh;
  岔名状态      BYTE    cmzt;
  道岔状态      BYTE    dczt;
  道岔控制      BYTE    dckz;
  锁闭变量      BYTE    sbflag;
  控制进路号    BYTE    lkh;
  征用标志      BYTE    used;
```

```
    功能锁闭      BYTE    funcsb;
    延时参数      BYTE    delay;
} DCKZB;
```

道岔控制表中记录了道岔号、道岔性质、道岔状态、所属区段等信息。道岔状态信息同样需要实时采集更新，以便准确反映道岔当时的状态，从而为需要道岔实时状态的控制命令提供数据基础，如执行进路锁闭命令时需要判断道岔的状态。

c. 区段状态表：QDZTB

```
typedef  struct
{
    区段编号        BYTE    qdbh;
    区段性质        BYTE    qdxz;
    区段类型        BYTE    qdlx;
    区段状态        BYTE    qdzt;
    锁闭变量        BYTE    sbflag;
    保护区段号      BYTE    bhqdh;
    曾占用          BYTE    czy;
    控制进路号      BYTE    lkh
    征用标志        BYTE    used;
} QDZTB;
```

区段状态表中记录了区段编号、区段性质、区段类型、区段状态等信息。对于区段状态的这些数据信息的要求与前面的信号机控制表及道岔控制表中数据的要求是相同的。联锁程序中，需要检查区段状态的功能模块很多，如执行进路解锁命令时常常需要判断区段的状态是否符合解锁的要求。

③设备控制变量

设备控制变量是指控制信号和道岔的变量。控制变量存放在动态数据模块中，而控制命令存放在专辟的控制命令表中。控制命令的逻辑地址与输出通道一一对应。控制变量和控制命令都应周期性地刷新，以保证数据的实时性。

④中间变量

中间变量是指联锁程序执行过程中产生的一些变量，这些变量是为实现联锁逻辑而起过渡或中间转换作用的，有的存放在动态数据模块中，有的动态产生并动态释放。不同的数据结构往往所需的中间变量的个数及类型也是不同的，但好的数据结构可以避免使用太多的中间变量。

上位机操作中，常常会有按压按钮的操作，这时就需要接收并存储按钮操作信息，建立按钮接收控制表。这里就以按钮接收控制表中的 anrec. temp 为例来进行介绍。

按钮接收控制表：ANREC

```
typedef  struct
{
    按钮性质        BYTE    anxz;
    按钮类型        BYTE    anlx;
```

```
  按钮号              BYTE      temp;
}ANREC;
```

这里按钮接收控制表中 temp(记做 anrec. temp)的作用是首先接收来自操作命令的按钮，然后判断按钮有效后给下一功能模块(如按钮任务处理)中的相应变量赋值，以便形成按钮操作命令，并进行下一步操作。

三、基本联锁软件功能模块

上面已经对基本联锁控制功能进行了介绍，最基本的联锁功能由下列功能模块实现：

(1)进路选择模块。

(2)进路锁闭模块。

(3)信号开放模块。

(4)信号开放保持模块。

(5)进路自动正常解锁模块。

(6)取消进路模块。

在联锁计算机中，如何调度各个程序模块使之协调有效地工作，是软件设计的一个重要内容。一般来说，有两种基本的调度方式，即集中调度方式和分散调度方式。

1. 进路建立过程

(1)选排一致性检查及道岔控制命令生成子模块

①功能需求

检查进路建立的技术条件是否满足，检查道岔位置是否符合进路要求，如果不符合，则形成相应的道岔控制命令。

②实现技术条件的功能函数

```
BYTE 进路选排处理(BYTE 控制进路号)
{
  if(防护本进路的信号机被征用或已开放)
      返回(进路不能建立);
  if(敌对信号机开放)
      返回(进路不能建立);
  if(区段占用)
      返回(进路不能建立);
  if(存在其他照查条件)
      返回(进路不能建立);
  if(进路中道岔位置不正确)
  {
      将进路的进程标志设置成锁闭标志;
      返回(进路选排完成);
  }
  else
  {
```

```
  if(道岔所在区段被占用)
      返回(进路不能建立);
  if(道岔被单独锁闭)
      返回(进路不能建立);
    生成道岔控制命令;
    检测道岔状态;
  if(规定时间内,道岔未转换到指定位置)
      返回(故障);
  }
}
```

(2)进路锁闭子模块

①功能需求

检查进路的锁闭条件是否满足,若满足时,给出进路锁闭变量及提示信息(如白光带等)。

②实现技术条件的功能函数

```
void 进路锁闭(BYTE 进路控制号,INT 进路号)
{
  if(进路中有区段被占用)
      返回(进路不能建立);
  if(敌对信号机开放)
      返回(进路不能建立);
  if(道岔位置不正确)
      返回(进路不能建立);
  if(存在其他照查条件)
      返回(进路不能建立);
  {
    设置道岔锁闭标志;
    设置区段锁闭标志;
    设置分歧道岔锁闭标志;
    设置进路进程标志为开放信号:
    返回(进路锁闭完成);
  }
}
```

(3)信号开放子模块

①功能需求

检查进路信号开放条件是否满足,若满足时,形成防护该进路信号机的开放命令。

②实现技术条件的功能函数

```
BYTE 信号开放处理(BYTE 进路控制号)
{
  if(进路中有区段被占用)
```

```
        返回(故障);
    if(敌对信号机开放)
        返回(故障);
    if(道岔位置不正确)
        返回(故障);
    if(存在其他照查条件)
        返回(故障);
    if(灯丝状态故障)
        返回(故障);
    {
    生成开放信号机命令:
    }
    if(信号机已开放)
    {
    设置进路进程标志为 Fxb(信号机开放保持);
        返回(信号开放功能完成);
    }
        返回(等待开放)
}
```

(4)信号保持子模块

①功能需求

该模块不间断的检查信号开放条件,条件满足时,使信号机保持开放,否则使信号机关闭。

②实现技术条件的功能函数

```
BYTE 信号保持处理(BYTE 进路控制号)
{
    if(敌对信号机开放)
    返回(故障);
    if(道岔位置不正确)
    返回(故障);
    if(存在其他照查条件)
    返回(故障);
    if(灯丝状态故障)
    返回(故障);
    if(列车驶入进路)
    {
        信号机立即关闭;
        设置进路进程标志为进路解锁标志;
        返回(信号保持功能完成);
    }
```

```
  if(调车完全驶入进路)
  {
  信号机立即关闭;
  设置进路进程标志为进路解锁标志;
  返回(信号保持功能完成);
  }
else
  {
      if(进路中有区段被占用)
      返回(故障);
      {
      设置进路进程标志为Fxb(信号保持标志);
      }
      返回(信号保持继续);
  }
}
```

2. 进路解锁子模块

(1)进路正常解锁子模块

①功能需求

自动解锁是实现进路正常通过解锁和调车进路的中途返回解锁。这里只描述正常通过解锁阶段,在该阶段要完成两个功能:确定信号机的关闭时机;实现进路正常解锁。

与这两个功能相对应的设有两个程序模块:确定信号关闭时机的模块;进路正常解锁模块。

列车信号关闭的时机:当列车第一轮对进入该信号机内方第一轨道区段时。

调车信号关闭的时机:一是当调车车列出清接近区段且完全进入调车信号机内方;二是若接近区段留有车辆,当车列出清信号机内方第一区段并进入下一相邻区段时。

进路的正常解锁模块处理方法是:在进路两端采用两点检查法解锁区段和道岔,其他区段按三点检查法(三点检查:前一区段已解锁,本区段占用且出清,下一区段占用)解除区段及道岔锁闭。

②实现技术条件的功能函数

```
BYTE 进路解锁处理(BYTE 进路控制号)
{
  if(未解锁道岔位置不正确)
      返回(故障);
  if(列车进路)
  {
      立即关闭信号机;
  }
  else if(调车进路)
  {
```

```
    if(接近区段停有车列)
    {
        出清第一区段后关闭信号机;
    }
    else
    {
        出清接近区段后关闭信号机;
    }
  }
(区段正常解锁部分)
if(信号机已关闭)
{
    if(解锁的三点检查条件满足)
        延时 3 s 解除区段、道岔锁闭标志;
    {
    if(进路的全部区段均解锁)
    }
        清除进路控制表;
        返回(解锁完成);
    {
        返回(解锁)
    }
}
}
```

(2)取消进路子模块

①功能需求

信号开放后车还没有接近,即进路处于预先锁闭状态时,要想使进路解锁,采用取消进路的办法。需要注意的是:首先要判断要取消的进路是否建立,然后还需要判断这条进路是否完整。当没有建立进路或进路不完整,部分解锁时不能够采用取消进路命令。

②实现技术条件的功能函数

```
void 取消进路处理(BYTE 进路控制号)
{
  关闭信号机;
  if(已建立的进路不完整)
  {
      命令无效,给出错误提示信息;
      返回(不能取消);
  }
  else
```

```
  {
      if(接近区段有车)
      返回(不能取消);
      if(进路不空闲)
      返回(不能取消);
      {
          将有关进路锁闭的变量复原为解锁状态;
          从进路控制表中删除该进路表;
      }
  }
}
```

四、其他软件功能模块

前面介绍了一般情况下基本联锁控制功能的软件实现,这些功能的实现就可以保证完成基本进路操作。当然,基本联锁功能中还包含其他的功能子模块,而这些功能子模块往往是实际站场作业所需要的。下面就对这些功能子模块的功能需求及功能函数做介绍。

1. 非正常通过解锁操作子模块

(1)调车中途返回解锁子模块

①功能需求

在转线的调车作业过程中,由于车列中途返回而使得某些牵出进路的道岔区段,甚至整个牵出进路不能按正常解锁方式解锁进路锁闭,因而需采取中途返回解锁措施。

在联锁区内进行中途折返调车作业时,在下列条件下调车进路应能实现中途返回解锁:

a. 当车列驶入调车进路后,因中途折返而使该进路的部分区段不能解锁时,在检查车列确已根据开放的折返信号机驶入该信号机的内方且出清全部未解锁的区段后,该部分区段应自动解锁。

b. 当车列驶入调车进路后,因中途折返作业而使该进路全部区段均不能解锁时,在检查车列顺序退出该进路和其接近区段后解锁。

c. 当车列驶入并置信号机内方后,因中途折返作业而使该进路全部区段均不能解锁时,在检查车列确已根据开放的反向并置信号机驶入该信号机的内方,但出清全部未解锁的区段后,该条进路自动解锁。

②实现技术条件的功能函数

```
BYTE 诊断返回解锁任务(BYTE 11)
{
    if(在牵出进路的中途有折返信号机且开放)
    if(车列驶入折返信号机内方)
    {
      (车列反向出清牵出进路)
      {
        if(进路完整)
```

```
        {
          if(接近区段为无岔区段且车列出清)
          {
          进行折返进路处理：
          返回(解锁完成)
          }
        }
        else
        {
        进行折返进路处理;
        返回(解锁完成)
        }
      }
    }
  返回(折返检查);
}
BYTE 折返进路处理(BYTE 11)
{
  轨道、道岔解锁;
}
```

调车中途返回解锁属于自动解锁的范畴，在进路解锁过程中，除了自动解锁，还包括非自动解锁，那么接下来就对人工解锁和故障解锁这些非自动解锁子模块进行介绍。

(2)人工延时解锁子模块

①功能需求

信号开放后车已经接近，即进路处于接近锁闭状态时，要想改变进路，必须先使进路解锁，这时采用人工延时解锁方法。对于接车进路及正线发车进路要延时 3 min 才能解除锁闭，其他进路要延时 30 s 才能解除进路锁闭。

②实现技术条件的功能函数

```
BYTE 人工延时处理(BYTE 进路控制号)
{
  关闭信号机;
  if(已建立的进路不完整)
  {
    命令无效，给出错误提示信息;
    返回(不能解锁);
  }
  (延时解锁)
  if(调车进路)
```

```
  {
    延时 30 s;
  }
    if(列车进路)
  {
    if(站线发车)
    {
      延时 30 s;
    }
    else
    {
      延时 3 min;
    }
  }
  if(延时完成)
  {
    解除进路锁闭;
    返回(解锁完成)
  }
  else
    返回(解锁延时);
}
```

(3)上电解锁

①功能需求

系统第一次上电或因停电重启后；全场处于锁闭状态，在人工确认站场无危险情况后，一次解除全场锁闭，这是为计算机联锁系统专设的解锁功能。

②上电解锁的技术条件

a. 该命令只有系统是第一次上电或重启后，全场处于锁闭状态时有效。

b. 解锁的条件：确认站场上有车区段车列已停下，没有道岔驱动输出。

(4)区段故障解锁模块

①功能需求

由于某种原因使轨道区段不能解锁时，应分段的按故障解锁方式使其解锁。

②区段故障解锁的技术条件

a. 操作方式：区段故障解锁按钮＋区段所在道岔按钮；由道岔按钮计算出道岔号，从道岔控制表中提出道岔所属的控制进路号；从进路控制表中找到与道岔所属区段相一致的区段号进行解锁。

b. 解锁前要检查信号机关闭，进路的所有区段均无车占用或故障恢复。

c. 接近区段有车时不允许区段故障解锁。

d. 解锁有岔区段时，其相邻的无岔区段也相应解锁。

e. 当进路所有轨道已完成解锁后，若其离去区段为无岔区段则清除其锁闭，并从进路控制表中清除整条进路。

f. 解锁区段时，其保护区段也要同时解除锁闭。

g. 对于列车进路的无岔区段，设置无岔区段按钮用来进行区段故障解锁。

2. 信号操作子模块

(1)重复开放信号模块

①功能需求

当信号开放后，由于轨道电路瞬间分路或其他原因而关闭时，若开放信号的条件又满足了，则应在值班员的操作下信号才能重复开放。

②重复开放信号的技术条件

a. 操作方式：双击进路的始端按钮。

b. 检查进路是否处于进路故障或信号机关闭状态。

c. 当条件满足时，把进路进程置为信号开放保持，此时按信号机开放条件来进行联锁检查，即检查进路空闲、非超限绝缘相邻区段空闲、有关道岔位置正确、进路已锁闭、未施行人工解锁、敌对进路未建立，以及照查联锁条件正确，当条件满足时开放信号机。

(2)非常关闭信号模块

在计算机联锁系统中，由于某种故障原因而不能以取消进路、人工解锁等方式使信号机关闭时，需通过一定的手段或措施再按压一个特设的非常关闭信号按钮，强制切断信号继电器电源，使信号关闭。

3. 引导操作子模块

(1)开放引导信号模块

进站或接车进路信号机因故障不能正常开放信号或向非接车线路接车时，应使用引导信号。引导信号开放时一般无联锁保证，引导信号的开放一般为非保留式。当其开放后能保证对进路中的有关道岔施行锁闭时，可采用开放保留方式，并应能随时将其关闭。

引导信号开放时若办理了引导进路，则检查引导进路中的道岔位置正确、未建立敌对进路、引导进路在锁闭状态或对道岔进行总锁闭。开放引导信号必须检查其主体信号机为红灯显示。

(2)引导锁闭模块

引导进路可按进路控制和单独操纵道岔方式建立。若引导进路上的道岔状态信息正确，则应锁闭进路中的道岔和敌对进路。否则，应根据咽喉区道岔状态信息的反映情况，扩大锁闭道岔的范围，甚至实现全咽喉锁闭。

(3)引导解锁模块

引导锁闭在列车通过后，由引导解锁命令使其解锁。对于引导操作还需要说明的是引导信号的关闭时机，引导信号在下列情况下应及时关闭：

(1)列车未驶入引导进路之前信号保持开放的条件不能满足时。

(2)信号机内方第一轨道区段无故障的情况下，列车第一轮对进入该区段时。

(3)信号机内方第一轨道区段故障，未能在 15 s 内进行维持开放信号的操作时。

(4)办理引导进路解锁时。

(5)人工关闭信号时。

4. 道岔操作子模块

联锁道岔应能单独操纵或随进路的排列而自动选动，自动选动宜采用顺序启动的方式。道岔的单独操纵应优先于进路自动选动。

(1)道岔单独操纵模块

在道岔未受区段锁闭、进路锁闭和单独锁闭的条件下，可进行单独操纵。

(2)道岔单独锁闭模块

操作人员无条件的单独锁闭。

(3)道岔单独解锁模块

操作人员无条件地将道岔的单独锁闭解除。

专题二　进路搜索

进路搜索程序的功能是根据进路操作命令，从站场形静态数据选出进路需要的静态数据，以构成一个进路表并存于进路总表中。然后对这些静态数据所涉及的动态变量进行一一核查，初步判断是否符合进路要求。具体讲，进路搜索程序应完成下列任务：

(1)根据进路操作命令只能选出一条符合操作要求的进路，这条进路可能是基本进路、迂回进路或是由多条基本进路相衔接的复合进路。

(2)判明进路操作命令的合法性。操作命令是否合法本应在形成“进路操作命令”之前进行检查，其检查的方法是将实际操作与标准的操作相比较，一致时是合法操作，否则是非法操作。然而这种比较法需要在存储器中存放标准操作数据，数量很大容易出错，因此将检查合法性移到这里。这里的检查方法是若能按进路操作命令选出一条进路，则证明命令是合法的，否则是不合法的。

(3)判明已搜索出的进路是否有建立的可能性，即检查所选出的进路的敌对进路没有建立。若敌对进路已经建立，则所选的进路应无效，于是应形成“进路操作命令无效”的信息。

(4)如果能够建立进路，则在与该进路有关的所有变量模块中设置一个占用标志，以防其他进路再有占用这些模块的可能。这实际上是锁闭了敌对进路。

(5)指明与进路有关的道岔应在定位还是反位。

(6)形成一个进路表，并存于进路总表中供联锁处理程序使用。

在进路搜索中，根据操作命令必须仅能选出一条符合操作意图的进路，即在仅指明进路的始端和终端时，只能选出一条基本进路而不应选出绕弯的或平行的迂回进路。如果需要选出迂回进路，则操作人员必须增加附加操作，指明变更点。为了实现这一要求，采取了如下措施：

(1)根据进路操作命令，确定相邻的指定节点对，按“节点对”分段依次搜索。进路操作命令应能指明站场形数据结构中与进路的始端、终端，以及变更点相对应的节点，每两个相邻的指定节点构成一个“节点对”。对应于一个节点对之间的站场线路可能是一条基本进路，也可能是迂回进路中的一段“路段”。在进路搜索过程中，将根据节点对逐段搜索。

例如，若进路操作命令指出了节点为 K(a)、K(b)和 K(c)，则把 K(a)和 K(b)及 K(b)和 K(c)作为两个节点对，并先搜索由 K(a)到 K(b)的路段，再搜索由 K(b)到 K(c)的路段。这样就把整条进路搜索出来了。分段搜索使得搜索程序简洁。

(2)设置搜索导向标志 Y_d，确定优先搜索策略。根据对站场结构的分析，可以确定以下搜索原则：在进路搜索过程中，当遇到每个对向道岔(以搜索方向为准)节点时，先沿着直股进行搜索下去，当搜索不到目标节点(节点对中的第二个节点)时，再返回到该道岔节点，再沿弯股搜索，这样就避免了搜索出绕弯的迂回进路(常称作八字迂回进路)的可能。以后称这种搜索为直股优先策略。

当节点对之间存在平行的进路时，必须事先确定其中哪一条是基本进路段，如在图 6-57 中，节点 K(a)和 K(d)间有平行渡线 d_1 和 d_3；在 K(b)和 K(e)之间有平行渡线 d_3 和 d_4；在 K(c)和 K(f)之间有平行渡线 d_2 和 d_5 等。必须指明哪些渡线为基本进路经由的路线，若指定 d_1、d_3 和 d_2 分别为 K(a)-K(d)、K(b)-K(e)、K(c)-K(f)之间的基本进路段，则在引向这些线段上的对向道岔节点，即在 K(2)、K(10)和 K(6)中各设一个导向标志。

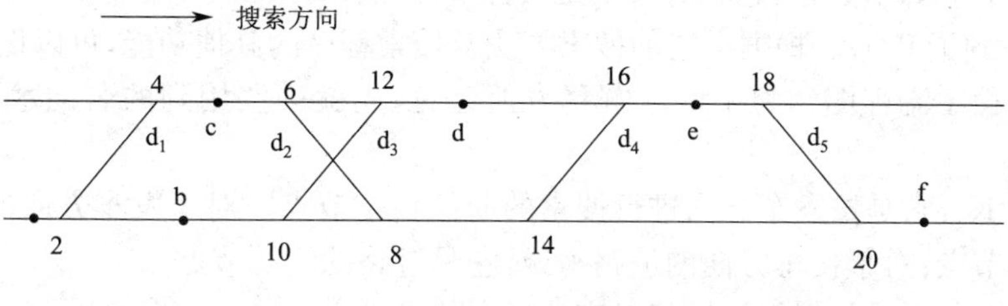

图 6-57　搜索策略的说明图

在搜索过程中每遇到对向道岔节点时，首先检查其中是否具有导向标志，若没有，则按直股优先搜索的策略搜索。若有，则按弯股优先搜索的策略搜索，即每遇到含有导向标志的道岔节点时，先沿弯股搜索，搜索不到目标节点时再返回来沿直股搜索。采用弯股优先搜索策略可以避免选出平行的迂回进路。

但是，采用弯股优先的搜索策略后，有可能搜出一条错误的绕弯迂回进路，现在以图 6-58 为例作说明。

在图 6-58 中，若指定的节点对为 K(a)和 K(f)，本应选出一条由 K(a)到 K(f)的直通进路，但由于在 K(2)和 K(6)中有导向标志，当搜索到 K(2)时，先沿弯股搜索而搜到 K(4)和 K(6)。在搜到 K(6)时又沿弯股搜索下去，最终搜索到 K(f)。结果搜出了一条绕弯的进路，这是不符合操作意图的。为了克服上述缺点，于是又规定了下面一条措施。

(3)在节点对之间的搜索过程中，只允许沿着同类渡线进行搜索。这里将渡线按其铺设方式分为两类：一类的铺设方式类似于正斜线(/)，称为撇形渡线，即八字第一笔，以符号“/”表示。另一类的铺设方式类似于反斜线(\)，称为捺形渡线，即八字第二笔，以符号“\”表示。在搜索过程中，若只经由同类的渡线搜索，就不致搜出绕弯的迂回进路(除变更进路)来了。

现在以图 6-58 为例说明搜索过程。

在图 6-58 中，为了说明问题，省略了有关轨道区段的节点。假设在节点 K(a)和 K(d_3)之间的两条渡线 d_1 和 d_2 中，指定 d_1 为基本进路经由的渡线，于是在节点 K(1)中设导向标志。首先讨论由节点 K(a)到 K(i)基本进路的要素过程：由 K(a)可搜索到 K(1)，由于 K(1)中有导向标志，于是先沿弯股搜索，顺序地找到 K(3)、K(b_1)、K(7)、K(d_3)和 K(9)。K(9)是对向道岔，但与第一个有导向标志的道岔类型不同，为了防止自动选出八字变通进路，所以只允许沿

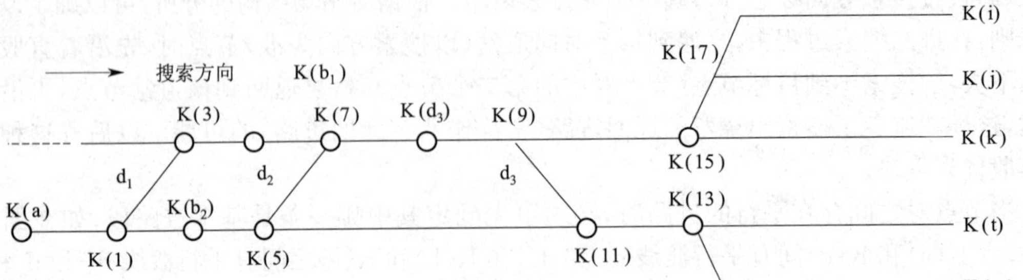

图 6-58 搜索过程的说明图

直股搜索，找到节点 K(15)。K(15)也是对向节点且无导向标志，于是先沿直股搜索找到 K(k)，K(k)没有右邻节点，而它本身又不是目标节点，所以返回到 K(15)，再沿弯股搜索找到 K(17)，最终找到了 K(i)。根据上述的搜索方法及搜索程序的其他功能，可以设计出对任何进路都适用搜索程序流程图。为了以后解释方便起见，先就一些用到的名词术语和符合作些说明。

开始节点 K_0：它是按发车方向进行搜索的起始指定节点。对于发车方向的进路来说，它是进路的始端节点；对于接车方向的进路来说，它是进路的终端节点。

中间节点 K_1：它是与变更按钮相对应的指定节点。

目标节点 Kg：它是按发车方向进行搜索时所要找到的最后的指定节点。对于发车方向的进路来说，它是进路的终端节点；对于接车方向的进路来说，它是进路的始端节点。

后继节点 Kc：在站场形链接图中，有方向的直线箭头所指的节点或该节点的 pf 中所指的节点即为该节点的后继节点。

后继直节点 Kc(z)：在站场形链接图中，有方向的直线箭头所指的直股节点或该节点的 pf 中所指的节点即为该节点的后继直节点。

后继弯节点 Kc(w)：在站场形链接图中，有方向的直线箭头所指的弯节点或该节点的 pfw 中所指的节点即为该节点的后继弯节点。

当前节点 Kn：搜索过程中刚刚被找到的节点。

死节点 Kd：没有后继节点的节点。

S：存放指定节点的堆栈。

a 支线类型暂存单元 L：用它存放正斜线“/”型或反斜线“\”型。

图 6-59 为进路搜索流程图。由于是按发车方向搜索，因此，需根据进路的方向确定搜索的始端和终端。当搜索到死节点而回退时，应考虑变更节点，否则就会搜索出一条意想不到的进路，这是不允许的。

在图 6-59 中，共有 5 条大的支路：

当 I=1 时，生成第一个节点对。

当 I=5 时，生成下一个节点对(如果存在的话)。

当 I=2 时，对“节点对”之间的进路进行搜索。

当 I=3 时，在搜索过程遇到死节点后，对非进路中的节点予以删除。

当 I=4 时，已搜索到所选进路(或路段)后，判断该进路(或路段)是否可用，若可用时，生成相应的进路表并存入进路总表中。

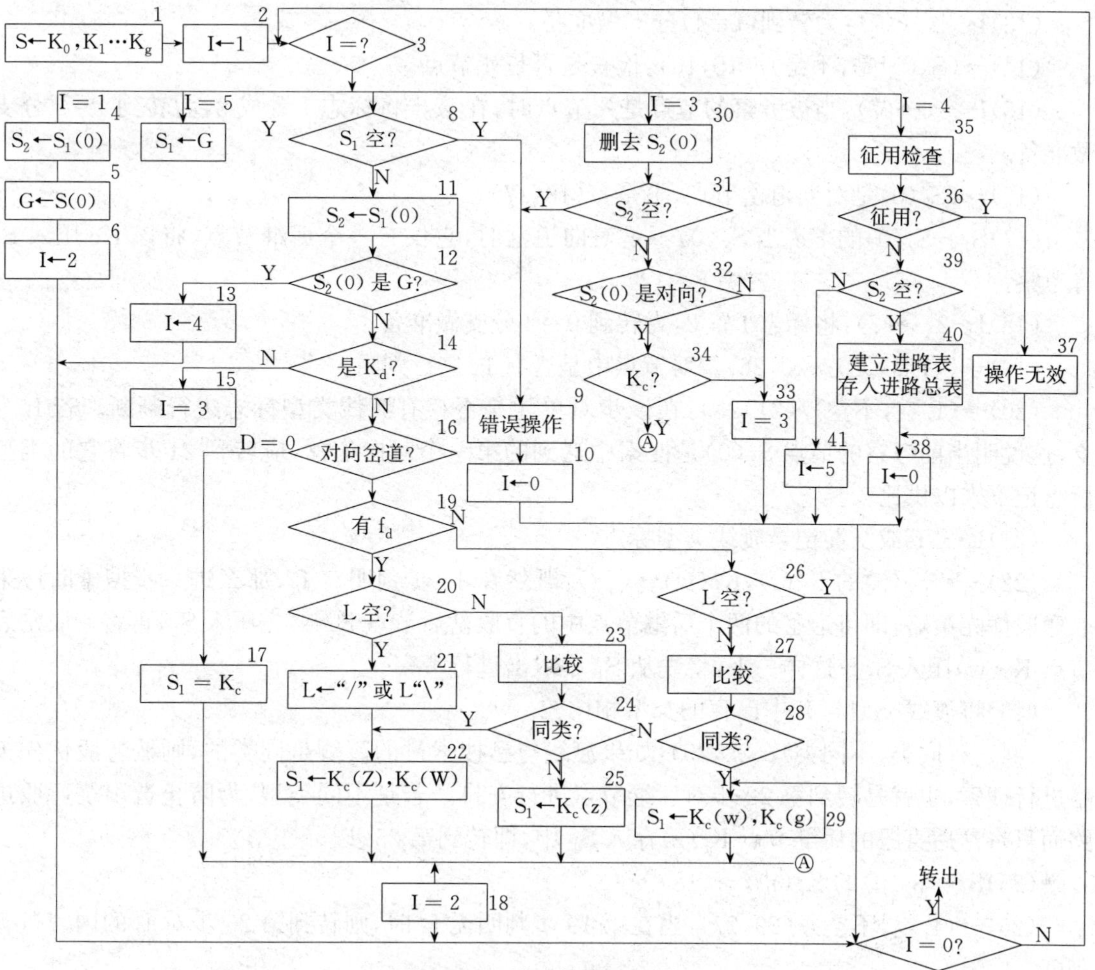

图 6-59　进路搜索流程图

下面按图 6-59 中各步的编号，逐步地做些解释。

(1)将指定节点顺序地压入堆栈 S 中。

(2)I←1：将标志置 1，为转到 I=1 分支做准备。

(3)→(I=?)/(I=1，1=2…I=5)。

(4)S_1←S(0)：将 K_0 存入 S_1 中。

(5)G←S(0)：将第 1 节点对的目标节点存入 G 中。

(6)I←2.→(7)：将标志 I 置成 2，为转到分支 I=2 做准备。

(7)→(1=0，I≠0)/(转出，3)：当搜索过程未结束 I≠0 时，转到第 3 步继续进行下去。

(8)→(S_1 空，不空)/(9，11)。

(9)在第 8 步判明 S_1 空时，这说明已搜索到的节点均已考察过而未找到目标节点，于是在该步给出"操作命令错误"表示，并从操作命令表中删去该操作命令。

(10)I←0，→(7)：为转出做准备。

(11)S_2←S_1(0)；从 S_1 中提出一个未考察的节点压入 S_2 中。

(12)→(S_2(0)=G，S_2(0)≠G)/(13，14)：在该步对 S_2 的栈顶节点"　"进行考察。若该节点是目标节点，则转到第 13 步，否则转到第 14 步。

(13)I←4,→(7):为转到(I=4)分支做准备。

(14)→(S_2(0)是,不是)/(15,16):检查是否是死节点。

(15)I←3,→(7):当被考察的节点是死节点时,在该步将标志 I 置成 3,为转到 I=3 分支做准备。

(16)→(S_2(0)是对向道岔节点,不是)/(19,17)。

(17)S_1←S_2(0)的 Kc:当 S_2(0)不是对向道岔时,它仅有一个后继节点,将该 Kc 压入 S_1 待考察。

(18)I←2,→(7):将标志 I 置 2,为转到 0=2 分支做准备。

(19)→(有 f_d,无)/(20,26)。对节点中是否有 f_d 进行判断。

(20)→(L 空,不空)/(21,23):在该步对单元是否存有渡线类型标志进行判断。若 L 为空,这说明当前考察的节点 S_2(0)是搜索中遇到的第一个对向道岔,应转到 21 步将它的类型标志记下来以供比较。

(21)L←“I”或“\”:记录渡线类型标志。

(22)S_1←S_2(0)的 K_c(z),Kc(w)→(18):既然在 19 步判明有 f_d,那么进一步搜索时应采取弯股优先策略,即将道岔的两个后继节点中的直股岔后节点 K_c(z)先压入 S_1,再将弯股岔后节点 K_c(w)压入 S_1。这样一来,将先从 S_1 中取出进行考察。

(23)将渡线类型与 L 中已存的类型相比较。

(24)→(同类,不同类)/(22,25):如果渡线与已搜索过的渡线是同类的,则按弯股优先策略进行搜索,也就是转到第 22 步对后继节点进行安排。若是不同类型,为防止选出绕弯股进路而只将岔后直股的后继节点 K_c(z)存入 S_1 中,即转到第 25 步。

(25)S_1←S_2(0)的 K_c(z),→(18)。

(26)→(L 空,不空)/(29,27):当在第 19 步判明无 f_d 时,则转到第 26 步对 L 的内容进行判断。

(27)将渡线类型与 L 中已存在的类型相比较。

(28)→(同类,不同类)/(29,25)。

(29)S_1←S_2(0)的 K_c(w),K_c(z),→(18)。

当在第 19 步判明对向道岔节点中无 f_d 且在第 28 步又判明当前被考察的渡线类型与前已考察的是同类,于是在这一步将 S_1(0)的两个岔后节点按直股优先搜索的要求压入 S_1(1)中。

(30)弹出 S_2(0):当在第 14 步查明 S_2(0)是死节点 K_d 时,则在第 15 步中使 I 置 3,而转到分支(I=3),在该步将 S_2(0)弹出(删除)。

(31)→(S_2 空,不空)/(9,32):在该步对 S_2 的内容进行判断,若堆栈 S_2 已空,说明该进路操作命令有错,转第 9 步;若不空,则转第 32 步。

(32)→(S_2(0)是对向道岔,不是)/(34,33)。

(33)I←3,→(7):若在第 32 步判明 S_2 栈顶的节点不是对向道岔节点,则经该步再次转到第 32 步删去 S_2(0),若是对向道岔则转到第 34 步。

(34)→(S_1(0)是 S_2(0)的 K_c,不是)/(18,33):S_2(0)既然是对向道岔,以前在搜索到 S_2(0)时曾经将它的两个后继节点 K_c(z)和 K_c(w)存入 S_1 中(在第 22 步或第 29 步)。现在返

回到 $S_2(0)$，这意味着 $S_2(0)$ 的一个后继节点已考察过并在第 33 步从 S_2 中删去。那么在该步对 $S_1(0)$ 进行判断。若 $S_1(0)$ 是 $S_2(0)$ 的另一后继节点，则应经由第 18 步转到分支(I=2)搜索下去。若 $S_1(0)$ 不是的后继节点，这说明对向道岔节点的两个后继节点均已考察过，那么 $S_2(0)$ 本身也不是进路中的一个节点，所以经由第 33 步转到分支(I=3)，将 $S_2(0)$ 删去。

(35)检查已搜索出的节点是否已被征用：当在第 12 步判明已搜索到目标节点时，则经由第 13 步使标志 I 置 4，转到分支(I=4)。当转到该分支时，说明一个节点对之间的路段(或进路)上的全部节点已搜出并存于 S_2 中。在第 35 步对 S_2 中的各个节点进行检查，检查它们是否已被别的进路所征用。

(36)→(征用，没征用)/(37，39)。

(37)生成“操作命令无效”表示信息：当在第 35 步和第 36 步查得有任意节点被征用时，那么就不应再选出这条进路，所以在该生成“操作命令无效”的表示，告诉值班人员采取别的措施。

(38)I←0，→(7)：通过该步，转出搜索程序。

(39)→(S_2 空，不空)/(40，41)。

(40)建立进路表并存入进路总表中，→(38)：在第 36 步判明搜出的节点均未被征用时，转到第 39 步又查明 S_2 空时，这说明整个进路已选出。于是在该步从 S_2 中的所有节点中提出所选进路需要的数据并构成进路表，存入进路总表中，再经由第 38 步转出搜索程序。

(41)I←5，→(7)：当在第 39 步查得 S 不空时，说明还有些“节点对”有待搜索，于是经由该节点转到分支(I=5)，形成新的节点对，继续搜索下去。

由上可知，进路的搜索过程就是按照节点指针场所指定的相邻节点位置，顺序的找出这些节点，并把这些节点的地址暂存到指定的存储区，然后根据进路上各节点的地址，检查与这些节点地址相关的存储单元内容是否符合进路的要求。

以上就进路搜索程序的流程做了较详细的介绍。应当说明，这个流程图不是唯一的，而且应用于某些特殊站场结构时，可能还需修正和补充，但最终应形成一个标准的流程。最后还应指出，在构成进路表的过程中，还应根据道岔节点及其岔后相邻节点的链接指针，以及道岔的铺设类型等数据指明进路中的道岔应处的位置及带动道岔等。这里就不进一步讨论了。

进路处理模块是对已经搜索出来的进路进行处理的模块。进行处理的模块是为各条进路共用的，这里采取如下两种控制方式。

(1)当一个车站同时最多能办理 m 条进路时，那么进路总表中最多存有 m 条进路的进路表。当主程序进入进路处理阶段时，对进路总表中各条进路处理一遍后转出。为了方便起见，在进路总表中以插空方式存放进路，于是进路处理总流程如图 6-36 所示。

(2)在对某一条具体进路进行处理时，根据行车安全的技术要求，可分成五个阶段，即 5 个模块，并按照顺序方式进行处理。每一次进入每一个阶段时，其执行条件可能满足也可能不满足。为了实时地进行处理，当条件满足时，处理完毕后立即处理它的后续模块。若条件不满足时，则立即转出而对另一条进路进行处理。根据上述的控制思路，相应的进路处理流程如图 6-37 所示。

在进路处理过程中，不少地方需检查进路空闲，检查道岔位置正确，检查照查条件（其中包括两咽喉间的敌对进路的检查，与区间闭塞的联系，场间联系，与机务段联系，与非进路调车联系及其他联系等）是否满足等。对此，可设计相应的标准检查模块以供调用。

图 6-37 中，XP 为选排一致检查及道岔控制命令生成模块，S 为进路锁闭模块，XB 为信号保持开放模块，JS 为进路自动解锁模块。

思 考 题

1. 简述计算机联锁输入通道的基本工作原理。
2. 简述计算机联锁输出通道的基本工作原理。
3. 画出排列进路整体流程图，并加以解释说明。
4. 计算机联锁软件系统的体系结构是如何划分的？
5. 什么是联锁数据和联锁数据结构？
6. 进路搜索时应遵循的原则是什么？
7. 联锁软件由哪些基本功能模块组成？
8. 什么是软件的可靠性？软件的可靠性保证技术有哪些？
9. 软件的安全性保障技术有哪些？
10. 联锁软件对各个子程序功能模块的管理和调度有哪两种基本的调度方式？
11. 什么是避错技术？什么是容错技术？
12. 分析图 6-60 的工作原理。

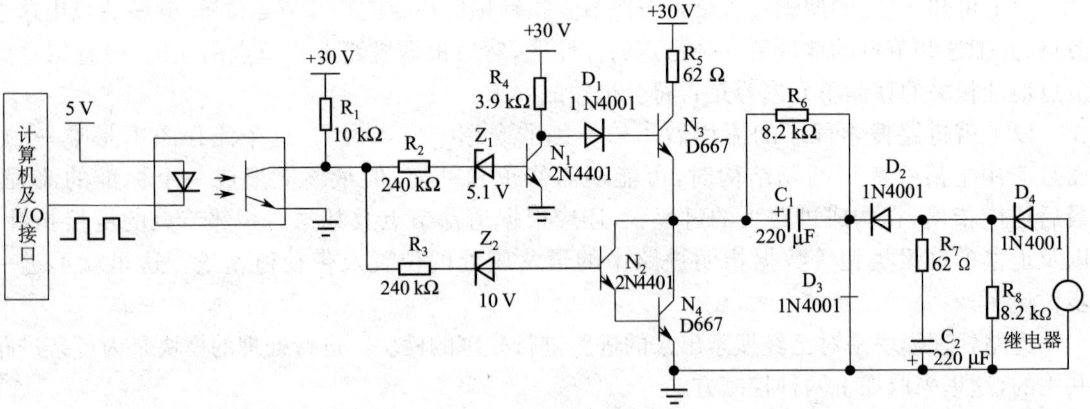

图 6-60 一种实用的动/静态变换继电器驱动电路

13. 分析图 6-61 的工作原理。

14. 画出进路的正常解锁（分段解锁）进程流程图，并加以解释说明。

15. 图 6-62 为进路搜索模块连接图，当顺序按压 D_1 和 S_{II} 按钮，即先后操作了 $K(D_1)$ 和 $K(S_{II})$ 所指定的元件后，假定在 K(1) 处设置了弯股优先搜索引导标志 Yd，试写出 $K(D_1)$ 和 $K(S_{II})$ 进路搜索过程。

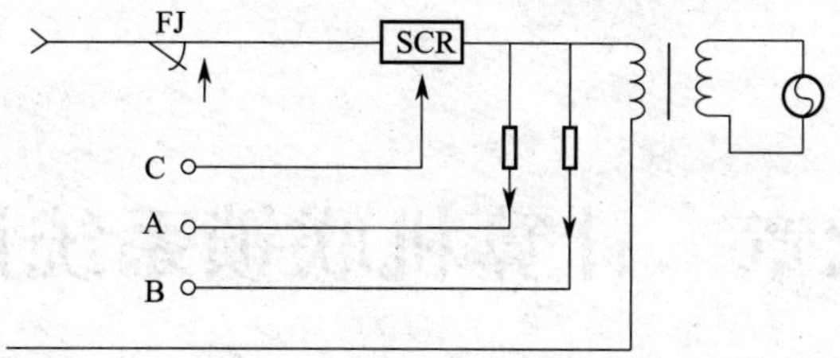

图 6-61　故障检测式输出电路

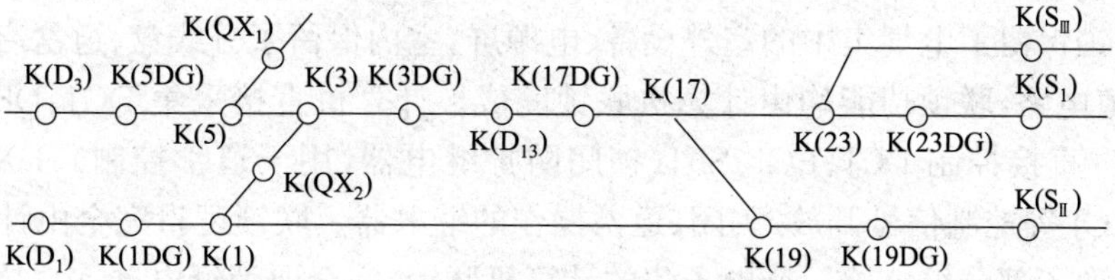

图 6-62　进路搜索模块连接图

第七章　计算机联锁系统设备

计算机联锁系统代替了继电联锁控制设备，要求在保证安全的前提下，以最经济、合理的技术措施提高铁路运输效率，改善劳动条件。

计算机联锁保留了电气集中的室外设备、电源屏，室内保留了分线盘、道岔启动电路、信号点灯电路、轨道电路，联锁功能均由计算机联锁完成。计算机直接采集DGJ、DBJ、FBJ、DJ等继电器的接点，直接控制DCJ、FCJ、SFJ（锁闭防护继电器，用于道岔控制）、DXJ、LXJ、ZXJ、LUXJ、TXJ、ZCJ等控制信号开放/关闭、道岔操作的继电器。联锁逻辑完全由计算机完成，只在执行环节保留了部分继电器。全电子化的计算机联锁，完全取消继电器，由"故障－安全"的电子电路直接控制室外的信号机和转撤机。操作上控制台小型化、智能化，对操作有丰富的汉字提示，操作方法也多样化。

第一节　TYJL-Ⅱ型计算机联锁系统

TYJL-Ⅱ型计算机联锁系统是中国铁道科学研究院通号所研制的，为双机热备系统。

一、系统结构

TYJL-Ⅱ型计算机联锁系统为分布式多微机系统，主要由监控机（又称上位机）、控制台、联锁机、执行表示机（简称执表机）、继电接口电路、电务维修机、电源屏和室外设备组成，其系统结构如图7-1所示，其中监控机、联锁机、执表机均为双套，具有热备、自动切换功能。各备用的计算机构成系统与主机同步工作，备用系统可脱机，作为试验维修用。

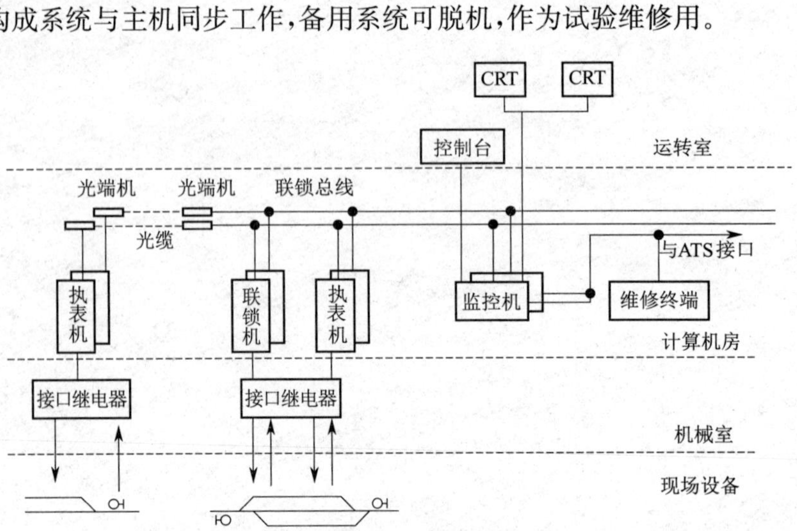

图7-1　TYJL-Ⅱ型计算机联锁系统系统结构

该系统(不包括现场设备)可划分为三个层次:监控机为上层;联锁机是核心层;第三层是继电接口电路。系统的上层使用通用的局域网实现各子系统之间的连接。监控机与控制台之间通过视频线等线缆和切换装置组成的专用显示和命令通道连接。监控机与联锁机、执表机之间通过专用的联锁总线实现安全信息的通信连接,联锁总线是实时的现场控制总线,是系统的核心总线。

二、系统组成

(1)监控机

监控机是监控系统的核心,包括工业控制计算机、控制台通信卡、联锁网卡、维修网卡等,安装在计算机机房的机柜中或计算机桌上,通过引出的视频线、鼠标线、数字化仪线和语音线与车站值班员室内的控制台相连。监控机采用标准的通用工业控制计算机。

系统的人—机界面软件安装在监控机中,主要完成控制台屏幕显示、操作处理、进路预选、站场变化及设备工作状态记录、错误提示等功能。

(2)控制台

控制台是系统使用的直接人—机界面部分,主要用于采集控制命令信息,操纵道岔办理进路,显示站场图像,由监控机管辖。

TYJL-Ⅱ型计算机联锁系统的控制台,目前推广应用最多的是鼠标＋LCD 显示器的控制台。

(3)联锁机

联锁机的主要功能是实现与上位机的通信调度,实现信号设备的联锁逻辑处理功能,采集现场信号设备状态,输出动态控制命令。

普通型的联锁机柜主要由电源模块、主机笼、接口板、总线切换控制盒、监控面板等组成。由上到下依次大致可分为电源层、计算机层、采集层、驱动层和零层。

电源层主要由电源指示面板、采集电源、驱动电源和计算机电源组成。

计算机层采用的是 STD 总线标准的工业控制计算机。系统的通信通过两块通信板进行,由 STD-01(1)经切换控制后与监控机和执表机通信,由 STD-01(2)进行主、备联锁机之间的通信,以实现双机热备。CPU 使用 I/O 接口板通过采集总线和驱动总线对采集板和驱动板进行控制和诊断。CPU 板通过指示报警板,点亮计算机层面板上的运行、通信收发和中断等指示灯。

采集层主要由采集机笼、采集板,以及与计算机层和电源层联系的扁平电缆、电源线及相应的接插件等组成。

驱动层的机构与采集层的非常相似,主要由驱动机笼、驱动板,以及与计算机层和电源层联系的扁平电缆、电源线及相应的接插件等组成。

零层位于机柜最下层,主控系统最为重要的连接线缆从这里引入和引出,上面装有联锁总线切换盒、零层端子和接地端子等。

(4)执表机

执表机柜结构与联锁机柜相近,只是没有联锁软件。只有联锁机柜的容量不能满足车站监控对象数量的需要时,才设执表机。

(5)接口系统

接口系统主要由继电电路、配线和结合电路,以及防护电路等组成,其在机械室内,对外与现场设备相连,对内与主控系统相连。TYJL-Ⅱ型计算机联锁系统基本完整地保留了 6502 电气集中对室外设备的控制和表示电路(如道岔控制电路、信号点灯电路等),以这些电路中的相关继电器(定/反位操纵继电器、定/反位表示继电器、轨道继电器、信号继电器和灯丝继电器等)为界面进行控制和信息采集。

现场表示信息的采集是由主控系统通过对相关继电器接点的数字量采集完成的。

输出驱动电路是直接参与控制室外信号机和转辙机的电路。为保证计算机联锁系统的安全输出,采用双输入动态继电器或双输入动态驱动组合+偏极继电器。

在接口系统中增设的防护电路是为重雷区内增强系统雷电防护能力而设的,对牵引电流的侵入亦有相当的防护能力,防护电路由强电防护插件组合、断线检查器和相应的配线构成。

(6)电务维修机

为了方便电务维修人员更好地维护计算机联锁系统,系统中增加了电务维修机(简称维修机)。维修机通过与主、备监控机连接,接收计算机联锁系统中的实时信息,储存记录系统的全部运行信息。维修机是计算机联锁系统的重要辅助设备,为维修人员提供人—机界面,与其他系统的连接一般也是通过维修机实现的。

维修机采用标准的工业控制计算机,配备维修网卡、远程诊断通信终端、彩色监视器、键盘和打印机。

(7)电源

TYJL-Ⅱ型计算机联锁系统计算机部分所使用的电源主要由两部分组成:机柜电源、动态电源。计算机机房内的设备采用A、B两路各自独立的供电方式。当设计有应急台时,该电源与应急台的工作电源互切。动态稳压电源为动态组合提供直流30 V局部电源,用以驱动JPXC-1000型继电器。

计算机部分的电源由配电柜提供。配电柜的输入来自电源屏,经UPS电路等的净化和稳压,再分配到计算机系统的各种设备中。

三、系统软件

(1)系统软件构成

计算机系统软件按系统硬件的结构划分为三个层次:人—机对话层、联锁逻辑运算层和执行层。每层又可根据功能划分为几个模块,系统软件的层次结构如图7-2所示。各种软件包之间由专用通信软件实现沟通。

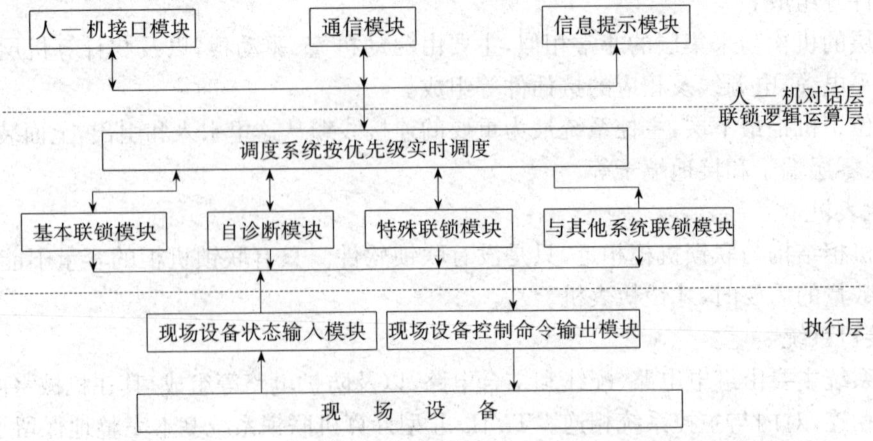

图7-2 软件的层次结构

人—机对话层主要包括按钮命令处理和进路初选软件、图像显示软件和记录、储存、打印软件，编制语言为C语言。

联锁逻辑运算软件分成：操作输入及控制命令形成模块、操作命令执行模块、进路处理模块、表示输出模块。联锁程序软件采用汇编语言编制。

执行层软件包括安全输入程序和安全输出程序。安全输入程序完成现场设备状态的读入；安全输出程序向现场设备输出控制命令。

(2)系统软件组成

TYJL-Ⅱ型计算机联锁软件可划分为三个软件子系统：监控机软件系统、主控机软件系统和维护软件系统。各软件间由系统管理软件（专用通信软件）实现沟通。

①监控机软件系统

TYJL-Ⅱ型计算机联锁系统的监控机软件不涉及行车运行安全，故采用单软件结构。该软件的主要功能如下。

a. 对值班员的所有操作进行提示、处理并记录，接收值班员的有效操作命令，向主控系统发出相应的执行命令。

b. 接收主控系统提供的站场表示信息，向值班员提供站场图像的实时显示。

c. 向值班员提供整个系统的工作状态信息、报警信息和简要的故障信息。

d. 记录系统的全部操作和运行信息。

e. 向辅助系统提供记录信息，与其他必要的信息系统接口。

②软件系统

TYJL-Ⅱ型计算机软件系统采用双版本软件结构，系统内两套相互独立版本的联锁程序同时运行，联锁逻辑运算结果在控制命令输出级进行比较，比较一致时，方可向外发出驱动命令。主控机软件系统主要包括以下模块：

a. 调度管理模块：实现系统软件的整体管理，形成专用的小型操作系统。

b. 通信模块：完成系统设备间的通信。

c. 选路模块：完成选路运算。

d. 采集控制模块：完成信息采集和控制驱动功能。

e. 锁闭模块：完成进路锁闭功能检查。

f. 信号检查模块：完成对信号开放条件的检查。

g. 解锁模块：完成进路解锁功能的检查。

h. 站场描述数据模块：完成站场结构静态数据的描述。

该软件设计思路借鉴了6502功能网络图的设计思路，把各联锁功能设计成通用的功能软件模块，使软件结构清晰、通用性强。

联锁软件数据结构的设计同样也借鉴了6502电气集中的组合拼接方式，把数据分为道岔数据模块、信号数据模块、区段数据模块、零散数据模块，通过上、下链的关系把它们串在一起，形成站场描述数据，当站场改动时，只需要对数据上、下链和数据模块做局部修改。可以看到，这种设计思路使数据结构简单、数据输入量小、不易出错，并且当站场变更时，软件改动很小。

③维护及监测软件系统

维护及监测软件的主要功能有：

a. 站场状态的跟踪与回放,操作命令记录与故障记录。

b. 远程诊断功能。

c. 监控系统时钟调校功能。

d. 与其他信息系统接口功能。

四、TYJL-Ⅱ型硬件系统其功能解析

(1)监视控制系统

监视控制系统主要由监控机(又称上位机)和控制台组成。监控机选用工业 PC 机,主要实现人—机对话,进路初选。监控系统采用双套配置同时运行,可以实现人工切换或自动切换。

TYJL-Ⅱ型计算机联锁系统的控制台可采用单元拼装式、数字化仪加鼠标等不同形式,不同形式的控制台其命令采集方法不同。各种控制台盘面设置及其作用类似于 6502 电气集中控制台,供值班员办理行车作业用。控制台与监控机之间用视频线、鼠标线、数字化仪线和语音线相连。

(2)主控系统

主控系统主要由联锁机和执表机组成。TYJL-Ⅱ型计算机联锁系统的联锁机和执表机的硬件结构完全相同,主要包括微处理器系统、信息采集及控制驱动和电源装置三大部分,其联锁机各电路板间联系如图 7-3 所示。

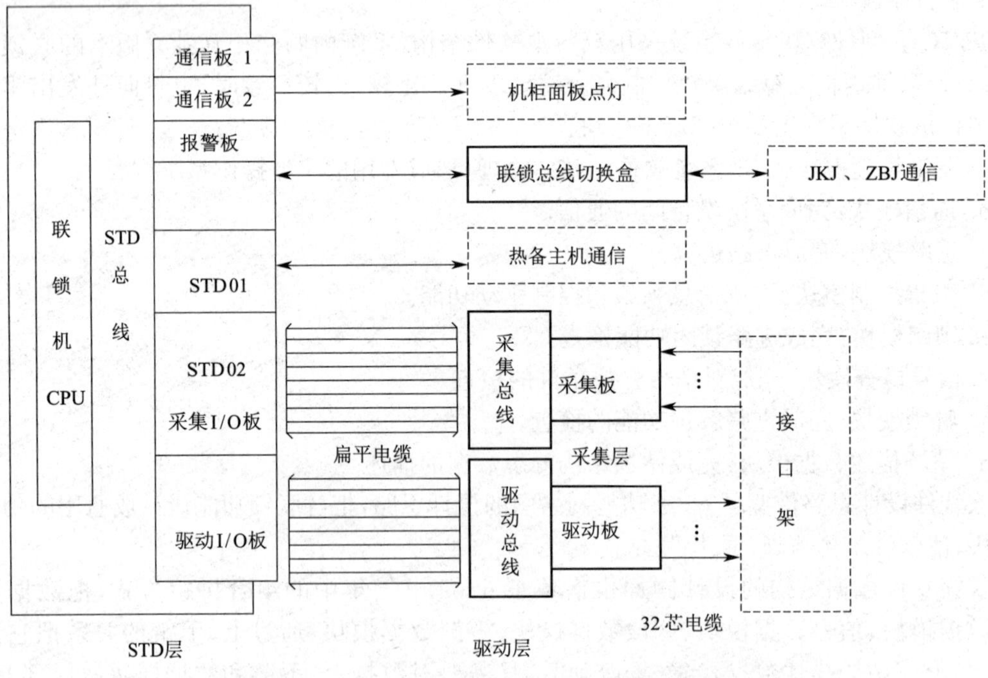

图 7-3 TYJL-Ⅱ型联锁机各电路板间联系图

①微处理器系统

微处理器系统选用 STD 标准总线工控机,主要由 STD5093 微处理器板、通信板及接口板组成。其中,每台联锁机设两块通信板,执表机只设一块。联锁机通过通信板 1 与监控机和执表机通信，接收监控机送来的值班员控制命令，并向其发送站场表示和提示报警信息；接收执表机发送的站场表示和提示报警信息，并向执表机发送对管辖范围内的信号、道岔等的控制命令。通过通信板 2 实现主、备联锁机之间的通信，以实现双机热备。

CPU 使用 I/O 接口板通过采集总线和驱动总线对采集板和驱动板进行控制。

②信息采集和控制驱动

TYJL-Ⅱ型计算机联锁系统通过信息采集板和控制驱动板完成现场设备表示信息的采集，以及控制命令的输出驱动与执行。每块采集板可处理 32 路采集信息，通过插头与采集母板插接，采集板的所有控制信号和数据总线与母板上的采集总线相连，接收 CPU 通过 I/O 板送出的控制和检查命令，向 CPU 发送采集数据。采集板的电路按照"故障—安全"的原则设计，采用动态检查、双译码校核等技术确保采集信息的安全性。

每块驱动板可输出 32 路驱动信息，通过插头与驱动母板插接，其驱动输出端通过母板的转接与相应的一条来自接口架的 32 芯专用电缆相连，为相应的动态组合单元提供驱动信号。驱动板的所有控制信号和数据总线与母板上的驱动总线相连，接受 CPU 通过 I/O 板送出的控制和检查命令。

驱动板的电路按照"故障—安全"的原则设计，以动态方式输出控制脉冲并通过回读电路回采校验(第二重回读)。回读有误时，CPU 将进一步区分该驱动位是固定回读错还是动态回读错，如为固定回读错将暂停对该位的驱动并报错，间隔一段时间后再次驱动看故障是否已恢复；如为动态回读错则将停止全部驱动，切断驱动电源以确保安全。

③电源装置

主要供给 STD 微机系统、采集板和驱动板各种所需电源。

图 7-1 中，TYJL-Ⅱ型计算机联锁系统设联锁机柜和执表机柜来安装上述联锁机和执表机设备。两类机柜的内部结构完全相同，机柜共分五层，第一层为电源层，第二层为计算机层，固定安装到 STD 机笼，供安插 STD 总线各种标准模板使用。

机柜的第三层和第四层安放采集板机笼和驱动板机笼。为了减少机柜内板与板之间的连线，这两层均采用公共母板结构，其中第三层母板固定插接采集板，第四层插接驱动板，每层最多可容纳 14 块模板。

机柜最下层为零层。连接线缆从这里引入和引出。

(3)接口系统

接口系统指机械室内对外与现场设备相连，对内与主控系统相连的电路系统。TYJL-Ⅱ型计算机联锁系统基本完整地保留了电气集中对室外设备的控制和表示电路(如道岔电路、信号点灯电路等)，对这些电路中的相关继电器(定/反操继电器、定/反表继电器、轨道继电器、信号继电器和灯丝继电器等)进行控制和信息采集。

通常在机械室内靠近计算机机房的地方设有接口架。接口架是主控系统与接口系统的一个十分清晰的分界面。接口系统可分为两大部分，一部分是基本未做更改的 6502 继电电路及其他电路或系统；另一部分是计算机联锁所特有的，可大致分为采集电路、驱动电路和专用防护电路。

①采集电路

现场表示信息的采集是由主控系统通过对相关继电器接点的数字量采集完成的。由机柜电源层送出的采集电源在机械室各继电器架之间环接，称之为采集回线。

采集回线送出采集电源至各个继电器的接点，当接点闭合时，即经其送至相应采集板的输入端，以动态脉冲的方式经 I/O 板交给 CPU 识别处理。当电路中任何元器件出现故障时，均导致输入状态固定，此时由软件将其固定为安全侧"0"。

②输出驱动电路

TYJL-Ⅱ型计算机联锁系统沿用电气集中使用安全型继电器控制现场设备的方式，由主控系统驱动板给出的动态脉冲需经功率放大，方能驱动安全型继电器。TYJL-Ⅱ型计算机联锁系统使用具有故障—安全性能的专用输出驱动电路实现此功能，该电路主要由动态驱动电源、动态驱动电路和偏极的安全型继电器组成。

无控制信号输入时，电路处于静止状态。当有控制脉冲输入时，偏极继电器励磁吸起。此电路主要利用了偏极继电器的特性，并巧妙地使其吸起电压与电路的工作电压方向相反来实现电路的"故障—安全"。

TYJL-Ⅱ型计算机联锁系统的输出控制电路，通过软、硬件的配合，实现了闭环输出控制检查，确保每个输出信号的可控性和正确性。当系统发现有危及行车安全的故障时，通过计算机自动切断驱动电路的电源来实现对输出的控制，保障行车安全。

(4)主、备双机切换系统

双机切换是双机热备系统的关键所在，在 TYJL-Ⅱ型计算机联锁系统中，联锁机、执表机和监控机均为 A、B 两套，两套设备通过切换实现主、备关系的交换，以保证一套设备发生故障时系统能不间断运行。

切换系统主要由切换控制电路和切换校核电路两大部分组成。

①切换控制电路

切换控制电路主要包括联锁机切换电路、执表机切换控制电路、监控机及控制台切换控制电路，实现对联锁机、执表机、监控机的主、备切换。它们可以通过人工控制手柄来实现人工切换，也可以通过计算机自动控制来实现自动切换。

②切换校核电路

切换校核电路包括联锁机切换校核电路和执表机切换校核电路，主要用来校核切换手柄、LQHJ、ZQHJ 及其复示继电器间动作和状态是否一致，从而实现对切换电路的检查。若发现校核错误时，系统将采取相应安全措施切断输出，保证行车安全。

③系统的切换关系

a. 系统的切换关系图

TYJL-Ⅱ型计算机联锁系统采用的是整机系统的切换方式，除计算机部分发生故障需进行备机切换外，对采集、驱动模块的故障，如导致突发性关闭信号的故障也需进行切换。因此要求备机与主机的进路状态和控制驱动命令完全一致，如主机的某信息采集或驱动模块发生故障而中止驱动命令的输出时，备机能立即发动切换，接替控制命令的输出，而不影响现场设备状态，这时的双机工作状态称为热备同步状态。从上面的叙述可知，计算机联锁系统的备机有三种工作状态：脱机状态、联机状态和热备同步状态。只有在同步状态时备机才真正作为热备机。这三者之间的关系如图 7-4 所示。

平时由主机控制现场设备，备机仅工作在联机同步状态，不实现控制。若备机出现故障，自行脱机，处在脱机状态的机器，必须在电务人员修复故障或确认无故障后，按压联机按钮，备机转入联机状态，恢复主、备机的通信，待双机的进路状态完全一致时，才认为主、备机联机同

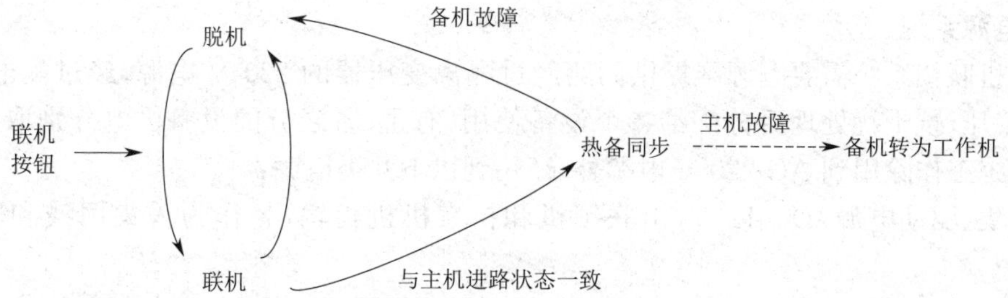

图 7-4　备机状态转换图

步工作，也就是备机转入热备状态。

b. 单机自检测技术

为提高系统的可靠性和可用性，在采用双机容错结构情况下，首先需对单机系统进行检测，主要有以下几个手段：

(a)软件冗余采用两套联锁软件将输出结果进行比较，如输出命令不一致，表示出错，应禁止输出。

(b)采用闭环工作原理，对命令输出和回读信息进行比较，能及时发现故障点。

(c)采用信息冗余技术，也即编码技术，用编码方法进行检测和纠错，把信息和状态变量均编成一定的合格码，运算均采用此类代码并对其进行校验，当校验有误时均做安全处理。本系统用一个字作为有关行车安全的信息码。

(d)对输入、输出信息进行动态处理，将"1""0"连续交替变换信息作为有效信息，若有故障，信息固定在"1"或"0"状态，则信息定格为安全侧信息，同时显示错误号。

c. 双机切换技术

TYJL-Ⅱ计算机联锁系统是在满足"故障—安全"要求的条件下允许单机运行的，其备用系统是为提高整个系统的可靠性和可用性而设置的。在这个前提下，双机切换的条件如下：

(a)主机定时向备机发送信息，主要内容为主机发出的信号控制命令，备机将此信息与备机的控制命令进行比较，如一致，则双机保持在热备同步状态，如不一致且备机命令多于主机，表明主机由于某种故障而停止输出控制命令，这时由备机发动切换，升为主机工作，继续向现场设备发送控制命令，原主机转入脱机状态，若主机命令多于备机命令，则备机自动脱机，等待查明原因。

(b)双机间的通信是由备机(主站)向主机(子站)进行呼叫和接收应答，若通信中断，则有两种情况，一是主机死机，不应答；二是通信本身中断，备机接收不到主机的信息。此时热备机认为主机出现故障，发动切换升为主机工作。

(c)主机通过自检测程序，发现严重故障，即通知备机进行切换倒机。

(5)辅助系统

TYJL-Ⅱ型计算机联锁系统的辅助系统一般由电务维护终端(维修机)和信号集中监测电务维修机自动记录计算机联锁系统的工作状态及现场作业情况，并可以实现记录回放，便于维修人员进行在线诊断和远程诊断。可以通过维修机实现与 TDCS(DMIS)等信息系统的接口。

信号集中监测用来监测记录信号设备的模拟量及开关量变化，为电务维修人员提供设备的工作状态信息。

(6)电源系统

计算机联锁系统需要电源屏提供两路经过隔离变压器的220 V电源,经过配电柜(综合柜)隔离稳压、抗干扰处理后分配给各个设备使用,有主、备之分的设备供电分别取自不同的UPS。系统工作除用到AC 220 V电源外,还用到以下几类电源:

①采集、驱动电源:DC 12 V,由联锁机和执表机机柜输出,作为采集回线和驱动回线电源。

②计算机工作电源:DC 5 V,供联锁机、执表机工作使用。

③切换电源:DC 24 V,由配电柜(综合柜)输出,供切换电路使用。

五、系统技术特点

(1)系统具有高安全性

为提高系统的安全性,严格采用闭环控制,对输出控制命令分层双重回读;信息采集动态检查,动态输出;多种软件冗余技术。采用专用的、无任何"黑箱"部分的软件平台和全部软件固化后"就地"运行的工作方式,提高系统软件的安全性。联锁总线采用专门研发的安全信息通道。

(2)系统具有高可靠性

为提高系统的安全性,采用了基于总线和网络通信的分布式计算机集中控制方式,双套联锁软件。

(3)系统具有很好的可用性

系统采用成熟的工业总线、双机热备结构,双机热备时,任何一套故障,不影响正常使用。故障设备在脱机状态下进行维修,系统的维修不影响使用。

软件采用模块化结构,只要改变相应的数据,而联锁软件不做任何变动,就能适应不同的站场的需要。

(4)具有可扩展性和远程控制能力

采用专门开发的联锁总线,可根据系统容量方便地增加执表机。

增加相应的通信模块,可以通过广域网、局域网的通信连接实现集中监视、远程诊断、场间联系功能。

(5)具有良好的可维修性

系统具有完善的在线、快速、完备的自检测和自诊断功能,及时发现故障,快速做出反应。故障时可有语音、文字和故障代码提示。

增加对室外信号设备的信号集中监测,完善了车站计算机联锁系统的监测功能。系统具有完善的记录和复现及远程诊断功能。

第二节 DS6-K5B型计算机联锁系统

一、研制过程

DS6-K5B计算机联锁系统是采用日本京三制作所研制的由32位安全处理器构成的具有"二乘二取二"冗余结构的高可靠性和高安全性计算机联锁系统。该系统的安全性通过日本铁道综合技术研究所审定和日本运输省认证,达到铁路信号控制系统的"故障—安全"要求。

该系统符合原铁道部 TB/T 3027—2002《计算机联锁技术条件》、TB/T 1774—1986《继电式电气集中技术条件》等现行计算机联锁技术标准，满足中国铁路各种站场规模和运输作业要求。

二、系统构成及工作原理

系统自上而下由人—机界面层、联锁运算层和执行控制层三个层次构成。人—机界面层包括控制台子系统和监测子系统；联锁运算层为联锁计算机，实现联锁逻辑运算，输入/输出控制、诊断信息处理及二重系管理等；执行层为电子终端，实现驱动现场设备动作，采集现场设备状态，其系统结构如图 7-5 所示。

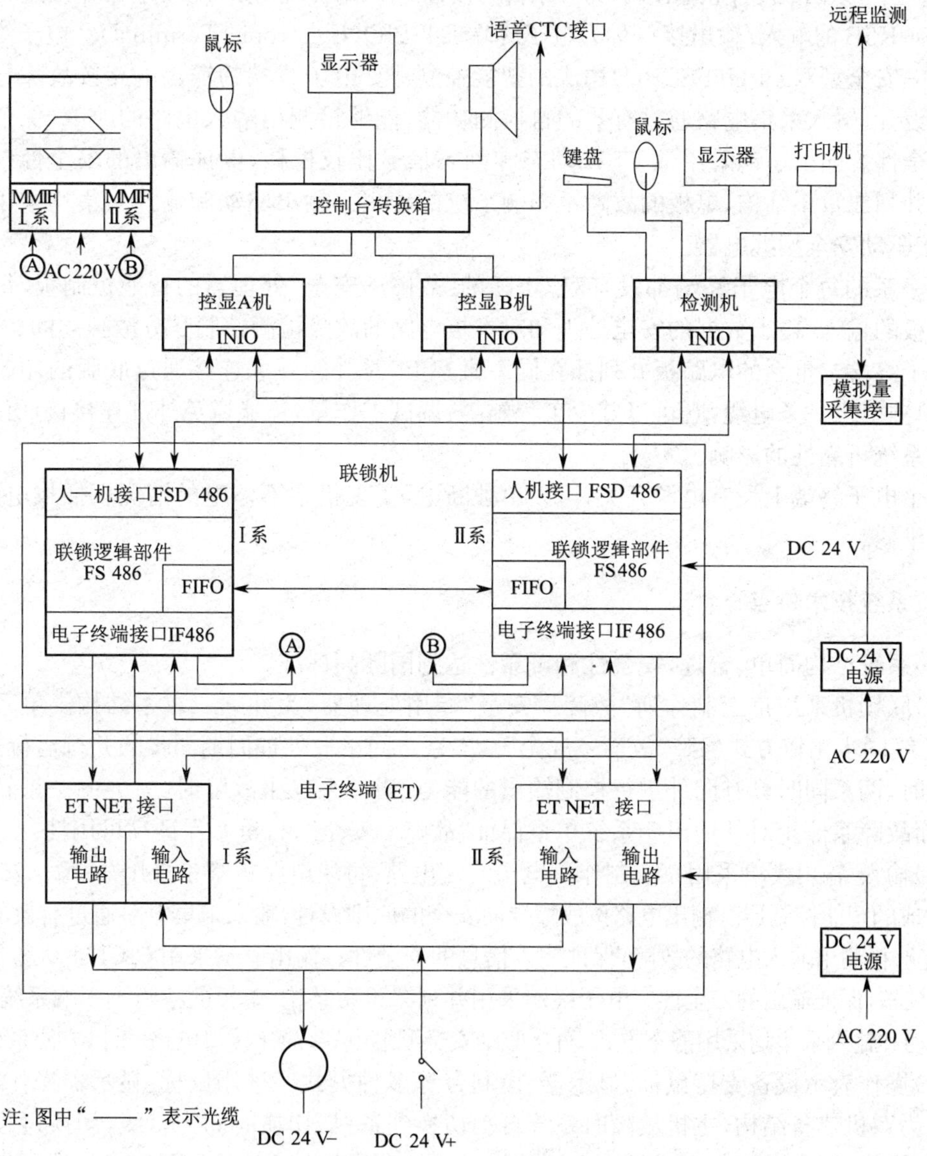

图 7-5　DS6-K5B 计算机联锁系统结构图

联锁机由并列两重系组成，以主从方式并行运行，每一系采用“故障—安全”的双 CPU 处理器 FSD 486，称为逻辑控制单元，用于完成联锁逻辑运算和联锁系统软件和硬件管理。两系之间通过并行接口(FIFO)建立的高速通道交换信息，实现二重系的同步和切换。

联锁机每一系通过 FSD 486 各用一对光纤经过光分路器与控显双机相连，使联锁的每一系都能够分别与两台控显机通信。联锁机每一系用一对光纤分别与监测机的两个光通信接口相连，联锁机每一系的维护信息分别送到监测机。

联锁机每一系有 5 个连接电子终端的通信接口(IF486)，每个通信接口可连接多个电子终端机架。

联锁机的二重系具有相同的“故障—安全”处理器。两系通过交换同步定时信号，实现周期同步运行。当一系因故障停止输出时，另一系自动接替工作，保证现场信号设备控制不发生间断。

DS6-K5B 的输入/输出接口称为电子终端 ET-PIO(Electronic Terminal)。电子终端是采用故障—安全型双 CPU(FSCPU)构成的智能控制器。电子终端的输出电路按故障导向安全的原则设计，输入采集电路通过有效的自检测功能，能够检测出输入电路的故障，保证输入信息的安全性。输出驱动采用双 CPU 动态和静态信号比较校核，保证输出的安全性。电子终端采用并列二重系结构，单板的故障不影响系统的输出。输出驱动和输入采集均采用静态方式，直接驱动安全型继电器。

每一系的每个电子终端都设有双 CPU 的“故障—安全”处理器的智能控制板，每块板完成对本板的输入/输出数据的安全处理和对本板电路的故障检测控制是分散独立的。

电子终端二重系的电路板并列插在同一机架上，对外的并联连接通过底版的印制电路实现，只单独引出一条电缆，既可以减少工程施工、调试工作量，还能避免外部连接接插件和连接电缆对系统可靠性的影响。

每个电子终端上设有电源开关，可以单独断电，实现机架不停电的情况下插拔电路板，进行更换维修。

三、系统技术特点

(1)系统结构简单、合理，安全性和可靠性达到国际高标准。

(2)联锁机采用京三制作所“故障—安全”专用处理器，为并列二重系结构。单系采用双 CPU 总线同步比较方式保障“故障—安全”。二系之间采取处理周期同步的并行运行方式。

平时，两系同时具有向外进行控制输出的能力，当一系发生故障时，另外的一系转入单系工作，而故障系停止对外输出。系统单系保证“故障—安全”，二重系保证高可用性。

(3)输入/输出模块采用京三制作所电子终端电路，每块电路板都是采用“故障—安全”型双 CPU 构成的智能控制器。输出电路按故障导向安全的原则设计，输入采集电路通过有效的自检测功能，能够检测出输入电路的故障，保证输入信息的安全性。输出驱动采用双 CPU 动态和静态信号比较校核，保证输出的安全性。电子终端采用并列二重系结构，单板的故障不影响系统的输出。输出驱动和输入采集均采用静态方式，直接驱动安全型继电器，简化接口电路设计，方便系统维护。

(4)操作表示设备支持鼠标/显示器、控制台等多种方式。采用鼠标/显示器操作时，控制显示机为双机热备结构，主机故障时系统自动切换到备机，切换时间为秒级，切换过程不影响行车。采用控制台时可与国内配套单元块拼装式控制台连接，也可采用京三制作所生产的专用高可靠性 MMIF 控制台接口电路的控制台。

(5)系统配有监测机,自诊断功能完善,故障报警定位准确,具有图形再现和打印功能,提供远程诊断功能。

(6)系统内各子系统间全部采用光缆连接,具有高可靠性的信息通道。联锁机、电子终端部件采用浮地安装,与外界完全隔离,具有很高的抗电压瞬变能力和抗电磁干扰性能,符合国家电磁兼容标准和防雷标准。

(7)系统支持区域集中联锁控制,通过在中心站设一套联锁主机,就能实现多个车站的集中控制,控制范围广,站间距离最远可达 40 km。在区域联锁的控制范围内,不需要另设站间闭塞、场间联系及方向电路,实现车站区间一体化控制。

(8)系统具有配套的离线数据生成、系统配置软件和测试软件,数据可靠性强,程序与数据分离,具有高安全性,设计周期短。

(9)系统具有高安全性和高可靠性和易维护、少维修、易扩展的优点。

第三节　iLOCK 型计算机联锁系统

卡斯柯公司从 ALSTOM 引进成熟的安全型专用联锁机技术,结合既有的通过铁路总公司检测和认证的 VPI 系统联锁软件及人—机界面等开发成果,完成了 iLOCK 型“二乘二取二”计算机联锁系统的技术国产化工作。

iLOCK 型计算机联锁系统是在一般的“二取二”安全结构基础上,再增加独立的“故障—安全”校验模块,采用 NISAL 专利技术,构成智能安全型计算机联锁系统。

一、系统结构

iLOCK 计算机联锁系统由联锁处理子系统(IPS)、人—机界面子系统(MMI)、值班员台子系统(GPC)、诊断维护子系统(SDM,含微机监测—可选)、冗余网络子系统(RNET)、电源子系统(PWR)组成。iLOCK 计算机联锁系统基本结构如图 7-6 所示。

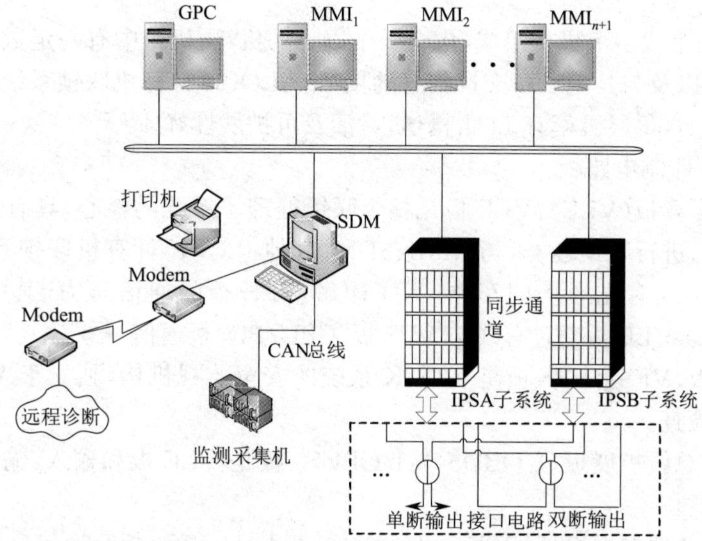

图 7-6　iLOCK 计算机联锁系统基本结构

MMI是iLOCK计算机联锁系统与车站值班员之间的交互接口。通常情况下，iLOCK计算机联锁系统采用彩色显示器作为计算机联锁系统的人—机交互界面，供车站值班员通过鼠标办理各种作业，显示站场信号设备，并给予明了的语音提示。对于特殊要求的车站，iLOCK计算机联锁系统还可以采用数字化仪、控制台等作为人—机交互界面。在较大的车站，设有GPC，供车站值班员监视站场内列车运行情况及站场状态，GPC的界面显示与MMI完全一致。

IPS是由一个或多个机柜组成的"二乘二取二"系统，A系和B系无论是否同时启动，双系开机并通过安全校验后即能很快自动同步。A系和B系采集共享、并行输出，当一个系某一路采集或输出发生错误时，只要另一个系对应的码位不发生错误，即不会影响系统的运行。单系实行双通道采集、双断稳态输出，只有在双通道运算结果一致、双通道总线控制结果一致、双通道输出电路完好等各项"二取二"严格条件都满足以后，才使输出真正有效。

SDM采用图形化"诊断维护电子向导"，为维修人员进行系统维护和信号设备监测的工具。iLOCK计算机联锁系统还设有以太网技术的冗余网络和冗余热备的UPS的供电配置。iLOCK计算机联锁系统可以通过MMI的串口实现与TDCS、CTC等系统的信息交换。通过标准的联网方式，可以在任何地点接入任意数量的调度显示终端。根据距离远近和用户所能提供的通道情况，可以采用光缆方式，也可以采用专线（或拨号）Modem方式完成终端接入。

iLOCK计算机联锁系统也可以通过专用的FSFB2安全通信协议，实现与ATP等安全系统联网，构成全程全网的综合安全系统。

二、设备组成

IPS是整个iLOCK计算机联锁系统的核心，它由两套"二取二组合故障—安全"加"NISAL反应故障—安全"的专用联锁机（IPS A和IPS B）组成，根据需要可以分中央逻辑控制（CLC）和区域逻辑控制（ZLC）的分层结构。

（1）IPS硬件

IPS硬件由一个或多个机柜组成，包含一个以上的机箱，机箱中有一定数量的印制电路板连接它们的线路，以及与其他设备交换信息的接口。iLOCK计算机联锁系统机箱高度为9*U*，扩展机箱高度为6*U*，每层机箱有14个槽道，灵活及可扩展性好。

IPS包括以下印制电路板：

①安全逻辑运算板（VLE）：VLE板是整个联锁处理子系统的核心，具有通过I/O选址读取输入/输出信息，进行联锁运算，与MMI、SDM、其他iLOCK计算机联锁系统通信等功能。对于大型联锁车站或有光通信的车站，为了缓解VLE板的通信压力，其中的安全通信由CPU/PD_1板完成。VLE板通过总线与VPS板、CPU/PD_1板通信。

②安全校验板（VPS）：VPS板是iLOCK系统的安全监视机构，独立于VLE板面对系统进行全面的安全检查。

③输入/输出总线扩展板（$I/OBUS_2$）：$I/OBUS_2$板是VLE板和输入/输出板交换信息的通道。

④输入/输出总线扩展板（I/OBE_2）：$I/OBUS_2$板与I/OBE_2板交换信息，通过I/OBE_2板实现差分驱动，驱动双断输出板。

⑤双采安全型输入板(VIIB)。

⑥安全型输入板(VIB)。

⑦安全型双断输出板(VOOB)。

⑧安全型单断输出板(VOB)。

⑨安全数据处理板(CPU/PD_1)。

⑩母板(MB)。

(2)IPS 软件

IPS 联锁处理子系统软件包括"系统软件"和"应用软件"两部分。

系统软件包含 IPS 的主任务软件和仿真测试接口、系统诊断等辅助软件。这些软件是 IPS 的系统软件基础,不随具体应用环境和应用对象而改变,除非选用不同系列的 iLOCK 系统,否则每个站的系统软件都是相同的。

应用软件是一套描述具体某个系统实际联锁功能的软件。应用软件在 BOOL-CAD 软件包支持下完成,以满足不同联锁车站的数据和联锁规则要求。应用软件必须经 CAD 软件包编译检查、生成 iLOCK 系统专用的应用数据(ADS)后才能被系统所接受执行。

三、iLOCK 区域计算机联锁系统

区域计算机联锁系统是以计算机联锁基本模块构成的,用于控制成段多个车站(或区域内多个车场)信号联锁及站间闭塞(场间联系)的信号系统。

iLOCK 区域联锁系统原则上选择区段内大站作为区域联锁中心站,集中处理主站、从站和站(场)间接口的联锁逻辑;小站作为区域联锁的从站(也可称作遥控站),仅设置区域逻辑控制器 ZLC、应急控制终端和微机监测等设备,通过冗余安全通道与中心站交换信息。区域计算机联锁系统构成如图 7-7 所示。

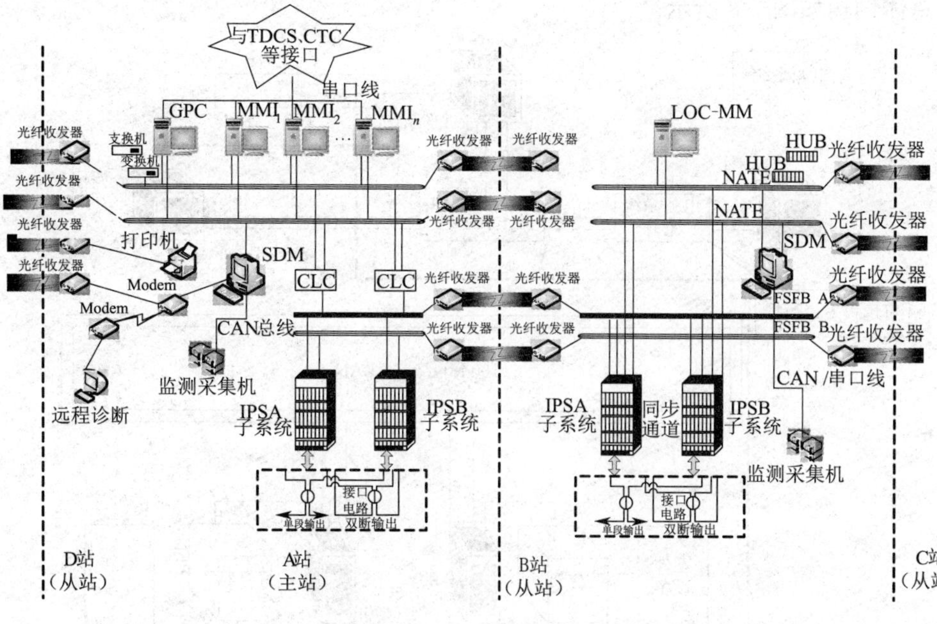

图 7-7　区域计算机联锁系统构成

区域联锁系统中各子系统的功能分配为：

(1)主站 MMI 采用“$n+1$”热备冗余设计，用于主从站区域联锁的操作表示。

(2)从站仅设一套 MMI，必要时通过站遥切换，从站的 MMI 可以取得本地控制权。

(3)主站中央逻辑控制器(CLC)用于该区域所有站的联锁运算控制、站间闭塞控制。

(4)各站的区域逻辑控制器(ZLC)接收来自 CLC 的控制命令，实施对该站的输入/输出控制和安全校验，并在与 CLC 通信中断时，进行列车进路的基本联锁运算(含站间闭塞、场间联系等)和控制。

(5)IPS 实行双系并行的工作方式，实现输入/输出板的板级热备。

(6)负责实现主、从站的集散式系统诊断维护功能，通过主站 SDM，可以对区段内各站计算机联锁系统进行诊断记录，从站的 SDM 可以记录本站的联锁设备诊断信息。

第四节　EI32-JD 型计算机联锁系统

提高计算机联锁技术水平的最直接方法是采用由“三取二”或“二乘二取二”冗余构成的多重冗余/校核联锁系统。这两种系统在国际上均有应用，技术已经成熟。北京交大微联公司、北京局与日本信号株式会社进行了合作，利用日信的“故障—安全”“二取二”CPU 单板(EI-32 单元)的先进技术，结合在中国国内已成功应用的 JD-ⅠA 型计算机联锁的软件，成功开发了 EI32-JD 型计算机联锁系统。

一、系统构成及工作原理

(1)设备硬件总体构成

EI32-JD 型计算机联锁系统总体结构的核心是利用光纤构成环状结构的内部联锁局域网 LAN，其总体结构如图 7-8 所示。

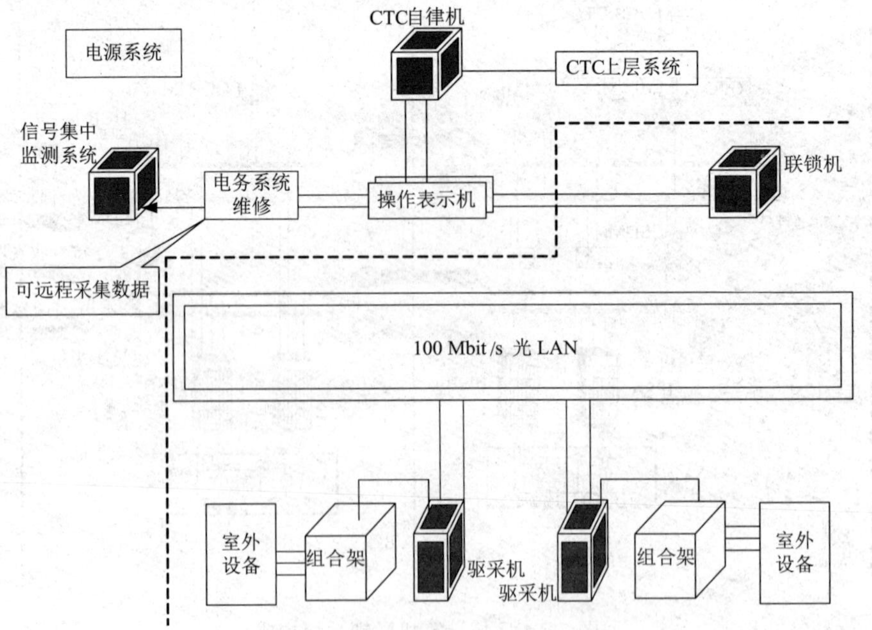

图 7-8　EI32-JD 型计算机联锁系统总体结构图

该结构的要点是通过操作表示机与联锁机的直连，最大限度地减少了国产操作表示机等上层结构与进口联锁机、驱采机等下层结构之间的技术结合，使得进口产品自身构成相对独立的子系统，国产部分也相对自成体系，以有利于充分发挥各部分产品自身的优势，同时使计算机联锁与其他周边系统的联系尽量与进口产品无关，从而获得今后开发与技术拓展的灵活性。

(2)系统设备分层结构

图 7-9 为系统设备分层结构图。

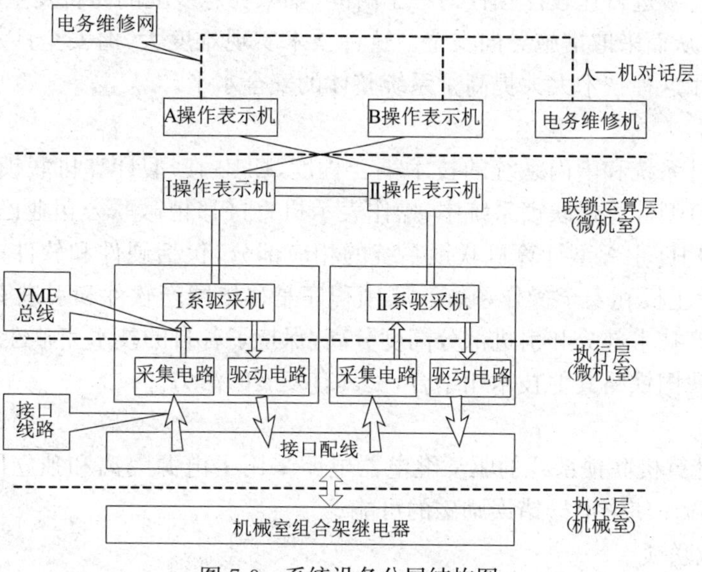

图 7-9　系统设备分层结构图

系统结构为联锁、操作、监控 3 层结构。操作表示机、电务维修机、监测机由监控网互联；联锁机与操作机通过操作网互联；联锁机与驱采机通过联锁网互联。

联锁网采用双网并联使用的光缆局域网方式。这种方式的网际切换方便快捷，可以实现几乎是零延迟。

操作表示机 A、B 和联锁机Ⅰ、Ⅱ系通过交叉互连的 RS-422 网络构成一个封闭的子系统。联锁机仅通过上位机与外界联系且不采用 TCP/IP 协议，因而联锁系统可从物理上彻底防止外界的非法侵入。

操作机、维修机、仿真、监测等计算机由通用计算机局域网构成另一个封闭的子系统(监控网)。操作表示机将站场当前的联锁状态通过监控网传送给电务维修机，一般不接收外来信息，除非在有调度集中或其他车站作业自动化时，才有条件地接收必要的操作命令。

(3)软件结构

EI32-JD 型计算机联锁系统的软件本质上是 JD-ⅠA 型计算机联锁软件与日信“二取二”全操作系统的简单叠加。图 7-10 为软件叠加示意图。由于 EI32-JD 型计算机联锁系统总体结构是日信产品和国产产品相对独立的联锁程序，因而可将已通过原铁道部制式测试并已广泛使用的 JD-ⅠA 通

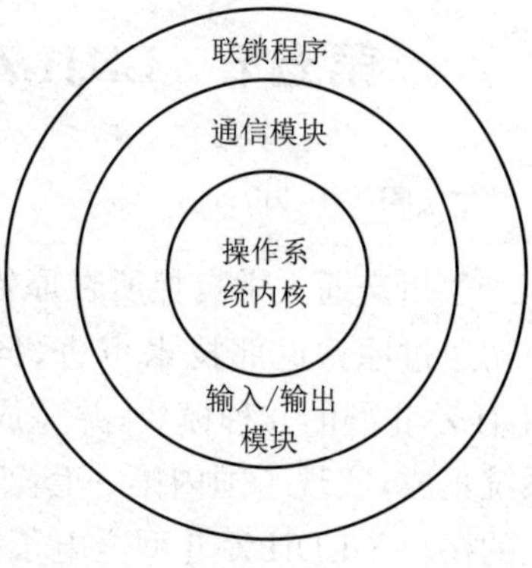

图 7-10　软件叠加示意图

信型计算机联锁系统的软件直接移植到 EI32-JD 系统中，避免了重新开发软件的麻烦和可能产生的软件缺陷。

二、系统技术特点

(1)时钟级同步比较

EI32-JD 型计算机联锁系统的联锁计算机采用时钟级同步比较技术，对两个 CPU 内总线上的比特流按比特级进行比较。在任何一个瞬间，如果在总线上的比特发生了不一致，则立即由硬件检查出来，从而采取措施导向安全。这种技术实现难度大，但安全性水平极高，在计算机联锁产品中使用这种技术大大提高了系统整体的安全水平。

(2)组合结构

为了减少国外系统和国内系统的技术耦合程度，EI32-JD 型计算机联锁体系采用了组合结构。在 EI32-JD 型计算机联锁系统中，操作表示机直接移植微联公司业已成熟的双机热备型计算机联锁，即 JD-ⅠA 型计算机联锁系统的相应部分，包括硬件和软件；联锁机则全面采用日信技术，包括主机和安全操作系统。联锁程序是移植国产软件和引进安全 OS 核心的一种简单叠加。国产技术部分和引进部分高度分离，保持了各自的技术完整性和独立性，使合成系统更加容易与我国铁路其他技术相结合，更具有发展的活力。

(3)双断驱动

EI32-JD 型计算机联锁系统的驱动继电器电路采用了电源隔离和独立回线技术，极大地减少了因混线故障而使继电器错误励磁的可能。

(4)适用区域联锁

该系统采用内部 100 Mbit/s 光 LAN 网实现各联锁机和驱采机之间的安全通信。联锁运算和输入/输出功能由联锁机和驱采机分别承担，计算机之间通过网络连接，使冗余结构更为灵活，并易于通过远程连接实现区域集中联锁(在大秦线湖东车站的两个车场即由该型计算机联锁构成了区域联锁结构)。

(5)脱机测试

EI32-JD 型计算机联锁系统在采取拔出光缆插件、重启计算机、密码验证等安全保证措施后，可以实现脱机测试。符合铁路总公司提出的计算机联锁系统能适应日常测试、站场改造后联锁调试，减少对正常运输干扰所提出的强制性要求。

第五节　LDJLZ-Ⅱ型全电子执行单元计算机联锁系统

一、简　　介

兰州交通大学自控所在原铁道部立项研制电子执行单元，从 1999 年开始进行研究，2000 年初通过原铁道部技术审查，同年完成了 LDJLZ-Ⅰ型的 3 种类型的模块。2001 年完成了 LDJLZ-Ⅱ型的 9 种模块，并完成了与铁道科学研究院通号所 TYJL-TR2000 型容错联锁机的系统集成，实现了国内第一套全电子化计算机联锁系统。2003 年完成了 LDJLZ-Ⅱ型 12 种类型的模块。LDJLZ-Ⅱ型全电子执行单元计算机联锁系统自 2000 年到 2005 年得到了较快的发展，在 6 个车站安装使用，2005 年 7 月通过原铁道部技术鉴定。

二、主要技术目标

在贯彻安全可靠的思想指导下，项目组充分利用现代电子信息技术、电力电子开关技术、计算机技术、自动控制技术，研究开发出系列电子智能化控制模块，在此基础上研究设计出全电子化执行机，并迅速转化成产品，形成批量生产能力。主要电子模块包括以下 12 种：

(1)DC4X-2 型四线制道岔控制监测一体化模块。

(2)DC5X-2 型五线制道岔控制监测一体化模块。

(3)LXA-2 型进站列车信号机控制监测一体化模块。

(4)LXB-2 型双出站列车信号机控制监测一体化模块。

(5)DX-2 型调车信号机控制监测一体化模块。

(6)GD50-2 型交流轨道电路接收监测一体化模块。

(7)DG254 型 25 Hz 相敏轨道电路接收监测一体化模块。

(8)LSA-2 型零散电路控制监测一体化模块。

(9)CL-2 型场间联系接收发送监测一体化模块。

(10)YPDM-2 型移频电码化接口电路模块。

(11)64D-2 型 64D 半自动闭塞接口模块。

(12)JZA-2、JZB-2 型计轴接口模块。

三、电子模块与计算机联锁系统的结合

全电子计算机联锁系统由操作层、联锁层、执行表示层、监测子系统等组成，其系统结构如图 7-11 所示。其中，操作层与联锁层属于既有的计算机联锁设备，联锁层与执行表示层之间采用现场总线 CAN 网连接。执行表示层全部采用电子模块，接收联锁机的控制命令，控制室外设备(信号点灯、转辙机、站内电码化、区间闭塞联系、场间联系等)，采集现场设备状态和电气参数。执行表示模块的数量可根据站场规模的大小确定。监测终端通过通信接口直接与执行表示层的第 3 条现场总线相连，完成现场设备电气性能的在线监测。

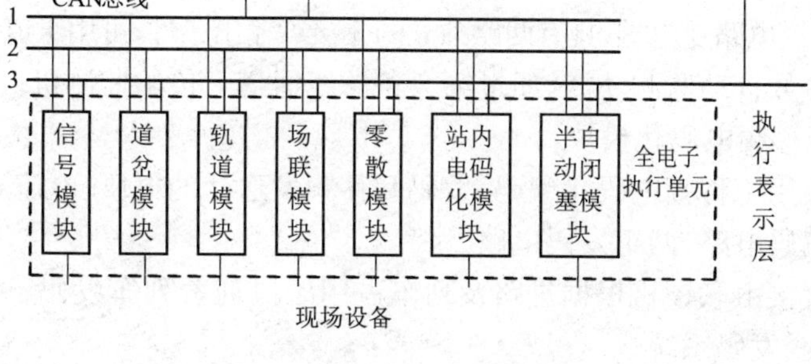

图 7-11　全电子计算机联锁系统结构框图

四、电子执行模块技术性能特点

1. DC4X-2、DC5X-2 型道岔模块技术特点

(1)满足原四线制、五线制道岔控制电路和表示电路的技术条件。

(2)完全替代原有的四线制、五线制道岔控制和表示电路(可取代 DCJ、FCJ、1DQJ、2DQJ、DBJ、FBJ)。

(3)具有过载和负载短路自动保护功能,省去了原电路熔断器,简化了电路。

(4)实现了控制、检测、监督一体化,具有电路监测功能。

(5)具有动态监测和智能判断监督功能,可以判断虚假表示,及时报警。

(6)模块采用交流电源驱动,减少了电源屏供电种类。

(7)具有内部开关短路自动保护功能。

2. LXA-2、LXB-2、DX-2 信号机控制模块

(1)每个模块可驱动控制 8 个灯位,执行联锁机通过网络传来的对各个灯位的控制命令控制点灯。

(2)网络通信故障时,自动控制点禁止灯光,此时,3 种不同模块分别点亮相应信号机的红灯或蓝灯。

(3)在替代 LXJ、DXJ 控制点灯的同时,还具有监测报警功能。

(4)通过闭环控制,实现点灯状态的实时监测,替代原因。

(5)具有负载过载和外部短路自动保护功能。

3. DG25-2 型 25 Hz 相敏轨道电路模块

(1)可替代原 4 个 25 Hz 相敏轨道继电器,满足电气化区段 25 Hz 相敏轨道电路的技术条件,替代了原二元二位相敏轨道继电器和 25 Hz 相敏轨道电路停电监督继电器。

(2)通过外部封线,可使这 4 路输入分别在一送一受和一送多受轨道电路中使用。

(3)对应每路轨道电路受电端,具有两路独立的无接点输出条件,可用于道岔模块的区段锁闭。

(4)具有轨道参数自动监测功能,可实现幅度、相位移、频率的准确测量,并通过第 3 条总线通道上传给监测机。

4. DG50-2 型 50 Hz 交流轨道电路模块

(1)满足 50 Hz 交流轨道电路技术条件,可替代原 4 个 JZXC-480 型交流轨道继电器。

(2)通过外部封线,可使这 4 路输入分别在一送一受和一送多受轨道电路中使用。

(3)具有频率选择功能,当接收信号频率超过(50±5) Hz 范围时,可靠落下,提高了抗干扰能力。

(4)对应每路轨道电路受电端,具有两路独立的无接点输出条件,可用于道岔模块的区段锁闭。

(5)具有轨道参数自动监测功能,通过第 3 条总线通道上传给监测机。

5. YPDM-2 型移频电码化模块

(1)电码化模块用于移频电码化编码、发码和移频发送盒的电压、电流和频率的故障监测。

(2)具有两组编码电路、两组发码电路。

(3)发码开关直接由联锁机根据进路及列车占用区段迎着列车发码,可以组成叠加发码、叠加预发码和到发线发码系统。

(4)监测编码与发码低频信息的一致性。

(5)编码开关和发码开关直接由联锁机控制。

(6)通过第3条总线通道向监测机上传移频发送盒的编码、频率、电压、电流及每一区段的输出电流。

6. CL-2型场间联系模块

(1)场间联系模块用于和相邻车场或车站继电路的站间闭塞方向电路或场间联系电路结合,也可以用于道口通知电路接口和机务段同意电路接口。

(2)每个模块具有两组输入回路和两组输出回路。

(3)每组输入可以判断输入的电压、电流极性、有无电压、电流(正电、负电、无电)3种状态,并上传至联锁机。

(4)每个输出回路可以由联锁机通过指令控制输出正电流、负电流和高阻3种状态。

7. LSA-2型零散电路模块

零散电路模块用于个别零散电路的状态采集、命令执行,其中包括:

(1)上、下行引导总锁闭,切断电源屏道岔总启动电源。

(2)上、下行列车信号主灯丝断报警。

(3)执行机机柜断路器开路报警。

(4)信号调压控制。

(5)主、副电源监督。

(6)上、下行交流轨道停电监督。

8. 64D-2型64D半自动闭塞接口模块

64D型半自动闭塞电路接口模块用于联锁机和64D半自动闭塞继电器电路的状态采集、命令执行。可以与联锁机的闭塞电路结合,目前已和中国铁道科学研究院通号所联锁机及北京全路通信通号研究设计院有限公司的联锁机闭塞电路进行了工程结合。

9. JZA-2和JZB-2型计轴器接口模块

(1)JZA-2型计轴接口模块可以与阿尔卡特计轴轨道电路结合;JZB-2型可以与西门子计轴轨道电路结合。

(2)JZB-2型计轴接口模块可以检测西门子双机工作状态,可以执行联锁机的计轴器复位命令,将计轴器复位。

10. 监测计算机系统

(1)模拟量监测分散安装在执行机模块内,通过第3通道网络总线与监测机通信。

(2)通过电源屏通信总线监测电源屏所有的输入电源的电压、相位及有无电状态;监测输出的电压及工作状态。

(3)监测计算机监听联锁机的通信,但不与联锁机发生联系。

五、技术措施

1. 安全设计

(1)控制命令的传输采用冗余编码和CRC等多重校核方式,确保控制命令准确无误。

(2)输出控制环节采用双MCU逻辑“与”控制,进一步提高输出控制的安全性。

(3)相反命令相互联锁在道岔控制和信号控制中。在MCU故障时,确保道岔定、反位均不启动,信号机保证关闭。

(4)控制过程和全程闭环监测。无论是道岔模块，还是信号模块，各项控制命令在输出后，即刻采用交流脉冲反馈信号，形成闭环监测，如有不正常状态，道岔模块自动切断输出控制命令，信号模块自动关闭信号并可及时报警。

(5)控制主回路双断控制。无论是信号点灯控制，还是道岔转换控制，均采用去线和回线双断控制，并且去线、回线主开关逻辑“与”控制条件均设计为独立的信号控制。

(6)严密的控制线路设计。在模块内的控制线路中，全部采用隔离的电流传输方式传递控制和监测信息，充分考虑了器件断线故障，断线将导致输出无效信号，使模块及系统导向安全侧。

(7)动态检测与信息传递。在诸如道岔位置监测、道岔转动电流反馈检测、轨道状态检测，以及模块内部各种元器件和单元电路的自检中，全部采用交流动态脉冲信息，综合采用脉冲电平、相位和频率3种参数综合检测处理措施，可保证在各元器件断线或短路时能输出固定直流电平，从而能及时检出故障信息，确保故障导向安全。

2. 抗干扰和可靠性设计

本项目所研制设计的各种电子模块，采取了以下的主要抗干扰措施。

(1)选择高性能的单片结构MCU。选择最新的AVR型MCU有利于提高抗干扰能力。

①内部自带具有独立晶振的可编程看门狗定时器和相应的看门狗控制器，利用看门狗可有效地检测程序死循环。

②高集成度。将CPU部件、Flash程序存储器、RAM存储器I/O端口，以及多路A/D转换器集成在单片内，实现了真正的单片MCU，大大提高了抗干扰性能。

(2)软件主要抗干扰措施。采用的软件抗干扰措施主要如下：

①开关量(数字量)信号输入抗干扰措施。在采集某一开关量信号时，采用了多次重复采集，直接连续多次结果完全一致方为有效。若多次采样后，信号仍变化不定，就给出报警信号，同时导向安全状态。

②开关量(数字量)信号输出抗干扰措施。对于开关量的输出，在软件采用重复输出同一个信号，并将重复周期缩短，使偶尔的高频错误信号来不及做出有效的反应，就被一个正确的输出信号所取代，对输出信号实时跟踪，采用闭环控制策略，只要发生异常，使输出导向安全，并及时报警。

③指令冗余。由于AVR-90系列的指令绝大部分都是为双字节指令，没有单字节指令，只有极个别的3字节指令。根据这一特点在对于程序流向起决定作用的指令之前插入多条3字节指令，强制“弹飞”的程序能迅速返回正常的流程中来，以保证指令的正确执行。

以上这些人为加入的3字节指令对程序正常运行不产生影响。

④软件陷阱。为了使“弹飞”的程序正确返回，在以下的区域中安排了软件陷阱：未使用的中断向量区，未使用的大片Flash存储区，以及各个子模块之间。

⑤软件模块密码锁。为了防止程序“弹飞”后错误地进入重要的功能模块，而造成错误的输出，在需要调用这些功能模块的主模块中设有密码锁，在功能模块中判断该密码是否正确，若不正确，则拒绝执行，并转入正确的程序流程。

⑥编码及差错设计。在软件中包括监控程序和数据两部分，其中，数据部分在存储、传输

过程中由于硬件故障或干扰而发生错误，其后果都将导致系统不可靠，甚至造成错误的危险侧输出，因此，对数据进行了编码及差错设计，以保证它们发生错误时不至于使系统有错误的输出或表示。

参与处理的数据可分为常量和变量两部分。对于常量，采取冗余编号，冗余度为1/255，便于发现差错，一旦发现错误则采取切换或切断系统的控制输出等措施。对于变量，由于其处于变化之中，所以对其所有的系统状态或表示进行编码，对于系统特别重要的数据采用多字节编码冗余(冗余度大于或等于1/255)或多处分开存放，只有当多处数据都正确，才可认为数据未受到干扰，否则系统状态导向安全状态。

由于硬件故障或干扰，代码可能畸变，因此接收到或读出的代码可能有3种情况：

a. 无差错的有效代码。这代表了正确的信息，可以参与软件处理。

b. 无效代码。无效代码是由有效代码发生畸变而成的，无效代码可以通过故障监测等措施来使其导向安全侧。

c. 有差错的有效代码。这是指一个有效代码由于故障或干扰而为成了另一个有效代码，由于差错后仍然是一个有效码，就不可能把差错检出来，必然把有错的代码当成正确的代码来处理。如果原来是安全侧代码，错成了危险侧代码，则可能产生危险的后果，因此必须极力避免这种情况的发生。所以在设计编码的时候，尽可能将两个有效代码的码距拉大，使由一个有差错代码错成另一个有效代码的可能性极小。

由于整个系统是由CAN总线将各个电子模块连接起来的，在传输系统中，同样对传输的信息进行冗余设计，通过信息编码和差错控制，提高传输的安全性。

模块采用线程的概念，执行每个模块都不占用系统大量的时间，对于需占用系统大量时间的I/O接口部分，采用空闲则发送方式，以提高系统的实时性。

⑦采集信息的处理措施。对脉冲信息采取多重跳变判断处理；对交流脉冲信息采取相位核定处理措施；对重要的相关脉冲信息采取相位核定处理措施；模拟量采取交流采样、积分运算处理措施。

(3)硬件主要抗干扰措施

①对命令信息和状态信息的处理采用多重冗余编码传送处理，采用双MCU独立处理后，再用“与”逻辑校核的措施。

②模块内部所有信息的传递和交换全部采用电流信号传输。

③硬件电路中所有的监测信息全部用动态脉冲信号。

④软、硬件协调采用闭环控制措施。

⑤对经常性控制输出(信号机点灯、轨道输出状态)，采用动态刷新控制策略。

⑥输入/输出电路采取了光电隔离和传感器隔离措施。

3. 雷电防护

雷电防护设计始终是微电子技术在铁路信号领域应用的重大课题，也是本项目研究的重要内容之一。在道岔、信号机和轨道电路主要模块中，尤其是轨道模块的防雷更为重要。

雷电防护设计的基本思路是采取内部增强抗冲击能力与外部常规防护相结合的办法。采用的基本措施如下：

(1)25 Hz轨道模块。在轨道电压输入端专门设计了与轨道电路直接相连的输入阻抗匹配电路，这部分电路同时还具有第一级隔离的作用，第二级隔离是传感器。

(2)道岔模块。采用了瞬变电压抑制器(TVP)P1-P4,用以保护控制开关,对道岔动作电源 DZ 220 V 和道岔表示电源 DJZ 220 V 也要采取防雷或高压窜入的防护。

(3)信号模块。采取了类似的道岔模块防护措施。

(4)研究开发符合 TB/T 2311—2002《铁路电子设备用防雷保安器》标准要求的防雷保安器。

(5)系统接地采用将防雷地、逻辑地、防护地、屏蔽地在分线盘一点接地的方法,提高抗干扰能力。

4. 电源措施

采取了集中供电的设计方案,每个模块的工作电源为＋5 V 和＋12 V 两种,均集中供电,而不在每个模块中设计电源。集中供电的电源选用可热插拔的双冗余、高可靠开关电源,其平均故障间隔时间 MTBF 为 1 311 547 h(15 年),工作温度范围为－20 ℃～70 ℃。系统电源采用高质量的双套不间断电源,提高了电源的可靠性和抗干扰性。

专题一　结合电路

就我国目前的技术应用而言,计算机联锁与室外设备仍以继电器作为接口。计算机联锁系统通过采集电路了解室外设备的状态,通过驱动电路完成室外设备的控制。

一、采集电路

因站场规模不同,计算机联锁系统的采集电路也会有所不同。图 7-12 为信号机、道岔和轨道区段的采集接口电路。接口架是计算机机房设备与继电器设备相联系的接线端口。

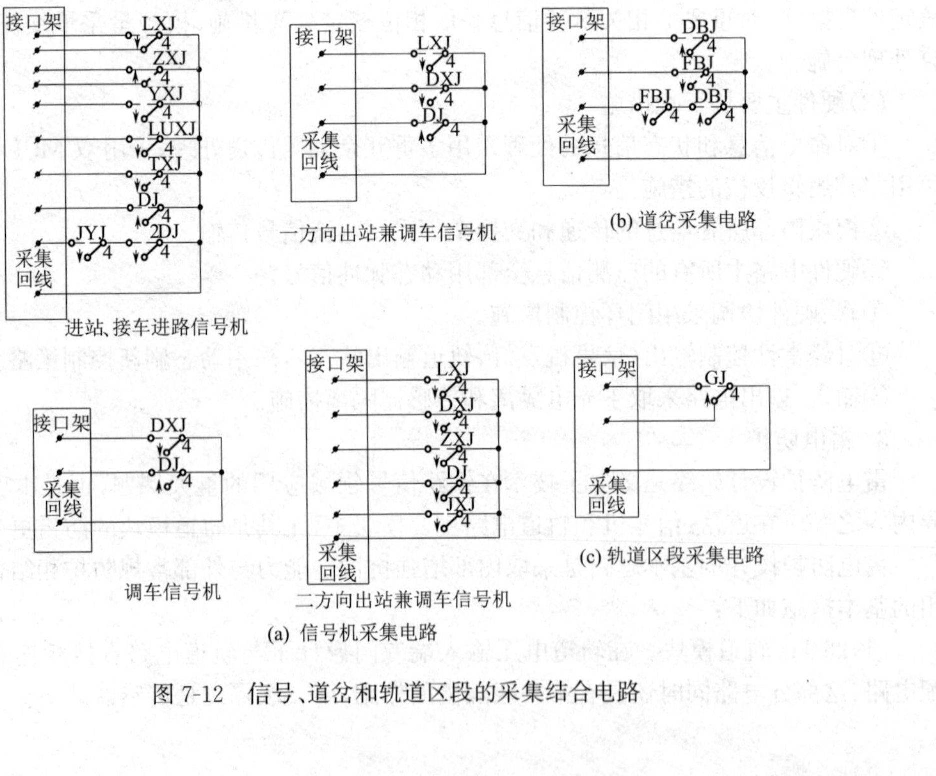

图 7-12　信号、道岔和轨道区段的采集结合电路

二、控制电路

1. 驱动电路

目前，信号机和道岔转辙机的控制单位仍为继电控制，而其中的继电器是由计算机联锁系统输出的控制命令驱动。

2. 执行电路

信号机点灯电路仍然沿用所用的信号机电灯电路。道岔控制电路有直流转辙机控制电路和交流转辙机控制电路。道岔直流转辙机控制电路主要有四线制（如 ZD6-D 型）和六线制（如 ZD6-E 型、ZD6-J 型双机牵引）道岔控制电路。交流 S700K 型电动转辙机主要由道岔启动电路、电动机动作电路、表示电路、断相保护电路等组成。ZYJ7 型电液转辙机具有主机和副机，各动作一支牵引点，控制电路由道岔启动电路、电动机动作电路、表示电路等组成。ZDJ9 型电动转辙机控制电路与 S700K 型电动转辙机控制电路基本相同。

专题二　计算机联锁软件的 C++编程

计算机联锁软件设计的图元描述的绘图步骤如下：

1. 宏定义，在“.h”中

```
#define  RED  RGB(196,0,0)
#define  GREEN  RGB(0,225,0)
#define  BLUE  RGB(0,0,225)
#define  YELLOW  RGB(225,225,0)
#define  WHITE  RGB(225,225,225)
#define  BLACK  RGB(0,0,0)
#define  GRAY  RGB(130,130,130)
#define  PURPLE  RGB(255,0,255)
#define  DBLUE  RGB(0,227,227)
#define  HZ  RGB(0,6,128)
#define  BAI  RGB(201,201,201)
```

2. 把绘图范围的背景涂为黑色

```
//CDC * pDC = GetDC();                          //设置绘图模式,并将先前的绘图模式加以保存
pDC->SelectStockObject(NULL_BRUSH);  //将库存 GDI 对象选进设备环境
pDC->SelectStockObject(BLACK_BRUSH);
pDC->Rectangle(0,0,2048,768);
```

3. 画直线

定义画笔：

```
CPen newPen10, * pOldPen10;
newPen10.CreatePen(PS_SOLID,2,GRAY);
pOldPen10 = pDC->SelectObject(&newPen10);
```

```
pDC->MoveTo(125,225);                    //画直线
pDC->LineTo(190,225);
pDC->SelectObject(pOldPen10);            //结束颜色设置
```

4. 画信号机

定义填充色画刷、画笔和画圆：

```
CBrush NewBrush10((COLORREF)BLUE);
CBrush* pOldBrush10 = pDC->SelectObject(&NewBrush10);
CPen newPen10,* pOldPen10;
newPen10.CreatePen(PS_SOLID,1,BLUE);
pOldPen10 = pDC->SelectObject(&newPen10);
pDC->MoveTo(874,98);
pDC->LineTo(874,112);
pDC->Ellipse(860,98,874,112);            //D47
pDC->SelectObject(pOldPen10);            //结束颜色设置
```

5. 写标注文字

(1)背景设为透明：

```
pDC->SetBkMode(TRANSPARENT);             //设置字体背景为透明效果
```

(2)定义文字大小、字体、颜色：

```
static  LOGFONT  lf;
lf.lfHeight = 14; //高度
lf.lfWidth = 7;  //宽度
lf.lfWeight = 200;
strcpy(lf.lfFaceName,"宋体");
CFont NewFont10, * pOldFont10;
NewFont10.CreateFontIndirect(&lf);
pOldFont10 = pDC->SelectObject(&NewFont10);
pDC->SetTextColor(DBLUE);        //设置字体颜色
pDC->TextOut(250,235,"牵  1");
pDC->SelectObject(pOldFont10); //结束字体设置
```

6. 右键菜单

(1)使用类向导建立响应右键函数：

打开“View→ClassWizard”，找到“WM_RBUTTONDOWN”。

(2)用程序写入菜单：

```
///////////////////////第一种方法设置右键菜单//////////////////////////////////
CMenu popuMenu;                                                   //定义菜单目录
popuMenu.CreatePopupMenu();
popuMenu.AppendMenu(MF_STRING,ID_RSigD47,"D47");
popuMenu.AppendMenu(MF_SEPARATOR);                                //画分隔线
popuMenu.AppendMenu(MF_STRING,ID_RSigD47Open,"重新开放");
```

```
popuMenu.AppendMenu(MF_GRAYED,ID_RSigD47Cancle,"总取消");//灰显
popuMenu.AppendMenu(MF_STRING,ID_RSigD47Cancle,"总取消");
popuMenu.AppendMenu(MF_STRING,ID_RSigD47RenJie,"总人解");
ClientToScreen(&point);
popuMenu.TrackPopupMenu(TPM_LEFTALIGN|TPM_RIGHTBUTTON,point.x,point.y,this);
```

(3)使用 MFC 中的菜单控件:

```
///////////////////////第二种方法设置右键菜单/////////////////////////////////
CMenu Rmenu;
Rmenu.LoadMenu(IDR_RightBlueSignalMENU20);
Rmenu.GetSubMenu(0)->TrackPopupMenu(TPM_LEFTALIGN|TPM_LEFTBUTTON|TPM_RIGHT-
BUTTON,point.x,point.y+80,this);
```

7. 左键响应

(1)使用类向导建立响应右键函数:

打开“View→ClassWizard”,找到“WM_LBUTTONDOWN”。

(2)鼠标捕捉范围响应:

```
if(point.x>=730&&point.x<=746&&point.y>=580&&point.y<=596)
{
 pDC->Rectangle(720,600,780,615);     //先擦除先前写的标记
 pDC->Ellipse(731,581,745,595);
}
```

思 考 题

1. 计算机联锁系统的层次结构如何划分?每层的功能是什么?
2. 从系统功能实现的角度看,计算机联锁系统有哪些构建方法?
3. 简述分布式 I/O 层计算机联锁系统的组成及工作原理。
4. 计算机联锁系统有哪些内部接口?
5. 计算机联锁系统有哪些外部接口?
6. 目前广泛应用的联锁层硬件平台有哪几种冗余方式?
7. 简述双机热备计算机联锁系统的工作原理。
8. 简述“三取二”计算机联锁系统的工作原理。
9. 简述“二乘二取二”计算机联锁系统的工作原理。
10. 在计算机联锁系统中,系统操作实现的主要途径有哪些?
11. 简要说明 TYJL-Ⅱ型计算机联锁系统的软、硬件组成、作用及实现特点。
12. 简要说明 DS6-K5B 型计算机联锁系统的软、硬件组成、作用及实现特点。

附　　录

附录一　专用名词汉语拼音缩略对照

符号	名　称	符号	名　称
A	按钮、蓝灯	DF	道岔动作电源负极
AJ	按钮继电器	DFJ	调车发车方向继电器
AH	蓝灯回线	DGJ	道岔区段轨道继电器
B	白灯	DGJF	道岔区段轨道复示继电器
BA	变通按钮	DJ	灯丝继电器
BB	表示变压器	DJF	灯丝复示继电器
BD	道岔表示变压器	DJJ	调车接车方向继电器
BH	白灯回线	DJZ	道岔表示电源正极
BHJ	保护继电器	DL	电铃
BJD	电动转辙机保护接点	DQJ	道岔启动继电器
BTA	表示灯调压按钮	DSA	切断主灯丝灯丝报警按钮
BTJ	表示灯调压继电器	DSD	主灯丝断丝报警表示灯
CA	道岔按钮	DSDL	主灯丝断丝报警电铃
CAD	道岔按钮表示灯	DSJ	切断主灯丝断丝报警继电器
CAJ	道岔按钮继电器	DX	调车信号组合
CJ	传递继电器	DXF	调车信号辅助组合
CJQ	插接器	DXJ	调车信号继电器
CSHJ	道岔锁闭限时继电器	DY	电源组合
CSJ	道岔锁闭继电器	DZ	道岔动作电源正极
D	调车	DZA	调车终端按钮
DA	调车进路按钮	DZAJ	调车终端按钮继电器
DAD	调车进路按钮表示灯	DZJ	灯丝转换继电器
DBD	道岔定位表示灯	F	方向组合，分线盘
DBJ	道岔定位表示继电器	FA	非进路调车按钮
DBQ	道岔断相保护器	FAJ	非进路调车继电器
DCJ	道岔定位操纵继电器	FBD	道岔反位表示灯
DD	单动道岔组合	FBJ	道岔反位表示继电器

续上表

符号	名　称	符号	名　称
FBJF	道岔反位表示复示继电器	JYJ	接近预告继电器
FCJ	道岔反位操纵继电器	JZ	表示电源正极
FD	非进路调车表示灯	K	控制台
FGJ	辅助轨道继电器	KF	控制电源负极
FDGJ	道岔区段轨道反复示继电器	KJ	开始继电器
FDGJF	道岔区段轨道反复示继电器的复示继电器	KTJ	开通继电器
FGHA	非进路调车故障恢复按钮	KXJ	控制信号继电器
FKJ	辅助开始继电器	KZ	控制电源正极
FSJ	发车锁闭继电器、非进路调车锁闭继电器	L	绿灯、零散组合、列车
FXJ	非进路调车信号继电器	LA	列车进路按钮
FYJ	非进路调车延时继电器	LAD	列车进路按钮表示灯
G	股道	LAJ	列车按钮继电器
GDJ	轨道停电继电器	LB	绿灯变压器
GDJF	轨道停电复示继电器	LFJ	列车发车方向继电器
GJ	轨道继电器	LH	绿灯回线
GJF	轨道复示继电器	LJ	进路继电器
GJJ	股道检查继电器	LJJ	列车接车方向继电器
H	红灯、后接点	LKJ	列车开始继电器
HB	红灯变压器	LKJF	列车开始复示继电器
HH	发车锁闭继电器、非进路调车锁闭继电器	LUH	绿黄灯回线
JCA	切断挤岔按钮	LUXJ	绿黄信号继电器
JCAJ	切断挤岔报警按钮继电器	LXJ	列车信号继电器
JCD	挤岔报警表示灯	LXJF	列车信号复示继电器
JCDL	挤岔报警电铃	LZA	列车终端按钮
JCJ	挤岔继电器	LZAJ	列车终端按钮继电器
JF	表示电源负极	LZJ	列车终端继电器
JGJ	接近轨道继电器	PAJ	坡道按钮继电器
JSJ	接车锁闭继电器	PJJ	坡道准备解锁继电器
JXJ	进路选择继电器	PJSJ	坡道解锁继电器

续上表

符号	名　称	符号	名　称
PKJ	坡道开始继电器	XFJ	信号辅助继电器
PLD	排列进路表示灯	XJ	信号继电器
PSHJ	坡道解锁时间继电器	XJJ	信号检查继电器
PZCJ	坡道照查继电器	XTA	信号调压按钮
PZJ	坡道终端继电器	XTJ	信号调压继电器
Q	区段、区段组合、前接点	XZJ	选择继电器
QJ	取消继电器	YA	引导按钮
QJJ	区段检查继电器	YAJ	引导按钮继电器
RD	熔断器	YB	引导白灯
RJJ	人工解锁继电器	YBB	引导白灯变压器
S	上行	YBH	引导白灯回线
SDZ	双动道岔主组合	YJJ	引导解锁继电器
SDF	双动道岔辅助组合	YX	引导信号组合
SGA	事故按钮	YXJ	引导信号继电器
SJ	锁闭继电器	YZSA	引导总锁闭按钮
SJZ	闪光表示电源正极	YZSJ	引导总锁闭继电器
TA	通过按钮	Z	组合架
TAD	通过按钮表示灯	ZCJ	照查继电器
TAJ	通过按钮继电器	ZDA	道岔总定位操纵按钮
TCA	接通道岔表示按钮	ZDD	道岔总定位操纵表示灯
TCJ	接通道岔表示继电器	ZDJ	道岔总定位操纵继电器
TDD	提速道岔单动组合	ZFA	道岔总反位操纵按钮
TDF	提速道岔辅助组合	ZFD	道岔总反位操纵表示灯
TGA	接通光带表示按钮	ZFJ	道岔总反位操纵继电器
TGJ	接通光带继电器	ZJ	终端继电器
TJ	时间继电器	ZQA	总取消按钮
TSD	提速道岔双动组合	ZQD	总取消表示灯
TXJ	通过信号继电器	ZQJ	总取消继电器
U	黄灯	ZRA	总人工解锁按钮
UB	黄灯变压器	ZRD	总人工解锁表示灯
WG	无岔区段	ZRJ	总人工解锁继电器
WGJ	无岔区段轨道继电器	ZXJ	主信号继电器、正线继电器
X	下行、外线		

附录二 6502电气集中组合类型图图号

序号	类型 组合	每种组合演变形成的类型图图号									
一	YX	1/YX 引导信号	2/YX 引导信号								
二	LXZ	A-1/LXZ 进站或进路信号	A-2/LXZ 进站或进路信号	B-1/LXZ 二方向出站信号	B-2/LXZ 二方向出站信号	A-1/LXZ 一方向出站信号	A-2/LXZ 一方向出站信号				
三	2LXF	B-1/2LXF 二方向出站信号	B-2/2LXF 二方向出站信号								
四	1LXF	A-1/1LXF 进站或进路信号	A-2/1LXF 进站或进路信号	A-1/1LXF 一方向出站信号	A-2/1LXF 一方向出站信号						
五	DX	D-1/DX 单置调车信号	D-2/DX 单置调车信号	B-1/DX 并置调车信号	B-2/DX 并置调车信号	A-1/DX 差置调车信号	A-2/DX 差置调车信号	J-1/DX 尽头线调车信号	J-2/DX 尽头线调车信号		
六	DXF	1(A)/DXF 01 02 单置调车信号	1(B)/DXF 03 04 单置调车信号	2(A)/DXF 01 02 单置调车信号	2(B)/DXF 03 04 单置调车信号	1/B 01 02 变通按钮	2/B 03 04 变通按钮	1(A)/ZD 01 02 列调车终端按钮	1(B)/ZD 03 04 列调车终端按钮	2(A)/ZD 01 02 列调车终端按钮	2(B)/ZD 03 04 列调车终端按钮
七	SDF	I-1A/SDF 01-1 02-1 双动道岔	I-1B/SDF 01-11 02-11 双动道岔	I-2A/SDF 04-1 03-1 双动道岔	I-2B/SDF 04-11 03-11 双动道岔	II-1A/SDF 01-1 02-1 双动道岔	II-1B/SDF 01-11 02-11 双动道岔	II-2A/SDF 04-1 03-1 双动道岔	II-2B/SDF 04-11 03-11 双动道岔		
八	SDZ	I-1/SDZ 双动道岔	I-2/SDZ 双动道岔	II-1/SDZ 双动道岔	II-2/SDZ 双动道岔						
九	DD	1/DD 单动道岔	2/DD 单动道岔	3/DD 单动道岔	4/DD 单动道岔						
十	Q	1/Q 无岔区段	2/Q 道岔区段								

注：①方向组合(F)及电源组合(DY)都只有一种类型；②本表以举例站场为蓝图。

附录三　6502电气集中组合类型图的运用图

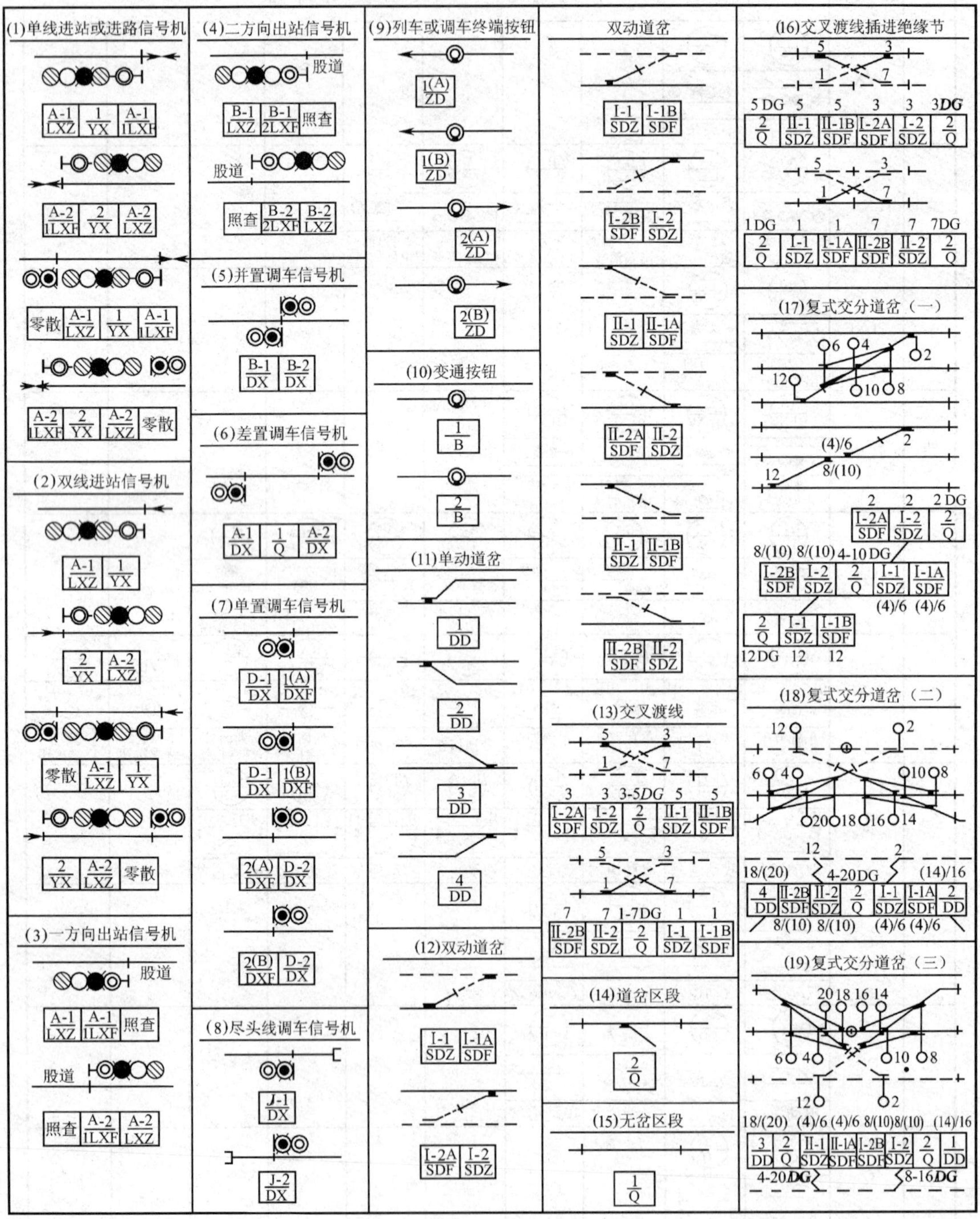

附录四　电气集中主要图形符号

电气集中主要图形符号	
自复式按钮	
带铅封自复式按钮	Q
非自复式按钮	F
带铅封非自复式按钮	Q F
带表示灯自复式按钮	
带红色表示灯自复式按钮	H
带红色表示灯非自复式按钮	H F
带铅封带红色表示灯非自复式按钮	H F Q
带红色表示灯三位式按钮	H
矮型信号机复示器(一个表示灯)	B
矮型信号机复示器(二个表示灯)	L B
高柱信号机复示器(二个表示灯)	L B
高柱信号机复示器(三个表示灯)	L B H
信号楼	— 控制台位置 • 操纵者位置
电动转辙机	
侵入限界钢轨绝缘	
集中道岔	
列车单向运行	
列车双向运行	
尽头线	
表示灯(B为白色)	B
直流电铃	
变压器(一般符号)	
自复式按钮接点(按下接通)	
自复式按钮按压接点组(带铅封)	
电阻器	
变阻器(不断开电路的)	
电容器(有极性的)	+
二极管	
熔断器	
串激式直流电动机	M
直流无极继电器	
直流无极继电器(两线圈分接)	
直流无极缓放继电器	
直流无极缓放继电器(两线圈分接)	
无极加强继电器	
整流式继电器	
极性保持加强继电器	
偏极继电器	
时间继电器	3′
前接点闭合	1　　1
后接点断开	1　　1
前接点断开	1　　1
后接点闭合	1　　1
极性定、反位接点组(定位接点闭合,反位接点断开)	111 112　　111 112
极性定、反位接点组(定位接点断开,反位接点闭合)	111 112　　111 112
非自复式按钮接点(按下接通)	
非自复式按钮接点(拉出接通)	
电气连接	•
端子	

参考文献

[1] 中国铁路通信信号总公司研究设计院. 铁路工程设计技术手册. 信号. 北京:中国铁道出版社,1993.
[2] 何文卿. 6502 电气集中电路(修订本)[M]. 北京:中国铁道出版社,1997.
[3] 赵志熙. 车站信号控制系统[M]. 北京:中国铁道出版社,1993.
[4] 徐洪泽,岳强. 车站信号计算机联锁控制系统原理及应用[M]. 北京:中国铁道出版社,2005.
[5] 王永信,喻喜平. 车站信号控制系统[M]. 北京:中国铁道出版社,2007.
[6] 徐洪泽. 车站信号自动控制系统[M]. 北京:中国铁道出版社,2012.
[7] 赵志熙. 计算机联锁系统技术[M]. 北京:中国铁道出版社,1999.
[8] 吕永昌,林瑜筠. 计算机联锁[M]. 北京:中国铁道出版社,2007.
[9] 《当代中国铁路信号(2001—2005)》编辑委员会. 当代中国铁路信号(2001—2005)[M]. 北京:中国铁道出版社,2007.
[10] 林瑜筠. 6502 电气集中学习指导[M]. 北京:中国铁道出版社,1997.
[11] 高继祥. 铁路信号运营基础[M]. 北京:中国铁道出版社,1998.
[12] 王瑞峰. 铁路信号运营基础[M]. 北京:中国铁道出版社,2008.
[13] 吴汶麟. 国外铁路信号新技术[M]. 北京:中国铁道出版社,2000.
[14] 郎宗桜,曾小清,姜季生. 轨道交通信号控制基础[M]. 上海:同济大学出版社, 2007.
[15] 刘伯鸿,李国宁,张友鹏,等. 轨道交通运输自动控制导论[M]. 兰州:兰州大学出版社,2008.
[16] 员春欣. 铁路信号容错技术[M]. 北京:中国铁道出版社,1997 .
[17] 中华人民共和国铁道部. 计算机联锁技术条件[S]. 北京:中国铁道出版社,2002.
[18] 吴汶麒. 轨道交通系统运行控制与管理[M]. 上海:同济大学出版社,2004.
[19] 曾小清,王长林,张树京. 基于通信的轨道交通运行控制[M]. 上海:同济大学出版社,2007.
[20] 郭进. 铁路信号基础[M]. 北京:中国铁道出版社,2010.
[21] 陈邦兴,吴芳美. 铁路信号联锁逻辑形式化建模研究[J]. 铁道学报,2002(6).
[22] 杨扬,潘明,何梅芳. 联锁软件的 Petri 网形式化定义[J]. 中国铁道科学,2002(3).
[23] 董昱. 区间信号与列车运行控制系统[M]. 北京:中国铁道出版社,2008.
[24] 刘晓娟,郑云水. 现代铁路远程控制系统[M]. 成都:西南交通大学出版社,2010.
[25] 林瑜筠,谭丽,涂序跃,等. 高速铁路信号技术[M]. 北京:中国铁道出版社,2012.